목적이 이끄는 365일

Daily Hope Devotional

릭 워렌과 함께하는 매일의 기적

목적이 이끄는 365일

365 Days of Purpose,
Peace, and Promise

국제제자훈련원

일러두기

이 책에서는 주요 한글 번역본으로 저자의 문체와 조화를 이루는 《현대인의 성경》(생명의말씀사 역간)을 사용하였습니다. 이 번역본을 인용할 때는 별도 표시를 하지 않았습니다. 다른 번역본을 사용한 경우, 다음과 같이 표기하였습니다.

- 개역개정 4판: 개역개정
- 메시지성경: 메시지
- 새번역성경: 새번역
- 공동번역성경: 공동번역
- 우리말성경: 우리말
- 쉬운말성경: 쉬운말
- 쉬운성경: 쉬운
- 확대역본(Amplified Bible): AMP
- 현대영어버전(Contemporary English Version): CEV
- 새국제역버전(New International Version): NIV
- 리빙바이블(The Living Bible): TLB

차례

•

릭 워렌 목사님의 《목적이 이끄는 삶》은 우리 시대의 등대였습니다. 이 등대의 불빛을 1년 365일 밝히기 위한 묵상집 출간은 또 다른 축복입니다. 한 번의 감동이 아닌, 날마다의 순종이 삶을 변화시키기 때문입니다. 릭 워렌 목사님과 함께 특별한 한 해를 살아가고픈 모든 성도에게 이 책을 강력히 추천합니다. 우리 일상의 QT와 함께, 자녀들의 영적인 식탁에 이 진미가 함께하기를 축복합니다. 생각만 해도 가슴 벅찬 이 여정에 한국 교회 성도들의 탑승을 기대합니다. 이 책과 함께, 우리의 목적 되신 주님의 인도하심을 따르며 특별한 은혜를 경험하는 한 해가 되시기를 바랍니다.

이동원 _지구촌 목회리더십센터 대표

릭 워렌 목사님은 이 시대 목회자들의 목회자입니다. 저희 교회에 오셔서 여러 번 말씀을 전해주셨고, 지난 30년 이상 교제하며 사역의 깊은 내면도 나눌 수 있었습니다. 목사님께서 사역과 삶의 고뇌를 어떻게 거룩한 소명으로 돌파하셨는지 목도할 수 있었는데, 그 절실한 여정의 실체가 《목적이 이끄는 365일》에 담겨 있습니다.

릭 워렌 목사님의 탁월한 통찰력과 따뜻한 조언은 삶의 복잡한 문제들을 성경적 원리 안에서 지혜롭게 풀어가는 길을 제시해줄 것입니다. 하나님과의 더 깊은 교제를 갈망하며 흔들리지 않는 믿음의 반석 위에 굳게 서기 원하는 모든 성도들에게, 이 책이 영적 나침반이 될 것을 확신하며 기쁜 마음으로 추천합니다.

오정현 _사랑의교회 담임목사

초스피드 사회를 살아가는 현대인들은 '묵상'이라는 보석을 잃어버리고 말았습니다. 시편 기자는 주의 법을 사랑함으로 종일 작은 소리로 읊조리며 말씀을 묵상함으로 현재의 삶을 재해석할 수 있는 힘을 얻었습니다.

이처럼 말씀을 깊이 생각하는 묵상의 시간은 내면을 들여다보고 행간의 의미를 읽어내는 통찰력을 길러줍니다. 묵상하며 기도할 때 하나님께서는 다시 가슴 뛰게 하는 비전을 주시고 살길을 열어주십니다.

묵상의 목표는 지식의 축적이 아니라 변화입니다.

예수님의 제자가 되는 것입니다.

이 책은 우리가 잃어버린 귀중한 보석, '묵상'을 회복하도록 돕는 실질적인 안내서가 될 것입니다.

오정호 _새로남교회 담임목사

날마다 몸을 위해 음식이 필요하듯, 영혼에도 매일의 양식이 필요합니다. 이 책은 그런 영혼의 양식이자 일상의 기적을 경험하게 하는 안내서입니다. 마음의 정원을 가꾸고 영혼을 기경하며, 상한 감정을 치유하고 문제를 해결하는 지혜가 담겨 있습니다. 하나님의 임재 안에서 안식과 소망을 발견하고, 본향을 향한 순례의 길을 걸어가는 모든 분, 특별히 하나님과의 친밀한 교제를 갈망하는 분들에게 이 책을 추천합니다.

강준민 _L.A. 새생명비전교회 담임목사

에녹처럼 365일을 한결같은 마음으로 주님과 동행할 수 있을까. 그분의 인도에 따라 일용할 양식을 먹을 수 있을까. 광야에 식탁을 차릴 수 있는 그분을 신뢰하며 걸으면 참 좋으련만. 하늘이 높고 푸를 때 그분께 감사하고, 순풍이 불어 평안한 항해가 될 때 고마워할 줄 알고, 앞이 보이지 않아 주저앉고 싶을 때 기도할 줄 알면 얼마나 좋을까. 평범한 날이 비범한 은총의 순간으로 바뀔 것을 기대하면 어떨까.

우리 시대의 탁월한 기독교 소통 전문가 릭 워렌 목사가 여러분의 안내자가 되어 함께 걸어가자고 제안합니다. 오늘이 그날처럼, 그날이 오늘처럼 말씀과 동행하자고 손을 내밉니다. 하나님을 알아가고, 우리의 형편과 처지를 알아가고, 이웃을 사랑하며 인내하고 희망을 품고서 살아가자고 격려합니다. 1년 365일 날마다 새로운 희망으로 나아갑시다. 용기와 격려, 희망과 사랑으로 가득한 인생 선물이 될 것입니다. 이보다 더 좋은 하루의 정찬은 없을 것 같습니다. 매일 한 정씩 드는 영혼의 비타민입니다.

류호준 _백석대학교 신학대학원 은퇴 교수, 《365 힐링 묵상》 저자

소망은 여기서 시작됩니다

우리는 흔히 "잘 지내시죠?"라는 말을 주고받습니다. 하지만 그 미소 뒤에 숨겨진 진짜 마음은 어떨까요? 때로는 이런 위로의 말이 오히려 '나만 힘들고 지친 것 같은' 외로움을 더욱 느끼게 합니다. 더구나 앞으로의 삶도 이처럼 스트레스와 근심, 탈진의 연속일지 모른다는 불안이 밀려옵니다.

그러나 지금 이 순간, 예수님께서 놀라운 초대장을 보내십니다. "너희는 피곤하고 지쳤느냐? 종교생활에 탈진했느냐? 나에게 오너라. 나와 함께 길을 나서면 너희 삶은 회복될 것이다. 내가 너희에게 제대로 쉬는 법을 가르쳐 주겠다"(마 11:28, 메시지).

많은 이들은 하나님께 나아가는 것이 새로운 규칙과 제약, 의무를 짊어지는 것이라 생각합니다. 하지만 예수님은 정반대의 초대를 하십니다. "내게로 오라. 내가 너희에게 참된 안식을 허락하리라." 수고하며 무거운 짐을 진 모든 이에게 진정한 쉼을 약속하시는 것입니다.

우리가 끝없는 피로와 스트레스에 시달리는 이유는 무엇일까요? 모든 것을 홀로 해결하려 하기 때문입니다. 하나님은 이렇게 살기를 원하지 않으십니다. 대신 그분의 능력을 의지해 진정한 쉼을 누리며 살길 바라십니다.

골로새서 1장 11절은 이렇게 약속합니다. "우리는 여러분이 여러분의 일을 끝까지 해낼 수 있는 힘—이를 바득바득 갈면서 마지못해 하는 힘이 아니라 하나님이 주시는 그 영광스러운 힘—을 받게 되기를 바랍니다. 그것은 견딜 수 없는 것을 견디는 힘, 기쁨이 넘쳐나는 힘(입니다)"(메시지). 또한 "그분은 지친 자들에게 기운을 북돋우시고, 나가떨어진 자들에게 새 힘을 불어넣어 주신다. … 하나님을 바라보는 이들은 새 힘을 얻는다"(사 40:29, 메시지)라고 성경은 말씀합니다.

그렇다면 하나님의 능력을 덧입기 위해 무엇을 해야 할까요? 기다리는 것이 핵심입니다. 여러분은 얼마나 자주 하나님의 음성을 듣기 위해 발걸음을 멈추고, 새 힘과 능력을 구하고 계십니까? 이 묵상집을 쓴 이유도 바로 그것입니다. 매일 잠시라도 하나님과 그분의 말씀 안에 머무르십시오. 그러면 약속 가운데 안식할 수 있을 것입니다. "여호와는 자기를 의지하고 마음이 한결같은 자에게 완전한 평안을 주신다"(사 26:3)라는 말씀처럼 말입니다.

우울과 불안, 절망과 피로에 짓눌릴 때마다 하나님을 바라보십시오. 그분은 모든 소망의 근원이시며, 당신을 지으신 창조주이십니다. 당신의 모든 순간을 동행하시며 한결같은 사랑으로 돌보시는 하나님께 매일 아침 소망의 닻을 내리고 하루를 시작하십시오. 당신의 미래는 신실하신 하나님의 손안에 있습니다.

더는 상황이 바뀌기를 기다리지 마십시오. 대신 하나님을 기다리십시오. 오늘, 그분께로 나아가 진정한 안식과 생생한 소망을 발견하시기 바랍니다.

사랑하는 여러분, 이 책을 통해 매일 하나님과 그분의 말씀을 만나는 여정에 동행하게 되어 진심으로 기쁩니다. 하나님을 아는 것이 우리 삶의 최고 가치가 되고, 날마다 새로운 열정이 되기를 기도합니다.

여러분의 길벗이 되어 드리겠습니다.

릭 워렌 목사 드림

January

당신의 삶, 중심에 누가 계신가요?

"네 마음을 다하고 목숨을 다하고 뜻을 다하여 주 너의 하나님을 사랑하라 하셨으니
이것이 크고 첫째 되는 계명이요."

_마태복음 22장 37-38절, 개역개정

하나님은 당신 삶의 중심이 되기를 원하십니다. 그분은 삶의 가장자리나 일부분에 머물길 원치 않으십니다. 우주를 창조하시고 당신을 무한히 사랑하시는 하나님은 당신 삶의 모든 영역에서 주도적 역할을 하고자 하십니다.

다시 말해, 하나님은 당신과 사랑의 관계를 맺고자 하십니다. 성경은 "네 마음을 다하고 목숨을 다하고 뜻을 다하여 주 너의 하나님을 사랑하라 하셨으니 이것이 크고 첫째 되는 계명이요"(마 22:37-38, 개역개정)라고 말씀합니다.

사실, 우리는 모두 삶의 중심에 무언가를 두기 마련입니다. 그것이 직업일 수도, 가족일 수도, 취미일 수도 있습니다. 돈을 벌거나 유명해지는 것을 삶의 목표로 삼을 수도 있습니다.

그러나 하나님이 아닌 다른 무엇을 삶의 중심에 둔다면 그것은 곧 우상이 됩니다. 출애굽기 20장 3-4절은 이렇게 선포합니다. "너희는 나 외에 다른 신을 섬기지 말아라. 너희는 하늘이나 땅이나 땅 아래 물속에 있는 어떤 것의 모양을 본떠서 우상을 만들지 말며."

하나님이 당신의 삶의 중심에서 밀려나 있다는 것을 어떻게 알 수 있을까요? 간단합니다. 걱정과 스트레스, 두려움이 삶을 갉아먹기 시작하는 것입니다. 이는 하나님이 내 삶의 중심에서 밀려났음을 보여주는 분명한 신호입니다.

반대로, 삶이 하나님 중심으로 정렬되고 있음을 어떻게 알 수 있을까요? 걱정이 사라지고 평안함이 찾아옵니다. 성경은 "하나님의 온전하심에 대한 감각, 곧 모든 것이 협력하여 선을 이루게 된다는 믿음이 생겨나서 여러분의 마음을 안정시켜 줄 것입니다. 그리스도께서 여러분 삶의 중심에서 염려를 쫓아내실 때 일어나는 일은 실로 놀랍기 그지없습니다"(빌 4:7, 메시지)라고 말씀합니다.

자신에게 이렇게 물어보십시오. "앞으로 내 인생에서 무엇을 중심으로 삼을 것인가?" 이는 여러분의 남은 생애에서 가장 중요한 질문입니다.

하나님이 행하시는 새 일을 환영하십시오

"너희는 전에 일어난 일을 기억하지 마라. 과거의 일을 생각하지 마라. 보아라.
내가 이제 새 일을 시작하겠다. 그 일이 이미 나타나고 있는데 너희는 알지 못하겠느냐?"
_이사야 43장 18-19절, 쉬운

삶이라는 여정은 결코 뒤로 돌아갈 수 없는 한 방향의 길입니다. 우리에겐 두 가지 선택지만 있습니다. 과거를 그리워하며 현재에 안주할 수도 있고, 새 일을 행하시는 하나님을 신뢰하며 나아갈 수도 있습니다.

성경은 이렇게 말씀합니다. "여호와의 인자와 긍휼이 무궁하시므로 우리가 진멸되지 아니함이니이다 이것들이 아침마다 새로우니"(애 3:22-23a, 개역개정). 하나님은 늘 새로운 일을 행하시는 분이십니다. 하나님께서 당신을 위해 예비하신 삶을 살아가려면 당신의 가정, 직장, 교우관계, 하나님의 교회 그리고 당신이 살아가는 세상에서 하나님이 이루고자 하시는 새 일들에 동참해야 합니다.

하지만 하나님이 행하시는 새 일에 사람들이 언제나 관심을 보이는 것은 아닙니다. 때로는 과거를 동경하며 "그 시대에 살았더라면" 혹은 "그 시절로 돌아갈 수 있다면"이라며 과거를 그리워합니다. 그러나 이는 마치 운전하면서 룸미러만 보고 앞을 보지 않는 것과 같습니다. 그렇게 하다간 사고가 날 수밖에 없습니다!

하나님은 이사야 43장 18-19절에서 "너희는 전에 일어난 일을 기억하지 마라. 과거의 일을 생각하지 마라. 보아라. 내가 이제 새 일을 시작하겠다. 그 일이 이미 나타나고 있는데 너희는 알지 못하겠느냐?"(쉬운)라고 말씀하셨습니다. 하나님께서 당신의 삶과 이 세상에서 행하시는 새로운 일들을 받아들이기에 앞서, 당신은 먼저 그것들을 구해야 합니다. 늘 과거만을 돌아본다면 하나님이 현재 행하고 계신 새 일을 결코 발견할 수 없을 것입니다.

환영(Embrace)이란 단순히 수긍하거나 마지못해 수용하는 것 이상을 의미합니다. 그것은 열린 마음으로 받아들이고 나아가 사랑하는 것을 뜻합니다. 우리는 사랑하지 않는 것을 진정으로 환영할 수 없습니다. 하나님은 그분이 행하시는 새 일들을 당신이 진심으로 환영하기를 원하십니다.

그렇다면 어떻게 하나님이 행하시는 새로운 일에 우리가 주목하고 있음을 보여드릴 수 있을까요? "하나님, 제가 하는 일을 축복해주세요"라고 구하기보다 "하나님, 당신께서 이미 축복하신 일들에 저를 동참하게 해주세요"라고 기도하십시오. 그렇게 기도할 때, 비로소 당신은 하나님이 앞으로 행하실 놀라운 일들을 진정으로 환영할 수 있을 것입니다.

영원을 보는 눈이 삶을 바꿉니다

"우리는 보이는 것을 바라보는 것이 아니라, 보이지 않는 것을 바라봅니다.
보이는 것은 잠깐이지만, 보이지 않는 것은 영원하기 때문입니다."
_고린도후서 4장 18절, 새번역

인간은 희망만 있다면 극심한 좌절과 실패의 순간들, 심지어 고통까지도 이겨낼 수 있습니다. 그러나 희망이 사라지는 순간, 우리는 포기하고 맙니다.

오직 예수님만이 영원한 희망을 주실 수 있습니다. 그것은 우리를 결코 실망시키지 않는 희망입니다. 하지만 예수님 안에서 발견되는 이 희망을 진정으로 이해하기 위해서는 바른 관점이 필요합니다. 이는 눈앞의 현실에만 사로잡히지 않고 더 넓은 시야로 바라보는 것을 의미합니다. 일시적인 것보다는 영원한 것에 마음을 두십시오. 이를테면, 하루가 다르게 변하는 세상 소식보다 영원히 변치 않는 하나님의 말씀에 더 깊이 집중하는 것입니다.

어려움은 영원하지 않습니다. 그러나 하나님 안에 있는 희망은 영원불변합니다. 성경은 이렇게 말씀합니다. "믿음과 희망과 사랑, 이 세 가지는 언제까지나 남아 있을 것입니다. 이 중에서 가장 위대한 것은 사랑입니다"(고전 13:13, 공동번역).

제 사무실 벽에는 히브리어로 새겨진 액자가 걸려 있습니다. 사람들은 늘 그 글자들의 의미를 물어봅니다. 거기에는 "이 또한 지나가리라"라고 쓰여 있습니다. 힘든 시기마다 저는 그 액자를 봅니다. 제가 처한 상황이 어떠하든 일시적임을 일깨워주기 때문입니다. 우리 삶의 어떤 문제도 영원할 수 없습니다. 모든 고난과 시련은 반드시 끝이 있습니다. 평생을 괴롭혔던 고질적인 문제라 할지라도 영원한 하나님 나라에까지 가져가지는 않을 것입니다.

바울은 고린도후서 4장 18절에서 이를 일깨워줍니다. "우리는 보이는 것을 바라보는 것이 아니라, 보이지 않는 것을 바라봅니다. 보이는 것은 잠깐이지만, 보이지 않는 것은 영원하기 때문입니다"(새번역).

여러분의 고난도, 불안정한 상황도 영원히 계속되지는 않을 것입니다. 그러나 하나님의 세계에는 영원히 지속될 것들이 있습니다. 믿음과 희망과 사랑은 영원할 것입니다. 그리고 예수님을 믿는 이들은 영원히 하나님과 함께할 것입니다.

예수님 안에 희망을 두십시오. "발을 질질 끌며 땅만 처다보고 다니거나, 바로 눈앞에 있는 것들에 관심을 빼앗기지 마십시오. 위를 바라보고, 그리스도 주위에 무슨 일이 일어나고 있는지에 주목하십시오. 정말 중요한 일이 벌어지고 있는 곳은 바로 그곳입니다! 그분의 시각에서 사물을 보십시오"(골 3:2, 메시지).

그리스도 안에 둔 여러분의 희망은 반드시 이루어질 것입니다.

그분 안에서 당신은 이미 완벽합니다

"하나님은 세상 창조 전에 그리스도 안에서 우리를 택하시고 사랑해 주셔서, 하나님 앞에서
거룩하고 흠이 없는 사람이 되게 하셨습니다. 하나님은 하나님의 기뻐하시는 뜻을 따라
예수 그리스도를 통하여 우리를 하나님의 자녀로 삼으시기로 예정하신 것입니다."
_에베소서 1장 4-5절, 새번역

모든 사람의 마음에는 세 가지 근본적인 욕구가 있습니다. 사랑받고, 인정받고, 선택받고 싶은 열망입니다. 겉으로 표현하지 않더라도 우리 내면에는 이러한 욕구가 깊이 뿌리내리고 있습니다.

좋은 소식이 있습니다. 더 이상 사랑과 인정을 갈구하며 방황하지 마십시오. 당신은 이미 가장 완전한 사랑을 받은 존재입니다. 당신은 이미 예수 그리스도를 통해 선택받고, 사랑받고, 받아들여졌기 때문입니다. 당신은 온 우주를 창조하신 하나님께 가장 귀한 존재입니다!

어린 시절부터 성인이 되어 직장과 가정을 이루기까지, 우리는 늘 누군가에게 선택받기를 원합니다. 선택받는다는 것은 우리가 누구인지, 얼마나 소중한 존재인지를 깨닫게 하는 열쇠와 같습니다. 성경은 에베소서 1장 4-5절에서 이렇게 말씀합니다. "하나님은 세상 창조 전에 그리스도 안에서 우리를 택하시고 사랑해 주셔서, 하나님 앞에서 거룩하고 흠이 없는 사람이 되게 하셨습니다. 하나님은 하나님의 기뻐하시는 뜻을 따라 예수 그리스도를 통하여 우리를 하나님의 자녀로 삼으시기로 예정하신 것입니다"(새번역). 하나님께서 온 우주를 창조하신 목적은 자신의 가족을 이루기 위함이었습니다. 우주가 존재하는 이유는 하나님이 사랑할 자녀를 원하셨기 때문입니다.

하나님은 언제 우리를 선택하셨을까요? 에베소서 1장에 따르면, 그분은 세상이 만들어지기 전에 이미 선택하셨습니다. 하나님이 우주를 창조하기로 결정하시기 전에, 어떤 나무를 택하시기 전에, 바다를 지으시기 전에, 그리고 존재하는 모든 바위를 선택하시기 전에 우리를 선택하셨습니다.

이것은 놀라운 사실입니다. 해와 달과 별들을 창조하기로 작정하시기도 전에, 하나님은 이미 우리를 알고 계셨고, 사랑하기로 선택하셨습니다. 이것이 바로 우리 정체성의 토대입니다.

아무도 마지막으로 선택받는 것을 원치 않습니다. 여러분은 하나님의 마음속에서 언제나 특별한 자리를 차지해 왔습니다. 늘 하나님께 으뜸이었습니다. 하나님은 여러분을 선택하셨고, 사랑하시며, 받아주십니다.

이 진리를 깨닫고 믿는 것은 우리의 삶을 완전히 변화시킵니다. 하나님의 자녀라는 정체성에 확신이 생길 때, 여러분은 그분의 무한한 사랑과 따뜻한 품 안에서 참된 평안을 누릴 수 있습니다.

변화무쌍한 세상 속 영원한 진리

"그러므로 여러분은 여러분의 지체를 죄에 내맡겨서 불의의 연장이 되게 하지 마십시오.
오히려 여러분은 죽은 사람들 가운데서 살아난 사람답게, 여러분을 하나님께 바치고,
여러분의 지체를 의의 연장으로 하나님께 바치십시오."
_로마서 6장 13절, 새번역

진정한 성공은 세상이 말하는 기쁨이나 인기, 소유와 권력, 지위가 아닌 더 깊은 곳에서 찾아야 합니다. 그것은 바로 하나님이 부여하신 목적을 얼마나 성취했는가에 달려 있습니다. 삶의 성공 여부를 판단하고 싶다면, 자신에게 단 하나의 질문만 던져보십시오. "나는 하나님이 창조하신 다섯 가지 목적을 이루었는가?"

물론 이 다섯 가지 목적이 무엇인지 모른다면 답하기 어려울 것입니다. 이 목적들은 모든 사람에게 동일하게 적용됩니다. 첫째, 하나님은 우리가 그분을 알고 사랑하기를 원하십니다. 이것이 예배입니다. 둘째, 하나님은 우리가 그분의 가족 구성원이 되기를 바라십니다. 이는 교제입니다. 셋째, 하나님은 우리가 예수님을 닮아가며 영적으로 성장하기를 원하십니다. 이것이 훈련입니다. 넷째, 하나님은 우리가 다른 이들을 섬김으로써 그분을 섬기기를 원하십니다. 하나님은 보이지 않는 분이시지만, 우리는 이웃을 섬기는 구체적인 섬김을 통해 하나님을 섬길 수 있습니다. 이것이 사역입니다. 마지막으로, 하나님은 우리가 예수 그리스도를 통한 구원의 기쁜 소식을 전하기를 원하십니다. 이는 전도입니다.

하나님은 우리가 그분을 알고, 그 안에서 성장하며, 그분께 속하고, 그분을 섬기며, 다른 이들과 교제하기를 바라십니다. 만약 이 다섯 가지 목적을 놓친다면, 우리 삶은 명확하고 확고한 방향을 잃게 될 것이며, 하나님이 우리를 창조하신 근본 이유를 놓치게 될 것입니다. 그저 목적 없이 떠도는 인생이 될 뿐입니다.

그러나 하나님은 우리를 위해 더 위대한 계획을 가지고 계십니다. 그분은 우리를 다섯 가지 영원한 목적을 위해 창조하셨고, 이 목적들은 결코 변하지 않을 것입니다. 이 불변의 목적들은 주변의 모든 것이 변하는 어려운 시기에도 우리가 흔들리지 않도록 든든한 닻이 되어줍니다.

로마서 6장 13절은 이렇게 말합니다. "그러므로 여러분은 여러분의 지체를 죄에 내맡겨서 불의의 연장이 되게 하지 마십시오. 오히려 여러분은 죽은 사람들 가운데서 살아난 사람답게, 여러분을 하나님께 바치고, 여러분의 지체를 의의 연장으로 하나님께 바치십시오"(새번역). 지금 어떤 상황이든, 여러분은 삶을 향한 하나님의 다섯 가지 목적에 다시 헌신해야 합니다. 모든 것이 변화하고, 혼란과 의심이 밀려올 때, 삶의 방향을 잃었을 때, 우리는 언제나 본질로 돌아가야 합니다. 바로 진리로 돌아가는 것입니다.

하나님은 여러분을 사랑하십니다. 그분은 여러분을 특별한 목적을 위해 창조하셨습니다. 그리고 여러분이 그분의 뜻을 따르는 동안, 그 목적을 성취하는 데 필요한 모든 것을 채워주실 것입니다. 비록 상황이 어려워지더라도 말입니다.

깨진 조각들로 만드는 하나님의 걸작

"하나님을 사랑하는 사람들, 곧 하나님의 뜻대로 부르심을 받은 사람들에게는,
모든 일이 서로 협력해서 선을 이룬다는 것을 우리는 압니다."

_로마서 8장 28절, 새번역

 하나님의 마음에는 당신의 삶을 향한 플랜 B가 없습니다.

당신의 인생에 어떤 일이 일어났든, 하나님의 플랜 A는 한 순간도 멈추지 않고 진행되고 있습니다. 하나님께서 당신의 삶을 위해 처음 품으셨던 비전은 결코 변하지 않았습니다. 다른 이들이 당신에게 무엇을 했는지, 당신이 어떤 잘못된 선택을 했는지는 중요하지 않습니다. 당신은 여전히 하나님이 꿈꾸신 삶을 이룰 수 있습니다.

놀랍게도, 당신의 실수조차 하나님의 계획 안에 있습니다. 이 진리를 붙들면 당신은 자유를 얻게 될 것입니다. "나는 너무 많이 잘못해서 더 이상 꿈꿀 자격이 없어. 원대한 비전은 내게 어울리지 않아"라는 생각에서 해방될 수 있습니다. 이제 그런 거짓말을 믿을 필요가 없습니다. 당신이 섬기는 하나님은 그 어떤 문제보다도 크신 분입니다!

성경의 가장 유명한 구절 중 하나는 이렇습니다. "하나님을 사랑하는 사람들, 곧 하나님의 뜻대로 부르심을 받은 사람들에게는, 모든 일이 서로 협력해서 선을 이룬다는 것을 우리는 압니다"(롬 8:28, 새번역).

선과 악, 우리의 모든 결정과 실수까지도 하나님의 주권적인 손안에서 새로운 의미를 얻게 됩니다. 하나님은 모든 일을 일으키지는 않으셨지만, 여전히 모든 것을 주관하고 계시기에 모든 것이 합력하여 선을 이루게 하실 수 있습니다.

성경은 모든 것이 좋다고 말하지 않습니다. 현실은 그렇지 않기 때문입니다. 이 세상에는 많은 죄와 악이 있습니다. 그러나 하나님은 이 모든 상황을 그분을 사랑하고 그분의 뜻에 따라 부르심을 받은 사람들에게 유익이 되도록 조화롭게 운행하십니다.

당신 삶의 조각들을 하나님이 다시 맞추실 수 없다고 생각될 때, 하나님께는 불가능이 없음을 기억하십시오. 하나님은 이 순간에도 당신을 위한 계획을 착실히 진행하고 계십니다. 아직 하나님께 당신의 삶을 위한 계획을 이루어달라고 요청하지 않았다고 해도, 하나님은 여전히 당신을 위해 준비하신 꿈을 펼칠 때를 기다리고 계십니다.

삶을 하나님께 맡길 때, 하나님은 당신 삶의 모든 조각을 섬세히 맞추어 이 세상에서 그분의 원대한 목적을 성취하는 데 사용하실 것입니다.

긴급한 일에 휘둘리지 않고, 중요한 일에 집중하는 법

"시간을 아끼십시오. 이 시대는 악합니다."
_에베소서 5장 16절

한 해 동안 주어진 시간이 우리가 해내야 할 모든 일을 감당하기에는 너무나 짧게 느껴질 수 있습니다. 사실 오늘 하루에 해야 할 일을 마치기에도 시간이 모자란다고 느낄지도 모릅니다.

하지만 좋은 소식이 있습니다. 하나님은 우리에게 모든 일을 해내라고 요구하지 않으십니다. 오히려 하나님은 우리에게 그분이 의도하신 일, 즉 우리가 완수하도록 계획하고 설계하신 모든 것을 이룰 수 있는 충분한 시간을 할당하셨습니다.

그렇기에 목표 설정이 중요합니다. 목표는 삶에 초점과 방향성을 부여합니다. 바울은 이렇게 말하며 목표 설정의 모범을 보였습니다. "나는 목표 없이 달리는 사람처럼 달리지 않고 허공을 치는 권투 선수처럼 싸우지 않습니다"(고전 9:26).

바울은 자기 삶의 목적을 분명히 알았기에, 모든 계획과 목표를 그 목적에 집중했습니다. 우리도 바울처럼 집중해야 합니다.

안타깝게도 너무나 많은 사람이 그리 중요하지 않은 일에 인생을 낭비하고 있습니다. 이제 "트리비얼 퍼슈트"(Trivial Pursuit, 잡다한 지식을 테스트하는 보드게임으로, 다양한 분야의 퀴즈에 답하며 말을 움직여 승리를 겨루는 게임 – 옮긴이)는 단순한 보드게임의 이름을 넘어, 우리 문화 자체를 대변하는 말이 되었습니다. 오늘날 세상에서 벌어지는 대부분의 일은 일주일 뒤에 돌아보면, 더군다나 영원을 놓고 보면 아무런 의미가 없을 것입니다.

많은 사람이 "긴급한" 일과 "중요한" 일을 분별하지 못한 채 살아갑니다. 긴급해 보이는 일들은 거의 대부분 실제로는 중요하지 않습니다. 우리는 장기적으로 보면 중요하지 않은 긴급한 일들 때문에 가족, 하나님, 친구들과의 소중한 시간을 놓쳐버립니다.

여러분이 세운 목표는 긴급해 보이는 일보다 진정 중요한 일을 좇아 살아갈 수 있도록, 집중하게 하고 방향을 잡아줄 것입니다. 에너지를 한곳에 모으고, 삶에 건강과 조화를 가져다줄 것입니다.

예를 들어, 올해 건강을 되찾겠다는 구체적인 목표를 세웠다고 합시다. 그렇다면 그 결정으로 당신은 에너지를 그곳에 집중시키게 될 것입니다. 정크푸드를 먹고 싶거나 운동 대신 늦잠을 자고 싶어질 때마다, 목표는 당신이 바른길을 가도록 도와줄 것입니다. 목표는 무엇이 중요한지 상기시켜 줍니다.

성경은 이렇게 말합니다. "시간을 아끼십시오. 이 시대는 악합니다"(엡 5:16).

몇 가지 목표를 세워 당신의 삶을 최대한 활용하십시오. 정말 중요한 일은 제쳐두고 단지 급해 보이는 일에만 시간을 허비하면서 또 한 해를 허무하게 날려버리지 마십시오.

우리에게 필요한 것은 작은 믿음입니다

"만일 너희에게 믿음이 겨자씨 한 알 만큼만 있어도
이 산을 명하여 여기서 저기로 옮겨지라 하면 옮겨질 것이요
또 너희가 못할 것이 없으리라."
_마태복음 17장 20절, 개역개정

주목할 만한 사실이 있습니다. 우리는 믿음과 의심을 동시에 품을 수 있다는 것입니다.

하나님을 향한 깊은 신앙이 있으면서도, 그분이 우리에게 맡기신 사명 앞에서 불안과 두려움을 느낄 수 있습니다. 하지만 용기란 두려움이 없다는 뜻이 아닙니다. 용기란 두려움에도 불구하고 앞으로 나아가며, 하나님께서 여러분을 통해 이루고자 하시는 일이 있음을 믿는 것입니다.

마가복음 9장에 나오는 한 남자는 병든 아들을 예수님께 데려왔습니다. 예수님께서는 믿기만 한다면 아들을 고칠 수 있다고 그 아버지에게 말씀하셨습니다. 이에 그는 "내가 믿나이다 나의 믿음 없는 것을 도와주소서"(막 9:24, 개역개정)라고 고백했습니다. 그는 믿음과 의심이 공존하는 가운데 솔직한 마음으로 예수님께 나아갔고, 주님이 베푸시는 기적을 경험할 수 있었던 것입니다.

좋은 그리스도인이 되기 위해 엄청난 믿음이 필요한 것은 아닙니다. 믿음의 크기가 중요한 차이를 만드는 것이 아니라, 그 믿음을 어디에 두느냐가 중요합니다. 우리에게 필요한 것은 그저 크신 하나님을 향한 작은 믿음뿐입니다.

어떤 분이 제게 이런 질문을 한 적이 있습니다. "세례를 받고 교회에 등록하고 싶은데, 그 전에 모든 의문과 의구심을 해소해야 하지 않을까요?" 그럴 필요는 없습니다. 저 역시 50년 넘게 그리스도인으로 살아왔지만, 아직도 궁금한 점이 많습니다. 모든 것을 미리 알아야 할 필요는 없습니다. 지금 가진 그대로의 믿음으로 새롭게 출발하면 됩니다.

마태복음 17장 20절은 이렇게 말합니다. "만일 너희에게 믿음이 겨자씨 한 알 만큼만 있어도 이 산을 명하여 여기서 저기로 옮겨지라 하면 옮겨질 것이요 또 너희가 못할 것이 없으리라"(개역개정).

여러분의 믿음이 아무리 약해 보일지라도, 그 믿음으로 충분히 앞으로 나아갈 수 있습니다. 하나님은 우리의 상상을 뛰어넘어 우리의 삶 가운데 놀라운 일을 행하실 수 있기 때문입니다. 우리의 능력으로는 아무것도 이룰 수 없지만, 하나님의 능력으로는 모든 것이 가능합니다! 하나님은 우리가 이 일에서 믿음의 첫걸음을 내딛기를 바라시며, 동시에 그분을 전적으로 의지하기를 원하십니다.

그리스도를 향한 작은 발걸음 하나하나가 우리의 의심과 낙담을 떨쳐내게 합니다. 오늘도 믿음 안에서 한 걸음씩 전진하기 바랍니다.

쓴 뿌리에서 벗어나게 하는 은혜의 힘

"너희는 하나님의 은혜에 이르지 못하는 자가 없도록 하고
또 쓴 뿌리가 나서 괴롭게 하여 많은 사람이 이로 말미암아 더럽게 되지 않게 하며."
_히브리서 12장 15절, 개역개정

 분노에 사로잡혀 있다는 것은 여전히 누군가에게 당신의 마음의 주도권을 내어준 채 살아가고 있다는 뜻입니다.

"당신 때문에 정말 화가 납니다"라고 말한 적이 있나요? 그렇다면 여러분은 상대방에게 자신의 감정을 통제할 권한을 넘겨준 셈입니다. 그들의 영향력에서 진정한 자유를 얻는 유일한 길은 하나님의 은혜 안에서 내면의 상처를 온전히 치유받는 것입니다.

히브리서 12장 15절은 이렇게 말씀합니다. "너희는 하나님의 은혜에 이르지 못하는 자가 없도록 하고 또 쓴 뿌리가 나서 괴롭게 하여 많은 사람이 이로 말미암아 더럽게 되지 않게 하며"(개역개정).

쓴 뿌리를 해결하지 못한 부모가 온 가족에게 독기를 발산하는 모습을 본 적이 있습니까? 쓴 뿌리는 전염성이 있으며, 심지어 세대를 걸쳐 이어질 수도 있습니다. 누군가는 반드시 그 사슬을 끊어내야 합니다. 그리고 만약 여러분의 가정에 쓴 뿌리가 뿌리내렸다면, 바로 여러분이 그 사슬을 끊어내야 할지도 모릅니다.

부모님의 쓴 뿌리는 그들의 부모로부터, 그리고 또 그 윗세대로부터 이어진 것일 수 있습니다. 이제 그 굴레를 벗어날 때가 되었습니다. 그리고 그 사슬을 끊어낼 수 있는 유일한 방법은 은혜를 베푸는 것뿐입니다.

우리가 하나님의 은혜를 받아들이지 않는다면 우리의 삶은 점점 더 깊은 쓴뿌리를 키워가며 결국 영혼을 무겁게 짓누를 것입니다. 그 이유가 무엇일까요? 이 세상에는 죄가 있기 때문입니다. 우리는 망가진 행성에 살고 있습니다. 여기는 천국이 아닙니다. 악한 이들은 언제나 악한 방법으로 빠져나갑니다. 인생은 공평하지 않습니다.

그렇다면 용서는 공평할까요? 절대 아닙니다. 용서는 공정함이나 공평함의 문제가 아니라 은혜의 문제입니다.

우리가 타인을 용서하는 것은 단순히 의무감 때문이 아니라, 자유와 치유를 경험하기 위함입니다. 그것이 옳은 일이기에 용서하는 것입니다. 상처와 증오에 얽매인 채 살고 싶지 않기에 용서하는 것입니다.

용서는 무료지만, 결코 값싼 것이 아닙니다. 예수님은 용서를 위해 목숨을 내어주셨습니다. 하나님은 용서를 위해 독생자를 내어주셨습니다.

예수님은 십자가 위에서 두 팔을 벌리고 숨을 거두시며 이렇게 말씀하셨습니다. "아버지 저들을 사하여 주옵소서 자기들이 하는 것을 알지 못함이니이다"(눅 23:34, 개역개정). 이 말씀은 마치 "사랑합니다, 사랑합니다, 사랑합니다"라고 외치는 것과 같았습니다. 사실 예수님의 이 기도는 이런 의미를 담고 있습니다. "그들은 용서받을 자격이 없습니다. 자신들이 무엇을 하는지도 모르고 있습니다. 하지만 아버지, 그럼에도 그들을 용서해주십시오." 이것이 바로 무조건적인 사랑과 용서의 본질입니다.

오늘은 예수님을 본받아 다른 사람을 용서해보기 바랍니다. 예수님의 은혜로 당신의 쓰라린 마음을 치유하십시오.

끊임없이 변하는 바람 가운데서 안정을 유지하는 법

"오직 믿음으로 구하고 조금도 의심하지 마십시오.
의심하는 사람은 바람에 밀려 요동하는 바다 물결 같습니다."
_야고보서 1장 6절, 우리말

어려운 선택을 한 뒤에도 계속해서 자신의 결정에 의문을 품어본 적이 있는지요? 자신이 옳은 일을 했는지 끊임없이 자문하며, 그 문제에 대해 곱씹고 또 곱씹었을 것입니다.

성경은 이런 상태를 폭풍우 속에서 출렁이는 파도에 비유합니다.

"오직 믿음으로 구하고 조금도 의심하지 마십시오. 의심하는 사람은 바람에 밀려 요동하는 바다 물결 같습니다. 그런 사람은 주께 무엇을 받을 것이라고 기대하지 마십시오. 그는 두 마음을 품은 사람으로 그의 모든 길은 정함이 없습니다"(약 1:6-8, 우리말).

우리가 자신의 지혜에만 의지할 때, 의심에 사로잡히게 됩니다. 하나님은 우리가 결정을 내리기 전에 그분의 인도하심을 구하고, 일단 결정이 내려지면 하나님과 그분의 선하심을 신뢰하길 바라십니다.

하나님을 신뢰할 때, 우리는 자신을 의심하는 일에서 자유하게 됩니다. 바람이 끊임없이 방향을 바꾸고 미래가 불확실해 보여도 우리는 결코 바람에 휩쓸려 날아가버리지 않을 것입니다.

야고보는 우리가 내린 결정과 관련해 하나님을 온전히 신뢰하지 못한다면, 그것은 우리의 충성심이 하나님과 세상 사이에서 나뉜 것이라고 지적합니다. 야고보서 1장 8절의 다른 번역본에서는 이런 분열된 충성심을 "두 마음"(double-minded)이라고 표현하는데, 이는 헬라어로 "두 개의 영혼"(two-souled)을 뜻하는 단어에서 왔습니다. 즉, 우리가 상반된 방향으로 끌려가며 우유부단해지고, 앞뒤로 흔들린다는 의미입니다.

더불어 야고보는 우리가 자기 의심에 빠져 있다면, 하나님에게서 지혜를 얻을 수 없다고 경고합니다. 이런 이중적인 태도는 우리의 영적 생활을 불안정하게 만들고, 결국 우리의 기도에 악영향을 미쳐, 하나님의 귀중한 지혜를 놓치게 만듭니다.

그러나 좋은 소식이 있습니다. 하나님은 기꺼이 우리에게 지혜를 주길 바라십니다! 불확실한 시기에 하나님을 믿고 의지한다면, 그분은 우리가 지혜로운 결정을 내리는 데 필요한 모든 것을 언제나 허락해주실 것입니다.

인내는 복을 가져옵니다

"인내하는 자를 우리가 복되다 하나니."
_야고보서 5장 11절, 개역개정

하나님은 인내하는 이들에게 특별한 은혜를 베푸십니다. 야고보서 5장 11절은 이렇게 말씀합니다. "인내하는 자를 우리가 복되다 하나니"(개역개정). 다시 말해, 인내하는 것은 우리에게 유익을 가져다준다는 것입니다.

인내는 우리를 성숙한 인격으로 빚어갑니다. 순간의 감정에 휘둘리지 않는 지혜를 더해주어 목표를 더 효과적으로 달성하게 하며, 사람들로부터 존경받고 더 행복한 관계를 맺게 합니다. 이처럼 인내에는 다양한 축복과 유익이 따릅니다.

성경은 약속합니다. "우리가 선을 행하되 낙심하지 말지니 포기하지 아니하면 때가 이르매 거두리라"(갈 6:9, 개역개정).

우리의 인격 성장에서, 직면한 상황 속에서, 가족과의 관계에서, 그리고 하나님의 교회 안에서 어려움과 피로, 기다림의 시기를 인내로 견뎌낼 때, 우리는 특별한 축복을 경험하게 됩니다. 그리고 그것은 단지 지금 당장 누릴 수 있는 보상만이 아닙니다. 성경은 하늘에서도 상급이 있을 것이라고 말씀합니다.

예수님은 마태복음 5장 11-12절에서 이렇게 말씀하셨습니다. "나로 말미암아 너희를 욕하고 박해하고 거짓으로 너희를 거슬러 모든 악한 말을 할 때에는 너희에게 복이 있나니 기뻐하고 즐거워하라 하늘에서 너희의 상이 큼이라"(개역개정). 누군가가 우리에게 상처를 줄 때, 우리의 마음을 사로잡는 가장 강력한 욕망 중 하나는 바로 보복하고자 하는 마음일 것입니다.

하지만 앙갚음하고 싶은 마음이 들 때마다, 잠시 멈추고 생각해보기 바랍니다. 이 싸움이 과연 우리가 받게 될 영원한 상급을 포기할 만큼 가치 있는 일일까요? 결코 그렇지 않습니다. 반격하는 대신 인내를 선택하십시오.

저 또한 리더의 위치에서 수많은 비판과 도전에 직면해왔습니다. 사람들은 끊임없이 저를 오해하고, 의심의 눈초리를 보내며 날카로운 질문을 던집니다. 하지만 저는 침묵으로 하나님께 나의 정당함을 맡기는 법을 배워왔습니다. 보복하지 않을 때 제가 가장 예수님과 닮아간다는 사실을 깨달았기에, 저는 그저 침묵을 지킵니다. 우리가 보복의 유혹을 이겨낼 때 비로소 그리스도의 참된 모습을 드러내게 되는 것입니다.

고발당하고 학대받으실 때도, 위기 상황 속에서도 예수님은 보복하지 않으시고 옳은 일을 선택하셨습니다. 인내의 길을 택하신 것입니다. 누군가가 여러분에게 상처를 줄 때, 여러분이 인내하며 하나님이 그 일을 처리하시도록 맡긴다면, 하나님은 그 상황을 살피시고 여러분을 축복하실 것입니다.

하나님의 집에 당신이 거할 곳이 있습니까?

"내가 가서 너희가 있을 곳을 마련하면, 다시 와서 너희를 나에게로 데려다가,
내가 있는 곳에 너희도 함께 있게 하겠다."
_요한복음 14장 3절, 새번역

십자가를 지시기 전날 밤, 예수님은 우리 한 사람 한 사람을 마음에 품으시고 영원한 약속을 남기셨습니다.

예수님은 이렇게 말씀하셨습니다. "내 아버지의 집에는 있을 곳이 많다. 그렇지 않다면, 내가 너희가 있을 곳을 마련하러 간다고 너희에게 말했겠느냐? 나는 너희가 있을 곳을 마련하러 간다. 내가 가서 너희가 있을 곳을 마련하면, 다시 와서 너희를 나에게로 데려다가, 내가 있는 곳에 너희도 함께 있게 하겠다"(요 14:2-3, 새번역).

말씀으로 온 우주를 창조하신 전능하신 하나님께서 우리 각자를 위한 완벽한 거처를 세심하게 준비하고 계십니다. 그 천국 집은 우리가 상상하는 그 무엇보다 더 놀라울 것입니다!

성경은 이렇게 말씀합니다. "눈으로 보지 못하고 귀로 듣지 못하고 사람의 마음에 떠오르지 않은 것들을 하나님께서는 자기를 사랑하는 사람들을 위해 예비해주셨다(고전 2:9, 우리말)."

우리의 제한된 이해로는 천국의 영광과 경이로움을 온전히 헤아릴 수조차 없습니다. 그곳은 우리가 하나님의 임재 안에서 기쁨으로 거할 완벽한 장소입니다. 저는 여러분 모두가 그곳에서 함께하기를 간절히 소망합니다. 예수님도 당신이 그곳에 있기를 원하십니다. 그분은 당신이 그곳에 이르도록 자신의 목숨까지 내어주셨습니다.

하지만 천국에 들어가는 것은 자동적으로 보장되는 일이 아닙니다. 하나님의 집에 들어가려면 우리는 예수 그리스도 안에 있는 믿음을 통해 하나님 가족의 일원이 되어야 합니다.

우리는 자신이 죄인임을 하나님 앞에 인정하고 용서를 구함으로써 천국 백성이 됩니다. 예수 그리스도가 하나님의 아들이심을 믿고, 예수님이 우리의 죄를 위해 죽으셨으며, 하나님께서 그분을 다시 살리셨음을 고백해야 합니다. 우리는 구원을 위해 예수님을 온전히 신뢰하기로 결단해야 합니다. 그리고 예수님을 삶의 주인으로 따르겠다고 약속하고, 그분의 뜻에 순종하려 애쓰는 우리를 인도해달라고 간구해야 합니다.

이렇게 고백하고 행동할 때, 우리는 하나님의 가족 구성원이 되고자 하는 마음을 보이게 됩니다. 이것은 우리가 하늘에 계신 아버지 집에서 영원을 함께 보내게 된다는 의미입니다!

파도를 일으키는 분은 하나님이십니다

"모든 일을 하는 데는 적절한 시기와 방법이 있으나
우리는 그것에 대해서 잘 모르고 있다."
_전도서 8장 6절

삶의 다양한 측면에서, 특히 비즈니스 결정에서부터 가장 친밀한 인간관계에 이르기까지, 적절한 타이밍은 결정적인 차이를 만들어냅니다. 그리스도의 제자로서 우리는 매 순간 하나님의 섬세한 시간표에 우리의 걸음을 맞추어가야 합니다.

위대한 성취에는 언제나 타이밍이 따릅니다. 미식축구에서 성공적인 캐치를 위해서는 쿼터백과 리시버 간의 완벽한 호흡이 필수입니다. 비즈니스 세계에서도 시장 진입 시기, 특히 인력 채용이나 사업 확장에 관한 의사결정의 타이밍은 성공의 성패를 좌우할 수 있습니다. 노래를 부른다면 다른 연주자들과의 타이밍이 얼마나 중요한지 잘 알 것입니다.

몇 년 전, 저는《목적이 이끄는 교회》라는 책을 집필하면서 서문에 리더십을 서핑에 비유했습니다. 어떤 서퍼도 "오늘 파도를 만들러 갑시다"라고 하지 않습니다. 서퍼는 바다에 파도를 일으킬 수 없기 때문입니다. 파도를 일으키는 분은 오직 하나님이십니다. 서퍼는 하나님께서 만드시는 파도를 기다립니다.

이는 곧 서퍼들이 대기하는 데 많은 시간을 보낸다는 뜻이기도 합니다. 때로는 파도를 보고도 타이밍이 적절치 않다는 판단이 들어 그냥 흘려보내기도 합니다. 그러다 이상적인 파도를 만나면, 빠르게 패들링하여 파도에 올라타고, 파도의 힘에 휩쓸리지 않도록 균형을 잡으며 안전하게 라이딩을 마무리합니다.

서핑은 쉬워 보이지만 숙련된 기술이 필요한 스포츠입니다. 마찬가지로 인생도 하나님의 때를 분별하는 영적 훈련이 필요합니다. 우리는 타이밍의 기술을 연마해야 합니다. 성경 전도서 8장 6절은 이렇게 말씀합니다. "모든 일을 하는 데는 적절한 시기와 방법이 있으나 우리는 그것에 대해서 잘 모르고 있다."

삶에는 일정한 리듬이 있습니다. 적절한 시기에 적합한 행동을 취하는 능력을 배우는 것도 인생의 중요한 기술입니다. 그리스도인은 이를 종종 "성령 안에서 걷는 것"이라고 부릅니다. 그리스도를 따르는 제자로서 성장할수록, 우리는 성령과 보조를 더 잘 맞추게 됩니다.

무언가를 행할 적절한 때와 방법을 알고 싶다면 성령의 도우심을 구해야 합니다. 그런 다음 성령께서 어떻게 역사하시는지 주의 깊게 살펴보아야 합니다.

여러분은 스스로 파도를 일으키려 애쓰며 고갈되는 삶을 살 수도 있고, 하나님이 보내시는 파도를 분별하고 그분의 흐름을 따라 풍성한 삶을 누릴 수도 있습니다. 어떤 삶을 살고 싶으신가요?

내려놓음, 그것이 승리의 비결입니다

"이 전쟁은 너희 전쟁이 아니라 나 여호와의 전쟁이다."
_역대하 20장 15절

막 이륙을 준비하는 비행기에 앉아 있는 상황을 상상해보십시오. 비행기가 활주로를 달릴 때, 여러분은 팔을 퍼덕이기 시작합니다. 속도가 올라가고 비행기 앞부분이 들리기 시작할 때, 여러분은 더욱 빠르게 팔을 움직입니다. 공중에 뜨자, 승무원이 다가와 묻습니다.

"무엇을 하고 계신 건가요?"

"아, 우리가 이륙할 수 있게 돕고 있었어요."

말도 안 되는 소리 아닙니까? 하지만 하나님만 하실 수 있는 일을 우리가 떠맡으려 할 때 이렇게 보일지도 모릅니다. 비행기를 띄우려 애쓸 필요가 없듯, 하나님을 돕겠다고 애쓸 필요도 없는 것입니다.

왜 우리는 항상 피곤을 느낄까요? 자주 좌절하고 삶에 지치는 이유가 무엇일까요? 한 가지 이유는 우리가 하나님께 속한 싸움을 우리 힘으로 싸우려 하기 때문입니다. 우리가 하나님이 아닌데도 말입니다.

"이 전쟁은 너희 전쟁이 아니라 나 여호와의 전쟁이다"(대하 20:15).

우리는 지나치게 독립적이어서 모든 짐을 홀로 짊어지려 합니다. 문제에 직면하면 "이건 내가 해결해야 할 일이야. 내 책임이지!"라고 즉각적으로 반응합니다. 하지만 하나님 역할을 대신하려 노력하는 것은 우리를 지치게 만듭니다. 우리는 그 짐을 감당하도록 만들어지지 않았기 때문입니다.

어쩌면 우리도 결혼생활, 건강, 재정, 학업, 세상 문제 등을 홀로 해결하기 위해 분주히 뛰어다녔을 것입니다. 오로지 자기 힘으로 해내려 애썼겠죠. 홀로 싸우다 녹초가 되어버린 겁니다. 그런 일을 겪고 마침내 포기하고 하나님께로 돌아왔을 때, 혹시 하나님을 실망시켰다는 생각이 들진 않았나요?

사실 우리는 하나님을 흡족하게 할 수 있는 존재가 아니기에, 실망시킬 수도 없습니다. 우리가 하나님을 틀어쥐고 있는 게 아닙니다. 하나님을 손아귀에 넣고 주무르고 있다고 생각할지 모르지만, 그것은 하나님이 아닌 우상일 뿐입니다. 내가 통제할 수 있다고 여기는 그 무엇을 신뢰하고 있다면, 그것은 결코 하나님이 아닙니다.

하나님은 오직 그분만 하실 수 있는 일을 우리에게 기대하지 않으시기에 우리를 향해 실망하지 않으십니다. 우리가 하나님을 붙드는 것이 아니라, 하나님이 우리를 붙드십니다.

이제 모든 것을 내려놓고 하나님께 항복하십시오. 바로 그때, 하나님은 우리 안에서 가장 놀라운 일을 행하실 것입니다.

응답이 지체될 때 하나님을 신뢰하는 법

"그러므로 형제자매 여러분, 주님께서 오실 때까지 참고 견디십시오. 보십시오,
농부는 이른 비와 늦은 비가 땅에 내리기까지 오래 참으며, 땅의 귀한 소출을 기다립니다.
여러분도 참으십시오. 마음을 굳게 하십시오. 주님께서 오실 때가 가깝습니다."
_야고보서 5장 7-8절, 새번역

우리가 어떤 어려움을 만났든, 하나님은 보이지 않는 곳에서 역사하고 계십니다. 우리는 그저 하나님을 믿고 인내하면 됩니다.

그러나 하나님의 응답이 지연될 때, 우리는 어떻게 그분을 향한 신뢰와 믿음을 굳건히 할 수 있을까요?

성경은 이렇게 말씀합니다. "그러므로 형제자매 여러분, 주님께서 오실 때까지 참고 견디십시오. 보십시오, 농부는 이른 비와 늦은 비가 땅에 내리기까지 오래 참으며, 땅의 귀한 소출을 기다립니다. 여러분도 참으십시오. 마음을 굳게 하십시오. 주님께서 오실 때가 가깝습니다"(약 5:7-8, 새번역).

우리는 농부들처럼 기대하며 기다려야 합니다. 농부들은 "과연 이게 자랄까?"라며 의심하지 않습니다. 그들은 농작물이 자라기를 기대하며, 기다리는 동안에도 수확할 때를 대비해 열심히 준비합니다.

우리도 하나님의 행하심과 섭리를 기대할 수 있습니다. 시편 130편 5절은 "내가 여호와의 도움을 기다리며 그의 말씀을 신뢰하노라"라고 고백하고, 이사야 49장 23절은 "내 도움을 기다리는 자는 수치를 당하지 않을 것이다"라고 약속합니다.

여러분은 하나님께서 무엇을 행하시길 간절히 기다립니까? 어쩌면 가정이 회복되기를, 경제적인 어려움이 해결되기를, 상처가 치유되기를, 혹은 믿지 않는 이들이 주님께 돌아오기를 기다리고 있을 것입니다. 하나님이 응답하실 것을 확신하며 기대하고 있습니까? 하지만 그렇게 기다리는 동안 준비하고 있지 않다면, 진정으로 그 일이 일어나길 바라는 게 아닙니다.

때로 우리는 하나님의 응답을 기다린다고 생각하지만, 사실은 하나님께서 우리의 마음이 준비되기를 기다리고 계실 수 있습니다. 우리가 영적으로 성숙해져서 그분의 축복을 감당할 준비가 되기를 바라시는 것입니다.

인내하며 기다리는 데 도움이 되도록, 하나님의 선하심과 은혜를 되새겨 보십시오. 하나님의 손길이 보이지 않고, 그분의 때가 너무 더딘 것 같을 때도, 그분은 우리 삶 가운데 일하고 계십니다.

속도를 늦추고, 조용히 하나님 말씀 앞에 앉아 예수님을 닮아가는 법을 배우십시오. 그리고 추수 때를 위해 부지런히 일하는 농부처럼, 열심히 준비하십시오. 하나님의 때에 맞춰 우리의 삶이 준비되어 있을 때, 그분의 놀라운 역사를 경험하게 될 것입니다.

사탄의 미끼를 분별하는 지혜

"사람이 시험을 받는 것은 자기 욕심에 끌려 유혹을 받기 때문입니다."
_야고보서 1장 14절

제 아버지에게 낚시는 하루를 마무리하는 일과이자 삶의 기쁨이었습니다. 무슨 일이 있어도 매일 최소 30분은 낚시터에 가셨죠. 비록 제가 한 마리도 잡지 못했지만, 아버지의 능숙한 낚시 기술을 관찰하면서, 저는 물고기를 유인하기 위해서는 단순한 낚싯바늘 이상의 무언가가 필요하다는 귀중한 교훈을 일찍이 터득했습니다.

물속에 그저 낚싯줄만 던진다고 물고기를 잡을 수 있을까요? 절대 그렇지 않습니다. 반드시 미끼를 걸어야 합니다! 노련한 낚시꾼은 물고기 종류에 따라 선호하는 미끼가 다르다는 사실을 알고 있습니다.

낚시꾼이 물고기 종류에 맞는 미끼를 고르듯, 사탄도 우리를 유혹할 맞춤형 미끼를 던집니다. 사탄은 무엇이 우리 관심을 끄는지 정확히 압니다. 우리의 약점이 무엇인지, 채워지지 않은 감정적 욕구나 마음 깊은 곳의 열망이 무엇인지 정확히 알고 있습니다.

따라서 우리는 자신의 사고 패턴을 세심하게 관찰하고 점검해야 합니다. 낚싯바늘이 죄라면, 미끼는 사탄이 우리의 취약점을 겨냥해 던지는 교묘한 거짓말입니다. "이렇게 하면 기분이 좋아질 거야. 이렇게 하면 보상이 있을 거야. 이렇게 하면 모든 게 잘될 거야."

미끼 아래 숨은 갈고리를 알면서도, 우리는 계속 미끼를 물려고 합니다. 왜 그럴까요? 낚이지 않고 계속 물고 있는 게 가능하다고 생각하기 때문입니다. 하지만 멀쩡할 거라는 생각 또한 사탄이 던지는 또 하나의 미끼입니다.

가장 흔한 거짓말 중 하나는, 우리가 유혹에 빠질 때마다 우리 밖의 무언가가 우리를 유혹했다고 말하는 것입니다. 그러나 진짜 문제는 밖이 아니라 안에 있습니다. 야고보서 1장 14절은 이렇게 말합니다. "사람이 시험을 받는 것은 자기 욕심에 끌려 유혹을 받기 때문입니다."

유혹은 우리 내면의 욕망, 즉 사탄이 미끼로 삼는 약점에서 시작됩니다. 그 욕망은 죄로 이어지고, 그 죄는 사망에 이릅니다. 우리가 무엇을 생각하느냐가 기분을 좌우하고, 우리가 어떻게 느끼느냐가 행동을 결정합니다.

처한 환경 탓을 하는 습관을 버리십시오. 유혹에 빠질 때, 우리는 어쩔 수 없었다고 여길지 모릅니다. 하지만 우리는 이 문제를 해결할 수 있습니다! 해결의 실마리는 생각의 방식을 바꾸는 데서 시작됩니다.

유혹에 직면할 때, 잠시 멈추고 "내가 지금 어떤 거짓말을 믿고 있지?"라고 자문해보십시오. 그런 다음 그 거짓말을 하나님의 진리로 대체하십시오. 하나님의 진리는 우리를 언제나 생명으로 인도합니다.

하나님은 언제 어디서나 함께하십니다

"내가 새벽 날개를 치며 바다 끝에 가서 거주할지라도 거기서도 주의 손이 나를 인도하시며
주의 오른손이 나를 붙드시리이다."
_시편 139편 9~10절, 개역개정

하나님은 모든 차원을 초월하여 동시에 존재하시기에, 우리는 결코 고독하지 않습니다.

그분은 과거에도, 현재에도, 미래에도 계십니다. 하늘에도, 땅에도 계시고, 영의 세계, 우리가 사는 이 세상에도 계십니다. 우리 안에, 우리 위에, 우리 주위에 계시는 분입니다. 네, 하나님은 다차원적인 분이십니다.

그 어떤 신도 모든 차원을 아우르지는 못합니다. 오직 성부와 성자와 성령의 위격으로 계신 한 하나님만이 그러하십니다. 하나님의 이 다차원적 특성 덕분에 우리는 절대 혼자가 아닙니다.

"내가 주의 영을 떠나 어디로 가며 주의 앞에서 어디로 피하리이까 내가 하늘에 올라갈지라도 거기 계시며 스올에 내 자리를 펼지라도 거기 계시니이다 내가 새벽 날개를 치며 바다 끝에 가서 거주할지라도 거기서도 주의 손이 나를 인도하시며 주의 오른손이 나를 붙드시리이다"(시 139:7-10, 개역개정).

하나님과 숨바꼭질해봤자 소용없습니다. 우리가 숨고자 하는 그 모든 장소에 하나님은 이미 계시기에, 그분이 우리를 찾아 나설 이유가 없습니다. 이것이 바로 하나님의 무소부재입니다. 하나님은 어디에나, 모든 것 안에 계십니다. 시작이자 끝이신 분이며, 우리는 하나님이 계시지 않은 곳을 본 적도, 지금 찾을 수도, 앞으로도 발견할 수 없을 것입니다.

이 사실이 우리에게 큰 힘이 됩니다. 우리가 어디를 가든 하나님은 함께 가실 것이며, 그분은 이미 우리를 만나러 그곳에 계실 테니까요.

하나님은 이 세상의 모든 차원, 심지어 우리가 알지 못하는 그 모든 차원에 계시기에, 과거나 현재, 미래 어디에서도 하나님이 완전히 다스리지 못하시는 영역을 찾아볼 수 없습니다. 그분을 놀라게 할 만한 일도, 우리와 가까이 있고자 하는 그분의 마음을 빼앗거나, 우리를 향한 그분의 사랑을 변화시킬 수 있는 것은 없습니다.

우리는 하나님에게서 벗어날 수 없습니다. 하나님은 자기 자신의 임재가 우리에게 평안과 화평, 기쁨을 가져다주기를 원하십니다. 우리가 어디에 있든, 그분은 가까이 계십니다.

하나님 은혜에 어떻게 반응하고 있습니까?

"하나님의 의는 예수 그리스도를 믿는 믿음을 통하여 오는 것인데,
모든 믿는 사람에게 미칩니다. 거기에는 아무 차별이 없습니다."
_로마서 3장 22절, 새번역

구원은 하나님께서 거저 주시는 놀라운 선물입니다. 우리는 모든 죄를 용서받고 영원한 생명을 선물로 받을 수 있습니다. 우리에게 구원은 공짜이지만, 누군가는 반드시 그 대가를 치러야만 했기에 이는 결코 값싼 것이 아닙니다. 예수님께서 십자가에 달리셨을 때, 우리가 저지른 죄에 대한 대가를 치르심으로써 우리의 죄를 사해주셨습니다.

만약 천국에 이르는 다른 길이 있었다면 하나님께서 그 방법을 택하지 않으셨을까요? 거룩하신 하나님이 불완전한 인간을 완벽한 하늘나라로 인도할 다른 방도가 있었다면, 하나님은 자기 아들을 희생시키는 대신 그렇게 하지 않으셨을까요? 물론 그러셨을 것입니다.

일부 사람들은 도덕적으로 올바르게 살거나 단순히 신의 존재를 인정하는 것만으로도 천국에 갈 수 있다고 주장합니다. 그러나 만약 그것이 진실이라면, 예수 그리스도의 십자가 죽음은 왜 필요했을까요? 만일 십자가의 죽음이 불필요했다면, 예수님은 그 고통에 몸을 맡기지 않으셨을 것입니다.

진실은 우리 모두가 죄로 가득하다는 것입니다. 하나님의 기준으로 볼 때 진정으로 선한 사람은 존재하지 않습니다. 성경은 우리 모두가 하나님의 거룩함에 미치지 못한다고 말씀합니다. 그래서 우리에게 구원자가 필요한 것입니다!

성경은 이렇게 지적합니다. "하나님의 의는 예수 그리스도를 믿는 믿음을 통하여 오는 것인데, 모든 믿는 사람에게 미칩니다. 거기에는 아무 차별이 없습니다"(롬 3:22, 새번역). 여러분이 누구이건, 무엇을 했건 상관없이 그리스도께 나아올 수 있습니다. 이는 우리가 평생 받은 제안 중 가장 은혜로운 것 아니겠습니까?

그리스도께 나아가는 것은 다음과 같은 단순한 기도로 시작됩니다.

"하나님, 제가 죄를 짓고 제멋대로 살아왔음을 고백합니다. 저는 예수님께서 십자가에서 돌아가시고, 무덤에서 부활하심으로써 더는 제가 직접 죗값을 치를 필요가 없게 하시고, 영원히 주님과 함께 살 수 있게 해주셨음을 믿습니다. 제가 저지른 잘못을 용서해주시고, 저를 주님의 가족으로 받아주소서. 제 삶의 모든 영역을 주님께 맡기고 싶습니다. 주님을 충실히 따르고 섬길 수 있도록 도와주세요. 예수님의 이름으로 기도합니다. 아멘."

오늘 여러분의 죄에서 벗어나, 예수님께서 여러분을 대신해 십자가에서 이미 그 죄의 값을 치르셨음을 믿으십시오. 여러분의 죄 문제는 해결된 것입니다! 이것이 바로 예수님께서 여러분을 얼마나 사랑하시는지를 보여줍니다.

내일을 준비하되, 오늘에 충실하십시오

"그러므로 내일 일을 걱정하지 말아라. 내일 걱정은 내일이 맡아서 할 것이다.
한 날의 괴로움은 그 날에 겪는 것으로 족하다."
_마태복음 6장 34절, 새번역

미래의 가장 큰 축복은 그것이 하루씩 우리에게 찾아온다는 것입니다. 만약 인생의 모든 사건이 한순간에 밀어닥친다면, 우리는 그 무게를 견디기 힘들 것입니다. 그래서 하나님은 우리에게 미래를 24시간씩, 한입 크기로 나누어 주십니다.

하나님께서 하루치 시간만 주시는 이유는 우리가 하루 단위로 인생에 접근하기를 바라시기 때문입니다. 우리는 한 번에 하루씩만 살아가면 충분합니다.

예수님께서는 "그러므로 내일 일을 걱정하지 말아라. 내일 걱정은 내일이 맡아서 할 것이다. 한 날의 괴로움은 그 날에 겪는 것으로 족하다"(마 6:34, 새번역)라고 가르치셨습니다.

아직 오지도 않은 내일의 짐을 오늘이라는 그릇에 담으려 하지 마십시오. 다음 주에 어떤 일이 일어나든, 그것 때문에 오늘을 망가뜨리지 마십시오.

걱정한다고 과거가 바뀌지 않습니다. 걱정한다고 미래를 통제할 수도 없습니다. 걱정은 오직 오늘을 비참하게 만들 뿐입니다!

하나님은 우리에게 필요한 모든 은혜를 주시지만, 그것은 오늘 꼭 필요한 만큼, 매일 그 정도로만 주십니다. 하나님은 우리에게 다음 주나 한 달 치 은혜를 미리 비축해두라고 하지 않으십니다. 예수님도 이렇게 기도하라고 하셨습니다. "우리에게 날마다 필요한 양식을 주시고"(마 6:11). 예수님은 우리가 하루하루 살아가기를 원하십니다.

모든 것이 불확실하고 어떤 선택이 미래를 위해 현명한 결정인지 알 수 없을 때는 오늘에 집중하십시오. 하나님은 우리가 내일을 걱정하기를 원치 않으십니다. 미래를 위해 계획하고, 기도하고, 하나님을 신뢰할 수는 있습니다. 하지만 우리는 오늘을 의미 있게 살아내는 데 에너지를 쏟아야 합니다.

현대 사회에서 이를 실천할 수 있는 한 가지 방법은 미디어 소비를 줄이는 것입니다. 대신 영적 성장이나 도움이 필요한 이들을 돌보는 일 같은, 하나님이 사랑하고 관심 갖는 일에 집중하세요. 그것이 하루하루를 의미 있게 만듭니다.

성경은 "너는 내일 일을 자랑하지 말라 하루 동안에 무슨 일이 일어날는지 네가 알 수 없음이니라"(잠 27:1, 개역개정)라고 가르칩니다. **인생의 다른 모든 것이 불분명해 보일 때, 오늘 하루에 집중하는 것이 우리가 붙들 수 있는 가장 확실한 일입니다!**

내일을 준비하되, 오늘을 충실히 살아가십시오. 오늘과 내일, 순종하며 살아가는 데 필요한 모든 것을 하나님께서 허락하실 것입니다.

하나님이 주신 영적 자원을 발견하는 법

"그분께 다가가기만 하면, 여러분에게도 그분의 충만하심이 나타날 것입니다.
그분의 능력은 모든 것에 두루 미칩니다."
_골로새서 2장 10절, 메시지

새로운 시작을 앞두고 있다면, 하나님께서 당신에게 맡기신 모든 자원을 면밀히 점검하는 것이 중요합니다. 즉, 일을 해나가는 데 활용할 수 있는 자원들을 정리하고 평가해보아야 합니다. 이 목록을 작성할 때 자기 자신에게 다음 세 가지 질문을 던져보세요.

1. 나의 자산은 무엇인가?

신체적 능력부터 교육과 경험, 재정에 이르기까지 하나님께서 허락하신 모든 자산을 깊이 있게 살펴보십시오. 그리고 하나님의 자녀로서 가지고 있는 영적 자산을 잊지 마십시오. 하나님께서 당신에게 특별히 위임하신 사명은 무엇입니까? 골로새서 2장 10절은 이렇게 말씀합니다. "그분께 다가가기만 하면, 여러분에게도 그분의 충만하심이 나타날 것입니다. 그분의 능력은 모든 것에 두루 미칩니다"(메시지).

2. 내가 배운 것은 무엇인가?

잠시 시간을 내어 인생에 대해, 자신에 대해, 하나님에 대해 배운 교훈을 모두 적어보십시오. 갈라디아서 3장 4절은 "여러분의 그 많은 체험은, 다 허사가 되었다는 말입니까? 참말로 허사였습니까?"(새번역)라고 묻습니다. 경험에서 배운다면 그 시간은 결코 허비한 게 아닙니다.

특히 하나님은 고통까지도 의미 있게 사용하시므로, 힘들었던 경험들에 특별히 주목하십시오. 과거의 실수에 발목 잡히지 말고, 그 경험들을 통해 하나님께서 가르치신 지혜를 발견하십시오.

또한 성경에 기초한 탁월한 가르침을 통해 배운 모든 것을 되새겨 보십시오. 성경은 디모데후서 3장 14절에서 "그대가 배워서 믿은 것을 굳게 붙잡으십시오. 그대는 그대를 가르친 스승들의 고상한 성품을 잘 알고 있습니다"(메시지)라고 도전합니다.

3. 누가 나의 새 출발을 도와줄 수 있는가?

잠언 15장 22절은 "의논 없이 세워진 계획은 실패하지만, 조언자들이 많으면 그 계획이 이루어진다"(새번역)라고 말씀합니다. 자만심은 종종 우리의 꿈과 목표 달성을 방해합니다. 조언을 구하지 않고 혼자 해결하려는 태도는 위험합니다.

성경은 자만이 멸망으로 이끈다고 경고합니다. 반면 겸손한 자는 배울 준비가 되어 있어

하나님의 은혜를 입는다고 말씀합니다. 이미 모든 것을 알고 있다는 태도로는 결코 새 출발을 할 수 없습니다. 우리에겐 진실을 말해주고, 보이지 않는 부분을 짚어주며, 격려해주고, 하나님의 약속을 상기시켜 줄 사람들이 필요합니다.

철저하고 정직하게 재고목록을 작성하면, 하나님께서 여러분의 새 출발을 어떻게 준비하셨는지 깨달을 수 있을 것입니다. 스스로 위 질문들을 던지면서, 하나님께서 당신의 생각을 인도하시고 지혜를 주시도록 기도하십시오. 이렇게 간구하십시오.

"하나님, 제 삶을 최대한 풍성하게 하시려고 허락하신 모든 도구와 경험, 사람들을 보여주소서. 제 아픈 경험까지도 저를 빚어 주님이 원하시는 사람이 되게 하소서. 계속 배우고 하나님을 닮아갈 수 있도록, 겸손하고 정직한 마음 주소서. 예수님의 이름으로 기도합니다. 아멘."

집을 청소할 때가 되었습니다

"우리도 갖가지 무거운 짐과 얽매는 죄를 벗어버리고,
우리 앞에 놓인 달음질을 참으면서 달려갑시다."
_히브리서 12장 1절, 새번역

진정한 변화를 위해서는 집을 청소해야 합니다.

실제 집을 청소하는 것도 쉽지 않지만 영적인 집 청소는 더욱 큰 도전으로 느껴질 수 있습니다. 그러나 하나님은 우리가 평생 그분을 닮아가길 원하시기에, 이 영적 청소야말로 우리의 최선의 노력을 쏟아부어야 할 영역입니다. 하나님의 성품을 본받아가는 여정은 종종 우리에게 도전적인 변화를 요구합니다. 성경은 이렇게 말씀합니다. "우리도 갖가지 무거운 짐과 얽매는 죄를 벗어버리고, 우리 앞에 놓인 달음질을 참으면서 달려갑시다"(히 12:1, 새번역).

영적인 집을 청소하려면 먼저 우리 삶에 숨어 있는 모든 먼지와 잡동사니를 정직하게 마주해야 합니다.

건강한 몸을 원한다면, 집에 영양가 있는 음식만을 구비하고 매일 15분이라도 꾸준한 운동을 실천해보십시오.

정신적 건강을 위해서는 부적절한 출판물 구독을 중단하거나 특정 TV 프로그램 시청을 제한하는 것이 필요할 수 있습니다. 일부 앱을 삭제하거나 미디어 소비 시간에 대해 보다 엄격한 제한을 두어야 할 수도 있습니다.

균형 잡힌 삶을 원한다면, 하나님 앞에서 진정으로 가치 있는 것이 무엇인지 분별해야 합니다. 중요도가 낮은 활동들, 심지어 유익해 보이는 활동들까지도 과감히 제거하여 가장 핵심적인 것에 집중할 수 있어야 합니다.

깨끗한 마음을 원한다면 기도 중에 하나님께 고백해야 할 것들을 묻고 참회하는 시간을 가져보세요. 이것이 영적 청소의 가장 어려운 단계일 수 있습니다. 고백을 통해 우리 영혼 전체에 해로운 습관을 일으키는 죄를 인식하고 근절하는 것입니다.

성경은 에베소서 4장 22절에서 "옛날의 생활 방식, 곧 거짓된 욕망으로 부패해 가는 옛사람을 벗어 버리고"(엡 4:22)라고 말씀합니다.

영적인 집을 청소할 때가 되었습니다. 그러나 이는 일회성 이벤트로 끝나서는 안 됩니다. 물리적인 집을 정기적으로 청소해야 하는 것처럼, 우리의 영적인 삶에서도 어떤 부분이 청소가 필요한지 자문하는 습관을 들여야 합니다. 이렇게 할 때, 하나님의 풍성한 축복으로 새 삶을 시작하게 될 것입니다.

더 이상 상처가 느껴지지 않을 때까지

"그때 베드로가 예수께 와서 물었다. '주님, 형제가 제게 죄를 저지르면,
몇 번이나 그를 용서해주어야 합니까? 일곱 번까지 용서하면 충분하겠습니까?'
예수께서 대답하셨다. '아니다. 일곱 번뿐 아니라, 일흔 번씩 일곱 번까지라도
용서해주어라.'"
_마태복음 18장 21-22절, 쉬운말

용서는 대부분 일회성 이벤트로 끝나지 않습니다. 그렇다면 얼마나 자주 용서해야 할까요?

상처를 더 이상 느끼지 않을 때까지 용서해야 합니다. 그때가 되면 진정으로 용서했다는 것을 알게 될 것입니다.

마태복음 18장 21-22절에는 이런 대화가 나옵니다. "그때 베드로가 예수께 와서 물었다. '주님, 형제가 제게 죄를 저지르면, 몇 번이나 그를 용서해주어야 합니까? 일곱 번까지 용서하면 충분하겠습니까?' 예수께서 대답하셨다. '아니다. 일곱 번뿐 아니라, 일흔 번씩 일곱 번까지라도 용서해주어라'"(마 18:21-22, 쉬운말).

베드로는 자신이 꽤 관대하다고 생각했습니다. 당시 유대 율법에 따르면 한 사람을 세 번 용서하는 것으로 충분했습니다. 그래서 베드로는 "율법은 세 번이라고 하는데, 제가 두 배로 늘리고 하나 더 추가하면 어떨까요? 일곱 번이면 충분하지 않을까요?"라고 생각했을 것입니다.

그러나 예수님은 이렇게 응답하셨습니다. "베드로야, 네 생각은 내가 기대하는 수준에 훨씬 못 미치는구나. 일흔 번씩 일곱 번이라도 용서해야 한단다!" 다시 말해, 우리는 끊임없이 용서해야 합니다. 고통이 사라질 때까지 계속 용서하면 되는 것입니다.

과거의 상처가 마음을 흔들 때마다, 하나님 앞에서 이렇게 겸손히 고백하십시오. "하나님, 그 사람 때문에 정말 아팠고 아직도 아픕니다. 하지만 저는 원망 대신 사랑으로 가득 차기를 원하기에, 복수할 권리를 포기하겠습니다. 저를 상처 준 사람들을 축복하기로 선택합니다. 하나님, 그들의 삶에 복을 내려주시길 기도합니다. 그들이 복받을 자격이 있어서가 아닙니다. 저 역시 하나님의 복을 받을 자격이 없지만, 하나님께서 저에게 주신 것처럼 그들에게도 은혜를 베풀어주시길 기도합니다."

이는 결코 쉬운 일이 아닙니다. 사실, 이 글을 읽는 분들 중 몇몇은 상처 때문이 아니라 용서를 거부하는 태도 때문에 결혼 생활이 위기에 처할 수도 있다는 것을 압니다.

"그냥, 용서하고 싶지 않아요"라고 말할지도 모르겠습니다. 누가 그러고 싶겠습니까? 그러나 우리가 용서하는 이유는 그것이 옳은 일이기 때문이며, 그리고 우리가 감당해야 할 삶을 살아내기 위해서입니다. 이 과정이 결코 쉽지 않지만, 하나님의 도우심으로 우리는 할 수 있습니다.

두려움이 아닌 믿음의 시선으로 바라본 삶의 비전

"우리가 곧 올라가서 그 땅을 취하자. 능히 이기리라."
_민수기 13장 30절, 개역개정

인생을 두려움의 눈으로만 보면 우리의 잠재력은 묻혀버리고 맙니다. 미래를 믿음의 렌즈가 아닌 두려움의 안경을 통해 바라본다면, 우리는 하나님께서 우리에게 허락하신 능력을 제대로 인식하지 못하게 됩니다.

모세가 약속의 땅을 정탐하기 위해 정탐꾼들을 보냈을 때, 열두 명 중 열 명이 이렇게 보고했습니다. "우리는 그들을 당해 낼 수가 없습니다. 그들은 우리보다 훨씬 강합니다"(민 13:31). 하나님께서 이스라엘과 함께하기로 약속하셨음에도, 그들은 믿음보다는 두려움에 사로잡혔던 것입니다. 오직 여호수아와 갈렙만이 그 땅을 차지할 수 있다는 하나님의 약속을 굳게 믿었습니다.

믿음이 아닌 두려움에 근거한 비전은 평생 우리의 발목을 잡을 것입니다. 기회를 놓치고, 하나님이 주신 재능을 낭비하게 합니다. 두려움은 자기 성취적 예언이 되어 우리를 패배로 이끕니다.

두려움에 사로잡힌 정탐꾼들은 자신들이 보잘것없다고 여겼습니다. 그들은 이렇게 말합니다. "그 땅에는 힘센 장사들이 수두룩하고 사람들의 키가 모두 컸으며 … 우리가 보기에도 우리 자신들이 메뚜기처럼 느껴졌는데 그들의 눈에도 우리가 그 정도밖에 보이지 않았을 것입니다"(민 13:32-33).

약속의 땅에 거인들이 있었던 것은 사실입니다! 그들로 인해 이스라엘 백성 중 일부는 자신들을 초라한 존재로 여기게 되었지요. 이는 패배주의적 자아상입니다. 그런 자아상은 정탐꾼들의 자신감뿐 아니라, 주변 사람들에게까지 두려움을 전파합니다. 이것이 바로 두려움에 기초한 비전의 문제입니다. 자신과 세상을 바라보는 관점은 타인에게도 지대한 영향을 미치게 마련입니다.

만약 정탐꾼들이 두려움 대신 믿음으로 약속의 땅을 바라보았다면, 여호수아와 갈렙처럼 젖과 꿀이 흐르는 땅을 보았을 것입니다. 거인들을 바라볼 때도, 여호수아와 갈렙은 하나님의 눈으로 이스라엘 백성의 가능성을 보았습니다. 그들은 "우리가 곧 올라가서 그 땅을 취하자 능히 이기리라"고 말했습니다(민 13:30, 개역개정).

하나님께 믿음으로 순종할 때 그분이 우리를 통해 이루실 수 있는 일을 과소평가하지 마십시오. 하나님께서 우리를 부르신 이유가 무엇이든, 우리는 반드시 그분이 공급하시는 힘으로 그 일을 해낼 수 있습니다.

인생 전체를 감싸 안고 있는 위대한 목적

"여러분이 작다고 느끼는 것은 여러분 자신에게서 비롯된 것입니다.
여러분의 삶이 작지 않은데도, 여러분은 작게 살고 있습니다. …
여러분의 삶을 넓히십시오. 탁 트인 마음으로 대범하게 사십시오!"

_고린도후서 6장 12-13절, 메시지

전국적으로 유명한 한 사업가가 제게 이런 메시지를 보낸 적이 있습니다. "제 주변 사람들은 모두 제가 엄청난 성공을 거두고 있다고 여깁니다. 하지만 속으로는 불안하고, 허전하고, 작다고 느낍니다." 그는 겉으로는 승승장구하는 것처럼 보이지만, 내면의 깊은 불안과 초라함을 감추며 살아가는 '가면 증후군'의 고통을 토로하고 있었습니다. 이 증후군을 경험하는 사람들은 자주 이런 의문을 품습니다. "제가 그렇게 성공했다면, 왜 가짜 같은 기분이 들까요? 왜 더 큰 만족감을 느끼지 못할까요? 왜 아직도 무언가 부족한 것 같을까요?"

만약 당신이 성공만을 좇아 살아간다면, 삶에는 언제나 공허함이 자리할 것입니다. 성공이라는 것은 우리 내면의 깊은 갈망을 완전히 채우기에는 부족하기 때문입니다. 우리는 성공을 넘어, 더 높은 차원의 삶, 즉 의미를 추구하는 삶으로 나아가야 합니다. 우리는 단순한 성공이나 부를 위해서가 아닌, 하나님의 영원한 목적을 위해 태어났습니다.

저는 세상에서 가장 부유한 사람들을 몇 분 알고 있습니다. 그분들 모두 이렇게 말씀하실 것입니다. 재물은 삶을 좀 더 편안하게 만들 수는 있지만, 결코 삶에 의미를 부여하지는 못한다고 말입니다. 의미와 목적이 없는 삶은 피상적이고 공허할 뿐입니다. 우리는 그 이상의 무언가를 위해 지어졌습니다. 성경은 이렇게 말씀합니다. "여러분이 작다고 느끼는 것은 여러분 자신에게서 비롯된 것입니다. 여러분의 삶이 작지 않은데도, 여러분은 작게 살고 있습니다. … 여러분의 삶을 넓히십시오. 탁 트인 마음으로 대범하게 사십시오!"(고후 6:12-13, 메시지).

진실은, 우리의 삶이 무척 소중하다는 것입니다. 하나님은 우리를 너무나 귀하게 여기셔서 친히 이 땅에 오셔서 완벽한 삶을 사신 후, 우리의 죄를 위해 목숨을 버리셨습니다. 우리가 하나님께 얼마나 중요한지 알고 싶다면, 십자가에 달리신 예수님을 바라보십시오. 주님은 우리 없이 사느니 차라리 죽음을 택하셨습니다. 그분은 우리를 뼛속 깊이 사랑하십니다.

우리 삶에는 영원한 의미가 있지만, 안타깝게도 우리는 그 귀한 삶을 무의미하게 낭비하곤 합니다. 만일 그동안 예수님과의 관계보다 덧없는 것들에 더 많은 관심을 쏟아왔다면, 이제 방향을 재조정해야 할 때입니다. 우리가 시간과 정성을 예수님께 더욱 집중할수록, 주님은 우리 삶을 평화와 능력으로 충만케 하실 것입니다. 그리고 우리를 목적 있는 삶으로 이끄시어 이 땅에서 그분의 사명에 동참하게 하실 것입니다.

우리는 바로 이 위대한 목적을 위해 지음받았습니다!

하나님을 신뢰한다는 것은 100% 순종하는 것입니다

"그대가 율법을 심판하면, 그대는 율법을 행하는 사람이 아니라
율법을 심판하는 사람입니다."
_야고보서 4장 11절, 새번역

 하나님의 계명에 대해 우리가 알아야 할 두 가지 핵심 진리가 있습니다.

첫째, 옳고 그름에 대한 하나님의 기준은 영원불변합니다. 6000년 전에 잘못된 것은 오늘날에도 여전히 잘못된 것입니다. 문화와 대중의 의견은 변할지 모르지만, 진리는 결코 변하지 않습니다. 진리는 영원합니다.

둘째, 하나님의 관점은 우리의 관점보다 훨씬 큽니다. 우리의 시야 밖에 있는 것들도 하나님은 모두 꿰뚫어 보고 계십니다. 인간의 힘으로는 시간의 시작 이전으로 거슬러 올라가거나 영원을 내다볼 수 없습니다. 또한 우리 주변에서 일어나는 모든 일, 보이는 것과 보이지 않는 것을 완전히 이해할 수는 없습니다.

그러므로 우리는 하나님을 신뢰해야 합니다. 성경은 말씀하십니다. "그대가 율법을 심판하면, 그대는 율법을 행하는 사람이 아니라 율법을 심판하는 사람입니다"(약 4:11, 새번역).

인류 역사상 가장 오래된 유혹은 바로 하나님의 말씀을 의심하는 것입니다. 사탄은 여전히 하와에게 "하나님이 정말 너희에게 동산에 있는 모든 과일을 먹지 말라고 하셨느냐?"(창 3:1)라고 물었을 때처럼 우리를 속이려 합니다. 사탄은 우리 욕망이 하나님의 명령보다 더 중요하다고 우리를 설득하려 들지만, 믿음은 우리가 이해하는 부분이나 하고 싶은 부분만이 아니라, 세세한 부분까지 하나님을 신뢰하고 온전히 순종하는 것입니다. 잠언 3장 5절은 "너는 마음을 다하여 여호와를 신뢰하고 네 명철을 의지하지 말라"(개역개정)고 권면합니다.

열왕기하 5장의 나아만 장군 이야기는 완전한 순종의 중요성을 잘 보여줍니다. 나병에 걸린 아람 군대 장관 나아만은 엘리사 선지자의 사자로부터 요단강에 일곱 번 몸을 담그면 나을 것이라는 말을 들었습니다.

이 단순한 지시가 나아만의 교만한 마음에는 너무도 어리석게 여겨져 그는 분노하며 돌아설 뻔했습니다. 하지만 종들의 간곡한 설득으로, 나아만은 마지막으로 한번 시도하기로 마음을 돌렸습니다. 그는 요단강에 일곱 번 몸을 담갔고, 하나님은 그를 치유하셨습니다! 만약 나아만이 화가 나서 돌아갔거나, 여섯 번만 물에 들어갔거나, 하나님이 자신을 바보로 만든다고 생각했다면 어땠을까요? 하지만 나아만은 하나님을 완전히 믿고 순종했고, 하나님은 그를 나병에서 고쳐주셨습니다.

여러분이 온 마음을 다해 하나님께 순종한다면, 하나님이 여러분의 삶 가운데 어떤 놀라운 일들을 행하실지 상상해보십시오.

낙심하지 말고 옳은 일을 계속하십시오

"선한 일을 하다가, 낙심하지 맙시다. 지쳐서 넘어지지 아니하면,
때가 이를 때에 거두게 될 것입니다."
_갈라디아서 6장 9절, 새번역

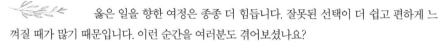

옳은 일을 향한 여정은 종종 더 힘듭니다. 잘못된 선택이 더 쉽고 편하게 느껴질 때가 많기 때문입니다. 이런 순간을 여러분도 겪어보셨나요?

규율을 따르는 것보다 무시하는 것이, 진실을 말하는 것보다 거짓을 얘기하는 것이, 이타적으로 행동하는 것보다 자기중심적으로 구는 것이, 타인을 사랑으로 대하는 것보다 자기 이익만을 추구하는 것이 더 쉬워 보입니다.

옳은 일을 하려면 자제력과 지혜 그리고 강한 의지가 필요하기에 지치게 되는 것입니다. 하지만 하나님은 우리가 지칠지라도 옳은 일을 계속한다면 하나님이 약속하신 복을 경험하게 될 것이라고 말씀하십니다.

갈라디아서 6장 9절은 "선한 일을 하다가, 낙심하지 맙시다. 지쳐서 넘어지지 아니하면, 때가 이를 때에 거두게 될 것입니다"(새번역)라고 전합니다.

우리는 씨앗을 심는 즉시 열매를 얻지 못합니다. 항상 시간이 필요하지요. 한 계절에 씨앗을 심고, 다른 계절에 수확하게 됩니다.

마찬가지로, 옳은 일을 행할 때와 하나님의 복을 누릴 때 사이에는 시간차가 있을 수 있습니다. 왜일까요? 하나님은 선행을 넣으면 즉시 복이 나오는 자판기가 아니기 때문입니다. 하나님을 삶의 중심에 두고 타인에게 관대하게 베푼다고 해서, 다음 날 모든 어려움이 마법처럼 사라지리라 기대하는 것은 비현실적입니다. 하나님의 약속은 그렇게 이뤄지지 않습니다.

그렇다면 "잠시 후"가 오기 전에 우리는 무엇을 해야 할까요? 계속해서 옳은 일을 해야 합니다. 믿음의 가장 큰 시험 중 하나는 올바른 일을 하고 있는데 즉각적인 보상이 보이지 않을 때, 그 지연된 응답을 어떻게 대하느냐 하는 것입니다.

하나님의 약속은 우리가 가장 어두운 골짜기를 지날 때조차 앞으로 나아갈 수 있는 용기와 인내의 원천이 됩니다. 낙담에 빠지지 마십시오. 대신, 옳은 일을 선택했을 때 우리를 기다리고 있는 것이 무엇인지 기억하십시오. 포기하지 마세요!

하나님을 아는 것, 인생의 최고 가치

"그것들뿐만 아니라 이 세상 그 어떤 것도 내 주 예수 그리스도를 아는 것과
비교가 되지 않습니다. 예수 그리스도를 위하여 나는 모든 것을 버렸습니다.
모든 것이 쓰레기처럼 아무런 가치가 없다는 것을 이제 압니다.
이로써 나는 그리스도를 알게 되었습니다."

_빌립보서 3장 8절, 쉬운

사람들이 자랑하는 것을 보면 그들에게 무엇이 중요한지 알 수 있습니다. 자녀가 가장 소중하다면 아이들을 자랑하고, 직업이 인생의 전부라면 일에 대해 이야기하겠지요. 여행과 경험을 최고로 여긴다면 그 주제로 대화를 나눌 것입니다. 우리는 가장 가치 있게 여기는 것을 자랑하게 마련입니다.

하나님은 예레미야 9장 23-24절에서 이렇게 말씀하십니다. "지혜로운 사람은 자기의 지혜를 자랑하지 말고, 힘 있는 사람은 자기의 힘을 자랑하지 말며, 부유한 사람은 자기의 부유함을 자랑하지 마라. 오직 자랑하고 싶은 사람은 나를 … 자랑하여라"(쉬운).

이 세상의 모든 지식과 경험을 통틀어 가장 귀한 것은 살아계신 하나님을 알아가는 것입니다. 이것이야말로 인생의 핵심 가치입니다! 우주의 창조주 하나님은 우리를 사랑하시고 우리와 교제하기를 원하십니다. 우리가 하나님과 가까워질수록 평안과 새로운 시각을 얻게 될 것입니다. 요한복음 6장 63절은 "내가 너희에게 한 말은 영적인 생명에 관한 것이다"라고 전합니다.

진정한 우정은 서로에 대한 헌신을 통해 입증됩니다. 하나님과의 관계 또한 그분과 함께 시간을 보내고 그분의 말씀을 묵상함으로써 깊어집니다. 하나님과의 친밀함은 여유 시간에 성경을 읽는 정도로는 결코 이룰 수 없는 깊이 있는 관계입니다. 하나님의 벗이 되려면 하나님을 아는 것을 최우선 순위에 두고, 그분을 가장 많이 생각하고 이야기해야 합니다. 하나님은 우리가 그분과 함께하기를 간절히 바라십니다.

바울은 이렇게 고백했습니다. "그것들뿐만 아니라 이 세상 그 어떤 것도 내 주 예수 그리스도를 아는 것과 비교가 되지 않습니다. 예수 그리스도를 위하여 나는 모든 것을 버렸습니다. 모든 것이 쓰레기처럼 아무런 가치가 없다는 것을 이제 압니다. 이로써 나는 그리스도를 알게 되었습니다"(빌 3:8, 쉬운).

여러분은 어떠신가요? 매일 예수 그리스도를 더 깊이 알고자 진실로 갈망하고 있습니까? 우리가 하나님과 얼마나 가까이 있는지는 오직 우리의 선택에 달려 있습니다. 다른 어떤 것보다 하나님을 알고 싶어 할 때, 우리는 비로소 그분의 친구가 될 수 있습니다.

하나님을 알고 사랑하는 것은 우리에게 주어진 최고의 특권이며, 하나님께서 알아주시고 하나님께 사랑받는 것은 우리의 가장 큰 기쁨입니다. 그것이 바로 우리에게 참된 생명을 선사하는 원천이기 때문입니다. 하나님을 아는 일, 그것이 바로 인생의 최고 가치입니다.

당신의 모든 것이 예수님을 향하게 하십시오

"우리는 우리 자신을 전파하는 것이 아니라 예수 그리스도가 주님이 되신다는 것과
우리는 예수님을 위한 여러분의 종이라는 것을 전파하고 있습니다."
_고린도후서 4장 5절

인생은 여러분에 관한 것이 아닙니다.

하나님께서 우리를 사용하시길 원한다면, 우리는 삶이 자기 자신에 관한 것이 아니라 예수님에 관한 것임을 명심해야 합니다.

"삶은 당신에 관한 것이 아니다"라는 말은 세상이 가르치는 모든 가치관을 뒤흔드는 혁명적인 메시지입니다. 많은 문화는 자기중심성을 부추기며, 광고들은 "당신이 최고입니다! 당신에게 가장 좋은 것을 하세요! 자신을 먼저 생각하세요!"라고 외칩니다.

그러나 우리는 우주의 중심이 아닙니다. 하나님이 중심이십니다. 이것이 바로 우리가 자아에 대한 모든 질문, 기회, 비판에 좌절하고, 그것들이 결코 완전히 해결되지 않는 이유입니다. 결국 자신만을 위해 사는 삶은 지루해집니다.

성경은 이렇게 말씀합니다. "우리는 우리 자신을 전파하는 것이 아니라 예수 그리스도가 주님이 되신다는 것과 우리는 예수님을 위한 여러분의 종이라는 것을 전파하고 있습니다"(고후 4:5).

바울은 여기서 모든 것이 예수님을 위한 것이라고 두 번이나 강조했습니다. 그의 모든 행동은 예수님과 복음을 위한 것이었습니다. 즉, 예수님을 따르는 법을 배우는 것은 동기와 직결되는 문제입니다.

하나님께서 "내가 너를 만들었으니, 무엇을 해도 괜찮다"라고 하실 때, 우리 삶에 수많은 가능성이 열립니다.

하나님은 우리의 방법론보다 동기에 훨씬 더 관심이 많으십니다. 우리는 옳은 방법으로 세상에서 크게 성공할 수 있습니다. 그러나 탐욕, 경쟁, 질투, 죄책감 같은 그릇된 동기라면 하나님은 그것을 귀하게 여기지 않으십니다.

반대로 우리는 모든 면에서 실수하고 실패를 거듭할 수도 있습니다. 하지만 우리가 예수님을 위해, 올바른 동기로 그 일을 행한다면 하나님은 "그것으로 충분하다"라고 말씀하실 것입니다. 하나님께서는 우리가 "무엇"을 하는지보다 "왜" 하는지를 더욱 중요하게 보십니다.

성경은 이렇게 말씀합니다. "무엇을 하든지 말과 행동에 주 예수님의 이름으로 하고 그분을 통해 하나님 아버지께 감사하십시오"(골 3:17).

영적 성숙을 위한 습관을 갖추려면

"우리는 그리스도교의 초보적 교리를 제쳐놓고서, 성숙한 경지로 나아갑시다."
_히브리서 6장 1절, 새번역

믿음 안에서 성장하는 것은 그 자체가 목적이 아닙니다. 우리는 성장하면서 동시에 사역을 위한 준비를 갖추게 됩니다. 영적 성숙도를 가늠하는 중요한 지표 중 하나는 예수 그리스도를 통한 구원의 복음을 타인과 나누는 능력입니다.

성경은 이렇게 권면합니다. "우리는 그리스도교의 초보적 교리를 제쳐놓고서, 성숙한 경지로 나아갑시다"(히 6:1, 새번역).

하나님은 우리가 영원히 영적인 유아로 머물기를 바라지 않으십니다. 오히려 평생 배우는 자가 되어, 하나님에 대해 깨달은 바를 나누어 주길 원하십니다. 하나님은 우리가 영적인 소비자에 머물지 않고 다른 이들을 세워가는 영적 조력자가 되기를 원하십니다! 히브리서 5장 12절은 안타까움을 담아 이렇게 말합니다. "사실 여러분은 지금쯤 선생이 되었어야 할 터인데도 오히려 하나님의 말씀에 대한 기초적인 원리를 다시 배워야 할 형편에 있습니다."

물론 모든 사람이 전임 교사가 되어야 하는 것은 아닙니다. 그러나 인생의 각 단계마다 하나님은 우리를 통해 다른 이들에게 전달하고자 하는 특별한 교훈들을 준비해두셨습니다. 때로는 일대일 대화로, 때로는 소그룹에서 경험을 나누는 방식으로 가르칠 수 있습니다.

훌륭한 선생은 먼저 훌륭한 제자로 살아갑니다. 하나님의 마음을 평생 배우는 제자들은 어떤 습관을 가지고 있을까요? 그들은 정기적으로 기도하며 말씀을 묵상합니다. 영적 성장에 도움이 되는 책을 읽고 진지하게 성경을 공부합니다. 또한 소그룹 모임에 출석하고, 믿음을 든든히 세우는 강좌에도 열심히 참석합니다. 바꿔 말하면, 그들은 "경건한 사람이 되도록 훈련"(딤전 4:7)합니다.

여러분은 예수님 안에서 얻은 소망을 효과적으로 가르칠 수 있도록 영적으로 건강해지고 싶으신가요? 그렇다면 "내 삶의 어느 부분에서 가장 성장이 필요할까?"라고 먼저 자신에게 묻길 바랍니다.

어쩌면 성경을 더 잘 이해해야 할 수도 있고, 유혹에 저항하는 법을 배워야 할 수도 있습니다. 혹은 그리스도를 닮은 태도를 기르거나 성경적 교제와 공동체에 대한 사랑을 키워야 할 수도 있습니다. 좋은 목표를 세웠다면, 이제 영적 성숙으로 나아가는 습관을 키워 나가기 시작하면 됩니다.

하나님께 최고의 시간을 드리십시오

"여호와께서는 자기를 두려운 마음으로 섬기는 자들에게 친밀감을 가지시고
그 약속의 비밀을 그들에게 보이실 것이다."

_시편 25편 14절

하나님과의 우정도 다른 모든 관계와 마찬가지로 시간을 필요로 합니다. 여러분이 세상에서 만난 친구들을 위해 시간을 내지 않는다면, 그들은 진정한 의미에서 여러분의 친구라 할 수 없습니다. 하나님이 여러분의 가장 친밀한 벗이 되시려면, 여러분은 인생에서 가장 귀한 시간을 그분께 내어드려야 합니다.

하나님께 드리는 참된 예배의 시간은 하루의 피곤한 끝자락이나 마음이 산란한 순간이 아닌, 가장 맑고 깨어 있는 시간이어야 합니다. 하나님께 최고를 드린다는 것은 다른 모든 것보다 그분을 우선으로 선택하는 것입니다. 하나님과의 시간을 계획하고 그 약속을 지키는 것입니다.

성경은 "너희는 가만히 있어 내가 하나님 됨을 알지어다"(시 46:10, 개역개정)라고 말씀합니다. 오늘날 혼란한 세상에서 이 말씀을 실천하려면 매일 하나님과 조용한 시간을 가져야 합니다.

시편 25편 14절은 다시 한번 강조합니다. "여호와께서는 자기를 두려운 마음으로 섬기는 자들에게 친밀감을 가지시고 그 약속의 비밀을 그들에게 보이실 것이다."

많은 이들이 하나님의 깊은 사랑을 체험하지 못하는 것은 그분과의 친밀한 교제를 위한 시간을 따로 구별하지 않기 때문입니다. 하나님과의 우정은 그분을 경외하며 시간을 함께 보내는 이들을 위한 것입니다.

우정에 시간을 투자하지 않는다면 그 관계는 어떻게 될까요? 우정에는 지속적인 관심이 필요합니다. 하나님과의 교제가 일주일에 한 번 예배 참석으로 그친다면, 그분을 깊이 있게 알아가기는 쉽지 않을 것입니다.

하나님을 경외하는 마음으로 조용히 앉아 그분께 집중해야 합니다. 그러면 하나님은 말씀과 성령을 통해 자신을 드러내실 것입니다. 성경을 공부하면서 하나님의 본질, 그분을 신뢰할 수 있는 이유 그리고 당신을 통해 이루고자 하시는 일을 더 깊이 알게 될 것입니다. 하나님과 함께하는 시간이 늘어날수록 그 우정은 더욱 깊어질 것입니다.

우리는 종종 인생은 누구를 사귀는지에 따라 달라진다는 말을 듣습니다. 하지만 하나님은 당신의 존재와 정체성, 모든 가치와 의미를 완성하시는 유일한 분입니다. 그 하나님을 알아가고 사랑하는 일에 당신이 더 많은 시간을 할애할 때, 하나님과의 관계가 인생에서 가장 의미 있게 될 것입니다.

예수님의 평안: 세상을 초월한 선물

"나는 너희에게 평안을 주고 간다. 이것은 내가 너희에게 주는 내 평안이다.
내가 주는 평안은 세상이 주는 것과는 다르다.
너희는 마음에 근심하지 말고 두려워하지도 말아라."

_요한복음 14장 27절

예수님을 위해 마음의 자리를 내어드릴 때, 그분은 우리에게 가장 귀한 선물 중 하나를 주십니다. 바로 평안입니다. "나는 너희에게 평안을 주고 간다. 이것은 내가 너희에게 주는 내 평안이다. 내가 주는 평안은 세상이 주는 것과는 다르다. 너희는 마음에 근심하지 말고 두려워하지도 말아라"(요 14:27).

세상이 주는 평안이 얼마나 허망하고 일시적인지요. 지난 300년간 수백 개의 평화 조약이 맺어졌지만, 거의 모두가 휴지 조각이 되고 말았습니다. 세상의 평안은 전적으로 상황에 좌우됩니다. 안정적인 직장이 있을 때는 평안을 느끼다가도, 그 자리를 잃으면 평안도 함께 흔들리곤 합니다. 은행 잔고가 넉넉하면 평안하지만, 그 돈이 없어지면 평안도 없어집니다.

하지만 예수님이 주시는 평안은 다릅니다. 성경은 이를 "도저히 상상도 할 수 없는 하나님의 놀라운 평안"(빌 4:7)이라고 표현합니다.

이 말씀이 무슨 의미일까요? 그것은 평안할 이유가 전혀 없어 보이는 상황에서도 평안을 누리는 것입니다. 주변이 온통 혼란스러워도 설명할 수 없는 평안이 우리 안에 머무는 것입니다. 이는 오직 평강의 왕이신 예수님으로부터만 얻을 수 있는 초자연적인 평안입니다.

예수님은 우리가 걱정과 두려움에서 벗어나 이 평안을 누리기를 원하십니다.

예수님이 들어오시는 곳마다 평안이 가득합니다. 여러분의 마음속에 걱정, 혼란, 불안, 두려움으로 가득 찬 방들이 있습니까? 그곳은 아직 예수님을 초대하지 않은 영역들입니다. 우리의 걱정거리는 하나님께 온전히 맡기지 못한 부분들을 드러냅니다. 재정, 연애, 직장, 자녀 양육, 일정, 사역 등 무엇이든 될 수 있습니다. 그것이 무엇이든, 우리는 그것을 내려놓고 예수님께 맡겨야 합니다.

진정한 평안을 누리는 유일한 길이 여기 있습니다. 우리 삶의 모든 부분을 하나님의 목적을 위해 드리는 것입니다. 그때 우리는 어떤 압박 속에서도 흔들리지 않는 평안을 경험하게 될 것입니다.

· February ·

하나님의 부르심: 당신의 자격은 이미 충분합니다

"그러므로 여러분은 여러분의 지체를 죄에 내맡겨서 불의의 연장이 되게 하지 마십시오.
오히려 여러분은 죽은 사람들 가운데서 살아난 사람답게, 여러분을 하나님께 바치고,
여러분의 지체를 의의 연장으로 하나님께 바치십시오."

_로마서 6장 13절, 새번역

우리의 능력을 넘어서는 위대한 목적을 위해 하나님께 쓰임받는 것보다 더 큰 기쁨은 없습니다. 인생의 목적은 단순히 공부하고, 일자리 구하고, 돈 벌고, 은퇴해서 여생을 편하게 보내는 데 있지 않습니다. 우리의 인생은 경력을 쌓는 것 이상의 의미가 있습니다. 우리는 영원한 목적을 위해 창조되었기 때문입니다.

성경은 우리에게 이렇게 말씀합니다. "그러므로 여러분은 여러분의 지체를 죄에 내맡겨서 불의의 연장이 되게 하지 마십시오. 오히려 여러분은 죽은 사람들 가운데서 살아난 사람답게, 여러분을 하나님께 바치고, 여러분의 지체를 의의 연장으로 하나님께 바치십시오."(롬 6:13, 새번역).

안타깝게도, 많은 사람이 '하나님께서 나 같은 사람을 어떻게 사용하실까?'라는 두려움을 마음 깊이 품고 있습니다. 어떤 이들은 과거의 죄와 실수 때문에, 또 다른 이들은 적절한 교육이나 재능, 출신 배경이 부족하다고 여겨 자격이 없다고 느낍니다. 여러분 중에도 '나는 자격이 없어' 또는 '나는 부족해'라고 생각하는 분이 있을지 모르겠습니다.

하지만 사도 바울의 삶을 살펴보면, 하나님이 여러분을 상상도 할 수 없는 방식으로 사용하고 싶어 하신다는 사실을 알 수 있습니다. 역사상 바울만큼 하나님께 쓰임받은 사람은 드뭅니다. 그는 거의 혼자 힘으로 로마제국 전역에 기독교를 전파했고, 가는 곳마다 교회를 세웠으며, 신약성경의 절반가량을 기록했습니다. 그는 하나님을 기쁘시게 하려는 목적으로 살았습니다.

그러나 바울이 설교자, 목회자, 교회 개척자가 되기 전에 어떤 삶을 살았는지 아십니까? 그는 반(反) 기독교 운동에 앞장섰던 사람이었습니다. 하나님이 사용하실 만한 사람과는 거리가 멀어도 너무 멀었습니다. 바울은 이렇게 고백합니다. "내가 전에 유대교에 있을 적에 한 행위가 어떠하였는가를, 여러분이 이미 들은 줄 압니다. 나는 하나님의 교회를 몹시 박해하였고, 또 아주 없애버리려고 하였습니다. … 그러나 나를 모태로부터 따로 세우시고 은혜로 불러 주신 [하나님께서]"(갈 1:13, 15, 새번역).

우리의 과거가 미래를 결정하지는 않습니다. 과거는 이미 지나갔습니다! 그 경력으로 하나님께 쓰임받을 자격이 박탈되지는 않습니다. 또한 우리가 가졌던 혹은 갖지 못했던 기회들이 하나님의 사명을 감당할 자격을 결정하지도 않습니다.

하나님께서는 이미 여러분을 선택하고 부르셨습니다. 그분은 놀라운 은혜로 오늘 여러분을 사용하고 싶어 하십니다.

하나님의 용서가 우리는 자유하게 합니다

"진리를 알지니 진리가 너희를 자유롭게 하리라."
_요한복음 8장 32절, 개역개정

죄의 짐은 때때로 우리를 압도합니다. 하지만 예수님께서는 이 짐에서도 우리를 자유롭게 하겠다고 약속하셨습니다. 요한복음 8장 32절에서 예수님은 "진리를 알지니 진리가 너희를 자유롭게 하리라"라고 말씀하셨습니다.

여러분은 죄책감이 어떤 느낌인지 아실 겁니다. 죄책감은 우리의 행복을 앗아가고, 우울증을 일으키며, 심지어 육체적으로 아프게 할 수 있습니다. 이스라엘의 위대한 왕 다윗도 죄를 지었을 때 이 무거운 죄책감을 느꼈습니다. 그는 하나님께 "주의 구원의 즐거움을 내게 회복시켜 주[옵소서]"(시 51:12, 개역개정)라고 간절히 부르짖었습니다.

하나님께서는 죄에 대한 해답을 주셨습니다. 바로 고백입니다. 성경은 요한일서 1장 9절에서 "우리가 우리 죄를 고백하면 신실하시고 의로우신 하나님은 우리 죄를 용서하시고 모든 죄악에서 우리를 깨끗하게 하실 것입니다"라고 말씀합니다.

여러분은 어쩌면 아주 간단한 해결책이 있는 문제를 놓고 몇 년을 고민해왔을지도 모릅니다. 깨끗한 양심이면 충분합니다. 예수님은 우리에게 즉각적인 용서라는 선물을 주십니다. 우리가 진심으로 죄를 고백할 때, 예수님은 우리의 과거를 씻어내시고 새로운 시작을 허락하십니다. 하나님은 "내가 그들의 잘못을 용서하고 다시는 그들의 죄를 기억하지 않을 것이다"(렘 31:34)라고 약속하셨습니다.

사탄은 우리를 죄책감에 짓눌리게 하고 하나님이 주신 자유를 경험하지 못하게 방해합니다. 하지만 하나님은 그렇게 역사하지 않으십니다. 우리가 용서를 구하면 하나님은 용서하시는 것이 하나님의 방식입니다. 그리고 한 걸음 더 나아가 우리의 잘못을 실제로 잊어버리십니다.

이는 마치 하나님께서 우리의 죄를 바다 깊숙이 던져 넣으시고 '낚시 금지'라는 표지판을 세우신 것과 같습니다. 하나님은 우리 죄를 다시 끄집어내지 않으실 것이며, 우리도 그렇게 하지 않기를 바라십니다. 하나님은 우리가 진정으로 자유로워지기를 원하십니다.

여러분은 오늘 죄책감에 시달리고 계십니까? 예수님께서 우리를 자유하게 하려고 오셨다는 사실을 기억하기 바랍니다. 우리가 죄를 고백하면, 예수님은 우리를 용서해주시고 죄책감에서 벗어나게 해주실 것입니다. 이제 과거는 용서받았고, 우리는 더 이상 과거에 얽매이지 않는 진정한 자유 속에서 살아갈 수 있습니다.

흔들리는 세상 속 우리의 불변하는 소망

"여러분도 참으십시오. 마음을 굳게 하십시오. 주님께서 오실 때가 가깝습니다."
_야고보서 5장 8절, 새번역

우리는 예측 불가능하고 불안정한 시대를 살아가고 있습니다. 하지만 우리 주변과 세계 곳곳에서 어떤 일이 벌어지더라도, 한 가지 확실한 진리가 있습니다. 바로 하나님께서 여전히 주권을 가지고 다스리고 계신다는 사실입니다.

성경은 우리에게 이렇게 격려합니다. "그러므로 형제자매 여러분, 주님께서 오실 때까지 참고 견디십시오. 보십시오, 농부는 이른 비와 늦은 비가 땅에 내리기까지 오래 참으며, 땅의 귀한 소출을 기다립니다. 여러분도 참으십시오. 마음을 굳게 하십시오. 주님께서 오실 때가 가깝습니다. 형제자매 여러분, 심판을 받지 않으려거든, 서로 원망하지 마십시오. 보십시오, 심판하실 분께서 이미 문 앞에 서 계십니다"(약 5:7-9, 새번역).

야고보가 이 구절에서 주님의 다시 오심을 여러 번 언급하는 이유가 무엇일까요? 그것이 바로 하나님이 다스리신다는 궁극적인 증거이기 때문입니다.

역사는 하나님께서 써내려가시는 이야기입니다. 그것은 무작위로 순환하거나 윤회하지 않습니다. 역사는 직선적이며, 한 지점을 향해 나아가고 있습니다. 하나님께는 분명한 계획과 목적이 있으며, 예수님은 반드시 다시 오실 것입니다.

모든 일은 하나님의 계획대로 진행되고 있습니다. 우리는 예수님의 재림 시기를 알 수 없지만, 성경은 예수님의 초림보다 재림에 대해 더 많이 이야기합니다. 그러므로 다시 오심에 대한 기대감으로 우리의 일상은 달라져야 합니다. 우리는 큰 소망을 품고 살아야 합니다!

인내하십시오. 하나님의 때는 언제나 완벽합니다. 여러분의 상황이 통제 불가능해 보이고, 겪고 있는 일들이 고통스럽게 느껴질 때도, 하나님은 결코 늦지 않으시며 항상 모든 것을 주관하고 계십니다.

예수님의 약속은 오늘 이 순간 우리를 향한 것입니다. "내가 가서 너희가 있을 곳을 마련하면, 다시 와서 너희를 나에게로 데려다가, 내가 있는 곳에 너희도 함께 있게 하겠다"(요 14:3, 새번역).

인생에는 불확실한 것이 많지만, 예수님의 재림은 우리가 절대적으로 확신할 수 있는 약속입니다. 이 확신이 우리에게 흔들리지 않는 소망을 줍니다. 우리는 결코 실망하지 않을 것입니다!

모든 것이 무너진 것 같은 순간에도, 이 진리를 굳게 붙드십시오. 하나님께서 모든 것을 주관하고 계십니다. 예수님께서 곧 돌아오셔서 모든 것을 바로잡고 새롭게 하실 것입니다.

우리가 타인을 바라보는 방식이 영적 성숙의 척도입니다

"예수께서 나오사 큰 무리를 보시고 그 목자 없는 양 같음으로 인하여
불쌍히 여기사 이에 여러 가지로 가르치시더라."
_마가복음 6장 34절, 개역개정

우리가 하나님의 관점에서 인생을 보고 있는지를 어떻게 알 수 있을까요? 답은 의외로 간단합니다. 하나님의 시각으로 세상을 바라보기 시작하면, 사람들을 대하는 우리의 태도가 달라지기 시작합니다. 사실, 남들을 어떻게 보는지는 성경 지식의 양, 교회 출석 빈도, 봉사 활동, 십일조 생활 혹은 기도 생활보다 우리의 영적 성숙도를 더 정확히 보여주는 척도입니다.

인생의 본질은 사랑과 관계에 있습니다. 그러므로 여러분의 영적 성숙도를 가늠해보고 싶다면, 다른 이들을 어떻게 바라보고 있는지 돌아보십시오. 하나님은 여러분의 배우자를 귀중하고 사랑스러운 존재로 보시며, 있는 그대로 받아들이고 용서하십니다. 여러분도 배우자를 이런 시선으로 보고 있는지요?

식료품점에서 마주치는 낯선 이는 어떻습니까? 운전 중 여러분의 차를 멈추게 한 사람은요? 길가에서 구걸하는 이는 어떻게 보이십니까? 다른 이들을 볼 때 무엇이 보이시나요? 그들에게 짜증이 나거나 부담스럽게 느껴지나요? 아니면 하나님이 창조하신 그대로, 고유한 가치를 지닌 존재로 보이시나요? 함께 일하는 동료들은 어떤가요? 그들이 적으로 생각됩니까? 경쟁자로 보입니까? 아니면 하나님께서 사랑하는 자녀들로 보입니까?

모든 사람은 하나님께 소중합니다. 그들의 신분, 과거의 행적, 심지어 신념과 상관없이 말입니다. 예수님은 그들 모두를 사랑하시고 그들을 위해 목숨을 바치셨습니다. 하나님은 모든 이에게 계획을 가지고 계시며, 그들과 관계 맺기를 원하십니다.

마가복음 6장 34절은 이렇게 기록합니다. "예수께서 나오사 큰 무리를 보시고 그 목자 없는 양 같음으로 인하여 불쌍히 여기사 이에 여러 가지로 가르치시더라"(개역개정).

이것이 바로 예수님께서 사람들을 대하시는 방식입니다. 예수님은 사람들의 부족함을 아시면서도, 늘 사랑과 긍휼의 눈으로 바라보십니다. 예수님은 모든 상황에서 은혜를 선택하십니다.

우리도 사람들을 바라보는 방식에서 이렇게 성장할 수 있습니다. 우리는 가족뿐만 아니라 이웃, 지역 사회 그리고 세상의 모든 이들을 향해 긍휼의 마음을 품는 법을 배울 수 있습니다.

예수님처럼 사람을 바라보는 법을 익히면서 우리의 영적 시야를 넓혀갑시다.

내면의 갈등을 넘어 영적 성장으로

"나는 속사람으로는 하나님의 법을 즐거워하나, 내 지체에는 다른 법이 있어서
내 마음의 법과 맞서서 싸우며, 내 지체에 있는 죄의 법에 나를 포로로 만드는 것을 봅니다."
_로마서 7장 22-23절, 새번역

여러분, 우리의 마음속에서는 지금 이 순간에도 치열한 영적 전투가 벌어지고 있습니다. 옳고 그름, 쉬운 길과 어려운 길, 건강한 선택과 해로운 선택 사이에서 우리는 끊임없이 갈등하고 있습니다.

스트레스, 불안, 외로움, 두려움, 질투와 같은 부정적 감정들은 사실 우리 내면에서 벌어지는 영적 전쟁의 결과물입니다. 우리가 겪는 모든 갈등의 뿌리는, 그것이 내적이든 외적이든, 우리 마음에서 비롯됩니다. 야고보서 4장 1절은 이렇게 말씀합니다. "너희 중에 싸움이 어디로부터 다툼이 어디로부터 나느냐 너희 지체 중에서 싸우는 정욕으로부터 나는 것이 아니냐"(개역개정).

우리 마음속 상충하는 욕망들 사이의 이 전쟁은 쉴 새 없이 계속됩니다. 24시간, 7일 내내, 심지어 우리가 잠들어 있을 때조차 격렬하게 진행됩니다. 이 싸움이 이토록 지속적이고 치열한 이유는 우리 마음이 우리의 가장 중요한 자산이기 때문입니다. 우리의 생각과 의지, 감정과 영혼이 모여 우리의 정체성을 이룹니다. 이 마음이 없다면 우리는 자기 자신이 아닙니다.

로마서 7장 22-23절은 이렇게 말씀합니다. "나는 속사람으로는 하나님의 법을 즐거워하나, 내 지체에는 다른 법이 있어서 내 마음의 법과 맞서서 싸우며, 내 지체에 있는 죄의 법에 나를 포로로 만드는 것을 봅니다"(롬 7:22-23, 새번역).

우리가 예수님을 따르면, 하나님의 영이 우리 안에 거하시고 그 영은 우리의 새로운 본성의 일부가 됩니다. 사탄은 우리 마음을 완전히 장악할 수는 없지만, 여전히 유혹의 생각들을 우리에게 속삭일 수 있습니다. 다시 말해, 사탄은 우리의 관심을 끌 만한 생각을 마음에 심을 수 있고, 이는 결코 작은 일이 아닙니다. 우리의 관심을 사로잡는 것은 무엇이든 우리를 지배할 수 있기 때문입니다. 우리는 사탄의 이런 제안을 받아들일지, 아니면 거부할지 결정해야 합니다.

지금 이 순간에도 우리 마음속에서는 수많은 일이 벌어지고 있고, 이 모든 것이 결국 우리의 태도와 행동으로 나타납니다. 그러므로 하나님께 기도하십시오. 잘못된 것을 버리고 옳은 것을 선택할 수 있도록, 파괴적인 것을 버리고 건강한 것을 선택할 수 있도록, 사탄의 거짓말을 버리고 하나님의 진리를 선택할 수 있도록 도와달라고 간구하십시오. 하나님은 성령을 통해 우리에게 필요한 능력을 주십니다!

하나님의 사랑에 응답하는 순종

"내가 너희에게 명한 것을 너희가 행하면, 너희는 나의 친구이다."
_요한복음 15장 14절, 새번역

예수님을 사랑한다고 말하면서 죄 많은 삶을 사는 것은 모순입니다. 그리스도인이라고 하면서 자기중심적인 삶을 고수할 수는 없습니다. 예수님의 제자라고 하면서 마음에 드는 말씀만 골라 순종하고 나머지는 무시하는 것도 옳지 않습니다.

예수님은 요한복음 15장 14절에서 분명히 말씀하셨습니다. "내가 너희에게 명한 것을 너희가 행하면, 너희는 나의 친구이다"(새번역).

믿지 않는 이들은 종종 그리스도인이 두려움이나 죄책감 혹은 의무감 때문에 순종한다고 오해합니다. 그래서 그들은 예수님께 순종하기를 꺼립니다. 솔직히 말하면, 저도 그런 동기로 순종하고 싶지는 않습니다!

그렇다면 우리가 진정으로 하나님께 순종해야 하는 이유는 무엇일까요? 그것은 바로 하나님의 사랑 때문입니다! 하나님은 우리에게 최선을 바라시며, 그 누구도 할 수 없는 방식으로 우리를 사랑하시기 때문입니다.

우리의 순종은 두려움이나 죄책감, 의무감에서 나오는 것이 아닙니다. 우리는 사랑 때문에 순종합니다. 하나님께서 먼저 우리를 사랑하시고 구원하셨기 때문입니다.

고등학교 시절을 돌이켜보면, 일부 친구들은 제가 그리스도인이라 재미있는 일을 전혀 하지 못할 거라고 오해했습니다. 그들은 마약하고, 술에 취하고, 파티를 즐기는 것이 진정한 자유라고 생각했지요. 하지만 예수님은 제 마음을 변화시키셔서, 그런 것들에 대한 욕구 자체를 바꾸어 놓으셨습니다.

저는 그런 것들을 원하지 않았습니다. 그것들은 자유로 포장된 값싸고 일시적인 쾌감에 불과했기 때문입니다. 그런 것들은 존엄성이 아닌 절망으로, 기쁨이 아닌 우울로 이어질 뿐입니다.

반면에 예수님께 순종하면 참된 생명으로 인도됩니다. 예수님은 이렇게 말씀하셨습니다. "아버지께서 나를 사랑하신 것같이 나도 너희를 사랑하였으니 나의 사랑 안에 거하라 내가 아버지의 계명을 지켜 그의 사랑 안에 거하는 것 같이 너희도 내 계명을 지키면 내 사랑 안에 거하리라 내가 이것을 너희에게 이름은 내 기쁨이 너희 안에 있어 너희 기쁨을 충만하게 하려 함이라"(요 15:9-11, 개역개정).

하나님은 우리가 두려움이나 처벌의 공포가 아닌, 진정한 사랑으로 순종하기를 바라십니다. 사랑에서 비롯된 순종을 통해 우리는 진정한 기쁨과 자유를 발견하게 될 것입니다.

우리는 오직 오늘만을 살아갈 수 있습니다

"그러므로 내일 일을 걱정하지 말아라. 내일 걱정은 내일이 맡아서 할 것이다.
한 날의 괴로움은 그 날에 겪는 것으로 족하다."
_마태복음 6장 34절, 새번역

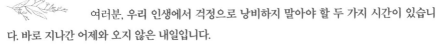

여러분, 우리 인생에서 걱정으로 낭비하지 말아야 할 두 가지 시간이 있습니다. 바로 지나간 어제와 오지 않은 내일입니다.

예수님께서는 이렇게 말씀하셨습니다. "그러므로 내일 일을 걱정하지 말아라. 내일 걱정은 내일이 맡아서 할 것이다. 한 날의 괴로움은 그 날에 겪는 것으로 족하다"(마 6:34, 새번역).

우리는 과거나 미래에 살 수 없습니다. 오직 오늘만을 살아갈 수 있습니다.

왜 우리는 한 번에 하루씩만 살아야 할까요? 첫째, 내일을 걱정하다 보면 오늘 누려야 할 축복을 놓치게 되기 때문입니다. 둘째, 오늘의 힘으로는 내일의 문제를 해결할 수 없기 때문입니다. 내일이 오면 하나님께서 우리에게 필요한 능력과 통찰력, 은혜와 지혜를 주실 것입니다.

어린 시절을 떠올려보면, 저는 삶에 필요한 것들을 걱정하지 않았습니다. 대신 부모님께 가서 필요한 것을 말씀드렸죠. 부모님이 그 책임을 맡으셨기에, 저는 어떻게 해결하실지 걱정할 필요가 없었습니다. 하나님은 우리가 이와 같은 방식으로 그분과 관계 맺기를 원하십니다.

마태복음 6장 30절은 이렇게 말씀합니다. "오늘 있다가 내일 아궁이에 던져지는 들풀도 하나님이 이렇게 입히시거든 하물며 너희일까보냐"(개역개정).

사실 걱정은 하나님의 영역을 우리가 무단으로 침범하는 행위입니다. 우리는 종종 하나님께서 주관하시는 일들을 스스로 짊어지려고 합니다. 이렇게 염려에 빠질 때마다, 그것은 우리가 무의식중에 하나님의 자리를 차지하려 한다는 경고 신호입니다. 마치 전능하신 하나님 대신 우리가 모든 것을 통제해야 한다고 착각하는 것과 같습니다. 마치 우리를 돌보고 인도하며 필요를 채워주시는 하늘 아버지가 안 계신 것처럼 행동하는 것이지요.

성경은 "오늘 우리에게 한 주간의 양식을 주시옵고"라고 기도하라고 하지 않습니다. "오늘 우리에게 일용할 양식을 주시옵고"(마 6:11, 개역개정)라고 기도하라고 가르칩니다.

하나님께서는 우리가 매일매일 그분께 의지하며 살아가기를 바라십니다. 하나님은 오늘 우리에게 필요한 모든 것을 공급하실 것입니다. 하나님은 선하신 분이기에, 우리에게 부족함이 없으리라 믿어도 좋습니다.

내일을 위해 계획을 세우는 것은 괜찮습니다. 하지만 그것에 대해 걱정하지는 마세요! 하루하루 하나님을 신뢰하며 살아갑시다.

혼자 힘으로 유혹을 극복하려고 합니까?

"혼자보다는 둘이 더 낫다. 두 사람이 함께 일할 때에, 더 좋은 결과를 얻을 수 있기 때문이다.
그 가운데 하나가 넘어지면, 다른 사람이 자기의 동무를 일으켜 줄 수 있다.
그러나 혼자 가다가 넘어지면, 딱하게도, 일으켜 줄 사람이 없다."
_전도서 4장 9-10절, 새번역

여러분, 같은 유혹에 반복해서 넘어지고 있나요? 아마도 질투, 걱정, 욕심, 뒷담화 또는 식탐 같은 것들이 우리를 괴롭힐 것입니다. 그것이 무엇이든, 혼자의 힘으로 이러한 끊임없는 유혹을 이겨내려 한다면 성공하기 힘들 것입니다.

성경은 이렇게 말씀합니다. "혼자보다는 둘이 더 낫다. 두 사람이 함께 일할 때에, 더 좋은 결과를 얻을 수 있기 때문이다. 그 가운데 하나가 넘어지면, 다른 한 사람이 자기의 동무를 일으켜 줄 수 있다. 그러나 혼자 가다가 넘어지면, 딱하게도, 일으켜 줄 사람이 없다"(전 4:9-10, 새번역).

하나님께서는 우리가 서로 필요로 하도록 만드셨습니다. 함께 있는 것이 더 낫다는 것을 아시기 때문입니다. 우리는 함께 섬기고, 예배하고, 슬퍼하고, 교제하고, 유혹과 싸울 때 더 강해집니다.

여러분의 영적 싸움을 함께 감당하며 유혹을 이겨내도록 도와주는 동역자가 있습니까? 누가 여러분의 영적 성장을 점검해주나요? 누구에게 어려운 질문을 던질 수 있나요? 반대로, 여러분은 누구를 위해 그런 역할을 하고 있나요?

여러분이 겪는 유혹에 대해 모든 이에게 털어놓을 필요는 없습니다. 하지만 적어도 한 사람에게는 말할 필요가 있습니다. 그 사람이 여러분을 지지하고 어려움을 극복하도록 도와줄 수 있을 것입니다.

누군가가 "지금까지 아무에게도 이런 말을 한 적이 없어요…"라고 고백한다면, 그 순간이야말로 자유를 향한 용기 있는 첫걸음이 될 수 있습니다. 주의 깊게 경청해주세요. 감정을 드러내는 것이 치유의 시작임을 기억하십시오. 유혹의 실체를 드러내어 말하는 순간, 그 유혹을 이겨낼 수 있는 힘이 시작됩니다.

여러분은 얼마나 진지하게 변화를 원하시나요? 끈질긴 유혹을 이겨내고 더 강한 믿음으로 새로운 계절을 맞이하고 싶지 않으신가요? 헌신적인 친구의 도움 없이는 극복하기 힘든 나쁜 습관들이 있을지도 모릅니다. 여러분의 영적 성장을 함께 점검하고 격려해줄 수 있는 믿음직한 동역자를 찾아보는 것은 어떨까요? 그런 사람을 찾아보세요. 그리고 다른 누군가에게 여러분이 그런 사람이 되어주세요.

하나님이 꿈꾸시는 새로운 당신

"그러므로 누구든지 그리스도 안에 있으면 새로운 존재입니다.
옛사람은 없어지고 새사람이 된 것입니다."
_고린도후서 5장 17절

하나님은 여러분의 삶을 향한 놀라운 계획을 가지고 계십니다. 그러나 그 비전을 보여주시기 전에, 하나님은 여러분이 자신을 바라보는 방식부터 바꾸기를 원하십니다. 자아상은 꿈을 포함한 삶의 모든 영역에 영향을 미치기 때문입니다.

우리는 종종 다른 사람들의 시선으로 자신을 평가합니다. 하지만 우리의 정체성 형성에 영향을 준 이들이 늘 진실만을 말한 것은 아니며, 그들은 하나님께서 우리를 사랑하시는 방식으로 우리를 사랑하지도 못했습니다.

하나님께서 우리 안에서 이루시는 가장 깊이 있는 변화 중 하나는 우리의 관점을 새롭게 하시는 것입니다. 야곱 이야기를 통해 이를 볼 수 있습니다. 하나님과 씨름 후, 야곱은 세 가지를 얻었습니다. 새로운 정체성, 하나님의 축복 그리고 매일 자신이 아닌 하나님을 의지해야 함을 상기시키는 표징이 그것입니다.

하나님은 야곱의 잠재력을 보시고 그에게 "하나님의 왕자"라는 뜻의 새 이름 '이스라엘'을 주셨습니다. 이는 야곱이 상상할 수 있는 어떤 꿈보다 더 큰 것이었습니다. 하나님은 야곱의 후손들이 언약의 일부로 땅에 퍼져 나가게 하셨습니다. 그러나 동시에 하나님은 야곱이 도망치는 습관을 버리고 하나님 안에서 안식하며 신뢰하는 법을 배우도록 그를 절뚝거리게 하셨습니다.

이 경험을 통해 야곱은 자신의 힘으로는 약하지만, 하나님의 능력과 새 정체성 안에서 더욱 강해졌습니다. 오직 하나님만이 한 사람을 "속이는 자"에서 "하나님의 왕자"로 이렇게 근본적으로 변화시키실 수 있습니다.

다른 이들이 여러분에 대해 어떤 말을 하고, 어떤 꼬리표를 붙였는지는 중요하지 않습니다. 여러분이 누구이고 무엇을 했든, 하나님은 여러분에게 새 정체성을 주길 원하십니다. 고린도후서 5장 17절은 이렇게 말합니다. "그러므로 누구든지 그리스도 안에 있으면 새로운 존재입니다. 옛사람은 없어지고 새사람이 된 것입니다."

하나님은 단순히 여러분의 겉모습만 바꾸기를 원하지 않으십니다. 그분은 여러분에게 상상 이상의 꿈과 목적이 있는 완전히 새로운 삶을 주고자 하십니다.

더 이상 상처받지 않아도 됩니다

"돌도 무겁고 모래도 무겁지만 미련한 자가 화내는 것은 그보다 더 무겁다."
_잠언 27장 3절

우리의 마음이 쓰라릴 때는 한숨조차 우리의 영혼을 더욱 무겁게 짓누릅니다. 마음속에 쓴 뿌리가 자리 잡으면, 우리의 영적 호흡이 힘들어집니다. 이 쓴 뿌리는 우리의 행복과 건강한 감정을 앗아가고, 우리를 짓누르며 우울하게 만들어 결국 영혼의 숨통을 조릅니다. 잠언 27장 3절은 이렇게 말씀합니다. "돌도 무겁고 모래도 무겁지만 미련한 자가 화내는 것은 그보다 더 무겁다."

쓴 뿌리를 품는 것은 마치 우리가 어디를 가든 무거운 짐을 지고 다니기로 선택하는 것과 같습니다. 불필요한 짐이지만, 우리는 스스로 그 무게를 끌어안기로 결정한 것입니다.

쓴 뿌리는 종종 우리에게 상처를 준 사람에게 복수하려는 마음에서 비롯됩니다. 우리는 그렇게 화를 품으면 상대방이 비참해질 거라고 착각합니다. 하지만 쓴 뿌리는 무가치한 무기입니다. 그것은 상대방을 해치지 않고 오히려 자기 자신을 비참하게 만들 뿐입니다.

이는 마치 독을 마시고 그 독이 우리를 해친 사람을 죽이길 바라는 것과 같습니다. 하지만 그 사람은 이미 우리의 영향권 밖에 있고, 어쩌면 자기 나름대로 최고의 삶을 살고 있을지도 모릅니다. 그들은 우리를 까맣게 잊은 채 살아가고 있으며, 우리가 아직도 그들을 신경 쓰고 있다는 사실조차 알지 못할 것입니다. 그들은 이미 자신의 삶을 살아가고 있습니다. 우리도 그들처럼 앞으로 나아가야 합니다. 쓴 뿌리를 계속 간직하는 것은 우리의 시간과 에너지를 낭비하고 결국 우리 자신만 해치는 일입니다.

과거에 누군가에게 받은 상처로 아직도 고통받고 계신다면, 그 아픔이 얼마나 클지 충분히 이해합니다. 하지만 좋은 소식이 있습니다. 그들은 더 이상 여러분을 해칠 수 없습니다! 그들이 계속해서 여러분을 해칠 수 있는 유일한 방법은 여러분이 그 상처에 매여 있기로 선택할 때뿐입니다. 성경은 욥기 18장 4절에서 "자네야말로 홧김에 제 몸을 물어뜯는 짐승이 아닌가?"(공동번역)라고 말씀합니다.

이제는 더 이상 그 상처에 매여 있을 필요가 없습니다. 그 아픔을 붙들지 말고 과감히 놓아주세요. 하나님께 맡기세요. 그렇게 하면 여러분은 자유가 주는 신선하고 달콤한 공기를 들이마시며, 목적을 가지고 앞으로 전진할 수 있을 것입니다.

말씀의 빛으로 인생의 길을 밝히십시오

"어디로 가는지도 모르고 가는 자여, 어둠 속을 헤매는 자여, 여기 길이 있다.
하나님을 신뢰하여라. 너희 하나님을 의지하여라!"
_이사야 50장 10절, 메시지

인생의 어둠 속에서 우리에게 가장 필요한 것은 예수님의 빛입니다. 앞으로 나아갈 길이 보이지 않고, 혼란스럽거나 불확실할 때, 무엇이 최선인지 모르겠고 다음 행보를 결정하기 어려울 때, 우리에겐 예수님의 빛이 필요합니다.

방향을 잃었을 때, 주변 사람들은 선의로 "자기 자신을 믿으세요. 직감을 따르세요!"라고 조언할 것입니다. 하지만 이런 조언을 따라본 사람들은 그것이 기껏해야 반만 맞다는 것을 압니다. 우리의 시야는 한계가 있고, 우리가 가진 빛은 너무나 미약하기 때문입니다. 그것은 마치 열쇠고리에 달린 작은 펜라이트로 앞길 전체를 비추려는 것과 같습니다. 그런 빛으로는 아무것도 제대로 볼 수 없습니다. 자신에게만 의존한 결과, 우리는 종종 좋지 않은 결정을 내리게 됩니다.

그러나 성경은 이렇게 말씀합니다. "어디로 가는지도 모르고 가는 자여, 어둠 속을 헤매는 자여, 여기 길이 있다. 하나님을 신뢰하여라. 너희 하나님을 의지하여라!"(사 50:10, 메시지). 우리 자신의 희미한 빛에 의존하지 말고, 주님의 밝은 빛을 신뢰해야 합니다.

우리의 문제에 대한 하나님의 관점과 시각을 얻으려면 성경을 통해 하나님을 알아가야 합니다. 하나님의 뜻은 언제나 그분의 말씀 안에 있기에, 우리는 성경을 읽고 연구하며 그 말씀으로 우리의 마음과 생각을 채워나가야 합니다.

놀랍게도 많은 사람이 하나님께서 이미 주신 안내서를 읽는 대신, 새로운 계시를 기다리며 시간을 보냅니다. 올바른 길을 가고 싶다면 성경을 공부하는 것이 가장 확실한 방법입니다.

하나님은 우리가 허락만 한다면 반드시 앞길을 인도해주실 것을 약속하십니다. 그분은 이렇게 말씀하십니다. "길을 알지 못하는 자들, 향방을 알지 못하는 자들은 내가 손을 잡아주리라. 낯선 곳을 지나는 그들을 위해 친히 내가 길 안내자가 되어줄 것이다. 어느 길로 가야 하는지 곁에서 일러주고, 도랑에 빠지지 않게 도와주리라. 그들을 위해 그렇게 할 것이다. 그들 옆에 꼭 붙어, 한시도 떠나지 않으리라"(사 42:16, 메시지).

지금 이 순간부터 하나님께서 여러분의 개인적인 길잡이가 되게 하십시오. **말씀의 빛이 여러분의 삶을 밝힌다면, 여러분은 결코 어둠 속에서 헤매지 않을 것입니다.**

하나님의 뜻에 맞춘 기도의 힘

"우리는 무엇이든지 하나님의 뜻대로만 구하면
하나님이 우리의 기도를 들어주신다는 확신을 가지고 있습니다."

_요한일서 5장 14절

　　　　　왜 하나님은 치유를 간구하는 모든 이를 치유하지 않으실까요?

기도하며 하나님의 치유를 구할 때, 우리는 그분이 들으신다는 믿음을 가져야 합니다. 하나님은 반드시 응답하십니다. 다만 우리가 원하는 방식이 아닐 수 있습니다. 하나님은 자신의 뜻에 반하는 것을 주시지 않기 때문입니다. 그분은 언제나 우리에게 최선을 주고자 하십니다. 때로는 우리가 예상치 못한 방식으로 질병을 사용하시는 것이 우리에게 가장 유익할 수도 있습니다.

하나님은 때때로 질병을 통해 우리의 주의를 환기하고 삶의 방향을 재조정하게 하십니다. 우리를 침상에 눕혀 하늘을 바라보게 하실 수도 있습니다. 잠언 20장 30절은 이렇게 말씀합니다. "상처가 나도록 때리고 엄하게 벌하면 마음속 깊은 곳에 있는 악도 몰아내게 된다."

때로는 우리의 질병이 다른 이들에게 간증이 되기도 합니다. 바울은 이렇게 말했습니다. "형제자매 여러분, 내게 일어난 일이 도리어 복음을 전파하는 데에 도움을 준 사실을, 여러분이 알아주시기를 바랍니다"(빌 1:12, 새번역). 바울은 이 글을 쓸 때 병으로 감옥에 있었고, 하나님이 그의 상황을 통해 어떻게 복음을 전파하셨는지 증언했습니다.

우리의 삶이 드러낼 수 있는 가장 강력한 간증은 깊은 고난 속에서도 하나님을 온전히 신뢰하며 나아가는 여정입니다. **압박과 고통 속에서도 하나님께 향하는 우리의 반응은 그분께 영광을 돌리게 됩니다.**

때로 하나님은 우리가 천국에 이를 때까지 질병을 낫지 않게 하실 수도 있습니다. 히브리서 9장 27절은 이렇게 말씀합니다. "사람이 한 번 죽는 것은 정해진 운명이지만 죽은 후에는 심판이 있습니다." 만약 충분한 믿음만으로 모든 병을 고칠 수 있다면, 우리는 결코 죽지 않을 수도 있을 것입니다. 하지만 그것은 분명 하나님의 뜻이 아닙니다.

아플 때, 우리는 확신을 가지고 하나님께 치유를 간구할 수 있습니다. 왜 확신을 가져야 할까요? 요한일서 5장 14절은 이렇게 말씀합니다. "우리는 무엇이든지 하나님의 뜻대로만 구하면 하나님이 우리의 기도를 들어주신다는 확신을 가지고 있습니다."

하나님의 뜻에 따라 기도할 때, 그분은 항상 우리의 간구를 들으십니다. 그분의 응답은 우리가 원하는 방식이나 시기와 다를 수 있습니다. 그러나 하나님의 응답과 우리의 고통을 다루시는 방식은 언제나 그분의 선하신 목적을 이룹니다.

하나님을 신뢰할 수 있는 이유

"여호와의 말씀은 진실하며 그가 행하는 모든 일은 신뢰할 수 있다."

_시편 33편 4절

 인생의 가장 중요한 질문 중 하나는 바로 "누구를 신뢰할 것인가?"입니다.

이 질문에 대한 우리의 답변이 우리의 행복, 성공, 그리고 삶의 의미를 좌우합니다. 우리의 신뢰 대상을 선택하는 일은 삶의 방향을 결정하는 중대한 결정입니다. 그러므로 깊이 생각하며 물어보아야 합니다. 누가 항상 우리의 최선을 바랄까요? 중요한 결정을 내릴 때 누구의 조언을 구할 수 있을까요? 누가 진심으로 우리의 성공을 바라나요?

대중의 의견을 따라야 할까요? 하지만 그것은 계속 바뀌기에 신뢰하기 어렵습니다. 유명인의 말을 믿어야 할까요? 그들이 만드는 트렌드도 결국 사라집니다. 소셜 미디어 정보를 바탕으로 중요한 결정을 내려야 할까요? 온라인의 모든 정보가 신뢰할 만한 것은 아닙니다.

자신을 믿는 것은 어떨까요? 하지만 우리의 감정은 변덕스럽고 우리의 판단 역시 종종 그릇될 수 있습니다. 성경은 이렇게 말씀합니다. "그 무엇보다도 거짓되고 부패한 것은 사람의 마음이다. 누가 그런 마음을 알 수 있겠는가?"(렘 17:9).

우리 인생을 맡길 만한 대상이라면, 우리의 최선을 바라고, 모든 것을 알며, 결코 거짓말하지 않는 존재여야 합니다. 이렇게 조건을 좁히면 하나님 외에는 선택지가 없습니다.

다른 이들은 항상 진실만을 말하지는 않습니다. 우리를 사랑하는 사람들조차 때로는 진실을 미화하려 합니다. 하지만 우리에게 필요한 것은 있는 그대로의 진실입니다. 진실만이 우리를 자유롭게 하기 때문입니다.

진실은 처음에는 우리를 불편하게 할 수 있습니다. 그래서 많은 이들이 진실을 피하려 합니다. 우리 문제가 대부분 잘못된 선택에서 비롯되었다는 사실이나, 우리의 이기심이 스트레스의 원인이라는 말을 듣고 싶어 하지 않습니다. 하지만 이것이 현실입니다.

시편 33편 4절은 이렇게 말씀합니다. "여호와의 말씀은 진실하며 그가 행하는 모든 일은 신뢰할 수 있다." 매일 우리 주변의 소리들이 우리의 신뢰를 얻으려 합니다. 하지만 우리가 온전히 마음을 다해 믿을 수 있는 목소리는 오직 하나뿐입니다. 현재와 미래를 위해 하나님을 신뢰하세요. 그분은 결코 우리를 실망하게 하지 않으십니다.

하나님 사랑을 걱정할 필요가 없는 이유

"여호와는 선하시고 그의 사랑은 영원하며 그의 성실하심은 대대에 이른다."
_시편 100편 5절

　　　　　세상의 그 어떤 사랑도 하나님께서 우리를 향해 품으신 그 깊고 영원한 사랑에 비할 수 없습니다.

　　하나님은 이렇게 말씀하셨습니다. "내가 영원한 사랑으로 너희를 사랑하였으므로 한결같은 사랑으로 너희를 인도하였다"(렘 31:3). 인간의 사랑은 아무리 깊어도 어느 순간 한계에 부딪힙니다. 예를 들어, 저는 아내를 깊이 사랑하지만 때로는 그녀를 만족시키지 못합니다. 자녀들을 무한히 사랑하지만, 그들의 기대에 미치지 못할 때가 있습니다. 새들백교회 성도들을 사랑하지만, 여러 면에서 그들을 실망시킨 적이 있습니다.

　　그러나 하나님의 사랑은 영원하고 변함이 없습니다. 성경은 하나님의 사랑이 우리를 그분께로 이끈다고 말씀합니다. 우리는 하나님 사랑의 두 가지 핵심 특성을 이해할 필요가 있습니다.

　　첫째, 하나님의 사랑은 무조건적입니다. "만약 네가 …하면 내가 너를 사랑하겠다"와 같은 조건을 달지 않습니다. 조건부 사랑은 "네가 날 사랑하면 나도 널 사랑하겠다. 네가 나를 만족시키면 사랑하겠다. 네가 변하지 않는 한 사랑하겠다"라고 말합니다. 이는 진정한 사랑이 아닙니다. 누군가의 외모가 변하면 어떻게 될까요? 더 흥미로운 사람을 만나면 어떻게 될까요? 그런 사랑은 상황이 바뀌면 쉽게 식어버립니다. 이것이 바로 조건부 사랑의 모습입니다.

　　반면 우리를 향한 하나님의 사랑은 이렇게 말합니다. "나는 너를 사랑한다. 그뿐이다. 네가 항상 나를 사랑하지 않고, 항상 충실하지 않으며, 항상 옳은 일을 하지 않더라도 나는 너를 사랑한다." 하나님의 사랑은 무조건적입니다.

　　둘째, 하나님의 사랑은 한결같습니다. 시시각각 변하거나 예측할 수 없는 것이 아닙니다. 어쩌면 여러분 중에는 일관성 없는 부모 밑에서 자란 분도 있을 것입니다. 이런 환경은 아이들을 불안하게 합니다. 한 남성이 저에게 이렇게 말했습니다. "저는 아버지가 저를 때릴지 안아줄지 몰랐어요. 아버지의 행동은 예측할 수 없었죠." 이것이 바로 일관성 없는 사랑의 모습입니다.

　　그러나 하나님과 함께라면 "오늘 하나님이 나를 사랑하실까?"라고 걱정할 필요가 없습니다. 하나님의 사랑은 한결같고 영원합니다. 시편 100편 5절은 이렇게 말씀합니다. "여호와는 선하시고 그의 사랑은 영원하며 그의 성실하심은 대대에 이른다."

　　하나님께서 우리에게 보여주시는 그 사랑은 이 세상 어디에서도 찾아볼 수 없습니다. 이 사랑은 어떤 상황에서도 영원히 지속될 것입니다.

지체하지 말고 하나님의 뜻을 행하십시오

"네게 행할 능력이 있거든, 도움이 필요한 사람에게 기꺼이 도움을 주어라."
_잠언 3장 27절, 쉬운

하나님께서 우리에게 무언가를 지시하실 때, 우리는 성령의 인도하심에 따라 신속히 행동해야 합니다. 이는 순종이나 용서를 구하는 일에서도 마찬가지입니다.

오늘은 우리가 빠르게 움직여야 할 두 가지 상황에 대해 말씀드리겠습니다.

첫째, 선한 일을 행할 기회가 주어질 때 지체하지 말고 즉시 실천해야 합니다. 성경은 이를 거듭 강조합니다. 다른 사람을 위해 좋은 일을 할 수 있는 기회가 생기면 즉시 실천하라는 것입니다.

하나님은 우리의 일상 속에 도움의 손길이 필요한 이웃들을 끊임없이 보내시며 우리를 통해 일하고자 하십니다. 우리는 그저 그들을 주의 깊게 살펴보면 됩니다. 그들의 필요는 신체적이거나, 친절이나 격려 같은 정서적인 영역일 수도 있습니다.

잠언 3장 27절은 이렇게 말씀합니다. "네게 행할 능력이 있거든, 도움이 필요한 사람에게 기꺼이 도움을 주어라"(쉬운). 예를 들어, 노숙자를 보았다면 "언젠가 노숙자들을 도와야지"라고 말하지 마십시오. 대신 그 자리에서 당장 할 수 있는 일을 하세요.

성경은 전도서 11장 4절에서 이렇게 경고합니다. "바람만 살피는 자는 씨 뿌리지 못하고, 구름만 살피는 자는 추수하지 못한다"(쉬운). 완벽한 타이밍은 없습니다. 게다가 내일은 보장되지 않습니다. 요한복음 9장 4절에서 예수님은 말씀하십니다. "우리는 낮이 계속되는 동안, 나를 보내신 분의 일을 계속해야 한다. 아무도 일할 수 없는 밤이 올 것이다"(쉬운).

둘째, 하나님께서 구원을 주실 때 재빨리 움직이십시오. 이는 지체해서는 안 될 가장 중요한 순간입니다. 하나님께서 구원을 주셨으니, 오늘이 바로 그 구원을 받아들일 날입니다.

결정을 미루는 것 자체가 하나의 결정이라는 점을 기억하세요. "아직은 아니에요"라고 말하는 것은 그리스도께 "아니오"라고 답하는 것과 같습니다. 성경은 고린도후서 6장 2절에서 이렇게 말씀합니다. "바로 지금이야말로 은혜를 받을 만한 때이며 구원의 날입니다."

구원을 어떻게 받아들일 수 있을까요? 우리 자신에게서 돌이켜 하나님을 향해야 합니다. 그리스도께서 우리 삶에 들어오시고, 우리 죄를 용서하시며, 그분이 원하시는 모습으로 우리를 변화시키시도록 그분을 신뢰해야 합니다.

구원은 우리가 받을 수 있는 최고의 선물입니다. 오늘 바로 이 구원을 받아들이세요.

하나님의 시간에 맞추어 사는 삶

"좀처럼 화를 내지 않는 사람이 지혜로운 자이다."
_잠언 14장 29절

하나님께서는 때로는 우리가 빠르게 행동하기를 원하시지만, 또 어떤 때는 속도를 늦추길 바라십니다. 잠언 14장 29절은 이렇게 말씀합니다. "조급하게 화를 내지 않는 사람은 큰 통찰력이 있지만 성질이 급한 사람은 어리석음을 드러낸다"(우리말).

그렇다면 언제 우리는 속도를 줄여야 할까요?

첫째, 모든 사실을 파악하지 못했을 때는 항상 천천히 움직여야 합니다. 우리 사회는 충동적이고 즉흥적인 행동을 높이 평가합니다. 순간적이고 직관적인 결정이 옳다고 여깁니다. 하지만 성경은 이렇게 경고합니다. "다 들어 보지도 않고 대답하는 것은, 수모를 받기에 알맞은 어리석은 짓이다"(잠 18:13, 새번역).

우리는 종종 "마음을 따라야 한다"라는 말을 듣습니다. 그러나 성경은 이렇게 말씀합니다. "만물보다 더 거짓되고 아주 썩은 것은 사람의 마음이니, 누가 그 속을 알 수 있습니까?"(렘 17:9, 새번역). 감정은 순간의 불완전한 판단으로 우리를 그릇된 길로 이끌 수 있습니다. 우리는 내면이 아닌 외부에서 오는 진리에 의지해야 합니다. 그러므로 모든 사실을 알지 못했을 때는 속도를 늦추세요. 직감이나 감정에 의존하지 말고, 시간을 들여 하나님께서 주시는 객관적인 진리를 찾으세요.

둘째, 상처받거나, 화가 나거나, 우울할 때는 천천히 행동하세요. 화가 났을 때는 지혜롭게 행동하기보다 충동적으로 반응하거나 보복하고 싶은 마음이 들기 쉽습니다.

야고보서 1장 19절은 이렇게 조언합니다. "누구든지 듣기는 속히 하고 말은 천천히 하며 함부로 성내지 마십시오." 이 구절의 리듬에 주목해보세요. "빠르게, 천천히, 그리고 다시 천천히"입니다. 듣는 것은 빠르게, 말하는 것은 천천히 하면 자연스럽게 화내는 것도 늦어집니다. 반대로 듣는 것이 느리고 말하는 것이 빠르면, 쉽게 화를 내게 됩니다.

잠언 15장 28절은 이렇게 말씀합니다. "의인의 마음은 대답할 말을 깊이 생각[한다]"(새번역). 다시 말해, 경건한 사람들은 말을 내뱉기 전에 충분히 마음의 준비를 합니다. 때로는 화나거나, 상처받거나, 우울함을 느낄 수도 있습니다. 이는 삶의 일부입니다. 하지만 그런 일이 일어날 때마다 속도를 늦추세요. 잠언 14장 29절은 이렇게 말씀합니다. "좀처럼 성을 내지 않는 사람은 매우 명철한 사람이지만, 성미가 급한 사람은 어리석음만을 드러낸다"(새번역).

감정의 소용돌이에 휘말리거나 충분한 이해 없이 성급한 결정을 내리는 일을 삼가야 합니다. 단순히 "마음을 따르는" 대신, 시간을 갖고 신중하게 결정을 내리세요.

인내심을 갖는 것이 바로 지혜의 시작입니다!

유혹의 함정을 피하려면

"나는 죽을 때까지 주의 법을 지키기로 결심하였습니다."
_시편 119편 112절

우리가 삶에서 무력감과 패배감을 느끼는 근본적인 원인은 대부분 내면의 영적 갈등을 제대로 인식하지 못하고 있기 때문입니다. 유혹이 단계적인 과정을 거쳐 진행된다는 사실을 인지하지 못하고 있습니다. 유혹에 넘어가는 것은 단번에 일어나는 행위가 아닙니다. 비록 순서대로 일어나지만, 단 4단계 만에 빠르게 진행될 수 있습니다.

1단계는 욕망입니다. 하나님께서 우리에게 주신 기본적인 욕구들은 본질적으로 자연스럽고 건강한 것입니다. 먹고, 자고, 성적 친밀함을 나누는 등의 욕구는 삶의 필수적인 부분입니다. 문제는 유혹이 하나님께서 주신 건강한 욕구를 왜곡시켜 통제할 수 없는 욕망으로 타락시킨다는 점입니다. 그 욕망이 모든 것을 압도하고, 우리의 생각을 지배하게 됩니다.

2단계는 하나님, 그분의 말씀 그리고 사랑에 대한 의심입니다. "성경이 그렇게 말하는 건 알지만, 하나님이 정말 이것을 성이나 음식 등에도 적용하라고 하셨을까요?"라고 생각할 때 의심이 시작됩니다. 이는 하나님과 그분의 말씀에 대한 우리의 신뢰가 흔들리기 시작하는 순간입니다.

3단계는 속임수입니다. 우리는 거짓말을 믿기 시작합니다. 사탄은 우리의 약점을 알고 있으며, 무엇이 우리의 관심을 끌어 의심에서 속임수로 이끌어갈지 잘 알고 있습니다.

4단계는 불순종과 패배입니다. 이 단계에서 유혹은 죄가 됩니다. 우리의 관심을 끌었던 것이 매력이 되고, 그 매력이 태도가 되며, 그 태도가 행동으로 이어집니다. 유혹 자체는 죄가 아니지만, 그에 따른 행동이 죄가 되는 것입니다.

성경은 이를 다음과 같이 설명합니다. "사람이 시험을 당하는 것은 각각 자기의 욕심에 이끌려서, 꾐에 빠지기 때문입니다. 욕심이 잉태하면 죄를 낳고, 죄가 자라면 죽음을 낳습니다"(약 1:14-15, 새번역).

우리는 생각을 자유롭게 선택할 권리가 있지만, 그 선택이 가져올 결과로부터 자유로울 수는 없습니다. 따라서 영적 전쟁에서 승리의 첫걸음은 유혹이 시작되기도 전에 굳건한 결심으로 마음을 지키는 것입니다. 시편 119편 112절은 이렇게 말씀합니다. "나는 죽을 때까지 주의 법을 지키기로 결심하였습니다."

여러분은 어떤 상황에서도 하나님의 말씀을 따르기로 굳게 결심하셨습니까? 오늘, 유혹을 인식하면, 그것이 한 걸음 더 나아가기 전에 외면하기로 결단하십시오.

이해되지 않을 때도 기뻐하십시오

"형제 여러분, 여러 가지 시험을 겪을 때 기쁘게 여기십시오."
_야고보서 1장 2절, 쉬운

어떤 도전과 어려움에 직면하더라도, 하나님께서 그 상황 속에서 여러분을 주시하고 계신다는 사실을 믿으셔도 좋습니다. 그렇기에 우리는 어떤 문제에 부딪혀도 기뻐할 수 있습니다. "형제 여러분, 여러 가지 시험을 겪을 때 기쁘게 여기십시오"(약 1:2, 쉬운).

이 구절은 오해하기 쉽습니다. 하나님께서는 우리에게 고난을 찾아다니라거나, 현실의 아픔을 외면하라고 말씀하시는 것이 아닙니다. 또한 문제가 해결될 때까지 그저 참고 견디기만 하라는 뜻도 아닙니다. 우리가 처한 상황에 대해 행복해할 필요는 없습니다.

우리가 처한 곤경 그 자체를 기뻐해야 한다는 뜻은 아닙니다. 하지만 우리가 알고 있는 진실로 인해 어려움 중에도 여전히 기뻐할 수 있습니다. 어떤 진실일까요? 바로 하나님께서 우리의 모든 상황을 세세히 알고 계시며, 우리를 향한 끊임없는 사랑으로 돌보고 계신다는 것입니다. 우리는 결코 혼자가 아닙니다. 하나님은 항상 우리와 함께 계십니다. 그리고 우리가 하나님을 신뢰하면 그분은 우리에게 힘을 주실 것입니다.

어려움 속에서 우리에게 가장 큰 위로가 되는 것 중 하나는 로마서 8장 28절에 나타난 하나님의 약속입니다. "하나님을 사랑하는 사람들, 곧 하나님의 뜻대로 부르심을 받은 사람들에게는, 모든 일이 서로 협력해서 선을 이룬다는 것을 우리는 압니다"(새번역).

하나님은 우리를 위해 모든 일, 심지어 나쁜 일에서조차 궁극적으로 좋은 결과를 이끌어내겠다고 약속하셨습니다. 이 약속은 모든 이를 위한 것이 아닙니다. 신자들, 즉 예수님을 따르고 그분의 계획과 목적에 따라 살기로 헌신한 이들을 위한 것입니다.

어려운 때도 우리는 하나님의 선하심을 신뢰하며 기쁨을 선택할 수 있습니다. 기쁨은 우리가 아는 진리에 기초하며, 하나님께서 그분의 목적에 따라 모든 것을 합력하여 선을 이루시리라는 약속을 반드시 지키실 것이라는 믿음에 근거합니다. 기쁨이 상황에 좌우되지 않기에, 우리는 어떤 처지에서도 기쁨을 선택할 수 있습니다.

시편 34편 1절에서 다윗왕은 이렇게 노래했습니다. "내가 항상 여호와께 감사하며 그를 찬양하는 일을 계속하리라." 지금 이 순간에도 우리는 하나님께 감사할 수 있습니다. 그분을 찬양하십시오. 그리고 좋을 때뿐만 아니라 언제나 하나님 안에서 기뻐하십시오.

언제나… 그렇습니다, 언제나 말입니다.

시련을 통과하며 예수님의 형상으로 빚어집니다

"여러분은 믿음의 시련을 통하여 인내심이 성장한다는 것을 알고 있습니다. 여러분이 하는
모든 일을 참고 견디어 조금도 부족함이 없는 완전하고 성숙한 사람이 되십시오."
_야고보서 1장 3-4절, 쉬운

예수님은 반드시 다시 오실 것입니다! 그분이 오실 때, 모든 것을 바로잡으실 것이며, 우리가 예수님을 따르는 자라면 그분과 영원을 함께할 것입니다.

이것이 우리 이야기의 결말입니다. 하지만 그때까지 우리는 어떻게 살아가야 할까요? 살아가는 동안 우리는 필연적으로 스트레스와 어려움에 직면할 것입니다. 그러나 하나님은 이러한 시련을 통해 우리가 인내심을 기르고, 더욱 그리스도를 닮아가길 원하십니다.

성경은 이렇게 말씀합니다. "여러분은 믿음의 시련을 통하여 인내심이 성장한다는 것을 알고 있습니다. 여러분이 하는 모든 일을 참고 견디어 조금도 부족함이 없는 완전하고 성숙한 사람이 되십시오"(약 1:3-4, 쉬운).

"부족함이 없는 완전하고 성숙한 사람"이 되는 것, 더욱 그리스도를 닮아가는 것이 불가능한 일처럼 들리십니까? 하지만 성경은 하나님께서 우리 안에서 이 일을 이루실 수 있다고 말씀합니다. "평안의 하나님께서 여러분을 깨끗하게 하셔서 하나님께 속한 자로 지켜 주시며, 여러분의 온몸, 즉 영과 혼과 육신 모두를 우리 주 예수 그리스도께서 오실 그 날까지 아무 흠없이 지켜 주시기를 기도합니다"(살전 5:23, 쉬운).

여러분은 지금 온전함을 느낍니까, 아니면 산산이 부서진 듯한 느낌입니까? 내적으로 통합되어 있습니까, 아니면 흩어지는 듯한 느낌입니까?

만약 지금 산산조각난 기분이라면, 걱정하지 마십시오. 우리 스스로는 모든 조각을 맞출 수 없을지도 모릅니다. 이 땅에서 완벽해지는 것은 불가능합니다. 우리가 할 수 있는 일은 예수 그리스도께서 오실 그 날을 준비하며 영적으로 건강해지는 것입니다.

신체적, 정신적 건강을 돌보는 것도 중요하지만, 영적 건강을 소홀히 하지 마십시오. 영적 건강이란 남들과의 경쟁이나 비교가 아닙니다. 중요한 것은 매일의 삶 속에서 꾸준히 믿음을 가꾸며, 마주하는 모든 상황을 영적 성장의 기회로 삼는 것입니다.

만약 실직했거나 질병을 앓고 있거나 편견의 무게를 느낀다면, 하나님 말씀과 그분의 약속을 의지하십시오. 우리가 무너지는 것처럼 느껴질 때 하나님께서 우리를 더욱 그분의 형상으로 빚어가고 계심을 기억하십시오. 하나님은 우리 삶의 가장 어려운 상황까지도 우리를 더욱 그분을 닮아가게 하시는 데 사용하실 수 있습니다.

연약함에서도 선을 이끌어내시는 하나님

"그러므로 그리스도의 능력이 내게 머무르게 하기 위하여
나는 더욱더 기쁜 마음으로 내 약점들을 자랑하려고 합니다."
_고린도후서 12장 9절, 새번역

하나님은 우리가 가장 약한 곳에서 강하시며, 우리의 연약함에서도 선을 이끌어내실 수 있습니다. 하나님께서는 우리의 연약함조차도 그분의 영광을 위해 사용하시는데, 그 방법을 네 가지로 나누어 살펴보겠습니다.

첫째, 우리의 약점은 오만을 막아줍니다. 우리가 완벽하지 않다는 사실을 인정하면 우리는 겸손해집니다. 이 겸손함으로 우리를 더욱 예수님을 닮아갑니다. 사도 바울에게는 오만해지는 것을 막아주는 "육체의 가시"가 있었습니다. 그는 이 가시를 제거해달라고 하나님께 간구했습니다. "나는 이것을 내게서 떠나게 해 달라고, 주님께 세 번이나 간청하였습니다. 그러나 주님께서는 내게 이렇게 말씀하셨습니다. '내 은혜가 네게 족하다. 내 능력은 약한 데서 완전하게 된다'"(고후 12:8-9, 새번역). 이 하나님의 은혜는 우리에게도 충분합니다.

둘째, 우리의 약점은 다른 사람들을 귀하게 여기는 데 도움이 됩니다. 성경은 "몸의 지체 가운데서 비교적 더 약하게 보이는 지체들이 오히려 더 요긴합니다"(고전 12:22, 새번역)라고 말씀합니다. 우리의 약점은 우리로 하여금 서로의 부족함을 채워주며 살아가는 법을 배우게 하여, 성경이 말하는 진정한 공동체의 모습을 경험하게 합니다.

셋째, 우리의 약점은 하나님을 더 의지하게 만듭니다. 우리에게 약점이 없다면, 우리는 하나님의 도움 없이도 살 수 있다는 착각 속에 빠져 자족적인 삶을 살게 될 것입니다. 바울은 이렇게 고백했습니다. "그리스도의 능력이 내게 머무르게 하기 위하여 나는 더욱더 기쁜 마음으로 내 약점들을 자랑하려고 합니다. … 내가 약할 그 때에, 오히려 내가 강하기 때문입니다"(고후 12:9-10, 새번역).

넷째, 우리의 약점은 우리에게 사역의 기회를 제공합니다. 하나님은 우리의 강점뿐만 아니라 약점까지도 사역에 사용하십니다. "그분은 온갖 고난을 겪는 우리를 위로해주십니다. 그래서 우리가 하나님에게 받는 위로로 고난당하는 사람들을 위로할 수 있게 하십니다"(고후 1:4). 우리가 어떤 문제를 극복하거나 약점과 함께 살아가는 법을 배웠다면, 비슷한 상황에 처한 다른 이들을 도울 수 있게 됩니다.

여러분도 바울처럼 하나님께 약점을 제거해달라고 간절히 기도했을지 모릅니다. 오늘, 여러분의 약점을 없애달라고 기도하기보다는, 그 약점을 통해 더욱 예수님의 모습으로 빚어가시도록 내어드리는 새로운 여정을 시작하는 건 어떨까요?

모든 것은 하나님의 완벽한 계획 안에 있습니다

"발 디딜 곳을 잘 살펴서 항상 올바로 걷고,
네 모든 길을 곧고 흐트러짐 없이 확실히 하여라."
_잠언 4장 26절, 쉬운말

인생의 중대한 결정 앞에서, 하나님은 우리가 그분의 지혜를 구하며 신중히 분별하기를 원하십니다.

잠언은 이에 대해 많은 지혜를 전합니다. 잠언 21장 29절은 이렇게 말씀합니다. "악인은 뻔뻔스럽게 행동하지만, 정직한 사람은 신중히 행동한다"(쉬운). 또한 잠언 4장 26절은 이렇게 권면합니다. "발 디딜 곳을 잘 살펴서 항상 올바로 걷고, 네 모든 길을 곧고 흐트러짐 없이 확실히 하여라"(쉬운말). 여기서 "발 디딜 곳을 잘 살핀다"라는 것은 우리의 모든 선택이 하나님의 뜻 안에 있는지 면밀히 분별하는 것을 의미합니다. 그것은 우리의 선택을 깊이 숙고하고, 묵상하며, 신중히 검토하는 과정을 의미합니다. 이는 서두를 수 없는 과정입니다.

우리 인생의 중대한 갈림길에서 우리는 특히 신중해야 합니다. 예를 들어, 새로운 직장을 선택할 때, 사역의 방향을 바꿀 때, 평생의 반려자를 결정할 때, 또는 큰 재정적 결정을 내릴 때 우리는 충분히 심사숙고해야 합니다.

잠언 22장 3절은 이렇게 경고합니다. "슬기로운 사람은 위험을 보면 피하나, 미련한 자는 제 발로 들어가 화를 당한다"(쉬운). 여러 소비에서 어리석은 결정이 가장 흔하게 일어납니다. 많은 사람이 빚에 시달리는 이유입니다. 해결책은 무엇일까요? "부지런한 사람이 일을 꾀하면 풍성한 이득을 얻지만, 마음이 조급한 사람이 일을 꾀하면 다만 가난해질 뿐이다"(잠 21:5, 쉬운말).

씨앗을 심고 그것이 자라기를 기다릴 때도 우리는 인내해야 합니다.

성경은 파종과 수확에 대해 자주 언급합니다. 우리가 씨를 뿌리면 그에 따른 열매를 거두게 됩니다. 이는 삶의 모든 영역에 적용됩니다. 친절을 심으면 친절을, 험담을 심으면 험담을, 관대함을 심으면 관대함을 거둡니다. 우리가 무엇을 심든, 그대로 거두게 됩니다.

하지만 파종과 수확 사이에는 항상 시간이 필요합니다. 오늘 씨앗을 심고 내일 사과나무를 기대할 수는 없습니다.

여러분 중에는 오랜 시간 동안 수확의 때를 기다리며 지쳐있는 분들도 있을 것입니다. 그런 분을 위한 약속의 말씀이 있습니다. "이것이 지금 당장 이루어질 것은 아니지만 이루어질 때가 정해져 있으니 그때가 분명히 올 것이며 반드시 이루어질 것이다. 비록 더딜지라도 기다려라. 지체되지 않고 그때가 올 것이다"(합 2:3).

하나님의 시간표는 우리의 기대와 다를 수 있지만, 언제나 가장 완벽한 때에 이루어짐을 신뢰하십시오. 하나님은 상황에 따라 우리에게 다른 페이스를 요구하십니다. 때로는 신속한 행동을, 때로는 인내심 있는 기다림을 원하시지만, 그 모든 것은 하나님의 완벽한 계획 안에 있습니다. 하지만 하나님의 속도는 언제나 정확합니다.

감정을 넘어선 믿음을 더욱 기뻐하십니다

"내가 태어날 때 아무것도 가져온 것 없었으니 죽을 때에도 아무것도 가져가지 못하리라.
주신 자도 여호와시요 가져가신 자도 여호와시니
여호와의 이름이 찬양을 받으시기 원하노라."
_욥기 1장 21절

신앙생활을 막 시작했을 때, 하나님은 종종 그분의 존재와 돌보심을 체험할 수 있는 특별한 감정들을 허락해주십니다. 하지만 우리가 믿음 안에서 성장함에 따라, 하나님은 그런 감정에 의존하는 것에서 우리를 떼어놓으십니다.

하나님은 언제나 어디에나 계시지만, 우리가 그분의 임재를 체험하는 순간은 특별합니다. 하나는 사실이고, 다른 하나는 주로 느낌입니다. 우리가 인식하지 못할 때도 하나님은 항상 함께 계시며, 그분의 임재는 감정만으로 측정하기에는 너무나 심오합니다.

물론 하나님은 우리가 그분의 존재를 인지하길 원하십니다. 하지만 그보다 더 중요한 것은 우리가 하나님을 믿는 것입니다. 감정이 아닌 믿음이 하나님을 기쁘시게 합니다.

역설적이게도, 우리의 믿음이 가장 크게 성장하는 때는 삶이 무너지고 하나님이 멀리 계신 것처럼 느껴지는 바로 그 순간입니다. 욥의 경우가 그랬습니다. 하루아침에 욥은 가족, 사업, 건강, 모든 것을 잃었습니다. 더 괴로운 것은 욥기 37장에 이르기까지 하나님이 침묵하셨다는 점입니다.

우리 삶의 상황을 이해할 수 없고 하나님이 침묵하실 때, 어떻게 그분을 찬양할 수 있을까요? 소통이 단절된 위기 속에서 어떻게 하나님과의 관계를 유지할 수 있을까요? 눈물이 마르지 않는 상황에서 어떻게 예수님께 시선을 고정할 수 있을까요?

우리는 욥의 본을 따라야 합니다. "욥은 일어나 자기 옷을 찢고 머리털을 밀고 땅에 엎드려 여호와께 경배하며 이렇게 말하였다. '내가 태어날 때 아무것도 가져온 것 없었으니 죽을 때에도 아무것도 가져가지 못하리라. 주신 자도 여호와시요 가져가신 자도 여호와시니 여호와의 이름이 찬양을 받으시기 원하노라'"(욥 1:20-21).

하나님께 여러분의 마음을 있는 그대로 털어놓으세요. 모든 감정을 솔직하게 쏟아내는 것을 두려워하지 마세요. 욥이 그랬듯이 말입니다. "내가 침묵을 지키지 않고 내 괴로움을 말하며 내 영혼의 슬픔을 털어놓아야겠습니다"(욥 7:11).

하나님은 우리의 의심, 분노, 두려움, 슬픔, 혼란, 질문들을 모두 감당하실 수 있습니다. 우리의 감정이 때로는 변할지라도, 하나님의 신실하신 임재는 영원히 변함없는 진리입니다. 그러나 하나님이 들으시고 돌보신다는 믿음으로 우리의 감정을 표현할 때, 하나님은 기뻐하십니다.

자기기만에서 벗어나는 길

"내 안에 혹시라도 악한 것이 있는지 보시고 나를 영원한 길로 인도하소서."
_시편 139편 24절, 우리말

우리는 종종 자신에게 거짓말을 합니다. 감정이나 생각이 항상 진실을 반영하지 않음에도 불구하고, 우리는 그것들을 맹목적으로 믿곤 합니다. 우리 모두에게는 어두운 사각지대가 있습니다. 이는 다른 사람과의 갈등을 일으키는 태도나 약점이지만, 우리가 보지 못하거나 인정하기를 거부하는 영역입니다.

그렇다면 어떻게 이러한 자기기만에서 벗어나 진실에 다가갈 수 있을까요? 오늘은 세 가지 간단하지만 효과적인 단계를 소개하겠습니다.

첫째, 하나님께 명쾌함을 구하십시오. "내 안에 혹시라도 악한 것이 있는지 보시고 나를 영원한 길로 인도하소서"(시 139:24, 우리말)라고 기도하세요. 성경은 우리의 마음이 기만적이라고 가르칩니다. 따라서 하나님의 빛 아래서 우리의 참모습을 온전히 볼 수 있도록 겸손히 기도해야 합니다. 하나님의 인도하심을 열린 마음으로 받아들일 수 있는 겸손한 자세를 갖출 수 있도록 기도하세요.

둘째, 신뢰할 수 있는 그리스도인 친구나 가족에게 도움을 요청하세요. 하나님은 우리의 삶에 다른 사람들을 보내 우리를 돕게 하십니다. 우리가 그들의 사각지대를 볼 수 있듯, 그들도 우리의 사각지대를 볼 수 있습니다. 잠언 12장 15절은 이렇게 말합니다. "바보는 자기 길이 옳다고 하지만 지혜로운 사람은 조언에 귀를 기울인다"(우리말). 혼자 해결할 수 있다고 생각한다면, 그것 자체가 하나의 사각지대일 수 있습니다.

셋째, 예수님께 여러분을 변화시켜 달라고 간구하세요. 예수님은 "나는 진리요…"(요 14:6)라고 말씀하셨고, 성경은 "진리가 너희를 자유롭게 할 것이다"(요 8:32)라고 약속합니다. 예수님과의 관계가 깊어질수록 우리는 하나님의 진리 안에서 더 분명한 방향을 찾게 되며, 자기기만의 함정에 빠질 위험도 줄어들게 됩니다. 하나님의 진리는 우리가 자신과 타인을 있는 그대로 볼 수 있게 해주기 때문입니다.

요한복음 9장 39절에서 예수님은 "내가 심판하러 이 세상에 왔으니 보지 못하는 사람은 보게 하고 보는 사람은 소경이 되게 할 것이다"라고 말씀하셨습니다. 예수님은 우리의 어두운 사각지대를 밝히고, 우리가 자신을 있는 그대로 볼 수 있도록 도우시려 이 세상에 오셨습니다.

하나님은 우리의 숨겨진 잘못, 어두운 사각지대, 자기기만으로부터 자유롭게 하십니다. 하나님께 명확한 시야를 구하고, 신뢰할 수 있는 믿음의 동역자에게 도움을 요청하며, 예수님께 우리를 변화시켜 달라고 기도하세요.

진리는 우리를 자유롭게 할 것입니다!

우리가 세상을 향해 보여줄 수 있는 가장 큰 증거

"우리가 하나인 것같이 그들도 하나가 되게 하기 위해 아버지께서 제게 주신 영광을 이 사람들에게 주었습니다. 제가 그들 안에 있고, 아버지께서 제 안에 계십니다. 부디 그들로 온전히 하나가 되게 해 주십시오. 그리하여 세상이, 아버지께서 저를 보내신 것과 아버지께서 저를 사랑하신 것처럼 그들도 사랑하셨다는 것을 알게 해 주십시오."

_요한복음 17장 22-23절, 쉬운

하나님의 가족인 교회가 드러내는 깊은 연합과 사랑의 모습은 세상에 보여줄 수 있는 가장 강력한 복음의 증거가 됩니다.

예수님께서 십자가에 오르시기 전 마지막으로 기도하신 것이 바로 교회의 연합이었습니다. "그들 모두 한마음 한뜻이 되고 아버지께서 내 안에 계시고 내가 아버지 안에 있듯이, 그들도 우리와 한마음 한뜻이 되는 것, 이것이 내 기도의 목적입니다. 그래서 아버지께서 참으로 나를 보내셨다는 것을 세상이 믿게 해주십시오"(요 17:21, 메시지).

예수님은 시대를 초월하여 모든 제자들이 하나가 되기를 간절히 기도하셨습니다. 그리스도인이 서로 사랑하고 하나 되어 살아가는 모습을 통해 믿지 않는 사람들이 예수님을 믿게 될 것이라고 말씀하셨습니다. 이것이 바로 예수님을 구주로 고백하는 모든 이들을 향한 그분의 비전이자 목표입니다.

예수님의 기도는 계속됩니다. "우리가 하나인 것같이 그들도 하나가 되게 하기 위해 아버지께서 제게 주신 영광을 이 사람들에게 주었습니다. 제가 그들 안에 있고, 아버지께서 제 안에 계십니다. 부디 그들로 온전히 하나가 되게 해 주십시오. 그리하여 세상이, 아버지께서 저를 보내신 것과 아버지께서 저를 사랑하신 것처럼 그들도 사랑하셨다는 것을 알게 해 주십시오"(요 17:22-23, 쉬운).

하나님께서 우리 삶에 함께하시는 궁극적인 목적은 우리를 더욱 사랑의 사람으로 빚어가시기 위함입니다. 율법적이고 경직된 모습이 아닌, 그리스도의 사랑으로 충만하여 다른 이들을 깊이 이해하고 포용하는 사람으로 빚어지는 것입니다. 예수님은 "내가 너희를 사랑한 것같이, 너희도 서로 사랑하라. 이것이 바로 내 계명이다"(요 15:12, 쉬운)라고 말씀하셨습니다.

여러분의 삶 가운데 하나님의 영광과 능력이 충만히 드러나기를 갈망하십니까? 하나님의 임재를 깊이 체험하고 싶으십니까? 예수님은 사소한 차이를 넘어 하나 됨을 이룬 이들에게 그분의 영광과 능력을 허락하신다고 말씀하십니다. 예수님은 우리가 자신의 선호보다 다른 이들의 필요를 우선시하며 다른 그리스도인과 연합하여 살기를 원하십니다. 바울 사도도 초대교회 성도들에게 이와 같은 메시지를 전했습니다. "온전히 겸손하고 온유하게 행동하고 오래 참음

으로 행동하되 사랑 가운데 서로 용납하고 화평의 매는 줄로 성령께서 하나 되게 하신 것을 힘써 지키십시오"(엡 4:2-3, 우리말).

분열과 갈등이 깊어지는 이 시대야말로 교회가 그리스도 안에서 이루는 참된 연합의 능력을 보여줄 때입니다. 우리의 역할은 자존심과 개인적 선호를 내려놓고 하나님께서 주신 목적에 집중하는 것입니다. 하나님께서 여러분을 이렇게 사용하시길 원한다면, 이렇게 기도해보십시오.

"하나님 아버지, 주님께서는 이 세상에서 주님의 교회에 큰 사명을 주셨습니다. 저는 그 위대한 사명에 동참하기를 원합니다. 다른 이들의 필요보다 저 자신을 먼저 생각하게 만든 저의 교만과 이기심을 고백합니다. 교회의 하나 됨을 위해 제 개인적 선호와 욕구를 내려놓을 수 있도록 제 안에 예수님의 성품이 자라나게 해주십시오. 예수님의 눈으로 사람들을 바라볼 수 있게 도와주소서. 그러면 저도 긍휼과 은혜로 그들을 대할 수 있을 것입니다. 오직 주님만이 우리의 마음을 변화시키실 수 있습니다. 제 삶에서 그 변화의 열매가 맺히기를 원합니다. 예수님의 이름으로 기도드립니다. 아멘."

우리가 서로 사랑할 때, 우리가 예수님께 속해 있음을 세상에 보여주는 증거가 되며, 삶을 변화시키는 그리스도의 능력을 드러내게 될 것입니다.

하나님의 부르심에 응답하는 용기 있는 발걸음

"믿음이 없이는 하나님을 기쁘시게 할 수 없습니다.
하나님에게 나아가는 사람은 그분이 계시는 것과
또 그분을 진정으로 찾는 사람들에게 상을 주신다는 것을 반드시 믿어야 합니다."
_히브리서 11장 6절

하나님께서 요나에게 니느웨로 가라는 사명을 주셨을 때, 그 사명을 수행하기 위해서는 엄청난 믿음의 발걸음이 필요했습니다. 요나가 목숨을 걸고 도망가야 했을 만큼, 이는 그의 모든 한계와 편견에 도전하는 사명이었습니다.

니느웨는 당시 세계에서 가장 번영하고 영향력 있는 도시 중 하나였습니다. 아시리아 제국의 수도로, 넓은 대로, 공원, 운하, 웅장한 건축물, 궁전과 사원 등 다양한 아름다움으로 유명했습니다.

하지만 아시리아인들은 잔인하고 사악한 이들로도 알려져 있었습니다. 그들은 정복 과정에서 거의 모든 것을 파괴했습니다!

요나가 그들에게 하나님의 말씀을 전하려면 엄청난 믿음이 필요했습니다. 아시리아는 오랫동안 유대인들을 억압하고 노예로 삼았습니다. 양측은 서로 증오했으며, 정치와 종교, 인종적 갈등이 뿌리 깊게 자리 잡고 있었습니다.

하나님은 아시리아인들에게도 구원의 기회를 주시고자, 요나를 선지자로 보내어 니느웨에서 회개의 메시지를 선포하게 하셨습니다. 하지만 요나는 순종하지 않고 도망갔습니다. 그는 하나님이 주신 사명을 시작하는 데 필요한 믿음의 발걸음을 내딛지 못했고, 그 사명을 완수하기는커녕 거부했습니다.

결국 요나는 사명을 완수했고, 하나님께서 우리의 사명 수행 과정 전체를 함께하시며 인도하고 공급하신다는 것을 깨달았습니다. 예수님도 대사명을 주시며 이렇게 약속하셨습니다. "그러므로 너희는 가서 모든 민족을 제자로 삼아 아버지와 아들과 성령의 이름으로 세례를 베풀고 내가 너희에게 분부한 모든 것을 가르쳐 지키게 하라 볼지어다 내가 세상 끝날까지 너희와 항상 함께 있으리라"(마 28:19-20, 개역개정).

요나의 여정이 보여주듯, 하나님께서 맡기신 사명은 우리의 믿음을 정제하고 깊이 있게 성장시키는 시험대가 됩니다. 그 사명은 우리의 안전지대, 편견, 정치적 성향에 도전할 것입니다.

성경은 이렇게 말씀합니다. "믿음이 없이는 하나님을 기쁘시게 할 수 없습니다. 하나님에게 나아가는 사람은 그분이 계시는 것과 또 그분을 진정으로 찾는 사람들에게 상을 주신다는 것을 반드시 믿어야 합니다"(히 11:6).

하나님은 우리가 이 땅에서 그분의 사명을 완수할 수 있도록 도와주실 것입니다. 믿음으로 한 걸음만 내디뎌보십시오!

하나님에게서 도망칠 수는 없습니다

"요나는 여호와를 피하여 다시스로 달아나려고 욥바로 내려갔다."
_요나 1장 3절

하나님께서는 우리 각자에게 거룩한 사명을 맡기시며, 그 부르심에 응답할 자유를 허락하십니다. 요나가 하나님으로부터 받은 사명은 니느웨 사람들에게 다가오는 심판을 경고하는 것이었습니다. 그러나 "요나는 여호와를 피하여 다시스로 달아나려고 욥바로 내려갔습니다"(욘 1:3).

요나는 자신의 선택이 가져온 피할 수 없는 결과와 마주하게 되었습니다. 우리도 하나님의 사명을 피해 도망가면 비슷한 결과를 맞이하게 될 것입니다.

성경은 요나가 사명을 거부하고 배를 탔을 때, 하나님이 강력한 폭풍을 보내 배가 거의 파선될 뻔했다고 전합니다(욘 1:4). 왜 하나님은 이렇게 하셨을까요? 하나님은 요나를 사랑하셨기에, 그가 삶의 진정한 목적을 찾고 충만한 성취감을 누릴 수 있는 올바른 선택을 하기를 바라셨습니다. 하나님은 우리가 더 나은 결정을 내리도록 격려하시고자 때로 우리 앞에 장애물을 두십니다.

요나의 불순종은 다시스행 배에 탄 모든 이들의 생명을 위협했습니다. 우리가 하나님의 뜻을 거스르고 도망갈 때, 그 결과는 우리 개인을 넘어 주변 사람들에게까지 파급됩니다. 우리가 사랑하는 이들을 포함해 무고한 사람들이 상처받을 수 있습니다. 우리의 결정은 가족과 친구들에게 직접적인 영향을 미칠 뿐만 아니라, 때로는 우리가 전혀 모르는 사람들의 삶에까지 파장을 일으킬 수 있습니다. 이처럼 당신의 불순종은 다른 사람들에게도 상처를 줍니다.

요나의 이야기는 하나님을 거역하고 도망가려 할 때, 우리의 삶이 어떻게 나락으로 떨어질 수 있는지를 생생히 보여줍니다. 불순종은 경제적, 육체적, 관계적으로 손해를 가져옵니다.

니느웨는 요나의 고향 이스라엘에서 885킬로미터 떨어져 있었지만, 그는 정반대 방향이고 4,023킬로미터나 떨어진 다시스로 도망가려 했습니다. 요나는 자신이 생각하기에 쉬워 보이는 방법을 선택했습니다. 그것이 더 나을 거라고 여겼기 때문입니다. 이게 바로 문제의 핵심입니다. 요나는 자기 자신만 생각하고 있었던 것입니다! 그는 니느웨 사람들이 구원받을 자격이 없다고 여겨 그들의 구원에 동참하고 싶지 않았습니다.

사실, 우리는 하나님을 피해 도망갈 수 없습니다. 하나님은 어디에나 계시고 모든 것을 아십니다. 그러나 하나님은 우리에게 강제로 따르라고 하지 않으십니다. 우리가 자발적으로 하나님을 사랑하고 따르기를 원하시기 때문입니다.

우리를 창조하시고, 구원하시고, 사랑하시며, 우리 유익을 위해 일하시는 하나님으로부터 도망치려 하지 마세요. 하나님을 따르고 그분이 주신 사명을 완수하는 것이 언제나 최선의 선택입니다.

사명을 받아들일 때, 하나님은 기적을 행하십니다

"이것을 본 선원들은 여호와를 크게 두려워하며
그에게 제사를 드리고 그를 섬기겠다고 서약하였다."
_요나 1장 16절

  우리가 하나님이 주신 사명을 받아들일 때, 기적이 일어납니다.

요나의 삶에서 이를 확인할 수 있습니다. 하나님은 요나에게 니느웨 사람들에게 경고하라고 말씀하셨지만, 요나는 이를 거부했습니다. 그는 하나님이 지시하신 곳과는 정반대 방향으로 가는 배에 올랐습니다.

하나님은 요나를 그의 사명으로 되돌리기 위해 강력한 폭풍을 보내셨습니다. 결국 요나는 이렇게 말했습니다. "나를 들어 바다에 던지시오. 그러면 바다가 잔잔해질 것입니다. 여러분이 이 폭풍을 만나게 된 것이 내 탓이라는 것을 나는 잘 알고 있습니다"(욘 1:12).

요나가 마침내 하나님의 뜻에 순종하기로 결심했을 때, 그의 삶에 세 가지 놀라운 변화가 일어났습니다. 우리가 하나님의 사명을 받아들이면, 이와 같은 기적을 경험하게 될 것입니다.

첫째, 삶이 평온해집니다. 요나가 바다에 던져지는 순간, 하나님은 폭풍을 멈추셨고 거친 파도는 완전히 잔잔해졌습니다.

우리가 하나님의 사명을 받아들일 때, 하나님은 우리의 주의를 환기시키기 위해 허락하셨던 삶의 폭풍을 잠잠케 하십니다. 외부 상황이 즉시 바뀌지 않더라도, 우리는 폭풍 속에서 평안을, 혼란 속에서 안정을 찾게 될 것입니다.

둘째, 불신자들이 믿게 됩니다. 배에 타고 있던 이방인들은 요나를 바다에 던졌을 때 폭풍이 멈춘 것을 보고 놀랐습니다. "이것을 본 선원들은 여호와를 크게 두려워하며 그에게 제사를 드리고 그를 섬기겠다고 서약하였다"(욘 1:16). 하나님을 따르는 사람이 올바른 길을 갔기에 불신자들이 믿게 된 것입니다.

주변에 믿지 않는 친구나 가족이 있을 것입니다. 우리가 진심으로 하나님을 따르기로 결심할 때, 그들은 예수님을 더 신뢰하게 될 것입니다.

셋째, 하나님께서 우리에게 자비를 베푸십니다. 성경은 이렇게 말합니다. "여호와께서 이미 큰 물고기를 예비하셔서 요나를 삼키게 하셨으므로"(욘 1:17). 언뜻 보면 자비처럼 보이지 않지만, 실은 큰 자비였습니다. 요나는 폭풍 속에서 바다로 던져졌지만, 하나님이 보내신 큰 물고기 덕분에 살아남았습니다.

일부 사람들은 하나님께 돌아와 그분의 사명을 받아들이면, 그동안 허비한 시간에 대한 대가를 치러야 한다고 오해합니다. 하지만 그렇지 않습니다! 하나님은 우리가 사명을 완수하기를 원하시기에, 두 팔 벌려 우리를 환영하실 것입니다.

하나님은 우리가 그분께 드리는 것이 무엇이든 받아들이시고, 그것을 통해 우리 삶에 놀라운 기적을 일으키실 수 있습니다.

소망이 없다고 느껴질 때 우리가 해야 할 일

"내가 고통 중에 주께 부르짖었더니 주께서는 나에게 응답하셨으며
내가 무덤과 같은 곳에서 주의 도움을 구하였더니 주께서 내 음성을 들으셨습니다."
_요나 2장 2절

여러분은 기도할 때, 하나님께서 들으시기에 적절하다고 생각되는 말만 골라 하고 있지는 않나요? 아니면 특별한 생각 없이 습관적으로 기도하시나요? 아마도 "하나님, 안녕하세요. 오늘 하루는 어떠셨나요?"라는 간단한 인사로 시작해서, 지난번 기도와 비슷한 내용으로 마무리하고 있는지도 모릅니다.

하나님은 진정성 없이 습관적으로 드리는 형식적인 기도를 원하지 않으십니다. 그런 기도에 하나님도 지루함을 느끼십니다. 대신 하나님은 우리가 진심과 열정을 다해 기도하길 바라십니다.

요나의 이야기는 열정적인 기도의 모범을 보여줍니다. 바다에 빠져 큰 물고기에 삼켜진 요나는 이렇게 말했습니다. "내가 고통 중에 주께 부르짖었더니 주께서는 나에게 응답하셨으며 내가 무덤과 같은 곳에서 주의 도움을 구하였더니 주께서 내 음성을 들으셨습니다"(욘 2:2).

부모라면 아이들의 진심 어린 말과 그렇지 않은 말을 구별할 수 있습니다. 하나님도 마찬가지입니다. 요나가 물고기 배 속에서 "자, 이제 잘 시간입니다"라며 형식적으로 기도했을 리 없습니다. 대신 그는 "주님께 부르짖었습니다". 아마도 "하나님, 당장 도와주세요!"라고 외쳤을 것입니다.

하나님은 우리의 진실한 기도에 응답하십니다. 위기 상황에서 터져 나오는 절박한 기도도 포함해서 말입니다. 하나님은 우리의 솔직한 마음을 듣고 싶어 하십니다. 심지어 불평도 들으시길 원합니다. 성경에서는 이를 '애가'라고 하는데, 곧 탄식을 의미합니다. 하나님은 우리가 행복하지 않을 때도 우리 삶의 모든 면에 관심을 가지고 계십니다.

많은 시편이 하나님께 드리는 애가, 즉 탄식의 기도입니다. 심지어 예레미야애가에는 예레미야 선지자의 탄식으로 가득합니다. 하나님은 우리의 고통을 돌보십니다. 우리 마음속 깊은 곳의 진실을 듣고 싶어 하십니다. 하나님께서는 격식 있는 말보다 우리 영혼 깊은 곳에서 터져 나오는 진실한 부르짖음에 더 큰 관심을 기울이십니다.

여러분이 지금 절망적인 상황에 처해 있거나, 혹은 앞으로 그런 순간을 맞이하게 된다면, 형식적인 기도를 내려놓으세요. 여러분의 마음을 있는 그대로 하나님께 쏟아내세요.

하나님은 마음속 가장 깊은 곳의 진실을 듣고 싶어 하십니다.

March

두려움에 사로잡히지 않으려면

"하나님은 우리에게 두려워하는 마음을 주신 것이 아니라
능력과 사랑과 절제하는 마음을 주셨습니다."
_디모데후서 1장 7절

결혼 3개월 만에 저는 신체적, 정신적으로 완전히 무너져 병원 신세를 지게 되었습니다. 겨우 스물한 살이었지만, 실패에 대한 두려움으로 가득 차 인생이 끝났다고 생각했습니다. 정신과 의사는 휴식이 필요하다고 했고, 우리는 캘리포니아 북부의 부모님 댁으로 향했습니다.

부모님의 따뜻한 보살핌 속에서도 저는 여전히 실패의 그늘에서 벗어나지 못한 채 신음하고 있었습니다. 아무것도 감당할 수 없다고 여겼고, 모든 것이 저를 화나게 하고 불안하게 만들었습니다.

어느 날 밤, 악몽에서 깨어났을 때였습니다. 식은땀을 흘리며 숨을 고르고 있는데, 전화벨이 울렸습니다. 전화를 받은 남자가 "릭 워렌 집인가요? 그와 통화할 수 있을까요?"라고 말했다고 합니다. 어머니가 받으신 전화는 저를 찾는 낯선 남자의 목소리였습니다.

"릭 목사님, 저는 목사님을 모릅니다. 우리는 만난 적도 없습니다. 하지만 하나님께서 이 구절을 전하라 하셨습니다. '하나님은 우리에게 두려워하는 마음을 주신 것이 아니라 능력과 사랑과 절제하는 마음을 주셨습니다'(딤후 1:7). 목사님, 목사님은 예수 그리스도 안에서 건전한 정신을 가질 권리가 있습니다." 그리고 그는 전화를 끊었습니다.

여러분은 하나님이 이런 특별한 방식으로 일하신다고 믿기 어려울 수도 있습니다. 하지만 그분은 때로 이렇게 놀라운 방법으로 우리에게 다가오십니다. 천사일 수도 있고, 아닐 수도 있습니다. 어쩌면 하나님이 한 사람에게 "그에게 전화해라"라고 말씀하셨고, 그가 순종한 것일 수도 있습니다.

인생의 시작점에서 이미 실패했다고 여겼던 그 어두운 시기 동안, 저는 그 말씀을 생명줄처럼 붙들었습니다. 하나님은 저를 포기하지 않으셨고, 그 이후 제 삶에서 놀라운 일들을 이루셨습니다.

하나님은 여러분과의 관계도 끝내지 않으십니다. 어떤 상황에 있든 하나님은 함께 계십니다. 고통스러운 순간이 있다 해도 두려움에 사로잡히지 않도록 하세요. 모든 일에서 하나님을 신뢰하도록 자기 자신을 독려하며 믿음과 사랑 안에서 살아가십시오.

하나님은 기도를 통해 우리의 믿음을 키우십니다

"구하라. 그러면 받을 것이다. 찾아라. 그러면 찾을 것이다.
문을 두드려라. 그러면 열릴 것이다."
_마태복음 7장 7절

하나님은 우리의 필요를 채워주실 수 있고 그렇게 하기를 간절히 바라십니다! 하지만 우리는 종종 하나님의 신실하심을 잊곤 합니다. 그분이 얼마나 열심히 우리를 돕고 싶어 하시는지 말입니다. 그러다 보면 어느새 하나님께 손을 내밀기보다는 우리의 힘만을 믿고 의지하게 됩니다.

여러분은 혹시 하나님께 "작은 것들"이 아닌 "큰 것들"만 구하고 있지는 않습니까? 그러나 하나님께는 모든 것이 작은 것입니다. 여러분이 바라는 그 어떤 것도 하나님 보시기에 큰 것은 없습니다. 하나님은 여러분의 모든 머리카락 수를 세고 계시며, 오늘 아침 세면대에서 몇 개가 빠졌는지도 알고 계십니다.

여러분의 어떤 간구도 하나님께는 결코 부담이 되지 않습니다. 오히려 하나님께서 직접 기도라는 소통의 통로를 마련하셨습니다.그래서 신약성경은 우리에게 기도할 때 필요한 것은 무엇이든 간구하라고 스무 번 이상 말씀하십니다. 마태복음 7장 7절에는 "구하라. 그러면 받을 것이다. 찾아라. 그러면 찾을 것이다. 문을 두드려라. 그러면 열릴 것이다"라고 약속합니다.

때로는 하나님께 무언가를 요청하는 대신 걱정만 하곤 합니다. 그러나 여러분, 걱정거리가 크다면 그만큼 기도할 이유도 큽니다. 우리 마음을 짓누르는 문제일수록 하나님께 가져가기에 더욱 적합한 것입니다. 걱정은 우리를 더 깊은 어둠으로 밀어넣지만, 기도는 우리 삶에 놀라운 변화를 가져옵니다.

마치 부모가 자녀에게 신뢰를 가르치듯, 하나님은 우리의 믿음과 신뢰를 키워주십니다. 성경은 이렇게 말씀합니다. "악한 사람이라도 자기 자녀에게는 좋은 선물을 줄줄 아는데 하물며 하늘에 계신 너희 아버지께서 구하는 사람에게 성령을 주시지 않겠느냐?"(눅 11:13).

부모와 자녀 사이의 관계는 이렇게 작용합니다. 첫째, 자녀는 충족되지 않은 욕구를 인식합니다. 둘째, 자녀는 그 욕구를 표현합니다. 셋째, 부모는 그 욕구를 채워줍니다.

하나님은 이 과정을 통해 그분을 신뢰하는 법을 가르치십니다. 우리에게 충족되지 않은 욕구가 있습니다. 우리는 그 욕구를 하나님께 표현합니다. 하나님은 그 욕구를 채워주시고, 우리는 하나님을 더 깊이 신뢰하는 법을 배웁니다. 만약 우리가 하나님께 욕구를 표현하지 않는다면, 어떻게 신뢰를 키워갈 수 있겠습니까? 하나님께 간구할 때마다, 하나님은 반드시 그분의 선하심을 나타내실 것입니다.

자, 이제 직접 실천해보십시오. 기도하는 동안 하나님께 우리의 필요를 아뢰십시오. 그리고 하나님이 우리의 기도에 응답하시고 필요를 채우시는 방법을 지켜보십시오. 하나님이 신뢰할 만한 분이시며, 어떤 상황에서도 그분께 의지할 수 있다는 것을 깨닫게 될 것입니다. 이를 통해 우리의 믿음은 날로 성장할 것입니다.

하나님께서 창조하신 원래 모습으로 살아가십시오

"우리는 부끄러워 드러내지 못한 것들을 끊어 버리고,
속임수를 쓰지 않으며, 하나님의 말씀을 왜곡시키지 않았습니다."
_고린도후서 4장 2절, 쉬운

하나님이 창조하신 본연의 모습을 감추고 거짓된 가면을 쓰고 사는 것만큼 영혼을 피폐하게 만드는 삶은 없습니다.

혹시 여러분은 타인의 시선이 두려워 본모습을 감추거나, 하나님이 있는 그대로의 나를 사랑하지 않으실까 봐 겉모습만 꾸미고 계시지는 않습니까? 그러나 이렇게 살아가면 하나님이 우리를 위해 예비하신 최고의 계획을 놓치고 말 것입니다.

하나님은 여러분을 누군가의 복제품이 아닌, 고유한 개성을 가진 존재로 창조하셨습니다. 하나님의 축복을 담뿍 받으며 살아가고 싶다면, 다른 이들의 인정을 얻으려 애쓰기보다는 하나님이 창조하신 본연의 모습으로 돌아가야 합니다. 천국에서 하나님은 "너는 왜 다른 사람들처럼 되려고 하지 않았느냐"고 묻지 않으실 것입니다. 대신 하나님께서 여러분에게 맡기신 삶의 목적을 어떻게 이루었는지 물으실 것입니다.

이 세상에는 여러분을 흉내 낸 복제품이 아니라, 오직 여러분만의 고유한 존재가 필요합니다. 하지만 하나님께서 특별히 디자인하신 여러분, 그리고 그분이 각자에게 맡기신 고유한 사명은 꼭 필요합니다. 하나님은 우리를 특별한 방식으로 만드시고 각자에게 독특한 은사를 주셨습니다. 만약 자기 자신이 아닌 다른 누군가가 되기로 결심한다면, 우리 모두는 하나님이 예비하신 큰 축복을 놓치고 말 것입니다.

바울은 고린도후서 4장 2절에서 이렇게 말했습니다. "우리는 부끄러워 드러내지 못한 것들을 끊어 버리고, 속임수를 쓰지 않으며, 하나님의 말씀을 왜곡시키지 않았습니다"(쉬운). 즉, 우리는 변장을 하거나 가면을 쓰지 않습니다. 우리는 우리가 아닌 다른 사람인 척하지 않습니다. 우리는 그리스도를 따르는 사람으로서 진정한 우리의 모습을 통해 하나님 말씀의 진리를 명확하게 전합니다.

모든 사람의 기대에 부응하려 애쓰는 것만큼 헛되고 소모적인 노력은 없습니다. 제가《뉴스위크》잡지 표지에 두 번이나 실렸는데, 한 번은 영웅으로, 또 한 번은 바보로 소개되었습니다. 이것이 바로 인생입니다! 하나님조차도 모든 이를 만족시킬 수는 없습니다. 누군가가 눈 오는 날을 위해 기도할 때, 다른 이는 맑은 하늘을 달라고 기도하기 때문입니다.

만약 여러분이 늘 자신이 아닌 다른 사람인 척한다면, 스트레스에 시달리고 본모습을 들킬까 봐 두려워하며 쉽게 낙담하게 될 것입니다. 낙심을 이기려면 진실해야 합니다. 하나님의 축복을 받기 위해 완벽해질 필요는 없습니다. 단지 하나님께서 여러분을 만드신 그대로의 모습으로 살아가면 됩니다.

자신에게 진실을 말하면 영적 성장의 길이 열립니다

"육신을 따라 사는 사람은 육신의 일을 생각하지만
성령님을 따라 사는 사람은 성령님의 일을 생각합니다."
_로마서 8장 5절

때때로 자신의 생각에 갇혀 있다고 느낀 적이 있습니까? 어떤 생각을 마음에서 지울 수 없거나, 해롭다는 걸 알면서도 어떤 행동을 멈출 수 없는 경험 말입니다.

로마서 7장 23절은 이렇게 말씀합니다. "내 육체에는 또 다른 법이 있습니다. 그것이 내 마음과 싸워서 나를 아직도 내 안에 있는 죄의 종으로 만들고 있다는 것을 알았습니다." 우리 마음속에는 싸움이 있습니다. 만약 우리가 옛 본성에 맞서 적극적으로 싸우지 않는다면, 우리는 이미 그 싸움에서 지고 있는 것입니다.

예수님의 변화의 능력을 경험하기 전 우리의 옛 본성은 언제나 우리의 영적 성장을 방해하는 적군으로 남아 있습니다. 그것은 우리를 끊임없이 좌절시키고 뒤로 끌어당기는 모든 부정적 습관의 뿌리입니다.

이런 습관들을 끊고 생각을 더 잘 다스리고 싶습니까? 그렇다면 우리가 생각하는 모든 것을 다 믿을 필요는 없다는 진실을 기억하십시오.

우리의 마음은 항상 우리에게 달려 있습니다. 우리가 무언가를 생각하거나 느낀다고 해서 그것이 곧 진실이 되는 것은 아닙니다. 영적으로 성숙해진다는 것은 우리 마음속의 생각들을 하나님의 진리라는 빛 아래에서 분별하고, 성령의 인도하심을 따라 올바른 선택을 할 수 있게 되는 것입니다.

우리가 익혀야 할 가장 중요한 영적 훈련 중 하나는 자신의 생각을 비판적으로 점검하는 능력입니다. "내가 생각하는 것이 정말 사실일까?"라고 자기 자신에게 물어보십시오.

우리가 아무리 영적으로 성장한다 해도, 죄악된 옛 본성은 계속해서 우리의 생각을 지배하려 할 것입니다. 우리는 온종일 그리고 평생 자신의 생각을 의심하는 법을 배워야 합니다!

"내 삶은 절대 나아지지 않을 거야" 혹은 "나는 가치 없는 사람이야"라는 생각이 들 때, 그것이 정말 사실인지 자문해보십시오. 그리고 그러한 거짓된 생각들을 하나님의 말씀에 계시된 영원한 진리로 채워나가십시오.

로마서 8장 5절은 이렇게 말씀합니다. "육신을 따라 사는 사람은 육신의 일을 생각하지만 성령님을 따라 사는 사람은 성령님의 일을 생각합니다." 우리의 생각을 성령님께 맡기고, 그분의 인도하심을 따라 살아가는 삶을 추구합시다.

우리의 한계를 인정하며 드리는 강력한 기도

"우리 하나님이시여, 저들을 그냥 두시겠습니까?
우리를 치러 오는 이 엄청난 대군을 막아낼 힘이 우리에게는 없습니다.
우리는 어떻게 해야 좋을지 몰라 주만 바라보고 있습니다."
_역대하 20장 12절

돌파를 가져오는 기도는 일상적으로 드리는 평범한 기도와는 다릅니다.

우리는 종종 기도하며 하나님의 도우심과 능력, 지혜를 구합니다. "하나님, 저희를 도와주세요"라고 기도하지만, 여전히 우리 힘과 지혜에 의존하는 가운데 하나님의 도움을 구하는 불완전한 신뢰를 드러냅니다. 이런 기도들도 물론 의미 있습니다!

하지만 진정한 돌파의 기도는 이렇습니다. "하나님, 저는 도저히 이 일을 감당할 수 없습니다. 제 능력을 넘어섭니다. 오직 하나님께서 직접 개입해 주셔야만 합니다!" 이는 우리가 완전히 무력함을 느낄 때 드리는 기도입니다.

여호사밧왕은 극복할 수 없어 보이는 위기 앞에서 시선을 하나님께로 돌렸습니다. 그는 이렇게 기도했습니다. "우리 하나님이시여, 저들을 그냥 두시겠습니까? 우리를 치러 오는 이 엄청난 대군을 막아낼 힘이 우리에게는 없습니다. 우리는 어떻게 해야 좋을지 몰라 주만 바라보고 있습니다"(대하 20:12).

우리도 인생의 돌파구를 마련하기 위해 기도할 때 이렇게 해야 합니다. 먼저, 우리의 감정을 있는 그대로 하나님께 말씀드려야 합니다. 끊임없는 싸움 속에서 변화의 기미도 없이 무력감을 느끼고 계십니까? 그 마음을 하나님께 털어놓으십시오! 절망감과 연약함을 인정하세요. 하나님과 연결되어 있다면, 우리가 모든 것을 완벽히 해내거나 모든 답을 알고 있어야 한다는 부담감에서 벗어날 수 있습니다. 하나님이 전능하시고 전지하시기 때문입니다. 우리가 하나님과 함께한다면, 어디에나 있을 필요도 없습니다. 하나님이 어디에나 계시기 때문입니다.

우리의 통제력과 능력을 벗어난 상황에 처했을 때 어떻게 해야 할까요? 하나님에 대해 알고 있는 모든 것이 현실이 된다고 믿으며 기다려야 합니다. 때로 믿음은 아무것도 하지 않는 것을 의미합니다. 잠잠히 서서 기다리며 하나님을 전적으로 신뢰하는 것입니다. 기다림이 필요한 때에 무리하게 행동하려 들면, 우리는 다시 모든 것을 통제하려는 부담을 짊어지게 됩니다.

여호사밧왕이 다스리던 백성들의 믿음은 어떠했습니까? "유다 사람들이 부녀자와 어린아이들까지 모두 여호와 앞에 섰을 때"(대하 20:13). 그들은 하나님 앞에 겸손히 서는 모습을 통해, 자신들이 마주한 위기가 인간의 능력으로는 도저히 극복할 수 없음을 인정하고 있었습니다. 그들은 마지막 희망의 끈을 붙잡고 있었지만, 하나님의 공급하심을 믿었기에 계속 매달려 있었습니다.

돌파구가 필요할 때, 이스라엘 백성들의 본을 따르십시오. 기다리고, 지켜보고, 신뢰하세요. 우리의 한계를 인정하는 그 순간, 하나님의 무한한 능력이 우리 삶에 나타나기 시작할 것입니다.

말씀으로 기도하십시오

"이 군대가 아무리 크다 해도 겁내거나 두려워하지 마라.
이 전쟁은 너희의 전쟁이 아니라 하나님의 전쟁이다."
_역대하 20장 15절, 쉬운

기도는 독백이 아닌 대화입니다. 기도할 때 혼자만 말하지 마십시오! 하나님께 말씀하실 기회를 드리지 않으면, 그분과의 관계를 깊게 할 수 없습니다.

어떻게 하면 하나님의 음성을 들을 수 있을까요? 바로 성경을 통해서입니다. 하나님이 우리에게 전하고 싶어 하시는 대부분의 메시지는 이미 성경에 기록되어 있습니다. 많은 이들이 "하나님, 제가 무엇을 해야 할지 알려주세요. 잘 보이게 하늘에 써 주시면 좋겠습니다"라고 생각하며 초자연적인 표적을 기대합니다. 하지만 하나님은 하늘에 그분의 뜻을 적지 않으십니다. 이미 성경에 그분의 뜻을 기록해놓으셨기 때문입니다.

표적(sign)을 찾는 대신 성경(Scripture)을 펴십시오. 환상(vision)을 좇기보다는 성경 구절(verse)을 찾아보십시오. 하나님의 뜻은 그분의 말씀 안에 있습니다. 성경을 읽으면 읽을수록 우리 삶의 방향이 더욱 선명해질 것입니다.

여호사밧왕은 유다 백성과 함께 3개국 연합군의 위협에 직면해 있었습니다. 그들은 자기 힘으로는 승리할 수 없음을 알았고, 하나님께 구원을 간구했습니다. 그때 하나님은 한 백성을 통해 이렇게 말씀하셨습니다. "'이 군대가 아무리 크다 해도 겁내거나 두려워하지 마라. 이 전쟁은 너희의 전쟁이 아니라 하나님의 전쟁이다. … 너희는 이 전쟁에서 싸울 필요가 없다. 그저 너희의 장소에서 굳게 서 있기만 하여라. 그러면 여호와께서 너희를 구하시는 것을 보게 될 것이다. 유다와 예루살렘아, 두려워하지 마라. 용기를 잃지 마라. 여호와께서 너희와 함께 계시다. 그러니 내일 저 백성들에게로 나가거라.' 여호사밧이 땅에 엎드려 절했습니다. 유다와 예루살렘의 모든 백성도 여호와 앞에 엎드려 경배드렸습니다"(대하 20:15, 17-18, 쉬운).

모든 백성이 하나님의 약속을 듣고 땅에 엎드려 예배드리는 모습을 상상해보십시오. 여호사밧과 백성들은 하나님의 약속을 믿었고, 그 믿음으로 그들은 걱정 대신 예배할 수 있었습니다. 우리도 하나님의 약속을 믿을 때, 그분이 우리를 돌보실 것입니다.

하나님은 우리를 향한 놀라운 약속을 셀 수 없이 많이 가지고 계십니다. 하지만 성경을 열고 읽기 전에는 그 약속을 알 수 없습니다. 오늘, 성경을 펴고 하나님의 음성에 귀 기울여 보십시오. 그분과의 진정한 대화가 시작될 것입니다.

때로는 침묵이 가장 큰 위로가 됩니다

"그들은 이렛동안 주야로 땅에 앉아 그를 바라다볼 뿐 입을 열 수조차 없었다.
그가 고통당하는 모습이 너무나 처참했기 때문이었다."

_욥기 2장 13절, 공동번역

조급한 마음으로는 타인의 영혼에서 울리는 깊은 울림을 결코 듣지 못합니다. 진정한 대화에는 시간이 필요한 법입니다.

부자였던 욥은 재산, 건강, 심지어 자녀들까지 모든 것을 잃었습니다. "욥이 이 같은 재난을 겪고 있다는 소식을 듣고 그의 세 친구가 각기 제 고장을 떠나 그를 찾아왔다. … 그들은 함께 문병와서 그를 위로해 주기로 서로 약속이 되어 있었다. … 그들은 이렛동안 주야로 땅에 앉아 그를 바라볼 뿐 입을 열 수조차 없었다. 그가 고통당하는 모습이 너무나 처참했기 때문이었다"(욥 2:11, 13, 공동번역).

욥의 친구들은 함께 있어주는 것만으로도 중요한 역할을 했습니다. 고통 중에 있는 이를 돕고자 할 때, 꼭 기억해야 할 것이 있습니다. 고통이 깊을수록 우리의 말은 줄여야 한다는 것입니다. 누군가 그저 좋지 않은 하루를 보냈다면, 잠시 시간을 내어 그 이야기를 들어주는 것으로 충분할 수 있습니다. 하지만 그 사람이 인생의 큰 위기를 겪고 있다면, 상황에 대해 많은 말을 하는 것보다는 오히려 함께 있어주는 것이 더 큰 위로가 될 수 있습니다. 깊은 고통 앞에서는 때로 침묵의 동행이 수많은 위로의 말보다 더 큰 치유의 능력이 됩니다.

위기에 처한 사람을 마주했을 때, 우리는 종종 어떻게 대처해야 할지 몰라 당황하게 됩니다. 그래서 혹시 잘못 말할까 봐 멀리 떨어져 있기도 합니다.

그러나 사실을 말하자면 고통받는 친구에게 꼭 무언가를 말할 필요는 없습니다. 그저 함께 있어주는 것으로 충분합니다! 어떤 고통은 말로 표현할 수 없기에, 우리는 그들의 고통에 대해 섣불리 말할 수 없습니다. 때가 되면, 여러분과 친구 모두 그 고통에 대해 이야기할 수 있게 될 것입니다.

이런 종류의 돌봄에는 시간이 필요합니다. 욥의 친구들은 7일 밤낮을 그와 함께 땅바닥에 앉아 있었습니다. 여러분의 삶에 7일 동안 조용히 함께 있어 줄 사람이 있는지요? 그런 사람이 되려면 정말 성숙하고 진정한 친구여야 합니다. 고통 속에 있는 이들에게 필요한 사랑과 관심을 주고 함께 있어줄 친구가 되려면 기꺼이 시간을 투자해야 합니다. 때로는 말 없는 위로가 가장 큰 힘이 될 수 있음을 기억하십시오.

그들의 말이 아닌 마음속 감정에 귀 기울이세요

"한마음으로 서로 동정하고 형제처럼 사랑하고 불쌍히 여기며 겸손하십시오."
_베드로전서 3장 8절

대화에서 표면적으로 드러나는 말보다, 그 이면에 감춰진 감정이 더 중요한 경우가 많습니다. 종종 사람들은 자신의 진짜 감정과는 다른 말을 합니다.

진정한 경청을 위해서는, 때로 불편하거나 거친 말 속에 숨겨진 더 깊은 의미와 감정을 읽어내야 합니다. 상처받은 사람은 자신도 모르게 다른 이를 아프게 할 수 있고, 말은 그 과정에서 날카로운 무기가 되곤 합니다.

누군가가 비난하거나 방어적인 태도를 보일 때, 그 이면에는 두려움, 불안 혹은 좌절감이 자리 잡고 있을 수 있습니다. 이러한 감정들을 인식하면, 그들이 진정으로 전하고자 하는 메시지를 이해하기가 훨씬 쉬워집니다.

말만으로는 전체 상황을 파악하기 어려울 때가 있습니다. 때로는 누군가의 말에서 그들의 인간관계에 영향을 미치는 오래된 상처나 깊은 아픔의 메아리를 듣게 됩니다. 이런 고통은 현재 상황이나 우리와는 무관할 수 있음을 인식하는 것이 중요합니다. 그들의 반응이 과거 상처에서 비롯된 것일 수 있다는 이해와 공감의 자세가 필요하다는 뜻입니다.

사랑으로 듣는다는 것은 말의 겉뜻을 넘어 그 영혼의 깊은 외침을 이해하고 공감하려 노력하는 것입니다. 성경은 이렇게 가르칩니다. "한마음으로 서로 동정하고 형제처럼 사랑하고 불쌍히 여기며 겸손하십시오"(벧전 3:8).

겸손한 마음을 가질 때, 우리는 새로운 관점을 받아들일 수 있습니다. 자신보다 타인의 감정과 필요를 우선 고려할 수 있게 됩니다. 상냥함을 갖출 때, 보복 대신 자비를 선택하게 됩니다. 사랑과 동정심이 있을 때 상대방을 공격하지 않습니다. 누군가 화를 내더라도, 그 분노 너머에 있는 것을 보려 노력하며 이렇게 물어봅니다. "그들은 뭐가 두려운 걸까? 어떤 불안이 그들을 괴롭히고 있을까? 아직 아물지 않은 상처가 있는 걸까? 내가 어떤 점을 더 이해하면 좋을까?"

우리가 항상 타인의 복잡한 내면을 완벽히 이해할 순 없습니다. 그러나 우리는 그들의 말과 행동 뒤에 숨겨진 이유를 헤아려볼 수 있습니다. 마지막 한마디로 상황을 정리하려 들기보다는, 겸손과 친절로 대응할 수 있습니다. 공평한 대우를 요구하기보다는 넘치는 은혜를 베풀수 있습니다.

참된 경청의 지혜자는 날카로운 말의 가시에 찔리더라도 변함없이 사랑과 이해의 길을 걸어갑니다. 이것이 바로 관계를 치유하고 깊게 만드는 비결입니다.

말씀을 듣는 자에서 행하는 자로 나아가기

"여러분은 말씀을 듣기만 하여 자신을 속이지 말고 말씀을 실천하는 사람이 되십시오."
_야고보서 1장 22절

하나님께서는 우리가 그분의 말씀을 단순히 지식으로 받아들이는 것이 아니라, 삶의 모든 순간에 적용하며 살아내기를 원하십니다. 우리를 수동적인 청중이 아닌 적극적으로 예수님을 따르는 제자로 부르시는 것입니다. 야고보서 1장 22절 말씀처럼 "여러분은 말씀을 듣기만 하여 자신을 속이지 말고 말씀을 실천하는 사람이 되십시오".

수많은 시간 동안 말씀을 듣고 연구하며 지식을 쌓았을지라도 그 가르침을 실천하지 않는다면, 예수님을 닮아가는 성장은 이루어지지 않을 것입니다.

성경은 이렇게 말씀합니다. "모든 성경은 하나님의 감동으로 된 것으로 교훈과 책망과 바르게 함과 의로 교육하기에 유익하니 이는 하나님의 사람으로 온전하게 하며 모든 선한 일을 행할 능력을 갖추게 하려 함이라"(딤후 3:16-17, 개역개정).

이 구절은 하나님 말씀의 네 가지 기능을 설명합니다.

- 교훈: 우리가 나아갈 길을 보여줍니다.
- 책망: 우리가 어디서 길을 벗어났는지 알려줍니다.
- 바르게 함: 올바른 길로 돌아가는 방법을 가르칩니다.
- 의로 교육함: 그 길을 계속 걸어가는 법을 알려줍니다.

하나님의 말씀은 추상적인 개념이 아닌, 우리의 일상 속에서 실제로 적용되고 살아 움직이는 진리입니다.

문제는 우리 대부분이 실천하는 것보다 훨씬 더 많은 것을 알고 있다는 점입니다. 우리는 용서를 믿는다고 말하지만, 정작 우리를 상처 준 이들을 용서하고 있습니까? 하나님을 기다리는 것을 믿는다고 하면서, 실제로 인내를 실천합니까?

하나님은 우리가 단순히 설교를 듣고 정리하거나, 입술로만 그분의 말씀을 믿는다고 고백하는 것에 그치길 원치 않으십니다. 그분의 진정한 바람은 우리가 그 말씀을 삶 속에서 살아내는 것입니다. 말씀을 듣고 이해하는 것을 넘어, 그것을 우리의 일상에 적용하고 실천하는 사람이 되기를 원하십니다.

예수님은 마태복음 28장 20절에서 "내가 너희에게 명령한 모든 것을 가르쳐 지키게 하라"고 말씀하셨습니다. 단순히 "가르치라"거나 "생각나게 하라"가 아닙니다. "지키게 하라", 즉 실천하도록 가르치라는 것입니다.

하나님 말씀을 듣는 것과, 말씀을 적용하는 것을 혼동하지 마십시오. 여러분이 들은 바를 실천할 구체적인 계획을 세우십시오. 그렇게 함으로써 하나님이 창조하신 목적에 부합하는 사람으로 성장할 수 있습니다. 말씀을 듣는 자에서 행하는 자로 나아가는 것, 이것이 바로 진정한 신앙의 성장입니다.

예수님이 보장하신 구원은 결코 잃을 수 없습니다

"내 양들은 내 목소리를 알아듣는다. 나는 내 양들을 알고, 내 양들은 나를 따른다.
나는 그들에게 영생을 준다. 그들은 영원토록 멸망하지 아니할 것이요,
또 아무도 그들을 내 손에서 빼앗아 가지 못할 것이다."
_요한복음 10장 27-28절, 새번역

여러분, 우리가 예수 그리스도를 통해 받은 구원은 절대 취소되거나 빼앗길 수 없습니다. 예수님께서 우리를 죄에서 구원하신 것처럼, 우리 구원이 안전하다는 것 또한 보장하십니다.

예수님은 요한복음 10장 27-28절에서 이렇게 약속하셨습니다. "내 양들은 내 목소리를 알아듣는다. 나는 내 양들을 알고, 내 양들은 나를 따른다. 나는 그들에게 영생을 준다. 그들은 영원토록 멸망하지 아니할 것이요, 또 아무도 그들을 내 손에서 빼앗아 가지 못할 것이다"(새번역).

이 세상에는 하나님의 자녀들을 유혹하려는 악한 세력들이 있습니다. 하지만 사랑 많은 아버지이신 하나님은 자녀들을 단 한 명도 잃지 않으려 하십니다. 우리는 하나님 구원의 약속 안에서 안전합니다.

사탄이 속삭이는 가장 큰 거짓말 중 하나는, 우리가 그리스도께 삶을 헌신해도 그 헌신을 지킬 수 없을 거라는 것입니다. 이런 거짓말에 속아 넘어가면, 우리는 이렇게 생각하게 됩니다. "삶에 이토록 많은 유혹이 도사리고 있는데, 과연 내가 끝까지 믿음을 지켜 구원에 이를 수 있을까?"

그러나 우리는 자신의 힘으로 구원을 쟁취하거나 유지하기 위해 애쓸 필요가 없습니다. 일단 예수님을 삶의 주님이자 구세주로 받아들이면, 어떤 일이 있어도 그 누구라도 우리의 구원을 빼앗을 수 없습니다.

우리가 어떤 일을 하더라도 하나님의 사랑은 변함이 없습니다. 지금보다 더 사랑받을 수도, 덜 사랑받을 수도 없습니다. 예수님의 십자가 죽음은 하나님의 무한한 사랑을 보여주는 증거입니다.

인생에서 우리는 많은 것을 잃을 수 있습니다. 가족, 직업, 건강 심지어 마음의 평안까지도 잃을 수 있습니다. 하지만 절대로 잃을 수 없는 한 가지가 있습니다. 바로 우리의 구원입니다. 예수님은 우리에게 영원한 안전을 보장하십니다. 우리는 확신할 수 있습니다. 예수님께서 약속하신 대로, 언젠가 그분이 우리를 하나님 아버지의 품으로 인도하셔서 영원한 천국에서 함께 거하게 하실 것입니다.

사도 바울은 예수님에 대해 이렇게 말했습니다. "내가 믿는 분을 내가 잘 알고 내가 그분에게 맡긴 것을 주님이 다시 오시는 날까지 지켜주실 것을 확신하기 때문입니다"(딤후 1:12).

이 확신 속에서 우리는 두려움 없이 살아갈 수 있습니다. 우리의 구원은 우리의 노력이 아닌 예수님의 약속에 근거하기 때문입니다. 이것이 바로 우리가 누리는 참된 자유요, 평안입니다.

예수님께서 우리를 위해 쉬지 않고 기도하십니다

"나는 그들을 위하여 빕니다. 나는 세상을 위하여 비는 것이 아니고, 아버지께서 내게 주신 사람들을 위하여 빕니다. 그들은 모두 아버지의 사람들입니다. 나의 것은 모두 아버지의 것이고, 아버지의 것은 모두 나의 것입니다. 나는 그들로 말미암아 영광을 받았습니다."
_요한복음 17장 9~10절, 새번역

여러분, 예수님께서 끊임없이 우리를 위해 기도하신다는 사실을 알고 계십니까? 성경은 예수님의 이 지속적인 중보기도에 대해 여러 차례 언급하고 있습니다.

"잠깐만요, 예수님은 하나님 아닙니까? 어떻게 자기 자신에게 기도할 수 있죠?"라고 의문을 가질 수 있습니다.

하지만 생각해보십시오. 우리도 항상 자신과 대화를 나누지 않습니까? 이는 우리가 하나님의 형상대로 창조되었기 때문입니다. 예수님은 하나님이시며, 성부, 성자, 성령으로 이루어진 삼위일체에 속하십니다. 그리고 그분은 끊임없이 우리를 위해 하나님께 기도하고 계십니다. 우리는 예수님께 소중한 존재입니다. 우리는 그분의 사랑의 대상입니다. 당연히 예수님은 우리 한 사람 한 사람을 마음에 품고 계십니다. 우리의 모든 것을 아시고, 우리를 위해 쉼 없이 간구하고 계신 것입니다!

예수님은 십자가에 달리시기 전에도 우리를 위해 기도하셨습니다. 요한복음 17장 9-10절에서 이렇게 말씀하셨습니다. "나는 그들을 위하여 빕니다. 나는 세상을 위하여 비는 것이 아니고, 아버지께서 내게 주신 사람들을 위하여 빕니다. 그들은 모두 아버지의 사람들입니다. 나의 것은 모두 아버지의 것이고, 아버지의 것은 모두 나의 것입니다. 나는 그들로 말미암아 영광을 받았습니다"(새번역).

하나님은 예수님의 끊임없는 간구를 들으십니다. "그녀를 도와주세요, 하나님. 그를 도와주세요, 하나님. 그 가족을 도와주세요, 하나님. 그 관계를 도와주세요, 하나님." 이것이 바로 중보기도입니다. 누군가를 대신해 간구하는 것을 의미합니다.

예수님은 우리 삶의 모든 순간마다 우리를 위해 중보해오셨습니다. 그분은 하나님이시기에 이것이 가능합니다. 예수님은 결코 혼란스러워하거나 압도되지 않으십니다. 우리가 겪는 어떤 상황도 그분께는 버거운 것이 없습니다. 예수님은 하늘에 계신 아버지 우편에서 "우리를 위하여 간구하시는" 우리의 변호자이십니다(롬 8:34, 개역개정). 우리가 죄를 지을 때마다 예수님은 아버지께 그 대가를 이미 치르셨음을 상기시켜 주십니다. 우리의 죄는 완전히 해결되었습니다.

예수님께서 우리를 위해 중보하고 계시기에, 우리는 무엇을 기도해야 할지 모를 때에도 간단히 기도할 수 있습니다. "예수님, 제가 지금 어떻게 기도해야 할지 모르겠습니다. 하지만 주님께서 저를 위해 중보하고 계심을 알기에 감사드립니다. 저는 지금 이 상황이 너무 힘듭니다." 이렇게 간단히 마음을 털어놓으십시오.

예수님께서 항상 우리를 생각하시고 우리를 위해 기도하신다는 사실에서 우리는 큰 위로를 얻을 수 있습니다. 이 진리가 여러분의 삶에 힘과 용기를 줄 것입니다.

알면서도 잘못을 저지를 때 알아야 할 것들

"똑바로 걷는 자는 안전하게 걷지만, 굽은 길을 걷는 자는 악행이 모두 드러난다."
_잠언 10장 9절, 쉬운

중요한 선택의 순간마다 우리는 신실함(integrity)이라는 시금석을 통과해야 합니다. 왜 그럴까요?

성경은 이렇게 말씀합니다. "똑바로 걷는 자는 안전하게 걷지만, 굽은 길을 걷는 자는 악행이 모두 드러난다"(잠 10:9, 쉬운). 신실하게 살지 않으면 결국 잘못이 드러나게 됩니다.

우리의 겉모습과 속마음이 하나로 일치할 때 비로소 진정한 신실함의 열매를 맺을 수 있습니다. 마음속 욕망과 실제 삶의 방식이 일치할 때 말입니다. 여러분은 자기 자신에게 물어야 합니다. "내가 지금 내리는 이 결정을 모든 사람이 알아도 괜찮을까?" 신실함과 관련된 진실은 이것입니다. 다른 모든 사람을 속일 수 있다 해도, 자기 자신은 속일 수 없습니다. 우리는 종종 자신의 양심을 거스르는 일을 합니다.

때로 우리는 잘못된 일이라는 것을 알면서도 그렇게 합니다. 하지 말아야 한다는 것을 알지만, 어쨌든 그렇게 하는 것이 낫다고 생각합니다. 하나님이 용서하시는 분이라는 것을 알기에 그리 대수롭지 않다고 여기는 것입니다.

하나님께서 금지하신 행위를 저지르면서도, 그것이 여러분의 삶에 아무런 파장도 일으키지 않을 것이라고 자신합니까? 이것이 바로 하나님께서 여러분이 그런 선택을 하지 않기를 바라시는 이유입니다. 하나님의 금지 명령은 우리의 자유를 제한하시려는 것이 아니라, 더 큰 축복과 기쁨으로 인도하시려는 사랑의 표현입니다. 모든 잘못된 선택이 가져올 쓰라린 결과를 미리 아시는 하나님께서, 그 고통스러운 결과로부터 여러분을 보호하시려는 것입니다. 하나님은 그런 잘못된 선택이 여러분의 삶에 상처를 남길 것을 아시기에, 여러분을 사랑하셔서 더 나은 대안을 원하시는 것입니다.

물론 이는 하나님께서 우리의 잘못을 용서하지 않으신다는 뜻이 아닙니다. 하나님은 분명 용서하시고 은혜로우신 분입니다.

다만 용서가 항상 잘못된 결정에서 오는 고통과 결과로부터 우리를 자유롭게 해주는 것은 아님을 알아야 합니다. 용서는 받을 수 있겠지만, 여전히 후회와 고통이 남을 수 있고, 한번 깨어진 관계가 회복되기까지는 긴 시간이 필요할 수 있습니다.

하나님께서 여러분을 창조하셨고, 목적이 이끄는 온전한 삶을 살기 위해 무엇이 필요한지 알고 계십니다. 여러분의 결정에 신실함 테스트를 적용하는 것은 올바른 길을 보여주시고 발걸음을 인도하시는 하나님의 말씀을 신뢰한다는 증거입니다.

이 신실함의 원칙을 삶에 적용할 때, 우리는 하나님과 더 깊은 관계를 맺고 그분의 뜻에 따라 살아갈 수 있습니다. 비록 때로는 어려운 선택일지라도, 장기적으로 볼 때 이것이 우리에게 가장 큰 축복과 평안을 가져다줄 것입니다.

하나님이 주신 시간을 현명하게 투자하십시오

"그러므로 여러분은 어떻게 살아가야 할지를 살피십시오. 지혜롭지 못한 사람처럼 살지 말고,
지혜로운 사람답게 살아야 합니다. 세월을 아끼십시오. 때가 악합니다. 그러므로 어리석은
자가 되지 말고, 주님의 뜻이 무엇인지를 깨달으십시오."
_에베소서 5장 15-17절, 새번역

여러분이 삶을 통해 의미 있는 영향력을 남기고자 한다면, 시간을 지혜롭게
관리하는 법을 익혀야 합니다. 시간은 여러분에게 주어진 가장 소중한 선물입니다. 시간 관리
를 배우지 못하면, 여러분이 남길 유산도 제한됩니다.

에베소서 5장 15-17절은 이렇게 권면합니다. "그러므로 여러분은 어떻게 살아가야 할지를
살피십시오. 지혜롭지 못한 사람처럼 살지 말고, 지혜로운 사람답게 살아야 합니다. 세월을 아
끼십시오. 때가 악합니다. 그러므로 어리석은 자가 되지 말고, 주님의 뜻이 무엇인지를 깨달으
십시오"(새번역).

우리 모두에게 공평하게 주어진 24시간, 그 시간을 어떻게 활용하느냐가 삶의 질을 결정짓
는 핵심입니다! 시간을 낭비한다면, 삶을 낭비하는 것과 같습니다. 무언가를 하기 전에 멈춰 서
서 자문해보십시오. "이것이 시간을 가장 가치 있게 쓰는 일인가? 이것이 삶을 가장 의미 있게
사용하는 것인가?" 모든 것을 할 시간은 없습니다. 다행히 하나님도 우리에게 그걸 기대하지
않으십니다. 정말 가치 있는 일은 몇 가지뿐입니다.

삶을 효과적으로 살아가는 이들은 인생에서 정말 중요한 것과 그렇지 않은 것을 빠르게 구
분해낼 줄 압니다. 그리고 필수적인 일에 더 많은 시간을, 사소한 일에 더 적은 시간을 씁니다.
사소한 일을 완전히 없앨 순 없어도 줄일 수는 있습니다.

이러한 결정들은 생각보다 훨씬 어렵습니다. 최선의 선택과 편안한 선택 사이에서 균형을
잡는 것은 결코 쉽지 않습니다. 특히 피곤할 때는 더욱 그렇습니다. 피곤하면 우리에게 가장 좋
은 일보다는 쉬운 일을 하고 싶어 합니다. 그래서 적절한 휴식이 필요합니다. 그렇지 않으면
"쉬운 일 대신 옳은 일을 하겠다"라고 말할 정신적, 감정적, 육체적 능력이 고갈될 것입니다.

인생을 낭비하지 마십시오. 차선에 만족하지 마십시오. 여러분은 목적 없이 떠도는 삶을
위해 창조되지 않았습니다. 하나님은 여러분에게 특별한 사명을 주셨습니다. 그러니 최선의
일에 시간을 투자하세요. 하나님이 주신 인생의 목적을 이루는 데 도움 되는 일에 시간을 쓰
세요.

우리의 시간은 한정되어 있습니다. 하지만 그 안에서 우리가 만들어낼 수 있는 가치는 무한
합니다. 오늘 하루, 여러분의 시간을 어떻게 사용하고 계신가요? 하나님의 뜻을 따라 살아가고
계신가요?

질그릇 같은 우리가 하나님의 무한한 능력을 경험하려면

"질그릇 같은 우리 속에 이 보화를 가진 것은 그 엄청난 능력이 하나님에게서
나온 것이지 우리에게서 나온 것이 아니라는 것을 보여주기 위한 것입니다."
_고린도후서 4장 7절

슈퍼히어로가 되려 하거나 인간의 한계를 넘어서려 할 때, 우리는 늘 실망하게 됩니다. 우리에겐 더 현실적인 자기 인식이 필요합니다. 모든 이의 문제를 해결할 수 없고, 동시에 여러 곳에 있을 수도 없습니다. 우리가 하고 싶은 모든 것을 할 수는 없으며, 수중에 없는 돈을 쓸 수도 없습니다.

한계에 부딪힐 때 긴장을 푸는 법을 배워야 합니다. 삶의 한계를 넘어설 때마다 우리는 낙담하게 됩니다. 일정을 채우는 것이 그것을 완수하는 것보다 쉽고, 약속을 잡는 것이 지키는 것보다 쉽습니다. 빚을 지는 것이 빚에서 벗어나는 것보다 항상 더 쉽습니다.

우리가 삶의 균형을 잃고 과도하게 살아가고 있다는 신호는 종종 우리의 신체를 통해 처음 나타납니다. 왜 그럴까요? 우리 몸이 질그릇과 같기 때문입니다. 쉽게 깨지는 질그릇이기에, 우리는 자신의 한계를 알아야 합니다. 사도 바울은 고린도후서 4장 7절에서 이렇게 말합니다. "질그릇 같은 우리 속에 이 보화를 가진 것은 그 엄청난 능력이 하나님에게서 나온 것이지 우리에게서 나온 것이 아니라는 것을 보여주기 위한 것입니다." 다시 말해, 우리는 삶이 과도하게 버거워질 때 나타나는 경고 신호에 주의를 기울여야 합니다. 그리고 우리 자신이 연약한 질그릇에 불과하며, 진정한 힘과 능력은 오직 하나님으로부터 온다는 사실을 겸손히 인정해야 합니다. 이를 통해 우리는 자신의 한계를 받아들이고 하나님의 무한한 능력에 의지하게 됩니다.

놀랍게도, 하나님은 종종 가장 큰 은사를 가장 약한 이들에게 허락하십니다. 이는 우리가 "이것은 하나님만이 가능하게 하셨습니다. 오직 하나님의 능력으로만 일어날 수 있는 일입니다"라고 말할 수 있는 기회를 주시려는 것입니다.

역사를 돌아보면, 하나님은 자신의 영광을 나타내시고자 완벽하지 않은 도구들을 끊임없이 사용해 오셨습니다. 만약 하나님이 완벽한 사람들만 사용하신다면 아무것도 이루어지지 않을 것입니다. 완벽한 사람이란 존재하지 않기 때문입니다!

여러분은 자신의 약점과 한계를 감추는 것이 현명하다고 생각할 수 있습니다. 하지만 하나님은 여러분 삶의 그 약점들을 사용하기 원하십니다. 먼저 여러분의 한계를 인식하고 존중해야 합니다. 그러면 자신의 능력이 아닌 하나님의 능력을 의지하며 여러분을 향한 하나님의 목적을 이루게 될 것입니다.

우리의 한계를 인정하는 것은 실패가 아닙니다. 오히려 그것은 하나님의 무한한 능력을 경험하는 시작점이 됩니다. 오늘, 여러분의 한계를 마주하게 될 때, 그것을 하나님께 맡기십시오. 그분의 능력이 여러분의 약함 가운데 온전히 나타나는 것을 경험하게 될 것입니다.

교회, 하나님이 디자인하신 영적 가족

"몸은 하나이지만 많은 지체를 가지고 있고 몸에 딸린 지체는 많지만
그 모두가 한 몸을 이루는 것처럼 그리스도의 몸도 그러합니다."
_고린도전서 12장 12절, 공동번역

하나님은 우리가 고립된 채 살아가도록 의도하지 않으셨습니다. 그분은 우리가 하나님의 가족, 즉 교회의 일원이 되기를 원하십니다. 사실 교회는 태초부터 하나님의 계획 속에 있었습니다.

많은 이들이 교회를 단순히 건물이나 조직 또는 참석해야 할 모임으로 여깁니다. 하지만 교회의 본질은 이러한 외형적인 것들이 아닙니다. 교회는 우리가 속한 가족입니다. 성경은 이렇게 말씀합니다. "아주 오래전에, 하나님께서는 예수 그리스도를 통해 우리를 자녀로 맞아들이기로 작정하셨습니다. (이 계획을 세우시며 하나님은 얼마나 기뻐하셨는지 모릅니다!)" (엡 1:5, 메시지).

우리가 교회에 속할 때 두 가지 사실이 적용됩니다. 우리는 예수님께 헌신하고, 교회의 영적 가족들에게 헌신합니다. 고린도후서 8장 5절은 이렇게 말합니다. "먼저 자신들을 주님께 바치고 또한 하나님의 뜻을 따라서 우리에게도 헌신했습니다."

먼저 주님께 온전히 자신을 드린 후, 하나님의 가족인 교회 공동체에 헌신하게 됩니다. 첫 번째 선택은 우리를 그리스도인으로 만들고, 두 번째 선택은 우리를 다른 신자들과 연결합니다. 어느 한 사람도 혼자서는 온전한 교회가 될 수 없습니다. 하지만 우리가 함께 모이면 교회, 즉 그리스도의 몸을 이룹니다.

그리스도의 몸의 일부가 된다는 것은 무엇을 의미할까요? 성경은 이렇게 설명합니다. "몸은 하나이지만 많은 지체를 가지고 있고 몸에 딸린 지체는 많지만 그 모두가 한 몸을 이루는 것처럼 그리스도의 몸도 그러합니다"(고전 12:12, 공동번역). 교회의 작동 원리를 이해하려면 하나님께서 우리 몸을 설계하신 방식을 살펴보면 됩니다. 손, 코, 비장, 간 모두 몸의 일부입니다. 각각 고유한 기능을 가지고 있지만, 하나님의 교회가 하나의 영적 몸을 이루는 것처럼 함께 하나의 물리적 몸을 구성합니다.

그렇기에 여러분은 교회 가족에게 없어서는 안 될 중요한 지체입니다. "내가 맡은 역할, 내 재능과 능력은 필요 없어"라고 말할 수 없습니다. 불필요한 지체는 없습니다. 우리는 모두 서로 의지하며, 각자 고유한 역할을 맡고 있습니다.

태초부터 하나님의 뜻은 우리가 그분의 가족 안에서 함께 살아가는 것이었습니다. 삶의 목적을 이루려면 하나님의 가족으로 이루어진 공동체 안에서 그 역할을 감당해야 합니다. 여러분의 교회는 여러분을 필요로 하고, 여러분도 교회를 필요로 합니다.

하나님의 눈으로 바라본 진정한 성공

"그러므로 여러분은 어떻게 살아가야 할지를 살피십시오. 지혜롭지 못한 사람처럼 살지 말고,
지혜로운 사람답게 살아야 합니다. 세월을 아끼십시오. 때가 악합니다. 그러므로 어리석은
자가 되지 말고, 주님의 뜻이 무엇인지를 깨달으십시오."
_에베소서 5장 15-17절, 새번역

하나님의 뜻에 따라 살아가는 이들은 세상이 정의하는 것과는 다른, 진정한 의미의 성공을 경험합니다.

히스기야왕이 바로 그런 삶을 살았습니다. 성경은 그에 대해 이렇게 증언합니다. "그는 주님에게만 매달려, 주님을 배반하는 일이 없이, 주님께서 모세에게 명하신 계명들을 준수하였다. 어디를 가든지, 주님께서 그와 같이 계시므로, 그는 늘 성공하였다"(왕하 18:6-7, 새번역). 히스기야는 모든 면에서 성공을 거두었습니다. 이처럼 삶의 모든 영역에서 이루어진 성공은 드문 일이지만, 히스기야가 항상 하나님의 뜻을 따랐기에 가능했던 것입니다.

그러던 어느 날, 히스기야가 병에 걸렸고 하나님은 그가 죽을 것이라고 말씀하셨습니다. 성경은 이렇게 기록합니다. "이 말을 듣고서 히스기야는, 그의 얼굴을 벽쪽으로 돌리고, 주님께 기도하여, 이렇게 아뢰었다. '주님, 주님께 빕니다. 제가 주님 앞에서 진실하게 살아온 것과, 온전한 마음으로 순종한 것과, 주님께서 보시기에 선한 일 한 것을, 기억하여 주십시오.' 이렇게 기도하고 나서, 히스기야는 한참 동안 흐느껴 울었다"(사 38:2-3, 새번역).

"하나님, 제가 주님을 충성되게 섬겼으니, 이 땅에서 몇 년만 더 살게 해 주십시오"라고 기도하는 모습을 상상해보십시오. 바로 히스기야가 그렇게 했습니다. 하나님은 그의 말에 응답하셨습니다. "내가 네 기도를 들었고 네 눈물을 보았다. 내가 네 수명을 15년 더 연장해 주겠다"(사 38:5, 우리말).

하나님께서 히스기야에게 15년의 생명을 연장해주신 것은 그가 지금까지의 삶을 하나님의 뜻대로 충실히 살았기 때문입니다. 히스기야는 하나님께서 맡기신 모든 것을 잘 관리한 훌륭한 청지기였습니다. 그는 자신의 삶을 헛되이 낭비하지 않았습니다.

하나님께서 맡기신 모든 것을 충실히 관리하는 청지기라 할지라도 반드시 오래 살게 되는 것은 아닙니다. 그러나 이는 하나님 보시기에 진정으로 성공적인 삶의 모습입니다. 하나님 보시기에 충실한 청지기가 되는 것이 바로 성공이기 때문입니다. 에베소서 5장 15-17절은 우리에게 이렇게 권면합니다. "그러므로 여러분은 어떻게 살아가야 할지를 살피십시오. 지혜롭지 못한 사람처럼 살지 말고, 지혜로운 사람답게 살아야 합니다. 세월을 아끼십시오. 때가 악합니다. 그러므로 어리석은 자가 되지 말고, 주님의 뜻이 무엇인지를 깨달으십시오"(새번역).

여러분은 아마 항상 하나님이 의도하신 대로 살지는 못했을 것입니다. 그렇다면 지금 하나님께 말씀드리십시오. 하나님이 여러분을 창조하신 목적을 위해 인생을 사용하고 싶다고 말입니다. 진정으로 성공적인 삶을 시작하기에 늦은 때는 없습니다!

그리스도 안에서 우리는 온전히 무장되어 있습니다

"나에게 능력을 주시는 분 안에서, 나는 모든 것을 할 수 있습니다."
_빌립보서 4장 13절, 새번역

하나님은 우리가 그분이 만드신 그대로의 모습으로 살아갈 수 있도록 온전히 준비시키셨다고 말씀하십니다.

놀랍게도, 그리스도를 믿는 모든 이는 제사장입니다! 성경은 이렇게 말씀합니다. "그러나 여러분은 택하신 족속이요, 왕 같은 제사장들이요, 거룩한 나라요, 그분의 소유된 백성이니 이는 여러분을 어둠에서 불러내어 그분의 놀라운 빛으로 들어가게 하신 분의 덕을 선포하게 하시기 위한 것입니다"(벧전 2:9, 우리말).

제사장으로서 우리의 역할은 무엇일까요? 하나님은 이렇게 말씀하십니다. "나는 이 백성과 이방 사람들 가운데서 너를 건져내어, 이방 사람들에게로 보낸다. 이것은 그들의 눈을 열어 주어서, 그들이 어둠에서 빛으로 돌아서고, 사탄의 세력에서 하나님께로 돌아오게 하며, 또 그들이 죄사함을 받아서 나에 대한 믿음으로 거룩하게 된 사람들 가운데 들게 하려는 것이다"(행 26:17-18, 새번역).

이 진리를 바탕으로 '피스'(PEACE) 플랜이 탄생했습니다. 이는 목회자만을 위한 것이 아니라, 전 세계 모든 신자가 다음과 같은 방식으로 섬길 수 있도록 만들어졌습니다: 화해를 도모하고(Promote), 교회를 개척하며(Plant), 윤리적인 지도자들을 무장시키고(Equip), 가난한 사람을 돕고(Assist), 아픈 사람을 돌보며(Care), 다음 세대를 교육합니다(Educate). 이를 통해 교회는 영적인 어둠, 부패, 가난, 질병, 문맹으로 고통받는 이들에게 사랑을 전합니다.

그리스도께서 우리 안에 거하시기에 우리는 이 일들을 감당할 수 있습니다. 하지만 우리 힘만으로는 불가능합니다. 빌립보서 4장 13절은 "나에게 능력을 주시는 분 안에서, 나는 모든 것을 할 수 있습니다"(새번역)라고 말씀합니다. 또한 고린도후서 3장 5절에서는 "우리가 이런 일을 할 수 있는 자격이 우리에게서 났다고 생각하지 않습니다. 우리의 자격은 하나님에게서 납니다"(새번역) 라고 합니다. 우리의 힘과 지혜는 한계가 있지만, 하나님이 우리에게 주신 사명은 그분의 무한한 능력을 의지함으로써 모두 이룰 수 있습니다. 우리의 약함이 드러나는 곳에서 하나님의 능력이 온전히 나타납니다.

많은 이들이 불안감에 시달립니다. 과거의 부정적인 말들을 여전히 믿고 있어 자신을 무능력하다고 여깁니다. 하지만 그런 말들은 당시에도, 지금도 사실이 아닙니다.

여러분에 대한 진실은 이것입니다. 만약 여러분이 그리스도인이라면, 하나님의 자녀이며, 하나님의 영이 여러분 안에 거하십니다. 여러분은 제사장이며, 그리스도를 통해 모든 것을 할 수 있습니다. 예수님 안에서 우리는 온전히 무장되어 있습니다.

우리는 하나님의 능력으로 무장된 제사장입니다. 그분이 주신 사명을 위해 우리는 이미 준비되어 있습니다. 이 진리를 마음에 새기고 살아갑시다.

섬김으로 경험하는 하나님 나라의 비밀

"너희가 이 형제들 중 가장 보잘것없는 사람에게 한 일이 곧 나에게 한 것이다."
_마태복음 25장 40절, 쉬운

우리가 하나님을 섬기는 방법은 무엇일까요? 그것은 바로 우리 주변의 사람들을 섬기는 것입니다.

예수님은 이렇게 말씀하셨습니다. "너희가 이 형제들 중 가장 보잘것없는 사람에게 한 일이 곧 나에게 한 것이다." 우리가 어떤 방식으로든 다른 이의 삶을 더 나아지게 할 때, 그것이 바로 하나님을 섬기는 것입니다.

성경은 하나님을 섬기는 것에 대해 다음 다섯 가지를 가르칩니다.

섬김은 우리 삶의 핵심 목적입니다. 예수님은 마가복음 8장 35절에서 이렇게 말씀하십니다. "누구든지 제 목숨을 구하고자 하는 사람은 잃을 것이요, 누구든지 나와 복음을 위하여 제 목숨을 잃는 사람은 구할 것이다"(새번역). 섬김을 배우기 전까지 우리는 진정으로 살아가는 것이 아니라 그저 존재할 뿐입니다.

섬김은 우리를 예수님의 모습으로 변화시킵니다. "나는 섬김을 받으러 온 것이 아니라 섬기러 왔으며 많은 사람의 죗값을 치르기 위해 내 생명마저 주려고 왔다"(마 20:28). 다른 이를 섬기는 법을 배우지 않으면 우리는 영적으로 성숙해질 수 없습니다.

섬김은 우리 시간을 가장 고귀하게 사용하는 일입니다. 성경은 "항상 주님의 일에 열심을 다하십시오"(고전 15:58, 쉬운)라고 말씀합니다. 영향력 있는 삶을 살고 의미 있는 유산을 남기고 싶다면 다른 이를 섬김으로써 주님을 섬기십시오. 주님을 위한 우리의 섬김은 결코 헛되지 않습니다.

섬김은 위대함의 비밀입니다. 예수님은 마태복음 20장 26절에서 "너희 가운데 누구든지 높은 사람이 되기를 원하는 사람은 너희를 섬기는 사람이 되어야 한다"(쉬운말)라고 말씀하셨습니다. 진정한 위대함은 자신의 유익을 구하는 것이 아니라 타인을 향한 섬김에서 나옵니다. 가장 위대한 지도자는 가장 많이 섬기는 사람들입니다.

섬김은 하늘의 보상을 받게 합니다. 골로새서 3장 24절은 우리에게 이렇게 도전합니다. "여러분은 주님에게 하늘의 축복을 상으로 받게 될 것을 기억하십시오. 여러분은 주님이신 그리스도를 섬기는 사람들입니다." 우리의 진정한 상관이신 예수님은 우리가 그분을 위해 행한 모든 일에 대해 반드시 보상해주실 것입니다. 이는 확실한 약속입니다!

하나님을 섬기고자 하는 열정이 필요하다면, 그 원동력을 죄책감이나 의무감, 혹은 외부의 압박에서 찾지 마십시오. 대신, 하나님이 우리를 위해 행하신 놀라운 일들을 깊이 생각해보십시오. 그분의 무한한 사랑과 은혜에 대한 감사함이 우리의 섬김을 이끌어낼 때, 그것이 바로 하나님이 원하시는 진정한 섬김의 모습입니다. 감사는 섬김의 가장 순수하고 강력한 동기가 됩니다.

상상과 믿음으로 두려움을 넘어설 수 있습니다

"여러분 가운데 누구든지 지혜가 부족하거든, 모든 사람에게 아낌없이 주시고
나무라지 않으시는 하나님께 구하십시오. 그리하면 받을 것입니다. 조금도 의심하지 말고,
믿고 구해야 합니다. 의심하는 사람은 마치 바람에 밀려서 출렁이는 바다 물결과 같습니다.
그런 사람은 주님께로부터 아무것도 받을 생각을 하지 마십시오."
_야고보서 1장 5~7절, 새번역

우리는 어린 시절 끝없는 꿈과 상상력을 지녔지만, 성장하면서 그 찬란했던 상상의 날개가 점차 시들어갑니다.

어느 순간부터 우리는 가능성을 상상하기보다는 현실에 안주하게 됩니다. 현상 유지의 덫에 갇히고, 의심은 우리의 상상력을 저해하는 걸림돌이 되곤 합니다.

의심과 두려움은 하나님께서 우리 삶에 펼치시고자 하는 계획을 무력화합니다. 상상하기 위해서는 용기가 필요하지만, 많은 이들이 실패를 두려워한 나머지 상상력을 발휘하지 못합니다. 용기란 죽을 듯한 두려움 속에서도 "그래도 해보겠습니다"라고 말할 수 있는 힘입니다. 불안감을 인정하고, 우리 스스로 그것을 해결할 수 없음을 깨달으며, 하나님의 신실하심을 믿고 한 걸음 내딛는 것, 그것이 바로 용기입니다.

오랜 세월 사역을 해오면서, 저와 동역자들이 하나님의 은혜로 이룬 모든 놀라운 일들은 처음에는 저를 압도할 만큼 두렵게 했습니다. 하지만 저는 그 두려움이 제 삶을 지배하도록 그냥 두지 않았습니다. 떨리는 마음을 안고서도 계속해서 전진했습니다. 그 두려움을 넘어설 때마다 더 큰 성장을 경험했습니다.

여러분은 "의심이 완전히 사라질 때까지 기다려야 하나요?"라고 물을지도 모릅니다. 그렇지 않습니다! 우리는 두려움에 맞서 일어나, 하나님께서 우리를 향해 마련하신 계획을 향해 나아가야 합니다. 야고보서 1장 5-7절은 우리에게 이렇게 도전합니다. "여러분 가운데 누구든지 지혜가 부족하거든, 모든 사람에게 아낌없이 주시고 나무라지 않으시는 하나님께 구하십시오. 그리하면 받을 것입니다. 조금도 의심하지 말고, 믿고 구해야 합니다. 의심하는 사람은 마치 바람에 밀려서 출렁이는 바다 물결과 같습니다. 그런 사람은 주님께로부터 아무것도 받을 생각을 하지 마십시오."(새번역).

우리의 상상력은 두 가지 힘에 의해 움직입니다. 하나는 우리를 제자리에 묶어두는 두려움이고, 다른 하나는 우리를 새로운 가능성으로 이끄는 믿음입니다. 우리가 어느 쪽을 선택하느냐에 따라 우리의 미래가 결정될 것입니다. 그 선택은 우리에게 달려 있습니다. 만약 두려움이 우리의 상상력을 지배하도록 놔둔다면, 우리는 항상 스트레스와 불행에 시달릴 것입니다. 공포가 우리의 상상력을 장악하도록 둔다면, 우리 삶은 비참해질 것입니다.

그 대신, 두려움이 아닌 믿음이 우리를 이끌도록 결심합시다. 하나님을 신뢰하십시오. 그런 다음 앞으로 나아가 모든 것이 하나님과 함께라면 가능하다는 믿음으로, 우리의 상상력이 무한한 가능성으로 가득 차도록 합시다.

하나님의 시선으로 우리의 일을 바라본다면

"이제 심판의 날이 오면 모든 것이 드러나서 각자가 한 일이 명백하게 될 것입니다.
심판의 날은 불을 몰고 오겠고 그 불은 각자의 업적을 시험하여
그 진가를 가려줄 것입니다."

_고린도전서 3장 13절, 공동번역

하나님은 우리의 일터와 직업생활을 통해 우리를 예수님의 성품으로 빚어가고자 하십니다. 그러나 책임감, 인격, 사랑과 같은 그리스도를 닮은 특성을 배우는 일은 결코 쉽지 않습니다. 이러한 덕목들을 갖추려면 예수님의 방식으로 사람들을 대해야 하는데, 특히 직장에서 이를 실천하기란 쉽지 않기 때문입니다.

그렇다면 우리가 직장에서 예수님의 모범을 따르려 애써야 하는 이유는 무엇일까요?

첫째, 하나님께서 언젠가 우리의 일을 평가하실 것이기 때문입니다. 성경은 이렇게 말씀합니다. "이제 심판의 날이 오면 모든 것이 드러나서 각자가 한 일이 명백하게 될 것입니다. 심판의 날은 불을 몰고 오겠고 그 불은 각자의 업적을 시험하여 그 진가를 가려줄 것입니다"(고전 3:13, 공동번역).

그리스도께서 심판의 날에 우리가 직장에서 감당했던 모든 일을 점검하실 것입니다. 우리의 모든 행위는 결국 드러나게 될 것입니다. 그날에는 각 사람의 행위가 불로 시험을 받아 그 성격과 질적 수준이 밝혀지게 될 것입니다.

우리의 많은 일이 남몰래 이뤄지거나 아무도 보지 않는 곳에서 행해질 수 있지만, 하나님은 모든 것을 알고 계십니다. 그분은 지켜보고 계시며, 우리는 아무리 사소해 보이는 일이라도 그에 대해 하나님께 설명드리게 될 것입니다. 우리는 언제나 완벽할 필요도, 최고가 될 필요도 없습니다. 다만 모든 일을 주님을 섬기는 마음으로 감당하는 자세가 필요합니다. 실제로 우리는 그렇게 하고 있기 때문입니다.

둘째, 하나님은 사랑으로 행하는 모든 것에 대해 영원한 보상을 약속하셨기에 직장에서 더욱 예수님을 닮으려 노력해야 합니다. 히브리서 6장 10절은 이렇게 말씀합니다. "하나님은 공정하셔서 여러분이 이미 성도를 도왔고 지금도 계속 도우면서 보여준 여러분의 행위와 사랑을 결코 잊지 않으십니다." 우리는 매주 월요일 아침, 새로운 한 주를 시작할 때 이 말씀을 마음에 새겨야 합니다. 하나님은 우리가 얼마나 열심히 일하고, 최선을 다하며, 그분의 이름으로 어떻게 사랑을 실천하는지를 잊지 않으실 것입니다.

우리의 일은 하나님께 중요합니다. 우리 삶의 목적 중 하나는 그리스도를 닮아가는 것입니다. **직업은 하나님께서 우리를 다듬으시는 연단의 장입니다.** 이곳에서 우리는 책임감을 배우고, 인격을 갈고닦으며, 이웃을 향한 사랑을 실천하는 법을 익힙니다. 매일의 업무와 관계 속에서 우리는 조금씩 그리스도의 모습을 닮아갑니다. 직업은 하나님께서 다른 이들을 그분으로 인도하시기 위해 우리를 사용하시는 가장 중요한 통로 중 하나로 쓰임받을 수 있습니다.

말씀의 진리로 최적화되는 인생

"그들을 진리로 거룩하게 하옵소서 아버지의 말씀은 진리니이다."
_요한복음 17장 17절, 개역개정

하나님이 원하시는 진정한 변화는 세상의 방식을 따르는 것만으로는 결코 이루어질 수 없습니다. 성경은 이에 대해 명확히 말씀합니다. "여러분은 아무도 자기를 속여서는 안 됩니다. 여러분 가운데 이 세상에서 지혜롭다고 생각하는 사람이 있으면 정말 지혜로운 사람이 되기 위해서는 어리석은 사람이 되십시오. 이 세상의 지혜는 하나님이 보시기에 어리석은 것입니다"(고전 3:18-19).

하나님께서 우리 삶을 변화시키시길 원한다면, 우리는 세상이 정해놓은 고정관념과 틀에서 과감히 벗어나야 합니다. 하지만 이는 우리 힘만으로는 불가능합니다.

인생의 진정한 변화는 우리의 사고방식과 가치관을 새롭게 하는 것에서 출발합니다. 에베소서 4장 23절은 "마음과 생각이 새롭게 되어"(공동번역)라고 말씀합니다. 이는 성령님의 도우심 없이는 이루어질 수 없습니다.

성령님은 어떻게 우리를 변화시키실까요? 그 비밀은 진리를 배우는 데 있습니다. 예수님의 말씀을 기억하십니까? "진리를 알지니 진리가 너희를 자유롭게 하리라"(요 8:32, 개역개정). 더 나아가, 예수님은 십자가에 오르시기 전날 밤 이렇게 기도하셨습니다. "그들을 진리로 거룩하게 하옵소서 아버지의 말씀은 진리니이다"(요 17:17, 개역개정). 하나님께서는 그분의 말씀, 곧 성경에 담긴 영원한 진리를 통해 우리를 다듬고 빚으십니다. 이는 단순히 성경 지식을 쌓는 것이 아닌, 우리의 전인격을 변화시키는 깊은 과정입니다.

개인의 진정한 변화는 단순한 의지력 강화나 일회성 결심으로는 이루어질 수 없습니다. 삶의 어려운 순간에서 우리를 변화시키는 것은 하나님 말씀의 진리를 알고 적용하는 것입니다.

성경을 읽고 그 진리에 깊이 잠기면, 우리는 이 놀라운 약속을 발견하게 됩니다. "우리는 이 이상 더 어린아이로 있어서는 안 됩니다. 우리는 인간의 속임수나, 간교한 술수에 빠져서, 온갖 교훈의 풍조에 흔들리거나, 이리저리 밀려다니지 말아야 합니다. 우리는 사랑으로 진리를 말하고 살면서, 모든 면에서 자라나서, 머리가 되시는 그리스도에게까지 다다라야 합니다. 온 몸은 머리이신 그리스도께 속해 있으며, 몸에 갖추어져 있는 각 마디를 통하여 연결되고 결합됩니다. 각 지체가 그 맡은 분량대로 활동함을 따라 몸이 자라나며 사랑 안에서 몸이 건설됩니다"(엡 4:14-16, 새번역).

예수님을 더 깊이 알아갈수록, 우리는 더 많은 진리를 깨닫게 됩니다. 그 과정에서 우리가 믿어왔던 거짓된 것들이 벗겨지는 것을 경험하게 됩니다. **우리는 점점 더 성장하고, 변화되어 그리스도의 모습을 닮아갈 것입니다.** 그리고 마침내 진리가 우리를 진정으로 자유롭게 한다는 것을 깨닫게 됩니다.

십자가, 기도의 문을 활짝 열다

"자기 아들까지도 아끼지 않으시고 우리 모든 사람을 위해 내어주신 하나님이
어찌 그 아들과 함께 다른 모든 것도 우리에게 아낌없이 주시지 않겠습니까?"
_로마서 8장 32절

세상의 이야기들은 대개 백성이 왕을 위해 목숨을 바치는 것으로 끝납니다. 그러나 역사상 가장 위대한 이야기, 복음은 정반대입니다. 하나님 나라에서는 왕이신 예수님께서 자기 백성을 위해 생명을 내어주셨습니다. 이것이야말로 진정한 사랑의 혁명입니다.

기독교는 세상의 여타 종교들과는 근본적으로 다른, 독특하고 혁명적인 이야기를 담고 있습니다. 하나님은 우리의 죄와 그에 따른 형벌에 대해 말씀하시지만, 이야기는 여기서 끝나지 않습니다. 오히려 희망으로 가득 찬 결말을 맺습니다! 성경은 로마서 6장 23절에서 이렇게 말씀합니다. "죄의 대가는 죽음이지만 하나님께서 거저 주시는 선물은 우리 주 예수 그리스도 안에 있는 영원한 생명입니다."

하나님은 공의로우신 분이기에, 누군가는 우리의 죗값을 치러야 합니다. 그러나 동시에 하나님은 선하시고 우리를 사랑하시기에, 우리를 구원하기 위한 계획을 세우셨습니다. 하나님은 그의 아들 예수 그리스도를 이 땅에 보내셨고, 그는 우리 죄를 위해 십자가에서 돌아가셨습니다. 이것이야말로 사랑의 궁극적인 표현입니다. 왕이 자기 백성을 위해, 목자가 자신의 양을 위해 목숨을 바친 것입니다.

십자가에서 이루어진 하나님의 구원 사역은 우리가 하나님께로 돌아갈 수 있는 길을 열어주었습니다. 이 십자가 사건은 우리에게 과거의 죄에 대한 용서와, 현재 삶의 목적 그리고 미래에 대한 소망을 제공합니다. 더불어 기도의 문을 활짝 열어줍니다. "자기 아들까지도 아끼지 않으시고 우리 모든 사람을 위해 내어주신 하나님이 어찌 그 아들과 함께 다른 모든 것도 우리에게 아낌없이 주시지 않겠습니까?"(롬 8:32).

예수 그리스도께서 십자가에서 우리를 위해 돌아가셨을 때, 그는 우리의 가장 큰 문제를 해결해 주셨습니다. 우리가 인생에서 마주하는 다른 어떤 문제도 예수님께는 작은 일에 불과합니다! 예수님은 우리를 위해 가장 소중한 것, 자신의 생명까지 내어주셨습니다. 이런 크신 사랑을 보이신 그분께서 우리의 일상적인 고민들, 즉 재정적 어려움, 건강 문제, 관계 갈등 등을 외면하실 리 있겠습니까? 그분의 사랑은 우리 삶의 모든 영역에 미치는 전인적인 사랑입니다.

하나님께는 너무 큰일도 없고, 우리가 염려하는 그 어떤 일도 사소하지 않습니다. 우리는 기도를 통해 모든 것을 하나님 앞에 내어놓을 수 있습니다. 하나님은 우리를 위해 목숨을 내어놓으실 만큼 우리를 사랑하십니다. 이는 하나님이 우리의 기도를 들으시고 우리를 돌보실 만큼 우리를 사랑하신다는 확신을 줍니다.

십자가는 우리가 우주의 창조주와 직접 대화할 수 있게 해줍니다. 여러분은 오늘 올려드리는 기도를 통해 하나님께 무엇을 가지고 나아가시겠습니까?

용서를 통한 영적 성장의 여정

"하나님께서는 그리스도 안에서 이 세상을 하나님 자신과 화목하게 하셨으며,
사람들의 죄를 묻지 않으셨습니다.
그리고 하나님께서는 우리에게 화목케 하는 말씀을 맡기셨습니다."

_고린도후서 5장 19절, 쉬운

1956년 1월, 다섯 명의 미국인 선교사는 하나님의 부르심을 받아 에콰도르 열대 우림 깊숙한 곳으로 향했습니다. 그들의 목적지는 인류학자들이 지구에서 가장 폭력적인 사회라고 일컫는 화오라니 부족이었습니다. 선교사들은 부족 근처에 캠프를 차렸지만, 얼마 지나지 않아 창에 찔려 목숨을 잃었습니다. 네이트 세인트와 짐 엘리엇을 포함한 이들의 비극적인 죽음은 전 세계에 충격적인 뉴스로 전해졌습니다.

몇 년 후, 놀랍게도 짐 엘리엇의 아내 엘리자베스와 딸 발레리 그리고 네이트 세인트의 여동생 레이첼은 화오라니 마을로 이주했습니다. 그들의 목적은 이 부족을 위해 봉사하고, 사랑과 용서의 메시지를 전하는 것이었습니다. 결과적으로 부족의 지도자를 비롯해 선교사 살해에 가담했던 이들 중 많은 사람이 그리스도를 영접하게 되었습니다. 이 여성들이 보여준 용서의 정신은 오직 하나님의 용서를 경험한 사람만이 이해할 수 있습니다.

그렇다면 하나님의 용서를 경험한 우리는 어떻게 그리스도의 사랑으로 다른 이들을 용서할 수 있을까요? 이 여성들의 모범을 따라 네 가지 단계를 실천할 수 있습니다.

첫째, 공평한 벌을 요구할 권리를 포기합니다. 하나님께 맡기십시오. 그분께서 우리보다 훨씬 더 공정하게 처리하실 것입니다. "여러분이 직접 원수를 갚지 말고 하나님의 진노에 맡기십시오"(롬 12:19, 쉬운).

둘째, 악에 선으로 대응합니다. 진정한 용서의 증거는 무엇일까요? 그것은 바로 우리에게 깊은 상처를 준 이들을 위해 진심 어린 축복의 기도를 드릴 수 있게 되는 것입니다. "너희 원수를 사랑하라. 너희를 미워하는 사람들에게 잘해 주라. 너희를 저주하는 사람들을 축복하고 너희에게 함부로 대하는 사람들을 위해 기도하라"(눅 6:27-28, 우리말).

셋째, 필요한 만큼 이 과정을 반복합니다. 베드로가 예수님께 "제 형제가 제게 죄를 지으면 몇 번이나 용서해야 합니까? 일곱 번까지 해야 합니까?"라고 물었을 때 예수님은 대답하셨습니다. "내가 너희에게 말한다. 일곱 번만 아니라 70번씩 일곱 번이라도 용서해야 한다"(마 18:21-22, 우리말). 용서는 한 번의 결단으로 끝나는 것이 아니라, 때로는 매일 새롭게 선택해야 하는 지속적인 여정일 수 있습니다.

넷째, 하나님의 용서의 기쁜 소식을 다른 이들에게 전합니다. 고린도후서 5장 19-20절은 이렇게 말씀합니다. "하나님께서는 그리스도 안에서 이 세상을 하나님 자신과 화목하게 하셨으며, 사람들의 죄를 묻지 않으셨습니다. 그리고 하나님께서는 우리에게 화목케 하는 말씀을 맡기셨습니다. … 이제 그리스도를 대신하여 여러분에게 권합니다. 하나님과 화목하십시오."(쉬운).

하나님께 용서받은 우리는 이제 다른 이들을 용서해야 합니다. 받은 상처를 축소할 필요는 없지만, 상대방의 사과를 기다리지 않아도 됩니다. 예수님께서 십자가 위에서 보여주신 용서를 기억하십시오. "아버지, 저 사람들을 용서해주십시오. 저들은 자기들이 하는 일을 모르고 있습니다"(눅 23:34).

용서는 결코 쉬운 선택이 아닙니다. 그러나 하나님의 능력을 의지한다면 가능합니다. 이렇게 기도해보십시오. "하나님, 제가 이 사람을 용서하길 원하신다는 것을 압니다. 그럴 힘을 주세요. 제 자존심을 내려놓고 이 사람을 위해 기도할 수 있게 해주세요. 당신의 눈으로 그들을 보게 하시고, 용서를 실천하며 하나님 가족으로 초대하는 통로가 되게 해주세요."

여러분이 겪은 상처가 무엇이든, 예수님께서는 그것을 극복할 수 있도록 도와주실 것입니다. 그분은 우리에게 상처 준 이들을 용서할 수 있는 은혜를 반드시 주실 것입니다.

삶의 근본 문제: 하나님과의 단절 그리고 해결책

"너희의 죄 때문에 주님께서 너희에게서 얼굴을 돌리셔서,
너희의 말을 듣지 않으실 뿐이다."
_이사야 59장 2절, 새번역

현대 사회는 종종 죄의 심각성을 경시하며, 때로는 그것을 단순한 즐거움이나 개인의 자유로운 선택으로 여기는 경향이 있습니다. 많은 이들에게 죄는 오히려 매력적으로 보이기까지 합니다. 우리가 접하는 미디어를 살펴보면 이를 쉽게 알 수 있습니다. TV 프로그램, 소셜 미디어의 밈, 영화 등에서 죄는 흔히 가볍게 다뤄지거나 심지어 유머의 소재로 전락하고 있습니다. 이는 사탄의 교묘한 전략입니다. 예수님을 십자가에 못 박게 한 바로 그 죄를 우리가 웃으며 즐기게 만드는 것입니다. 사탄은 교묘하게 죄의 본질을 은폐하고, 그것을 매혹적인 외양으로 포장합니다. 하지만 미디어에서 죄의 실제 결과를 보여주는 경우는 극히 드뭅니다.

죄의 참혹한 실체를 온전히 이해하고 싶다면, 우리는 예수님의 십자가를 주목해야 합니다. 예수님의 고통은 우리의 죄를 속죄하기 위해 치러야 했던 엄청난 대가를 보여줍니다. 십자가는 죄가 초래하는 참혹한 결과를 적나라하게 드러냅니다.

죄는 우리 삶에 다양한 영향을 미치지만, 그중 세 가지 주요한 결과를 살펴보겠습니다.

첫째, 죄는 우리를 하나님에게서 멀어지게 합니다. 이는 절대적으로 거룩하신 하나님과 죄에 물든 우리 사이의 근본적인 차이 때문입니다. 이사야 59장 2절은 이렇게 말씀합니다. "너희의 죄 때문에 주님께서 너희에게서 얼굴을 돌리셔서, 너희의 말을 듣지 않으실 뿐이다"(새번역). 죄는 항상 소외감을 낳으며, 이는 하나님과의 관계에서도 예외가 아닙니다.

둘째, 죄는 우리 삶에 상당한 스트레스를 가중합니다. 스트레스의 핵심 원인 중 하나는 우리가 깨닫지 못하거나 해결하지 못한 채 쌓여가는 죄책감입니다. 다윗왕은 이렇게 고백했습니다. "내 죄의 벌이 나를 짓누르니, 이 무거운 짐을 내가 더는 견딜 수 없습니다"(시 38:4, 새번역). 죄에 사로잡히면 정서적으로 큰 타격을 받게 됩니다. 하나님의 법을 어기는 것은 걱정, 두려움, 죄책감, 불안으로 이어집니다.

셋째, 죄는 우리를 단죄합니다. 하나님의 법을 어길 때마다 우리는 벌을 받게 됩니다. 이는 자기 정죄와 의로우신 하나님의 심판 모두에 해당합니다. 시편 7편 11절은 이렇게 경고합니다. "하나님은 의로우신 재판장이심이여 매일 분노하시는 하나님이시로다"(개역개정).

여러분은 관계의 갈등, 건강 문제 또는 실업이 가장 큰 고민이라고 생각할지 모릅니다. 그러

나 실상 우리의 가장 큰 문제는 하나님과의 관계가 단절되어 있다는 것입니다. 이것이 우리가 깊은 좌절감을 느끼고, 불면에 시달리며, 스트레스에 짓눌리는 이유입니다. 우리는 본래 우리를 사랑하시는 창조주와 조화롭게 살도록 지음받았습니다. 하나님은 우리를 창조하셨고, 우리를 위해 독생자를 보내어 생명의 값을 치르게 하셨습니다. 하나님은 우리가 그분과 화목하기를 간절히 바라십니다.

오늘부터 시작하여 매일 하나님 앞에 나아가 우리의 죄를 고백하고 회개합시다. 이를 통해 우리는 하나님과의 관계를 회복하고 그분과 화목할 수 있습니다.

사랑으로 잘못을 덮어주는 곳에서 은혜는 확장됩니다

"겸손함과 온유함으로 깍듯이 대하십시오.
오래 참음으로써 사랑으로 서로 용납하십시오."
_에베소서 4장 2절, 새번역

어떤 관계도 은혜 없이는 지속될 수 없습니다. 우리는 서로를 좀 더 너그럽게 대해야 합니다. 때로는 상대방의 작은 실수를 그냥 넘어가는 것도 필요합니다.

성경은 "사랑은 모든 것을 덮어주며"(고전 13:7, 새번역)라고 말씀합니다. 헬라어 원문에서 "모든 것을 덮어준다"라는 표현에는 "지붕으로 덮는다"는 의미가 있습니다. 지붕 없는 집을 상상해보십시오. 그런 집에서 살고 싶으신가요? 물론 아닐 것입니다. 비바람을 막아줄 보호막이 없기 때문입니다. 지붕이 집을 보호하듯, 성경이 말하는 사랑은 관계를 보호하는 방패막이 되어, 작은 갈등이나 실수들이 큰 문제로 확대되는 것을 방지합니다.

우리는 상대방의 사소한 실수 하나하나에 일일이 책임을 묻지 않습니다. 사람은 쉽게 상처받을 수 있기에 우리의 관계에도 '지붕'이 필요합니다. 은혜를 베푸는 사랑이 그 역할을 합니다. 그렇다면 은혜가 관계에 왜 그토록 중요한 걸까요?

그 이유는 우리 모두가 죄인이기 때문입니다. 결혼한 부부라면, 서로가 완벽하지 않은 존재와 연을 맺었다는 사실을 인정해야 합니다. 불완전한 두 사람이 완벽한 결혼 생활을 이룰 수는 없습니다. 우정도 마찬가지입니다. 완벽한 친구 관계란 없습니다. 완벽한 사람은 없기 때문입니다.

로마서 3장 10절은 "의로운 사람은 없으니 하나도 없[다]"라고 말씀합니다. 어느 누구도 모든 상황에서 완벽하게 옳을 수는 없습니다. 문제는 한 사람의 잘못으로만 생기지 않습니다. 우리 모두가 실수하며, 대부분의 갈등에는 양측 책임이 있습니다. "탱고를 추려면 두 사람이 필요하다"라는 속담처럼, 의견 충돌도 두 사람이 있어야 일어납니다.

그래서 성경은 서로에게 은혜 베푸는 법을 배우라고 가르칩니다. 용서는 주고받는 것입니다. 우리가 베풀지 않는 것을 받을 수는 없습니다.

견고한 관계를 구축하려면 하나님께서 우리를 대하시는 그 방식 그대로 타인을 대해야 합니다. 로마서 15장 7절은 "그리스도께서 … 우리를 받아주신 것처럼 여러분도 서로 따뜻이 맞아들이십시오"라고 말씀합니다. 이러한 태도는 일상의 작은 순간들 속에서 실천될 수 있습니다. 예를 들어, 친구의 이야기를 판단 없이 경청하거나, 피곤에 지친 가족에게 편안한 자리를 양보하는 것과 같은 작은 배려들이 바로 그것입니다.

다른 이들을 있는 그대로 받아들이고, 사랑으로 그들의 잘못을 덮어줄 때, 우리는 은혜를 확장하고 있는 것입니다. 이것이 바로 하나님께서 우리에게 보여주신 사랑의 방식입니다.

그리스도를 따르는 삶: 가장 값진 선택

"사람이 온 세상을 얻고도 제 목숨을 잃으면, 무슨 이득이 있겠느냐?
또 사람이 제 목숨을 되찾는 대가로 무엇을 내놓겠느냐?"
_마태복음 16장 26절, 새번역

사도 바울은 강렬한 말씀을 남겼습니다. "만일 우리가 그리스도 안에서 바라는 것이 이 세상뿐이라면 우리는 그 누구보다도 불쌍한 사람들입니다"(고전 15:19). 왜 바울은 이런 말을 했을까요? 그리스도를 환영하지 않는 세상에서 그리스도를 위해 산다는 것은 결코 쉬운 일이 아니기 때문입니다.

여러분, 이제 우리 인생에서 가장 중요한 질문 중 하나를 던져보겠습니다. "우리가 고백하는 기독교 신앙은 이 모든 도전과 희생을 감당할 만한 가치가 있습니까?" 인생의 모든 선택에는 대가가 따릅니다. 우리가 어떤 것에 "예"라고 할 때마다, 다른 것에는 "아니오"라고 말하는 셈입니다. 그렇다면 우리가 그리스도를 따르며 감당해야 할 희생과 도전들은, 그분이 약속하신 영원한 생명과 비교할 때 과연 합당한 것일까요?

예수님께서는 이렇게 물으셨습니다. "사람이 온 세상을 얻고도 제 목숨을 잃으면, 무슨 이득이 있겠느냐? 또 사람이 제 목숨을 되찾는 대가로 무엇을 내놓겠느냐?"(마 16:26, 새번역). 메시지 성경은 이 구절을 이렇게 풀어 설명합니다. "원하는 것을 다 얻고도 참된 자기 자신을 잃으면 무슨 유익이 있겠느냐? 너희 목숨을 무엇과 바꾸겠느냐?"

많은 이들이 자신의 귀중한 영혼을 돈, 명예, 이기심, 순간적 쾌락, 물질적 욕망 등과 교환하고 있습니다. 하지만 우리의 영혼은 이 모든 것보다 훨씬 더 귀중합니다.

바울은 이 진리를 깊이 깨달았습니다. 그의 간증을 들어보십시오. "예수 그리스도를 만난 이후, 그 모든 것이 아무 쓸모 없는 것임을 알았습니다. 그것들뿐만 아니라 이 세상 그 어떤 것도 내 주 예수 그리스도를 아는 것과 비교가 되지 않습니다. 예수 그리스도를 위하여 나는 모든 것을 버렸습니다. 모든 것이 쓰레기처럼 아무런 가치가 없다는 것을 이제 압니다. 이로써 나는 그리스도를 알게 되었습니다"(빌 3:7-8, 쉬운). 바울은 사회적 지위, 재산, 쾌락, 그 어떤 것도 예수님을 아는 것보다 가치 있지 않다는 사실을 깨달았습니다.

우리는 성공의 의미를 새롭게 정립할 필요가 있습니다. 진정하고 의미 있는 성공은 우리의 소유물, 외모 또는 일시적인 감정에 기반을 두지 않습니다. **참된 성공은 하나님의 가치관에 따라 살 때 얻을 수 있으며, 이는 궁극적으로 천국에서의 영원한 삶이라는 보상으로 이어집니다.**

순교자 짐 엘리엇 선교사는 복음을 전하기 위해 치러야 할 희생에 대해 이렇게 말했습니다. "영원히 간직할 수 있는 보물을 얻기 위해 일시적인 것들을 포기하는 사람은 결코 어리석은 자가 아닙니다." 이 말씀은 우리가 믿는 신앙의 가치를 다시 한번 깊이 생각하게 합니다.

고난 속에서 하나님의 계획을 읽다

"그분은 장차 누릴 기쁨을 위하여 부끄러움과 십자가의 고통을 참으셨으며
지금은 하나님의 오른편에 앉아 계십니다."
_히브리서 12장 2절

인생을 살아가면서 우리는 놀라운 사실을 깨닫게 됩니다. 바로 우리의 인내력이 상상 이상으로 크다는 것입니다. 하나님의 은혜로, 불가능해 보이는 시련조차도 끝내 이겨낼 수 있는 놀라운 영적 회복력이 우리 안에 있습니다. 사실, 우리의 인내력을 깨닫기까지는 때로 힘겨운 시간을 거쳐야 했습니다.

인간에게는 상상을 초월하는 놀라운 잠재력이 내재되어 있습니다. 고통 속에서 그 고통을 허락하신 목적을 볼 수 있고, 고통 이후에 주어질 상급을 바라볼 수 있다면, 우리는 엄청난 고난도 견뎌낼 수 있습니다. 예수님께서 십자가에 달리셨을 때 보여주신 모습이 바로 그것입니다. 극심한 고통 속에서도 그 너머에 있는 하늘의 상급을 바라보셨습니다. 예수님께는 영원을 바라보는 관점이 있었던 것입니다.

예수님은 단순히 현재 상황만을 바라보지 않으셨습니다. 만약 그랬다면, 그분의 미래는 암울해 보였을 것이고 절망에 빠지셨을 것입니다. 하지만 예수님은 고통 너머의 하늘 상급을 바라보셨습니다. 그분은 그 영원한 보상을 이 땅의 어떤 일시적인 구원보다 훨씬 더 중요하게 여기셨습니다.

고통의 순간에 현재의 상황에만 집중하면, 우리는 쉽게 낙담하고 절망에 빠질 수 있습니다. 때로는 포기하고 싶은 마음이 들기도 합니다. **하지만 인생에서 가장 힘든 시기를 헤쳐나갈 수 있는 유일한 방법은 고통 너머에 있는 하늘의 상급을 바라보는 것입니다.**

히브리서 12장 2절은 이렇게 말씀합니다. "그분은 장차 누릴 기쁨을 위하여 부끄러움과 십자가의 고통을 참으셨으며 지금은 하나님의 오른편에 앉아 계십니다." 예수님께서 십자가에서 부끄러운 고통을 견디신 이유는 그 이후에 주어질 기쁨을 아셨기 때문입니다. 예수님과 우리에게 가장 큰 기쁨은 영원한 천국의 소망입니다. 그곳에서 우리는 영원히 하나님의 임재 안에서 살아가게 될 것입니다.

그리스도의 마음을 품게 되면, 우리는 과거, 현재, 미래, 하나님, 생명, 죽음, 죄, 구원, 친구들 그리고 우리의 확신에 대해 예수님의 시각으로 바라보게 됩니다. 우리는 삶이 단지 '지금 여기'만이 아니라 그 이상이 있다는 사실을 깨닫게 되고, 이러한 깨달음이 우리에게 견딜 힘을 줍니다.

고난 속에서도 하나님의 목적을 발견하고, 그 너머의 영원한 기쁨을 바라볼 때, 우리는 예수님처럼 모든 어려움을 이겨낼 수 있습니다.

예수님의 마지막 말씀이 주는 메시지

"그 뒤에 예수께서는 모든 일이 이루어졌음을 아시고, 성경 말씀을 이루시려고 '목마르다'
하고 말씀하셨다. … 예수께서 신 포도주를 받으시고서, '다 이루었다' 하고 말씀하신 뒤에,
머리를 떨어뜨리시고 숨을 거두셨다."

_요한복음 19장 28, 30절, 새번역

예수님은 이 땅에서 사역하시는 동안 하나님께서 주신 사명을 완수하러 왔다고 자주 말씀하셨습니다. 성경은 예수님의 십자가 죽음을 이렇게 기록합니다. "그 뒤에 예수께서는 모든 일이 이루어졌음을 아시고, 성경 말씀을 이루시려고 '목마르다' 하고 말씀하셨다. … 예수께서 신 포도주를 받으시고서, '다 이루었다' 하고 말씀하신 뒤에, 머리를 떨어뜨리시고 숨을 거두셨다"(요 19:28, 30, 새번역). 예수님의 "다 이루었다"라는 말씀은 승리의 외침이었습니다. 이 구절은 헬라어로 '테텔레스타이'(*tetelestai*)라는 한 단어입니다. 이 단어는 고대 헬라 사회에서 다양한 의미로 쓰였는데, 예수님은 그 모든 의미를 자신의 죽음을 통해 완성하셨습니다.

- 이 단어는 하인들이 맡은 일을 완수했음을 주인에게 보고할 때 사용하던 표현이었습니다. 예수님은 하나님께서 맡기신 사명을 완수하셨습니다.
- 또한 이는 재판관들이 죄수의 형기 만료를 공식적으로 선고할 때 사용하던 법률 용어였습니다. 예수님은 우리의 죄에 대한 정의가 실현되었음을 확증하셨습니다.
- 회계학에서는 빚이 완전히 청산되었음을 나타낼 때 이 단어를 썼습니다. 예수님은 우리의 죄의 빚을 완전히 갚으셨습니다.
- 예술가들은 작품의 마지막 붓질을 할 때 이 말을 사용했습니다. 예수님의 희생으로 하나님의 위대한 구원의 걸작이 완성되었습니다.
- 제사장들은 하나님께 제물을 바칠 때 "희생이 드려졌습니다"라는 의미로 이 단어를 사용했습니다. 예수님의 십자가 죽음은 우리 죄를 위한 최후의 희생 제물이었습니다.

"테텔레스타이"라는 한 단어는 기독교와 세상의 모든 다른 종교를 명확히 구분 짓는 분수령이 됩니다. 다른 모든 종교는 하나님 앞에서 의로워지기 위해 당신이 무엇을 해야 하는지에 관한 것입니다. 기독교는 하나님께서 이미 당신을 대신해서 하신 일에 관한 것입니다.

예수님께서 선언하셨습니다. "다 이루었다." 우리는 하나님께 나아가기 위해 더 이상 어떤 노력도 할 필요가 없습니다. 하나님께서 모든 것을 완성하셨기 때문입니다!

우리 삶의 모든 순간을 돌보시는 아버지

"너희가 악해도 너희 자녀에게 좋은 것을 줄 줄 알거든,
하물며 하늘에 계신 너희 아버지께서, 구하는 사람에게 좋은 것을 주지 아니하시겠느냐?"
_마태복음 7장 11절, 새번역

우리 모두의 마음 깊숙한 곳에는 하나의 근원적인 질문이 자리 잡고 있습니다. "누군가 나를 진심으로 아끼고 돌보고 있을까?" 이 질문에 대해 하나님은 한치의 망설임도 없이 응답하십니다. "물론이다, 내가 너를 사랑한다!"

마가복음 4장에서 제자들은 그러한 의문을 품었습니다. 그들이 배를 타고 호수를 건너던 중 갑작스러운 폭풍을 만났을 때입니다. 바람이 거세지자 배는 침몰 직전에 이르렀습니다. 놀랍게도 이 모든 상황 속에서 예수님은 깊이 잠들어 계셨습니다. 제자들은 절박한 마음으로 예수님을 깨우며 물었습니다. "선생님! 저희가 빠져 죽게 됐는데 모른 척하십니까?"(막 4:38, 우리말).

이 질문은 많은 이들이 하나님께 던지고 싶어 하는 핵심적인 물음입니다. 우리는 하나님이 진정으로 우리의 처지에 마음을 쓰고 계신지 확실히 알고 싶어 합니다.

성경에는 우리를 향한 하나님의 신실한 사랑과 세심한 돌보심을 보여주는 생생한 증거들로 가득합니다. 폭풍 속에서 제자들이 예수님을 깨웠을 때, 그분은 즉시 그들을 향한 사랑과 관심을 행동으로 보여주셨습니다. 예수님은 바람과 파도를 꾸짖으시며 폭풍을 순식간에 잠재우셨습니다.

하나님은 우리 각자에게도 동일한 메시지를 전하십니다. 그분은 우리를 돌보십니다. 우리 삶의 모든 면면을 세심히 살피십니다. 가족, 직업, 건강 등 우리 인생의 세세한 부분까지 관심을 기울이십니다. 부모라면 이 마음을 이해하실 것입니다. 자녀의 삶의 순간순간을 세심히 돌보며 그들의 행복을 최우선으로 여기지 않으십니까? 자녀가 어떤 행동을 하더라도 그들을 향한 사랑이 변하지 않는 것처럼 말입니다.

예수님은 부모의 사랑을 통해 하나님의 사랑을 이해할 수 있다고 말씀하십니다. "너희가 악해도 너희 자녀에게 좋은 것을 줄 줄 알거든, 하물며 하늘에 계신 너희 아버지께서, 구하는 사람에게 좋은 것을 주지 아니하시겠느냐?"(마 7:11, 새번역). 하나님은 우리가 그려볼 수 있는 가장 완벽하고 이상적인 아버지상을 훨씬 뛰어넘는 사랑으로 우리를 돌보시는 분입니다. 우리가 하나님을 더 깊이 알아갈수록, 그분의 무한한 사랑을 더욱 체감하게 되고, 그분이 우리 삶을 돌보신다는 사실을 의심하지 않게 될 것입니다.

우리는 종종 자신의 문제가 하나님을 향한 사랑이 부족해서 생긴다고 여깁니다. 하지만 실제로는 하나님이 우리를 얼마나 사랑하시는지 깨닫지 못하는 것이 더 큰 문제일 수 있습니다.

하나님을 향한 우리의 사랑은 그분의 돌보심에 대한 자연스러운 반응입니다. 하나님의 무한한 사랑을 깨닫게 되면, 우리는 자연스럽게 그분을 사랑하게 됩니다. "우리가 사랑하는 것은 하나님께서 먼저 우리를 사랑하셨기 때문입니다"(요일 4:19, 우리말).

하나님의 돌보심을 깊이 체험할 때, 우리는 삶의 모든 순간에서 그분의 사랑을 느끼며 살아갈 수 있습니다. 이것이 바로 하나님이 우리에게 원하시는 관계의 핵심입니다.

그리스도의 마음으로 사는 법

"아버지께서 나와 함께 계시니 나는 혼자 있는 것이 아니다."
_요한복음 16장 32절, 공동번역

"예수님처럼 생각하고 행동"(빌 2:5, 쉬운)하는 것은 처음에는 어려워 보일 수 있습니다. 하지만 그리스도의 마음을 품는다는 것은 하나님의 임재를 매 순간 깊이 체험하며 살아가는 것입니다.

예수님께서도 이렇게 사셨습니다. 그분은 가장 바쁜 순간에도 하나님 아버지와의 연결을 놓치지 않으셨습니다. 예수님은 "아버지께서 나와 함께 계시니 나는 혼자 있는 것이 아니다"(요 16:32, 공동번역)라고 말씀하셨습니다.

따라서 외로움을 이겨내는 가장 효과적인 방법은 바로 예수님처럼 생각하는 것입니다. 그리스도의 마음을 품을 때, 우리도 예수님과 같이 "아버지께서 나와 함께 계시므로 나는 혼자 있는 것이 아니다"라고 고백할 수 있게 됩니다.

우리가 외로움에 빠지는 것은, 종종 그리스도의 관점을 잃고 하나님의 영원한 사랑과 돌봄을 망각한 결과일 수 있습니다. 하나님의 지속적인 돌보심을 의식하는 한 가지 효과적인 방법은 바로 기도입니다. 예수님은 기도를 일상적인 습관으로 삼으셨습니다. "예수께서는 때때로 한적한 곳으로 물러가셔서 기도를 드리셨다"(눅 5:16, 공동번역).

이 구절을 자세히 보면, 예수님은 기도하기 위해 의도적으로 시간과 공간을 만드셨다는 것을 알 수 있습니다. 예수님의 기도 생활은 지속적이면서도 일상에 깊이 뿌리박힌 것이었습니다. 그분은 아버지의 임재 안에 거하는 것을 인생의 최우선 순위로 삼으셨습니다.

우리는 어떻습니까? 하루 중 잠시라도 멈춰 서서 기도하고 있나요? 예수님께서도 기도를 위해 자주 홀로 있는 시간이 필요하다고 느끼셨다면, 우리는 얼마나 더 그런 시간이 필요할지 생각해보아야 합니다!

하나님과의 대화 시간을 소홀히 하면, 우리는 그분이 베푸시는 소중한 은혜들을 놓치게 됩니다. 하나님을 위해 너무 바쁘게 사는 것은 결코 그분의 뜻이 아닙니다. 실제로, 잠시 멈추어 기도하는 시간을 가질 때 우리는 삶의 모든 영역에서 더 효과적으로 일할 수 있습니다. 하나님의 영이 우리 삶의 본질적 목적을 일깨워주실 때, 우리는 진정으로 중요한 일에 온 마음과 열정을 쏟아부을 수 있게 됩니다.

예수님은 자신의 정체성과 삶의 목적을 명확히 알고 계셨습니다. 그분은 늘 하나님의 임재 안에 거하셨습니다. 우리가 예수님처럼 생각하는 법을 배우면, 우리 역시 자신의 정체성과 삶의 목적을 깨닫게 되고, 하나님이 항상 함께하신다는 사실을 깊이 인식하며 살아갈 수 있습니다.

하나님의 회복: 그분의 변함없는 사랑을 경험하는 과정

"네가 마음을 돌이켜 내게 돌아오면 너를 다시 맞아들여 나를 섬기게 하겠다."
_예레미야 15장 19절, 쉬운

그리스도를 믿는 순간, 우리는 하나님의 가족으로 다시 태어나게 됩니다. 이는 되돌릴 수 없는 사실입니다. 죄가 하나님과의 교제를 흐릴 수는 있어도, 그 관계 자체를 파괴할 수는 없습니다.

그렇다면 우리가 죄를 지었을 때는 어떻게 해야 할까요? 답은 간단합니다. 돌아가는 것입니다. 그리스도께 다시 돌아오는 것입니다. 하나님과의 관계 회복은 생각보다 가까이에 있습니다. 우리의 진실된 마음을 드리는 순간, 그 거리는 단 한 걸음으로 좁혀집니다. 하나님은 우리에게 이렇게 약속하셨습니다. "너희의 죄가 주홍빛과 같다 하여도 눈과 같이 희어질 것이며, 진홍빛과 같이 붉어도 양털과 같이 희어질 것이다"(사 1:18, 새번역).

예수님이 체포되던 날 밤, 제자 베드로는 예수님을 세 번이나 부인했습니다. 우리 모두는 용서받을 수 없다고 여기는 죄를 지은 적이 있을 것입니다. 베드로의 배신도 그런 죄처럼 보였겠지만, 하나님의 용서는 그 어떤 죄보다도 크십니다. 예수님은 베드로의 배신을 미리 아셨고, 동시에 그가 돌아올 것도 아셨습니다. 실제로, 그 일이 일어나기 전에 예수님은 베드로에게 이렇게 말씀하셨습니다. "네 믿음이 완전히 사라지지 않도록 내가 너를 위해 기도하였다. 너는 뉘우치고 돌아온 후에 네 형제들을 굳세게 하여라"(눅 22:32).

예수님은 이 사건 이후에 베드로의 사역이 오히려 더 큰 영향력을 발휘할 것을 아셨습니다. 예수님의 예언은 정확히 현실이 되었습니다. 베드로의 회복과 그 이후의 사역은 하나님의 놀라운 은혜를 증명하는 생생한 증거로 남았습니다. 베드로는 성경의 두 권, 베드로전서와 후서를 저술했고, 자신의 경험을 마가복음의 저자와 공유했습니다.

여러분은 때로 하나님이 자신을 잊으셨다고 느낄지도 모릅니다. 하지만 그렇지 않습니다. 착한 목자는 한 마리 잃어버린 양을 찾기 위해 아흔아홉 마리를 들판에 남겨두고 떠납니다. 하나님은 우리가 어떻게 그분을 외면했는지 모두 알고 계십니다. 그것이 한 번의 큰 실수였든, 혹은 작은 선택들이 모여 일어난 일이든 말입니다.

하나님을 떠나게 된 이유가 무엇이든 간에 우리는 다윗이 간음 후 하나님께 돌아갈 때 했던 기도를 본받아야 합니다. 다윗은 이렇게 간구했습니다. "주님께서 베푸시는 구원의 기쁨을 내게 회복시켜 주시고"(시 51:12, 새번역). 다윗은 구원 자체를 잃은 것이 아니었기에 "하나님, 나의 구원을 회복시켜주소서"라고 기도할 필요가 없었습니다. 그가 잃은 것은 구원의 기쁨이었습니다.

혹시 여러분도 하나님과의 관계에서 오는 기쁨을 잃으셨나요? 지금 이 순간, 그리스도의 품으로 돌아가는 것이 어떨까요? 그분은 항상 우리를 향해 열린 팔로 기다리고 계십니다.

April

절망의 순간, 우리에게 오시는 예수님

"나는 너희를 고아처럼 버려두지 아니하고, 너희에게 다시 오겠다."

_요한복음 14장 18절, 새번역

인생의 여정에서 우리는 종종 원치 않고 달갑지 않은 상황들과 마주하게 됩니다. 어떤 날은 마치 인생의 폭풍우에 휩쓸려 익사할 것만 같은 기분이 들기도 합니다. 그렇다면 우리는 어떻게 이런 거센 바람에 휩쓸리지 않을 수 있을까요? 가장 핵심적인 대처 방법은 예수님께서 우리를 얼마나 깊이 사랑하고 염려하시는지를 마음에 새기는 것입니다. 사실, 예수님은 우리의 고난을 보시고, 그것에 관심을 가지시며, 직접 개입하여 도와주십니다.

예수님께서 물 위를 걸으신 이야기에서 우리는 이러한 그분의 모습을 볼 수 있습니다. "날이 저물었을 때에, 제자들이 탄 배는 바다 한가운데 있었고, 예수께서는 홀로 뭍에 계셨다. 그런데 예수께서는, 그들이 노를 젓느라고 몹시 애쓰는 것을 보셨다. 바람이 거슬러서 불어왔기 때문이다. 이른 새벽에 예수께서 바다 위를 걸어서 그들에게로 가시다가, 그들을 지나쳐 가려고 하셨다"(막 6:47-48, 새번역).

이 상황에서 제자들은 네 가지 악재를 만났습니다. 어둠이 깔린 밤, 호수 한가운데라는 위험한 위치, 홀로 있다는 외로움, 그리고 바람이 휘몰아치는 자연의 위협이었습니다.

예수님의 반응은 어떠했습니까? 그저 멀리서 제자들에게 지시를 내리는 데 그치지 않으셨습니다. 대신 예수님은 직접 제자들이 있는 곳으로 물 위를 걸어가셨습니다. 그리고 이렇게 말씀하셨습니다. "안심하여라. 나다. 두려워하지 말아라"(막 6:50, 새번역). 예수님께서 배에 오르시자 바람은 잔잔해졌습니다.

이것이 바로 우리가 절망에 빠졌을 때 예수님께서 보여주시는 사랑의 모습입니다. 그분은 우리가 어디에 있든, 우리 상황이 얼마나 힘들든 상관없이, 직접 우리에게 오셔서 개입하실 정도로 우리를 깊이 사랑하십니다.

여러분, 이것이 바로 복음의 핵심입니다. 하나님은 이 땅에 오셔서 우리와 같은 인간이 되셨고, 우리의 죄를 대신하여 십자가에서 돌아가셨습니다. 그분은 단순히 하늘에서 명령만 외치지 않으셨습니다. 직접 우리에게 오셔서 "너희가 해결할 수 없는 문제를 내가 해결하겠다"라고 말씀하셨습니다.

여러분이 현재 직면한 어려움의 구체적인 내용을 제가 알지는 못하지만, 이 한 가지만은 확

실히 말씀드릴 수 있습니다. 여러분이 버림받았다고 느낄지 모르지만, 결코 그렇지 않습니다. **하나님은 폭풍우가 몰아치는 가장 어두운 밤에도 여러분을 보고 계시며, 여러분을 돌보시고, 여러분과 함께하십니다.**

　　요한복음 14장 18절에서 예수님은 이렇게 약속하셨습니다. "나는 너희를 고아처럼 버려두지 아니하고, 너희에게 다시 오겠다"(새번역).

　　오늘 여러분이 어떤 문제에 직면해 있든, 예수님께서 여러분을 깊이 사랑하시고 돌보신다는 사실을 기억하십시오. 그리고 그분이 여러분에게 오시도록 마음을 열어드리십시오. 여러분은 혼자가 아닙니다.

기도를 단순하게 하세요

"너희는 기도할 때에, 이방 사람들처럼 빈말을 되풀이하지 말아라.
그들은 말을 많이 하여야만 들어주시는 줄로 생각한다. … 하나님 너희 아버지께서는,
너희가 구하기 전에, 너희에게 필요한 것이 무엇인지를 알고 계신다."
_마태복음 6장 7-8절, 새번역

기도의 참된 능력은 그 길이나 화려함이 아닌, 믿음과 진실성에서 비롯됩니다. 우리는 하나님께 기도할 때, 더 많은 말을 해야 하나님의 주목을 받을 수 있다고 잘못 생각하는 함정에 빠지곤 합니다. 하지만 하나님은 이미 우리의 기도에 귀 기울이고 계십니다. 하나님은 화려한 언변으로 포장된 장황한 기도보다는 겸손과 진실함이 담긴 간단한 기도에 훨씬 더 귀 기울이십니다. 그러니 요점만 간단히 말씀드리세요!

예수님은 산상수훈에서 기도에 대해 중요한 가르침을 주셨습니다. 그분은 우리에게 매우 영적으로 들리려고 애쓰지 말고, 대신 단순하게 기도하라고 하셨습니다.

"너희는 기도할 때에, 위선자들처럼 하지 말아라. 그들은 사람들에게 보이려고, 회당과 큰 길 모퉁이에 서서 기도하기를 좋아한다. 내가 진정으로 너희에게 말한다. 그들은 자기네 상을 이미 다 받았다. 너는 기도할 때에, 골방에 들어가 문을 닫고서, 숨어서 계시는 네 아버지께 기도하여라. 그리하면 숨어서 보시는 너의 아버지께서 너에게 갚아 주실 것이다. 너희는 기도할 때에, 이방 사람들처럼 빈말을 되풀이하지 말아라. 그들은 말을 많이 하여야만 들어주시는 줄로 생각한다. 그러므로 그들을 본받지 말아라. 하나님 너희 아버지께서는, 너희가 구하기 전에, 너희에게 필요한 것이 무엇인지를 알고 계신다"(마 6:5-8, 새번역).

하나님께 여러분의 필요를 납득시키려 애쓸 필요가 없습니다. 그분은 이미 모든 것을 알고 계십니다! 그저 가능한 한 단순하고 정직하며 겸손한 자세로 하나님께 나아가 필요를 말씀드리세요.

기도를 자신의 신앙적 우월함을 드러내는 수단으로 변질시키지 마십시오. 우리는 때때로 그렇게 하는 사람들을 봅니다. 하지만 그런 기도가 하나님께 인정받을 수 있는 것은 아닙니다. 하나님은 다른 사람의 관심을 끌기 위한 기도를 듣고 싶어 하지 않으십니다. 대신 진심을 담아 기도하세요. 진부한 말을 반복하지 말고, 기도가 너무 짧을까 봐 불필요한 내용을 추가하지 마세요.

기도는 끊임없이 이어지는 대화입니다. 한 번에 모든 것을 완벽하게 말할 필요는 없습니다. 나중에 중단한 부분부터 다시 시작하여 대화를 이어가면 됩니다. 마치 사랑하는 사람이나 가까운 친구와 이야기하듯 편안하게 하나님과 대화하세요.

기도에 단어를 더 추가한다고 해서 그 기도가 더 강력해지는 것은 아닙니다. 대신 진실한 마음과 확고한 믿음으로 자신을 표현하면서도 간결하게 기도하세요.

유혹의 순간, 하나님께 부르짖기: 비상 계획

"어려운 일을 당할 때에 나를 불러라. 구해주리라. 너는 나에게 영광을 돌려라."
_시편 50편 15절, 공동번역

유혹이 밀려올 때를 대비한 '비상 대책'을 마련해 두는 것이 중요합니다. 유혹의 순간, 우리가 어찌할 바를 모를 때 하나님께 부르짖어야 합니다.

유혹과 맞닥뜨렸을 때, 우리 안에는 아드레날린이 급격히 분비되며 혼란에 빠지기 시작합니다. 그런 순간에는 하나님과 긴 대화를 나눌 여유가 없습니다. 이런 순간에는 제가 '긴급 기도'라고 부르는 간단한 호소가 필요합니다. "도와주세요!" 하나님께 이렇게 외치는 것입니다. "지금 이곳은 제가 있어서는 안 될 곳입니다. 곧 선을 넘으려 합니다. 지금 당장 주님의 도움이 필요합니다."

물론 하나님은 이미 무슨 일이 일어나고 있는지 아십니다. 여러분이 할 수 있는 것은 도움을 청하는 것뿐이지만, 하나님은 반드시 여러분의 기도를 들으시고 개입하실 것입니다.

성경은 이렇게 약속합니다. "어려운 일을 당할 때에 나를 불러라. 구해주리라. 너는 나에게 영광을 돌려라"(시 50:15, 공동번역). 이 말씀을 통해 우리는 하나님께서 반드시 도와주실 것을 확신할 수 있습니다.

하나님께 부르짖으십시오. 그분은 우리 상황을 완전히 이해하시기에 도와주실 것입니다. 성경은 이렇게 말씀합니다. "우리 대제사장은 우리의 연약함을 동정할 수 없는 분이 아니십니다. 오히려 그분은 모든 점에서 우리처럼 시험을 받았습니다. 그러나 죄는 없으셨습니다"(히 4:15).

예수님도 우리와 같은 유혹을 겪으셨습니다. 분노로 힘들어하신 적이 있으셨나요? 그렇습니다. 외로움과 씨름하신 적이 있으셨나요? 그렇습니다. 성과 섹슈얼리티의 문제를 다루셨나요? 그렇습니다. 피로와 낙담의 유혹을 받으셨나요? 네, 모두 경험하셨습니다. 어떻게 이것이 가능했을까요? 예수님은 하나님이시지만 완전한 인간의 몸을 입으신 하나님이셨기 때문입니다. 그분은 사람이 되셔서 우리가 겪는 모든 것을 경험하셨고, 이를 통해 하나님 앞에서 우리를 위해 중보하실 수 있게 되셨습니다.

예수님께서 우리와 동일한 유혹을 경험하셨기에, 우리가 절박하게 그분을 찾을 때 반드시 도와주실 것을 확신할 수 있습니다. 그리고 그분의 은혜가 우리를 지탱해주시기 때문에 우리는 부끄러워할 필요가 없습니다. "그러므로 우리는 불쌍히 여기심을 받고 때를 따라 도우시는 은혜를 받기 위하여 담대하게 하나님의 보좌로 가까이 나아갑시다"(히 4:16).

이것이 바로 우리에게 큰 위로가 되며, 영적 승리를 향한 전환점이 됩니다. 유혹의 순간, 주저하지 말고 하나님께 도움을 요청하십시오!

오늘이 구원의 날입니다

"내가 분명히 말하지만 오늘 네가 나와 함께 낙원에 있게 될 것이다."
_누가복음 23장 43절

예수님 옆에서 십자가에 못 박힌 죄인이 마지막 순간에 자신을 기억해달라고 간청했을 때, 예수님은 이렇게 대답하셨습니다. "내가 분명히 말하지만 오늘 네가 나와 함께 낙원에 있게 될 것이다"(눅 23:43). 이 한 문장 속에서 예수님은 우리가 믿고 의지할 수 있는 구원의 네 가지 특징을 보여주셨습니다.

첫째, 구원은 즉각적입니다. 예수님은 "오늘"이라고 말씀하셨습니다. 사람이 죽으면 곧바로 하나님의 면전으로 들어가거나 하나님과 분리됩니다. 구원도 마찬가지입니다. 여러분이 예수 그리스도께 구원을 요청하는 그 순간, 구원이 이루어집니다.

둘째, 구원은 확실합니다. 예수님은 망설임 없이 "네가 나와 함께 낙원에 있게 될 것이다"라고 단언하셨습니다. 그분은 "그럴 수도 있다"라거나 "그렇게 되길 희망해"라고 말씀하지 않으셨습니다. "그럴 수도 있다"거나 "그러길 바란다"고 하지도 않으셨습니다. "생각해보겠다"는 말도 아니었습니다. 예수님은 확실하게 "그렇게 될 것이다"라고 말씀하셨습니다. 여러분이 그리스도를 영접하면, 구원을 확신할 수 있습니다.

셋째, 구원의 본질은 관계에 있습니다. 예수님은 "네가 나와 함께 있을 것이다"라고 말씀하셨습니다. 구원은 단순한 종교적 관습이나 규칙, 의식을 따르는 것이 아닙니다. 그것은 살아계신 하나님과의 역동적인 관계입니다. 이 관계는 천국에 가서야 시작되는 것이 아니라 바로 이 땅에서 시작됩니다. 예수 그리스도는 여러분의 가장 친한 친구가 되기를 원하시며, 항상 여러분과 대화하기를 원하십니다. 하나님은 그분과의 관계를 위해 여러분을 창조하셨습니다!

넷째, 구원은 실제 장소로 이어집니다. 예수님은 "오늘 네가 나와 함께 낙원에 있게 될 것이다"라고 말씀하셨습니다. 천국은 실제로 존재하는 장소이며, 영원합니다.

예수님과 함께 십자가에 달린 두 범죄자에게 주어진 구원의 선택, 바로 그 선택이 지금 여러분 앞에 놓여 있습니다. 그분은 여러분에게 그분을 사랑하라고 강요하지 않으십니다. 예수님은 여러분이 그분을 믿거나 천국을 받아들이라고 강요하지 않으실 것입니다. 두 범죄자 중 한 명은 예수님을 거부했고, 다른 한 명은 믿음으로 그분께로 향했습니다. 여러분에게도 같은 선택권이 있습니다.

로마서 10장 13절은 이렇게 말씀합니다. "누구든지 주님의 이름을 부르는 사람은 구원을 받을 것이다." 여러분은 구원에 관한 이 진리를 믿으십니까? 주님의 이름을 부를 준비가 되셨습니까? 성경은 우리에게 이렇게 말씀합니다. "바로 지금이야말로 은혜를 받을 만한 때이며 구원의 날입니다"(고후 6:2).

오늘, 바로 지금 여러분의 영원한 운명에 대한 결단을 내리길 바랍니다. 예수님의 구원 약속을 믿고 받아들이세요. 그분은 여러분을 기다리고 계십니다.

누군가는 죄의 대가를 치러야 합니다

"주님께서는 눈이 맑으시므로, 악을 보시고 참지 못하시며,
패역을 보고 그냥 계시지 못하시는 분입니다."
_하박국 1장 13절, 새번역

그리스 로마 신화에 등장하는 제우스, 마르스, 아폴로 같은 신들은 모두 인간적인 약점을 지니고 있습니다. 그들은 화를 내고, 욕망에 빠지며, 인내심이 부족합니다. 때론 번개 화살로 사람들을 공격하기도 하죠. 이런 신들은 일관성이 없고 신뢰할 수 없습니다.

그러나 우주를 창조하신 유일하신 참 하나님은 이들과는 본질적으로 다릅니다. 그분은 100퍼센트 순수하고 공의로우며 어떤 오염도 없으신 분입니다. 잘못되거나 불결하거나 불완전한 일을 하신 적이 없습니다. 그분은 거룩하십니다. 하박국 1장 13절은 이렇게 말씀합니다. "주님께서는 눈이 맑으시므로, 악을 보시고 참지 못하시며, 패역을 보고 그냥 계시지 못하시는 분입니다"(새번역).

하나님의 이러한 완전하심 때문에 우리는 그분을 온전히 신뢰할 수 있습니다. 그러나 동시에 그분의 완전하심은 죄와 양립할 수 없음을 의미합니다. 그래서 하나님은 세상의 모든 죄를 짊어지고 그 대가를 치르기 위해 자원하신 완전한 아들 예수 그리스도에게 모든 것을 쏟아부으셨습니다.

하나님은 예수님을 우리의 대속물로 보내셨습니다. 만약 예수님이 십자가에서 우리의 대속물이 되지 않으셨다면, 우리는 스스로 죄의 대가를 치러야 했을 것입니다. 그러나 예수님은 율법의 요구를 완전히 만족시키셨습니다. 그분은 정의가 요구하는 바를 온전히 이루셨습니다.

하지만 이것이 예수님에게 쉬운 일은 아니었습니다. 사실 그것은 극심한 고통이었습니다. 우리가 단 하나의 죄로도 얼마나 큰 죄책감을 느끼는지 생각해보십시오. 그렇다면 은밀히 저지른 죄부터 공개적으로 저지른 끔찍한 죄까지, 모든 죄의 죄책감을 한꺼번에 짊어진다는 것은 어떤 느낌일까요? 그것은 정신적, 육체적, 정서적, 영적으로 극심한 고통이 될 것입니다.

예수님은 십자가 위에서 이렇게 외치셨습니다. "나의 하나님, 나의 하나님, 왜 나를 버리셨습니까?"(마 27:46). 예수님은 육체적 고통뿐만 아니라 아버지로부터 분리되는 영적 고통까지 겪고 계셨습니다.

거룩하신 하나님은 세상의 죄로 가득 찬 아들을 바라보는 것조차 견딜 수 없으셨습니다. 완전한 거룩함을 지니신 하나님은 죄를 짊어진 아들을 잠시 외면하실 수밖에 없었습니다. 이로

인해 예수님이 겪으신 고통이 얼마나 컸을지 상상이 되십니까?

그럼에도 불구하고 예수님은 우리가 거룩하신 하나님과 화목할 수 있는 길을 열어주시고자 자발적으로 그 고통을 견디셨습니다.

누군가는 죄의 형벌을 받아야 했고, 예수님은 우리를 위해 그 형벌을 대신 받으셨습니다. 예수님이 우리의 대속물이 되셨기에, 이제 하나님께서 우리를 보실 때 우리의 죄를 보지 않으십니다. 대신 예수 그리스도의 의를 보십니다.

이 놀라운 은혜 덕분에 우리는 영생을 얻을 뿐만 아니라, 이 땅에서도 충만하고 목적 있는 삶을 경험할 수 있게 되었습니다.

새로운 본성: 죄를 거부할 수 있는 힘

"이것은 그리스도 예수님을 통해서 생명을 주시는 성령님의 능력이
죄와 죽음의 굴레에서 여러분을 해방시켜 주셨기 때문입니다."
_로마서 8장 2절

우리는 모두 끊임없이 되풀이되는 죄의 문제와 씨름하고 있습니다. 어떤 이는 분노와 씨름하고, 또 다른 이는 걱정이나 험담, 정욕 등과 씨름합니다. 그렇다면 우리는 어떻게 이런 지속적인 죄에서 벗어날 수 있을까요?

우리에게 필요한 것은 예수님께서 우리를 위해 행하신 일의 깊이를 온전히 깨닫는 것입니다. 예수님께서는 십자가에서 우리의 모든 죗값을 완전히 치르셨습니다. 이는 우리가 이미 저지른 죄뿐만 아니라, 앞으로 저지를 수 있는 모든 죄까지 포함합니다. 그러므로 우리는 더 이상 죄의 대가를 치를 필요가 없습니다.

하지만 예수님의 사역은 여기서 그치지 않습니다. 그분은 우리 삶에서 죄의 권세를 완전히 깨뜨리기 위해 대가를 치르셨습니다. 이제 우리에게는 전에 없던 새로운 능력, 즉 죄에 대해 '아니오'라고 말할 수 있는 힘이 주어졌습니다. 이는 단순한 의지력을 넘어선 것으로, 바로 성령의 능력입니다!

성경은 로마서 8장 2절에서 이렇게 말씀합니다. "이것은 그리스도 예수님을 통해서 생명을 주시는 성령님의 능력이 죄와 죽음의 굴레에서 여러분을 해방시켜주셨기 때문입니다."

많은 그리스도인은 예수님이 우리 죄의 대가를 치르기 위해 돌아가셨다는 사실을 알고 있습니다. 이것이 복음의 핵심이며, 이것만으로도 세상에서 가장 기쁜 소식일 것입니다. 하지만 예수님의 사역은 여기서 끝나지 않습니다. 그분은 십자가에서 돌아가실 때 우리의 옛 본성을 함께 가져가셨고, 우리에게 더 이상 죄의 지배 아래 살지 않아도 되는 새로운 본성을 주셨습니다.

성경은 이렇게 말씀합니다. "우리의 옛 자아가 그리스도와 함께 십자가에 못박힌 것은 죄에 매인 육체를 죽여서 다시는 죄의 종이 되지 않게 하려는 것인 줄 압니다"(롬 6:6).

이제 죄는 더 이상 우리 삶에서 힘을 발휘하지 못합니다. 죽은 사람이 유혹에 넘어갈 수 없듯이, 우리의 옛 본성은 이제 더 이상 유혹의 지배를 받지 않습니다. 우리는 그리스도와 함께 죽었기에, 이제 그분의 새 생명에 동참할 수 있다고 확신할 수 있습니다.

우리 삶에서 죄의 힘을 꺾는 데는 의지력만으로는 충분하지 않습니다. 하지만 예수님 덕분에 우리는 성령 안에서 유혹을 물리치고 "죄와 사망의 악순환"을 깨뜨릴 수 있는 강력한 능력을 부여받았습니다.

하나님이 슬픔을 기쁨으로 바꾸시는 방법

"시온에서 슬퍼하는 사람들에게 재 대신에 화관을 씌워주시며,
슬픔 대신에 기쁨의 기름을 발라주시며,
괴로운 마음 대신에 찬송이 마음에 가득 차게 하셨다."
_이사야 61장 3절, 새번역

하나님은 애통하는 모든 이에게 놀라운 약속을 하셨습니다. "재 대신에 화관을 씌워주시며, 슬픔 대신에 기쁨의 기름을 발라주시며, 괴로운 마음 대신에 찬송이 마음에 가득 차게 하셨다"(사 61:3, 새번역).

이 약속이 어떻게 성취되는지는 예수 그리스도의 부활이라는 가장 위대한 사건을 통해 확인할 수 있습니다. 예수님이 십자가에 못 박히신 후, 제자들은 이틀 동안 인간이 겪을 수 있는 가장 깊은 두려움과 고통, 슬픔을 경험했습니다. 예수님께서 다시 살아나실 것이라고 약속하셨음에도, 제자들은 슬픔에 사로잡혀 그 사실을 깨닫지 못했습니다.

하지만 부활하신 예수님을 만난 후, 제자들은 죄와 죽음이 패배했음을 깨달았습니다. 그들은 두려움과 불안에서 해방되었고, 그 해방감 속에서 다시 한번 기쁨을 경험했습니다.

여러분의 슬픔을 하나님은 결코 가볍게 여기지 않으십니다. 그분은 여러분이 혼자서 그 슬픔을 감당하기를 원치 않으십니다. 오히려 그분은 여러분과 함께 그 슬픔을 헤쳐나가기를 원하십니다. 우리가 이 사실을 기억하길 바라십니다. 그분이 여러분과 함께 계시며, 지금의 고통이 영원히 지속되지는 않는다는 사실입니다. 슬픔의 시간 동안 하나님의 약속을 굳게 붙잡으십시오. 그러면 여러분도 두려움과 불안에서 벗어나 다시 한번 기쁨을 찾게 될 것입니다.

어떻게 이것이 가능할까요? 바로 하나님의 능력, 예수님을 죽음에서 살리신 그 능력에 의지하면 됩니다! 그 능력은 여러분의 재를 아름다움으로, 슬픔을 기쁨으로, 절망을 찬양으로 바꿀 수 있습니다. 슬픔은 분명 여러분을 변화시킬 것입니다. 하지만 하나님의 은혜로, 그 슬픔은 여러분을 파괴할 수 없습니다.

깊은 슬픔의 골짜기를 지날 때에도 우리가 반드시 붙잡을 수 있는 한 가지 진리가 있습니다. 바로 예수님 안에서만 찾을 수 있는 용서와 소망입니다. 이것에 손을 내밀어보십시오.

이것이 우리가 하나님의 능력을 얻는 방법입니다. 예수 그리스도를 믿음으로써 얻는 것입니다. 그리고 우리가 누구든, 믿는 모든 사람에게 해당됩니다. 성경은 이렇게 말씀합니다. "예수 그리스도를 믿는 사람이면 누구나 차별 없이 하나님께서 의롭다는 인정을 받습니다. 모든 사람이 죄를 지어 하나님의 영광스러운 표준에 미치지 못하였으나 예수 그리스도께서 마련하신 구원의 길을 통해 하나님의 은혜로 값없이 의롭다는 인정을 받게 되었습니다"(롬 3:22-24).

가장 좋은 날과 가장 나쁜 날에 하나님은 함께하십니다

"네가 물 가운데로 건너갈 때에, 내가 너와 함께하고, 네가 강을 건널 때에도
물이 너를 침몰시키지 못할 것이다.
네가 불 속을 걸어가도, 그을리지 않을 것이며, 불꽃이 너를 태우지 못할 것이다."
_이사야 43장 2절, 새번역

인생은 종종 예상치 못한 상황으로 가득 차 있습니다. 때로는 갑자기 지붕이 무너져 내리는 것처럼 느껴질 때도 있습니다.

여러분, 세상이 무너질 것 같은 순간에 어떻게 대처하십니까? 두려운 전화를 받았을 때는 어떻게 하십니까? 이혼 서류가 도착했을 때는요? 파산 신청을 해야 할 상황에 처했을 때는요?

이런 순간에 많은 사람이 가장 먼저 던지는 질문이 있습니다. "누가 나를 신경이나 써주겠어요?"

예수님이 십자가에 못 박히신 직후, 제자들도 아마 이와 비슷한 질문을 했을 것입니다. 어느 날 저녁, 제자들은 예수님을 십자가에 못 박은 유대 지도자들이 두려워 문을 걸어 잠그고 함께 모였습니다. 그들은 완전히 혼자가 된 것 같은 느낌이 들었고, 최악의 상황을 예상했습니다.

그런데 놀라운 일이 일어났습니다. "갑자기 예수님이 나타나 그들 가운데 서서 '다들 잘 있었느냐?' 하셨다. 예수님이 이 말씀을 하시고 그들에게 양손과 옆구리를 보이시자 제자들은 주님을 보고 기뻐서 어쩔 줄을 몰랐다"(요 20:19-20).

이 순간, 변화는 즉각적으로 일어났습니다. 그리스도의 임재는 제자들의 공포를 찬양으로, 두려움을 환호로 바꾸어놓았습니다.

성경은 우리에게 이렇게 약속합니다. "여호와는 마음이 상한 자에게 가까이하시고 죄로 마음 아파하는 사람들을 구원하신다"(시 34:18).

여러분, 인생 최고의 순간부터 최악의 순간까지, 모든 순간에 하나님은 우리와 함께하십니다. 절망감을 느낄 때도 그분은 우리를 돌보고 계십니다. 우리는 결코 혼자서 힘든 시기를 헤쳐 나갈 필요가 없습니다.

하나님은 우리에게 이렇게 약속하십니다. "네가 물 가운데로 건너갈 때에, 내가 너와 함께하고, 네가 강을 건널 때에도 물이 너를 침몰시키지 못할 것이다. 네가 불 속을 걸어가도, 그을리지 않을 것이며, 불꽃이 너를 태우지 못할 것이다"(사 43:2, 새번역).

오늘 여러분이 상처받고 있다면, "누가 나를 신경 쓰겠나?"라는 두려운 생각에 사로잡혀 있다면, 이 진리를 마음에 새기시기 바랍니다. 하나님께서 우리에게 관심을 기울이십니다. 이 사실만으로도 우리는 오늘 하루를 안심하며 보낼 수 있습니다. 그분은 지금 이 순간에도 우리와 함께 계시고, 앞으로도 그러실 것입니다. 우리는 결코 혼자가 아닙니다!

숨은 생각을 바꾸어야 합니다

"어리석은 사람은 아무 말이나 믿지만 슬기로운 사람은 자기 행동을 조심스럽게 살핀다."
_잠언 14장 15절

 모든 행동의 근원에는 어떤 믿음이 자리 잡고 있습니다.

만약 여러분이 두려움에 떨며 행동한다면, 그것은 위험한 상황에 처해 있다고 믿기 때문입니다. 분노를 표출하는 행동은 자신이 부당하게 대우받았다고 믿어 자신을 방어하려는 마음에서 비롯됩니다. 교만하게 행동한다면, 그 이면에는 자신의 부족함을 보상하려는 믿음이 숨어 있을 수 있습니다.

여러분의 삶에서 마음에 들지 않거나 잘못된 행동이 있다면, 그 원인을 찾아 그 뒤에 숨은 생각을 바꾸는 것이 중요합니다. 하나님은 학개 1장 5절에서 이렇게 말씀하십니다. "너희는 살아온 지난날을 곰곰이 돌이켜보아라"(새번역).

자신에게 이런 질문을 던져보십시오. 왜 나는 이 사람에게 이런 식으로 행동하는가? 직장이나 학교, 또는 특정 이웃에게 왜 그렇게 반응하는가? 어떤 생각이 이런 반응을 불러일으켰는가? 이 행동의 배경에는 어떤 가정이 있는가? 그 행동의 밑바탕에는 어떤 믿음이 깔려 있는가?

여러분도 이런 종류의 갈등을 경험해보셨을 것입니다. 처음에는 단순한 대화로 시작했지만, 어느 순간 논쟁의 어떤 부분이 감정을 자극하고 순식간에 감정의 강도가 0에서 100으로 치솟습니다. 그러면 통제 불능, 분노, 긴장, 두려움에 휩싸입니다. 식은땀이 나거나 목소리가 높아지고, 때로는 눈물이 뺨을 타고 흘러내리기 시작할 수도 있습니다.

그 순간, 무언가가 여러분의 무의식 속에 잠재된 믿음을 자극한 것입니다. 상대방이 나를 떠날 것이라는 두려움일 수도 있고, 자신의 의견이 무시되고 있다는 생각일 수도 있습니다. 또는 자신의 아이디어가 인정받지 못하고 있다는 생각일 수도 있습니다. 이러한 내면의 믿음들이 강한 감정적 반응을 일으킨 것입니다.

이런 상황을 경험했다면, 자신의 행동 이면에 있는 신념을 깊이 살펴볼 필요가 있습니다.

성경 잠언 14장 15절은 이렇게 말씀합니다. "어리석은 사람은 아무 말이나 믿지만 슬기로운 사람은 자기 행동을 조심스럽게 살핀다."

삶의 모든 영역에서 진정한 성장을 이루려면, 우리 마음속에서 무슨 일이 일어나고 있는지 주의 깊게 관찰해야 합니다. 자신의 사고방식을 점검하여, 그것이 건강하고 의미 있는 삶의 방향으로 이어지도록 해야 합니다.

성령의 도움으로 이루는 지속적인 삶의 변화

"주님의 영광을 보게 되면 점점 더한 영광으로 주님의 모습을 닮아가게 됩니다."
_고린도후서 3장 18절

여러분, 삶에 근본적인 변화를 갈망하고 있습니까? 이는 인간의 능력만으로는 불가능합니다. 오직 하나님만이 그런 종류의 변화를 일으키실 수 있습니다.

이런 상황을 생각해보십시오. 누군가가 "모든 편견과 인종 차별을 없애자"라는 법을 제정할 수는 있습니다. 하지만 어떤 법도 편협한 사람의 마음을 사랑으로 바꿀 수는 없습니다. 그것은 내면의 변화가 필요하기 때문에 오직 하나님만이 우리의 마음에 지속적인 변화를 일으키십니다.

마찬가지로 여러분도 스스로에게 "나는 변화할 준비가 되었어. 변화하고 싶어. 변화할 수 있어. 변화할 거야"라고 말할 수 있습니다. 하지만 성령의 도움 없이는 지속적이거나 영원한 의미를 지닌 변화는 일어나지 않습니다. 성경 스가랴 4장 6절에서 하나님은 이렇게 말씀하십니다. "힘으로도 되지 않고 능력으로도 되지 않으며 오직 내 영으로 된다."

여러분이 호랑이로 변신할 수 없듯이, 그리스도를 닮도록 스스로 변화시킬 수는 없습니다. 자신의 힘만으로는 삶을 근본적으로 바꿀 수 없습니다. 의지력만으로는 충분하지 않습니다.

여러분이 지닌 마음의 상처, 부정적 습관, 집착적 행동은 오랜 세월을 거쳐 형성된 것입니다. 그렇기에 이를 극복하는 것 역시 단시간에 이루어질 수 없습니다. 변화는 점진적인 과정이며, 인내와 끈기가 필요합니다. 시간이 걸릴 것입니다. 사실, 평생이 걸릴 수도 있습니다! 이는 느린 과정입니다. 그리고 혼자서는 인내심과 지구력이 부족해 끝까지 완주하기 어려울 것입니다.

하지만 좋은 소식이 있습니다. 성경은 이렇게 약속합니다. "주님의 영광을 보게 되면 점점 더한 영광으로 주님의 모습을 닮아가게 됩니다"(고후 3:18).

변화는 성령의 능력이 필요한 평생의 과정입니다. 성령께서 우리 안에서 일하시면서 하나님은 우리를 창조하신 대로 변화시키시고 점점 더 그분을 닮아가도록 만드십니다.

하나님의 시간표는 우리와 다릅니다. 버섯은 6시간 만에도 빠르게 자라지만 수명이 짧고, 떡갈나무는 60년 이상 오랜 시간이 걸리지만 견고하고 오래 삽니다. 여러분은 버섯이 되고 싶으십니까, 아니면 떡갈나무가 되고 싶으십니까?

하나님은 여러분이 정서적으로 성숙하고 영적으로 강하며 행복하고 건강한 하나님의 자녀로 성장하기를 원하십니다. 그것은 빨리 일어나지 않을 것입니다. 하지만 성령의 도우심으로 반드시 그렇게 될 것입니다.

십자가에서 보여주신 예수님의 무조건적 사랑

"그러나 우리가 아직 죄인이었을 때에, 그리스도께서 우리를 위하여 죽으셨습니다.
이리하여 하나님께서는 우리들에 대한 자기의 사랑을 실증하셨습니다."
_로마서 5장 8절, 새번역

여러분, 세상에서 타인을 위해 자발적으로 고난의 길을 선택하는 사람을 찾기란 쉽지 않습니다. 하지만 예수님은 그렇게 하셨습니다. 사실, 예수님은 한 사람만을 위해 고난을 당하신 것이 아니라 세상 모든 사람을 위해 고난을 선택하셨습니다!

요한복음 19장에는 예수님의 고난이 생생하게 묘사되어 있습니다. "그 뒤에 예수께서는 모든 일이 이루어졌음을 아시고, 성경 말씀을 이루시려고 '목마르다' 하고 말씀하셨다. 거기에 신 포도주가 가득 담긴 그릇이 있었는데, 사람들이 해면을 그 신 포도주에 듬뿍 적셔서, 우슬초 대에다가 꿰어 예수의 입에 갖다 대었다"(28-29, 새번역).

십자가 위에서 예수님은 극심한 고통과 함께 타는 듯한 갈증으로 괴로워하셨습니다. 그러나 이 모든 고통은 우리의 죄 때문이었습니다. 예수님은 이 고난을 받으실 이유가 전혀 없었습니다. 오히려 우리 각자가 자신의 죄로 인해 그 고난을 받아야 마땅했습니다. 그럼에도 예수님은 우리가 천국에 갈 수 있도록 우리를 위해 기꺼이 이 모든 고통을 감내하셨습니다.

예수님은 아무런 잘못도 하지 않으셨습니다. 그분은 죄를 짓지 않으셨고, 누구도 해치지 않으셨습니다. 완벽한 삶을 사셨습니다. 그런데 왜 그분은 사람들에게 죽임당하셔야 했을까요? 바로 다른 이들의 구원을 위해서였습니다. 예수님은 여러분의 영원한 생명을 위해 십자가에서 목마름을 견디셨습니다.

"그러나 우리가 아직 죄인이었을 때에, 그리스도께서 우리를 위하여 죽으셨습니다. 이리하여 하나님께서는 우리들에 대한 자기의 사랑을 실증하셨습니다"(롬 5:8, 새번역).

여러분에 대한 예수님의 사랑은 너무나 크고 깊고 넓어서, 그분은 기꺼이 여러분의 죄를 자신의 것으로 받아들이고 그분의 의로 여러분을 덮어주셨습니다. **여러분의 죄는 그분의 목숨을 대가로 치러졌습니다. 그분은 여러분이 그만한 가치가 있다고 여기신 것입니다!**

그분은 여러분이 고통받지 않도록 대신 고난을 받으셨습니다. 여러분이 영원히 지옥에 가지 않도록 십자가에서 지옥의 고통을 겪으셨습니다. 그분은 여러분을 덮으시고, 하나님과 영원히 분리되는 형벌과 고통으로부터 여러분을 보호하셨습니다.

예수님은 여러분이 영생을 얻을 수 있도록 기꺼이 죽음을 선택하셨습니다. 그분은 여러분의 구속을 위해 고난의 길을 자원하셨습니다.

이제 여러분은 하나님께서 여러분을 얼마나 사랑하시는지 의심할 여지가 없습니다. 그분은 이미 십자가에서 그 사랑을 분명히 보여주셨기 때문입니다!

말씀을 열기 전에 진리를 위한 공간을 만드십시오

"그러므로 여러분은 온갖 더러운 것과 악을 버리고 마음에 심겨진 하나님의 말씀을
겸손히 받아들이십시오. 그 말씀에는 여러분의 영혼을 구원할 수 있는 능력이 있습니다."
_야고보서 1장 21절

성경의 말씀을 항상 완전히 이해하기는 어렵습니다. 그러나 하나님의 말씀이라는 견고한 토대 위에 여러분의 삶을 닻 내리려면, 하나님께서 말씀하시는 모든 것을 겸손하게 받아들여야 합니다.

야고보서 1장 21절은 이렇게 말씀합니다. "그러므로 여러분은 온갖 더러운 것과 악을 버리고 마음에 심겨진 하나님의 말씀을 겸손히 받아들이십시오. 그 말씀에는 여러분의 영혼을 구원할 수 있는 능력이 있습니다."

여기서 '받아들이다'로 번역된 단어에는 '환대'라는 뜻이 있습니다. 이는 마치 귀한 손님을 맞이하듯 하나님의 말씀을 영접하라는 의미입니다.

여러분은 하나님의 말씀을 삶 속으로 온전히 받아들여야 합니다. 이는 성경을 펴기 전부터 마음의 자세를 준비하는 것입니다. 하나님의 말씀을 열기도 전에, 그분이 전하시는 모든 메시지를 겸손히 받아들이겠다고 결심하는 것입니다. 그분의 말씀을 이해하든 못하든 그것을 믿기로 결심하는 것입니다. 이는 곧 하나님을 신뢰한다는 뜻과 같습니다.

그러나 하나님의 말씀을 받아들이기 위해서는 먼저 여러분의 삶에서 "더러움과 악"을 처리해야 합니다. 이는 마음의 대청소와 같은 것입니다! 이것이 하나님께 나아가기 전에 완벽해져야 한다는 뜻은 아닙니다만 죄가 하나님의 음성을 듣는 데 방해가 될 수 있다는 점을 인식하라는 것입니다. 마음과 생각을 다른 것들로 가득 채우면 하나님의 음성을 듣기 어렵습니다.

여러분의 마음과 삶 속에 진리가 자리 잡을 수 있는 공간을 적극적으로 마련하십시오. 그러면 하나님의 진리를 믿고 적용하는 것이 여러분을 변화시키고 예수님을 더욱 닮아가게 할 것입니다.

하나님은 우리가 그분의 말씀을 받아들이는 것을 종종 정원 가꾸기에 비유하십니다. 그분은 우리가 마음과 생각에 그분의 말씀이라는 씨앗을 받아들이기를 원하십니다. 그러나 마음에 하나님의 말씀이라는 귀한 씨앗을 심기 전에 먼저 삶에 있는 죄라는 잡초를 제거해야 합니다. 마찬가지로 하나님을 만나기 전에 여러분의 삶에서 정서적, 영적 쓰레기를 제거해야 합니다.

어떻게 해야 할까요? 죄를 고백하고 그것으로부터 돌이키는 것입니다. 하나님의 말씀에 어긋나는 행동을 했음을 그분 앞에 솔직히 인정하십시오. 하나님께 용서를 구하는 것에서 나아가, 그분이 앞으로 행하실 놀라운 일들을 기대하며 미리 감사합시다.

여러분이 하나님의 말씀을 고백하고, 받아들이며, 신뢰할 때, 그분은 여러분의 삶에서 진리에 대한 이해와 순종의 열매를 맺게 하실 것입니다. 하나님의 말씀을 소중한 손님을 맞이하듯 겸손히 받아들이고, 그 안에 담긴 구원의 능력을 온전히 누리기 바랍니다.

하나님의 마스터플랜: 우리에게 필요한 진정한 소식

"주여, 주께서는 내게 하신 모든 약속들을 다 이루어주실 것이니,
진실로 주님의 인자하심은 영원합니다."
_시편 138편 8절, 쉬운말

요즘 각종 매체를 통해 쏟아지는 뉴스들이 우리 마음속에 불안과 걱정의 씨 앗을 끊임없이 심어가고 있습니다. 세상이 예전보다 더 악화된 것은 아닙니다. 단지 우리가 더 많은 정보를 알게 되었을 뿐입니다! 우리는 세계 곳곳의 소식을 끊임없이 접하고 있지만, 그중 희망적인 내용은 많지 않습니다. 이로 인해 우리는 스트레스, 불안, 걱정, 두려움에 시달리게 됩니다.

이제 더 이상 두려움에 사로잡히지 마십시오. 뉴스는 단지 무슨 일이 일어나고 있는지, 또는 그에 대한 사람들의 의견을 전달할 뿐입니다. 하지만 정작 가장 중요한 소식은 전하지 않습니다. 바로 하나님께서 완벽한 마스터플랜을 가지고 계시다는 것입니다. 이 계획은 세상이 창조되기 전부터 시작되었으며, 예수 그리스도께서 이 땅에 오셨을 때 그 모습을 드러냈습니다.

구약성경 전체를 관통하여 하나님께서는 당신의 장엄한 계획을 시대를 따라 차츰 펼쳐 보이십니다. 하지만 구약 시대의 사람들은 우리처럼 그 계획을 명확히 알지 못했습니다. 그들은 하나님이 약속하신 것을 고대하며 살았습니다. 반면 우리는 이미 드러난 하나님의 위대한 계획을 되돌아보며 살아갑니다. 그렇다면 그 계획은 무엇입니까?

"자신의 기쁘신 뜻에 따라 그리스도 예수 안에서 미리 세우신 자신의 비밀스런 계획을 우리에게 알려 주셨습니다. 그 계획은, 때가 차면 하나님께서 하늘과 땅에 있는 모든 것들을 그리스도 안에서 한데 모아, 그리스도를 머리로 하여 하나로 다 통일시키는 것입니다"(엡 1:9-10, 쉬운말).

이것이 바로 하나님께서 예수님을 이 땅에 보내신 이유입니다. 여러분을 죄에서 구원하여 하나님을 알고 그분의 가족의 일원이 되게 하기 위함입니다. 이것이야말로 가장 위대한 소식입니다! 예수 그리스도를 구주로 믿으면 죽음을 이기는 권세와 의로운 삶을 살아갈 힘을 얻게 됩니다. 우리가 그분을 찾고 주님이 짜놓으신 인생 계획을 선택할 때 우리에게 삶의 목적을 부여하십니다.

시편 138편 8절은 이렇게 말씀합니다. "주여, 주께서는 내게 하신 모든 약속들을 다 이루어 주실 것이니, 진실로 주님의 인자하심은 영원합니다"(쉬운말).

이것이 바로 세상이 들어야 할 진정한 소식입니다. 하나님을 찾는 사람은 결코 실망하지 않을 것입니다. 그분의 인도하심에 자신을 맡기고 내 인생에 대한 그분의 계획을 신뢰하면, 하나님의 길을 따를 때 오는 기쁨과 평안을 경험하게 될 것입니다.

하나님의 공급: 다양한 방식으로 이루어지는 신실하심

"여러분에게 부유해지는 능력을 주신 분이 여러분의 하나님 여호와이심을 기억하십시오.
여호와께서 이렇게 하시는 것은
여러분의 조상들에게 하신 약속을 오늘날처럼 지키기 위해서입니다."
_신명기 8장 18절

성경은 하나님께서 삶의 모든 영역, 특히 재정적 풍요의 궁극적 근원이심을 명확히 가르칩니다. 그분은 우리의 모든 필요를 공급하시는 분이십니다.

신명기 8장 18절은 이렇게 말씀합니다. "여러분에게 부유해지는 능력을 주신 분이 여러분의 하나님 여호와이심을 기억하십시오. 여호와께서 이렇게 하시는 것은 여러분의 조상들에게 하신 약속을 오늘날처럼 지키기 위해서입니다."

그렇다면 이 말씀이 우리의 일상생활에 어떤 의미를 지니는지 생각해봅시다.

이는 재정적 안정을 위해 고용주, 저축 계좌, 투자나 자산에 의지하기보다는, 우리의 시선을 하나님께 고정시키라는 의미입니다. 즉, 하나님 외에 다른 어떤 것에도 의존하지 않고 오직 그분께 우리의 필요를 구한다는 의미입니다.

이를 이해하기 쉽게 설명해보겠습니다. 부엌 싱크대에서 물을 틀면, 우리는 수도꼭지에서 물이 나오는 것을 봅니다. 하지만 실제로 수도꼭지는 물의 근원이 아닙니다. 수도꼭지는 단지 물이 흘러나오는 통로일 뿐입니다. 물의 실제 근원은 저수지나 우물입니다. 우리는 단지 수도꼭지를 통해 그 물을 공급받는 것뿐입니다.

마찬가지로, 하나님께서 여러분에게 주시고자 하는 수입은 직업이나 투자를 통해, 혹은 타인을 통해 다양한 경로로 흘러들어올 수 있습니다. 하지만 그 원천은 언제나 하나님이십니다.

여러분은 하나님께서 어떤 '수도꼭지'를 통해 여러분의 필요를 공급하실지 걱정할 필요가 없습니다. 어떤 의미에서 하나님은 이렇게 말씀하시는 것 같습니다. "내가 한 수도꼭지를 잠그면, 다른 수도꼭지를 쉽게 열 수 있단다. 네가 한 직장을 잃으면, 나는 다른 직장을 줄 수 있어. 너의 직업이나 은행 계좌가 네 삶의 근원이 아니야. 바로 내가 네 삶의 근원이란다."

때로는 수도꼭지에서 물이 나오지 않는 것처럼 느껴질 수 있습니다. 그러나 하나님의 공급은 마르지 않는 샘과 같아서, 결코 고갈되지 않는다는 사실을 기억하십시오. 그분은 이미 다른 공급 방법을 준비하고 계신다는 것을 믿을 수 있습니다.

걱정은 우리가 하나님을 온전히 신뢰하지 못하는 부분을 드러냅니다. 그분을 신뢰하기 어려운 영역이 어디인지 식별할 수 있도록 도와달라고 기도하세요. 그리고 하나님께서 여러분의 삶의 목적을 이루는 데 필요한 모든 것을 공급해주신다는 믿음이 더 커지도록 기도하세요.

그런 다음, 하나님께서 여러분의 필요를 채우기 위해 사용하시는 '수도꼭지들'을 주의 깊게 살펴보세요. 여러분은 예상치 못한 곳에서 하나님의 공급하심을 발견하게 될 것입니다.

기다림 속에 숨겨진 하나님의 축복 발견하기

"은혜의 때에 내가 너에게 응답하겠고, 구원의 날에 내가 너를 도와주겠다."
_이사야 49장 8절, 쉬운말

하나님께서는 그분이 정하신 완벽한 시기가 되면 어떤 일이라도 순식간에 이루실 수 있습니다. 이사야 60장 22절에서 하나님은 이렇게 말씀하십니다. "때가 되면, 내가 지체하지 않고 이 모든 일들을 신속하게 이루겠다"(쉬운말).

우리는 종종 이 말씀의 깊은 의미를 온전히 받아들이는 데 어려움을 겪습니다. 그 이유는 하나님의 때를 기다리는 시간이 우리 인생에서 가장 고통스러운 순간이 될 수 있기 때문입니다. 우리는 그곳에서 무언가 일어나기를 조급하게 기다리지만, 하나님은 그렇지 않으십니다. 여러분은 지금 졸업이나 결혼을 앞두고 있거나, 중요한 거래를 성사시키기 위해 애쓰고 있을 수 있습니다. 혹은 중대한 결정을 위해 검사 결과나 중요한 정보를 기다리고 있을지도 모릅니다. 시간이 점점 줄어드는 것을 보며 "이런, 시간이 얼마 남지 않았어! 지금 이 일이 일어나지 않으면 영영 일어나지 않을 거야!"라고 생각할 수 있습니다.

하지만 하나님은 시간의 제약을 받지 않으십니다. 그분은 시간을 창조하셨기에 시간을 초월하여 일하십니다. 그래서 성경은 시편 90편 4절에서 이렇게 말씀합니다. "주님 앞에서는 천 년도 지나간 어제와 같고, 밤의 한 순간과도 같습니다"(새번역).

하나님은 시간을 사용하여 여러분의 믿음을 시험하고 성품을 단련하십니다. 여러분이 목표를 향해 노력하는 동안, 하나님은 여러분을 위해 일하고 계십니다. 그리고 하나님은 여러분이 성취하려는 것보다 여러분 자체에 더 큰 관심을 갖고 계십니다. 하지만 하나님의 관점에서 보면, 우리의 인격과 영적 성숙이 더 중요합니다. 이는 우리가 천국에 가져갈 수 있는 유일한 것이기 때문입니다.

우리는 흔히 기도 응답과 같은 특정한 사건을 기다리며 하나님을 기다린다고 생각하지만, 실상은 그렇지 않을 수 있습니다. 실제로는 하나님께서 우리를 기다리고 계신 것일 수 있습니다. 그분은 우리가 그분의 축복을 받을 준비가 되기를, 그리고 우리의 인격이 그 축복을 감당할 만큼 성장하기를 기다리고 계십니다. 하나님께서 여러분에게 주시려는 축복은 지금 여러분이 감당할 수 있는 것보다 훨씬 더 크기 때문에, 그분은 여러분의 믿음을 단련하고 성숙시키기 위해 노력하고 계십니다.

지연되는 것처럼 보이는 상황은, 실제로는 하나님을 더욱 깊이 신뢰하고 우리의 인격을 성숙시키기 위한 그분의 섬세한 계획의 일부일 수 있습니다.

이사야 49장 8절은 우리에게 이렇게 약속합니다. "은혜의 때에 내가 너에게 응답하겠고, 구원의 날에 내가 너를 도와주겠다"(쉬운말). 이는 "그럴 수도 있다"가 아닙니다. 때가 되면 하나님께서 반드시 듣고 응답하시며 도와주신다는 확실한 약속입니다.

관계를 강화하는 언어 사용법

"더러운 말은 입 밖에도 내지 말고
기회 있는 대로 남에게 도움이 되는 유익한 말을 하십시오."
_에베소서 4장 29절

여러분, 우리의 말은 때로 망치와 같습니다. 아무 생각 없이 휘두르다 보면, 문득 주변에 관계의 잔해가 쌓여 있는 자신을 발견하고 놀라게 됩니다. 말로 사람들을 무너뜨리면 인간관계가 악화되는 것은 당연한 결과입니다.

여러분의 말을 정교한 수술 도구와 같이 생명을 살리는 강력하고도 섬세한 도구로 여기십시오. 말에는 무언가를 무너뜨리는 힘도 있지만, 동시에 무언가를 세우는 놀라운 힘도 있습니다.

하나님은 여러분이 이 강력한 도구를 사용하여 다른 사람을 세우기를 원하십니다. 에베소서 4장 29절은 이렇게 말씀합니다. "더러운 말은 입 밖에도 내지 말고 기회 있는 대로 남에게 도움이 되는 유익한 말을 하십시오."

우리가 말을 효과적으로 사용하지 못하는 주요 이유 중 하나는, 우리의 입과 말이 하나님이 주신 강력한 영향력의 도구라는 사실을 충분히 인지하지 못하고 있기 때문입니다. 여러분, 초등학교 때 누군가 무심코 던진 말을 아직도 기억하고 계시지 않습니까? 그만큼 말의 힘은 대단합니다! 생명을 다루는 의사가 수술 도구를 다루듯이, 우리는 말을 신중하게 사용하는 법을 배워야 합니다.

그렇다면 어떻게 하면 말을 더 조심스럽게 사용할 수 있을까요?

변명하지 마십시오. "그렇게 말할 의도는 아니었어요" 또는 "아침 커피를 마시기 전이라 그래요"라는 식의 변명은 이제 그만두세요. 우리의 기분이나 상황과 관계없이, 언제나 적절한 단어를 선택할 수 있습니다.

말을 줄이세요. 우리는 종종 언제 말을 멈춰야 할지 모르기 때문에 곤경에 처합니다. 우리의 입을 정밀한 수술 도구처럼 다룬다면, 과도한 말의 반복은 필요하지 않을 것입니다.

더 많이 경청하세요. 시간을 내어 진심으로 듣는다면, 다른 사람의 필요를 더 깊이 이해할 수 있고, 그들이 왜 특정한 단어를 선택했는지도 파악할 수 있습니다.

건설적인 대화를 시작하세요. 누군가를 만날 때, "어떻게 하면 격려의 말로 이 사람을 세워 줄 수 있을까?" 또는 "어떤 말이 이 사람의 삶에 긍정적인 변화를 줄 수 있을까?"라고 먼저 생각해보세요.

매일 아침, 이 기도로 하루를 시작하여 말을 지혜롭게 사용할 수 있도록 하나님께 도움을 구하십시오. "나의 반석이 되시고 나의 구원자가 되시는 여호와여, 내 입의 말과 내 마음의 생각이 주가 보시기에도 기뻐할 만한 것이 되게 하소서"(시 19:14).

은사의 선순환: 나의 독특함이 세상에 필요한 이유

"나는 하나님께서 그리스도 예수를 통하여 여러분에게 내려주신 은혜를 생각하면서,
항상 하나님께 감사를 드립니다. … 그리하여 여러분은 조금도 부족함 없이 모든 영적인
은사를 받아 누리면서, 우리 주 예수 그리스도께서 다시 오실 날을 기다리고 있습니다."
_고린도전서 1장 4, 7절, 쉬운말

하나님께서는 여러분을 창조하실 때 각자에게 특별하고 다양한 은사, 재능, 능력 그리고 기술을 아낌없이 부여하셨습니다. 여러분의 사고방식과 행동 양식에는 하나님께서 심어주신 독특한 재능이 녹아들어 있습니다.

이러한 은사와 능력은 하나님께서 여러분을 특별한 목적을 가진 존재로 빚으신 증거입니다. 그러나 그분은 여러분을 단지 개인의 유익만을 위해 독특하게 만드신 것이 아닙니다. 여러분의 은사는 물론 여러분 자신을 위한 것이지만, 동시에 다른 모든 사람의 유익을 위한 것이기도 합니다. 마찬가지로, 다른 사람의 은사 또한 여러분을 위한 것입니다.

제가 받은 은사 가운데 하나는 복음의 진리를 명확히 가르치고 효과적으로 전달하는 것입니다. 저는 수년 동안 이 재능을 다른 사람들을 위해 사용해왔습니다. 여러분의 은사 역시 여러분 주변에 큰 도움이 될 수 있습니다.

잠시 시간을 내어 여러분이 정말 잘하는 구체적인 일을 생각해보십시오. 하나님께서 왜 그런 일을 잘하도록 만드셨다고 생각하십니까? 여러분이 그 은사를 사람들을 위해 사용하기를 원하시기 때문입니다! 여러분은 이 땅에서 남은 시간 동안 자신의 은사를 활용하여 예수님을 위해 다른 이들에게 다가가고, 이 세상에서 사랑의 대사가 되어야 합니다. 사실, 여러분이 하나님의 의도대로 고유한 은사를 사용하지 않는다면, 그것은 정말 큰 낭비입니다.

하나님께서 여러분에게 은사를 주신 것은 단지 자신만을 위해 사용하라고 하신 것이 아닙니다. 야고보서 4장 17절은 우리에게 이렇게 경고합니다. "그러므로 사람이 선한 일을 해야 된다는 것을 알면서도 실천하지 않으면 바로 그것이 죄입니다."

만약 하나님께서 여러분이 어떻게 봉사하기를 원하시는지 잘 모르겠다면, 다음과 같이 자문해보십시오. "내가 정말 잘하는 일은 무엇인가? 누가 그 봉사를 통해 혜택을 받을 수 있을까?" 이러한 질문에 대한 답을 통해 세상에서 여러분의 도움이 필요한 곳이 어디인지, 누구를 섬겨야 하는지 알 수 있을 것입니다.

하나님께서는 여러분이 그분의 뜻대로 효과적으로 봉사할 수 있도록 필요한 모든 것을 이미 풍성히 예비해두셨습니다. 사도 바울은 고린도의 그리스도인들에게 이렇게 말했습니다. "나는 하나님께서 그리스도 예수를 통하여 여러분에게 내려주신 은혜를 생각하면서, 항상 하나님께 감사를 드립니다. … 그리하여 여러분은 조금도 부족함 없이 모든 영적인 은사를 받아 누리면서, 우리 주 예수 그리스도께서 다시 오실 날을 기다리고 있습니다"(고전 1:4, 7, 쉬운말).

하나님이 주신 능력을 낭비하지 마십시오. 여러분의 은사를 다른 사람들에게 봉사함으로써 하나님을 섬기는 데 사용하십시오.

하나님의 인정만으로 충분한 이유

"한 종이 두 주인을 섬길 수는 없다."
_누가복음 16장 13절

여러분, 다른 사람들의 시선을 지나치게 의식하면 하나님이 원하시는 사람이 되기 어렵습니다. 남들의 기대에 맞추려 애쓰다 보면 정작 자기 삶의 목적을 놓치기 쉽기 때문입니다. 하지만 예수님처럼 생각하는 법을 배우면, 모든 이의 기대를 충족시켜야 한다는 무거운 짐에서 자유로워질 수 있습니다. 예수님은 흔들림 없는 명확한 초점을 지니고 계셨습니다. 그분은 오직 하나님 아버지를 기쁘시게 하는 데만 관심을 두셨습니다.

하나님은 마태복음 3장 17절에서 이렇게 말씀하셨습니다. "이 사람은 내가 사랑하고 기뻐하는 내 아들이다." 예수님은 분명 옳은 일을 하고 계셨던 것입니다.

예수님은 군중의 환호나 타인의 비난에 휘둘리지 않고 흔들림 없이 자신의 길을 걸으셨습니다. 그는 오직 한 분의 청중을 위해 사셨습니다. "나는 내가 하고 싶은 것을 하려 하지 않고, 오직 나를 보내신 분이 원하시는 것을 하려고 애쓴다"(요 5:30, 쉬운). 그리스도의 마음을 품으면, 여러분의 초점도 그리스도와 같아질 것입니다.

한 분만을 위해 살면 삶이 얼마나 단순해질까요? 하나님이 여러분의 행동을 기뻐하신다면, 그것이 바로 여러분이 옳은 일을 하고 있다는 증거입니다.

사실 하나님조차도 모든 사람을 동시에 만족시킬 수는 없습니다! 누군가 자기 팀이 이기기를 기도할 때, 다른 이는 상대 팀의 승리를 원합니다. 모두를 만족시킬 수는 없습니다.

늘 타인의 인정을 갈구하는 것은 자신의 정체성과 하나님이 주신 소명을 제대로 이해하지 못했다는 뜻입니다. 이는 우리가 하나님의 계획을 온전히 신뢰하지 못하고 있음을 보여줍니다. 더불어, 우리 삶의 모든 순간에 하나님이 함께하신다는 확신이 부족하다는 의미이기도 합니다.

누가복음 16장 13절은 이렇게 말씀합니다. "한 종이 두 주인을 섬길 수는 없다."

여러분은 타인의 승인과 하나님의 승인 중 어느 것을 추구할지 결정해야 합니다. 다른 사람의 생각을 위해 살 것인가, 아니면 하나님의 뜻을 위해 살 것인가?

예수님은 타인의 시선이나 평가에 얽매이지 않으시고, 오직 하나님 아버지의 뜻에 따라 흔들림 없이 자신의 길을 걸어가셨습니다. 그는 인기 경쟁에 뛰어들지 않았고, 자신의 가치를 증명하기 위해 타인의 의견을 구하지 않았습니다.

여러분이 그리스도의 마음을 품게 되면, 자신의 정체성과 목적, 그리고 삶 속에서 하나님의 임재에 대한 확신이 생길 것입니다. 그렇게 되면 더 이상 타인의 승인을 구하지 않아도 됩니다.

회복으로 가는 첫걸음: 실패를 인정하기

"바로 그때 닭이 울었습니다. 그제야 베드로는 예수께서 '닭이 울기 전에
네가 세 번 나를 모른다고 할 것이다'라고 하신 말씀이 생각났습니다.
그리고 베드로는 밖으로 나가 한없이 눈물을 쏟았습니다"
_마태복음 26장 74~75절, 우리말

인생에서 큰 실패를 겪으면 다시는 일어설 수 없을 것 같은 절망감에 빠지곤 합니다. 그러나 재정이든, 결혼이든, 경력이든, 어떤 분야에서 실패했든 우리는 반드시 회복할 수 있습니다. 회복의 첫걸음은 실패를 있는 그대로 인정하고 그 아픔을 느끼는 데서 시작합니다. 실패를 축소하거나 없었던 일처럼 행동하지 마십시오. 무리하게 기분 전환을 서두르지도 마십시오. 대신 충분한 시간을 두고 그 고통을 온전히 경험해보십시오.

이는 중요한 삶의 원칙을 보여줍니다. 이는 삶의 핵심적인 원칙을 일깨워줍니다. 즉, 고통을 진정으로 극복하기 위해서는 먼저 그 고통과 정면으로 마주해야 한다는 것입니다. 이는 삶의 여러 영역에 해당하지만, 특히 실패를 다룰 때 더욱 그러합니다.

슬픔은 실패를 극복하는 열쇠입니다. 대부분은 실패를 경험하면 빨리 잊고 싶어 합니다. 하지만 그것은 현명하지 못한 선택입니다. 슬픔의 과정을 통해 우리는 실패에서 배울 수 있는 귀중한 교훈을 얻게 됩니다.

예수님의 제자 베드로의 이야기는 실패와 그에 따른 깊은 슬픔 그리고 회복의 과정을 생생하게 보여주는 예시입니다. 위기의 순간, 그는 예수님을 모른다고 부인했고, 이 실패는 그에게 깊은 슬픔을 안겨주었습니다. 성경은 이렇게 말합니다. "바로 그때 닭이 울었습니다. 그제야 베드로는 예수께서 '닭이 울기 전에 네가 세 번 나를 모른다고 할 것이다'라고 하신 말씀이 생각났습니다. 그리고 베드로는 밖으로 나가 한없이 눈물을 쏟았습니다"(마 26:74-75, 우리말).

베드로가 느꼈을 깊은 좌절과 자책의 무게를 한번 생각해보십시오. 그는 예수님과 동행하며 그분의 자비와 용서를 직접 목격했습니다. 그러나 자신의 충성심이 진정으로 시험받는 순간, 베드로는 세 번이나 예수님을 모른다고 말했습니다. 베드로는 자신의 실패를 외면하거나 정당화하지 않고, 겸손하게 인정하며 진심 어린 후회와 회개의 눈물을 흘렸습니다. 이것이 바로 치유의 시작점입니다.

많은 이들이 실패의 고통스러운 현실을 피해 쉬운 해결책이나 도피처를 찾으려 합니다. 불륜 후에는 마치 아무 일도 없었던 것처럼 행동하며 새로운 관계로 도피하려 합니다. 사업 실패 후에는 타인을 탓하며 서둘러 다른 사업을 시작합니다. 그들은 결코 진정한 교훈을 얻지 못합니다.

하지만 실패를 극복하고 회복하는 데에는 지름길이 없습니다. 실패의 무게가 클수록 치유에는 더 많은 시간이 필요합니다.

여러분의 마음속에서 하나님께서 일하시도록 겸손히 기다리십시오. 치유는 강요할 수 없습니다. 회복은 하나님의 자비로운 역사이며, 때가 되면 반드시 찾아올 것입니다.

그리스도 안에서 우리는 죽음을 두려워하지 않습니다

"이 자녀들은 모두 살과 피를 가진 사람이기 때문에, 예수님도 그들과 같은 모습으로 사람들이 겪는 것과 똑같은 것을 겪으셨습니다. 예수님께서는 죽음의 권세를 가진 마귀를 멸망시키기 위하여 죽으셨고 또한 죽음에 대한 두려움에 사로잡혀 사는 사람들을 자유롭게 하기 위해 사람과 같은 모습으로 죽으셨습니다."

_히브리서 2장 14~15절. 쉬운

죽음은 인류가 직면한 가장 보편적이고 근원적인 두려움입니다. 누구도 그 그림자에서 자유로울 수 없습니다.

하지만 예수님께서 이 두려움에서 우리를 해방하셨다는 사실을 아십니까? 그렇습니다. 예수님은 우리를 죄에서만 구원하신 것이 아닙니다. 그분은 죽음의 권세와 공포로부터 우리를 구원하셨습니다. "이 자녀들은 모두 살과 피를 가진 사람이기 때문에, 예수님도 그들과 같은 모습으로 사람들이 겪는 것과 똑같은 것을 겪으셨습니다. 예수님께서는 죽음의 권세를 가진 마귀를 멸망시키기 위하여 죽으셨고 또한 죽음에 대한 두려움에 사로잡혀 사는 사람들을 자유롭게 하기 위해 사람과 같은 모습으로 죽으셨습니다"(히 2:14-15, 쉬운).

예수님은 십자가에서 숨을 거두시며 "다 이루었다!"라고 외치셨습니다. 요한복음에서 그리스어 "테텔레스타이!"로 기록된 이 외침은 그분의 마지막 선언이었습니다. 테텔레스타이는 승리의 정복자가 외치는 선언입니다. "나는 죽음을 이겼노라. 내가 다시 살아날 것이니 죽음을 두려워할 필요가 없음을 증명하였도다. 나는 부활이요, 나를 믿는 자는 부활할 것이니라. 죽음은 끝이 아니니, 더 이상 두려워하지 말라!"

예수님께서 나를 대신해 십자가에서 돌아가셨기에, 나는 두려워하지 않습니다. 죽음은 더 이상 나를 지배할 힘이 없습니다. 이제 죽음은 단지 영원한 본향을 향한 거룩한 여정의 한 부분임을 깨달았으며, 제가 향할 곳에 대한 확신으로 가득 차 있습니다.

로마서 5장 17절은 이렇게 말합니다. "한 사람의 죄로 말미암아 사망이 왕노릇 하였다면, 하나님의 넘치는 은혜와 의롭다고 여기시는 선물을 받는 사람들은, 한 분 예수 그리스도를 통해 참생명 안에서 더더욱 왕노릇 하게 될 것입니다"(쉬운).

그리스도인이 되면 죄에 대해 죽고 새 생명으로 부활하여 언젠가 예수님과 함께 영원히 살 수 있다는 확신을 얻습니다. 이는 우리에게 일어날 수 있는 가장 위대한 일입니다.

이미 예수님 안에서 이러한 생명의 확신을 누리고 있습니까? 그렇다면 이제 다른 이들도 같은 확신을 갖도록 돕는 삶을 살아갈 수 있습니다. 예수님 안에서의 죽음과 삶에 대해 나눌 때, 우리는 다른 이들도 예수님을 구세주로 믿고 싶어 하도록 이끌 수 있습니다.

하나님의 거절에서 그분의 완전한 사랑을 봅니다

"여호와께서는 그의 약속과 명령을 지키는
모든 사람들을 성실과 사랑으로 인도하시는구나."
_시편 25편 10절

하나님께서 우리의 기도에 '아니오'라고 응답하실 때, 이 한 가지를 꼭 기억하십시오. 하나님의 모든 행위는 우리를 향한 사랑에서 비롯됩니다. 성경은 "여호와께서는 그의 약속과 명령을 지키는 모든 사람들을 성실과 사랑으로 인도하시는구나"(시 25:10)라고 표현합니다.

하나님의 거절 이유를 이해하는 것보다 더 중요한 것은, 그 응답 뒤에 항상 사랑의 동기가 있음을 인식하는 것입니다.

사탄은 우리가 하나님의 사랑을 의심하기를 바라며 거짓을 속삭입니다. "하나님은 너를 사랑하지 않아. 그분은 너를 신경 쓰지 않아. 그랬다면 네가 원하는 걸 다 주셨을 거야." 하지만 사탄은 거짓말쟁이이며, 결코 사랑으로 우리에게 동기를 부여하지 않습니다.

진실은 이것입니다. 하나님은 우리를 너무나 깊이 사랑하시기에, 때로는 우리의 모든 요청을 그대로 들어주실 수 없습니다. 우리가 원하는 것이 지금은 보이지 않지만 어떤 심각한 결과를 초래할 수 있음을 하나님은 아십니다. 때로는 우리의 간구가 하나님께서 우리에게 주신 소명을 이루는 데 오히려 방해가 될 수 있음을 하나님은 아십니다.

하나님이 '아니오'라고 하실 때, 우리에겐 세 가지 선택이 있습니다. 저항하거나, 원망하거나, 그 안에서 평안을 찾는 것입니다.

"하나님, 제 뜻대로 이루어지지 않는다면 제 힘으로 해결하겠습니다"라며 하나님의 섭리에 도전하는 태도를 취할 수 있습니다. 이는 하나님이 더 큰 관점과 계획을 가지고 계심을 인정하지 않는 태도입니다.

또는 원망과 반항으로 하나님께 등을 돌릴 수 있습니다. 많은 이들이 하나님이 우리 삶에 선한 일만 행하신다는 진리를 받아들이지 못해 평생 고통과 비참함 속에 살아갑니다.

마지막으로, 하나님의 사랑을 믿고 그분의 선하심 안에서 참된 평안을 누리는 것입니다. 하나님이 항상 우리의 최선을 위해 일하신다는 믿음은, 이해할 수 없는 상황 속에서도 새로운 시각을 제공합니다.

하나님의 응답을 완전히 이해하지 못할 수도 있습니다. 그러나 그럴 필요도 없습니다. 우리는 이렇게 고백할 수 있습니다. "이 상황 속에서도 하나님의 사랑은 변함없이 나와 함께 계십니다."

판단은 하나님께 맡기고 자비를 베푸십시오

"장차 여러분은 우리에게 자유를 가져다 주는 주의 법에 따라 심판을 받게 된다는 것을 명심하고, 그런 각오로 말하고 또 행동하도록 하십시오. 그 날에, 자비를 베풀지 않은 사람들에게는 자비 없는 심판이 있을 것입니다. 참으로 자비는 심판을 이깁니다!"
_야고보서 2장 12~13절, 쉬운말

예수님을 따르는 우리는 하나님을 경외하며 그분의 뜻대로 살기를 원합니다. 하지만 하나님 나라의 가치관이 세상 방식과 충돌할 때, 우리는 어떻게 대응해야 할까요? 우리의 신념이 주변 사람들의 가치관과 다를 때, 우리는 어떤 태도를 취해야 할까요?

안타깝게도 많은 그리스도인이 이러한 가치관의 충돌 속에서 타인을 정죄하는 잘못된 길을 선택하곤 합니다. 그러나 하나님께서 우리에게 주신 은혜의 특권은 다른 이들을 업신여기라는 뜻이 아닙니다. 우리가 은혜를 받았다면, 그 은혜를 다른 이들에게도 흘려보내야 합니다.

야고보는 하나님께서 심판보다 자비를 원하시며, 그분을 따르는 자들이 자비를 실천하기를 기대하신다고 말씀합니다. "그 날에, 자비를 베풀지 않은 사람들에게는 자비 없는 심판이 있을 것입니다. 참으로 자비는 심판을 이깁니다!"(약 2:13, 쉬운말).

그렇다면 어떻게 비판적인 태도를 피할 수 있을까요? 우리는 하나님께 불순종할 때 따르는 부정적인 결과를 설명할 수 있습니다. 단, 이때 판단하지 않고 온유하게 진리를 전하는 것이 중요합니다.

진리를 자신의 우월함을 과시하는 도구로 삼는 것은 사랑이 결여된 판단적 태도입니다. 그리스도인은 타인을 비난하거나 무너뜨리기 위해서가 아니라, 돕기 위해 진리를 말해야 합니다. 우리는 상대방에게 불쾌감을 주지 않으면서도 사랑과 존중의 태도로 의견의 차이를 표현할 수 있습니다. 설령 여러분의 주장이 옳더라도, 무례하게 표현한다면 그것은 잘못된 것입니다.

비판적 태도로 불신자에게 신자의 기준을 요구하는 것은 비현실적인 기대입니다. 성경은 사람들이 예수님을 영접하고 그분의 능력을 받아들여 자신의 삶을 변화시키기 전까지는 하나님이 원하시는 방식대로 살 수 없다고 가르칩니다.

모든 사람이 궁극적으로 하나님 앞에서 각자의 삶에 대해 책임을 진다는 사실을 명심한다면, 우리는 타인을 판단하는 습관에서 벗어날 수 있습니다. 그들은 우리에게 책임을 지는 것이 아니라 하나님께 책임을 지는 것입니다. 이렇게 판단의 짐을 내려놓음으로써 우리는 하나님께 더욱 충실할 수 있습니다.

예수님은 이렇게 말씀하셨습니다. "남을 심판하지 말아라. 그리하면 하나님께서도 너희를 심판하지 않으실 것이다. 남을 정죄하지 말아라. 그리하면 하나님께서도 너희를 정죄하지 않으실 것이다. 남을 용서하여라. 그리하면 하나님께서도 너희를 용서하실 것이다"(눅 6:37, 새번역).

말씀의 달콤함을 맛보는 삶

"주의 말씀의 맛이 얼마나 단지 내 입에 꿀보다 더 답니다."
_시편 119편 103절

저와 제 아내 케이는 약혼 직후, 지구 반대편으로 각자의 길을 떠나는 특별하고도 도전적인 경험을 하게 되었습니다. 케이는 앨라배마 버밍햄의 도심 교회에서 일했고, 저는 일본 나가사키에서 교회를 개척했습니다. 우리는 약혼 기간 대부분을 떨어져 지냈습니다.

그 시절엔 휴대폰도 없었고, 일본에 전화하는 데 1분에 15달러나 들었습니다. 가난했던 우리에겐 편지가 유일한 소통 수단이었죠. 매일 서로에게 편지를 썼고, 그 편지를 받는 순간이 하루의 절정이었습니다. 연애편지가 도착하면 저는 급히 편지를 뜯어 읽었습니다. 그리고 또 읽고 또 읽으며 행간의 의미를 찾아내려 했습니다. 중요한 부분에 밑줄을 긋고 일부는 외우기도 했죠. 그녀의 사랑을 한 방울도 놓치지 않으려 했습니다.

여러분, 하나님께서 우리에게 보내신 사랑의 편지인 성경을 이런 마음으로 읽어보신 적 있으십니까?

성경을 깊이 읽고 그 안의 지혜를 얻으려 노력하지 않는다면, 우리는 하나님께서 준비하신 영적 잔치를 제대로 맛보지 못하고 있는 것입니다. 시편 기자는 이렇게 노래했습니다. "주의 말씀의 맛이 얼마나 단지 내 입에 꿀보다 더 답니다"(시 119:103).

성경은 우리의 영혼을 살찌우는 영적 양식으로 가득합니다.

여러분은 지금 영적으로 금식 중입니까 아니면 하나님 말씀의 잔치를 즐기고 계십니까? 주일 예배 때 설교를 듣는 것만으로는 충분한 영적 양식을 공급받기에 턱없이 부족합니다. 마치 일주일에 한 끼의 식사만으로는 육체가 건강을 유지할 수 없는 것과 같습니다.

예수님께서는 이렇게 말씀하셨습니다. "사람이 빵으로만 살 것이 아니라 하나님의 입에서 나오는 모든 말씀으로 살 것이다"(마 4:4, 새번역).

매일 말씀을 읽고, 공부하고, 묵상하며 우리의 마음과 생각을 채울 때, 우리는 비로소 하나님 말씀의 참된 달콤함을 경험할 수 있습니다. 하나님의 말씀으로 여러분의 영혼에 풍성한 잔치를 베푸시기 바랍니다.

걱정의 굴레에서 벗어나는 하나님의 지혜

"그러므로 내가 너희에게 말한다. 너희 생명을 위해 무엇을 먹을까, 무엇을 마실까,
너희 몸을 위해 무엇을 입을까 걱정하지 말아라.
생명이 음식보다 더 중요하고 몸이 옷보다 더 중요하지 않느냐?"
_마태복음 6장 25절

하나님은 우리 삶의 모든 필요를 채우시는 무한한 근원이십니다. 그분은 우리를 먹이시고, 인도하시며, 필요를 채워주시는 선한 목자이십니다. 우리는 다른 곳에 의지할 필요가 없습니다. 월가도, 정부도, 배우자나 퇴직금, 직장도 바라볼 필요가 없습니다.

우리의 생명과 미래를 온전히 맡길 만한 대상이 되려면, 그것은 결코 흔들리거나 빼앗길 수 없는 절대적 존재여야 합니다. 우리는 건강을 잃을 수 있고, 직장을 잃을 수 있으며, 외모도, 가족도, 심지어 목숨이나 정신도 잃을 수 있습니다. 길을 잃을 수도 있죠.

하지만 하나님은 결코 잃어버릴 수 없는 분이십니다. 그분께는 공급하지 못할 것이 없습니다. 빌립보서 4장 19절은 이렇게 말씀합니다. "나의 하나님이 그리스도 예수님을 통해 영광 가운데서 그의 풍성함으로 여러분에게 필요한 모든 것을 넘치게 채워 주실 것입니다."

그렇다면 왜 사람들은 그토록 걱정에 빠져 있을까요? 걱정은 우리가 가장 무의식적으로 범하는, 이 시대의 가장 보편적인 불신앙일 것입니다. 걱정은 하나님의 변함없는 선하심을 잊은 결과입니다. 그분의 선하심을 잊으면, 우리는 기도 대신 당황하고 예배 대신 걱정하게 됩니다.

성경은 이렇게 말씀합니다. "그러므로 내가 너희에게 말한다. 너희 생명을 위해 무엇을 먹을까, 무엇을 마실까, 너희 몸을 위해 무엇을 입을까 걱정하지 말아라. 생명이 음식보다 더 중요하고 몸이 옷보다 더 중요하지 않느냐?"(마 6:25)

하나님께서는 분명히 우리가 염려의 짐을 지고 살아가는 것을 원치 않으십니다. 하지만 걱정하는 습관을 버리기란 쉽지 않습니다. 그것이 인간의 본성이기 때문입니다!

그렇다면 어떻게 걱정을 멈출 수 있을까요? 첫째, 걱정이 하나님의 선하심을 경험하고 누리는 데 방해가 된다는 사실을 깊이 인식해야 합니다. 둘째, 걱정이 우리를 지배하지 못하게 하겠다고 결심해야 합니다. 마지막으로, 걱정거리를 붙들고 있지 말고 기도로 하나님께 가져가야 합니다.

기억하십시오. 염려의 사슬을 끊는 가장 강력한 열쇠는 바로 기도입니다..

두려움을 넘어 믿음으로 나아가는 길

"믿음으로 모세는 이집트를 떠났으며, 왕의 분노를 두려워하지 않았습니다.
모세는 보이지 않는 하나님을 마치 보이는 듯이 바라보며 꿋꿋이 참았습니다."
_히브리서 11장 27절, 쉬운

모세는 두려움 대신 믿음으로 살아가기로 결단했습니다. 이는 그의 삶의 방향을 결정짓는 의식적인 선택이었습니다. 여러분도 지금 같은 갈림길에 서 있습니다. 믿음의 길을 걸을 것인가, 아니면 두려움의 길을 택할 것인가? 선택은 여러분의 몫입니다.

히브리서 11장 27절은 이렇게 말씀합니다. "믿음으로 모세는 이집트를 떠났으며, 왕의 분노를 두려워하지 않았습니다. 모세는 보이지 않는 하나님을 마치 보이는 듯이 바라보며 꿋꿋이 참았습니다"(쉬운).

모세는 당시 세상에서 가장 강력한 권력자에게 맞서 이렇게 선포했습니다. "당신의 피라미드를 짓고 있는 그 노예들, 내가 그들을 이끌고 떠나겠습니다. 더 이상 노예 노동은 없습니다. 내 백성을 보내주십시오."

모세에게는 두려워할 만한 이유가 충분했습니다. 그는 지상 최강의 권력자와 맞섰으니까요. 당시 파라오는 살아있는 신으로 숭배받았고, 그의 명령은 절대적인 법이었습니다. 그러나 모세는 두려워하지 않았습니다. 그는 파라오의 권위를 뛰어넘는 절대적 권위자이신 하나님께 순종했기 때문입니다.

어떻게 하면 그런 믿음을 가질 수 있을까요? 하나님과 가까워질수록 우리는 믿음으로 충만해집니다. 반대로 하나님과 멀어질수록 두려움이 우리를 지배하게 됩니다.

남은 인생을 믿음으로 사는 것이 얼마나 중요한지 아무리 강조해도 지나치지 않습니다. 성경은 "믿음에서 나오지 않은 것은 다 죄"(롬 14:23, 쉬운)라고 말씀합니다.

이번 주에 몇 번이나 죄를 지으셨습니까? 많이 지으셨나요? 저도 마찬가지입니다. 믿음 대신 의심으로 행한 모든 것이 죄였습니다.

성경은 또한 "믿음이 없이는 어느 누구도 하나님을 기쁘시게 할 수 없습니다"(히 11:6, 쉬운)라고 말씀합니다. 이번 주에 여러분은 몇 번이나 하나님을 기쁘시게 해드렸습니까?

여러분의 삶에 의미 있는 변화가 일어났으면 합니까? 그렇다면 불평을 그치고 믿음을 시작하십시오. 하나님은 불평에 감동하지 않으십니다. 그분은 믿음에 감동하십니다. "너희의 믿음대로 너희에게 이루어져라"(마 9:29, 쉬운). 믿음은 하나님께서 여러분의 삶에서 행하시는 일에 큰 영향을 미칩니다.

여기에 핵심이 있습니다. 중요한 것은 내 믿음의 크기가 아니라 우리 하나님의 위대하심입니다. 위대하신 하나님을 향한 작은 믿음이 큰 결과를 가져옵니다!

하나님의 사랑에서 오는 영혼의 회복력

"보십시오. 아버지께서 얼마나 큰 사랑을 우리에게 베풀어주셨습니까!
우리가 하나님의 자녀라 불리게 됐으니 우리는 정말 하나님의 자녀입니다."
_요한일서 3장 1절, 우리말

우리는 스트레스로 가득한 시대를 살아가고 있습니다. 하나님께서 우리에게 맡기신 사명을 감당하려면 그 어느 때보다 회복탄력성이 필요합니다. 이 회복탄력성을 기르는 첫걸음은 바로 하나님의 사랑을 기억하는 것입니다. 이것이야말로 스트레스에 대한 가장 강력한 해독제입니다!

우리 인생의 목적 중 하나는 예수님을 닮아가는 것입니다. 예수님은 아버지 하나님의 사랑을 한순간도 의심하지 않으셨습니다. 그분은 요한복음 10장 17절에서 "아버지께서 나를 사랑하신다"(새번역)라고 굳게 선언하셨습니다.

예수님께서 그러셨듯이, 하나님의 조건 없고 끝없는 사랑을 깊이 인식하는 것이 회복탄력성 있는 삶의 근간입니다. 바울 사도는 이렇게 확신했습니다. "그러므로 죽음이나 생명이나 천사들이나 지옥의 권세나 현재 일이나 장래 일이나 능력이나 높은 것이나 깊은 것이나 그 밖에 그 어떤 피조물도 우리 주 그리스도 예수님 안에 있는 하나님의 사랑에서 우리를 끊을 수 없다고 확신합니다"(롬 8:38-39). 우리는 하나님의 사랑에서 결코 분리될 수 없다는 이 확신이 우리에게 회복력을 줍니다.

"물론 하나님은 예수님을 사랑하십니다. 그분은 하나님의 아들이니까요." 그런데 예수님께서 여러분을 하나님의 자녀로 똑같이 사랑하신다는 사실을 아십니까? 요한복음 15장 9-10절에서 예수님은 이렇게 말씀하셨습니다. "아버지께서 나를 사랑하신 것처럼 나도 너희를 사랑하였으니 내 사랑 안에서 살아라. 내가 아버지의 계명을 지키고 그분의 사랑 안에 있는 것과 같이 너희도 내 계명을 지키면 내 사랑 안에서 살게 될 것이다."

하나님의 사랑을 깊이 이해하는 것이 우리의 흔들리지 않는 정서적 기반이 됩니다. 하나님의 무조건적이고 완전한 사랑을 확신하지 못한다면, 우리는 쉽게 다른 사람들의 비난에 휘둘리게 됩니다. 그러나 하나님의 자녀로서 우리를 향한 그분의 마음을 진정으로 알게 되면, 어려운 상황에서도 자신감 있게 대처하고 스트레스를 덜 받을 수 있습니다.

하나님의 사랑을 떠올리고 싶을 때마다 그분의 말씀을 묵상하십시오. "보십시오. 아버지께서 얼마나 큰 사랑을 우리에게 베풀어주셨습니까! 우리가 하나님의 자녀라 불리게 됐으니 우리는 정말 하나님의 자녀입니다"(요일 3:1, 우리말).

겸손으로 관계를 세우십시오

"아무 일에든지 다툼이나 허영으로 하지 말고
오직 겸손한 마음으로 각각 자기보다 남을 낫게 여기고."
_빌립보서 2장 3절, 개역개정

교만은 관계의 파괴자입니다. 그것은 비판, 경쟁, 고집, 피상적인 태도 등 다양한 모습으로 나타납니다.

교만의 가장 큰 문제는 자기기만입니다. 지나친 자존심은 자신에겐 보이지 않지만, 타인에겐 뚜렷이 드러납니다! 잠언 16장 18절은 이렇게 말씀합니다. "교만에는 멸망이 따르고 거만에는 몰락이 따른다"(우리말). 메시지 성경은 이를 더욱 생생하게 표현합니다. "교만하면 파멸하고 자만심이 클수록 호되게 추락한다."

교만이 관계를 무너뜨리는 반면, 겸손은 그 해독제 역할을 하며 관계를 세웁니다. 빌립보서 2장 3절은 겸손을 선택함으로써 교만과 맞서는 방법을 알려줍니다. "아무 일에든지 다툼이나 허영으로 하지 말고 오직 겸손한 마음으로 각각 자기보다 남을 낫게 여기고"(개역개정). 또한 베드로전서 3장 8절은 이렇게 권면합니다. "마지막으로 말합니다. 여러분은 모두 한 마음을 품으며, 서로 동정하며, 서로 사랑하며, 자비로우며, 겸손하십시오"(새번역).

어떻게 겸손을 키울 수 있을까요? 예수 그리스도께서 여러분의 생각, 마음, 태도, 반응을 다스리시도록 맡기십시오. 여러분 안에 거하시는 성령님의 도우심을 구하십시오. 겸손, 연민, 은혜로 행동하도록 여러분의 사고방식을 변화시켜달라고 성령님께 간구하십시오.

관계의 기본 원리는 이것입니다. 우리는 함께 시간을 보내는 사람들을 닮아간다는 것입니다. 까다로운 사람들과 어울리면 우리도 까다로워지고, 행복한 사람들과 지내면 우리도 행복해집니다.

겸손한 사람으로 변화되고 싶으십니까? 그렇다면 겸손의 본이 되시는 예수 그리스도와 깊이 교제하십시오. 기도와 말씀 묵상을 통해 그분과 교제하면 그분을 알게 되고 더욱 닮아갈 수 있습니다. "여러분 안에 이 마음을 품으십시오. 그것은 곧 그리스도 예수의 마음이기도 합니다. 그는 하나님의 모습을 지니셨으나, 하나님과 동등함을 당연하게 생각하지 않으시고"(빌 2:5-6, 새번역).

예수님은 겸손의 최고 모범이십니다. 그분은 가장 높은 곳에서 가장 낮은 곳으로, 십자가에서 우리를 위해 목숨을 바치기 위해 하늘을 떠나셨습니다. 그것은 오직 사랑 때문이었습니다. 예수님과 함께 시간을 보내다 보면, 단순히 관계를 만드는 것이 아니라 관계를 변화시키는 사랑을 실천하는 방법을 배우게 될 것입니다.

영원한 가치를 위해 오늘의 선택을 점검하십시오

"예수님은 그에게 '쟁기를 잡고 뒤를 돌아보는 사람은
하나님의 나라에 적당치 않다' 하고 말씀하셨다."
_누가복음 9장 62절

인생을 살아갈수록 우리는 선택의 중요성을 절감하게 됩니다. 삶은 끊임없는 선택과 기회의 연속입니다. 효율적인 삶의 핵심은 바로 올바른 선택에 있습니다.

성경은 고린도전서 10장 23절에서 이렇게 말씀합니다. "무엇이든 할 수 있는 자유가 있다고 해서 그것이 다 유익한 것이 아니며 또 그것이 다 덕을 세우는 것도 아닙니다."

다시 말해, 어떤 것들은 그릇된 것이 아니라 단지 불필요한 것일 뿐입니다. 이러한 통찰은 인생의 역경을 극복하는 데 도움이 되며, 결과적으로 회복탄력성을 높여줍니다.

자신의 방향을 알고 그것에 집중하면, 부차적인 일들에 휘둘릴 위험이 감소합니다. 영원한 가치에 집중할 수 있는 우선순위를 정할 수 있습니다. 인생에서 진정으로 중요한 것이 무엇인지 깨닫고, 단순히 좋은 일이 아닌 가장 중요한 일을 선택하게 될 것입니다.

예수님은 하나님의 뜻에 온전히 집중하는 본을 보여주셨습니다. 그분은 선택적인 삶을 사셨고, 하나님 나라를 위해 목숨을 바치며 아버지를 기쁘시게 하는 일에 전념하셨습니다.

누가복음 9장 51절은 이렇게 전합니다. "예수께서 승천하실 때가 가까이 오자 예루살렘으로 가실 것을 굳게 결심하셨습니다"(우리말).

예수님은 자신의 죽음이 필연적임을 아셨음에도 불구하고, 강철 같은 의지로 사명을 완수하셨습니다. 그분의 집중력은 고통과 스트레스를 견디는 데 도움이 되었습니다. 바울 사도도 마찬가지였습니다. 그는 "내가 하는 한 가지 일"이라고 말했지 "내가 하는 마흔 가지 일"이라고 하지 않았습니다. 그는 자신의 삶에서 가장 중요한 한 가지에 집중했습니다.

그러나 삶의 우선순위를 올바르게 정립하지 못하면 이는 오히려 큰 장애물이 됩니다. 하나님을 섬길 시간이 부족하다고 여기거나, 예수님을 따르기에 앞서 다른 일을 우선해야 한다고 생각한다면, 이는 모두 집중력이 부족한 탓입니다.

성경은 분명히 말씀합니다. "예수님은 그에게 '쟁기를 잡고 뒤를 돌아보는 사람은 하나님의 나라에 적당치 않다' 하고 말씀하셨다"(눅 9:62).

언젠가 우리 모두는 하나님 앞에 서게 될 것입니다. 그분이 여러분에게 주신 사명을 어떻게 이루었는지 물으실 때, 여러분은 어떤 대답을 하시겠습니까?

차이를 넘어 공통점으로 교회의 하나 됨을 이루십시오

"그러므로 화평을 이루고 서로 세워주는 일에 힘씁시다."
_로마서 14장 19절, 우리말

여러분, 하나님의 가족 안에서 참된 연합과 화합을 이루는 통로가 되고 싶으십니까? 그렇다면 다른 그리스도인과의 차이점보다는 공통점에 집중하십시오.

하나님 가족인 형제자매들과 우리는 어떤 공통점을 가지고 있을까요? 에베소서 4장 4-6절은 그리스도인들이 공유하는 7가지 핵심 요소를 이렇게 말씀합니다. "그리스도의 몸도 하나요, 성령도 하나입니다. 이와 같이 여러분도 부르심을 받았을 때에 그 부르심의 목표인 소망도 하나였습니다. 주님도 한 분이시요, 믿음도 하나요, 세례도 하나요, 하나님도 한 분이십니다. 하나님은 모든 것의 아버지시요, 모든 것 위에 계시고 모든 것을 통하여 계시고 모든 것 안에 계시는 분이십니다"(새번역).

우리는 한 몸입니다. 예수님께는 여러 몸이 아닌 오직 하나의 교회만 있습니다!

우리에게는 한 성령이 계십니다. 우리는 구원받을 때 모두 동일한 성령을 받았습니다.

우리는 하나의 소망을 공유합니다. 우리는 예수님의 재림에 대한 소망을 함께 품고 있습니다. 그분은 부활하셔서 하늘로 올라가셨고, 다시 오시겠다고 약속하셨습니다.

우리에게는 한 분의 주님이 계십니다. 우리는 예수님과의 관계를 통해 모든 신자와 하나가 됩니다.

우리에게는 하나의 믿음이 있습니다. 우리의 신앙은 성경이라는 한 권의 책에 근거합니다.

우리에게는 하나의 세례가 있습니다. 우리는 죄를 지을 때마다 다시 세례를 받을 필요가 없습니다.

우리에게는 한 하나님이 계십니다. 우리는 여러 신을 섬기지 않습니다. 우리는 모든 것을 아시고, 모든 것을 보시며, 항상 우리와 함께하시는 유일하고 참되신 하나님을 경배합니다.

하나님의 가족으로서 우리는 또한 같은 구원, 같은 용서, 같은 은혜, 같은 자비, 같은 미래를 공유합니다. 이러한 요소들은 경제적 지위, 성별, 인종, 체형, 배경, 죄, 선행 등 그 어떤 것보다 훨씬 더 중요합니다.

에베소서의 7가지 핵심 요소에 집중하면서도, 하나님께서 우리에게 교회의 다른 지체들과 공통점만 주신 것이 아니라는 사실을 기억하십시오. 그분은 또한 우리를 서로 다르게 만드셨습

니다. "한 몸에 많은 지체가 있으나, 그 지체들이 다 같은 일을 하는 것이 아닙니다. 이와 같이, 우리도 여럿이지만 그리스도 안에서 한 몸을 이루고 있으며, 각 사람은 서로 지체입니다"(롬 12:4-5, 새번역).

하나님께서 여러분과 주변 사람들에게 주신 독특한 은사들을 생각하며 이렇게 기도해보십시오.

"아버지, 우리 가족 모두에게 나타나는 창의성에 감사드립니다. 교회 안에서 다양성을 존중하고 복음으로 인한 우리의 공통점을 기억하는 사람이 되게 하소서. 우리가 각자의 은사를 사용하여 서로를 섬기고 사랑할 수 있도록 도와주소서. 예수님의 이름으로 기도드립니다. 아멘."

하나님은 각 사람에게 고유한 개성과 은사를 주셨습니다. 여러분은 복음의 기초 위에서 하나 되면서도, 하나님께서 여러분을 독특하게 만드신 모든 방식을 소중히 여기고 배울 수 있습니다. 교회 지체들과 단순히 친해지는 것에 그치지 마십시오. 우리가 공유하는 소망을 기억하며 진정한 조화와 연합을 위해 힘쓰십시오.

세상이 줄 수 없는 쉼, 예수님께 나아오십시오

"다 나에게 오너라. 내가 너희를 쉬게 하겠다."

_마태복음 11장 28절

예수님께서 "다 나에게 오너라. 내가 너희를 쉬게 하겠다"라고 말씀하실 때, 그분이 약속하신 쉼의 본질은 무엇일까요?

예수님은 단순한 육체적 휴식을 넘어 우리 영혼 깊숙이 스며드는 쉼을 선사하십니다. 그분은 우리의 진정한 갈망이 단순히 육체적 피로 해소에 그치지 않음을 꿰뚫어보고 계십니다.

영혼의 깊은 갈망을 안고 예수님께 나아갈 때, 우리에게 절실히 필요한 것은 지친 마음과 영혼 그리고 영적 생명력의 회복입니다. 육체적 노동뿐만 아니라 긴장, 스트레스, 불안, 조급함, 걱정으로부터의 해방이 필요합니다. 이는 낮잠이나 휴가로는 얻을 수 없는 종류의 휴식입니다.

많은 이들이 육체의 피로와 영혼의 고갈을 구별하지 못한 채 잘못된 방식으로 대처합니다. 단순한 피로에는 영화를 보거나 휴대폰으로 시간을 보내기도 합니다. 때로는 누워서 쉬거나 산책이 필요할 수도 있습니다. 친구와 시간을 보내거나 혼자 있는 것이 도움될 수도 있습니다.

이 모든 것이 좋지만, 어느 것도 우리의 영혼을 진정으로 회복시킬 수는 없습니다. 오직 하나님만이 우리의 영혼을 회복시키실 수 있습니다. 그래서 영혼이 공허하고, 우울하며, 과부하 상태일 때 예수님은 우리가 그분께 나아오기를 원하십니다. 이사야 40장 29절은 이렇게 말씀합니다. "그는 피곤한 자에게 힘을 주시고 무능한 자에게 능력을 더하신다."

내면이 공허할 때 세상은 더 많은 일을 하라고 말합니다. 더 많은 돈을 벌고, 더 많은 것을 얻고, 더 많은 일을 하고, 더 많은 곳을 여행하라고 합니다. 가자, 가자, 가자. 더, 더, 더. 그러나 역설적으로 이러한 끝없는 추구가 우리를 더욱 공허하게 만드는 근원일 수 있습니다!

예수님은 우리에게 정반대의 일을 하라고 하십니다. 가지 말고, 그분께로 오라고 하십니다. 그리고 있는 그대로 오라고 하십니다.

우리의 영혼은 이 세상이 제공하는 어떤 것에서도 참된 안식을 찾지 못합니다. 우리의 영혼은 이 세상의 그 어떤 것으로 완전히 만족하도록 창조되지 않았기 때문입니다.

우리는 하나님을 위해 지음받았습니다. 오직 지친 영혼을 그분께 가져갈 때만 진정한 안식을 찾을 수 있습니다.

May

터진 웅덩이에서 생명의 샘으로

"이 물을 마시는 사람마다 다시 목마를 것이다.
그러나 내가 주는 물을 마시는 사람은
영원히 목마르지 않을 것이다.
내가 주는 물은 그 사람 안에서 계속 솟아올라 영생에 이르게 하는 샘물이 될 것이다."
_요한복음 4장 13-14절, 우리말

여러분의 삶이 깊은 공허함으로 가득 차 있습니까? 진정으로 의미 있는 삶을 살고 싶으신가요? 이제 예수님 안에서 참된 만족을 찾을 때입니다.

우리는 흔히 주변 환경에서 삶의 행복과 의미를 찾으려 노력합니다. "이런 옷만 입으면 멋질 거야. 성형수술로 이 부분만 고치면 인생이 달라질 거야. 이 직업만 얻으면 만족할 수 있을 거야." 이런 생각들이 우리를 지배합니다.

하지만 이런 것들을 좇다 보면 우리는 결국 지치고 맙니다. 이유가 무엇일까요? 성경은 이렇게 말씀합니다. "내 백성이 범한 두 가지 죄는 생수의 샘인 나를 버린 것과 물을 담을 수 없는 터진 웅덩이를 스스로 판 것이다"(렘 2:13).

우리는 하나님을 외면하고, 스스로의 힘으로 필요를 채우려 합니다. 하지만 우리가 파놓은 우물들 – 수익성 좋은 직업, 멋진 외모, 완벽한 집 같은 것들 – 은 결국 물을 담지 못하는 터진 웅덩이에 불과합니다.

예수님은 요한복음 4장 13-14절에서 이렇게 말씀하십니다. "이 물을 마시는 사람마다 다시 목마를 것이다. 그러나 내가 주는 물을 마시는 사람은 영원히 목마르지 않을 것이다. 내가 주는 물은 그 사람 안에서 계속 솟아올라 영생에 이르게 하는 샘물이 될 것이다"(우리말).

죄는 중독성이 있습니다. 그것은 우리를 더욱 목마르게 할 뿐입니다! 포르노 중독자에게 물어보십시오. 한 번으로는 결코 충분하지 않습니다. 처방약에 중독된 사람에게 한 알은 결코 만족을 주지 못합니다. 분노 조절에 문제가 있는 사람은 한 번의 화로 그치지 않습니다. 이렇듯, 죄는 만족에 대한 더 큰 갈증을 만들어냅니다.

예수님 밖에서 추구하는 모든 것이 그렇습니다. 그것은 우리를 이전보다 더 갈급하게 만들 뿐입니다! 그러나 예수님은 우리의 갈증을 영원히 해소할 생수를 주십니다.

여러분, 삶이 만족스럽지 않다면 그것은 영적으로 목마른 상태입니다. 그리고 이 갈증을 해소할 수 있는 분은 오직 예수님뿐입니다.

세상의 바람을 이기는 방법

"우리는 더 이상 사람들의 속임수, 곧 거짓된 간계로 인한 술책에 넘어가
온갖 교훈의 풍조에 떠밀리고 휩쓸리는 어린아이가 되지 말고."
_에베소서 4장 14절, 우리말

자연계에서 가장 강력한 힘 중 하나인 바람은, 성경에서 다양한 삶의 상황을 상징하는 은유로 자주 등장합니다. 시험의 바람, 고난의 바람, 갈등의 바람, 유혹의 바람 등이 우리 삶을 흔들어놓습니다. 하지만 하나님은 우리가 이 모든 바람을 견딜 힘을 주십니다.

에베소서 6장 13절은 이렇게 말씀합니다. "악한 날에 원수를 대항하여 싸워 이기고 모든 일을 완성한 후에 설 수 있도록 하나님의 무기로 완전 무장하십시오." 여기서 "싸워 이기다"라는 단어는 "파괴적인 힘에 의해 손상되지 않고 남아 있다"라는 의미를 담고 있습니다. 인생의 풍파 속에서 흔들리지 않고 굳건히 서는 가장 효과적인 방법 중 하나는 영적 가족과 지속적인 유대관계를 유지하는 것입니다.

하나님은 우리가 혼자서 힘든 날들을 견디기를 원하지 않으십니다. 성경의 첫 부분에서 하나님께서 하신 말씀 중 하나가 바로 이것입니다. "사람이 혼자 있는 것이 좋지 않으니"(창 2:18, 우리말). 거센 바람이 불어올 때, 우리에게는 함께 견디며 서로를 지탱해주는 영적 가족, 즉 교회가 필요합니다.

에베소서의 다음 구절을 주목해보십시오. "그가 어떤 사람은 사도로, 어떤 사람은 예언자로, 어떤 사람은 복음 전도자로, 어떤 사람은 목사로, 어떤 사람은 교사로 삼으셨으니 이는 성도들을 섬기는 일을 준비하게 하며 그리스도의 몸을 세우려는 것입니다. … 우리는 더 이상 사람들의 속임수, 곧 거짓된 간계로 인한 술책에 넘어가 온갖 교훈의 풍조에 떠밀리고 휩쓸리는 어린아이가 되지 말고"(엡 4:11-12, 14, 우리말).

하나님의 교회는 흔들리는 영혼들을 붙드시는 그분의 거룩한 기둥입니다. 교회의 지도자들 – 사도, 선지자, 전도자, 목사, 교사들 – 의 중요한 역할 중 하나는 성도들이 거짓 사상과 "온갖 교훈의 파도"에 휩쓸리지 않도록 지키는 것입니다.

우리가 살아가는 이 변화무쌍한 시대에 사람들의 신념은 한순간에 뒤바뀝니다. 하지만 진리는 결코 변하지 않습니다. 2천 년 전에 진리였던 것은 앞으로 2천 년 후에도 여전히 진리입니다. 이사야 40장 8절 말씀을 기억하십시오. "풀은 시들고 꽃은 떨어지지만 우리 하나님의 말씀은 영원히 서 있다"(우리말).

오늘날 우리 문화에는 잘못된 변화의 바람이 많이 불고 있습니다. 그것은 기만이요, 거짓이며, 반쪽짜리 진실에 불과합니다. 여러분, 시대의 혼란스러운 바람 속에서도 진리 안에 굳건히 서 계십시오. 대신 교회 가족과의 관계를 굳건히 유지하십시오.

일터에서 만나는 시련, 하나님의 성장 도구

"이뿐만 아니라 우리는 환난을 당하더라도 즐거워합니다. 그것은 환난이 인내를 낳고,
또 인내는 연단된 인품을 낳고, 연단된 인품은 소망을 낳는 것을 알기 때문입니다."
_로마서 5장 3-4절, 쉬운

우리는 직장이라는 삶의 터전에서 누구나 예외 없이 어려움을 맞닥뜨립니다. 어디서 일하든, 누구와 일하든 우리는 모두 어느 시점에서 크고 작은 문제에 직면합니다.

성경은 이런 문제를 어떻게 다뤄야 하는지 지혜를 줍니다. "이뿐만 아니라 우리는 환난을 당하더라도 즐거워합니다. 그것은 환난이 인내를 낳고, 또 인내는 연단된 인품을 낳고, 연단된 인품은 소망을 낳는 것을 알기 때문입니다"(롬 5:3-4. 쉬운).

하나님은 우리의 안락함보다 우리의 인격 형성에 훨씬 더 큰 관심을 기울이십니다. 그분은 우리를 단순히 보호하시는 것을 넘어, 영적으로 성숙한 존재로 빚어가기 위해 역사하십니다. 우리의 삶과 일에서 그분의 목표는 우리를 편안하게 만드는 것이 아니라 우리가 성장하도록 돕는 것입니다. 그래서 하나님은 우리의 인격을 성장시키기 위해 인생의 문제들을 사용하십니다.

직장에서 문제가 생겼을 때, "왜 이런 일이 일어났나요?"라고 하나님께 묻지 마십시오. 대신 이렇게 질문해보십시오. "하나님, 이 일을 통해 제가 무엇을 배우기를 원하십니까? 저에게 무엇을 가르치시려는 건가요? 제가 간과하고 있는 부분은 무엇인가요? 제 성품의 어떤 면을 개선해야 할까요?" 그리고 이 간단한 진리를 기억하십시오. 여러분이 일하는 동안에도 하나님은 여러분을 위해 일하고 계십니다.

때로는 일의 문제가 유혹의 형태로 나타나기도 합니다. 그러나 놀랍게도 하나님은 이러한 유혹조차 우리의 성장과 발전을 위한 도구로 활용하실 수 있습니다! 때로 신자들은 불신자들과 함께 일하는 것을 꺼립니다. 더 많은 유혹에 노출될 것이라 생각하기 때문입니다. 하지만 이는 사실이 아닙니다. 신자나 불신자나 모두 유혹을 받습니다. 중요한 것은 유혹을 받는 것 자체가 아니라, 유혹에 굴복하는 것이 죄라는 점입니다. 성경은 예수님도 우리와 마찬가지로 모든 면에서 시험을 받으셨지만 결코 죄를 짓지 않으셨다고 말씀합니다.

우리는 어디에서 일하든 평생 유혹을 받을 수 있습니다. 그러나 하나님은 그 유혹마저도 선하게 사용하실 수 있습니다. 우리의 성품을 키우는 데 활용하실 수 있습니다. 유혹에 직면할 때마다 우리는 선택의 기로에 섭니다. 유혹에 저항하거나 유혹에 따라 행동할 수 있는 것입니다.

유혹에 넘어갈 때마다 우리는 상처를 입습니다. 그러나 올바른 선택을 할 때마다 그 유혹은 오히려 우리를 한 단계 더 성장시키는 발판이 됩니다.

심판의 두려움에서 해방된 삶

"내 말을 듣고 나를 보내신 분을 믿는 사람은 영원한 생명을 얻었으므로
심판을 받지 않을 것이다. 그는 이미 죽음에서 생명으로 옮겨 간 것이다."
_요한복음 5장 24절

 예수님의 죽음과 부활은 우리를 심판의 두려움에서 해방시켜줍니다.

여러분, 심판의 날을 이런 식으로 그려본 적이 있으십니까? 천국 문 앞, 끝없이 이어지는 긴 줄에 서서 천천히 앞으로 나아가는 중입니다. 한 걸음 한 걸음 천천히 앞으로 나아가면서 점점 더 긴장되고, 땀이 나기 시작합니다. "내가 정말 들어갈 수 있을까? 하나님께서 내 모든 실수와 죄를 큰 스크린에 보여주시지는 않을까?" 이런 생각들로 마음이 무거워집니다.

하지만 여러분, 예수 그리스도께서 직접 약속하신 놀라운 소식이 있습니다. "아들을 믿는 사람은 심판을 받지 않는다"(요 3:18, 새번역). 또 요한복음 다른 곳에서는 이렇게 말씀하십니다. "내 말을 듣고 나를 보내신 분을 믿는 사람은 영원한 생명을 얻었으므로 심판을 받지 않을 것이다"(요 5:24). 이 얼마나 기쁜 소식입니까!

제 친구 버디의 이야기를 들어보세요. 어릴 적 그의 주일학교 선생님은 하나님이 하늘에 앉아 버디가 한 모든 나쁜 일을 적고 계신다고 가르쳤다고 합니다. 심지어 매주 아이들에게 "우리 주님은 항상 글을 쓰고 계셔"라는 노래를 부르게 했답니다. 버디는 너무 무서워서 "난 천국에 가지 못할 거야. 내 죄 목록은 계속 길어지고 있어"라고 생각했다는 것입니다.

하지만 여러분, 이것이 정말 주님께 나아와 그리스도를 믿을 때 하나님께서 우리를 대하시는 방식일까요? 절대 아닙니다! 사실 하나님은 항상 지우고, 또 지우고, 계속해서 지우고 계십니다. 용서하고, 또 용서하고, 끊임없이 용서하고 계시는 것입니다. 하늘 보좌에 앉으신 하나님은 우리의 죄를 삭제하는 버튼을 누르고 계십니다.

왜 그러실까요? 성경은 이렇게 말씀합니다. "하나님이 사랑"(요일 4:8)이시며, 그 사랑은 "다른 사람의 죄를 꼬치꼬치 따지지 않[기]"(고전 13:5, 메시지) 때문입니다. 예수 그리스도의 사랑을 신뢰할 때, 우리의 죄는 말끔히 사라집니다.

여러분, 우리는 이 약속을 굳게 믿을 수 있습니다. "그러므로 이제 그리스도 예수님을 믿는 사람들에게는 유죄 판결이 없습니다"(롬 8:1). 이 말씀을 마음에 새기십시오.

하나님의 성소에서 해결책을 찾았습니다

"내가 이 얽힌 문제를 풀어보려고 깊이 생각해보았으나, 그것은 내가 풀기에는 너무나
어려운 문제였습니다. 그러나 마침내 하나님의 성소에 들어가서야,
악한 자들의 종말이 어떻게 되리라는 것을 깨닫게 되었습니다."

_시편 73편 16-17절, 새번역

'고르디우스의 매듭'이라는 말을 들어보셨습니까? 이는 해결 불가능해 보이는 복잡한 문제를 비유할 때 사용되는 말입니다. 전설에 따르면, 미다스왕의 아버지 고르디우스가 만든 복잡한 매듭을 푸는 자가 아시아의 지배자가 된다는 예언이 있었습니다. 알렉산더 대왕은 이 매듭을 칼로 잘라 문제를 해결했다고 하지요.

여러분의 삶에도 이런 '고르디우스의 매듭' 같은 문제가 있지 않습니까? 복잡한 인간관계, 해결되지 않는 재정 문제 또는 고질적인 건강 문제일 수도 있습니다. 너무 오래되고 복잡해서 "과연 해결책이 있을까?" 하는 의문이 들기도 합니다.

그렇다면 이런 난제 앞에서 우리는 무엇을 해야 할까요? 먼저 창조주 하나님께 마음을 들어 찬양하는 것입니다. 하나님을 찬양할 때, 혼자서는 결코 생각해내지 못할 답을 얻습니다. 다윗은 시편 73편 16-17절에서 이렇게 고백했습니다. "내가 이 얽힌 문제를 풀어보려고 깊이 생각해보았으나, 그것은 내가 풀기에는 너무나 어려운 문제였습니다. 그러나 마침내 하나님의 성소에 들어가서야, 악한 자들의 종말이 어떻게 되리라는 것을 깨닫게 되었습니다"(새번역).

여기서 '하나님의 성소'는 찬양을 통해 하나님의 임재 속으로 들어가는 영적 경험을 상징합니다. 다윗은 하나님을 경배하고 찬양하며 감사하기 시작했을 때 비로소 필요한 응답을 얻었던 것입니다.

새롭고 창의적인 아이디어를 얻고 싶으신가요? 하나님을 경배하고 찬양하는 것이 가장 좋은 방법입니다. 우주의 창조주보다 더 창의적인 존재는 없습니다. 우리가 이 창조주와 더 깊이 교제할수록 우리의 창의성도 더욱 풍성해집니다.

성경은 이렇게 말씀합니다. "감사하며 성전에 들어가고 찬송하며 그 뜰에 들어가라. 그에게 감사하고 그의 이름을 찬양하라"(시 100:4). 찬양과 감사는 바로 창의성의 문을 여는 열쇠입니다.

인생에는 항상 문제가 있기 마련입니다. 특히 가장 크고 해결 불가능해 보이는 문제일수록 창의적인 해결책이 필요합니다.

여러분, 지금 해결책이 필요하신가요? 그렇다면 해결책을 찾기 전에 먼저 하나님 앞에 나아가 그분을 찬양해보십시오. 모든 지혜의 근원되신 창조주께서 여러분에게 새로운 통찰과 해결의 길을 열어주실 것입니다.

사실을 인정하되, 하나님의 계획을 신뢰하기

"아브라함은 자기 나이가 백 세가 다 되어 몸은 죽은 것과 다름이 없었고
그의 아내 사라도 나이가 많아 도저히 출산할 수 없는 것을 알고도
믿음이 약해지지 않았습니다."
_로마서 4장 19절

많은 이들이 믿음이란 현실도피라고 오해하지만, 참된 믿음은 오히려 현실을 더욱 선명하게 마주하는 것입니다.

아브라함의 이야기를 보십시오. "아브라함은 자기 나이가 백 세가 다 되어 몸은 죽은 것과 다름이 없었고 그의 아내 사라도 나이가 많아 도저히 출산할 수 없는 것을 알고도 믿음이 약해지지 않았습니다"(롬 4:19).

아브라함은 99세, 그의 아내 사라는 89세였습니다. 생물학적으로 아이를 갖는 것은 불가능했습니다. 그러나 아브라함은 이 현실을 부정하지 않았습니다. 대신 그는 믿음으로 이 상황에 맞섰습니다.

진정한 믿음은 고집스러운 무지가 아닙니다. 현실을 외면하거나, 문제가 없는 척하거나, 과거에 집착하는 것이 아닙니다. 오히려 믿음은 현실을 직시하면서도, 그 속에서 희망을 잃지 않는 자세입니다.

만약 여러분이 암 진단을 받았다면, 그 사실을 부정할 순 없습니다. 하지만 그 진단이 여러분의 최종 운명이라고 받아들일 필요는 없습니다. 현실을 인정하면서도, 그것을 극복하기 위해 최선을 다하는 것, 그것이 바로 믿음의 자세입니다.

어떤 이들은 그리스도인들이 항상 웃으며 문제를 부정해야 한다고 말합니다. 하지만 이는 예수님의 방식이 아닙니다. 예상치 못한 진단이나 깨어진 꿈 앞에서 슬퍼하는 것은 자연스러운 반응입니다. 다만 그 슬픔에 빠져 있을 필요는 없습니다.

대신 하나님께 이렇게 고백하세요. "제가 원하던 대로 되진 않았지만, 하나님께서 제 인생에 더 좋은 계획을 가지고 계심을 압니다." 이것이야말로 진정한 믿음의 표현입니다.

믿음이란 하나님께서 우리 인생의 서사를 여전히 써내려가고 계신다고 믿는 것입니다. 하나님께서 우리를 위해 최선의 것을 예비하셨음을 확신하는 것, 그것이 바로 믿음입니다!

코리 텐 붐의 이야기를 들어보세요. 그녀는 홀로코스트 생존자이자 작가입니다. 젊은 시절, 그녀는 약혼을 앞두고 있었습니다. 그러나 그 남자는 갑자기 그녀를 떠나 다른 여자와 결혼했

습니다. 큰 상처를 입은 코리는 평생 결혼하지 않았습니다. 그럼에도 그녀는 자신을 고통의 껍질 속에 가두지 않았습니다. 대신 그녀의 사랑은 새로운 방향을 찾았습니다. 코리는 20세기에 가장 영향력 있는 기독교 지도자 중 한 명이 되어 수백만 명의 삶에 감동을 주었습니다.

코리가 이렇게 할 수 있었던 이유는 현실을 직시했기 때문입니다. 그녀는 어려움에 직면했을 때도 하나님과 그분의 계획을 신뢰했고, 믿음을 통해 다른 이들을 사랑했습니다.

여러분도 이렇게 할 수 있습니다. 현실을 있는 그대로 받아들이되, 하나님의 더 큰 계획을 신뢰하세요. 그것이 바로 진정한 믿음의 삶입니다.

오늘 믿음이 필요한 일은 무엇입니까?

"선한 일을 하다가, 낙심하지 맙시다. 지쳐서 넘어지지 아니하면,
때가 이를 때에 거두게 될 것입니다."
_갈라디아서 6장 9절, 새번역

실패는 인생의 막다른 골목이 아니라 성장을 위한 새로운 전환점입니다. 포기하지 않는 한 우리는 실패한 것이 아닙니다. 그리고 포기하기엔 언제나 너무 이릅니다!

사람의 위대함은 재능, 재산, 학력으로 판단할 수 없습니다. 진정한 위대함은 역경 앞에서 그 사람이 보여주는 불굴의 의지와 인내로 드러납니다.

성경은 갈라디아서 6장 9절에서 이렇게 말씀합니다. "선한 일을 하다가, 낙심하지 맙시다. 지쳐서 넘어지지 아니하면, 때가 이를 때에 거두게 될 것입니다"(새번역).

제가 새들백 교회의 담임 목사로 있을 때, 얼마나 자주 사임하고 싶었는지 모릅니다. 매주 월요일 아침마다 이런 생각이 들었습니다. "하나님, 제가 부족합니다. 이 사역은 제 능력으로는 감당하기 어려울 만큼 큽니다." 그때마다 하나님께서 "그냥 계속하거라"라고 말씀하시는 것 같았습니다. 저는 특별한 재능을 가진 사람은 아니지만, 하나님이 주신 사명 앞에서 절대 물러서지 않는 사람입니다.

하나님은 우리의 믿음에 따라 우리 삶에서 일하십니다. 성경은 이렇게 말씀합니다. "믿음이 없이는 하나님을 기쁘시게 할 수 없습니다"(히 11:6), "믿음으로 하지 않는 것은 모두 죄입니다"(롬 14:23), "너희 믿음대로 되어라"(마 9:29).

여러분, 매일 아침 일어나면 이렇게 기도해보십시오. "하나님, 오늘 제가 믿음이 필요한 일을 할 수 있게 해주세요." 이는 매우 중요한 기도입니다. 매일 믿음으로 사는 것이 하나님을 기쁘시게 하기 때문입니다.

우리는 부모님의 정체성, 출생 시기, 국적, 인종, 재능 등 많은 요소를 선택할 수 없습니다. 그러나 하나님을 얼마만큼 신뢰할지는 오로지 우리의 결정에 달려 있습니다. 하나님은 행동하는 사람, 포기하지 않는 사람, 믿음으로 위험을 감수하는 사람, 하나님이 주신 꿈을 좇는 사람을 사용하십니다.

여러분도 하나님의 목적을 이루기 위해 그분이 사용하시는 사람이 되고 싶으십니까? 그렇다면 어떤 것도 그분의 꿈을 따르는 데 방해가 되지 않도록 하십시오!

하나님은 복제품을 만들지 않으십니다

"마음이 평안하면 육신도 건강하나 시기하면 뼈마디가 썩는다."
_잠언 14장 30절

여러분, 하나님의 선하심이 넘치는 풍요로운 삶을 살고 싶으십니까? 그 첫걸음은 감사의 마음으로 현재를 바라보고 불평의 자리에서 일어서는 것입니다. 그다음으로 중요한 것은 만족하기 시작하고 비교를 그만두는 것입니다.

하나님은 여러분을 여러분답게 만드셨습니다. 그분은 여러분이 다른 누군가가 되기를 원하지 않으십니다! 다른 사람과 자신을 비교하면 어떻게 될까요? 부러움과 원망이 생기고, 때로는 그들을 따라 하려 들기도 합니다.

하지만 명심하세요. 하나님은 결코 복제품을 만들지 않으십니다. 그분은 오직 원본만을 창조하십니다. 일란성 쌍둥이조차도 수천 가지 면에서 다릅니다.

사실, 비교는 우리를 곤경에 빠뜨립니다. 외모, 성적, 배우자, 직업, 자녀 등을 비교하면 두 가지 문제가 생깁니다.

첫째, 항상 더 뛰어난 사람을 발견할 수 있기에 낙담하게 됩니다. 둘째, 역설적이게도 자만심에 빠질 수 있습니다. 왜 그럴까요? 나보다 못한 사람도 언제든 찾을 수 있기 때문입니다.

성경은 이렇게 말씀합니다. "그러나 별로 가진 것은 없지만 마음이 편안한 것이 많은 것을 가지고도 정신없이 일하며 바람을 잡으려는 것보다는 낫다"(전 4:6).

소셜 미디어의 발달로 비교는 더욱 쉬워졌습니다. "이것 좀 봐요!"라고 외치는 게시물들을 매일 보면서, 우리는 부러움과 불만에 빠지기 쉽습니다. 때로는 우리도 남들에게 깊은 인상을 주려고 애쓰게 됩니다. 하지만 기억하세요. 우리는 타인의 인정이 아닌, 하나님의 시선 속에서 살아가야 합니다. 진정한 기쁨은 하나님이 만드신 자신의 모습에 만족하며 그저 자신이 되는 것에서 오기 때문입니다.

부담감에 지치셨나요? 영적, 정서적으로 더 건강해지고 싶으신가요? 성경은 이렇게 말씀합니다. "마음이 평안하면 육신도 건강하나 시기하면 뼈마디가 썩는다"(잠 14:30).

만족은 무언가가 나를 행복하게 해주기를 기다리는 것이 아닙니다. 지금 내가 가진 것을 즐길 때 찾아옵니다. 다른 사람과 자신을 비교하지 말고, 하나님께서 주신 것에 만족하기 시작하세요. 여러분의 삶에서 어느덧 넘쳐나는 기쁨을 경험하게 될 것입니다!

하나님이 고유하게 설계하신 여러분을 발견하고 사랑하는 것, 그것이 바로 만족과 기쁨의 비밀입니다.

새로 시작하는 힘은 하나님의 임재에서 옵니다

"너희는 전에 일어난 일을 기억하지 마라. 과거의 일을 생각하지 마라. 보아라.
내가 이제 새 일을 시작하겠다. 그 일이 이미 나타나고 있는데 너희는 알지 못하겠느냐?
내가 사막에 길을 내겠고, 메마른 땅에 강을 내겠다."
_이사야 43장 18-19절, 쉬운

여러분, 하나님의 비전을 따르지 않을 때 우리는 주로 두 가지 생각에 사로 잡힙니다. "나는 무능력하다" 또는 "나는 실패했다". 이런 생각들이 우리를 옭아맵니다. 그러나 하나님의 비전을 향해 새로운 여정을 시작하고자 한다면, 이런 변명들을 과감히 버리고 다음의 두 가지 진리를 깊이 새겨야 합니다.

첫째, 여러분에게는 능력이 있습니다. "내 꿈을 이루기 위한 능력이 없어"라고 말한 적이 있습니까? 성경에서도 모세와 예레미야를 비롯한 많은 이들이 하나님의 부르심 앞에서 이런 핑계를 대려 했습니다. 제가 가장 좋아하는 예는 기드온입니다. 하나님이 그를 통해 이스라엘을 구원하고자 하셨을 때, 기드온은 이렇게 말했습니다. "감히 여쭙습니다만, 내가 어떻게 이스라엘을 구할 수 있습니까? 보시는 바와 같이 나의 가문은 므낫세 지파 가운데서도 가장 약하고, 또 나는 아버지의 집에서도 가장 어린 사람입니다. 그러나 주님께서는 '내가 반드시 너와 함께 있을 것이니 네가 미디안 사람들을 마치 한 사람을 쳐부수듯 쳐부술 것이다' 하고 말씀하셨다"(삿 6:15-16, 새번역).

자신에게 능력이 없다고 느낄 때, 기억하세요. 여러분은 혼자가 아닙니다. 하나님이 함께하신다면 그분의 능력과 임재, 약속과 보호를 의지할 수 있습니다. 걱정할 것이 없습니다!

둘째, 여러분의 과거는 단지 과거일 뿐입니다. 우리 모두는 실패를 경험했습니다. 여러분은 과거의 결과물이지만, 그 과거에 얽매일 필요는 없습니다. 지난 일들로 인해 영향을 받았을 수 있지만, 여러분이 선택하지 않는 한 피해자가 될 필요는 없습니다. 하나님은 여러분의 과거보다 미래에 훨씬 더 관심이 많으십니다. 이사야 43장 18-19절을 보십시오. "너희는 전에 일어난 일을 기억하지 마라. 과거의 일을 생각하지 마라. 보아라. 내가 이제 새 일을 시작하겠다. 그 일이 이미 나타나고 있는데 너희는 알지 못하겠느냐? 내가 사막에 길을 내겠고, 메마른 땅에 강을 내겠다"(쉬운).

하나님이 예비하신 승리의 길을 막는 가장 큰 걸림돌은 바로 우리 자신의 변명과 두려움입니다. 하나님은 여러분이 부적절하다는 느낌과 과거의 짐을 내려놓기를 원하십니다. 그럴 때 비로소 그분이 여러분을 위해 예비하신 경이로운 미래를 향해 전진할 수 있습니다.

하나님의 증식 시스템

우리가 하나님께 드리는 모든 것은 그분의 은혜로 놀랍게 배가되어 돌아옵니다. 이것이 바로 하나님의 놀라운 배가의 법칙입니다.

시간을 드리면 그분은 그것을 배가시켜 주십니다. 돈을 드리면 그분은 그것을 불려주십니다. 재능을 바치면 그분은 그것을 확장시켜주십니다. 에너지를 쏟으면 그분은 그것을 배가시켜 돌려주십니다.

농부들은 이 원리를 잘 이해하고 있습니다. 씨앗이 그 목적을 달성하려면 반드시 땅에 뿌려져야 합니다. 자루에 담겨 있으면 아무런 가치가 없지만, 일단 심으면 놀라운 증식이 일어납니다. 옥수수 씨앗 하나를 심으면 수백 개의 알갱이가 달린 줄기를 얻게 됩니다. 마찬가지로 하나님도 우리가 드리는 것은 무엇이든 번성케 하십니다.

"적게 뿌리는 사람은 적게 거두고 많이 뿌리는 사람은 많이 거둔다는 사실을 기억하십시오. 각자 마음에 작정한 대로 바치고 아까와하거나 억지로 하지 마십시오. 하나님은 기쁜 마음으로 내는 사람을 사랑하십니다"(고후 9:6-7).

제 아내 케이와 저는 귀중한 진리를 깨달았습니다. 그 어느 누구도 하나님의 너그러우심을 능가할 수 없다는 것입니다. 우리가 희생적으로 헌금하라는 하나님의 인도하심에 순종할 때마다, 그분은 우리가 드린 것을 더 큰 방법으로 채워주셨습니다.

오해하지 마십시오. 이는 여러분의 모든 재산을 교회에 드리면 하나님이 갑자기 여러분을 백만장자로 만들어주신다는 말이 아닙니다. 그러나 하나님은 여러분이 기쁜 마음으로 드린 것을 받으시고, 그분 안에서 더 큰 기쁨과 만족을 더하십니다. 이것이야말로 진정한 선물입니다. 세상이 말하는 부와는 다를지 모르지만, 그분은 여러분이 온전히 살아가는 데 필요한 모든 것을 주신다고 약속하십니다.

하나님은 우리가 믿음으로 기쁘게 자원하여 드리기를 원하십니다. 믿음은 흥정과는 다릅니다. "하나님, 이 거래만 성사시켜 주시면 수익의 일부를 바치겠습니다"라고 하는 것은 진정한 믿음이 아닙니다. 믿음은 우선 희생을 감행하고, 그 결과를 하나님께 전적으로 위탁하는 것입니다.

예수님은 "손해 볼 사람은 아무도 없다"라고 약속하셨습니다. 가정, 배우자, 형제자매, 부모, 자녀 등 무엇을 희생하더라도 손해 보지 않을 것입니다. 그 모든 것이 여러분의 일생에 몇 배로 돌아올 것입니다. 거기에 영생이라는 보너스까지 얹어 주십니다!

이 얼마나 놀라운 약속입니까! 하나님께 우리의 최선을 드리는 것에는 결코 후회할 일이 없습니다. 그분은 언제나 우리의 기대 이상으로 응답하십니다.

천국에서 찾을 수 없는 5가지

"네가 하나님의 깊은 뜻을 다 알아낼 수 있느냐? 전능하신 분의 무한하심을 다 측량할 수 있느냐? 하늘보다 높으니 네가 어찌 미칠 수 있으며, 스올보다 깊으니 네가 어찌 알 수 있겠느냐? 그 길이는 땅끝까지의 길이보다 길고, 그 넓이는 바다보다 넓다."

_욥기 11장 7-9절, 새번역

천국의 영광을 이해하려 할 때마다 떠오르는 어린 시절의 한 기억이 있습니다. 아버지께서 디즈니랜드의 모습을 상세히 설명해주셨지만, 실제로 그곳을 직접 경험하기 전까지는 그 경이로움을 완전히 이해할 수 없었습니다.

욥기 11장 7-9절은 이렇게 말씀합니다. "네가 하나님의 깊은 뜻을 다 알아낼 수 있느냐? 전능하신 분의 무한하심을 다 측량할 수 있느냐? 하늘보다 높으니 네가 어찌 미칠 수 있으며, 스올보다 깊으니 네가 어찌 알 수 있겠느냐? 그 길이는 땅끝까지의 길이보다 길고, 그 넓이는 바다보다 넓다"(새번역). 천국도 마찬가지입니다. 우리가 그곳에 도착하기 전까지는 완전히 이해할 수 없는 신비입니다.

하지만 성경은 천국에 없을 다섯 가지를 우리에게 알려줍니다.

질병이 없을 것입니다. 성경은 우리의 부활한 몸에 대해 이렇게 말씀합니다. "비천한 것으로 심는데, 영광스러운 것으로 살아납니다. 약한 것으로 심는데, 강한 것으로 살아납니다"(고전 15:43, 새번역). 새롭고 완벽한 몸을 얻게 될 것이므로, 더 이상 질병의 고통은 없을 것입니다.

슬픔도 없을 것입니다. 하나님께서 "그들의 눈에서 모든 눈물을 닦아 주실 것"(계 21:4, 새번역)입니다. 천국에서는 더 이상 거절, 외로움, 슬픔, 아픔이 없을 것입니다.

고통도 없을 것입니다. 성경은 약속합니다. "그들은 다시는 주리지 않고, 목마르지도 않고, 해나 그 밖에 어떤 열도 그들 위에 괴롭게 내려 쬐지 않을 것입니다"(계 7:16, 새번역). 천국에서는 우리의 모든 필요가 온전히 채워질 것입니다.

죄가 없을 것입니다. 주님은 "여러분을 넘어지지 않게 지켜주셔서 자기의 영광 앞에 흠 없이 큰 기쁨으로 서게 하실 분"(유 1:24)입니다. 예수 그리스도께서 십자가에서 모든 죄의 대가를 치르셨기에, 우리가 그분을 대면할 때 우리의 성품은 즉시 그분의 거룩한 성품을 반영할 것입니다.

죽음이 없을 것입니다. "다시는 죽음이 없고, 슬픔도 울부짖음도 고통도 없을 것"입니다(계 21:4, 새번역). 천국은 여러 면에서 영광스럽지만, 가장 놀라운 점은 우리가 영원히 하나님의 임재 안에 거하게 된다는 것입니다.

천국에서 우리는 모든 것을 명확히 이해하게 될 것입니다. "아, 하나님께서 내 인생에 그런 일을 허락하셨던 이유를 이제 알겠습니다!"라고 말할 수 있을 것입니다. 그때까지 하나님은 우리가 그분을 신뢰하기를 원하십니다.

불확실한 시기에 목표를 설정하는 2가지 방법

"사람이 마음으로 자기 길을 계획할지라도 그 걸음을 인도하시는 분은 여호와이시다."
_잠언 16장 9절

우리의 불평과 후회는 아무것도 변화시키지 못하지만, 믿음으로 내딛는 한 걸음은 하나님의 능력을 움직이는 열쇠가 됩니다.

마태복음 9장 29절은 이렇게 말씀합니다. "너희 믿음대로 되어라." 우리 힘으로는 할 수 없는 일, 즉 하나님을 의지해야만 하는 일을 하려고 할 때, 우리는 믿음으로 행동하고 있는 것입니다.

하나님의 뜻을 신뢰하며 목표를 세우는 것은 가장 강력한 믿음의 표현입니다. 목표를 설정한다는 것은 이렇게 말하는 것과 같습니다. "하나님, 믿음으로 이 목표를 세웁니다. 6개월 안에 새로운 사역을 시작하고 싶습니다. 제 능력으로는 부족하지만, 당신의 도우심을 믿고 이 목표를 향해 나아가겠습니다." 이런 종류의 목표는 믿음의 표현이며, 하나님은 이러한 믿음을 존중하십니다.

하지만 지금처럼 불확실한 시기에, 특히 상황이 너무 빠르게 변하기 때문에 목표를 세우기 어렵다면 다음 두 가지 방법을 시도해보기 바랍니다.

첫째, 시나리오 기반 목표 설정.

이는 하나님의 인도하심을 신뢰하면서 여러 가능성을 지혜롭게 준비하는 방식입니다. 예를 들어, "이런 일이 발생하면 이 날짜까지 이 작업을 완료하겠습니다. 반면에 저런 일이 발생하면 그 날짜까지 저 작업을 완료하겠습니다." 이런 식으로 접근하는 것입니다.

시나리오 기반 목표 설정은 불확실성 속에서도 하나님을 신뢰하며 미래를 대비할 수 있는 현명한 전략입니다. 잠언 16장 9절의 말씀을 기억하십시오. "사람이 마음으로 자기 길을 계획할지라도 그 걸음을 인도하시는 분은 여호와이시다."

둘째, 인격 중심 목표 설정.

이는 행동 목표보다 인격 목표에 중점을 두는 접근법입니다. 즉, 하고 싶은 일 대신 되고 싶은 사람에 대한 목표를 세우는 것입니다. 내년 이맘때 여러분은 어떤 모습으로 변화되고 싶으십니까? 어떻게 그리스도를 더 닮아가고 싶은가요? 어떤 성품을 기르고 싶은가요?

세상이 아무리 혼란스럽게 여겨질지라도, 우리는 항상 하나님이 바라시는 모습으로 변화하고 성장하기로 결단할 수 있습니다.

이제 행동할 시간입니다! "어떤 일이 가능할까"라는 모호한 상상에서 벗어나, 믿음으로 첫 걸음을 내디디세요. 성경은 "믿음이 없이는 어느 누구도 하나님을 기쁘시게 할 수 없습니다"(히 11:6, 쉬운)라고 말씀합니다. 우리가 믿음으로 행동할 때, 하나님은 우리의 목표를 존중해주시고, 우리의 가장 큰 목표인 하나님께 영광을 돌리는 일을 이룰 수 있도록 도와주실 것입니다.

영이 이끄는 사고는 생명으로 이어집니다

"죄의 본성의 지배를 받는 사람의 생각은 죽음이지만,
성령의 지배를 받는 사람의 생각은 생명과 평강입니다."
_로마서 8장 6절, 쉬운

삶의 모든 영역에서 진정한 변화를 경험하고 싶습니까? 그렇다면 우리는 생각하는 방식부터 바꿔야 합니다. 우리의 뇌가 바로 하나님의 영이 활동하시는 곳이기 때문입니다.

우리는 하나님의 임재와 역사하심이 이루어지는 처소를 흔히 마음이라 표현합니다. "예수님을 내 마음에 모셨다"라는 말을 하곤 합니다. 그러나 실제로 마음은 뇌를 상징적으로 나타낸 것에 불과합니다. **우리가 생각하는 곳, 바로 그곳에서 하나님은 변화의 과정을 시작하십니다.** 우리 삶의 리셋 버튼을 누르시는 곳도 이 생각의 영역입니다.

에베소서 4장 23-24절은 이렇게 말씀합니다. "여러분은 마음을 새롭게 하라는 가르침을 들었습니다. 이제는 새 사람이 되어 하나님의 모습처럼 선하고 거룩하게 살아가십시오"(쉬운).

우리는 하나님의 형상을 본떠 창조되었습니다. 그러나 이는 단숨에 완성되는 과정이 아닙니다. 예수님을 더 닮은 사람으로 성장하려면 인생의 여러 영역에서 많은 리셋과 변화를 겪어야 합니다. 그리스도 안에서 새로운 사람이 되는 이 놀라운 여정은 바로 우리의 사고방식이 변하는 것에서 시작됩니다.

어떻게 이런 변화가 일어날까요? 사탄이 우리 마음에 어떤 생각을 심으려 할 때, 우리는 이를 유혹이라고 부릅니다. 반면 하나님께서 우리 마음에 어떤 아이디어를 주실 때, 우리는 이를 영감이라고 합니다.

이 유혹이나 영감을 받아들일지 거부할지는 전적으로 우리의 선택에 달려 있습니다. 여러분은 성령께서 여러분의 사고 체계를 혁신하도록 문을 열어드리시겠습니까? 사실, 우리는 매 순간 어떤 생각을 붙잡을 것인지, 어떤 생각을 버릴 것인지 선택하고 있습니다. 이러한 선택을 통해, 우리는 어떤 생각이 우리 삶을 지배할지 결정하게 됩니다. 로마서 8장 6절은 이 진리를 명확히 보여줍니다. "죄의 본성의 지배를 받는 사람의 생각은 죽음이지만, 성령의 지배를 받는 사람의 생각은 생명과 평강입니다"(쉬운).

하나님은 우리가 온전하고, 의미 있고, 목적이 충만한 삶을 살길 원하십니다. 그분은 우리가 믿음과 영적 성숙을 통해 끊임없이 성장하기를 바라십니다.

하지만 이 모든 것은 매일, 매 순간 우리의 선택에 달려 있습니다. 여러분, 오늘 생명으로 이끄는 길을 선택하시겠습니까?

하나님의 자비하심이 낙담을 이기게 합니다

"그러므로 우리는 하나님의 자비를 힘입어서 이 직분을 맡고 있으니, 낙심하지 않습니다."
_고린도후서 4장 1절, 새번역

"하나님이 나를 사랑하신다"는 말씀. 우리가 평생 들어온 이 진리, 정말 가슴으로 느끼고 계십니까?

하나님의 사랑을 지식으로 이해하는 것과 삶 속에서 체험하는 것은 근본적으로 다른 차원에 속한 것입니다. 그분의 사랑을 진정으로 믿지 못하면 우리는 쉽게 낙담에 빠집니다. 왜 그럴까요? 하나님의 사랑을 의심하면, 우리 삶에 늘 함께하시는 그분의 은혜와 자비를 알아채기 어려워지기 때문입니다.

낙담을 이기는 가장 효과적인 방법은 무엇일까요? 바로 하나님의 크신 사랑을 기억하고, 그 진리에 계속 집중하는 것입니다. 그리고 이를 위한 최고의 방법은 하나님의 말씀인 성경을 읽는 것입니다. 매일 성경을 읽으면 하나님께 더 집중하게 되고, 그분과 더 가까워질 수 있습니다.

성경은 이렇게 말씀합니다. "그러므로 우리는 하나님의 자비를 힘입어서 이 직분을 맡고 있으니, 낙심하지 않습니다"(고후 4:1, 새번역).

자비란 무엇일까요? 자비는 하나님께서 우리가 마땅히 받아야 할 것이 아니라, 우리에게 정말 필요한 것을 주시는 것입니다. **우리가 저지른 모든 실수와 앞으로 저지를 실수까지도 다 아시면서, 여전히 우리 삶에 좋은 것들을 부어주시는 것, 그것이 바로 하나님의 자비입니다.** 절망감에 빠지거나 지치고 낙담할 때, 우리를 다시 일으켜 세우는 힘이 바로 이 자비입니다. 하나님께서 여러분에게 베푸신 선하심을 기억할 때, 여러분은 그분의 사랑을 온전히 느낄 수 있을 것입니다.

혹시 여러분은 하나님의 음성을 부정적인 관점에서만 듣고 있지는 않습니까? 오랜 신앙생활 속에서 우리는 때로 하나님을 엄격한 심판관으로만 여기기 쉽습니다. 하지만 그렇게 되면 그분의 따뜻한 사랑을 느끼기 어려워집니다. 하지만 명심하십시오. 여러분이 듣는 음성이 늘 부정적이라면, 그것은 하나님의 음성이 아닙니다.

하나님은 여러분을 사랑하기 위해 창조하셨습니다. 인생의 가장 큰 목적은 선행을 하는 것도, 심지어 하나님을 사랑하는 것도 아닙니다. 가장 중요한 것은 하나님이 여러분을 사랑하시도록 하는 것입니다. 여러분은 그 사랑을 믿고 그분의 은혜를 받아들이면 됩니다. 그러면 더 큰 자비와 은혜를 경험하게 될 것입니다!

하나님의 자비와 은혜 그리고 사랑 안에서 안전하게 거할 때, 여러분은 그분이 계획하신 선한 일들을 향해 나아갈 수 있는 자신감과 희망을 얻게 될 것입니다.

자유를 향한 세 가지 초점: 예수님, 이웃, 영원

"여러분은 하늘에 있는 것을 생각하고 땅에 있는 것을 생각하지 마십시오."

_골로새서 3장 2절

진정한 자유가 어디서 오는지 아십니까? 그것은 바로 하나님의 진리에 우리의 온 마음을 집중할 때 찾아옵니다. 하지만 우리 주변에는 정신을 산만하게 하는 것이 너무나 많습니다. 어떻게 하면 올바른 곳에 마음을 두고 진정한 자유를 경험할 수 있을까요?

오늘 여러분의 삶에 큰 변화를 가져올 세 가지 집중 방법을 소개합니다.

첫째, 예수님을 생각하세요. 히브리서 12장 3절은 이렇게 말씀합니다. "여러분은 죄인들의 이런 증오를 몸소 참으신 예수님을 생각하면서 낙심하지 말고 용기를 내십시오." 우리가 계속 전진할 수 있는 힘은 어디서 오는 걸까요? 바로 예수님을 생각하는 데서 옵니다. 하나님의 말씀 안에 머물러 계십시오. 성경이 말씀하는 예수님의 모습과, 그분이 보여주신 하나님을 기쁘시게 하는 삶의 모범을 깊이 묵상하십시오.

둘째, 다른 사람을 생각하세요. "그리고 서로 격려하여 사랑과 선한 일을 위해 힘쓰도록 하십시오."(히 10:24). 세상 사람들은 대부분 자신을 먼저 생각합니다. 그렇기에 다른 사람을 더 생각하는 여러분은 빛나게 될 것입니다. 다른 이들의 필요와 그들을 도울 방법을 생각하기로 선택하면, 여러분은 자기 문제에 매몰되지 않게 됩니다. 타인에게 집중하기로 결심하면, 여러분의 상황과 고민에 대해 새로운 시각을 갖게 될 것입니다.

셋째, 영원을 생각하세요. 골로새서 3장 2절은 이렇게 말씀합니다. "여러분은 하늘에 있는 것을 생각하고 땅에 있는 것을 생각하지 마십시오." 오늘 여러분을 괴롭히는 그 문제가 현재는 거대한 산처럼 느껴질 수 있습니다. 그러나 5년 후의 시점, 더 나아가 영원의 관점에서 바라보면 그리 중대한 사안이 아닐 수 있습니다. **천국에서 예수님과 영원히 함께할 것을 생각하면, 지금 여러분이 겪는 어려움이 작아 보이지 않습니까?** 영원의 렌즈를 통해 보면, 모든 것을 올바른 관점에서 볼 수 있습니다.

지금 어떤 상황에 처해 있든지, 잠시 멈추고 자신의 생각을 되돌아보세요. 그리고 예수님, 다른 사람들 그리고 영원한 본향에 집중하기로 선택하세요. 그렇게 하면 자기중심적인 사고에서 벗어날 수 있습니다. 이것이 바로 하나님께서 우리에게 의도하신 삶의 방식입니다.

이 세 가지에 집중하는 습관을 들이면, 여러분의 삶은 놀랍게 변화될 것입니다!

예수님의 눈으로 보기: 일상에서 만나는 섬김의 기회

"우리는 늘 '어떻게 하면 도움을 줄 수 있을까' 물으며,
주변 사람들의 유익을 도모할 필요가 있습니다."
_로마서 15장 2절, 메시지

당신이 운전 중에 타이어가 펑크 났을 때 미국 대통령이 지나간다면 그가 멈춰 서서 도와줄 거라 기대하지는 않으실 겁니다. 그는 여러분의 문제를 처리하기에는 '너무 바쁜' 사람이라고 생각하니까요.

하지만 이는 세상의 가치관일 뿐, 하나님 나라의 가치관은 다릅니다. 예수님은 위대해지고 싶다면 모든 이의 종이 되어야 한다고 말씀하셨습니다. 자신을 더 많이 내어주고 다른 사람을 섬길수록 하나님 나라에서는 더 큰 사람이 되는 것입니다.

제 아내의 이야기를 들려드리겠습니다. 몇 년 전, 아내는 짧은 기간 동안 네 번의 연설을 해야 했습니다. 한번은 일정을 마치고 집에 돌아왔을 때 완전히 지쳐 있었습니다. 하지만 그녀는 곧바로 부엌으로 가서 어려움을 겪고 있는 이웃을 위해 식사를 준비하기 시작했습니다. 그녀는 자신이 '너무 중요한 사람'이라고 생각하지 않았습니다. 대신 다른 이들을 돕기 위해 자신의 피로를 제쳐두었습니다. 왜 그랬을까요? 그녀는 예수님을 닮고 싶었기 때문입니다. 그녀는 진정으로 섬기기를 원했던 것입니다.

예수님처럼 사랑한다는 것은 무엇을 의미할까요? 로마서 15장 2절은 이렇게 말합니다. "우리는 늘 '어떻게 하면 도움을 줄 수 있을까' 물으며, 주변 사람들의 유익을 도모할 필요가 있습니다"(메시지).

사실, 예수님처럼 섬기는 한 가지 방법은 예수님을 섬기듯 다른 사람을 섬기는 것입니다. 여러분의 일상 속에서 예수님이 어떻게 상처받은 이들의 모습으로 '위장'하여 나타나는지 주의 깊게 살펴보세요. 월요일 아침 사무실에서 커피를 리필하고 있는 동료일 수도 있고, 축구장에서 만난 누군가일 수도 있습니다. 식료품점 계산대 줄에서 여러분 뒤에 서 있는 사람일 수도 있죠. 어쩌면 깊은 상처를 안고 있는, 여러분이 아는 가장 사랑받기 어려운 사람일 수도 있습니다. **예수님을 섬기고 싶다면 주변의 상처받은 사람들을 위해 먼저 나서보세요.**

로마서 12장 13절은 이렇게 말씀합니다. "하나님의 자녀들이 궁핍할 때, 여러분이 그들을 돕는 사람이 되십시오. 그리고 손님들을 집으로 초대하여 식사를 대접하고, 필요하다면 하룻밤 묵을 수 있게 하는 습관을 들이십시오"(TLB 직역). 여러분의 교회, 이웃, 심지어 가족 중에도 도움이 필요한 사람이 많습니다. 식탁에 음식을 올리기 위해 고군분투하는 한부모, 빈집에서 외롭게 지내는 과부, 학업에 지친 학생 등 말입니다.

예수님의 눈으로 주변을 둘러보고 이렇게 물어보세요. "예수님이 그들을 사랑하신 것처럼 내가 그들을 사랑할 수 있는 방법은 무엇일까?"

믿음의 선택: 의심을 이기는 용기

"힘을 내고 용기를 가져라. 내가 명령한 것을 기억하여라.
두려워하지 마라. 네가 가는 곳마다 네 하나님 여호와가 너와 함께할 것이다."
_여호수아 1장 9절, 쉬운

의심이 우리 삶에 미치는 영향을 아십니까? 의심은 하나님이 우리를 위해 꿈꾸시는 놀라운 계획을 가로막는 가장 큰 적입니다. 의심은 우리의 잠재력을 제한하고, 중요한 일을 미루게 만들며, 결국 하나님의 최고의 계획을 놓치게 합니다.

성경은 이렇게 경고합니다. "그러나 믿음으로 구하고 조금도 의심하지 마십시오. 의심하는 사람은 바람에 밀려 출렁거리는 바다 물결과 같습니다. … 그는 이중 인격자이며 언제나 자기가 하는 일에 갈피를 못 잡고 흔들리는 사람입니다"(약 1:6, 8).

하나님께서 우리를 그분의 위대한 도구로 사용하시려면, 우선적으로 우리 내면의 의심을 극복해야 합니다. 여호수아의 이야기를 통해 이 진리를 살펴보겠습니다.

여호수아는 이스라엘 백성을 약속의 땅으로 이끈 위대한 지도자였습니다. 그러나 그 역시 의심이라는 내적 갈등에서 자유롭지 못했습니다. 하나님께서 그를 이스라엘 역사의 중요한 인물로 선택하셨음에도, 그는 자신감 부족으로 힘들어했습니다. 그럴 만한 이유가 있었습니다.

첫째, 그는 모세의 후계자였습니다. 성경은 모세를 역사상 가장 위대한 인물로 기록하고 있습니다! 저라도 그런 큰 족적을 이어가야 한다면 부담감을 느꼈을 것 같습니다. 둘째, 하나님은 여호수아에게 이스라엘 백성을 이끌고 더 크고 강한 일곱 나라가 살고 있는 땅으로 들어가라는 엄청난 임무를 주셨습니다.

하나님께 쓰임받기 위해 여호수아는 의심을 버려야 했습니다. 그래서 이스라엘 백성이 약속의 땅을 향한 대장정을 시작하기 전날 밤, 하나님은 여호수아에게 이렇게 격려하셨습니다. "힘을 내고 용기를 가져라. 내가 명령한 것을 기억하여라. 두려워하지 마라. 네가 가는 곳마다 네 하나님 여호와가 너와 함께할 것이다"(수 1:9, 쉬운).

하나님은 여호수아에게 의심을 버리라고 말씀하셨고, 우리에게도 같은 말씀을 하십니다.

의심과 믿음 사이에서 우리는 매 순간 영적 선택을 해야 합니다. 하나님을 의심하거나, 자신의 역량을 의심하거나, 혹은 타인을 의심할 때마다 우리는 사실상 의심을 신뢰하고 믿음을 의심하는 모순에 빠지고 있는 것입니다. 우리에게 필요한 것은 의심을 의심하고 믿음을 굳건히 신뢰하는 태도입니다. 하나님이 우리와 함께하시고, 우리를 도와주실 것이며, 우리 삶에서 일하기를 원하신다는 것을 굳게 믿어야 합니다.

여호수아는 이스라엘 백성과 함께하시고 그들을 도우시겠다는 하나님의 약속을 믿었습니다. 그는 자신이 위대한 지도자가 될 것이라는 하나님의 말씀을 신뢰했습니다. 그는 자신을 향한 하나님의 사명을 완수하고 싶었습니다. 그래서 여호수아는 어떤 의구심이 들더라도 하나님의 약속과 신실하심을 믿기로 선택했습니다.

여러분도 선택할 수 있습니다. 의심을 믿겠습니까, 아니면 믿음을 선택하시겠습니까?

하나님께 감정을 솔직히 털어놓으십시오

"그러나 나는 입을 다물고 있을 수 없습니다.
분하고 괴로워서, 말을 하지 않고는 견딜 수 없습니다."
_욥기 7장 11절, 새번역

하나님은 우리의 모든 감정을 온전히 이해하시고 품으실 수 있는 분이십니다. 왜 그럴까요? 바로 그분이 우리에게 감정을 주셨기 때문입니다!

여러분의 분노, 의심, 두려움, 의문, 슬픔, 심지어 불평까지도 하나님은 받아들이실 수 있습니다. 그러니 여러분이 느끼는 감정을 있는 그대로 하나님께 말씀드리십시오. 욥이 그랬던 것처럼 말입니다.

욥은 하나님께 극도로 솔직했습니다. "그러나 나는 입을 다물고 있을 수 없습니다. 분하고 괴로워서, 말을 하지 않고는 견딜 수 없습니다"(욥 7:11, 새번역). 그는 이렇게 계속해서 자신의 감정을 토로했습니다.

"내가 바다 괴물이라도 됩니까? 내가 깊은 곳에 사는 괴물이라도 됩니까? 어찌하여 주님께서는 나를 감시하십니까? 잠자리에라도 들면 편해지겠지, 깊이 잠이라도 들면 고통이 덜하겠지 하고 생각합니다만, 주님께서는 악몽으로 나를 놀라게 하시고, 무서운 환상으로 저를 떨게 하십니다. 차라리 숨이라도 막혀 버리면 좋겠습니다. 뼈만 앙상하게 살아 있기보다는, 차라리 죽는 것이 낫겠습니다. 나는 이제 사는 것이 지겹습니다. 영원히 살 것도 아닌데, 제발, 나를 혼자 있게 내버려 두십시오. 내 나날이 허무할 따름입니다. 사람이 무엇이라고, 주님께서 그를 대단하게 여기십니까? 어찌하여 사람에게 마음을 두십니까? 어찌하여 아침마다 그를 찾아오셔서 순간순간 그를 시험하십니까? 언제까지 내게서 눈을 떼지 않으시렵니까? 침 꼴깍 삼키는 동안만이라도, 나를 좀 내버려 두실 수 없습니까? 사람을 살피시는 주님, 내가 죄를 지었다고 하여 주님께서 무슨 해라도 입으십니까? 어찌하여 나를 주님의 과녁으로 삼으십니까? 어찌하여 나를 주님의 짐으로 생각하십니까?"(욥 7:12-20, 새번역).

만약 여러분이 하나님이라면 어떻게 반응하시겠습니까? 벼락으로 욥을 치시겠습니까? 하지만 하나님은 그러지 않으셨습니다. 하나님은 욥을 이해하셨기 때문입니다. 하나님은 여러분도 마찬가지로 이해하십니다.

"하나님, 저는 이게 너무 싫습니다!"라고 말해도 하나님은 놀라지 않으실 겁니다. 그분은 우리의 감정을 창조하셨고, 화를 내고 감정을 표현할 수 있는 능력을 주셨으니까요.

어려운 상황에서 "억지로 웃으며 참겠습니다"라고 하지 마세요. 그보다는 하나님과의 내적 갈등을 있는 그대로 털어놓으세요. 예레미야애가 2장 19절은 이렇게 말씀합니다. "너는 초저녁부터 일어나 부르짖으며 네 마음을 여호와 앞에 물쏟듯 쏟아 놓아라."

욥은 하나님의 행동에 의문을 품었지만, 하나님을 향한 신뢰를 멈추지 않았습니다. 성경은 이렇게 기록합니다. "이때에 욥은 일어나 슬퍼하며 겉옷을 찢고 머리털을 민 다음에, 머리를 땅에 대고 엎드려 경배하면서"(욥 1:20, 새번역).

진실한 감정의 표현과 깊은 신뢰가 만날 때, 그것이 바로 하나님이 기뻐하시는 참된 예배가 됩니다. 그러니 **여러분의 모든 감정을 그 감정을 창조하신 하나님께 내려놓으세요.** 그분은 여러분의 상처를 이해하시고, 여러분이 그분을 신뢰하기를 원하십니다.

이미 승리한 싸움, 악을 이기는 길

"악에게 지지 말고 선으로 악을 이기십시오."

_로마서 12장 21절, 쉬운

악에 맞닥뜨렸을 때 어떻게 대응하십니까? 악으로 갚지 마십시오. 대신 그 것을 초월하십시오.

이는 우리의 본성과는 정반대 행동입니다. 누군가가 우리에게 상처를 주면 우리도 그들에게 상처를 주고 싶어 합니다. 누군가 우리를 때리면 맞받아치고 싶어 하고, 누군가 우리를 비방하면 우리도 그 사람을 비방하고 싶어 합니다.

그러나 하나님은 이러한 방식으로는 악과의 전쟁에서 승리할 수 없다고 가르치십니다. 로마서 12장 21절은 "악에게 지지 말고 선으로 악을 이기십시오"(쉬운)라고 가르칩니다. 이것이 바로 하나님께서 보여주시는 승리의 방법입니다.

예수 그리스도께서 이 땅에 오신 이유는 무엇일까요? 그분은 선의 힘으로 악을 완전히 무력화하셨습니다. 악에 맞서 싸우되, 더 큰 선으로 악을 압도하는 것. 이것이 진정한 승리의 비결입니다. 이것이 바로 예수님이 우리에게 보여주신 혁명적인 방법입니다.

성경은 이렇게 말씀합니다. "하나님의 아들이 나타나신 것은 바로 이 마귀의 일을 멸하기 위해서입니다"(요일 3:8). 예수님은 악을 없애기 위해 오셨습니다. 악은 영원히 존재하지 않을 것입니다. 언젠가 하나님은 역사의 책을 닫으시고, 최종 심판을 내리실 것입니다. 그리고 그분의 가족을 영원한 나라로 인도하실 것입니다.

악은 결국 패배할 운명입니다. 그렇다면 우리는 어느 편에 서야 할까요? 승리하는 편에 서고 싶다면 하나님의 편에 서는 것이 현명합니다. 악이 이곳저곳에서 몇 번의 전투에서 승리할지 모르지만, 전쟁의 최종 결과는 이미 결정되어 있습니다.

선과 악은 결코 대등한 경쟁자가 아닙니다. 때로는 악이 더 강력하고 우세한 것처럼 보일 수 있습니다. 하지만 사랑은 악보다 훨씬 강합니다. 친절은 악보다 훨씬 강합니다. 선은 악보다 훨씬 큽니다. 선이 악을 백 배는 이길 것입니다.

결국에는 하나님과 그분을 따르는 자들이 승리할 것입니다. 하나님은 사랑이시며, 그분의 사랑은 영원히 지속될 것이기 때문입니다. 이것이 바로 선이 악을 이길 수밖에 없는 이유입니다.

예수님은 이렇게 약속하셨습니다. "내가 이 반석 위에 내 교회를 세우겠다. 지옥의 권세가 이기지 못할 것이다"(마 16:18).

우리는 이미 승리가 보장된 전쟁에서 싸우고 있습니다. 하나님께서 이미 전쟁에서 승리하셨다는 확신을 가지고 선으로 악에 맞서 싸울 수 있습니다. 악은 반드시 패배할 것입니다. 우리의 승리는 확실합니다!

하나님이 즉시 응답하지 않으실 때

"내가 여호와를 바라고 내 영혼이 기다리며 여호와의 말씀에 소망을 두고 있습니다."
_시편 130편 5절, 우리말

하나님은 우리가 어떻게 기다리기를 원하실까요? 단순한 인내만으로는 충분하지 않습니다. 그분은 우리가 적극적인 기대감을 품고 기다리기를 원하십니다. 믿음을 가지세요. 하나님께서 들으시고 응답하실 것을 믿으세요. 기대하며 기다릴 때, 우리는 하나님께 그분의 약속을 믿는다는 것을 보여드리는 것입니다.

유명한 개척자 다니엘 분(Daniel Boone)의 이야기를 들어보셨나요? 그가 광야에서 길을 잃은 적이 있느냐는 질문을 받았을 때, 이렇게 대답했다고 합니다. "길을 잃었다고 말할 수는 없지만 사흘 동안 당황한 적이 있습니다."

여러분 중 일부는 지금 이와 비슷한 상황에 처해 있을지도 모릅니다. 결혼 생활이 어려워 당황스러울 수 있습니다. "더 나아지기를 기도하고 있지만, 전혀 나아지지 않고 있어요." 경력에 대해 혼란스러워하고 있을 수도 있습니다. "승진을 해야 하나, 내려가야 하나, 이직을 해야 하나?" 인간관계에 대해 고민하고 있을 수도 있겠지요. 때로는 우리 힘으로는 아무것도 할 수 없다는 무력감과 절망감에 빠질 수 있습니다.

하지만 여러분, 낙심하지 마세요! 포기하지 마세요! 기도에 의지하세요. 저도 인생에서 많은 기도를 드렸지만 응답받지 못한 경험이 있습니다. 24년 동안 거의 매일 기도했지만 응답받지 못한 기도가 있습니다. 왜 하나님께서 그 기도에 응답하지 않으셨는지 모르겠고 이해도 되지 않습니다.

하지만 저는 이렇게 결심했습니다. 하나님께서 그 기도에 응답하시든 안 하시든 저는 그분의 약속을 믿고 살아갈 것입니다. 왜일까요? 하나님은 선하신 분이시고, 제가 이해하지 못하더라도 무엇이 최선인지 알고 계시기 때문입니다.

하나님께서 기도에 응답하지 않으실 때, 우리가 기억해야 할 중요한 진리가 있습니다.

첫째, 하나님은 통제권을 갖고 계시지만 우리는 그렇지 않다는 사실입니다. 그분은 우리에게 필요한 것을 우리보다 더 잘 아십니다. 그분에게는 옮기지 못할 산도, 해결하지 못할 큰 문제도, 달래지 못할 깊은 슬픔도 없습니다. 하나님은 모든 것을 주관하시며 계획이 있으십니다.

둘째, 여러분의 기도가 응답받든 그렇지 않든, 하나님은 여러분의 인내를 귀하게 여기십니다. 이 세상에서는 아니더라도 영원토록 그러하실 것입니다.

시편 130편 5절은 이렇게 말씀합니다. "내가 여호와를 바라고 내 영혼이 기다리며 여호와의 말씀에 소망을 두고 있습니다"(우리말).

지금과 영원 사이: 하나님의 시선으로 삶을 바라보기

"우리는 보이는 것들에 시선을 고정시키는 것이 아니라 보이지 않는 것들에 시선을 고정합
니다. 이는 보이는 것은 한순간이지만 보이지 않는 것은 영원하기 때문입니다."
_고린도후서 4장 18절, 쉬운

여러분, 무엇이 영원히 지속될까요? 이 질문은 우리 인생의 가치관을 결정할 때 매우 중요합니다. 가장 오래 지속되는 것에 우리의 인생을 투자해야 하기 때문입니다.

많은 사람이 위기를 겪기 전까지는 자신의 가치관을 돌아보거나 의문을 제기하지 않습니다. 깊은 시련의 순간에서야 우리는 자신의 삶이 어떤 기초 위에 세워져 있는지 마주하게 됩니다. 그제서야 우리는 일시적인 즐거움과 세상의 인정, 물질과 권력을 쫓느라 영원한 가치를 놓쳐버렸음을 깨닫게 됩니다. 위기는 삶의 진정한 의미와 영원한 가치를 돌아보게 하는 영적 각성제입니다.

하지만 꼭 위기가 찾아올 때까지 기다릴 필요는 없습니다. 지금 바로 멈춰 서서 우리가 무엇을 소중히 여겨야 하는지 생각해봅시다. 이 중요한 질문으로 시작해보는 건 어떨까요? "무엇이 진정으로 지속될 것인가?"

세상은 현재만을 중요하게 여기는 것 같습니다. 내일은 중요하지 않다고 말합니다. 내년도, 천 년 후도 중요하지 않다고 합니다. 심지어 영원과 천국도 중요하지 않다고 말하죠. 오늘을 위해 살면 된다고 합니다.

그러나 성경은 이렇게 말씀합니다. "이 세상도 그것이 대한 욕망도 다 지나가지만 하나님의 뜻을 행하는 사람은 영원히 삽니다"(요일 2:17). 지금 이 순간만을 위해 사는 것은 매우 근시안적인 생각입니다.

유혹을 생각해봅시다. 유혹은 단순히 선과 악 또는 최선과 최악 사이의 싸움이 아닙니다. 유혹은 항상 지금과 나중, 단기적인 것과 장기적인 것 사이의 싸움입니다. "하나님이 말씀하신 대로 행하고 나중에 혜택을 누릴 것인가, 아니면 내가 원하는 대로 행하고 지금 당장 혜택을 누릴 것인가?" 이것이 바로 우리가 매일 직면하는 선택입니다.

성경은 우리에게 이렇게 가르칩니다. "우리는 보이는 것들에 시선을 고정시키는 것이 아니라 보이지 않는 것들에 시선을 고정합니다. 이는 보이는 것은 한순간이지만 보이지 않는 것은 영원하기 때문입니다"(고후 4:18, 쉬운).

지금 위기에 처해 있든 그렇지 않든, 잠시 시간을 내어 우리 삶의 기반이 무엇인지 평가해봅시다. 하나님의 영원한 진리 위에 우리의 삶을 세우기로 선택합시다. 그것은 영원히 지속되며 결코 우리를 실망시키지 않을 것입니다.

가족: 인생의 핵심 가치를 배우는 곳

"온몸은 머리이신 그리스도께 속해 있으며,
몸에 갖추어져 있는 각 마디를 통하여 연결되고 결합됩니다.
각 지체가 그 맡은 분량대로 활동함을 따라 몸이 자라나며 사랑 안에서 몸이 건설됩니다."
_에베소서 4장 16절, 새번역

건강한 가족의 모습은 어떠할까요? 그들은 지속적인 학습 환경을 만들어 서로의 성장을 돕습니다. 각자의 영적 은사와 능력을 발견하도록 격려하고, 새로운 것을 배우고 새로운 관심사를 계발하게 해줍니다.

하지만 꼭 혈연이나 입양 가족만이 여러분의 성장을 돕는 것은 아닙니다. 교회 가족도 여러분 삶의 중요한 성장 동력이 될 수 있고, 또 그래야 합니다.

성경은 이를 이렇게 설명합니다. "온몸은 머리이신 그리스도께 속해 있으며, 몸에 갖추어져 있는 각 마디를 통하여 연결되고 결합됩니다. 각 지체가 그 맡은 분량대로 활동함을 따라 몸이 자라나며 사랑 안에서 몸이 건설됩니다"(엡 4:16, 새번역).

인생의 여러 소중한 지혜는 혼자 터득할 수 없습니다. 학교나 직장의 커리큘럼에서는 찾을 수 없는 것들 말입니다. 이런 것들은 오직 다른 사람들과 함께할 때만 배울 수 있습니다. 바로 이것이 우리에게 공동체가 필요한 이유입니다.

사실, 어른이 되어 겪는 대부분의 문제는 어린 시절 제대로 된 양육과 배움이 부족했기 때문입니다. 그래서 오늘은 가족에게서 꼭 배워야 할 다섯 가지를 나누고 싶습니다.

1. 감정을 다루는 법. 건강한 가정에서는 자신의 감정을 파악하고, 인정하고, 표현하는 방법을 배웁니다. 모두가 솔직해지고 아이들도 자신의 감정을 표현할 수 있는 곳, 그곳이 바로 건강한 가정입니다.

2. 갈등 해결의 기술. 자녀들은 부모가 건강한 방식으로 의견 불일치를 해결하는 모습을 볼 필요가 있습니다. 이를 통해 그들은 실제 삶에서 갈등을 다루는 법을 배우게 됩니다.

3. 상실을 받아들이는 법. 항상 이기는 것만이 능사는 아닙니다. 때로는 실패와 패배를 경험하게 해주는 것도 중요합니다. 이를 통해 아이들은 실패가 자신을 파괴하지 않으며, 패배가 인생의 끝이 아니라는 것을 배웁니다.

4. 중요한 가치관 형성. 세상의 유혹에 흔들리지 않도록, 인생의 세 가지 기본 유혹을 가르치는 것이 중요합니다. 이는 쾌락, 성취욕, 물질주의와 관련된 것들로, 육체적 욕망, 사회적 지위, 물질적 소유 등을 말합니다.

5. 좋은 습관 형성. 일상의 작은 습관들이 모여 우리의 인격을 형성합니다. 가족은 서로가 예수 그리스도의 성품을 닮아갈 수 있도록 도와야 합니다.

영적으로 성장하고 하나님의 가족 안에서 다른 이들의 성장을 돕고 싶으신가요? 그렇다면 이렇게 기도해보는 것은 어떨까요? "아버지, 제게 교회라는 가족을 주신 데에는 이유가 있음을 압니다. 저는 혼자 살아갈 수 없는 존재입니다! 주님, 제가 예수님을 닮아가는 것이 당신의 뜻임을 압니다. 그리고 이 여정에서 교회 가족이 얼마나 중요한지도 깨닫습니다. 이미 주신 기회들을 볼 수 있게 해주시고, 교회와 가정에서 이 다섯 가지 영역에서 성장할 수 있는 공동체를 세울 수 있도록 지혜와 은혜를 주세요. 예수님의 이름으로 기도합니다. 아멘."

가족이 모두에게 배움과 성장의 안전한 장소가 되도록 오늘부터 작은 변화를 시작해보는 것은 어떨까요?

사랑은 선택입니다

"산을 옮길 만한 믿음을 가지고 있다 하더라도 내게 사랑이 없다면,
나는 아무것도 아닙니다."
_고린도전서 13장 2절, 쉬운

사랑은 단순한 감정이 아닙니다. 그것은 우리가 매 순간 의식적으로 선택하는 것이며, 구체적인 행동으로 표현되는 것입니다. 기분이 좋지 않을 때도 우리는 사랑을 표현하기로 결심할 수 있습니다.

제가 만난 한 젊은 어머니의 이야기를 들려드리고 싶습니다. 그녀는 삶의 무게에 짓눌려 우울증과 싸우고 있었습니다. 자신이 하는 일이라곤 아이들에게 끊임없이 잔소리하고 꾸짖는 것뿐이라고 느꼈죠. 거울 속 자신의 모습에서 실패한 어머니를 보았습니다. 그 절망 속에서 그녀는 주님께 간절히 도움을 청했습니다.

그녀가 성경을 읽는 시간을 늘리면서, 고린도전서 13장 2절 말씀이 마음에 와닿았습니다. "사랑이 없다면, 나는 아무것도 아닙니다" 이 말씀의 힘에 이끌려 그녀는 이 구절을 적어 냉장고 문, 자동차 대시보드, 달력 상단 등 집안 곳곳에 붙여 놓았습니다.

그녀는 이렇게 고백했습니다. "제가 할 수 있는 가장 중요한 일은 가족을 사랑하는 것임을 깨달았습니다. 그래서 저는 사랑으로 삶을 살기 시작했습니다. 사랑으로 가정을 운영하기 시작했죠. 그리스도를 제 삶으로 영접했을 때와 같은 극적인 변화였습니다. 제 삶과 가정에 행복이 다시 찾아왔어요."

이 젊은 엄마에게 무엇이 변화를 가져왔을까요? 바로 그녀의 선택이었습니다. 항상 쉬운 선택은 아니었지만, 그 결단은 그녀의 가정과 엄마로서, 그리고 하나님의 자녀로서 자신을 바라보는 방식을 완전히 바꾸어놓았습니다.

사랑의 감정이 없을 때도 사랑의 행동을 하는 것, 이것이야말로 진정한 사랑의 본질입니다. 오히려 그럴 때 더 큰 사랑을 표현하는 것일 수 있습니다. 사랑은 힘든 하루를 보내고 늦게 잠자리에 든 후에도, 아픈 아이를 돌보기 위해 한밤중에 일어나는 것입니다. 배우자가 짜증을 낼 때 인내심을 갖는 것, 그것이 사랑입니다. 상대방이 마땅히 받아야 할 것이 아니라 정말로 필요한 것을 주는 것, 그것이 바로 사랑입니다.

사랑의 행동을 실천하는 것이 사랑의 감정을 체험하는 것보다 더 직접적이고 즉각적인 효과를 낼 수 있습니다. 사랑의 행동을 실천하다 보면, 결국 그에 걸맞은 감정이 따라오게 됩니다. 사랑하기 힘들어 보이는 사람을 대할 때 꼭 기억해야 할 진실입니다.

감정과는 무관하게 사랑을 선택할 때, 우리는 이를 믿음으로 사랑한다고 합니다. 그리고 이러한 사랑은 상대방뿐만 아니라 우리 자신도 변화시킵니다. 우리를 예수님의 모습에 더 가까워지게 만듭니다.

십자가가 주는 선물: 용서할 수 있는 은혜

"우리의 옛사람이 그리스도와 함께 십자가에 달려 죽은 것은, 죄의 몸을 멸하여서,
우리가 다시는 죄의 노예가 되지 않게 하려는 것임을 우리는 압니다."
_로마서 6장 6절, 새번역

예수님은 십자가에서 죄의 권세를 완전히 깨뜨리셨습니다. 로마서 6장 6절은 이렇게 말씀합니다. "우리의 옛사람이 그리스도와 함께 십자가에 달려 죽은 것은, 죄의 몸을 멸하여서, 우리가 다시는 죄의 노예가 되지 않게 하려는 것임을 우리는 압니다"(새번역). 이는 우리에게 놀라운 소식입니다. 특히 누군가가 우리에게 상처를 줄 때, 우리의 본능적인 반응은 그 상처를 되돌려주는 것이기 때문입니다. 누군가 우리를 비난하면, 우리도 그들을 비난하고 싶어지는 것이 인간의 본성입니다. 우리는 종종 상처를 붙들고 있으면서도 용서하려 노력하는 모순된 상황에 빠지곤 합니다.

하지만 십자가의 능력으로 우리는 괴로움, 죄책감, 분노, 걱정의 속박에서 벗어날 수 있습니다. 과거의 상처와 아픈 기억의 노예가 되는 것을 피할 수 있습니다. 우리는 용서를 선택할 수 있는 자유를 얻었습니다.

여러분은 지금 어떤 상처에 매달려 있습니까? 그 상처에 대해 스스로에게 물어보십시오. 그 상처로부터 얼마나 자유로워지고 싶습니까? 그 아픔을 완전히 잊고 싶지 않으십니까? 어쩌면 여러분은 부모님, 형제자매 혹은 배우자가 했던 어떤 행동을 마음속으로 수천 번도 더 새겼을지 모릅니다. 그리고 그 일을 떠올릴 때마다 여전히 가슴이 아플 것입니다.

그러나 십자가에는 우리를 원한, 슬픔, 분노로부터 자유롭게 하는 놀라운 힘이 있습니다. 이 세상 그 어떤 것도 십자가처럼 우리를 짓누르는 감정의 짐을 벗어 던질 힘을 줄 수 없습니다. 예수님은 십자가에서 우리 삶을 옥죄던 죄와 죽음 그리고 모든 속박의 권세를 완전히 무너뜨리셨습니다.

지금 이 순간, 여러분이 용서해야 할 사람, 즉 여러분의 마음에 괴로움의 씨앗을 심어준 그 사람을 떠올려보십시오. 그리고 함께 이 기도를 드려봅시다.

"하늘에 계신 아버지, 그 사람으로 인해 제가 얼마나 큰 상처를 받았는지 아버지만이 온전히 아실 것입니다. 저는 더 이상 이 아픔을 안고 살거나 괴로워하고 싶지 않습니다. 이 상처를 치유하고 진정으로 용서할 수 있도록 주님의 은혜와 십자가의 능력을 부어주소서.

저는 주님의 용서를 깊이 경험하고 싶습니다. 제가 다른 이들에게 상처 준 모든 일들을 주님께서 아시며, 저의 모든 죄에 대해 진심으로 회개합니다. 예수님, 저를 위해 십자가에서 죽으심을 감사드립니다. 저는 주님의 은혜와 용서를 받아들이며, 매 순간 그것을 필요로 합니다.

오늘 저는 주님께로 향하여 주님께서 저를 용서하신 것처럼 저도 용서하기로 결심했습니다. 그 아픈 기억이 떠오를 때마다, 그 고통이 완전히 사라질 때까지 저는 그 사람을 다시 용서하겠습니다. 주님의 은혜로 제 마음을 온전히 치유해주소서. 예수님의 이름으로 기도드립니다. 아멘."

절망 속에서 발견하는 기도의 능력

"요나는 물고기 뱃속에서 자기 하나님 여호와께 이렇게 기도하였다."
_요나 2장 1절

우리는 살면서 때로 거대한 파도처럼 밀려오는 시련 앞에서 무력감을 느낄 때가 있습니다. 우울증, 갈등, 걱정, 죄책감의 소용돌이에 휩싸여 절망의 파도가 덮쳐오기 시작했을지도 모릅니다.

지금 여러분이 그런 어려움을 겪고 있지 않다면 다행입니다. 하지만 인생을 살다 보면 우리 모두 언젠가는 그런 힘든 순간을 마주하게 됩니다. 이는 인생이라는 여정에서 피할 수 없는 부분이기 때문입니다. 사랑하는 사람을 잃거나, 직장을 잃거나, 또는 건강을 잃을 수도 있습니다. 이런 절망적인 상황에 직면했을 때, 우리는 요나의 행동을 되새겨볼 필요가 있습니다.

요나는 하나님으로부터 사명을 받았지만, 그 사명에서 도망치는 길을 택했습니다. 그래서 하나님은 큰 물고기를 보내 그를 삼키게 하셔서 그의 도주를 막으셨습니다. 그리고 요나는 그 거대한 물고기 뱃속에 갇혀서야 비로소 하나님을 바라보았습니다.

사실 요나서 2장 전체는 요나가 바다 깊은 곳에 가라앉아 거대한 물고기에 삼켜진 상태에서 드리는 기도로 이루어져 있습니다. "요나는 물고기 뱃속에서 자기 하나님 여호와께 이렇게 기도하였다"(욘 2:1).

이는 우리가 인생의 문제들로 인해 압도당하고 기운이 빠질 때 배워야 할 중요한 교훈입니다. 바로 그런 순간에 우리는 기도로 하나님을 바라보아야 합니다.

인생에는 오직 기도를 통해서만 극복할 수 있을 만큼 어려운 문제들이 있습니다. 마가복음 9장을 보면, 예수님을 따르던 제자들이 어떤 사람에게서 귀신을 쫓아내려 했지만 실패했습니다. 그들이 예수님께 그 이유를 물었을 때, 예수님은 이렇게 대답하셨습니다. "기도 외에 다른 것으로는 이런 종류가 나갈 수 없느니라"(막 9:29, 개역개정).

어떤 문제들은 뿌리가 너무 깊어서 오직 간절하고 지속적인 기도로만 해결할 수 있습니다. 이는 한 번 기도하고 하나님의 응답을 기대하는 것으로는 부족하다는 뜻입니다. 진정으로 중요한 문제라면, 한 번의 기도로 끝내지 않을 것입니다. 지속적으로 기도한다는 것은 그 일에 대해 깊이 마음을 쓰고 있다는 증거입니다. 우리 삶에 진정한 변화를 갈망한다면, 우리는 자연스럽게 끊임없이 기도하게 될 것입니다.

절대 포기하지 마십시오! 하나님은 끈질긴 기도를 통해 우리의 믿음을 키우기를 원하십니다. 오늘 절망적으로 느껴진다면, 하나님이 우리의 부르짖음을 들으시고 그분의 때에 응답하실 것을 믿고 계속해서 기도하며 하나님을 바라보십시오.

친절한 사람이 되는 2가지 방법

"사랑에는 두려움이 없습니다. 완전한 사랑은 두려움을 내쫓습니다."

_요한일서 4장 18절, 새번역

누가복음 10장에 나오는 선한 사마리아인의 비유는 우리에게 친절에 대한 깊은 통찰을 제공합니다. 이 비유는 주변의 필요를 인식하고 타인의 고통에 공감하는 것이 얼마나 중요한지를 보여줍니다.

이 비유가 전하는 핵심 교훈 중 하나는 더 친절한 사람이 되기 위해서는 두 가지를 기꺼이 실천해야 한다는 것입니다.

첫째, 우리는 기꺼이 일상이 중단되는 것을 받아들일 준비가 되어 있어야 합니다. 친절은 우리의 편의에 따라 이루어지는 것이 아닙니다. 오히려 다른 사람의 필요에 맞춰 행동해야 합니다. 그렇기에 친절이 더욱 값진 것입니다. 도움이 필요한 사람을 만나면, 우리는 기꺼이 모든 것을 제쳐두고 그들을 위해 시간을 내야 합니다. 사랑은 종종 불편을 동반하고, 친절은 우리의 시간과 노력을 요구합니다.

선한 사마리아인이 길가의 부상자를 보고 할 수 있었던 변명들을 생각해봅시다. "지금은 중요한 일이 있어요", "내가 할 수 있는 일이 없을 거예요", "이건 아마 소용없는 일일 거예요" 등등. 불친절에 대한 변명거리를 찾으려 할 때마다, 우리의 이기심은 항상 그럴듯한 변명거리를 만들어낼 것입니다.

하나님은 때로 우리가 친절을 배울 수 있도록 의도적으로 도움이 필요한 사람들을 우리 앞에 보내십니다. 그런 기회를 마주했을 때, 여러분은 그 순간을 놓치지 않고 붙잡으시겠습니까?

둘째, 우리는 기꺼이 위험을 감수해야 합니다. 우리 안의 두려움이 종종 친절을 가로막습니다. 선한 사마리아인이 가졌을 법한 정당한 두려움을 상상해보십시오.

"이것이 함정이면 어쩌지?", "내 도움을 거절하면 어떡하지?", "그가 나를 고소하면 어떡하지?", "내가 정말로 그를 도울 수 없다면 어쩌지?" 등의 생각들이 들 수 있었을 것입니다. 우리가 타인의 고통에 다가서기를 주저하는 큰 이유 중 하나는, 그것이 우리 안의 아픔을 되살리기 때문입니다. 우리는 타인의 고통을 마주하는 것을 두려워합니다. 그것이 우리 안의 아픔을 건드릴 수 있기 때문입니다.

하지만 이러한 두려움을 넘어서 상처받은 이들에게 하나님의 사랑을 전할 때까지, 우리는 진정한 친절의 의미를 깨닫지 못할 것입니다. 성경은 이렇게 말씀합니다. "사랑에는 두려움이 없습니다. 완전한 사랑은 두려움을 내쫓습니다"(요일 4:18, 새번역).

하나님의 사랑은 우리의 상처를 치유하고 두려움을 극복하게 하여, 다른 이들에게 진실된 사랑과 친절을 베풀 수 있게 합니다.

친절함을 보이는 순간, 하나님이 함께하십니다

"도움이 필요한 사람이 있거든 그를 외면하지 마라. 그에게는 네 손이 하나님의 손이다."
_잠언 3장 27절, 메시지

성경에 나오는 선한 사마리아인의 이야기는 우리에게 중요한 교훈을 줍니다. 그가 친절을 베푼 구체적인 방법들을 자세히 살펴보면, 우리도 일상에서 어떻게 사랑을 실천할 수 있는지 배울 수 있습니다.

먼저, 그는 주변을 주의 깊게 살폈습니다. 그는 눈을 크게 뜨고 도움이 필요한 사람을 발견했습니다. 다음으로, 그는 마음을 열어 부상당한 사람의 고통에 귀 기울였고, 그의 아픔에 공감했습니다.

그리고 선한 사마리아인은 주저하지 않고 행동했습니다. "그래서 그는 다가가서 상처에 기름과 포도주를 붓고 싸맨 후 자기 짐승에 태워 여관까지 데리고 가서 간호해주었다"(눅 10:34). 그는 기다리거나 미루지 않았습니다. 필요를 느낀 그 순간, 할 수 있는 일을 즉시 실행에 옮겼습니다.

사랑은 단순한 말이 아닌 행동입니다. "안타깝군요", "너무 불쌍해요"라고 말하는 것으로 그치지 않습니다. 진정한 사랑은 기회를 포착하여 실천하는 것입니다.

선한 사마리아인의 행동을 더 자세히 살펴봅시다. 어떤 번역본에서는 그가 "허리를 굽혔다"고 묘사합니다. 이는 그가 자신을 높이지 않고, 상대방의 눈높이에 맞추어 다가갔음을 보여줍니다.

그다음, 그는 자신이 가진 것을 활용했습니다. 당나귀에 싣고 다니던 포도주와 기름으로 상처를 치료했습니다. 포도주의 알코올 성분은 소독 효과가, 기름은 상처를 진정시키는 효과가 있었기 때문입니다. 그리고 그는 자신의 옷을 찢어 붕대를 만들어 상처를 감싸주었습니다. 그에게는 구급상자가 없었고, 부상당한 남자는 옷을 벗고 있었습니다. 붕대는 사마리아인의 옷이었습니다. 그는 그 순간 자신이 가진 것으로 최선을 다해 도움을 주었습니다.

잠언 3장 27절은 우리에게 이렇게 말씀합니다. "도움이 필요한 사람이 있거든 그를 외면하지 마라. 그에게는 네 손이 하나님의 손이다"(메시지).

우리 주변에는 상처 입은 사람들로 가득합니다. 여러분은 일상에서 마주치는 사람들 중 얼마나 많은 이들이 보이지 않는 상처를 안고 있는지 생각해보았습니까? 겉으로는 멀쩡해 보여도 내면에 깊은 상처를 품고 살아가는 이들이 우리 주변에 많이 있습니다. 그들에겐 여러분의 따뜻한 사랑과 친절이 절실히 필요합니다.

더 나은 조건이 갖춰질 때까지, 혹은 더 편한 때가 올 때까지 기다리지 마십시오. 오늘 누군가를 위해 할 수 있는 일이 있다면 미루지 마십시오. 여러분이 그 순간을 포착하여 행동할 때, 하나님께서 함께하시며 그 사랑의 손길을 통해 일하실 것입니다.

진리가 우리를 자유롭게 하는 이유

"진리를 알지니 진리가 너희를 자유롭게 하리라."
_요한복음 8장 32절, 개역개정

때로 하기 싫은 일을 왜 하게 되는지 궁금했던 적이 있습니까? 옳다고 알고 있는 일을 실천하는 것이 왜 그토록 어려운지 의아한 적은 없습니까?

우리 안에 있는 죄성 때문에, 우리는 종종 잘못된 선택의 길로 빠져듭니다. 사도 바울의 고백에 공감할 것입니다. "나는 내가 하는 일을 도무지 알 수가 없습니다. 내가 해야겠다고 생각하는 일은 하지 않고, 도리어 해서는 안 되겠다고 생각하는 일을 하고 있으니 말입니다. … 그렇다면, 그와 같은 일을 하는 것은 내가 아니라, 내 속에 자리를 잡고 있는 죄입니다. 나는 내 속에 곧 내 육신 속에 선한 것이 깃들여 있지 않다는 것을 압니다. 나는 선을 행하려는 의지는 있으나, 그것을 실행하지는 않으니 말입니다"(롬 7:15, 17-18, 새번역).

예수님을 따르는 삶을 선택한 후에도, 내면에는 이러한 긴장이 여전히 존재합니다. 하나님께서 주신 선한 본성이 있지만, 동시에 옛 죄의 본성이 우리를 끊임없이 끌어당기고 있습니다.

하지만 탈출구가 있습니다! 예수님께서는 요한복음 8장 32절에서 이렇게 약속하셨습니다. "진리를 알게 될 것이며 그 진리가 너희를 자유롭게 할 것이다."

개인적인 변화의 비결은 의지력이나 어떤 특별한 행동, 말에 있지 않습니다. 약물이나 결심, 서약 같은 것으로도 이루어지지 않습니다.

진정한 변화의 핵심은 여러분이 깨닫고 받아들인 진리에 달려 있습니다.

여러분이 진리를 알게 되면, 생각하는 방식이 바뀌고, 그에 따라 느끼는 방식도 달라집니다. 그리고 이렇게 생각이 바뀌면, 자연스럽게 행동도 변화하게 됩니다.

모든 자기 패배적인 행동 뒤에는 우리가 무의식적으로 받아들인 어떤 거짓이 도사리고 있습니다. 그것은 자신에 대한 거짓된 믿음일 수도 있고, 과거나 미래에 대한 왜곡된 시각일 수도 있으며, 하나님이나 타인에 대한 잘못된 인식일 수도 있습니다.

우리는 스스로를 해치는 일임을 분명히 알면서도 왜 그런 행동을 되풀이하게 되는 것일까요? 그것은 그 행동이 어떤 보상을 줄 것이라는 착각 때문입니다. 하지만 이는 모두 거짓말입니다! 오직 하나님의 진리에서 시작할 때만, 우리는 삶을 향한 하나님의 목적을 이해하고 성취할 수 있습니다.

삶의 근본적인 변화를 이루고자 한다면, 그 첫걸음은 반드시 마음의 전환에서 시작되어야 합니다. 하나님의 진리를 알고, 그것을 온전히 믿는 것이 첫걸음입니다. 그 진리가 여러분을 자유롭게 할 것입니다.

냉담한 세상에서 빛나는 자비의 능력

"너희의 아버지께서 자비로우신 것 같이, 너희도 자비로운 사람이 되어라."
_누가복음 6장 36절, 새번역

우리가 살아가는 이 세상은 나날이 더욱 메마르고 각박해져 가고 있습니다. 이러한 시대에 그리스도인으로서 우리가 할 수 있는 가장 강력한 증언은 바로 사람들에게 자비를 베푸는 것입니다.

우리를 둘러싼 세상이 얼마나 무정하고 용서를 거부하는지 체감하신 적이 있습니까? 심지어 유머조차도 남을 비웃고 조롱하는 것이 최고의 웃음거리로 여겨지는 듯합니다. 코미디언들도 다른 이들을 비꼬고 냉소적으로 조롱하는 것으로 인기를 이어가는 것이 현실입니다.

하지만 이렇게 무례하고 비정해진 사회 속에서, 누군가가 자비를 베푸는 모습을 보면 사람들은 이렇게 말할 것입니다. "저것이 바로 예수님을 닮은 진정한 그리스도인의 모습이구나."

예수님께서는 누가복음 6장 36절에서 이렇게 말씀하셨습니다. "너희의 아버지께서 자비로우신 것 같이, 너희도 자비로운 사람이 되어라"(새번역). 그렇다면 우리는 어떻게 이 말씀을 실천할 수 있을까요? 더 자비로운 사람이 되기 위한 두 가지 방법을 소개해 드리겠습니다.

첫째, 주변 사람들의 필요를 살피고 그들의 이야기에 귀 기울이십시오. 자비는 언제나 인식에서 시작됩니다. 우리가 알아차리지 못하면, 관심을 가질 수도 없습니다. 성경은 이렇게 말씀합니다. "자기 이익만 생각하지 말고 남의 이익도 생각하십시오"(빌 2:4).

우리가 자비를 베풀지 못하는 것은 마음이 없어서가 아니라, 일상에 너무 매몰되어 있기 때문입니다. 일상에 쫓기다 보면 주변 사람들에게 관심을 기울이기 어려울 수 있습니다. 조금만 더 주의 깊게 주변을 살펴보십시오. 사람들의 감정과 상황을 조금만 더 알아차린다면, 자비를 베풀 기회는 언제나 우리 곁에 있습니다.

둘째, 다른 사람의 잘못에 쉽게 기분 상하지 마십시오. "네 삶부터 바로잡아. 그러면 내가 너를 받아줄게"라고 말해서는 안 됩니다. 진정한 자비는 어떠한 전제 조건도 달지 않습니다. 사람들에게 자비를 베풀려면, 그들의 행동에 쉽게 상처받지 않아야 합니다. 누군가를 업신여기면서 동시에 그를 섬길 수는 없습니다.

예수님은 사람들의 죄에 쉽게 기분 상하지 않으셨습니다. 오히려 가장 극악한 죄인들과도 어울리셨습니다. 물론 예수님이 그들의 모든 행동을 인정하셨다는 뜻은 아닙니다. 하나님께서도 우리의 모든 행동을 다 승인하시지는 않지만, 우리를 있는 그대로 받아주십니다.

자비를 베푼다고 해서 다른 사람의 잘못된 행동을 용인한다는 뜻은 아닙니다. 하지만 그럼에도 우리는 여전히 자비를 베풀 수 있습니다.

그리스도께서 여러분을 위해 하신 것처럼, 여러분도 다른 이들을 위해 그렇게 할 수 있습니다. "무엇보다도 열심으로 서로 사랑하십시오. 사랑은 많은 죄를 덮어줍니다"(벧전 4:8).

실패가 끝이 아닙니다: 예수님의 3가지 약속

"여호와의 인자와 긍휼이 무궁하시므로 우리가 진멸되지 아니함이니이다
이것들이 아침마다 새로우니 주의 성실하심이 크시도소이다."
_예레미야애가 3장 22-23절, 개역개정

실패는 우리를 고립시키는 힘이 있습니다. 실패의 한가운데 있을 때, 우리는 부끄러움을 느끼고 혼자 있고 싶어 합니다. 하지만 예수님은 우리의 가장 큰 실패 속에서도 언제나 함께하십니다.

예수님은 우리가 실패를 딛고 일어설 수 있도록 세 가지 놀라운 은혜를 베푸십니다.

예수님은 우리를 위해 기도하십니다. 베드로가 예수님을 세 번 부인하여 실패하기 전에도 예수님은 이렇게 말씀하셨습니다. "네 믿음이 완전히 사라지지 않도록 내가 너를 위해 기도하였다"(눅 22:32). 지금 이 순간에도 예수님은 여러분을 위해 기도하고 계십니다. "예수님은 자기를 통해 하나님께 나아가는 사람들을 온전히 구원하실 수 있습니다. 그것은 그분이 언제나 살아 계셔서 그들을 위해 중재의 기도를 하고 계시기 때문입니다"(히 7:25).

예수님은 우리를 믿으십니다. 그분은 우리가 치유되고 회복되기를 간절히 기대하십니다. 그래서 베드로에게 큰 실패를 겪기 전에 이렇게 말씀하셨습니다. "… 너는 뉘우치고 돌아온 후에 네 형제들을 굳세게 하여라"(눅 22:32). 예수님은 베드로가 죄를 짓고 실패하더라도 결국 자신에게 돌아올 것을 알고 계셨습니다. 우리 모두는 실패합니다. 하지만 아무리 많이 실패해도 하나님은 언제나 우리를 믿으십니다.

예수님은 우리에게 자비를 베푸십니다. 그분은 우리가 낙담할 때 죄책감을 더하지 않으십니다. 대신, 우리를 구원하십니다.

베드로가 예수님을 부인한 지 몇 주 후, 제자들은 낚시를 하러 갔습니다. 밤새도록 낚시를 했지만 아무것도 잡지 못했습니다. 새벽이 되자 예수님은 제자들에게 그물을 던질 곳을 알려주셨고, 그 결과는 놀라웠습니다. "제자들이 말씀대로 했더니 고기가 너무 많이 잡혀 그물을 끌어올릴 수가 없었다"(요 21:6). 베드로가 예수님의 지시를 따랐을 때, 그는 감당할 수 없을 만큼 많은 물고기를 잡았습니다. 예수님께서는 우리가 50년에 걸쳐 계획하는 것보다 단 5분 만에 더 큰 일을 이루실 수 있습니다.

더욱 감사한 것은 하나님의 자비가 우리의 어떤 성과나 업적과도 전혀 관계없다는 사실입니다. 예레미야애가는 이렇게 말씀합니다. "여호와의 인자와 긍휼이 무궁하시므로 우리가 진멸되지 아니함이니이다 이것들이 아침마다 새로우니 주의 성실하심이 크시도소이다"(애 3:22-23, 개역개정).

여러분이 하나님을 포기할 수 있을지 모르지만, 그분은 결코 여러분을 포기하지 않으십니다. 예수님은 지금도 여러분을 위해 기도하고 계시고, 여러분을 믿으시며, 언제나 자비를 베풀어주십니다. 여러분이 어떤 상황에 있든, 하나님은 변함없이 신실하십니다.

예수님을 따를 때 마주하는 반대에는 의미가 있습니다

"복되도다! 의를 위해 핍박을 받는 사람들이여, 하늘나라가 그들의 것이다. 복되도다!
나 때문에 사람들의 모욕과 핍박과 터무니없는 온갖 비난을 받는 너희들, 기뻐하고
즐거워하라. 하늘에서 너희들의 상이 크다. 너희들보다 먼저 살았던 예언자들도 그런
핍박을 당했다."
_마태복음 5장 10-12절, 우리말

여러분이 예수님을 사랑한다는 이유로 세상으로부터 압박을 받을 때, 다음
세 가지를 꼭 기억하시기 바랍니다.

1. 반대는 여러분을 예수님의 모습에 더욱 가깝게 만듭니다.

예수님은 요한복음 15장 18-19절에서 이렇게 말씀하셨습니다. "만일 세상이 너희를 미워
하거든 너희보다 먼저 나를 미워했다는 것을 알라. 만일 너희가 세상에 속해 있다면 세상이 너
희를 자기 것으로 여기고 사랑할 것이다. 그러나 너희는 세상에 속해 있지 않고 내가 세상에서
너희를 택했으므로 세상이 너희를 미워할 것이다"(우리말).

여러분이 예수 그리스도를 닮아가려면, 그분이 겪으신 것과 같은 외로움, 낙담, 스트레스,
유혹을 경험해야 합니다. 하나님께서는 그분의 독생자 예수님조차 이런 시련을 겪게 하셨습니
다. 그렇다면 우리도 이러한 과정을 통해 성장해야 함을 깨달아야 합니다.

2. 반대는 여러분의 믿음을 더욱 깊게 합니다.

믿음은 마치 근육과 같습니다. 근육이 늘어나고, 긴장되고, 시험받을 때 성장하는 것처럼,
믿음도 도전을 통해 강해집니다. 반대되는 힘이 없다면 근육은 결코 성장할 수 없습니다.

삶에서 맞닥뜨리는 반대와 도전이 없다면, 우리의 믿음은 한 자리에 머물러 있을 수밖에
없습니다. 세상에서 가장 강한 믿음을 가진 사람은 그 믿음이 가장 혹독한 시험을 겪은 사람입
니다. 성경은 이렇게 말씀합니다. "시련을 겪은 순수한 믿음은 불로 연단하여도 없어질 금보다
귀하여 예수 그리스도께서 다시 오실 때 칭찬과 영광과 존귀를 받게 됩니다"(벧전 1:7).

3. 반대는 여러분에게 영원한 상급을 안겨줍니다.

마태복음 5장 10절은 이렇게 말씀합니다. "복되도다! 의를 위해 핍박을 받는 사람들이여,
하늘나라가 그들의 것이다"(우리말).

하나님은 주님을 위해 살다가 핍박받는 모든 사람에게 복을 주실 것입니다. 하지만 주의해
야 합니다. 단순히 여러분의 무례함 때문에, 혹은 타인에게 불쾌감을 주는 행동으로 인해 받는
반발은 하늘의 상급을 받을 자격이 없습니다. 독선적인 삶을 살다가 받는 핍박은 여러분을 순
교자가 아닌 그저 말썽꾼으로 만들 뿐입니다. 그런 행동에 대해서는 보상을 받지 못합니다.

여러분이 받게 될 보상은 예수님을 닮아가는 삶에 대한 것입니다. 온유함과 존중의 자세로
여러분의 신앙을 나눌 때, 언젠가 천국에서 그에 합당한 보상을 받게 될 것입니다.

June

풍성한 삶으로의 초대: 4가지 영적 습관

"나는 포도나무요 너희는 가지라 그가 내 안에,
내가 그 안에 거하면 사람이 열매를 많이 맺나니
나를 떠나서는 너희가 아무것도 할 수 없음이라."
_요한복음 15장 5절, 개역개정

끝없는 일과 걱정으로 무거워진 삶보다, 하나님의 선하심 속에서 누리는 참된 평안이 우리에게 훨씬 더 귀중한 것입니다. 하지만 이는 말처럼 쉽지만은 않습니다. 진정한 쉼과 하나님의 풍성한 삶으로 나아가는 길은 때로 험난할 수 있습니다.

그러나 다음 네 가지 생활 습관을 실천한다면, 압박감에서 벗어나 진정한 풍요를 누리는 삶으로 나아갈 수 있을 것입니다.

1. 예수님과의 연결을 유지하십시오.

"사람이 내 안에 살고 내가 그 사람 안에 살면 그는 많은 열매를 맺는다"(요 15:5). 자신의 힘만으로 살아가려 하면 곧 한계에 부딪히게 됩니다. 그러나 하나님의 능력과 연결되면, 우리는 그분의 목적을 이루고 그분의 선하심을 누릴 수 있습니다.

2. 불평을 감사로 전환하십시오.

"무슨 일이든지 불평이나 다툼으로 하지 마십시오"(빌 2:14). 연구 결과에 따르면 불평은 건강에 해롭지만, 감사는 건강에 가장 이로운 감정 중 하나입니다. 감사하는 마음은 우리 몸에 긍정적인 변화를 일으킵니다. 행복감을 높이고 스트레스를 줄여주는 호르몬을 분비하게 하여, 우리의 마음과 육체에 유익을 줍니다.

3. 인색함을 버리고 관대함을 실천하십시오.

"너희는 온전한 십일조를 성전에 바쳐 내 집에 양식이 있게 하고 내가 하늘 문을 열어 쌓을 곳이 없도록 너희에게 복을 쏟아붓나 붓지 않나 나를 시험해보아라"(말 3:10).

하나님께서는 세상에 보편적인 법칙을 세우셨습니다: 더 많이 베풀수록 더 많이 받는다는 원리입니다. 하나님께서 이렇게 하신 이유는 우리가 그분을 닮아가기를 원하시기 때문입니다. 하나님은 본질적으로 베푸시는 분이십니다.

4. 비교를 멈추고 만족을 배우십시오.

"그러나 별로 가진 것은 없지만 마음이 편안한 것이 많은 것을 가지고도 정신없이 일하며 바람을 잡으려는 것보다는 낫다"(전 4:6).

만족한다는 것이 목표나 꿈, 계획이 없다는 뜻은 아닙니다. 만족은 현재 우리가 가진 것으로도 충분히 행복할 수 있다는 깨달음입니다. 이는 더 많은 소유가 반드시 더 큰 기쁨을 가져다주지 않는다는 진리를 받아들이는 것입니다. 인간의 본성은 불만을 품기 쉽지만, 하나님의 은혜로 우리는 그분의 선하심 안에서 만족할 수 있습니다. 우리가 소유한 거의 모든 것이 하나님의 자비로운 선물임을 인식한다면, 우리의 삶은 그분의 풍요로움으로 넘쳐나게 될 것입니다.

하나님의 리듬: 일과 쉼의 균형 잡힌 삶

"나를 푸른 풀밭에 누이시며 쉴 만한 물 가로 인도하신다."
_시편 23편 2절, 새번역

여러분은 늘 시간에 쫓기십니까? 해야 할 일들이 끝없이 이어져 있습니까? 주변 사람들이 속도를 줄이라고 충고한 적이 있습니까? 휴식을 취할 때 죄책감이 듭니까? 아프기 전에는 쉬지 못합니까?

현대 사회는 우리에게 쉼 없는 전진과 끝없는 성과를 강요하고 있습니다. 많은 이들이 쉬는 날에도 일에서 벗어나지 못합니다. 심지어 교회에 나온 사람들조차 예배가 끝나자마자 집으로 달려가 밀린 일들을 처리하느라 분주합니다.

이처럼 지치고 고갈되는 것은 너무나 자연스러운 일입니다. 많은 이들이 이미 한계점에 다다랐습니다. 하지만 이는 선한 목자이신 하나님의 방식이 아닙니다.

시편 23편 2절은 우리에게 이렇게 말씀합니다. "나를 푸른 풀밭에 누이시며 쉴 만한 물 가로 인도하신다"(새번역).

하나님은 우리를 푸른 초장에 눕히십니다. 이것이 바로 쉼입니다. 또한 잔잔한 물가로 인도하십니다. 이 역시 쉼입니다.

하나님은 그분의 선하심으로 쉼을 창조하셨고, 일만큼이나 쉼을 중요하게 여기십니다. 사랑의 목자가 양들의 건강을 위해 충분한 휴식을 취하게 하듯, 선한 목자이신 하나님도 우리에게 그렇게 하십니다. 우리가 스스로 누워 쉬지 않으면, 하나님께서 우리를 눕히십니다. 때로 하나님은 우리의 시선을 그분께로 돌리기 위해 우리를 완전히 멈추게 하십니다. 이는 우리의 신체적, 정서적, 영적 건강을 염려하시는 하나님의 사랑입니다.

충분한 수면 후에 우리의 모습이 얼마나 달라지는지 놀랍지 않습니까? 스트레스로 가득 찬 삶과 하나님의 축복이 넘치는 삶을 구분 짓는 핵심적인 차이는 바로 균형 잡힌 쉼에 있습니다.

우리의 걱정, 조급함, 불안의 상당 부분은 삶 속에서 하나님의 선하심을 온전히 인식하지 못한 데 있습니다. 하나님께서 우리를 위해 하신 일과 앞으로 하실 일을 깊이 이해할 때, 우리는 비로소 긴장을 풀고, 모든 것을 내려놓으며, 진정한 쉼을 배울 수 있습니다.

우리는 하나님의 선하심 안에서 살아갈 수 있습니다.

걱정을 내려놓고, 하나님의 평안을 경험하는 4가지 방법

"모든 걱정과 근심을 하나님께 맡기십시오.
하나님께서 여러분을 돌보시고 계십니다."
_베드로전서 5장 7절, 쉬운

걱정을 멈추는 것이 의지력만으로는 충분하지 않다는 것을 여러분은 이미 경험을 통해 알고 있습니다. "이런 걱정은 하지 말아야지"라고 다짐해도 여전히 그 생각들이 마음속을 맴돕니다.

그래서 오늘은 걱정을 내려놓는 데 실질적인 도움이 될 네 가지 방법을 나누고자 합니다.

1. 하나님을 더 깊이 알아가십시오.

예수님께서는 마태복음 6장 32절에서 이렇게 말씀하셨습니다. "하나님과 그분의 일하시는 방식을 모르는 사람은 그런 일로 안달하지만, 너희는 하나님을 알고 그분의 일하시는 방식도 안다"(메시지). 하나님과의 깊은 관계가 없는 이들이 그토록 걱정하며 살아가는 것은 당연한 일일지도 모릅니다. 하지만 우리는 믿음의 자녀로서 특별한 위치에 있습니다. 우리를 돌보시겠다고 약속하신 하늘 아버지가 계시기 때문입니다. 우리가 하나님의 자녀라는 사실은 큰 특권이자 위로입니다. 걱정에 빠질 때마다, 우리와 함께하시며 우리를 위해 중보하시는 사랑의 아버지를 기억합시다.

2. 삶의 모든 영역에서 하나님을 최우선으로 삼으십시오.

마태복음 6장 31-33절은 우리에게 이렇게 말씀합니다. "그러므로 '무엇을 먹을까?', '무엇을 마실까?', 혹은 '무엇을 입을까?' 하면서 걱정하지 마라. … 하늘에 계신 너희 아버지께서는 너희에게 이 모든 것이 필요한 줄을 아신다. 먼저 아버지의 나라와 아버지의 의를 구하여라. 그러면 이 모든 것들이 너희에게 덤으로 주어질 것이다"(쉬운). 하나님을 삶의 중심에서 밀어내고 다른 것을 그 자리에 두면, 걱정은 불가피해집니다.

3. 오늘에 집중하며 살아가십시오.

성경은 이렇게 가르칩니다. "그러므로 내일 일을 걱정하지 말라. 내일 걱정은 내일이 맡아서 할 것이다. 한 날의 괴로움은 그날에 겪는 것으로 족하다"(마 6:34, 새번역). 내일에 대한 과도한 걱정은 미래를 무겁게 만들고, 결국 오늘이라는 선물을 누리지 못하게 만듭니다. 하나님은 우리에게 필요한 때에 은혜와 힘을 주시겠다고 약속하셨습니다. 지금 당장은 오늘을 살아갈 힘만 있으면 충분합니다.

4. 하나님의 돌보심을 신뢰하십시오.

"모든 걱정과 근심을 하나님께 맡기십시오. 하나님께서 여러분을 돌보시고 계십니다"(벧전 5:7, 쉬운). 어떻게 이를 실천할 수 있을까요? 한 가지 좋은 방법은 성경에 나오는 하나님의 약속들을 암송하는 것입니다. 하나님의 약속은 믿는 자들에게 주어진 흔들리지 않는 보증과도 같습니다. 어떤 것이 확실히 보장된다는 것을 알면 그에 대해 걱정할 필요가 없어집니다. 또한 기도할 수 있습니다. 걱정하는 만큼 기도한다면, 걱정거리가 현저히 줄어들 것입니다.

이 네 가지 방법을 실천한다면 어떤 결과를 기대할 수 있을까요? 성경은 약속합니다. "그러면 우리 주 예수 그리스도 안에서 그 어느 누구도 측량할 수 없는 평안이 여러분의 마음과 생각 가운데 풍성히 임할 것입니다"(빌 4:7, 쉬운).

순수한 마음: 하나님의 시선을 사로잡는 비결

"복되도다! 마음이 깨끗한 사람들이여, 그들은 하나님을 볼 것이다."
_마태복음 5장 8절, 우리말

우리가 사는 이 세상은 외모에 지나치게 집착합니다. 아름답고, 밝고, 뛰어난 것들을 칭송합니다. 그러나 하나님의 가치 기준은 이와는 다릅니다. 세상이 외적 아름다움, 재력, 권세, 명성에 열광할 때, 하나님은 우리 내면의 상태를 가장 중요하게 여기십니다.

예수님은 그 유명한 산상수훈에서 이렇게 말씀하셨습니다. "복되도다! 마음이 깨끗한 사람들이여, 그들은 하나님을 볼 것이다"(마 5:8, 우리말).

그렇다면 깨끗한 마음이란 무엇을 의미할까요? 오늘날 우리는 이를 '진실함'(integrity)이라는 말로 표현합니다. 진실하다는 것은 완벽하거나 실수가 없다는 뜻이 아닙니다. 그것은 하나님을 향한 순수한 의도로 가득 찬 마음을 의미합니다. 그리고 하나님은 이러한 마음을 특별히 축복하신다고 약속하셨습니다!

다윗의 삶이 바로 그 좋은 예입니다. 다윗은 큰 잘못을 저질렀음에도, 하나님은 그에 대해 이렇게 말씀하셨습니다. "그는 내 마음에 드는 사람이다"(행 13:22, 쉬운)

여러분도 하나님의 마음을 닮은 진실한 사람이 되고 싶으신가요? 진실함을 나타내는 또 다른 표현은 '온전함'(wholeness)입니다. 진실한 사람은 삶의 모든 영역에서 변함없는 모습을 보입니다.

여러분의 삶을 파이로 비유해볼까요? 어떤 이의 삶은 여러 조각으로 나뉘어 있습니다. 한 조각은 직장, 다른 조각은 교회, 또 다른 조각은 가정 등으로 말이죠. 그러나 진실한 사람의 삶은 조각나지 않은 온전한 파이처럼 하나로 통합되어 있습니다. 교회에 있을 때나, 직장에서나, 혼자 있을 때나, 누구와 함께 있든 항상 같은 모습을 보입니다. 이것이 바로 일관성이며, 온전함이며, 성실함입니다.

이렇게 진실한 삶을 살 때 어떤 결과가 따를까요? 여러분은 영원한 하나님의 축복을 누리게 됩니다. 마태복음 25장 21절에서 주인이 충실한 종에게 한 말씀을 보십시오. "잘하였다. 착하고 충실한 종아, 네가 작은 일에 충실하였으니 내가 너에게 많은 일을 맡기겠다."

우리는 흔히 하나님의 축복이 세상의 이목을 끄는 인생의 결정적 순간에 찾아온다고 여기곤 합니다. 하지만 진정한 진실함은 오히려 일상의 작은 순간들 속에서 빛을 발합니다. 이번 주에 여러분이 누군가에게 건넨 작은 격려의 말 한마디, 사소한 친절의 행동 하나하나, 유혹을 이겨낸 그 순간들… 이 모든 것이 영원한 보상으로 이어질 것입니다.

진실의 힘은 참으로 놀랍습니다. 그것은 현재뿐만 아니라 영원까지도 변화시키는 능력이 있습니다!

우리의 모든 상황을 선으로 이끄시는 손길

"진실로 주님의 선하심과 인자하심이 내가 사는 날 동안 나를 따르리니,
나는 주님의 집으로 돌아가 영원히 그곳에서 살겠습니다."

_시편 23편 6절, 새번역

여러분이 아물지 않은 상처와 고질적인 습관, 깊은 좌절감에 갇혀 있을 때조차 하나님은 여러분을 세심히 살피고 계십니다.

다윗왕은 시편 23편 6절에서 이렇게 고백했습니다. "진실로 주님의 선하심과 인자하심이 내가 사는 날 동안 나를 따르리니…"(새번역). 이 말은 "나에게 좋은 일만 일어날 것"이라는 의미가 아닙니다. 다윗은 선한 사람에게도 어려움이 찾아온다는 사실을 누구보다 잘 알았습니다. 그는 부당한 대우와 학대를 경험했음에도 여전히 하나님의 마음에 합한 사람이었습니다. 그러면서도 그는 자신에게 잘못한 적 없는 이들에게 큰 죄를 저지르기도 했습니다.

다윗이 강조하는 점은 이것입니다. 아무리 나쁘고 악한 일이 일어나도, 우리가 얼마나 큰 실수를 저질렀다 해도, 하나님은 그것을 선으로 바꾸어주신다는 것입니다. 그분의 선하심은 우리가 어떤 상황에 처하든 끊임없이 우리를 따라다닙니다.

이는 믿는 이들에게 주신 하나님의 가장 위대한 약속 중 하나입니다. "하나님을 사랑하는 사람들, 곧 하나님의 뜻대로 부르심을 받은 사람들에게는, 모든 일이 서로 협력해서 선을 이룬다는 것을 우리는 압니다"(롬 8:28, 새번역).

우리가 하나님을 사랑하고 그분의 뜻을 따르려 노력할 때, 하나님은 우리 삶의 모든 상황을 통해 선한 목적을 이루어 가십니다. 이 말씀은 모든 것이 선하다고 말하지 않습니다. 그러나 믿는 사람에게는 모든 것이 하나님의 계획과 목적을 위해 함께 작용하고 있으며, 그 목적은 언제나 선하다는 것입니다.

우리가 겪는 그 어떤 실패와 좌절도, 하나님께서는 반드시 선한 목적으로 바꾸어 가십니다. 어떤 상황도 하나님의 궁극적인 목적을 막을 수 없다는 놀라운 약속인 것입니다.

이 진리를 마음에 새기면, 우리 삶의 모든 면을 바라보는 시각이 달라집니다. 하나님과의 관계, 타인과의 관계, 우리의 과거와 미래 그리고 현재 직면한 모든 상황까지… 모든 것이 새로운 의미를 갖게 됩니다. 우리 인생 가운데 역사하시는 하나님의 선하심을 신뢰할 때, 우리는 어떠한 난관도 담대히 맞이할 수 있습니다.

다른 이들의 기대를 넘어, 하나님이 주신 길로

"우리는 사람을 기쁘게 하기보다는,
우리 마음을 살피시는 하나님을 기쁘시게 해드리기 원합니다."
_데살로니가전서 2장 4절, 쉬운

하나님은 여러분을 여러분답게 만드셨습니다. 부모님, 배우자, 상사, 친구들의 기대에 맞추어 만드신 것이 아닙니다. 그분은 여러분이 창조된 그대로의 모습으로 살아가기를 원하십니다. 이는 곧 다른 이들이 세운 기준에 얽매이지 말라는 뜻입니다.

히브리서 11장 24절은 이렇게 말씀합니다. "믿음으로 모세는, 어른이 되었을 때에, 바로 왕의 공주의 아들이라 불리기를 거절하였습니다"(새번역). 모세는 정체성의 갈등을 겪었습니다. 그는 히브리 노예로 태어났지만 이집트 왕족이자 파라오의 손자로 자랐습니다. 성인이 된 모세에게는 두 가지 선택지가 있었습니다. 파라오의 손자로서 사치와 명예, 권력을 누리며 살아가거나, 자신이 히브리인임을 인정하고 가족에게 버림받아 평생 노예로 살아가는 것.

여러분이라면 어떤 선택을 하시겠습니까?

요즘 많은 사람들이 자신의 진정한 모습을 감추고 가면을 쓴 채 살아갑니다. 그러나 모세는 진실한 사람이었기에 거짓말하지 않았습니다. 그는 주변의 온갖 압력에도 불구하고 하나님이 만드신 그대로의 사람이 되기를 선택했습니다.

여러분의 정체성을 누구의 기준에 맞추고 계신가요?

일부 사람들은 이미 세상을 떠난 부모님의 기대에 여전히 부응하고자 안간힘을 쓰고 있습니다. 또 어떤 이들은 전 배우자의 말에 매달려 그들이 틀렸음을 증명하려 노력합니다. 어떤 이들은 사회가 요구하는 기준에 맞추려 애를 씁니다. 그러나 성경은 이렇게 말씀합니다. "우리는 사람을 기쁘게 하기보다는, 우리 마음을 살피시는 하나님을 기쁘시게 해드리기 원합니다"(살전 2:4, 쉬운).

하나님이 만드신 그대로의 여러분이 되기로 결심하십시오. 이렇게 선언하십시오. "이제부터 나는 남의 기준이 아닌 하나님의 뜻에 따라 살겠습니다. 그분이 내 삶을 위해 마련하신 계획을 따르며 살아가겠습니다."

이것이 바로 하나님이 보시는 진정한 성공입니다. 그분은 여러분이 세상 기준이 아닌, 그분이 창조하신 본연의 모습 그대로 살아가기를 원하십니다.

목자 심정: 예수님의 연민을 실천하는 삶

"내가 온 것은 양들이 생명을 얻게 하되 더욱 풍성하게 얻게 하려는 것이다.
나는 선한 목자다. 선한 목자는 양들을 위해 자기 생명을 내놓는다."

_요한복음 10장 10-11절, 우리말

우리 마음의 상태는 타인을 바라보고 대하는 방식을 근본적으로 결정짓습니다. 즉, 우리의 감정, 경험 그리고 가치관은 타인을 어떻게 인식하고 대할지를 결정하는 핵심 요소가 됩니다. 가령 복잡한 거리의 군중을 보면 짜증이 나거나 조바심이 날 수 있습니다. 그러나 예수님은 그런 군중을 보셨을 때 어떤 반응을 보이셨을까요? "또 예수님은 목자 없는 양같이 흩어져 고생하는 군중들을 보시고 불쌍히 여기셨다"(마 9:36).

이것이 바로 하나님께서 우리를 바라보시는 방식입니다. 그분은 우리를 내려놓지 않으십니다. 오히려 우리를 들어 올리십니다! 우리가 아무리 화가 나고, 상처받고, 배신감을 느끼더라도 예수님은 언제나 연민의 마음으로 반응하십니다. 그분은 우리가 그분 없이는 "목자 없는 양과 같이" 얼마나 무력한지 잘 알고 계십니다.

양은 스스로를 보호할 능력이 없습니다. 날카로운 발톱도, 빠른 질주 능력도, 강력한 이빨도 갖추지 못했습니다. 양에게는 목자의 보호가 절대적으로 필요합니다.

성경에서 양은 종종 하나님의 백성을 상징합니다. 요한복음 10장 10-11절은 이렇게 말씀합니다. "내가 온 것은 양들이 생명을 얻게 하되 더욱 풍성하게 얻게 하려는 것이다. 나는 선한 목자다. 선한 목자는 양들을 위해 자기 생명을 내놓는다"(우리말).

이런 깊은 연민은 오직 선한 목자이신 예수님에게서만 나옵니다. 이는 단순한 동정이나 공감과는 다릅니다. 동정은 "네가 상처받아서 안타깝구나"라고 말하는 데 그칩니다. 공감은 "나도 당신과 함께 아파합니다"라는 더 깊은 감정의 표현입니다. 하지만 연민은 한 걸음 더 나아가 "당신의 상처를 치유하기 위해 무엇이든 하겠습니다"라고 말합니다.

예수님은 그의 삶과 죽음 그리고 부활을 통해 이러한 연민을 몸소 실천하셨습니다. 그분은 십자가에서 죽으시고 손과 발에 못이 박히는 극심한 고통을 감내하시면서까지 우리의 상처를 치유하기 위해 모든 것을 바치셨습니다. 이처럼 연민은 말로 그치지 않고 행동으로 나아갑니다. 예수님은 자신이 이 땅에 오신 이유가 "섬김을 받으려 함이 아니라 도리어 섬기려 하고 자기 목숨을 많은 사람의 대속물로 주려 함"(막 10:45, 개역개정)이라고 말씀하셨습니다. '섬김'과 '내어줌'이라는 두 단어에 주목하십시오. 이 두 단어는 예수님을 따르는 삶이 무엇인지를 정

확히 보여줍니다.

　여러분은 예수님의 시선으로 상처받고 무력한 이들을 바라보고 있나요? 사랑과 연민으로 가득 차서 그들의 고통을 멈추기 위해 할 수 있는 모든 일을 기꺼이 하고 계신가요?

　예수님은 고통받는 사람들을 보실 때마다 연민으로 마음이 움직이셨다고 성경은 반복해서 전합니다. 하나님은 우리도 다른 사람들을 그와 같은 시선으로 바라보기를 원하십니다. 우리의 마음을 예수님의 연민으로 채울 때, 우리는 세상을 전혀 다른 시각으로 볼 수 있게 됩니다.

고통 속에서도 여전히 선하신 하나님

"주께서 말씀하신다. '내 생각은 너희 생각과 다르고, 내 길은 너희 길과 다르다.
하늘이 땅보다 높은 것같이, 내 길은 너희 길보다 높고, 내 생각은 너희 생각보다 높다.'"
_이사야 55장 8-9절, 쉬운말

누구나 한번쯤 이런 경험이 있을 것입니다. 간절히 기도했지만 하나님의 응답이 보이지 않거나, 전혀 다른 방식으로 응답받은 것 같은 순간 말입니다.

이는 기도가 효과가 없다는 뜻일까요? 아닙니다. 우리는 기도의 능력을 수없이 목격해 왔습니다. 하나님이 선하지 않다는 뜻일까요? 결코 그렇지 않습니다. 하나님의 성품은 변하지 않으시며, 그분은 언제나 선하십니다. 그렇다면 기도를 포기해야 한다는 뜻일까요? 절대 아닙니다! 하나님은 우리가 원하는 대로 버튼만 누르면 응답하시는 자판기가 아니며, 기도는 고통을 잠시 잊게 하는 진통제가 아닙니다. 그분은 우리에게 고통 없는 삶을 약속하지 않으셨습니다.

고통스러운 상황에서 기도해도 응답이 보이지 않는다고 해서 포기하지 마십시오. 우리가 해야 할 일은 계속해서 기도하고 하나님을 신뢰하는 것입니다. 그 이유는 그분이 우리 삶에서 일어나는 모든 것을 선하게 사용하실 것임을 알기 때문입니다.

의사가 수술을 위해 여러분의 몸을 절개할 때 고통이 따르겠지만, 그 수술이 여러분의 생명을 구한다면 의사를 비난하지 않을 것입니다. 오히려 그 고통스러운 과정이 여러분의 생명을 구했다는 것에 감사할 것입니다. 하나님께서 여러분의 고통을 즉시 거두어 가지 않으실 때, 그분은 이렇게 말씀하고 계신지도 모릅니다. "이 시련이 너무 힘겹게 느껴질 수 있다. 하지만 내 은혜가 네게 충분하며, 내 능력은 네 연약함 가운데서 온전히 드러난단다."

저 또한 인생에서 많은 고통을 겪었습니다. 그리고 사실 제가 인생에서 배운 거의 모든 것은 이러한 고통을 통해 얻은 교훈들입니다. 하나님은 우리를 편안하게 만드는 것보다 인격적으로 성숙하게 만드는 데 더 관심이 있으시기 때문입니다. 고통이나 고난을 경험하지 않았다면 우리는 영적으로 성숙해질 수 없었을 것입니다. 하나님의 지혜와 우리 삶에 대한 그분의 계획을 신뢰하는 법을 결코 배우지 못했을 것입니다.

"나는 너희가 생각하는 방식으로 생각하지 않는다. 나는 너희가 일하는 방식으로 일하지 않는다. … 하늘이 땅보다 높은 것처럼 내가 일하는 방식은 너희의 방식을 초월하며, 내가 생각하는 방식은 너희의 방식을 뛰어넘는다"(사 55:8-9, 메시지).

하나님은 우리가 상상할 수 있는 것보다 훨씬 더 우리의 삶에 선한 것을 원하십니다. 우리가 고통 중에도 그분을 신뢰한다면, 그분은 모든 기도에 가장 큰 선물인 그분의 임재와 능력 그리고 약속으로 응답하실 것입니다.

야베스의 기도: 평범에서 비범으로 나아가게 하는 힘

야베스는 그의 가족들 중에서 가장 존경을 받았는데, … 야베스가 이스라엘 하나님께
'나에게 복에 복을 더해 주시고, 내 영토를 넓혀 주시고, 주님의 손으로 나를 도우시어
불행을 막아 주시고, 고통을 받지 않게 하여 주십시오' 하고 간구하였더니,
하나님께서 그가 구한 것을 이루어주셨다."

_역대상 4장 9~10절, 새번역

여러분은 자신을 평범하다고 여길지 모르지만, 하나님은 우리 각자를 의미 있는 삶을 살도록 창조하셨습니다. 성경은 하나님께서 주신 목적과 사명을 온전히 믿고 완수하려 했던 평범한 사람들이 보인 특별한 삶으로 가득합니다.

그 대표적인 예로 야베스라는 사람이 있습니다. 성경은 그가 결코 평범하지 않은 삶을 살았다고 전합니다. 그의 성공 비결은 다음과 같습니다.

1. 야베스는 큰 야망을 품었습니다.

대부분의 사람이 현실에 안주하는 반면, 야베스는 하나님께서 자신을 통해 위대한 일을 이루시기를 열망했습니다. 그는 반쪽짜리 인생이 아닌, 온전하고 의미 있는 삶을 추구했습니다.

야베스의 야망은 올바른 동기에서 비롯되었습니다. 그의 마음이 이기적이지 않고 진실했다는 것은 어떻게 알 수 있을까요? "그래서 하나님은 그의 기도에 응답해주셨다"라는 구절이 그 답을 줍니다. 하나님은 합당하지 않은 요청은 절대 들어주지 않으십니다.

많은 이들이 분명한 목적과 방향 없이 인생이라는 바다를 표류하고 있습니다. 그 결과 그들은 어디에도 도달하지 못합니다. 평범함을 뛰어넘고 싶다면 큰 꿈을 품으십시오! "내가 지금 무엇을 하고 있는가? 나는 어디로 가고 있는가?" 하나님은 우리가 그분을 섬기고자 하는 열망으로 큰 포부를 품길 원하십니다.

2. 그는 믿음을 키웠습니다.

야베스에게는 하나님에 대한 깊은 신뢰와 믿음이 있었습니다. 그가 특별한 능력이나 재능, 재력, 학력을 가졌다는 언급은 없습니다. 그는 그저 비범한 믿음을 지닌 평범한 사람이었습니다.

능력과 재능보다 더 중요한 것은 하나님이 우리를 통해 일하실 것이라는 믿음입니다.

평범함에서 벗어나려면 어떻게 해야 할까요? 야베스처럼 큰 야망을 품고 믿음을 키우며 하나님을 의지하면 불가능을 가능케 하는 일을 할 수 있습니다. 현대 선교의 아버지라 불리는 윌리엄 캐리는 이를 이렇게 요약했습니다. "하나님으로부터 위대한 일을 기대하며 하나님을 위해 위대한 일을 시도하라."

성경과 일치하는 삶: 하나님의 음성을 들으려면

"하늘과 땅은 없어질지라도 내 말은 결코 없어지지 않을 것이다."
_누가복음 21장 33절, 쉬운

때로 우리는 하나님의 음성을 알아듣기 어려울 때가 있습니다. 마음속에 떠오르는 생각이 하나님의 인도하심인지, 사탄의 속임수인지 혹은 단순히 자신의 욕망인지 구별하기 어려울 때가 있습니다. 하나님의 음성은 우리 삶에 영원한 영향을 미치기에, 그 음성을 올바르게 분별하는 것은 우리의 영적 여정에서 핵심적인 요소입니다.

많은 악행이 "하나님이 이렇게 하라고 하셨어요!"라는 말로 정당화되곤 합니다. 이에 대해 성경은 요한일서 4장 1절에서 우리에게 경고합니다. "어느 영이든지 무턱대고 다 믿지 말고, 그 영이 정말 하나님께로부터 나온 영인지 시험해서 분별해야 합니다"(쉬운말).

하나님은 결코 자신의 말씀과 모순되지 않으십니다. 그러므로 우리는 스스로에게 물어야 합니다. "지금 내 마음속에 있는 생각이 성경과 일치하는가?"

하나님은 한 말씀을 하셨다가 마음을 바꾸어 다른 것을 말씀하시지 않습니다. 그분이 말씀하셨다면 그것은 진리이며, 영원히 진리로 남을 것입니다. 하나님은 일관되시며, 변덕스럽지 않으십니다. 그분은 자신의 말씀인 성경에서 이미 주신 원칙을 어기라고 말씀하지 않으십니다.

그러므로 우리가 하나님의 음성을 듣고 있는지 확신이 서지 않을 때, 우리는 먼저 이런 질문을 스스로에게 던져야 합니다. "이 생각은 하나님이 이미 말씀하신 것과 일치하는가?" 만약 우리의 생각이 성경에 나타난 하나님의 말씀과 상충한다면, 그것은 잘못된 생각임을 알 수 있습니다.

예수님은 누가복음 21장 33절에서 선언하셨습니다. "하늘과 땅은 없어질지라도 내 말은 결코 없어지지 않을 것이다"(쉬운). 하나님의 말씀은 영원합니다. 진리는 시간을 초월하기 때문입니다. 5천 년 전에 진리였다면, 천 년 전에도 진리였고, 지금도 진리이며, 5천 년 후에도 여전히 진리일 것입니다.

어떤 이들은 "하나님이 말씀하셨고, 내가 그것을 믿기에 의미가 있습니다"라고 말합니다. 하지만 이는 진리의 본질을 잘못 이해하는 것입니다. 하나님의 말씀은 우리의 믿음이나 해석과 관계없이 절대적 진리입니다. 우리가 믿든 믿지 않든, 하나님이 말씀하셨다면 그것으로 충분합니다!

하나님은 스스로 모순되지 않으십니다. 그러므로 하나님의 음성을 인식하고자 할 때, 가장 좋은 출발점은 이것입니다. "이 생각이 하나님의 말씀과 일치하는가?"라고 스스로에게 물어보는 것입니다.

스트레스 없는 삶의 비결: 하나님께 맡기는 삶

"너희는 가만히 있어 내가 하나님 됨을 알지어다
내가 뭇 나라 중에서 높임을 받으리라 내가 세계 중에서 높임을 받으리라."
_시편 46편 10절, 개역개정

우리는 매일 삶의 주도권을 우리 자신이 쥐고 있을 것인지, 아니면 하나님께 맡길 것인지 선택의 기로에 섭니다. 이는 우리가 통제하고 싶은 욕구 때문에 벌어지는 내적 갈등입니다. 우리는 자신만의 규칙을 만들고 싶어 하지만, 진정한 평안은 하나님의 주권을 인정하는 데서 시작됩니다. "하나님, 제 능력으로는 통제할 수 없는 모든 것을 당신께 맡기겠습니다"라고 기도하는 순간, 우리는 스트레스에서 벗어나기 시작합니다.

우리가 과도한 스트레스에 시달리는 주요 원인 중 하나는 우리가 하나님께 맡겨야 할 영역을 스스로 통제하려고 애쓰기 때문입니다. 우리의 배우자, 자녀, 직업, 미래, 과거 등은 우리가 완전히 통제할 수 있는 영역이 아닙니다. 하나님의 역할을 하려다 보면 결국 하나님과 대립하게 되고, 그 결과는 피로와 스트레스뿐입니다. 대신 통제권을 내려놓고 하나님의 섭리를 신뢰하십시오. 시편 46편 10절은 이렇게 말씀합니다. "너희는 가만히 있어 내가 하나님 됨을 알지어다 내가 뭇 나라 중에서 높임을 받으리라 내가 세계 중에서 높임을 받으리라"(개역개정).

통제 불가능한 상황에 직면하면 사람들은 보통 두 가지 극단적인 반응을 보입니다. 어떤 이들은 더욱 강박적으로 통제하려 들고, 다른 이들은 완전히 포기하고 자포자기에 빠집니다. 그러나 이 두 가지 방법 모두 효과가 없습니다. 대신 하나님께 모든 것을 맡기는 항복의 기도를 드려보십시오.

많은 사람이 주기도문을 바탕으로 한 평온을 구하는 기도(the Serenity Prayer)를 드리지만, 대부분 마지막 부분을 간과합니다. 그 마지막 구절은 이렇습니다. "오늘 주어진 하루만을 충실히 살아가며, 지금 이 순간을 온전히 누리고, 어려움도 성장의 기회로 받아들이며, 예수님의 마음으로 이 불완전한 세상을 있는 그대로 받아들이게 하소서. 주님의 뜻에 순종할 때 모든 것을 바로 잡아 주실 것을 믿고, 이 땅에서는 참된 기쁨을, 천국에서는 영원한 행복을 누리게 하소서. 아멘."

바로 여기에 참된 힘이 있습니다! 우리가 통제하려 했던 모든 것을 하나님께 맡길 때, 우리는 진정한 힘을 얻게 됩니다. 그리고 그때 비로소 우리는 평온한 삶을 누릴 수 있게 될 것입니다.

고난 속에서 만나는 하나님의 지혜와 능력

"참 지혜와 진정한 능력은 하나님의 것,
그분께 어떻게 살아야 하는지
무엇을 위해 살아야 하는지 배울 수 있네."
_욥기 12장 13절, 메시지

성경은 하나님을 사랑하고 섬겼던 욥의 이야기를 전합니다. 그는 하루아침에 재산, 건강, 자녀 등 거의 모든 것을 잃었습니다. 하지만 욥의 삶은 우리에게 상처받은 순간에도 어떻게 하나님을 예배할 수 있는지 보여줍니다. 최악의 상황 속에서도 우리는 하나님의 지혜와 힘을 구하며 그분을 높일 수 있습니다.

모든 것을 잃은 직후, 욥은 땅바닥에 엎드려 깊은 슬픔과 질병의 고통 속에서 신음하고 있었습니다. 그때 세 친구가 나타나 조언을 했습니다. 대부분은 큰 도움이 되지 않았지만, 한 친구 엘리바스는 이렇게 말했습니다. "내가 만일 너 같으면 나는 하나님을 찾아 나의 모든 문제를 그분에게 맡기겠다"(욥 5:8).

엘리바스는 욥에게 하나님의 도움을 요청하라고 조언한 것입니다. "요청하다"는 것은 무슨 뜻일까요? 이는 자신보다 더 위대한 분께 특별한 행위나 특권을 위해 호소하는 것을 의미합니다. 정말 좋은 조언이 아닐까요? 우리가 혼란스럽고, 화가 나고, 의심스럽고, 상처받았을 때 하나님을 외면하지 말아야 합니다. 오히려 그분만이 우리를 진정으로 위로할 수 있는 유일한 분이기에 그분께로 나아가야 합니다.

한번은 예수님께서 군중에게 말씀하실 때, 그분을 따르기 위해 어떤 삶의 변화가 필요한지 말씀하셨습니다. 하지만 사람들은 그런 요구를 원치 않아 떠나기 시작했습니다. 그때 예수님은 제자들에게 물으셨습니다. "너희도 떠나고 싶으냐?"(요 6:67). 이에 베드로가 대답했습니다. "주님, 우리가 누구에게로 가겠습니까? 주님에게는 영원한 생명의 말씀이 있습니다"(요 6:68).

고통 속에서 하나님을 외면한다면 어디로 갈 수 있겠습니까? 그분처럼 우리를 도와줄 수 있는 분은 아무도 없습니다. 그러니 그분을 멀리하지 말고 그분의 힘과 지혜를 구하십시오.

성경은 이렇게 말씀합니다. "참 지혜와 진정한 능력은 하나님의 것, 그분께 어떻게 살아야 하는지 무엇을 위해 살아야 하는지 배울 수 있네"(욥 12:13, 메시지). 예수님을 따른다고 해서 인생의 모든 문제에서 자유로워지는 것은 아닙니다. 하지만 이는 우리가 어려움 속에서도 하나님의 지혜와 힘에 의지할 수 있다는 뜻입니다. 하나님께 의지할 때, 그분은 우리에게 필요한 지혜를 주시고, 그것을 실행할 수 있는 힘도 함께 부어주실 것입니다.

미리 드리는 감사: 하나님의 응답을 앞당기는 비결

"여호사밧은 백성과 의논하여 여호와께 노래할 사람, 곧 거룩하고 놀라우신 여호와를 찬양할 사람들을 뽑았습니다. 그들이 군대 앞에서 행진하며 찬양했습니다. '여호와께 감사드리자. 여호와의 사랑은 영원하시다.'"

_역대하 20장 21절, 쉬운

기도와 찬양은 우리의 믿음이 언어로 구체화된 것입니다. 어려운 상황 속에서도 "하나님, 우리의 재정 문제를 돌봐주셔서 감사합니다. 이 고통을 치유해주셔서 감사합니다. 이 갈등을 해결해주셔서 감사합니다"라고 말하는 것은 아직 오지 않은 구원의 은혜를 미리 인정하는 강력한 신앙의 표현입니다.

여호사밧왕의 이야기는 기도의 응답을 받기도 전에 하나님께 감사드리는 행위가 지닌 놀라운 영적 힘을 보여줍니다. 세 나라의 연합군 공격에 직면했을 때, 여호사밧은 세상의 관점에서 보면 매우 특이한 전략을 세웠습니다. "여호사밧은 백성과 의논하여 여호와께 노래할 사람, 곧 거룩하고 놀라우신 여호와를 찬양할 사람들을 뽑았습니다. 그들이 군대 앞에서 행진하며 찬양했습니다. '여호와께 감사드리자. 여호와의 사랑은 영원하시다'"(대하 20:21, 쉬운).

이런 방식으로 군대를 배치하는 것이 얼마나 특이한지 여러분도 공감하실 겁니다. 수금과 트럼펫 연주자들이 이끄는 이스라엘 군대를 보고 적군은 어떤 생각을 했을까요? 아마도 성가대 단원들조차 이해하기 힘들었을 것입니다.

하지만 여호사밧은 전쟁의 승패가 하나님께 달려 있음을 상기시켰습니다. 그분을 신뢰하면 승리할 수 있다는 확신이 있었기에, 그들은 다가올 승리에 대해 미리 감사하며 성가대를 최전선에 세워 믿음을 드러냈습니다.

하나님께 대한 우리의 깊은 신뢰를 표현하는 가장 강력한 방법은 응답받기 전에 이미 감사를 드리는 것입니다. 그렇다면 합창단이 찬양으로 하나님께 미리 감사드렸을 때 어떤 일이 일어났을까요? "그들이 노래를 시작하며 주를 찬양하자, 여호와께서는 유다를 치러 온 암몬과 모압과 세일 산에서 온 사람을 공격할 복병을 숨겨 놓으셨습니다. 그리고 암몬과 모압과 세일 산 사람을 치게 하셨습니다"(대하 20:22, 쉬운). 놀랍게도 여호사밧의 군대는 찬양을 부르는 것 외에는 어떤 전투 행위도 하지 않았습니다. 어떻게 이런 승리가 가능했을까요?

그들은 하나님께 미리 감사드렸습니다. 하나님이 그들을 돌보시고 적으로부터 구원하실 것을 굳게 믿었기 때문입니다. 그들은 전투 대형으로 자신들의 믿음을 보여드렸고, 그 결과 하나님의 구원을 직접 목격할 수 있었습니다.

여러분도 어려운 상황 속에서 하나님을 신뢰하기에 그분의 구원을 미리 찬양할 수 있다는 것을 기억하십시오.

변화가 즉각적으로 일어나지 않는 이유

"주께 일편단심인 이들, 주께서 온전히 지켜주시며, 그들은 두 발로 굳게 선다네.
그들의 태도 한결같고 절대 물러서지 않는다."
_이사야 26장 3절. 메시지

하나님은 우리의 삶이 그분의 뜻 안에서 더욱 성숙하게 변화되기를 원하십니다. 우리는 종종 빠른 변화를 갈망하지만, 하나님은 우리의 성품을 성장시키는 데 초점을 맞추시기에 서두르지 않으십니다. 이는 시간이 걸리는 과정입니다.

한 남성이 절망적인 목소리로 말했습니다. "릭 목사님, 제 인생이 문제로 가득 차서 홍수에 빠져 죽을 것 같습니다." 그때 제 마음에 떠오른 것은 노아의 홍수 이야기였습니다. "땅에서 물이 점점 빠져나갔습니다. 백오십 일이 지나자, 물이 많이 줄어들었습니다. 그해의 일곱째 달 십칠 일에 배가 아라랏산에 걸려 머무르게 되었습니다"(창 8:3-4, 쉬운). 홍수가 순식간에 빠지지 않았듯이, 이 사람의 문제도 하루아침에 해결되지 않을 것임을 알았습니다. 진정한 변화에는 시간이 필요합니다.

실제로 영적 성장은 평생에 걸쳐 조금씩 이루어집니다. 이는 한 번의 도약이나 결정으로 완성되는 것이 아닙니다. 점진적인 변화를 통해 이루어지는 것이죠. 이것이 바로 하나님께서 우리를 성장시키시는 과정인 성화입니다.

사도 바울은 이렇게 말했습니다. "여러분 가운데 선한 일을 시작하신 하나님께서 그리스도 예수님이 다시 오시는 날까지 그 일을 완성하실 것을 나는 확신합니다"(빌 1:6).

이 과정은 우리의 자발적이고 의식적인 헌신에서 시작됩니다. "좋습니다, 하나님. 저는 동참하겠습니다. 그저 괜찮은 삶에 안주하지 않고 더 나은 삶을 원합니다. 하나님께서 제게 주신 모든 것을 누리고 싶습니다. 남은 인생이 제 최고의 삶이 되길 원합니다."

이사야 26장 3-4절은 이러한 헌신에 대해 이야기합니다. "주께 일편단심인 이들, 주께서 온전히 지켜 주시며, 그들은 두 발로 굳게 선다네. 그들의 태도 한결같고 절대 물러서지 않는다. 하나님을 의지하여라. 굳게 의지하여라. 주 하나님만이 참으로 믿을 만한 분이시다"(사 26:3-4, 메시지).

온전하고 꾸준한 삶을 살고 싶으십니까? 하나님께 마음을 두고 멈추지 말고 계속 나아가십시오.

"선한 일을 여러분 가운데서 시작하신 분께서 그리스도 예수의 날까지 그 일을 완성하시리라고" 확신한다면, 우리는 좋은 삶에서 더 나은 삶으로 나아가는 긴 여정에서 더 큰 인내심을 발휘할 수 있습니다. 하나님의 타이밍을 신뢰하며, 그분과 함께하는 영적 성장의 여정을 기쁨으로 누리십시오.

스트레스 없는 삶의 여정

"나는 마음이 온유하고 겸손하니 너희는 내 멍에를 메고 내게서 배우라.
그러면 너희 영혼이 쉼을 얻을 것이다."
_마태복음 11장 29절, 우리말

우리 모두는 불안을 경험하며, 그래서 이에 대한 해결책을 찾고자 합니다. 현대 사회의 스트레스 속에서 마음의 진정한 쉼을 찾기란 점점 더 어려워지고 있습니다.

그러나 예수님은 우리가 걱정을 내려놓고 그분을 더욱 신뢰하기를 원하십니다. 마태복음 11장 29절에서 예수님은 이렇게 말씀하셨습니다. "나는 마음이 온유하고 겸손하니 너희는 내 멍에를 메고 내게서 배우라. 그러면 너희 영혼이 쉼을 얻을 것이다"(우리말).

예수님은 우리가 그분께 나아와 우리의 짐을 나눈 후, 그분으로부터 배우기를 원하십니다. 왜 그럴까요? 예수님은 결코 서두르지 않으시기 때문입니다. 그분은 우리에게 피로가 아닌 생명을 주시고자, 부드럽고 겸손한 마음으로 우리의 걸음을 이끄십니다. 예수님은 평화롭고 목적 있게 살아가는 모습을 보여주셨고, 그분의 모범을 따르는 것이 우리의 영적, 정서적 에너지를 채우는 방법입니다.

하지만 예수님처럼 사는 법을 배우는 것은 하나의 과정입니다. 우리의 과부하된 생활 방식이 하루아침에 만들어지지 않았듯이, 이를 바꾸는 것도 단시간에 이루어질 수 없습니다. 배움에는 시간이 필요합니다.

예수님으로부터 우리는 무엇을 배울 수 있을까요? 바로 온유하고 겸손해지는 법입니다. 이는 언뜻 스트레스와 피로의 해결책으로 보이지 않을 수 있지만, 실은 그 핵심에 있습니다.

예수님은 공격성과 교만함이 스트레스와 공허함의 가장 큰 원인임을 알고 계십니다. 그래서 우리가 온유하고 겸손한 태도를 배우기를 원하시는 것입니다. 공격성은 모든 것을 즉시 원하고 지나치게 집착하는 것을 의미합니다. 이런 태도는 결국 우리 영혼을 고갈시킬 뿐입니다. 교만함은 모든 것을 통제하려고 할 때 나타납니다. 우리의 자아는 우리가 인식하는 것보다 더 많은 스트레스와 교만함의 원인이 됩니다.

따라서 인생의 스트레스를 유발하는 가장 큰 두 가지 원인에 대한 해독제는 바로 온유함과 겸손입니다. 우리는 매일 우리가 신이 아니며 다른 이의 구원자도 아니라는 사실을 되새김으로써 온유함과 겸손함을 배울 수 있습니다.

예수님과 함께 시간을 보내다 보면, 온유함과 겸손이 어떻게 우리의 영혼에 진정한 쉼을 가져다주는지 깨닫게 될 것입니다.

영혼의 광합성: 하나님 말씀으로 자라나는 우리

"나는 세상의 빛이다.
나를 따르는 사람은 어두움에 다니지 않고 생명의 빛을 받을 것이다."
_요한복음 8장 12절

30년 넘게 채소밭을 가꾸어온 경험에서 말씀드리자면, 빛의 양이 많을수록 작물이 더욱 크게 자랍니다. 저는 오랫동안 식물 성장에 최적화된 '그로우 라이트'라는 특수 조명을 활용해왔습니다. 이 전구는 식물과 나무의 성장에 필요한 특정 파장의 빛을 발산합니다. 빛이 부족한 환경에서 식물의 생존을 돕는 데 사용됩니다. 집 그늘진 곳에 어린 레드우드 나무를 심고, 스스로 햇빛을 받을 만큼 자랄 때까지 이 성장 조명을 사용했습니다. 지금 그 나무들은 약 12미터 높이로 자랐습니다.

빛은 생명의 핵심입니다. 모든 식물은 빛을 이용한 광합성을 통해 성장합니다. 우리 인간도 시각 기능과 신체 시스템의 정상 작동을 위해 빛에 의존합니다. 빛이 없다면 힘도, 성장도 없습니다. 인간은 빛 없이 살 수 없습니다.

영적 영역에서도 마찬가지로 빛은 중요합니다. 때로 우리 삶은 구름 낀 어두운 날과 같아서, 한 줄기 빛조차 보이지 않는 순간들이 있습니다. 그러나 바로 그런 순간에 우리를 변화시키고 성장시키는 예수님의 빛이 가장 필요합니다. 마치 식물이 어둠 속에서도 빛을 향해 자라나듯이, 우리도 삶의 어려움 속에서 예수님의 빛을 구할 때 진정한 변화와 성장을 경험하게 됩니다.

우리의 변화는 두 가지 방식으로 일어납니다. 빛 속에서 자발적으로 깨달을 때와 열기 속에서 어쩔 수 없이 배울 때입니다. 빛의 인도하심을 따를 때 우리는 자유롭게 변화되지만, 그렇지 않으면 고통스러운 열기를 통해 배워야 합니다.

여러분, 이 변화의 빛이 어디서 오는지 아시나요? 바로 하나님의 말씀입니다. 하나님의 말씀을 탐구할수록 하나님에 대한 우리의 지식과 사랑은 더욱 깊어집니다. 에베소서 1장 16-17절에서 바울은 "기도할 때마다 … 우리 주 예수 그리스도의 하나님 영광의 아버지께서 여러분에게 지혜와 계시의 영을 주셔서 하나님을 알게 하시기를"(우리말) 구합니다. 하나님의 말씀을 알게 되면, 그분의 빛이 여러분의 마음을 가득 채워 지혜와 새로운 시각을 갖게 될 것입니다. 그러면 하나님께서 약속하신 놀라운 미래를 이해하게 될 것입니다.

성경에서 빛과 생명은 밀접하게 연결되어 있습니다. "주는 생명의 원천이시므로 우리가 주의 빛 가운데서 빛을 봅니다"(시 36:9).

삶은 단순히 견뎌내야 할 과정이 아니라, 온전히 누려야 할 선물입니다. 그 핵심은 하나님의 빛 안에서 사는 것입니다. 하나님의 말씀이라는 빛을 받아 우리 영혼이 자라나고, 그 안에서 풍성한 삶을 누리는 것입니다.

여러분의 소유, 진정 모두 필요한 것인가요?

"너희가 가진 소유물을 다 팔아, 가난한 자에게 나눠 주어라. 그리하여 너희 자신을 위하여
영원히 낡아지지 않는 지갑을 만들어라. 그렇게 너희 재물을 하늘에 쌓아두면,
거기에는 도둑이 들거나 좀이 쏠 일이 절대로 없다."
_누가복음 12장 33절, 쉬운말

여러분은 천국에도 은행이 있다는 사실을 알고 계셨나요? 놀랍게도 그렇습니다! 누가복음은 하늘에 보물을 쌓아두는 것에 대해 말씀하고 있습니다. 그리스도를 따르는 우리는 이 하늘 은행에 우리의 시간, 재능, 자원을 가장 많이 투자해야 합니다.

우리가 소유한 모든 것은 하나님의 무한한 관대함에서 비롯된 것입니다. 하나님이 아니었다면 우리는 아무것도 소유하지 못했을 것이고, 심지어 존재하지도 않았을 것입니다! "온갖 좋은 선물들과 모든 온전한 은사는 저 위로부터, 곧 빛들을 창조하신 하나님 아버지께로부터 내려옵니다"(약 1:17, 쉬운말). 하나님의 풍성한 은혜를 경험한 우리는 그 은혜의 통로가 되어, 다른 이들에게도 같은 관대함을 흘려보내야 할 책임을 부여받습니다. 우리에게 주어진 것을 다른 이들을 돕는 데 사용해야 하는 것입니다.

타인을 돕고 그들을 예수 그리스도께로 인도하는 데 사용된 모든 것은 천국의 우리 계좌에 영원한 자산으로 기록됩니다. 우리의 자원을 가장 중요한 일, 즉 사람들이 하나님과 관계를 맺도록 돕는 일에 사용한다면 그것이 바로 영원을 위한 투자입니다.

어느 날 매우 부유한 사람이 예수님께 와서 영생을 준비하는 방법을 물었습니다. 이 사람은 자신의 실제 필요나 누릴 수 있는 즐거움을 훨씬 넘어서는 막대한 재산을 소유하고 있었습니다. 그는 어떻게 하면 영생을 얻을 수 있는지 알고 싶어 했습니다.

예수님은 이 사람에게 특별한 투자 조언을 해주셨습니다. "너희가 가진 소유물을 다 팔아, 가난한 자에게 나눠 주어라. 그리하여 너희 자신을 위하여 영원히 낡아지지 않는 지갑을 만들어라. 그렇게 너희 재물을 하늘에 쌓아두면, 거기에는 도둑이 들거나 좀이 쏠 일이 절대로 없다"(눅 12:33, 쉬운말). 달리 말해, 이 땅에서의 재산 일부를 정리하고 영원히 지속될 보물을 천국으로 미리 보내라는 뜻입니다.

여러분은 어떠십니까? 여러분이 소유한 모든 것이 정말 전부 다 우리에게 필요한 것일까요? 아니면 예수님께서 이 말씀을 통해 우리에게 더 어려운 이웃을 돕기 위해 우리의 소유 일부를 내어놓으라고 하시는 것은 아닐까요?

관대해지면 우리에게 진정 필요한 것이 무엇인지에 대한 시각이 달라집니다. 그리고 더욱 중요한 것은, 우리가 관대함을 선택할 때마다 하늘에 보물을 쌓게 된다는 사실입니다. 이것이 바로 영원을 위한 가장 현명한 투자가 아닐까요?

응답받는 기도의 비밀: 효과적인 기도의 4가지 핵심

"주께서는 주의 종 모세에게 약속하셨던 말씀을 기억하소서. 주께서는 약속하시기를
'너희가 나를 배반하고 거역하면, 내가 너희를 온 세상의 여러 민족들 가운데 뿔뿔이 흩
어버리겠다. 그러나 만일 너희가 회개하고 내게로 돌아와서 내 계명을 다시 존중하고 실천
하면, 너희가 하늘 끝으로 쫓겨났을지라도 내가 거기서 너희를 불러 모아 다시 데려오겠다.
곧 너희를 모은 후 다시 고향 땅으로 데려와서, 내가 내 이름을 둘 거처로 선택한 그 땅에서
살도록 하겠다.' 하시지 않았습니까?"

_느헤미야 1장 8~9절, 쉬운말

우리는 종종 무엇을 위해 기도해야 할지는 알지만, 어떻게 기도해야 할지 막
막할 때가 있습니다. 느헤미야의 이야기는 이런 우리에게 큰 도움이 됩니다. 그는 페르시아에
서 유배 생활 중 예루살렘 성벽이 무너졌다는 비보를 듣고 깊은 슬픔에 잠겼습니다. 그의 기도
는 우리에게 효과적인 기도의 네 가지 핵심을 보여줍니다.

1. 하나님의 성품에 의지하여 요청하세요.

느헤미야는 하나님을 "약속을 지키시고 자비를 베푸시는 분"이라고 불렀습니다(느 1:5). 우
리도 하나님의 응답을 확신하며 이렇게 기도할 수 있습니다. "하나님, 당신의 신실하심과 위대
하심, 그리고 무한한 사랑을 믿기에 이 기도를 드립니다. 이 난관을 헤쳐 나갈 수 있는 분은 오
직 당신뿐입니다!"

2. 자신의 죄를 솔직히 고백하세요.

느헤미야는 자신의 잘못을 숨기지 않습니다. "주의 종들인 이스라엘 백성들을 위해 주의
종이 밤낮으로 주 앞에 기도하니 주께서는 귀를 기울이고 눈을 떠서 이 기도를 들으소서. 저와
제 조상의 집을 비롯해 우리 이스라엘 족속이 주님을 거역했던 죄를 고백합니다. 우리가 주께
매우 악하게 굴었습니다. 주께서 주의 종 모세에게 주신 계명과 율례와 규례를 우리가 지키지
않았습니다"(느 1:6-7, 우리말). 이스라엘이 포로로 잡혀간 것은 느헤미야의 잘못이 아니었고, 사
실 그는 포로 출신이었을 가능성이 높습니다. 하지만 그는 국가의 죄에 자신을 포함시켰습니
다. 이는 "나도 이 문제의 일부였다"는 겸손한 고백이었습니다.

3. 하나님의 약속을 상기시키세요.

느헤미야는 담대하게 "여호와여, 이제 주께서 하신 이 말씀을 기억하소서"(느 1:9)라고 기도
했습니다. 그는 하나님께서 이스라엘 민족에게 하신 약속을 언급하며, "하나님, 모세를 통해 우
리의 불순종으로 이 땅을 잃을 것이라 경고하셨지만, 회개하면 다시 돌려주시겠다고 약속하셨
습니다"라고 말씀드렸습니다. 우리가 하나님의 약속을 상기시키는 이유는 무엇일까요? 그것은
우리 자신이 그 약속을 기억하고 믿음을 굳건히 하기 위함입니다.

4. 원하는 것을 분명하게 말씀드리세요.

기도에 대한 구체적인 응답을 원한다면 구체적으로 요청하세요. 기도가 모호하고 일반적

인 요청에 그친다면, 응답된 것을 어떻게 알 수 있을까요?

오늘 여러분은 무엇을 위해 기도하시겠습니까? 느헤미야의 모범을 따라 이렇게 기도해보세요. "하나님, 제가 겪고 있는 이 상황을 당신께서 깊이 헤아리고 계시며, 이 난관이 당신의 전능하심 앞에서는 결코 어려운 것이 아님을 잘 알고 있습니다. 이런 상황을 만들어 정말 죄송합니다. 주님께서 저를 혼란과 두려움에 빠뜨리지 않으시겠다고 하신 약속을 굳게 믿으며, 이 어려움에 담대히 맞섭니다. 구체적으로 이렇게 도와주세요.

"

기도가 막막하게 느껴질 때, 느헤미야의 지혜를 따라해보세요. 그리고 하나님께서 듣고 계신다는 확신으로, 그분의 응답을 기대하며 기다려보세요.

고통을 안고 하나님께 달려가세요

"우리는 감당하기 어려운 환난을 당해, 삶의 소망조차 없었습니다.
마음속으로는 사망 선고를 받았다는 느낌마저 들었습니다.
그러나 이렇게 된 것은 우리 자신을 의지하지 않고,
죽은 자를 살리시는 하나님을 의지하도록 하기 위해서였습니다."
_고린도후서 1장 8-9절, 쉬운

인생의 고통스러운 순간마다 우리에게는 선택권이 있습니다. 하나님에게서 도망칠 수도 있고, 그분께 달려갈 수도 있습니다.

하나님을 피해서 달아나는 것은 저에게는 결국 더 큰 고통을 자초하는 일이었습니다. 가장 큰 위로의 근원으로부터 멀어져 어떻게 참된 위안을 얻을 수 있겠습니까? 제 막내아들을 잃은 후 몇 년 동안, 저는 그 어느 때보다 하나님과 많은 시간을 보냈습니다. 그 깊은 상실감과 고통 속에서도 저를 지탱해준 것은 오직 하나님을 예배하고 그분과 가까이 머무는 시간이었습니다.

여러분도 하나님께 나아가기로 선택한다면, 그 아픔을 통해 오히려 하나님께 더 가까이 갈 수 있습니다. 어떻게 그렇게 할 수 있을까요? 먼저, 해야 한다고 생각하는 형식적인 말들은 내려놓으세요. 마음속 가장 깊은 곳의 솔직한 감정을 하나님 앞에 쏟아놓으세요. 고통이 싫다고 말씀드리세요. 이것이 바로 애도입니다. 성경은 슬픔 중에 하나님께 부르짖는 사람들의 이야기로 가득합니다. 시편의 3분의 1이 이런 내용을 담고 있습니다.

우리의 절실한 호소와 탄식마저도 하나님께는 진실한 예배가 됩니다. 슬픔의 모든 단계에서 우리는 예배할 수 있습니다. 충격을 표현하고, 슬픔을 쏟아내고, 어려움을 나누고, 모든 것을 맡길 수 있습니다. 이 고통을 선한 목적으로 사용해달라고 하나님께 간구할 수도 있습니다.

고린도후서 1장 8-9절에서 바울은 이렇게 말합니다. "우리는 감당하기 어려운 환난을 당해, 삶의 소망조차 없었습니다. 마음속으로는 사망 선고를 받았다는 느낌마저 들었습니다. 그러나 이렇게 된 것은 우리 자신을 의지하지 않고, 죽은 자를 살리시는 하나님을 의지하도록 하기 위해서였습니다"(쉬운).

저는 깊은 슬픔 가운데 예배를 드리다 인생의 전환점을 맞이한 수많은 사람을 보아왔습니다. 고통 중에 예수님을 만난 이야기를 들어왔습니다. 그들에게 저는 고린도후서 7장 9절, 바울의 말씀을 인용합니다. "지금은 오히려 기뻐합니다. 그것은 여러분이 근심했기 때문이 아니라 그 일로 회개하였기 때문입니다."

고통의 순간은 하나님에게서 도망칠 때가 아닙니다. 오히려 그분을 더 가까이 느끼고, 더 깊이 신뢰하며, 더 진실하게 예배하고, 궁극적으로 하나님을 더 깊이 알고 사랑할 수 있는 기회입니다. 여러분의 아픔을 안고 하나님께 나아가세요. 그분은 여러분을 기다리고 계십니다.

공동체의 힘: 하나님의 방식으로 꿈을 이루다

"혼자보다는 둘이 더 낫다. 두 사람이 함께 일할 때에, 더 좋은 결과를 얻을 수 있기 때문이다. 그 가운데 하나가 넘어지면, 다른 한 사람이 자기의 동무를 일으켜줄 수 있다. 그러나 혼자 가다가 넘어지면, 딱하게도, 일으켜줄 사람이 없다. … 혼자 싸우면 지지만, 둘이 힘을 합하면 적에게 맞설 수 있다. 세 겹 줄은 쉽게 끊어지지 않는다."
_전도서 4장 9-10, 12절, 새번역

하나님은 우리가 고립된 채 모든 것을 혼자 해내려 애쓰며 살기를 원치 않으십니다. 진정한 성공은 다른 이들과 협력할 때 찾아옵니다.

느헤미야가 예루살렘 재건에 성공할 수 있었던 핵심 요인 중 하나는 일을 여러 사람과 함께 나누어 관리했기 때문입니다. 느헤미야 3장을 보면 18개 팀이 수리를 도왔고, "그 다음은"이라는 표현을 31번 볼 수 있습니다(한글 개역개정역 기준).

느헤미야는 사람들이 한 가지 중요한 사실을 깨닫기를 바랐습니다. 그는 이렇게 격려했을 것입니다. "지치고 낙담할 때, 주변을 둘러보십시오. 함께 일하는 동료들이 보일 것입니다. 여러분은 결코 혼자가 아닙니다. 우리는 한 공동체입니다." 그는 사람들이 자신보다 더 큰 무언가의 일부임을 느끼도록 도왔고, 이를 위해 팀워크 정신을 불어넣었습니다.

신약성경에는 "서로"라는 표현이 112번(한글 개역개정역 기준)이나 나옵니다. 성경은 우리에게 서로 사랑하고, 돕고, 봉사하며, 짐을 나누어 지라고 가르칩니다. 이것이 바로 팀 정신을 키우는 방법입니다.

왜 하나님은 우리가 반드시 함께 일하기를 원하실까요? 성경은 이렇게 말합니다. "혼자보다는 둘이 더 낫다. 두 사람이 함께 일할 때에, 더 좋은 결과를 얻을 수 있기 때문이다. 그 가운데 하나가 넘어지면, 다른 한 사람이 자기의 동무를 일으켜줄 수 있다. 그러나 혼자 가다가 넘어지면, 딱하게도, 일으켜줄 사람이 없다. … 혼자 싸우면 지지만, 둘이 힘을 합하면 적에게 맞설 수 있다. 세 겹 줄은 쉽게 끊어지지 않는다"(전 4:9-10, 12, 새번역).

사도 바울은 이 협력의 원리를 깊이 이해하고 자신의 사역에 철저히 적용했습니다. 그는 모든 사역을 팀과 함께 수행했으며, 결코 단독으로 일하지 않았습니다. 예수님도 마찬가지였습니다. 그분의 전체 사역은 열두 제자와 함께 이루어졌고, 실제로 예수님이 공생애에서 가장 먼저 하신 일은 소그룹을 만드는 것이었습니다.

혹시 여러분은 지금 혼자서 목표를 달성하려 애쓰다 어려움을 겪고 있지는 않습니까? 우리는 공동체 없이 살도록 창조되지 않았다는 점을 기억하세요. 하나님께서 우리를 위해 계획하신 일은 언제나 다른 이들과의 협력을 통해 이루어집니다.

하나님이 말씀하시기 전에 순종할 준비가 된 사람

"좋은 땅에 떨어진 것은 정직하고 선한 마음으로 하나님의 말씀을 듣고
그 말씀을 굳게 지켜서 좋은 열매를 맺는 사람들이다."
_누가복음 8장 15절, 쉬운

하나님은 그분이 말씀하시기도 전에 순종을 결심한 사람들에게 특별히 말씀하십니다. 이런 사람들은 이렇게 고백합니다. "하나님, 제가 이사하기를 원하신다면 그렇게 하겠습니다. 결혼하라고 하시면 순종하겠습니다. 이 직장을 떠나라고 하시면 그대로 하겠습니다. 당신이 말씀하시기도 전에 제 대답은 '예'입니다. 당신의 뜻이라면 무엇이든 따르겠습니다."

누가복음 8장 15절은 이렇게 말합니다. "좋은 땅에 떨어진 것은 정직하고 선한 마음으로 하나님의 말씀을 듣고 그 말씀을 굳게 지켜서 좋은 열매를 맺는 사람들이다"(쉬운). 저는 오랫동안 예수님의 이 비유가 네 가지 유형의 사람—저항하는 사람, 피상적인 사람, 분주한 사람, 선한 사람—을 묘사한다고 여겼습니다.

그러나 이제 저는 이 비유가 네 가지 서로 다른 마음가짐을 표현한다는 것을 깨닫게 되었습니다. 하루 동안에도 우리의 마음은 이 네 가지 상태를 오가며 끊임없이 요동칩니다. 어떤 순간에는 "하나님, 무슨 말씀을 하실지 알기에 듣고 싶지 않습니다"라고 생각하다가도, 곧이어 "주님, 어서 말씀해주세요"라고 간구할 수 있습니다. 때로는 말씀을 듣고 좋다고 생각하면서도 아무런 행동을 취하지 않을 수 있습니다. 또 어떤 때는 삶에서 열매가 나타나기 시작했지만, 일이나 학업, 가정일로 바빠 그 열매가 잡초에 묻힐 수도 있습니다. 그리고 또 다른 순간에는 "하나님, 당신 뜻대로 하세요. 저는 당신께 열려 있습니다"라고 고백할 수 있습니다.

하나님은 우리가 순종하는 태도를 갖추어 성경이 말하는 진정한 성공의 열매를 맺길 원하십니다. 그분은 우리의 사업, 가정, 우정, 그분과의 관계, 타인과의 관계, 건강 등 모든 영역에서 풍성한 열매를 맺길 바라십니다.

그렇다면 이런 열매를 가장 빠르고 효과적으로 맺는 방법은 무엇일까요? 바로 하나님께서 우리에게 말씀하신 것을 다른 이들과 나누는 것입니다. 누가복음 8장 15절의 다른 번역은 이렇게 말합니다. "그들은 하나님의 말씀을 듣고 그 말씀을 굳게 붙들며, 곧 믿게 될 다른 이들에게 그 말씀을 꾸준히 전하는 사람들이다"(TLB 직역).

하나님께서 말씀하실 때, 순종하는 마음으로 그 말씀을 받아들이고 주저하지 말고 다른 이들과 나누세요.

하나님의 말씀을 듣지 못하게 하는 3가지

"가시덤불에 떨어진 것은 말씀을 듣지만 살아가는 동안,
재물에 대한 염려와 인생의 향락에 사로잡혀 열매를 맺는 데까지
자라지 못하는 사람들이다."
_누가복음 8장 14절, 쉬운

우리의 마음이 다른 생각이나 염려, 특히 걱정, 계획, 활동으로 가득 차 있으면 하나님의 말씀을 온전히 듣기 어렵습니다. 끊임없는 스마트폰 알림과 미디어의 소음 속에 파묻혀 산다면 하나님께서 우리를 부르실 때 그 음성을 포착하기 어려울 것입니다. 하나님의 음성을 듣기 위해서는 이러한 방해 요소들을 제거해야 합니다.

예수님은 누가복음 8장 7절에서 이렇게 말씀하셨습니다. "또 어떤 씨는 가시덤불에 떨어졌는데 가시나무가 함께 자라 그 기운을 막았다." 이 비유에서 씨앗은 심기고 자라기 시작하지만, 잡초가 무성한 토양에 있습니다. 그래서 식물이 자라면서 주변의 잡초도 함께 자랍니다. 결국 잡초가 식물의 생명을 질식시켜 열매를 맺지 못하게 됩니다.

예수님은 누가복음 8장 14절에서 이 비유의 의미를 설명하셨습니다. "가시덤불에 떨어진 것은 말씀을 듣지만 살아가는 동안, 재물에 대한 염려와 인생의 향락에 사로잡혀 열매를 맺는 데까지 자라지 못하는 사람들이다"(쉬운).

우리의 영적 성장을 방해하고 하나님의 음성을 듣지 못하게 하는 세 가지 요소가 있습니다.

1. 걱정. 걱정은 우리 마음을 뒤덮는 잡초와 같습니다. 일상의 문제와 압박감에 매몰되면 하나님의 말씀을 받아들이기가 더욱 힘들어집니다.

2. 재물. 생계를 꾸리느라 너무 바빠 정작 삶을 즐기지 못하고 있지는 않습니까? 불필요한 물건에 대한 청구서를 지불하거나, 과도한 빚에서 벗어나기 위해, 또는 실제 필요한 것 이상의 돈을 벌기 위해 일한다면 영적 성장이 저해될 수 있습니다.

3. 쾌락. 즐거움 자체가 잘못된 것은 아닙니다. 그러나 즐거움을 좇느라 하나님과 우리 삶을 향한 그분의 계획을 간과하지 않도록 주의해야 합니다.

잡초의 특성을 아십니까? 잡초는 가꾸지 않아도 저절로 자랍니다. 사실 잡초는 방치되었다는 표시입니다. 마당이나 정원에 잡초가 무성하다면, 그곳을 제대로 관리하지 않았다는 뜻입니다. 우리의 영적인 삶도 마찬가지입니다. 영혼의 정원에 잡초가 무성해진다는 것은 하나님과의 친밀한 교제를 잃어가고 있다는 경고입니다.

매일 우리의 영적 정원을 돌보는 데 시간을 투자하세요. 잡초가 자라는 즉시 뽑아내어 하나님께서 우리 안에서 이루고자 하시는 선한 일을 방해하지 않도록 합시다.

하나님이 계획을 바꾸실 때 기억해야 할 4가지

"내 생각이 너희의 생각과 다르며 내 길은 너희의 길과 다름이니라."
_이사야 55장 8절, 개역개정

때로 우리의 계획과 하나님의 계획이 어긋날 때, 우리는 고집스럽게 자신의 방식을 밀어붙이려 하지만, 그럴수록 상황은 악화되기만 합니다.

요나의 여정은 우리의 완고함이 어떤 결과를 초래하는지 생생하게 보여줍니다. 하나님은 요나에게 니느웨 사람들에게 회개를 외치라 명하셨지만, 요나는 하나님의 계획에서 도망쳐 결국 큰 물고기 뱃속에 갇히고 말았습니다. 하나님의 구원으로 니느웨에 가게 된 요나는, 니느웨 사람들이 회개하고 하나님의 용서를 받자 오히려 실망합니다. 그는 이스라엘의 적인 앗수르 사람들이 은혜받는 것을 원치 않았기 때문입니다.

이에 하나님은 요나에게 실물 교훈을 주십니다. 햇볕을 가려줄 식물을 자라게 하셨다가 벌레를 보내 그 식물을 죽게 하신 것입니다. 이 경험을 통해 하나님은 요나에게, 그리고 우리에게 네 가지 중요한 진리를 가르쳐주십니다.

하나님은 우리가 볼 수 없는 것을 보실 수 있습니다. 시간의 제약을 받지 않으시는 하나님은 과거, 현재, 미래를 동시에 보실 수 있습니다.

하나님은 우리가 짜증을 낼 때도 선하십니다. 요나처럼 하나님을 피해 도망갈 때조차, 하나님은 여전히 우리를 사랑하시며 우리의 안위를 염려하십니다.

하나님은 우리 삶의 가장 작은 부분까지도 섬세하게 다스리십니다. 하나님은 모든 일에 목적을 두시고, 크고 작은 모든 상황을 통해 우리를 인도하십니다.

하나님은 우리가 영원한 것에 집중하기를 원하십니다. 우리의 걱정 대부분은 일시적인 것들입니다. 하나님은 우리가 그분을 닮아가고, 다른 이들에게 그분을 전하는 데 집중하길 원하십니다.

우리의 계획이 틀어질 때에도, 하나님은 여전히 그분의 지혜로 선한 일을 이루고 계십니다. 이사야 55장 8절은 이렇게 말합니다. "내 생각이 너희의 생각과 다르며 내 길은 너희의 길과 다름이니라"(개역개정).

계획이 무너진 것 같은 상황 속에서도 하나님의 손길을 볼 수 있는 눈을 달라고 기도하세요. 그리고 앞으로 나아갈 길을 보여주시는 하나님의 선하심을 신뢰하세요.

우리 삶의 진정한 가치를 결정하는 기준

"나로 말미암아 너희를 욕하고 박해하고 거짓으로 너희를 거슬러 모든 악한 말을 할 때에는
너희에게 복이 있나니 기뻐하고 즐거워하라 하늘에서 너희의 상이 큼이라."
_마태복음 5장 11-12절, 개역개정

여러분이 하나님을 기쁘시게 하는 삶을 살아갈 때 사람들의 비난을 받더라
도, 잊지 마세요. 하늘에서 큰 상이 여러분을 기다리고 있습니다.

성경은 이렇게 말씀합니다. "나로 말미암아 너희를 욕하고 박해하고 거짓으로 너희를 거슬
러 모든 악한 말을 할 때에는 너희에게 복이 있나니 기뻐하고 즐거워하라 하늘에서 너희의 상
이 큼이라"(개역개정).

모욕과 조롱에 대항하는 가장 효과적인 방법은 영원한 가치에 시선을 고정하는 것입니다.
왜 그럴까요? 다른 사람의 의견은 일시적이기 때문입니다. 그들의 비난은 결국 사라질 것입니
다. 타인의 의견을 경청할 수는 있지만, 그것에 지나치게 얽매여서는 안 됩니다.

영원히 지속될 것은 오직 하나님의 교회뿐입니다. 오직 하나님의 가족만이 영원히 천국에
거할 것입니다. 그렇기에 우리는 다른 사람들의 평가에 연연하며 인생을 낭비하고 싶지 않을
것입니다. 대신, 하나님은 우리가 그분을 기쁘시게 하는 일, 즉 그분이 주신 은사와 재능, 능력
을 사용하여 그분을 경배하고 우리의 삶에 영원한 변화를 가져오는 일에 시간을 쓰길 원하십
니다.

하나님께서 여러분의 행동을 기뻐하신다면, 그것이 바로 여러분이 옳은 길을 가고 있다는
증거입니다. 오직 하나님 한 분만을 위해 살아간다면, 우리의 삶이 얼마나 단순명료해질지 상상
해보십시오!

하지만 우리는 종종 타인의 시선과 평가에 우리의 자존감과 정체성을 내어주고 있지는 않
습니까? 누군가가 우리를 실패자라고 여기면 정말 그렇다고 믿고, 누군가가 우리를 이상하다
고 생각하면 정말 그런 사람이 되어버립니다. 하지만 그렇게 살고 싶지는 않을 것입니다, 그렇
지요?

천국에 이르러 "왜 나는 남들의 시선에 그토록 집착했을까?"라는 후회를 남기고 싶지는 않
을 것입니다.

사도 바울은 이렇게 말했습니다. "내가 지금 사람에게 잘 보이려고 하는 줄 아십니까? 아닙
니다. 내가 원하는 것은 하나님의 인정을 받는 일입니다. 내가 이제 와서 사람을 기쁘게 하겠습
니까? 내가 아직도 사람을 기쁘게 하려고 한다면 나는 그리스도의 종이 아닙니다"(갈 1:10).

오늘 하루만이라도, 사람들의 인정이 아닌 하늘의 기쁨을 위해 살아보는 것은 어떨까요?
그리고 이 땅에서 우리의 유일한 관심사가 하나님을 기쁘시게 하는 것일 때, 하늘에서 우리의
상급이 크다는 것을 기억하세요.

강점이 실패의 씨앗이 될 수 있습니다

"그러므로 선 줄로 생각하는 사람은 넘어질까 조심하십시오."
_고린도전서 10장 12절

실패는 우리 인생의 불가피한 부분입니다. 우리가 누구이든, 어떤 배경을 가졌든 간에 언젠가는 실패를 마주하게 됩니다. 이는 불완전한 세상에서 불완전한 존재로 살아가는 우리의 숙명과도 같습니다.

예수님이 십자가에 달리시기 전날 밤, 제자 베드로는 주님을 크게 실망시켰습니다. 베드로는 예수님을 한 번도 아니고 세 번이나 부인했습니다.

최후의 만찬에서 예수님은 제자들에게 자신의 운명을 예고하셨습니다. 체포되어 죽었다가 사흘 만에 부활할 것이라고 말씀하셨죠. 그리고 "오늘 밤 너희는 모두 나를 버릴 것이다"(마 26:31)라고 하셨습니다. 하지만 베드로는 끝까지 예수님을 부인하지 않겠다고 주장했습니다. 그것도 세 번이나 말입니다!

베드로는 자신의 능력을 과대평가했고, 그 결과는 실패로 이어졌습니다.

오늘날에도 우리의 강점을 과대평가하는 것은 여전히 실패의 주요 원인입니다. 우리는 종종 실제보다 자신이 더 강하다고 착각합니다. 수많은 증거가 그렇지 않다고 말하는데도, 우리는 유혹을 이겨낼 수 있다고 믿습니다.

자신의 강점을 과대평가하면 돌이킬 수 없는 실수를 저지를 수 있습니다. 사업이 실패하고, 중요한 순간에 패배하며, 결혼 생활이 무너질 수 있습니다. 자신의 능력에 대한 균형 잡힌 시각을 잃으면 불명예로 이어지는 결정을 내리게 됩니다. "나에게는 절대 그런 일이 일어나지 않을 거야"라고 쉽게 생각하지만, 고린도전서 10장 12절은 우리에게 경고합니다. "선 줄로 생각하는 사람은 넘어질까 조심하십시오."

누구도 예외일 수 없습니다. 특정 상황에 놓인다면, 우리 모두는 어떤 죄라도 저지를 수 있는 가능성이 있습니다.

주의 깊게 살피지 않으면, 우리의 은사와 재능이 오히려 걸림돌이 될 수 있습니다. 다시 말해, 경계하지 않는 강점은 이중 약점이 됩니다. 왜 그럴까요? 바로 자만심 때문입니다.

베드로의 가장 큰 실패, 즉 예수님을 부인한 사건은 최후의 만찬 직후에 발생했습니다. 이는 매우 친밀하고 강력한 경험이었습니다. 이처럼 인생에서 큰 승리를 거둔 직후에 넘어질 수 있음을 명심해야 합니다.

자신의 강점을 과대평가하려는 유혹을 물리치십시오. 대신 우리가 하나님의 은혜가 절실히 필요한 불완전한 존재라는 사실을 항상 기억하세요. 여러분의 강점이 오히려 실패의 씨앗이 되지 않도록 겸손한 자세를 유지하는 것이 중요합니다.

하나님은 당신의 손을 놓지 않으십니다

"내 양은 내 음성을 들으며 나는 그들을 알며 그들은 나를 따르느니라
내가 그들에게 영생을 주노니 영원히 멸망하지 아니할 것이요
또 그들을 내 손에서 빼앗을 자가 없느니라."
_요한복음 10장 27-28절, 개역개정

우리는 자기 자신을 구원할 수 없지만, 하나님께서 이미 그 일을 완성하셨습니다! 우리가 할 일은 단순합니다. 하나님의 손 위에 우리의 손을 얹고 이렇게 기도하는 것입니다. "하나님, 제 삶의 좋은 면과 나쁜 면 모두를 주님께 맡기겠습니다. 주님의 구원의 선물을 받아들이겠습니다." 이렇게 하면 우리는 구원의 참된 기쁨을 경험할 수 있습니다.

때로는 우리의 믿음이 흔들려 하나님의 손을 놓고 싶을 때가 있을 것입니다. "저는 제가 무엇을 믿는지 모르겠습니다"라고 말하고 싶을 때도 있습니다. 하지만 기억하세요. 하나님은 우리를 너무나 사랑하셔서 결코 우리의 손을 놓지 않으실 것입니다. 예수님은 이렇게 말씀하셨습니다. "내 양은 내 음성을 들으며 나는 그들을 알며 그들은 나를 따르느니라 내가 그들에게 영생을 주노니 영원히 멸망하지 아니할 것이요 또 그들을 내 손에서 빼앗을 자가 없느니라 그들을 주신 내 아버지는 만물보다 크시매 아무도 아버지 손에서 빼앗을 수 없느니라"(요 10:27-29, 개역개정).

하나님께서 주시는 '영생'은 우리가 그분의 손에 우리 손을 얹는 순간 시작됩니다. 그리고 이 생명은 결코 잃을 수 없습니다. 왜 그럴까요? 우리의 구원은 우리의 선행이 악행보다 많다는 데 근거한 것이 아니기 때문입니다. 이는 전적으로 예수 그리스도의 공로에 기초합니다.

만약 단순히 선행만으로 천국에 들어갈 수 있다면, 예수님의 십자가 죽음은 불필요한 고난과 비극이었을 것입니다. 예수님 외에 천국에 갈 수 있는 다른 길이 있었다면, 하나님께서는 분명 그 길을 선택하셨을 것입니다. 하지만 그런 길은 없었습니다.

예수님은 "나는 잃어버린 사람들을 찾아 구원하러 왔다"(눅 19:10)라고 말씀하신 것은 곧 이 세상이 구원이 필요한 상태임을 의미합니다. 모든 사람이 자동으로 천국에 가는 것이 아닙니다. 만약 그랬다면, 예수님께서 이 땅에 오셔서 완전한 삶을 사시고 "우리 죄를 지시고 십자가에 달려 죽으심으로 우리는 죄에 대하여 죽고 의를 위해"(벧전 2:24) 살게 하실 필요가 없었을 것입니다.

여러분이 삶을 하나님의 손에 맡기면, 그분은 여러분을 영원히 붙잡아주신다고 약속하십니다. 여러분이 진정으로 그리스도를 믿는다면, 사탄도, 질병도, 사회의 어떤 세력도 구원을 빼앗을 수 없습니다. 우리는 선한 목자의 손안에 안전하게 있습니다.

여호사밧의 기도에서 배우는 영적 돌파구

"여호사밧은 이 보고를 받고 두려워서 여호와께 물어보기로 결심하고…."
_역대하 20장 3절

위기 상황에서 하나님께 도움을 구하는 것은 자연스러운 반응입니다. 그러나 기도를 시작할 때, 우리의 필요를 나열하기에 앞서 하나님께 시선을 고정하는 것으로 시작해보십시오. 이것이 기도의 핵심입니다.

세 개의 적국이 여호사밧왕과 이스라엘을 공격하기로 결정했을 때, 왕은 자기 힘으로는 승산이 없음을 깨달았습니다. 그래서 그는 하나님께 초점을 맞춘 기도를 드렸습니다. 여호사밧의 기도 방식을 따라 우리도 이렇게 기도할 수 있습니다.

첫째, 하나님의 위대하심을 상기하십시오. 여호사밧은 이렇게 기도했습니다. "우리 조상의 하나님 여호와여, 주는 하늘에서 세상 모든 나라를 다스리는 하나님이 아니십니까?"(대하 20:6). 통제할 수 없는 상황을 위해 기도할 때, 문제에 집중하지 마십시오. 대신 하나님의 위대하심에 초점을 맞추십시오. 하나님이 커질수록 우리의 문제는 작아집니다.

다음으로, 하나님의 무한한 능력을 기억하십시오. 왕은 위기 속에서도 하나님을 찬양하는 시간을 가졌습니다. "주에게는 힘과 능력이 있으므로 아무도 주를 당해 낼 자가 없습니다"(대하 20:6). 하나님께서 세상의 모든 권능을 가지고 계신다는 사실을 깨달으면 그분을 온전히 신뢰할 수 있습니다. 기도할 때 하나님께서 여러분과 주변 사람 그리고 성경 속 인물들을 도우셨던 모든 방법을 떠올려보십시오.

그런 다음, 하나님의 약속을 상기하십시오. 여호사밧은 이스라엘에게 이 땅이 영원히 그들의 것이 될 것이라는 하나님의 약속을 상기시켰습니다. "우리 하나님이시여, 주는 이스라엘 백성 앞에서 이 땅의 원주민을 쫓아내시고 주의 친구인 아브라함의 후손들에게 이 땅을 영원히 주시지 않았습니까?"(대하 20:7). 성경은 하나님께서 우리에게 주신 수천 가지가 넘는 약속으로 가득 차 있습니다. 인간 부모와 달리, 하나님은 우리가 그분의 약속을 상기시킬 때 실망하지 않으십니다. 오히려 그분은 우리가 그의 말씀을 인용하는 것을 기쁘게 여기십니다.

마지막으로 하나님께 돌파구를 구하십시오. 여호사밧은 공격해오는 군대에 대해 이렇게 간구했습니다. "우리를 치러 오는 이 엄청난 대군을 막아낼 힘이 우리에게는 없습니다. 우리는 어떻게 해야 좋을지 몰라 주만 바라보고 있습니다"(대하 20:12).

하나님께 단순히 삶의 축복만을 구하는 기도를 넘어서십시오. 먼저 그분께 집중한 다음, 구체적으로 필요한 돌파구를 간구하십시오. 이렇게 여호사밧처럼 기도할 때, 우리는 하나님께서 공급하시는 놀라운 은혜를 경험하게 될 것입니다.

담대한 믿음, 하나님의 능력을 경험하는 열쇠

"우리 가운데 역사하시는 능력으로
우리가 구하거나 생각하는 것보다 더욱 넘치게 주시는 하나님께."
_에베소서 3장 20절

담대한 믿음을 갖는다는 것은 무엇을 의미할까요? 그것은 바로 위험을 감수하는 것입니다. 성경은 "믿음이 없이는 어느 누구도 하나님을 기쁘시게 할 수 없습니다"(히 11:6, 쉬운)라고 말씀합니다. 이는 우리의 신앙 여정에서 중요한 지침입니다.

달란트 비유에서 우리는 위험을 감수하는 믿음의 본보기를 볼 수 있습니다. 마태복음 25장에서 예수님은 여행을 떠나면서 종들에게 거액의 '달란트'를 맡긴 주인의 이야기를 들려주십니다. 한 종에게는 한 달란트, 다른 종에게는 두 달란트, 또 다른 종에게는 다섯 달란트를 주었습니다.

다섯 달란트를 받은 종은 그 돈을 투자하여 두 배로 불렸습니다. 두 달란트를 받은 종 역시 투자하여 두 달란트를 더 얻었습니다. 주인이 돌아와 그들의 성과를 보고 기뻐하며 말했습니다. "잘하였다. 착하고 충실한 종아!"(마 25:21, 23).

그러나 한 달란트를 받은 종은 두려움에 사로잡혀 그 달란트를 땅에 숨겼습니다. 주인은 이를 보고 안타까워하며 말했습니다. "악하고 게으른 종아! … 내 돈을 은행에 맡겼다가 내가 돌아왔을 때 이자와 원금을 함께 받도록 했어야 하지 않느냐?"(마 25:26-27).

예수님이 이 비유를 통해 가르치신 교훈은 명확합니다. 하나님은 우리가 그분을 전적으로 신뢰하며 거룩한 모험을 시작하기를 기다리고 계십니다. 그분이 주신 것을 최대한 활용한다면 더 큰 축복을 경험하게 될 것입니다. 하지만 두려움 때문에 위험을 감수하지 않는다면, 하나님이 주신 은사를 제대로 사용하지 못하는 불충실한 종이 되고 맙니다.

새들백교회에서 경험한 일화를 나누고 싶습니다. 우리 교회가 캘리포니아 오렌지 카운티에 120에이커(약 147,000평) 규모의 캠퍼스를 매입할 때였습니다. 주변 사람들은 의아해하며 물었습니다. "저 사람들은 도대체 누구라고 생각하기에 오렌지 카운티에 그 많은 땅을 사는 거지?"

그 말을 들었을 때 저는 이것이 '잘못된 질문'이라고 생각했습니다. 우리가 정말 물어야 할 질문은 이것입니다. "우리는 하나님을 어떤 분으로 생각하는가?" 우리가 인식하는 하나님의 크기에 따라 우리의 목표와 비전의 크기가 결정되는 법입니다. 에베소서 3장 20절은 이렇게 말씀합니다. "우리 가운데 역사하시는 능력으로 우리가 구하거나 생각하는 것보다 더욱 넘치게 주시는 하나님께."

그러므로 안주하는 믿음을 넘어 하나님의 비전을 향해 담대히 전진하십시오. 하나님께서 우리에게 속삭이십니다. "나는 너희의 가장 큰 꿈도 이룰 수 있단다!"

이기심의 뿌리에서 자라는 죄악

"그리고 악이 점점 더하므로 많은 사람들의 사랑이 식어질 것이다."
_마태복음 24장 12절

예수님께서 "성경에서 가장 중요한 계명이 무엇입니까?"라는 질문을 받으셨을 때, 그분의 대답은 명확했습니다. "네 마음을 다하고 정성을 다하고 뜻을 다하여 주 너의 하나님을 사랑하라. 이것이 제일 중요한 계명이다. 그다음은 '네 이웃을 네 몸과 같이 사랑하라'는 계명이다. 모든 율법과 예언자들의 가르침은 이 두 계명에서 나온 것이다"(마 22:36-40 참조). 이 두 계명이 하나님의 가장 중요한 명령이라면, 그 반대로 하나님과 이웃을 사랑하지 않는 것이 바로 죄의 본질임을 알 수 있습니다. 죄는 언제나 사랑의 부재에서 시작됩니다.

마태복음 24장 12절은 이렇게 경고합니다. "그리고 악이 점점 더하므로 많은 사람들의 사랑이 식어질 것이다." 오늘날 우리 사회를 돌아보면, 이 말씀이 현실이 되어가고 있음을 깨닫게 됩니다. 사람들은 그 어느 때보다 비판적이고, 무례해지고 있습니다. 왜 그럴까요? 죄가 커질수록 사랑이 줄어들기 때문입니다.

죄의 본질을 깊이 탐구해보면, 그것은 결코 유익하지 않고, 건전하지 않으며, 공정하지 않고, 현명하지 않으며, 진실되지 않습니다. 그리고 언제나 이기적입니다. 우리는 종종 다른 사람을 위해 무언가를 한다고 자신을 속이지만, 실상은 자신의 이익을 추구하는 경우가 많습니다. 성경은 이를 정확히 지적합니다. "시기와 이기적인 욕망이 있는 곳에는 혼란과 온갖 악한 일이 있을 뿐입니다"(약 3:16). 모든 죄의 근원에는 자기중심성이 도사리고 있습니다.

그렇다면 우리는 왜 이 땅에 존재하는 것일까요? 하나님은 우리를 단순히 자신만을 위해 살도록 창조하지 않으셨습니다. 우리는 그보다 훨씬 더 큰 목적을 위해 만들어졌습니다. 우리는 하나님에 의해, 하나님을 위해 창조되었습니다. 이 사실을 깨닫고 믿지 않는다면, 우리의 인생은 결코 진정한 의미를 찾을 수 없을 것입니다.

하나님께서 우리를 창조하신 목적은 우리가 자아중심적으로 살며 타인을 소외시키라는 것이 아닙니다. 우리는 하나님을 알고, 그분과 교제하며, 그분을 섬기고, 우리 삶의 중심을 그분께 두도록 창조되었습니다. 우리의 시간과 에너지를 가장 많이 투자하는 대상이, 그것이 무엇이든 결국 우리가 섬기는 우상이 됩니다.

하나님은 우리가 그분께 삶의 중심을 두기를 원하십니다. 하지만 죄는 끊임없이 우리의 시선을 자신에게로 돌리려 합니다. 하나님의 사랑이 가득한 마음에는 이기적인 욕망이 뿌리내릴 자리가 없습니다. 그러므로 우리는 매 순간 사랑을 선택해야 합니다.

하나님의 비전 없이는 표류하는 인생

"하나님의 계시가 없으면 백성이 무질서하겠지만…."
_잠언 29장 18절

우리 삶에서 비전이 왜 그토록 중요한지 아십니까? 성경은 이렇게 말씀합니다. "하나님의 계시가 없으면 백성이 무질서[해진다]"(잠 29:18). 비전 없이는 하나님께서 우리에게 의도하신 풍성한 삶을 누릴 수 없습니다. 하나님의 목적에 대한 명확한 비전을 갖는 것이 중요한 이유를 세 가지로 나누어 살펴보겠습니다.

첫째, 하나님의 비전이 없으면 우리는 우유부단해집니다. 야고보서 1장 8절은 이렇게 경고합니다. "의심을 품은 사람은 마음이 헷갈려 행동이 불안정합니다"(공동번역). 하나님이 주신 비전이 없다면, 우리 삶은 방향을 잃고 표류하게 됩니다. 삶의 진정한 목적과 의미를 잃은 채 단순히 생존하는 것은 하나님이 계획하신 풍성한 삶이 아닙니다.

둘째, 하나님의 비전이 없으면 분열이 일어납니다. 우리 삶에 대한 하나님의 계획을 깨닫지 못한다면, 어떻게 타인에게 우리의 사명을 위한 협력을 구할 수 있겠습니까? 오히려 비전이 없으면 다른 사람들의 생각이나 가정에 따라 이리저리 끌려다니기 쉽습니다. 잠언 28장 2절은 이런 상황을 잘 설명합니다. "나라가 혼란에 빠지면 다들 나라를 안정시킬 계획을 내놓지만, 상황을 바로 잡으려면 진정한 이해력을 갖춘 지도자가 있어야 한다"(메시지). 오직 하나님만이 우리의 목적을 말씀하실 수 있습니다. 그분이 우리 각자를 구체적이고 독특하게 창조하셨기 때문입니다.

셋째, 하나님의 비전이 없으면 충돌이 일어납니다. 비전 없는 삶을 사는 이들에게 인생은 끊임없는 관계 갈등, 재정난, 그리고 개인적 위기의 연속으로 다가옵니다. 마치 사방에서 계속 부딪히는 범퍼카를 타는 것과 같습니다. 성경은 인생에 대한 하나님의 비전을 따르지 않을 때의 결과를 이렇게 경고합니다. "믿음과 착한 양심을 가지시오. 어떤 사람들은 이 양심을 저버렸고 믿음을 완전히 잃어버렸습니다"(딤전 1:19).

우리 삶을 향한 하나님의 비전을 발견하는 것은 단순한 과정이 아닙니다. 그것은 기도와 신중한 성찰 그리고 하나님의 음성을 듣기 위한 끊임없는 노력을 요구합니다. 이는 불안과 의심이 아닌 굳건한 믿음으로 현실을 직시할 때 얻을 수 있는 통찰입니다. 우리의 신앙이 양심을 인도할 때, 우리는 목적을 가지고 앞으로 나아가는 방법을 더 명확히 이해할 수 있습니다.

July

구체적인 기도로 시작하는 인생의 새 출발

"여러분은 자기가 믿음 안에 있는지를 스스로 시험해 보고, 스스로 검증해보십시오.
여러분은 예수 그리스도께서 여러분 안에 계시다는 것을 알지 못합니까?
모른다면, 여러분은 실격자입니다."
_고린도후서 13장 5절, 새번역

인생의 새 출발을 위해 우리는 언제든지 하나님께 기도할 수 있습니다. 그러나 막연히 "하나님, 저를 변화시켜 주세요"라고 말하기보다는 구체적으로 기도해야 합니다. 여러분이 마음속에 갈망하는 변화를 하나님께 솔직히 아뢰십시오!

진정한 변화는 우리의 모호한 소망이 구체적인 결단으로 바뀔 때 시작됩니다. 문제를 직시하고 받아들이는 용기가 해결의 첫걸음입니다. 여러분이 바라는 변화를 하나님께 상세히 고백할수록, 그 변화가 현실화될 가능성이 높아집니다.

성경은 우리에게 이렇게 권면합니다. "여러분은 자기가 믿음 안에 있는지를 스스로 시험해 보고, 스스로 검증해보십시오. 여러분은 예수 그리스도께서 여러분 안에 계시다는 것을 알지 못합니까? 모른다면, 여러분은 실격자입니다"(고후 13:5, 새번역).

여러분의 삶 중 어떤 영역에 새로운 시작이 필요합니까? 하나님과 동행하며 어떤 영역에서 근본적인 변화와 성장을 이루고 싶으십니까?

하나님과의 관계는 어떤가요? 과거 하나님과의 친밀함을 그리워한다면, 지금이 바로 그 관계를 되살릴 때입니다.

신체적 건강은 어떤가요? 더 건강한 선택을 하거나 만성 질환을 극복하는 데 도움이 필요하다면, 주저 없이 하나님께 도움을 구하십시오.

우선순위를 재정립할 필요는 없나요? 중요하지 않은 일에 시간을 허비하고 있다면, 스케줄을 재조정해야 할 때입니다.

인간관계는 어떤가요? 정체되거나 악화된 관계가 있다면, 그 관계를 새롭게 할 수 있도록 하나님께 지혜를 구하십시오.

직업이나 경력에 변화가 필요한가요? 현재 실직 상태이거나 직업이 신앙생활에 방해가 된다면, 이 부분에 대해서도 하나님의 인도하심을 구하십시오.

여러분의 사고방식도 새로워져야 할 때입니다. 부정적이거나 걱정에 사로잡힌 생각들이 있다면, 하나님께 마음과 생각을 새롭게 해달라고 기도하십시오.

습관, 자녀 양육, 일정 관리, 재정, 더 나아가 꿈과 비전까지, 삶의 모든 영역에서 새로운 시작이 필요할 수 있습니다. 인생의 어떤 부분에 변화가 필요하든, 하나님께 구체적으로 기도하십시오.

성경을 통한 삶의 리셋: 4가지 실천 방법

"모든 성경 말씀은 하나님께서 감동을 주셔서 기록되었기 때문에 진리를 가르쳐 주며,
삶 가운데 무엇이 잘못되었는지 알게 해줍니다. 또한 그 잘못을 바르게 잡아주고 의롭게
사는 법을 가르쳐줍니다. 말씀을 통해 하나님을 바르게 섬기는 자로 준비하게 되고,
모든 좋은 일을 할 수 있는 사람으로 자라게 됩니다."
_디모데후서 3장 16-17절, 쉬운

예수님은 요한복음 17장 17절에서 "그들을 진리로 거룩하게 하소서. 아버지의 말씀은 진리입니다"라고 말씀하셨습니다. 여기서 "거룩하게 한다"는 것은 우리가 그리스도를 닮아가며 삶을 변혁하는 여정을 뜻합니다. 우리 삶이 하나님의 뜻에 맞춰 재조정(리셋)되는 것입니다. 예수님을 따르기로 결심한 순간부터 우리는 이전과 같은 사람이 아닙니다. 우리는 변화되고 있으며, 성화의 과정 중에 있습니다.

어떻게 우리는 성화될 수 있을까요? 바로 하나님의 진리를 통해서입니다. 하나님의 말씀을 삶에 더 많이 적용할수록 우리는 더 큰 변화와 새로움을 경험하게 됩니다. 성령의 인도하심을 따라, 우리는 삶의 각 영역을 새롭게 조율할 수 있습니다.

이러한 변화를 위해서는 반드시 하나님의 말씀을 알아야 합니다. 성경은 우리 삶의 모든 영역을 새롭게 하시는 하나님의 지혜가 담긴 완벽한 매뉴얼입니다.

현재의 삶이 공허하게 느껴지거나 결정들이 무의미해 보일 때, 하나님의 말씀으로 돌아가십시오. 성경은 네 가지 매우 실용적인 방법으로 우리를 도와줍니다.

우리가 걸어가야 할 올바른 길을 제시합니다.

우리가 어디에서 길을 벗어났는지 보여줍니다.

그 길로 다시 돌아가는 방법을 알려줍니다.

그 길에 머무르는 방법을 가르쳐줍니다.

사도 바울은 디모데후서 3장 16-17절에서 이 네 가지 방법을 다음과 같이 설명합니다. "모든 성경 말씀은 하나님께서 감동을 주셔서 기록되었기 때문에 진리를 가르쳐주며, 삶 가운데 무엇이 잘못되었는지 알게 해줍니다. 또한 그 잘못을 바르게 잡아주고 의롭게 사는 법을 가르쳐줍니다. 말씀을 통해 하나님을 바르게 섬기는 자로 준비하게 되고, 모든 좋은 일을 할 수 있는 사람으로 자라게 됩니다"(쉬운).

하나님께서는 말씀을 통해 우리가 변화하고 올바른 길을 가는 데 필요한 모든 것을 주셨습니다. 매일 조용히 성경을 공부하고 기도하는 시간이 중요한 이유가 여기에 있습니다. 하나님의 말씀 안에 거하지 않으면, 우리는 매일의 삶에서 진리를 배우고 직면할 기회를 놓치게 됩니다.

성경은 마치 거울처럼 우리의 모습을 있는 그대로 비추며, 어느 부분에 쇄신이 필요한지 드러냅니다. 하나님께서 그분의 말씀에 담긴 진리로 우리를 인도하시어, 우리 삶이 하나님의 목적으로 가득 차고 그분 안에서 참된 기쁨을 누리는 변화를 경험하게 되기를 바랍니다.

감사의 힘: 관계를 변화시키는 4가지 방법

"기도할 때마다 여러분을 생각하며 항상 하나님께 감사하고 있습니다."
_에베소서 1장 16절

인간관계의 깊이를 더하는 가장 효과적인 방법은 의외로 단순합니다. 바로 감사의 마음을 키우는 것입니다!

어떻게 감사할 수 있을까요? 먼저, 다른 사람의 가치와 기여를 인정하는 습관을 들이세요. 그리고 "감사합니다"라는 말을 습관적으로 하는 것이 중요합니다.

느헤미야는 다른 사람에게 감사를 표현하는 네 가지 실용적인 방법을 보여줍니다.

개인의 이름을 기억하세요. 여러분의 삶에 변화를 가져다준 사람들에게 감사할 때, 단순히 "여러분 모두 수고하셨습니다"라고 하지 마세요. 느헤미야처럼 구체적으로 이름을 언급하세요. 그는 특별히 감사해야 할 40여 명의 개인과 단체를 일일이 이름을 불렀습니다.

구체적인 업무를 인정하세요. 사람들은 자신의 업적을 구체적으로 인정받을 때 진정한 감사를 느낍니다. 단순히 "잘했다"고 하는 것보다 "이런 구체적인 일을 해주어서 자랑스럽습니다"라고 말하는 것이 효과적입니다. 느헤미야는 백성들의 세부적인 일까지 인정했습니다. "바세아의 아들 요야다와 브소드야의 아들 므술람은 옛문을 건축하여 들보를 얹고 문짝을 달아 자물쇠와 빗장을 설치하였다"(느 3:6). 성경은 세세한 부분까지 중요하다는 것을 보여줍니다!

훌륭한 태도를 인정하세요. 부정적 정서가 팽배한 사회에서 긍정적 태도를 발견하고 인정하는 것은 결코 쉽지 않습니다. 느헤미야 3장 20절에서 느헤미야는 훌륭한 태도를 가진 사람을 언급합니다. "바룩이 열심히 보수하였다"(새번역). 다른 사람의 열정과 열의를 인정하면, 그들의 에너지가 새로워지고 주변 사람들에게도 긍정적인 영향을 미칩니다.

추가 노력을 인정하세요. 느헤미야는 므레못이라는 사람을 두 번이나 언급하며 그의 추가 노력을 칭찬했습니다. 첫째, 그는 물고기 문 옆의 한 부분을 수리했고(느 3:4), 그다음 대제사장 집 옆 부분도 수리했습니다(3:21). 느헤미야는 므레못의 추가 작업을 인정하고, 다른 사람들도 이를 알아주기를 바랐습니다.

저는 다른 사람의 기여를 인정하고 그들에 대한 감사를 표현하는 과정에서 깊은 만족감을 느낍니다. 때로는 대화로, 때로는 카드나 메모로 이를 표현합니다. 다른 사람의 노력과 태도를 알아차리고, 그들의 인내를 인정하며, 계속 나아가도록 격려하는 것이 제 삶의 습관이 되었습니다.

감사하는 마음으로 살아가는 것은 연습이 필요합니다. 오늘부터 시작해보는 것은 어떨까요?

하나님을 높이면 문제는 작아집니다

"내가 노래로 하나님을 찬양하며 감사함으로 그의 위대하심을 선포하리라."
_시편 69편 30절

하나님을 찬양할 때 우리의 영적 시야가 확장되어, 그분의 존재가 우리 눈에 더욱 크고 선명하게 나타납니다.

시편 69편 30절은 "내가 노래로 하나님을 찬양하며 감사함으로 그의 위대하심을 선포하리라"라고 말씀합니다. 여기서 "위대하심을 선포하다"(magnify)는 것은 "돋보기로 보듯 크게 보다"라는 뜻으로, "찬양하다"와 같은 의미입니다. 우리가 하나님을 찬양할 때 그분의 위대하심이 우리 눈에 더욱 선명하게 다가옵니다.

이런 시각의 변화가 우리에게 왜 중요할까요? 하나님이 우리 삶에서 더 크게 보이면, 우리의 문제는 상대적으로 작아지기 때문입니다. 반대로 하나님 대신 문제에 집중하면, 문제는 엄청나게 크게 느껴지고 하나님은 작아 보입니다.

우리는 중요한 선택의 갈림길에 서 있습니다. 우리 삶에서 문제와 하나님 중 어느 것을 더 크게 바라볼 것인지 결정해야 하기 때문입니다. 하나님을 찬양하기로 선택하고 그분께 집중하면, 그분이 더 크게 보이고 우리 문제는 작아집니다. 하나님이 우리 삶에서 커질수록, 그 어떤 문제도 그분께는 너무 크지 않다는 사실을 깨닫게 되어 근심이 줄어듭니다. 우리가 직면한 어떤 문제보다 하나님이 훨씬 더 크신 분임을 기억할 때, 그 문제는 더 이상 우리를 압도하지 못합니다. 하나님은 그 모든 것을 다루실 수 있습니다!

하나님을 경배하고, 찬양하고, 돋보기로 보듯 크게 본다는 것은 모두 같은 의미입니다. 제가 새들백교회에서 목회할 때, 우리는 예배팀을 종종 '돋보기팀'(magnification team)이라고 불렀습니다. 그들이 하나님을 우리 모두의 눈에 더 크게 보이도록 하는 역할을 했기 때문입니다.

성경은 시편 145편 3절에서 "여호와는 위대하시므로 높이 찬양을 받으실 분이시다. 그의 위대하심은 측량할 수가 없다"라고 말씀합니다. 우리는 하나님의 실제 크기와 위대함을 완전히 이해할 수 없습니다. 이는 마치 개미가 인터넷을 이해하려고 노력하는 것과 같습니다! 우리의 제한된 인식으로는 하나님의 무한하심을 다 담을 수 없습니다.

우리가 하나님을 찬양하고 높인다고 해서 하나님을 원래보다 더 크게 만드는 것이 아닙니다. 단지 우리의 시각을 변화시켜 그분의 위대하심을 더욱 깊이 인식하게 되는 것입니다. 이렇게 되면 우리 삶의 모든 것이 새로운 관점에서 바라보게 됩니다.

지금 여러분을 두렵게 하고 걱정스럽게 만드는 문제가 무엇이든, 그 해결책은 하나님을 찬양하는 것, 즉 그분의 위대하심을 선포하는 것에 있습니다. 하나님이 여러분의 눈에 더 크게 보일수록, 문제는 작아질 것입니다.

이유를 묻지 않고 하나님을 신뢰하는 법

"여호와께서 행하실 때까지 참고 기다려라.
악인들이 성공하는 것을 보고 안달하거나 부러워하지 말아라."
_시편 37편 7절

우리가 만족을 얻기 어려워하는 큰 이유 중 하나는 삶의 모든 사건에 대해 논리적 설명을 듣고 싶기 때문입니다. 그러나 하나님은 대부분 그 이유를 알려주지 않으십니다. 이것이 우리를 좌절시킬 수 있습니다.

때로 하나님은 우리를 시험하시기 위해 이유를 알려주지 않으십니다. 그분은 우리가 삶의 모든 상황을 이해하든 그렇지 않든, 통제권을 내려놓고 만족하는 법을 배우기를 원하십니다.

하나님은 우리에게 어떤 것도 설명해야 할 의무가 없습니다. 천국에 가기 전까지는 많은 일의 이유를 알 수 없을 것입니다.

제 어린 시절, 교실이 가장 정적에 휩싸이는 순간은 바로 시험 시간이었습니다. 선생님은 "조용히 하세요! 연필을 들고 시험지를 작성하세요!"라고 말씀하셨죠. 선생님도 침묵을 지키셨습니다.

하나님이 여러분의 삶에서 침묵하실 때, 즉 하나님의 음성이 들리지 않고 하나님이 아주 멀리 계신 것처럼 느껴질 때, 그때는 시험을 치르는 시간입니다!

학생들이 시험을 볼 때 선생님은 항상 조용하지만, 여전히 그 자리에 계십니다. 마찬가지로 하나님께서 여러분의 삶에서 침묵하실 때 여러분의 믿음은 시험받지만, 하나님은 언제나 여러분과 함께하십니다.

이 시험의 순간, 우리는 중대한 결정의 기로에 섭니다. 통제권을 고집스럽게 붙잡을 것인가, 아니면 겸손히 하나님께 맡겨드릴 것인가?

항복은 미래를 하나님께 맡기는 것을 의미합니다. 잠언 3장 5-6절은 이렇게 말씀합니다. "너는 온 마음을 다하여 오직 주를 신뢰하고, 네 지식을 의지하지 말아라. 무슨 일을 하든지, 너는 주님을 인정하여라. 그리하면 주께서 너를 인도하셔서, 네게 바른 길을 알려주실 것이다"(쉬운말).

여러분의 삶에서 하나님께 아직 항복하지 않은 영역은 무엇입니까? 부엌과 거실은 항복했을지 모르지만, 침실, 옷장, 차고는 어떻습니까?

하나님과의 싸움에 지치지는 않았나요? 저항을 멈추고 그분께 모든 것을 맡기세요. 하나님께 온전히 순복하는 것이야말로 신앙의 최고 경지입니다.

성경은 "여호와께서 행하실 때까지 참고 기다려라"(시 37:7)라고 말씀합니다. 앞으로 어려움을 겪을 때, 여러분에게 필요한 것은 하나님의 설명이 아니라 그분의 임재입니다. 오늘 통제권을 내려놓고 미래를 그분께 맡기세요.

하나님의 타이밍: 오늘 기회를 잡으세요

"예수께서 말씀하셨다. '머뭇거리지 마라. 뒤돌아보지도 마라.
하나님 나라를 내일로 미룰 수는 없다. 오늘 기회를 잡아라.'"
_누가복음 9장 62절, 메시지

어느 날, 예수님께서 여리고를 떠나실 때 많은 군중이 그분을 따랐습니다. 그때 소경 바디매오라는 사람이 길가에서 구걸하고 있었습니다. 예수님이 가까이 오셨다는 소식을 들은 바디매오는 즉시 "다윗의 자손 예수여 나를 불쌍히 여기소서"라고 외치기 시작했습니다(막 10:47, 개역개정).

바디매오는 그날 아침, 예수님이 자신 곁을 지나가실 줄은 꿈에도 몰랐습니다. 그저 평범한 하루라고 생각했겠지요. 그런데 갑자기 예수님이 그곳에 계셨습니다. 준비할 시간도 없이, 바디매오는 망설임 없이 그 순간을 붙잡았습니다. 그는 지체하거나 미루지 않고 바로 실행에 옮겼습니다.

이것이 바로 인생의 새 출발을 위한 열쇠입니다. 무엇을 하든 지금 당장 하는 것입니다. "내년부터 달라지겠어", "다음 달이면 충분해", "내일부터 제대로 해야지"라는 말은 우리를 속입니다. 하나님이 주시는 기회는 '지금 이 순간'에 있습니다. 지금이 아니면 절대 안 됩니다. 순간을 포착하세요!

매일 우리에게 주어지는 새로운 시작의 기회, 하지만 우리는 왜 이를 놓치고 마는 걸까요? 미루는 것이 더 쉽게 느껴지기 때문입니다. 하지만 미루는 습관은 우리를 속이는 함정입니다. 미루면 삶이 더 편해질 거라고 생각하지만 실제로는 정반대입니다. 미루는 행위는 오히려 우리의 스트레스를 가중시킬 뿐입니다.

분명한 방향이 보인다면, 지금이 바로 시작할 때입니다. 내일까지 기다릴 수 있다고 생각하지 마십시오. 하나님께서 오늘 하라고 하신 일을 미룰 수 있다고 여기지 마세요.

성경은 우리에게 내일을 예단하는 것에 대해 거듭 경고합니다. 우리 중 누구도 내일을 보장받을 수 없습니다. 예수님은 "머뭇거리지 마라. 뒤돌아보지도 마라. 하나님 나라를 내일로 미룰 수는 없다. 오늘 기회를 잡아라"(눅 9:62, 메시지) 하고 말씀하셨습니다.

어떤 일이든 지금 시작하는 것이 최선입니다. 내일이면 이미 늦어버릴 수 있으니까요! 예수님께서 오늘 새로운 출발로 여러분을 초대하신다면 지체하지 마십시오. 바디매오처럼 주저하지 말고 즉시 행동하세요. 그가 예수님의 음성을 듣자마자 반응했듯이, 우리도 하나님의 부르심에 즉각 응답해야 합니다. 하나님의 타이밍은 언제나 완벽합니다.

하나님께서 여러분을 위해 싸우실 것입니다

"이 군대가 아무리 크다 해도 겁내거나 두려워하지 마라.
이 전쟁은 너희의 전쟁이 아니라 하나님의 전쟁이다."
_역대하 20장 15절, 쉬운

인명구조대원들이 공통적으로 경험하는 중요한 진실이 있습니다. 익사 위기에 처한 사람이 공황상태로 발버둥 칠 때, 구조는 거의 불가능에 가깝습니다. 그 사람은 구조하려는 사람마저 물속으로 끌어당길 것입니다. 오직 그가 포기하고 구조대원에게 몸을 맡길 때야 비로소 안전하게 육지로 나올 수 있습니다.

하나님과의 관계도 이와 다르지 않습니다. 인생의 고난을 스스로의 힘으로 이겨내려 하면 우리는 더 깊이 가라앉게 됩니다. 하나님은 우리가 몸부림을 그치고 그분의 역사하심을 온전히 신뢰하기를 바라십니다.

하나님은 이스라엘 군대에게 이 귀중한 교훈을 가르쳐 주셨습니다. 세 나라의 연합군이 이스라엘을 공격하려 했습니다. 이스라엘은 수적으로 크게 열세였습니다. 그러나 여호사밧왕은 두려워하지 않고 군대와 함께 하나님께 마음을 집중하며 예배드렸습니다.

그는 이렇게 기도했습니다. "우리는 어떻게 해야 좋을지 몰라 주만 바라보고 있습니다"(대하 20:12). 그러자 하나님께서 그들에게 말씀하셨습니다. "이 군대가 아무리 크다 해도 겁내거나 두려워하지 마라. 이 전쟁은 너희의 전쟁이 아니라 하나님의 전쟁이다"(대하 20:15, 쉬운).

하나님은 여러분에게도 같은 것을 원하십니다. 여러분이 싸움을 그치고 하나님께 모든 것을 위탁하기를 원하십니다.

역대하기의 이야기는 계속됩니다. "너희는 싸울 필요가 없다. 각자 자기 위치를 정하고 서서 나 여호와가 어떻게 너희를 구원하는지 보아라. … 너희는 조금도 두려워하거나 낙심하지 말고 내일 저들을 향해 나아가거라. 나 여호와가 너희와 함께할 것이다"(대하 20:17).

이 말씀이 얼마나 역설적으로 들리십니까? 하나님께서는 이스라엘 군대에게 전쟁터로 가되 싸우지 말라고 말씀하고 계십니다.

오늘 여러분이 직면한 어떤 상황에서도 하나님께서 여러분에게 바라시는 것은 바로 이것입니다. 그분은 여러분에게 조용히 그분을 신뢰하며 강하게 서 있으라고 말씀하십니다. 두려워하거나 낙심하지 말라고 격려하고 계십니다.

적으로부터, 즉 문제로부터 도망친다면 그 상황은 결코 나아지지 않을 것입니다. 하나님은 여러분이 적과 맞서면서도 그분이 여러분을 구원해주실 것을 신뢰하기를 원하십니다.

오늘 여러분이 어떤 싸움 가운데 있든, 하나님께서 여러분을 위해 싸우실 것을 믿으십시오.

하나님께서 주시는 힘으로 전진하십시오

"박해를 당해도 버림받지 않으며, 거꾸러뜨림을 당해도 망하지 않습니다."
_고린도후서 4장 9절, 새번역

운동 경기장에서 들리는 "계속 가!"라는 함성은 단순한 응원을 넘어선 삶의 메시지입니다. 이는 인생이라는 마라톤에서 지친 우리에게도 필요한 외침입니다. 감정적, 정신적, 영적으로 고갈되었을 때도 우리는 계속 나아가야 합니다.

성경은 반대와 어려움 속에서도 끊임없이 전진한 인물들의 이야기로 가득합니다. 예수님과 바울은 그 대표적인 예입니다.

예수님은 끊임없는 반대에 직면했습니다. 종교 지도자들과 정치인들은 그를 위협했고, 심지어 헤롯왕이 그를 죽이려 한다는 소문을 퍼뜨리며 그의 사역을 방해하려 했습니다.

그러나 예수님의 응답은 단호했습니다. "가서, 그 여우에게 전하기를 '보아라, 오늘과 내일은 내가 귀신을 내쫓고 병을 고칠 것이요, 사흘째 되는 날에는 내 일을 끝낸다' 하여라. 그러나 오늘도 내일도 그 다음 날도, 나는 내 길을 가야 하겠다. 예언자가 예루살렘이 아닌 다른 곳에서는 죽을 수 없기 때문이다"(눅 13:32-33, 새번역). 어떤 위협이나 반대도 예수님의 사명을 막을 수 없었습니다. 그분은 강한 회복력과 끈기를 가지고 계속 전진하셨습니다.

바울도 자신의 속도를 늦추려고 위협하는 장애물에 직면했습니다. 고린도후서 4장 8-9절에서 그는 고백합니다. "우리는 사방으로 죄어들어도 움츠러들지 않으며, 답답한 일을 당해도 낙심하지 않으며, 박해를 당해도 버림받지 않으며, 거꾸러뜨림을 당해도 망하지 않습니다"(새번역).

여러분도 사면초가의 상황에 놓인 것 같은 느낌이 드십니까? 피곤하고 지쳐서 더 이상 앞으로 나아갈 수 없을 것 같습니까? 그렇다면 이제 우리가 계속 나아갈 힘의 원천을 알아야 할 때입니다. 그 힘은 예수님과 바울이 의지했던 바로 그곳, 하나님에게서 옵니다.

"결국 우리는 하나님의 능력을 힘입어 앞으로 나아갈 뿐입니다. 하나님께서 먼저 우리를 구원하시고, 그 후에 이 거룩한 일로 우리를 불러주셨습니다"(딤후 1:8-9, 메시지).

하나님은 우리가 오직 자력으로 목표를 이루기를 바라지 않으십니다. 그분은 우리를 구원하시고, 나아가 매 순간 필요한 능력을 공급하시며, 우리에게 맡기신 사명을 이룰 때까지 모든 필요를 채워주실 것입니다.

영혼을 강화하는 하나님의 선물, 감사

"모든 일에 감사하십시오.
이것이 그리스도 예수 안에서 여러분을 향한 하나님의 뜻입니다."
_데살로니가전서 5장 18절, 쉬운

큰 변화와 스트레스가 몰아치는 계절을 지날 때, 우리는 어떻게 기쁨을 지켜 낼 수 있을까요? 답은 간단합니다. 매 순간 하나님의 선하심을 발견하고 감사하는 눈을 갖는 것입니다. 어려운 상황 속에서도 말입니다.

이 원리는 데살로니가전서 5장 18절에서 발견됩니다. "모든 일에 감사하십시오. 이것이 그리스도 예수 안에서 여러분을 향한 하나님의 뜻입니다"(쉬운). 이 말씀은 모든 상황에서 감사의 자세를 갖추라는 의미입니다. 우리 삶의 모든 상황에서 감사의 자세를 가져야 하겠지만, 암이나 사고 같은 비극적 사건 자체에 대해 감사하라는 뜻은 아닙니다.

그러나 우리가 좋아하는 음악, 아름다운 자연, 마음에 와 닿는 성경 구절 등 어떤 것이든, 잠시 시간을 내어 하나님께 감사를 표현할 때마다 우리의 빈 감정 탱크는 조금씩 채워집니다. 이는 우리의 인생 여정을 지속하게 하는 강력한 원동력이 됩니다. 감사를 선택하는 것은 궁극적으로 자신을 위한 투자이며, 우리가 쓴 뿌리 없이 인생의 종착점에 도달할 수 있게 합니다.

우리의 감정 저장고가 충만하고 삶이 순풍에 돛 단 듯 흘러갈 때 감사하기란 쉬운 일입니다. 하지만 위기나 장기간의 스트레스에 직면했을 때는 감사할 거리를 찾기가 훨씬 더 어렵습니다. 그러나 바로 그때가 감사를 가장 많이 표현해야 할 때입니다.

욥의 이야기는 어려운 시기에 감사를 표현하는 훌륭한 본보기입니다. 부유하고 성공한 이 사람은 하루아침에 모든 것을 잃었습니다. 그는 왜 이런 일이 자신에게 일어났는지 이유를 알지 못했고, 분노하고 비통해할 만한 충분한 이유가 있었습니다. 그럼에도 그는 가장 어두운 순간에도 땅에 엎드려 "여호와의 이름이 찬양을 받으시기"(욥 1:21)를 원하며 하나님께 경배했습니다.

가장 실용적이면서도 강력한 습관 중 하나는 매일 감사 목록을 작성하는 것입니다. 매일 5분간 잠시 멈춰 서서 "나는 무엇에 감사하는가?"라고 자문해보십시오. 이 습관은 여러분의 영혼을 강화하고, 포기하고 싶을 때 계속 나아갈 수 있게 해줍니다.

우리도 욥의 모범을 따라, 가장 어두운 순간에도 모든 상황 속에서 감사하는 것이 우리를 향한 하나님의 뜻임을 기억하며 감사의 예배를 드릴 수 있습니다.

믿음의 끈을 붙들게 하는 4가지 영적 동력

"우리는 보이는 것을 바라보는 것이 아니라, 보이지 않는 것을 바라봅니다.
보이는 것은 잠깐이지만, 보이지 않는 것은 영원하기 때문입니다."
_고린도후서 4장 18절, 새번역

현재의 어려움이나 고통에만 집중한다면 포기하고 싶은 마음이 드는 것은 당연합니다. 하지만 영원한 관점에서 바라본다면 어떤 상황에서도 우리는 계속 전진할 수 있습니다.

고린도후서 4장 16-18절은 이렇게 말씀합니다. "그러므로 우리는 낙심하지 않습니다. 우리의 겉사람은 낡아가나, 우리의 속사람은 날로 새로워집니다. 지금 우리가 겪는 일시적인 가벼운 고난은, 비교할 수 없을 정도로 영원하고 크나큰 영광을 우리에게 이루어 줍니다. 우리는 보이는 것을 바라보는 것이 아니라, 보이지 않는 것을 바라봅니다. 보이는 것은 잠깐이지만, 보이지 않는 것은 영원하기 때문입니다"(새번역).

이 성경 말씀을 바탕으로, 우리가 정서적으로 강인함을 유지하고 포기하지 않을 수 있는 네 가지 이유를 살펴보겠습니다.

1. 우리의 영혼이 날마다 새로워지기 때문입니다.

대다수는 일주일간 단식하는 것조차 상상하기 어려워합니다. 하물며 일주일 동안 성경을 멀리한다면, 우리의 영혼은 생명의 양식을 결핍하게 됩니다. 매일 영혼을 새롭게 하고 싶다면 하나님의 말씀 속으로 깊이 들어가십시오.

2. 현재의 문제는 작고 오래 가지 않을 것이기 때문입니다.

문제는 머물러 있는 것이 아니라 지나갑니다. 설령 평생 지속되는 문제가 있다 해도, 천국에서 누리게 될 영원한 세월에 비하면 그것은 순간에 불과합니다. 우리는 이 땅에서의 어려움이 일시적이며, 하나님께서 우리를 위한 장기적인 계획을 가지고 계신다는 것을 굳게 믿어야 합니다.

3. 우리의 문제는 그보다 훨씬 더 크고 영원히 지속될 영광을 가져다주기 때문입니다!

하나님은 우리 삶의 모든 경험을, 심지어 가장 고통스러운 시련까지도, 우리의 영원한 유익을 위해 빚어가십니다. 로마서 8장 28절은 이렇게 말씀합니다. "하나님을 사랑하는 사람들, 곧 하나님의 뜻대로 부르심을 받은 사람들에게는, 모든 일이 서로 협력해서 선을 이룬다는 것을 우리는 압니다"(새번역).

4. 우리는 보이지 않는 것에 시선을 고정하기 때문입니다.

영원히 지속되는 것에 집중할 때 우리는 장기적인 안목을 갖게 되고, 그로 인해 인생이라는 경주를 완주할 수 있습니다. 우리의 관심은 일시적인 것이 아닌 영원한 것에 고정되어 있습니다.

오늘 여러분은 무엇에 집중하고 계십니까? 눈앞의 문제만을 바라보지 마십시오. 대신 예수님을 바라보십시오. 그리고 결코 포기하지 마십시오! 하나님의 영원한 계획 안에서 우리의 현재의 고난은 장차 올 영광에 비하면 아무것도 아닙니다.

모든 상황이 하나님을 의심하게 할 때, 우리의 일

"아브라함은 시험을 받을 때에, 믿음으로 이삭을 바쳤습니다.
더구나 약속을 받은 그가 그의 외아들을 기꺼이 바치려 했던 것입니다.
일찍이 하나님께서 아브라함에게 말씀하시기를
'이삭에게서 네 자손이라 불릴 자손들이 태어날 것이다' 하셨습니다."

_히브리서 11장 17-18절, 새번역

여러분, 서서히 무너져 내리는 희망을 바라보며 무력해진 적이 있습니까?
"나는 평생 결혼하지 못할 거야", "난 절대 그 직업을 얻지 못해", "아이를 갖는 건 불가능해." 이런 말을 하기 시작할 때, 우리는 희망이 우리를 떠나고 있음을 깨닫습니다. 지금 이런 생각이 든다면, 여러분은 결코 혼자가 아닙니다.

성경에서 가장 위대한 믿음의 영웅 중 한 명인 아브라함도 이런 절망의 순간을 마주했습니다. 하지만 그는 끝까지 소망을 붙들었습니다. 로마서 4장 18절은 이렇게 말합니다. "아브라함은 도저히 불가능한 것을 바라고 믿었으므로 '네 후손도 저 별들처럼 많을 것이다'라고 하신 약속대로 그는 많은 민족의 조상이 되었습니다."

희망이 사라지고 포기하고 싶은 마음이 들 때, 우리는 어떻게 해야 할까요? 바로 하나님의 약속을 굳게 붙잡아야 합니다. 모든 상황이 하나님을 의심하게 만들 때, 우리는 어디로 향해야 할까요? 하나님의 말씀으로 돌아가야 합니다. 하나님의 말씀보다 더 신뢰할 만한 것은 없습니다! 아브라함은 가장 큰 시험에 직면했을 때조차 하나님의 약속을 의지했습니다. "아브라함은 시험을 받을 때에, 믿음으로 이삭을 바쳤습니다. 더구나 약속을 받은 그가 그의 외아들을 기꺼이 바치려 했던 것입니다. 일찍이 하나님께서 아브라함에게 말씀하시기를 '이삭에게서 네 자손이라 불릴 자손들이 태어날 것이다' 하셨습니다"(히 11:17-18, 새번역).

아브라함과 사라가 오랜 세월 동안 아이를 기다린 끝에 하나님은 이삭을 주셨습니다. 그리고 하나님께서는 아브라함에게 이삭을 제물로 바치라고 말씀하셨습니다. 놀랍게도 아브라함은 당황하지 않습니다. 성경은 아브라함이 믿음으로 반응한 세 가지 방법을 보여줍니다.

- 아브라함은 하나님께서 아들을 죽은 자 가운데서 살리실 수 있다고 믿었습니다(히 11:19).
- 아브라함은 이삭과 함께 제사를 드리러 언덕으로 올라갈 때 종에게 "내가 돌아오겠다"가 아니라 "우리가 돌아오겠다"라고 말했습니다(창 22:5, 개역개정).
- 이삭이 아브라함에게 "제물로 바칠 어린 양은 어디 있습니까?"라고 물었을 때, 아브라함은 "하나님이 직접 준비하실 것이다"라고 대답했습니다(창 22:8).

아브라함은 하나님께서 아들을 살려주시거나 부활시켜 주실 것을 굳게 믿었습니다. 그는

하나님의 약속을 전적으로 신뢰했던 것입니다!

오늘 우리도 믿음으로 기도함으로써 하나님의 약속을 믿는다는 것을 보여드릴 수 있습니다. "하나님 아버지, 당신의 말씀은 제게 선물이며, 당신의 약속은 제 평생을 지탱할 것입니다. 저는 당신이 하겠다고 말씀하신 모든 것을 저를 위해 이루실 것을 믿습니다. 당신이 제 삶에서 일하시는 방식을 이해하지 못할 때도 미리 감사드립니다. 지금은 힘들지만 그래도 당신을 신뢰합니다!"

모든 희망이 사라진 것 같을 때, 하나님 안에서 새로운 소망을 발견하십시오. 우리가 직면한 상황은 우리의 통제를 벗어났을지 모르지만, 하나님의 통제에서 벗어난 것은 결코 아닙니다. 예수님은 "사람의 힘으로는 할 수 없지만 하나님께서는 다 하실 수 있다"(눅 18:27)라고 하셨습니다.

예수님을 믿으십시오. 그분은 결코 여러분을 실망시키지 않으실 것입니다. "이 소망은 절대로 우리의 기대를 저버리지 않습니다. 그것은 하나님께서 우리에게 주신 성령을 통해 우리 마음에 하나님의 사랑을 부어 주셨기 때문입니다"(롬 5:5, 쉬운).

아픔을 위로로 바꾸는 구속적 고난의 힘

"온갖 환난 가운데에서 우리를 위로하여 주시는 분이십니다.
따라서 우리가 하나님께 받는 그 위로로,
우리도 온갖 환난을 당하는 사람들을 위로할 수 있습니다."
_고린도후서 1장 4절, 새번역

여러분의 삶의 목적 중 하나는 다른 사람을 섬기는 것입니다. 때로 하나님은 여러분의 고통을 통해 타인을 향한 더 깊은 연민과 이해를 키우십니다. 이를 통해 여러분은 비슷한 아픔을 겪는 이들에게 더욱 효과적으로 다가가고 봉사할 수 있게 됩니다. 그분은 여러분을 다른 이의 고통에 더 민감하게 반응하도록 그렇게 하십니다.

고통은 비슷한 아픔을 겪는 이들의 마음에 우리가 더 가깝게 다가갈 수 있게 합니다. 그리하여 자신의 고통에만 집중하는 대신, 상처받은 다른 이들을 돕는 데 초점을 맞출 수 있게 됩니다.

예수님은 여러분의 고통을 구속하기를 원하십니다. 구속적 고난(Redemptive suffering)이란 자신이 겪은 고통을 다른 사람을 돕는 데 사용하는 것을 말합니다. 제 아내 케이와 저는 아들을 자살로 잃은 아픔을 이렇게 사용하려 노력했습니다. 매튜의 죽음 이후 몇 년 동안, 친구든 낯선 사람이든, 잘 아는 사람이든 모르는 사람이든, 나이가 많든 적든, 케이나 저에게 도움을 요청하는 이들의 전화가 끊이지 않았습니다. 그들은 우리의 경험을 알기에, 우리를 통해 하나님의 위로를 받고자 했던 것입니다.

성경은 이렇게 말씀합니다. "온갖 환난 가운데에서 우리를 위로하여 주시는 분이십니다. 따라서 우리가 하나님께 받는 그 위로로, 우리도 온갖 환난을 당하는 사람들을 위로할 수 있습니다. 그리스도의 고난이 우리에게 넘치는 것과 같이, 그리스도로 말미암아 우리의 위로도 또한 넘칩니다. 우리가 환난을 당하는 것도 여러분이 위로와 구원을 받게 하려는 것이며, 우리가 위로를 받는 것도 여러분이 위로를 받게 하려는 것입니다. 여러분은 이 위로로, 우리가 당하는 것과 똑같은 고난을 견디어 냅니다"(고후 1:4-6, 새번역).

자녀를 잃은 아픔을 겪어본 부모만큼 같은 상실감에 빠진 이들을 진심으로 이해하고 돌볼 수 있는 사람이 있을까요? 중독의 고통을 겪어본 사람만큼 중독에 빠진 이를 효과적으로 도울 수 있는 사람이 누가 있겠습니까? 암과의 싸움을 경험한 사람만큼 암 진단을 받은 이의 두려움과 고통을 깊이 공감하며 함께 걸을 수 있는 사람이 또 있을까요?

여러분이 지금 겪고 있는 고통이 무엇이든, 그것을 하나님께 맡긴다면 그분은 그 고통을 다른 사람을 돕는 데 사용하실 것입니다.

완벽하지 않아도 괜찮습니다: 하나님이 찾으시는 마음

"만약 누구든지 악을 멀리하고 자신을 깨끗하게 하면,
주인이신 주님이 쓰기에 귀하고 거룩한 그릇이 될 것입니다.
그런 사람은 언제나 좋은 일에 쓰일 수 있는 준비된 사람입니다."
_디모데후서 2장 21절, 쉬운

하나님께 쓰임받고 싶으십니까? 완벽한 사람이 될 필요는 없습니다. 다만 마음을 정결하게 하는 것이 중요합니다.

디모데후서 2장 21절은 이렇게 말씀합니다. "만약 누구든지 악을 멀리하고 자신을 깨끗하게 하면, 주인이신 주님이 쓰기에 귀하고 거룩한 그릇이 될 것입니다. 그런 사람은 언제나 좋은 일에 쓰일 수 있는 준비된 사람입니다"(쉬운).

하나님은 모든 종류의 사람들을 사용하십니다. 남녀노소를 가리지 않고, 내성적인 사람부터 외향적인 사람까지, 다양한 인종과 배경을 가진 이들을 모두 사용하십니다. 평범한 그릇이든 화려한 그릇이든 하나님께는 소중합니다.

하지만 한 가지, 하나님께서 결코 사용하지 않으시는 것이 있습니다. 바로 더러운 그릇입니다. 내면이 깨끗해야 합니다. 여러분의 과거나 현재가 어떠하든, 누구나 깨끗해질 수 있습니다.

어떻게 깨끗해질 수 있을까요? 바로 '고백'이라는 단순하지만 강력한 행위를 통해서입니다. 요한일서 1장 9절은 이렇게 약속합니다. "우리가 우리 죄를 고백하면 신실하시고 의로우신 하나님은 우리 죄를 용서하시고 모든 죄악에서 우리를 깨끗하게 하실 것입니다."

그리스어의 '호몰로게오'(homologeo), 즉 '고백'은 "같은 것을 말하다"라는 의미를 지닙니다. 즉, 하나님께서 여러분의 죄에 대해 말씀하시는 것과 동일하게 인정하는 것입니다. "하나님, 당신이 옳습니다. 그것은 실수가 아니라 죄였습니다"라고 고백하는 것입니다. 이는 하나님과 흥정하거나 뇌물을 주는 것이 아닙니다.

단순히 자신의 죄를 인정하는 것입니다. 너무나 단순해 보입니까? 맞습니다. 그저 인정하는 것만으로도 하나님의 용서를 받게 됩니다. 이것이 바로 은혜입니다.

하나님께 쓰임받고 싶으시다면, 이번 주에 이렇게 기도해보십시오. "하나님, 제 삶에서 무엇이 잘못되었나요? 제발 보여주세요." 그리고 하나님께서 깨닫게 하시는 것들을 적어보십시오. 제가 처음 이 작업을 했을 때, 목록이 책 한 권만큼 길어 보였습니다! 그 후로도 여러 번 이 과정을 반복해왔습니다.

그 다음, 목록 위에 요한일서 1장 9절을 적고 이렇게 기도하십시오. "하나님, 제가 이 죄들을 인정합니다. 이것들은 잘못되었습니다. 제 삶에서 이런 죄들이 사라지기를 원합니다." 하나님께 여러분의 삶을 깨끗하게 해달라고 간구하십시오. 그분은 반드시 용서해주실 것입니다!

이것이 하나님께 쓰임받는 첫걸음입니다. 마음의 정화에서 시작합니다.

잊어야 할 과거와 잡아야 할 미래

"뒤에 있는 것은 잊어버리고 앞에 있는 것을 붙잡으려고 그리스도 예수 안에서
하나님께서 위에서 부르신 그 부르심의 상을 위해 푯대를 향해서 좇아갑니다."
_빌립보서 3장 13-14절, 우리말

성경은 종종 우리의 인생을 경주에 비유합니다. 하나님께서 의도하신 대로 달리지 못하게 하는 방해 요소로 가득 찬 경주이기도 합니다.

이 인생 경주를 성공적으로 완주하기 위해서는 우리를 가로막는 장애물들을 제거해야 합니다. 히브리서 12장 1절은 우리에게 이렇게 권면합니다. "우리도 온갖 무거운 짐과 우리를 얽어매는 죄를 벗어버리고 우리가 달려야 할 길을 꾸준히 달려갑시다"(공동번역).

사도 바울은 인내의 핵심이 삶을 간소화하는 데 있다고 강조합니다. 즉, 불필요한 짐을 내려놓고, 영적 성장을 방해하는 요소들을 정리하며 최선을 다하지 못하게 하는 시간 낭비 요소를 없애야 한다는 것입니다.

여러분의 목표 달성을 방해하는 요소는 무엇입니까? 다른 사람을 모방하려는 노력, 부를 주된 목표로 삼는 것, 나쁜 습관을 고집하는 것, 잘못된 친구 관계, 소셜 미디어에 시간을 낭비하는 것 등 다양할 것입니다. 심지어 좋은 것들조차도 우리의 주의를 흐트러뜨릴 수 있습니다.

하지만 가장 큰 방해 요소 중 하나는 바로 과거입니다. 과거의 그림자는 우리의 발걸음을 무겁게 하고 영적 성장을 가로막습니다. 죄책감, 원망, 수치심, 괴로움에 시달리는 것은 마치 50킬로그램이나 되는 역기를 어깨에 짊어지고 달리는 것과 같습니다. 속도가 현저히 떨어질 것입니다! 잘못된 결정을 자책하거나 누군가를 용서하지 못할 때, 여러분은 좌절의 악순환에 빠지게 됩니다.

사도 바울에게도 후회할 일이 많았습니다. 그는 예수 그리스도를 믿기 전에 그리스도인들을 박해했기 때문입니다. 그러나 그는 이렇게 선언했습니다. "뒤에 있는 것은 잊어버리고 앞에 있는 것을 붙잡으려고 그리스도 예수 안에서 하나님께서 위에서 부르신 그 부르심의 상을 위해 푯대를 향해서 좇아갑니다"(빌 3:13-14, 우리말).

바울은 과거에 얽매이지 않았습니다. 그는 자신이 받은 상처나 다른 이들에게 준 상처보다는 결승선에 집중했습니다.

여러분도 이렇게 해야 합니다. 인생 경주를 성공적으로 마치기 위해서는 과거에 얽매이기보다 미래를 향한 열정과 에너지를 보존해야 합니다. 죄책감과 후회의 짐을 내려놓고 결승선을 향해 힘차게 달려가십시오.

늦지도 서두르지도 않으시는 분

"이 묵시는, 정한 때가 되어야 이루어진다. 끝이 곧 온다는 것을 말하고 있다.
이것은 공연한 말이 아니니, 비록 더디더라도 그때를 기다려라. 반드시 오고야 만다.
늦어지지 않을 것이다."

_하박국 2장 3절, 새번역

하나님은 결코 서두르지 않으시며, 늦지도 않으십니다. 그분은 언제나 정확한 시간에 오십니다. 우리가 이해할 수 없을 때조차도 하나님의 타이밍은 완벽합니다.

하나님은 시간을 초월하시는 분이기에, 시간에 대해 우리와는 전혀 다른 차원의 관점을 지니고 계십니다. 성경은 이를 이렇게 설명합니다. "사랑하는 여러분, 이 한 가지만은 잊지 마십시오. 주님께는 하루가 천 년 같고, 천 년이 하루 같습니다"(벤후 3:8, 새번역).

하나님의 영원하신 관점은 우리의 일시적인 삶에 영원한 가치와 목적을 새겨넣습니다. 하나님은 우리를 창조하실 때 우리 마음에 꿈을 심어주셨습니다. 대부분은 큰 비전과 원대한 목표를 가지고 삶을 시작합니다. 그들은 인생에 대한 어떤 종류의 꿈이나 계획 또는 프로젝트를 품고 있습니다.

하나님께서 여러분에게 어떤 비전을 주셨습니까? 수년간의 경험을 통해 저는 많은 사람이 인생 초기에는 비전을 품고 시작하지만, 시간이 지날수록 꿈을 이루기도 전에 포기한다는 사실을 발견했습니다. 그 이유는 종종 그 꿈이 빨리 이루어지지 않기 때문입니다.

여러분의 꿈이 좌절되어 한때 빛을 잃었을 수도 있습니다. 혹은 낙담과 실망으로 그 꿈을 마음 깊숙이 묻어두었을 수도 있고요. 어쩌면 완전히 포기하고 싶은 마음이 들었을지도 모릅니다. 하지만 기억하십시오. 하나님이 심으신 꿈은 결코 죽지 않습니다.

하지만 하나님은 여러분이 그렇게 하기를 원치 않으십니다. 하나님이 여러분의 삶에 심으신 꿈은 반드시 결실을 맺게 될 것입니다. 다만 우리의 시간표가 아니라 그분의 시간표에 따라 일어나야 할 뿐입니다.

하나님은 우리의 꿈에 대해 이렇게 말씀하십니다. "이 묵시는, 정한 때가 되어야 이루어진다. 끝이 곧 온다는 것을 말하고 있다. 이것은 공연한 말이 아니니, 비록 더디더라도 그때를 기다려라. 반드시 오고야 만다. 늦어지지 않을 것이다"(합 2:3, 새번역).

새들백교회를 시작했을 때 저는 모든 일을 빨리 끝내려고 조급해했습니다. 하지만 하나님은 제게도 여러분의 꿈에 대해 하신 것과 같은 말씀을 하셨습니다. "지금 당장 모든 것이 이루어지지는 않을 것이다. 하지만 내가 준 비전은 천천히, 꾸준히 이루어질 것이다."

우리는 하나님의 타이밍을 항상 이해할 수 없습니다. 완벽히 이해할 필요도 없습니다. 다만 이 강력한 진리를 마음에 새기면 됩니다. 하나님은 우리 삶에 너무 이르게 개입하시지도, 또 지체하여 늦게 오시지도 않습니다. 그분은 언제나 가장 적절한 순간에 오십니다. 우리의 역할은 그분을 신뢰하며 인내로 기다리는 것입니다.

깨끗한 손으로 맞이하는 새로운 힘

"그러므로 의인은 그 길을 꾸준히 가고
손이 깨끗한 자는 점점 힘을 얻느니라."
_욥기 17장 9절, 개역개정

다윗의 이 진실한 고백은 우리 모두의 마음을 울립니다. "내가 오랫동안 주님의 길에서 벗어났고, … 주께서 구하시는 것은 마음속의 진실입니다. … 주님의 세탁기에 나를 담그소서. 이 몸이 깨끗해져 나오리라. 나를 비벼 빠소서. 내가 눈같이 희게 살아가리라. … 하나님, 내 안에서 새롭게 시작하시고 혼돈스러운 내 삶, 다시 창조하여 주소서"(시 51:5-7, 10, 메시지).

이 고백이 여러분의 마음을 움직인다면, 지금이 하나님 앞에 나아갈 때입니다.

바로 지금 할 수 있습니다. 간단한 기도로 시작하십시오. 하지만 어떻게 기도해야 할까요? 다음 질문들을 곰곰이 생각해보십시오. 여러분의 삶에서 무엇을 정리해야 합니까? 과거에서 무엇을 내려놓아야 할까요? 이런 생각들을 하나님께 솔직히 말씀드리십시오. 자신의 삶을 돌아보고 하나님과의 관계를 방해하는 것이 있다면 무엇이든 고백하십시오. 자신의 잘못을 인정하고 그분의 은혜로 죄를 덮어주시기를 간구하십시오.

이제 실천할 과제가 있습니다. 목록을 작성해보십시오. 하나님께서 여러분의 삶에서 균형을 잃은 부분을 보여주실 때, 그것을 적어 내려가십시오. 이 과정에서 감정의 동요를 느낄 수 있지만, 진정한 고백은 감정의 영역을 초월합니다. 이는 단순히 여러분의 삶에 있는 알려진 죄를 인정하고, 그것을 버리고 옳은 일을 선택하는 것입니다. 여러분과 순수한 양심 사이에 놓인 유일한 장벽은 바로 여러분의 자만심입니다.

욥기 17장 9절은 이렇게 말씀합니다. "그러므로 의인은 그 길을 꾸준히 가고 손이 깨끗한 자는 점점 힘을 얻느니라"(개역개정).

앞으로 더 강해지고 싶지 않으십니까? 힘든 시기, 어려운 날에도 정신적으로 강해지고 싶다면 깨끗한 손이 필요합니다.

"누가 여호와의 산에 오를 수 있으며 그 거룩한 곳에 설 수 있는가? 오로지 행동과 생각이 깨끗하고 순수하며 우상을 숭배하지 않고 거짓으로 맹세하지 않는 자들이다. 그들은 여호와께 복을 받고 구원의 하나님께 의로운 자로 인정받을 것이다"(시 24:3-5).

하나님의 목적에 집중하면 시기심은 사라집니다

"우리도 온갖 무거운 짐과 우리를 얽어매는 죄를 벗어버리고
우리가 달려야 할 길을 꾸준히 달려갑시다."
_히브리서 12장 1절, 공동번역

다른 이의 삶에서 하나님의 역사하심을 보며 염려나 시기심이 일어날 때, 시선을 하나님이 여러분만을 위해 예비하신 놀라운 계획으로 옮기십시오. 산만해지지 말고 여러분의 삶에 대한 하나님의 뜻에 시선을 고정하세요.

하나님은 여러분의 삶을 위한 특별한 계획을 가지고 여러분을 창조하셨습니다. 그리고 그분은 여러분이 그 계획에 따라 경주하기를 원하십니다. 우리에게 주어진 하나님의 경주에 전념한다면, 타인의 경주에 대한 불필요한 염려에서 자유로워질 수 있습니다. 관중석의 반응이나 환호에 신경 쓰지 않아도 됩니다. 여러분의 삶은 오직 한 분, 하나님이라는 유일한 관객을 위한 공연입니다.

성경에 나오는 포도원 일꾼들의 이야기를 보면, 일부 일꾼들은 자신이 받아야 할 임금을 제대로 받지 못했다고 불평합니다. 그때 포도원 주인이 그들에게 이렇게 말합니다. "네 것이나 가지고 가거라!"(마 20:14). 이는 시기심의 덫에 걸린 이들에게 "이제 그만 과거를 놓으세요. 자기 연민에 빠지지 말고 하나님이 여러분을 위해 예비하신 미래를 향해 나아가십시오!"라고 권면하는 것과 같습니다.

때로 우리는 과거에 갇혀 있을 때가 있습니다. 옛날에 인기 절정이었던 이들을 여전히 부러워할 수도 있습니다. 하지만 그것이 지금 하나님이 여러분을 위해 펼치고 계신 놀라운 계획을 놓칠 이유가 될 수는 없습니다.

히브리서 12장 1절은 이렇게 말씀합니다. "우리도 온갖 무거운 짐과 우리를 얽어매는 죄를 벗어버리고 우리가 달려야 할 길을 꾸준히 달려갑시다"(공동번역). 여기서 "우리가 달려야 할 길"이란 나만의 경주, 즉 나를 위해 준비된 독특한 경주를 의미합니다. 하나님께서는 여러분이 추구하기를 원하시는 계획이 있으며, 그 계획은 다른 사람과 다릅니다. 그분은 여러분이 태어나기도 전에 여러분을 위해 계획하셨고, 그 계획에는 여러분이 스스로 꿈꿀 수 있는 것보다 더 좋은 것이 포함되어 있습니다.

여러분이 자신을 향한 하나님의 특별한 사명을 깨달을수록, 다른 이들의 여정에 대한 불필요한 비교와 염려에서 자유로워질 것입니다. 언제나 최고여야 한다는 압박감에서 해방되십시오. 단지 여러분의 잠재력을 최대한 발휘하며, 하나님이 창조하신 그대로의 모습으로 살아가는 것으로 충분합니다.

고통의 암실에서 피어나는 하나님의 걸작

"그러므로 하나님의 뜻에 따라 고난을 받는 사람은 계속 선한 일을 하면서
그 영혼을 신실하신 창조주 하나님께 맡겨야 할 것입니다."
_베드로전서 4장 19절

디지털 시대 이전의 사진 현상 과정을 기억하십니까? 카메라로 사진을 찍으면 필름에 네거티브 이미지가 생깁니다. 그다음 암실에서 이 네거티브를 통과한 빛을 인화지에 비춰 풀컬러 사진을 만들어냅니다.

이 과정은 하나님께서 우리 삶의 불공정한 상황들을 다루시는 방식을 상징적으로 보여줍니다.

우리 모두는 삶에서 불의를 겪어왔습니다. 타인에 의해 학대받고, 무시당하고, 이용당한 경험이 있습니다. 하나님은 우리의 모든 부정적 경험을 모아, 그 위에 예수님의 빛을 비추심으로써, 우리 삶을 그분이 원래 의도하신 아름답고 풍성한 모습으로 변모시키고자 하십니다.

성경은 이렇게 말씀합니다. "그러므로 하나님의 뜻에 따라 고난을 받는 사람은 계속 선한 일을 하면서 그 영혼을 신실하신 창조주 하나님께 맡겨야 할 것입니다"(벧전 4:19).

불의한 상황 속에서도, 예수님이 여러분과 함께하신다는 약속을 굳게 붙드십시오.

성경 전체에서 하나님은 부당한 대우를 받는 이들을 특별히 돌보시는 분으로 나타납니다. 그분은 공의의 하나님이십니다. 그분은 여러분의 부르짖음을 들으시고, 고통을 보시며, 상처를 알고 계십니다. 여러분은 마땅히 받아야 한다고 생각한 것을 얻지 못했을지 모릅니다. 하지만 하나님은 여러분의 고통을 헛되이 버려두지 않으십니다. 그 고통을 통해 여러분을 성장시키고, 더 깊은 목적을 이루시려는 놀라운 계획을 가지고 계십니다.

여러분이 처한 상황에 하나님 사랑의 빛이 비추면, 그분은 여러분의 고통을 아름다운 그림으로 변화시키실 수 있습니다. 그분은 이를 통해 여러분의 성품을 발전시키고 더 강하게 만드십니다. 가장 중요한 것은, 그분이 여러분의 고통을 그분의 목적과 여러분의 유익을 위해 사용하신다는 것입니다.

이 세상의 고통에 대해 완벽한 해답을 얻지 못할 수도 있습니다. 그러나 그 해답보다 더 본질적인 것이 있습니다. 하나님의 변함없는 사랑이 여러분을 붙드신다는 진리를 깨닫는 것입니다. 그분은 여러분을 위한 계획을 가지고 계시며, 여러분에게 상처를 준 이들과의 정의로운 해결도 약속하십니다.

하나님은 결코 상처를 낭비하지 않으십니다. 그러니 복음의 빛을 여러분의 고통 속으로 받아들이십시오. 그러면 하나님은 여러분의 상처, 즉 여러분에게 일어난 실제 불의를 사용하여 여러분의 삶을 통해 아름다운 걸작을 창조하실 것입니다.

하나님의 가족으로 인도하는 우리의 사명

"아버지께서 내게 사명을 주셔서 세상에 보내신 것처럼
나도 그들에게 사명을 주어 세상에 보냅니다."
_요한복음 17장 18절, 메시지

여러분이 예수 그리스도를 따르는 사람이라면, 하나님께서 이 세상에서 여러분에게 특별한 사명을 주셨습니다. 여러분은 단순히 자리만 차지하거나 개인적인 목표만을 추구하기 위해 여기 있는 것이 아닙니다.

하나님께서 여러분에게 직접 부여하신 독특한 사명이 있습니다. 하나님의 가족이 되면 여러분의 삶은 완전히 새로운 의미를 갖게 됩니다. 새로운 삶의 이유, 명확한 계획과 목적이 생깁니다. 이제 여러분의 삶은 더 이상 자신만을 위한 것이 아니라, 하나님의 위대한 사명을 위한 것입니다.

여러분의 삶에 대한 하나님의 부르심은 모든 역사를 관통하는 하나님의 거대한 계획과 맞닿아 있습니다. 하나님은 가족을 원하셨기에 우주의 모든 것을 창조하셨습니다. 온 우주의 창조주께서는 그 무엇도 부족함이 없으셨지만, 단지 사람들이 기꺼이 그분의 가족이 되기로 선택할 것을 아셨기에 모든 것을 만드셨습니다.

하나님께서 예수님께 처음 주신 사명을 이제 그리스도의 몸인 교회, 즉 우리에게도 주셨습니다. 우리가 예수님을 만난 기쁨을 누렸다면, 이제 그 생명의 복음을 나눠야 합니다. 가까운 이웃에서부터 시작해 필요하다면 땅끝까지 가야 합니다. 하지만 우리의 사명은 거기서 끝나지 않습니다. 하나님은 전 세계 모든 사람을 똑같이 사랑하십니다.

성경은 이렇게 말씀합니다. "여호와께서 말씀하신다. '내 종아, 네가 야곱의 지파들을 일으키고 살아남은 이스라엘 백성을 회복시킬 것이지만 너에게는 이보다 더 큰 과업이 있다. 내가 너를 이방 민족의 빛이 되게 하여 온 세상에 내 구원을 베풀도록 하겠다'"(사 49:6).

하나님은 우리가 가정에서, 지역 사회에서, 그리고 전 세계에서 그분의 사명을 실천하기를 원하십니다. 우리의 삶에 대한 하나님의 사명은 전 세계적이면서도 동시에 지역적입니다.

이것이 세상을 향한 하나님의 원대한 계획입니다. 그리고 이것이 바로 우리를 향한 하나님의 특별한 사명입니다. 그분은 지구상의 모든 사람이 그분을 알길 원하시며, 그 일을 이루기 위해 우리를 사용하길 원하십니다.

이사야서 말씀은 선교사나 목회자만을 위한 것이 아닙니다. 여러분이 하나님의 가족이 되었다면, 그분은 우리에게도 세상을 향한 특별한 사명을 주셨습니다! 그분이 여러분에게 "가라"고 말씀하시면 주저하지 말고 순종하십시오.

고통의 역설: 우리를 목적지로 이끄는 하나님의 지혜

"사람이 받는 고통은, 하나님이 사람을 가르치시는 기회이기도 합니다.
사람이 고통을 받을 때에 하나님은 그 사람의 귀를 열어서 경고를 듣게 하십니다."
_욥기 36장 15절, 새번역

우리가 인식하지 못할 때에도 하나님은 우리의 삶을 세심히 인도하고 계십니다. 잠언 16장 9절은 이렇게 말씀합니다. "사람이 마음으로 자기의 길을 계획할지라도 그의 걸음을 인도하시는 이는 여호와시니라"(개역개정).

하나님은 주로 말씀을 통해 우리를 인도하시기를 좋아하십니다. 우리가 성경을 꾸준히 읽고 깊이 묵상한다면, 그것만으로도 하나님은 우리를 충분히 인도하실 수 있습니다. 하지만 많은 이들이 하나님의 말씀을 읽는 데 충분한 시간을 들이지 않기에, 하나님께서는 때로 고통이라는 또 다른 방법을 통해 우리를 인도하십니다.

욥기 36장 15절은 이렇게 말씀합니다. "사람이 받는 고통은, 하나님이 사람을 가르치시는 기회이기도 합니다. 사람이 고통을 받을 때에 하나님은 그 사람의 귀를 열어서 경고를 듣게 하십니다"(새번역).

기수가 말의 입에 재갈을 물리는 이유를 생각해보신 적 있으십니까? 그것은 말의 편안함을 위해서가 아닙니다. 기수는 그 불편함을 이용해 말을 원하는 방향으로 이끕니다. 마찬가지로, 고통은 종종 우리를 새로운 방향으로 인도합니다.

다윗왕은 하나님께서 고통을 통해 자신의 삶을 원하시는 방향으로 인도하신다는 사실을 깨닫고 이렇게 고백했습니다. "고난당한 것이 내게 유익이라 이로 말미암아 내가 주의 율례들을 배우게 되었나이다"(시 119:71, 개역개정).

C. S. 루이스는 "하나님은 우리의 즐거움 속에서는 속삭이시지만 고통 속에서는 소리치신다"라고 통찰력 있게 표현했습니다. 고통은 하나님의 메가폰과 같습니다. 고통은 우리를 그 자리에 멈춰 서게 하지 않습니다. 그 고통이 얼마나 심하든, 어디에서 비롯되었든 상관없이 하나님은 그것을 사용하여 우리를 삶의 목적을 향해 나아가게 하십니다.

바울은 고린도의 신자들에게 이렇게 말했습니다. "지금은 오히려 기뻐합니다. 그것은 여러분이 근심했기 때문이 아니라 그 일로 회개하였기 때문입니다"(고후 7:9).

고통 자체를 기뻐할 수는 없지만, 그 안에 담긴 하나님의 섭리는 신뢰할 수 있습니다. 우리는 하나님께 그 고통을 우리를 올바른 방향으로 인도하는 도구로 사용해 달라고 간구할 수 있습니다. 그리고 그 과정에서 그분이 제공해 주실 모든 인도하심에 대해 감사할 수 있습니다.

서로의 성장을 돕는 가족

"내가 선생과 주로서 너희 발을 씻겼으니, 너희도 서로 발을 씻겨 주어야 한다.
내가 너희에게 행한 그대로 너희도 행하게 하기 위해 내가 본을 보여준 것이다."
_요한복음 13장 14-15절, 쉬운

성숙한 가정을 만드는 중요한 요소 중 하나는 서로의 성장을 위해 헌신하는 것입니다. 그렇다면 우리는 어떻게 가족 구성원들의 성장을 효과적으로 도울 수 있을까요? 다음은 가족 구성원의 성장을 돕는 두 가지 효과적인 방법과 피해야 할 두 가지 방법입니다.

서로의 성장을 돕는 방법은 다음과 같습니다.

1. 본보기를 통해. 예수님은 제자들을 가르치실 때 이 방법을 사용하셨습니다. 요한복음 13장 14-15절에서 그분은 이렇게 말씀하셨습니다. "내가 선생과 주로서 너희 발을 씻겼으니, 너희도 서로 발을 씻겨 주어야 한다. 내가 너희에게 행한 그대로 너희도 행하게 하기 위해 내가 본을 보여준 것이다"(쉬운). 자녀들은 말이 아닌 삶으로 보여주는 부모의 모습을 통해 배웁니다. 그들은 여러분의 삶에 반영된 예수님의 모습을 보고 싶어 합니다.

2. 의미 있는 대화를 통해. 자녀와 실제적인 삶의 문제에 대해 진지한 대화를 나누지 않는다면, 여러분은 자녀의 성장을 도울 귀중한 기회를 놓치고 있는 것입니다. 신명기 6장 7절은 이렇게 권면합니다. "여러분의 자녀들에게 부지런히 가르치십시오. 여러분은 집에 있을 때나 길을 갈 때나 잠자리에 들 때나 아침에 일어날 때나 이것에 대하여 항상 이야기하십시오."

다음은 가족의 성장을 저해하는 치명적인 실수들입니다.

1. 비판을 통해. 잔소리, 비판, 불평은 사람의 변화를 돕는 데 전혀 효과가 없습니다. 왜 그럴까요? 비판할 때는 우리가 바라는 긍정적인 변화에 초점을 맞추기보다는 부정적인 면만을 지적하게 되기 때문입니다. 이는 결국 상대방의 의욕을 꺾고 변화의 동기를 약화시킵니다. 에베소서 6장 4절은 이렇게 경고합니다. "아버지는 자녀들의 마음을 상하게 하거나, 화를 돋우지 말고, 주님의 훈계와 가르침으로 잘 키우십시오"(쉬운).

2. 비교를 통해. 모든 사람은 독특한 존재입니다. 그렇기 때문에 비교는 결코 효과가 없습니다. 비교는 모든 관계에 치명적입니다! 갈라디아서 6장 4절은 이렇게 조언합니다. "자기를 다른 사람과 비교하지 마십시오. 사람은 저마다 자기 일을 살펴야 합니다. 그러면 자랑할 일이 자기에게만 있을 것입니다"(쉬운).

성경은 우리가 서로를 어떻게 대해야 하는지에 대한 지혜로운 지침과 감동적인 예시로 가득 차 있습니다. 하나님은 우리에게 서로 사랑하고, 격려하며, 지지하라고 부르십니다. 이러한 방식으로 다른 사람을 대하는 것을 연습하고 예수님을 닮아가는 가장 중요한 장소가 바로 가정입니다.

인생의 비바람을 함께 견디는 가족

"혼자보다는 둘이 더 낫다. 두 사람이 함께 일할 때에, 더 좋은 결과를 얻을 수 있기 때문이다.
그 가운데 하나가 넘어지면, 다른 한 사람이 자기의 동무를 일으켜줄 수 있다.
그러나 혼자 가다가 넘어지면, 딱하게도, 일으켜줄 사람이 없다."
_전도서 4장 9-10절, 새번역

　　　　　　　　가족은 인생의 폭풍우 속에서 서로를 지켜주는 안전한 피난처입니다. 가족 구성원 중 누군가가 어려움에 처했을 때, 우리는 서로에게 힘이 되어줍니다. 서로에 대한 헌신이 있기에 폭풍우 속에서도 함께 버틸 수 있습니다.

　"혼자보다는 둘이 더 낫다. 두 사람이 함께 일할 때에, 더 좋은 결과를 얻을 수 있기 때문이다. 그 가운데 하나가 넘어지면, 다른 한 사람이 자기의 동무를 일으켜줄 수 있다. 그러나 혼자 가다가 넘어지면, 딱하게도, 일으켜줄 사람이 없다"(전 4:9-10, 새번역).

　인생에는 우리가 사랑하는 이들을 품어주고 지켜야 할 온갖 종류의 시련이 찾아옵니다. 때로는 거센 폭풍우처럼, 때로는 끝없는 장마처럼 말입니다. 그중에서도 가장 고통스러운 폭풍 중 하나는 바로 거절입니다. 사랑하는 사람이 거절감에 시달린다면, 이제 여러분이 그 사람을 위해 힘을 모아야 할 때입니다. 그들은 여러분의 지지가 절실히 필요합니다.

　몇 년 전, 제 첫째 딸 에이미가 치어리더에 도전했습니다. 그녀는 오디션을 위해 매일 열심히 연습했습니다. 그러나 결과는 에이미의 기대와는 정반대였습니다. 친구들은 합격했고, 에이미만 떨어진 것입니다. 에이미의 꿈과 자존감은 순식간에 무너져 내렸습니다. 집에 돌아온 에이미는 말 한마디 없이 자기 방으로 달려가 옷장 안에 틀어박혀 웅크린 채 흐느끼기 시작했습니다.

　가족 모두가 에이미의 흐느끼는 소리를 들을 수 있었습니다. 우리는 하나둘씩 에이미의 방으로 들어가 함께 옷장 바닥에 앉아 에이미와 함께 울었습니다. 우리는 에이미에게 어떤 조언도 하지 않았습니다. 에이미에게는 그 순간 조언이 필요한 게 아니었으니까요. "걱정하지 마, 별일 아니야"라고 말하지도 않았습니다. 에이미에게는 큰일이었으니까요! "울지 마!"라고 말하지도 않았습니다. 그건 슬픔에 빠진 사람에게 너무나 무신경한 말이니까요. 대신 우리 모두는 30분 동안 그곳에 함께 앉아 에이미와 울었습니다.

　우리 가족은 그 사건을 결코 잊지 못합니다. 왜 그럴까요? 그 순간 우리는 에이미를 위한 비옷이 되어주었기 때문입니다. 우리는 보호막이자 보호자 역할을 했습니다. 가족 중 한 사람이 상처를 입었고, 우리는 그 아픔을 가볍게 여기지 않았습니다. 에이미를 설득하려 하지도, 억지로 기운을 북돋우려 하지도 않았습니다. 그저 함께 울어주었을 뿐입니다.

　강인한 가족은 폭풍우 속에서 서로를 지키고, 다시 햇살이 비칠 때까지 함께 인내하며 기다립니다. 이것이 바로 가족의 진정한 힘입니다.

가족과 함께하는 삶을 기쁨으로 만드십시오

"항상 인생을 즐겁게 살아라. 사람이 아무리 오래 살아도
언젠가는 죽음의 날이 있을 것을 기억하라. 이 세상에는 기대할 만한 것이 아무것도 없다."
_전도서 11장 8절

자녀들과 함께한 시간 속에서 제가 꿈꾸던 가장 소중한 두 가지 가치가 있었습니다. 하나는 우리가 서로 사랑한다는 것이고, 다른 하나는 함께 있을 때 정말 즐겁다는 것이었습니다. 그래서 아이들과 함께 즐거운 추억을 쌓기 위해 다양하고 창의적인 활동들을 고안해냈습니다.

그중 하나가 "아빠의 마법 미스터리 투어"였습니다. 아이들이 초등학생 때, 저는 가끔 아침 일찍 아이들을 깨우며 "일어나! 아빠의 마법 미스터리 투어 시간이다!"라고 외치곤 했습니다. 그러면 아이들은 학교에 가지 않고 수영장이 있는 호텔로 드라이브를 가거나 아이스크림을 만드는 등 정말 특별한 일을 할 수 있다는 생각에 신이 났죠.

사람들은 여러분이 무슨 말을 했는지는 잘 기억하지 못하지만, 여러분이 어떤 기분을 느끼게 해주었는지는 오래도록 기억합니다. 아이들도 마찬가지였습니다. 어릴 때 제가 했던 정확한 말들은 기억하지 못하지만 아빠와 함께 있을 때 느꼈던 그 따뜻함과 즐거움은 생생하게 기억합니다. 우리가 함께 정말 즐거운 시간을 보냈다는 것을 말이죠.

이것이 바로 훌륭한 가족의 첫 번째 공통점입니다. 건강한 가정에는 웃음과 기쁨이 넘칩니다. 그들은 함께 인생을 즐깁니다! 오늘날 너무 많은 가정이 바쁘고, 부정적이며, 지치고, 너무 진지해서 이런 요소를 놓치고 있습니다. 그들은 함께 즐길 시간이나 에너지가 없다고 말합니다.

하지만 성경은 전도서 11장 8절에서 우리에게 이렇게 권면합니다. "항상 인생을 즐겁게 살아라. 사람이 아무리 오래 살아도 언젠가는 죽음의 날이 있을 것을 기억하라."

왜 매일을 즐겁게 살아야 할까요? 우리에게 내일도, 다음 주도, 다음 달도 보장되어 있지 않기 때문입니다. 꿈꾸는 가정의 모습이 있다면, 지금 이 순간부터 그렇게 살아가십시오.

혹시 가족과 가까이 살지 않는다면, 교회 가족 안에서 이런 즐거움을 누리는 법을 배워보세요. 소그룹에 속하면 함께 즐길 수 있는 새로운 '가족'을 만날 수 있는 좋은 기회가 될 것입니다.

가정의 기쁨은 단순한 즐거움을 넘어 하나님의 사랑을 드러내는 통로입니다. 이를 통해 우리는 하나님과 함께하는 삶이 얼마나 기쁨과 희망으로 가득 찬 것인지를 세상에 보여줄 수 있습니다. 우리는 내일을 보장받지는 못하지만, 그분과 함께하는 영원을 보장받았기에 매일을 최대한 풍성하게 누릴 수 있는 자유를 누립니다.

하나님의 마음으로 가꾸는 관계

"다른 사람의 사정은 아랑곳하지 않고-하나님을 무시하고!- 이기심을 심는 사람은
잡초를 거둘 것입니다. 그런 사람은 자기만을 위해 살면서 온통 잡초만 키워 낼 것입니다!
그러나 하나님께 대한 응답으로 심고, 그것을 키우는 일을 하나님의 영에게 맡기는 사람은
참된 삶, 곧 영생이라는 알곡을 거둘 것입니다."
_갈라디아서 6장 7-8절, 메시지

이기심은 관계의 파괴자입니다. 갈등, 다툼, 이혼 심지어 전쟁의 근본 원인은
바로 이기심에 있습니다. 야고보서 4장 1절은 이렇게 말합니다. "무엇 때문에 여러분 가운데
싸움이나 분쟁이 일어납니까? 여러분의 지체들 안에서 싸우고 있는 육신의 욕심에서 생기는
것이 아닙니까?"(새번역). 모든 문제의 뿌리는 자기중심주의에 있는 것입니다.

반면, 관계를 꽃피우는 비옥한 토양은 바로 이타심입니다. 이타심이란 무엇일까요? 그것은
"나"보다 "너"를 더 귀하게 여기는 마음가짐입니다. 나 자신보다 다른 이의 필요를 먼저 생각
하고 배려하는 마음입니다. 빌립보서 2장 4절의 말씀처럼 말입니다. "자기 이익만 생각하지 말
고 남의 이익도 생각하십시오."

이타심은 사람들의 숨겨진 잠재력을 깨우는 열쇠이며, 관계에 신뢰라는 탑을 쌓아 올리는
기초입니다. 저는 이런 모습을 여러 차례 목격했습니다. 주변에서 가장 까다로운 사람들조차도
누군가 친절과 이타심을 보이면 놀랍게 변화하는 것을 보았습니다. 그들이 마땅히 받아야 할
것이 아니라 진정으로 필요한 것을 제공하면, 그들은 아름답게 변모합니다.

갈라디아서 6장 7-8절은 이렇게 가르칩니다. "다른 사람의 사정은 아랑곳하지 않고 - 하나
님을 무시하고! - 이기심을 심는 사람은 잡초를 거둘 것입니다. 그런 사람은 자기만을 위해 살
면서 온통 잡초만 키워 낼 것입니다! 그러나 하나님께 대한 응답으로 심고, 그것을 키우는 일을
하나님의 영에게 맡기는 사람은 참된 삶, 곧 영생이라는 알곡을 거둘 것입니다"(메시지).

이것이 바로 성경이 말하는 심고 거두는 원리입니다. 우리가 심은 대로 거두게 됩니다. 이
타심을 심으면 하나님의 축복을 거두게 되는 것입니다.

우리가 가진 모든 것은 하나님께서 주신 선물이며, 우리를 향한 그분의 이타적 사랑의 결실
입니다. 우리가 그분을 닮아갈수록 자신뿐 아니라 다른 이들의 필요도 함께 생각하는 법을 배
우게 될 것입니다. 그리고 언젠가 천국에서 하나님께서는 우리의 이타심에 대해 상급으로 갚아
주실 것입니다.

그러나 이 세상에서 살아가는 동안에도, 우리는 자신을 내어줄 때 가장 깊은 충만함을 경
험할 수 있습니다. 예수님께서는 이렇게 말씀하셨습니다. "나와 복음을 위해 자기 생명을 버리
는 사람은 얻을 것이다"(막 8:35).

그리스도를 닮는 결혼 생활

"사랑에는 거짓이 없어야 합니다. 악한 것을 미워하고, 선한 것을 굳게 잡으십시오.
형제의 사랑으로 서로 다정하게 대하며, 존경하기를 서로 먼저 하십시오."
_로마서 12장 9~10절, 새번역

견고한 결혼은 단순히 두 사람만의 문제가 아닙니다. 그것은 개인의 성장을 촉진하고 사회 전체의 견고한 기반을 형성하는 근본적인 요소입니다.

역사를 돌아보면 결혼은 모든 문명의 핵심 요소였습니다. 결혼이 굳건할 때 국가도 강해졌고, 결혼과 가정이 약해질 때 문화도 함께 쇠퇴했습니다. 이는 결혼의 중요성을 잘 보여줍니다.

하나님은 결혼을 통해 우리의 성품을 다듬으십니다. 우리는 결혼 생활 속에서 이기심을 버리고 진정한 사랑을 배웁니다. 실로 결혼만큼 우리 삶에 깊은 영향을 미치는 관계는 없을 것입니다.

물론 독신의 길을 걷는 분들도 있습니다. 하나님은 여러분의 삶에서도 다양한 관계를 통해 성품을 빚어가십니다. 경건하고 타인을 중시하는 독신의 삶 또한 우리 사회의 번영에 중요한 역할을 합니다. 때로는 결혼한 이들이 할 수 없는 특별한 역할을 감당하기도 합니다. 사회는 다른 이들과 강하고 두려움 없는 관계를 맺으며 살아가는 독신자들의 모습을 필요로 합니다.

결혼 여부에 상관없이, 우리 삶의 핵심 목표 중 하나는 지속적으로 성장하며 자기중심적 사고에서 벗어나는 것입니다. 참된 행복은 우리의 삶을 내어주고, 이타적으로 살며, 봉사하고 사랑할 때 찾아옵니다. 이것이 바로 성숙입니다.

인생은 사랑을 배우는 실험실과 같습니다. 하나님은 사랑이시며, 우리가 그분을 닮기를 바라시기에 삶에서 가장 중요한 것은 사랑입니다. 그분은 우리의 성품이 예수 그리스도를 더욱 닮아가기를 원하십니다.

결혼한 사람이라면, 하나님은 배우자를 통해 그리스도를 닮은 성품을 형성하십니다. 매일 수백 번씩 자신보다 배우자를 먼저 생각할 기회가 주어집니다. 이는 우리를 성장시키는 소중한 순간들입니다.

성경은 이렇게 말씀합니다. "사랑에는 거짓이 없어야 합니다. 악한 것을 미워하고, 선한 것을 굳게 잡으십시오. 형제의 사랑으로 서로 다정하게 대하며, 존경하기를 서로 먼저 하십시오"(롬 12:9-10, 새번역).

여러분은 결혼 생활에서 이 말씀을 실천하고 있습니까? 교회에서 하나님의 가족들과도 이렇게 대하고 있는지요? 우리가 성숙해질수록 사랑의 본질을 깨닫게 됩니다. 그것은 섬김과 나눔의 모습으로 나타나며, 자신의 주장을 관철시키려 하기보다는 상대방의 말에 귀 기울이고 이해하려 노력하는 것입니다. 진정한 사랑은 때로 침묵할 줄 아는 지혜를 포함합니다. 진정한 사랑은 상대방을 우선시합니다.

오늘부터 서로를 더욱 존중하며 그리스도를 닮아가는 모습을 보여주십시오. 이는 여러분 개인뿐 아니라 우리 모두에게 축복이 될 것입니다!

반대를 마주할 때: 용서와 영적 전쟁

"진리를 거역하는 자들에게도 온유한 마음으로 가르쳐야 합니다. 그러면 하나님께서
그들의 마음을 변화시켜 진리를 따르도록 만드실 것입니다. 마귀는 그들을 올무에 묶어두고
제멋대로 하려고 했지만, 결국 그들은 하나님의 뜻을 따라 살게 될 것입니다."
_디모데후서 2장 25-26절, 쉬운

신앙으로 인해 반대에 직면할 때, 우리는 그 반대의 진정한 근원을 인식해야
합니다. 그것은 우리의 동료도, 정당도, 다른 국가나 종교도, 심지어 경쟁자도 아닙니다. 옳은
일을 위해 일어서야 할 때 굴복하거나 침묵하라는 압박감은 사람들에게서 오는 것이 아닙니다.
이는 실상 사탄의 전략입니다.

요한계시록 12장 10절은 사탄을 그리스도인을 고발하는 자로 묘사합니다. 그의 목표는 우
리를 무너뜨리는 것입니다. 우리 주변에는 보이지 않는 영적 전투가 벌어지고 있습니다. 우리가
옳은 일을 하지 못하도록 방해하는 것은 사실 다른 사람들이 아닙니다. 이는 영적 전쟁의 일부
입니다. 에베소서 6장 12절은 이렇게 말씀합니다. "우리는 사람을 대항하여 싸우는 것이 아니
라 하늘과 이 어두운 세상을 지배하고 있는 악한 영들인 마귀들을 대항하여 싸우고 있습니다."

사탄은 예수님을 직접 공격하는 것이 무의미함을 알기에, 대신 그분의 제자들을 표적으로
삼습니다. 그는 미디어, 음악, 대중문화 등 모든 수단을 동원해 그리스도인들을 조롱합니다. "저
들은 시대에 뒤떨어진 사람들이야. 그들은 자신이 무슨 말을 하는지도 모르고 편견에 사로잡혀
있어"라고 속삭입니다.

성경은 우리에게 이렇게 조언합니다. "어리석고 무식한 논쟁을 피하십시오. 그런 논쟁은
더 큰 싸움만 일으킬 뿐입니다. 주님의 종은 다투지 말고, 모든 사람에게 친절히 대하고 잘 가
르치며, 오래 참아야 합니다. 또한 진리를 거역하는 자들에게도 온유한 마음으로 가르쳐야 합
니다. 그러면 하나님께서 그들의 마음을 변화시켜 진리를 따르도록 만드실 것입니다. 마귀는
그들을 올무에 묶어 두고 제멋대로 하려고 했지만, 결국 그들은 하나님의 뜻을 따라 살게 될 것
입니다"(딤후 2:23-26, 쉬운).

우리가 직면하는 진정한 대적은 사람이 아닌 어둠의 영적 세력임을 분별해야 합니다. 또
한 우리 스스로는 사탄의 공격에 맞서 싸울 만큼 강하지 않다는 사실을 겸손히 인정해야 합니
다. 싸우는 대신 우리는 예수님처럼 사람들을 대해야 합니다. 예수님은 십자가 위에서도 이렇
게 말씀하셨습니다. "아버지, 저 사람들을 용서해주십시오 저들은 자기들이 하는 일을 모르고
있습니다"(눅 23:34). 우리를 공격하는 이들은 자기 행동의 의미를 모르고 있습니다. 따라서 우
리도 "아버지, 저 사람들을 용서해주십시오"라고 기도해야 합니다. 이렇게 할 때, 우리는 공격
받는 상황에서도 사랑을 실천할 수 있으며, 진정한 영적 전쟁을 위한 더 큰 힘을 얻게 될 것입니
다.

변화는 당신을 위한 것입니다

"땅이 남아 있는 한 심고 추수하는 때가 있을 것이며
추위와 더위, 여름과 겨울, 낮과 밤이 그치지 않을 것이다."
_창세기 8장 22절

변화는 피할 수 없는 삶의 현실입니다. 우리 모두 이를 알고 있지만, 막상 상황이 달라지면 우리는 종종 당황하게 됩니다.

변화가 찾아오면 우리는 불평하고, 화내고, 때로는 다른 이를 탓하기도 합니다. 심지어 우리가 통제할 수 있다고 착각하면서 도저히 피할 수 없는 변화를 막으려 애쓰기도 합니다. 하지만 세상사 어느 것 하나 영원히 같은 상태로 머물지 않습니다. 우리 삶의 모든 순간, 좋든 나쁘든 변화는 끊임없이 일어나고 있습니다.

하나님께서 지구를 창조하실 때 가장 먼저 하신 말씀 중 하나가 바로 이것입니다: "땅이 남아 있는 한 심고 추수하는 때가 있을 것이며 추위와 더위, 여름과 겨울, 낮과 밤이 그치지 않을 것이다"(창 8:22). 하나님은 그분의 완벽한 설계를 통해 이 지구상의 모든 것을 계절의 리듬 속에 두셨습니다. 우리가 인식하지 못할 때조차 모든 것은 변화하고 있습니다. 우리의 가족, 직업 그리고 우리 자신까지도 끊임없이 변화됩니다.

하나님께서 이 변화를 설계하셨고 선하다고 말씀하셨기에, 우리는 이 변화가 결국 우리에게 유익하다는 것을 믿을 수 있습니다. 변화는 우리를 현재에 안주하지 못하게 하며, 우리의 이해 범위를 넘어서는 상황 속에서도 하나님에 대한 지속적인 신뢰를 요청합니다. 변화가 우리 삶에 고통을 가져올 때, 우리는 더욱 그분을 의지하게 됩니다. 또한 변화는 영적, 육체적, 정서적 성장을 삶의 자연스러운 일부로 만듭니다. 예수님과 동행하며 더 나은 방향으로 변화한다는 것은 곧 그분을 더 닮아간다는 의미입니다.

변화 없는 성장이 불가능합니다. 변화는 상실을 동반하고, 상실은 슬픔을 낳으며, 슬픔은 필연적으로 고통을 수반합니다. 성장하고 발전하기를 원하면서도 변화의 고통은 피하고 싶어하는 사람은 마치 "아기를 갖고 싶지만 출산의 고통은 겪고 싶지 않다!"라고 말하는 것과 같습니다. 그런 일은 없습니다! 새 생명을 세상에 내놓으려면 고통이 따르기 마련입니다. 때로는 값진 선물을 얻기 위해 쓰라린 변화의 과정을 거쳐야 할 때도 있습니다.

변화가 항상 쉽지만은 않으며, 우리가 그 의미를 늘 이해할 수 있는 것도 아닙니다. 그러나 하나님께서 우리에게 요구하시는 변화는 무엇이든 결국 우리를 위한 것임을 확신할 수 있습니다. 그분의 사랑과 지혜 안에서, 모든 변화는 우리를 더 나은 모습으로 빚어가는 과정입니다.

흔들리지 않는 나: 정체성의 진정한 근원

"너희는 세상의 빛이다. 산 위에 있는 마을은 잘 보이기 마련이다."
_마태복음 5장 14절

하나님 안에서 자신의 정체성을 단단히 붙들지 못하면, 우리는 주변의 압박과 문제 그리고 다른 이들의 영향력에 휘둘리기 쉽습니다. 이는 결국 큰 스트레스로 이어지게 됩니다.

이 세상은 끊임없이 자신의 가치관으로 우리를 재단하고 틀 속에 가두려 합니다. 정체성에 혼란을 겪고 자신이 누구인지 명확히 알지 못할 때, 우리는 이러한 문화의 영향에 더욱 취약해집니다. 하나님께서 우리를 무조건적으로 사랑하시며, 우리가 그분의 자녀라는 사실을 마음 깊이 새기기 전까지는 스트레스의 굴레에서 벗어나기 어렵습니다.

예수님은 자신의 정체성에 대해 절대적인 확신을 가지고 계셨습니다. 예수님은 성경에서 자신의 정체성을 분명하고 담대하게 17번이나 선포하셨습니다. "나는 세상의 빛이다", "나는 하나님의 아들이다", "나는 길이요 진리요 생명이다", "나는 생명의 떡이다"라고 말씀하시며, 예수님은 자신의 정체성을 분명히 하셨습니다.

요한복음 8장 18절에서 예수님은 이렇게 말씀하셨습니다. "내가 나를 증거하기도 하지만 나를 보내신 아버지께서도 나를 증거해주신다." 예수님은 자신이 누구인지에 관해 다른 이의 말을 빌릴 필요가 없었습니다. 타인의 인정이나 검증을 구하지 않으셨습니다.

우리의 가치를 타인의 평가에 의존하게 되면, 스트레스 상황에 효과적으로 대응하기 힘들어집니다. 자신이 누구인지 모른다면, 결국 다른 이들이 우리를 정의하게 될 것입니다. 그들은 우리를 자기 기준에 맞추려 할 것이고, 우리는 진정한 자아가 아닌 다른 모습을 추구하며 스트레스를 받게 될 것입니다. 이는 결국 가면을 쓰고 진실하지 못한 삶을 살게 만듭니다. 이런 삶은 우리를 지치게 할 뿐입니다!

예수님은 자신이 세상의 빛임을 아셨습니다. 그리고 우리에 대해서도 같은 말씀을 하셨습니다. "너희는 세상의 빛이다. 산 위에 있는 마을은 잘 보이기 마련이다"(마 5:14) 여러분은 얼마나 특별한 존재인지 알고 계십니까? 이는 다른 이의 평가가 아닌, 하나님께서 직접 말씀하신 것입니다. 이 세상에 여러분과 똑같은 사람은 단 한 명도 없습니다.

우리는 자신에 대한 진실, 즉 우리의 강점과 한계, 그리고 약점을 있는 그대로 받아들여야 합니다. 하나님은 이 모든 것을 포함해 우리를 만드셨고, 그분의 뜻을 행하는 데 필요한 모든 것을 주셨습니다.

이러한 사실을 받아들일 때, 우리는 자신의 정체성에 대한 확신을 갖게 되고, 그 결과 스트레스에서 훨씬 자유로워질 수 있습니다. 하나님의 시선으로 바라본 우리의 모습, 그것이 바로 우리의 진정한 정체성입니다.

깨어짐은 언제나 새로운 돌파구의 문을 엽니다

"수고하며 무거운 짐을 진 사람은 모두 내게로 오너라. 내가 너희를 쉬게 하겠다.
나는 마음이 온유하고 겸손하니, 내 멍에를 메고 나한테 배워라.
그리하면 너희는 마음에 쉼을 얻을 것이다. 내 멍에는 편하고, 내 짐은 가볍다."
_마태복음 11장 28-30절, 새번역

삶의 본질적 변화는 현재의 모습에 깊은 갈증을 느끼는 순간에 시작됩니다. "이제는 달라져야겠어. 더 이상 이렇게 살 순 없어. 이제 이런 삶은 충분히 겪었어. 이제 삶을 바꿔야하겠어"라고 결심하는 그 순간, 새로운 가능성의 문이 열립니다.

때로는 편안한 현실이라는 안전지대에 머물러, 불편한 현실을 그대로 수용하는 것이 더 쉬워 보일 수 있습니다. 문제의 짐을 짊어지는 것이 불편하고 고통스럽더라도, 그것이 우리가 늘 해왔던 방식이기 때문입니다.

하지만 자신의 상황과 선택 그리고 그것이 자신과 주변 사람들에게 미치는 영향에 지쳐 마침내 절망의 지점에 도달했다면, 바로 그때가 예수님께 나아갈 때입니다.

우리의 삶이 공허하고, 영혼이 메말라 있으며, 마음이 텅 비어 있을 때 예수님은 어떻게 말씀하실까요? 우리가 그분께 드릴 것이 아무것도 없다고 느낄 때 그분은 어떻게 반응하실까요?

놀랍게도, 그분은 우리를 꾸짖거나 판단하지 않으십니다. 우리를 실망시키거나 스스로 문제를 해결하라고 채근하지도 않으십니다. 오히려 그 반대입니다. 예수님은 마태복음 11장 28-30절에서 이렇게 말씀하십니다. "수고하며 무거운 짐을 진 사람은 모두 내게로 오너라. 내가 너희를 쉬게 하겠다. 나는 마음이 온유하고 겸손하니, 내 멍에를 메고 나한테 배워라. 그리하면 너희는 마음에 쉼을 얻을 것이다. 내 멍에는 편하고, 내 짐은 가볍다"(새번역).

40년이 넘는 목회 여정에서 수많은 이들과의 대화를 통해 저는 중요한 통찰을 얻었습니다. 인간을 변화시키는 핵심적인 세 가지 요소는 고통, 새로운 시각, 그리고 다른 대안이 없다는 인식입니다. 대부분은 고통을 겪기 전까지는 변화하지 않습니다. 무언가가 깨어지기 전까지는 돌파구가 오지 않습니다! 우리 모두는 자존심, 오만함, 자만심이 무너지는 시점에 이르게 됩니다. 그때 우리는 혼자서는 할 수 없다는 것을, 그리고 그럴 필요도 없다는 것을 깨닫게 됩니다.

깨어짐은 언제나 새로운 돌파구의 문을 엽니다. 지금 예수님께 나아가 그분의 생명력과 회복의 능력으로 메마른 영혼을 새롭게 하십시오. 그분은 결코 여러분을 외면하지 않으실 것입니다.

말씀과 시련: 하나님이 디자인하신 믿음 성장 프로그램

"그분 안에 깊이 뿌리를 박고 그분을 기초로 여러분의 인생을 건설하며
가르침을 받은 대로 믿음에 굳게 서서 감사가 넘치는 생활을 하십시오."
_골로새서 2장 7절

하나님은 우리가 피상적인 신앙생활에 머무르는 것을 결코 기뻐하지 않으십니다. 그분은 우리가 어려운 상황에서도 흔들리지 않는 강하고 활기찬 믿음을 소유하기를 원하십니다.

골로새서 2장 7절은 이렇게 말씀합니다. "그분 안에 깊이 뿌리를 박고 그분을 기초로 여러분의 인생을 건설하며 가르침을 받은 대로 믿음에 굳게 서서 감사가 넘치는 생활을 하십시오."

그렇다면 하나님은 어떤 방법으로 이처럼 굳건한 믿음을 우리 안에 심으시고 키워 나가실까요?

첫째, 하나님은 말씀을 통해 우리 믿음을 성장시키십니다. 그분은 우리가 성경을 읽고 듣고 공부하며 암송하고, 그 말씀에 대해 나누기를 원하십니다. 로마서 10장 17절에서 말씀하신 대로입니다. "그러므로 믿음은 듣는 데서 생기고 듣는 것은 그리스도의 말씀에서 비롯됩니다."

만약 여러분의 믿음이 약하다면, 아마도 성경을 자주 접하지 않고 있을 가능성이 높습니다. 하지만 하나님의 말씀을 더 많이 접할수록 여러분의 영혼은 더욱 풍성한 양분을 얻게 될 것입니다. 하나님의 말씀은 영혼의 양식이며, 그 안에서 시간을 보내는 것이 신앙을 성장시키는 가장 효과적인 방법입니다.

둘째, 하나님은 우리를 시험하는 상황을 통해 믿음을 성장시키십니다. 이 방법은 쉽지 않지만 매우 효과적입니다. 우리가 매일 성경을 조금씩 읽는 동안에도, 우리 주변에는 하루 24시간 끊임없이 많은 일이 일어나고 있습니다. 하나님께서 우리의 믿음을 키우고 인격을 형성하는 데 가장 자주 사용하시는 것은 바로 우리를 둘러싼 환경입니다.

믿음은 단련을 통해 강해지는 근육과 같습니다. 적절한 저항 없이는 근육의 성장이 불가능합니다. 근육을 키우는 유일한 방법은 그것을 스트레칭하고, 테스트하고, 무게를 싣는 것입니다. 믿음도 마찬가지입니다. 단순히 앉아서 "아, 더 큰 믿음을 갖고 싶어요"라고 말하는 것만으로는 믿음이 자라지 않습니다. 믿음은 시험을 통해 성장합니다. 그래서 하나님은 우리의 믿음의 근육을 키우기 위해 삶의 다양한 상황을 허용하십니다.

하나님은 우리의 믿음에 깊은 관심을 가지고 계십니다. 그러므로 우리가 "우리에게 믿음을 더하소서"(눅 17:5, 개역개정)라고 기도할 때, 그분은 반드시 응답하십니다. 오늘도 하나님께서 그분의 말씀과 우리를 단련하는 상황들을 통해 우리의 믿음을 성장시켜 주시기를 기도합시다. 그분의 훈련을 통해 우리의 믿음은 더욱 강하고 흔들리지 않게 될 것입니다.

서로의 거울이 되어:
우리의 성장을 위해 마련된 소그룹이라는 선물

"그러므로 여러분은 거짓을 버리고 각자 자기 이웃에게 진실을 말하십시오.
우리는 모두 한 몸의 지체들입니다."

_에베소서 4장 25절

 참된 변화의 여정에는 진실한 영적 동역자들이 반드시 필요합니다.
우리는 살면서 변화의 필요성을 절감하면서도, 홀로 그 변화를 이루기 어려운 순간을 마주합니다. 이럴 때 우리에게는 도움의 손길이 필요합니다. 특히 솔직하고 진실하게 소통할 수 있는 소수의 신뢰할 만한 동료의 존재가 중요합니다.

이는 마치 축구 경기에서 상대방 선수가 너무 강해 혼자서는 막아낼 수 없는 상황과 비슷합니다. 인생의 어떤 도전들은 팀워크로 함께 해결해야 하는 것입니다.

이런 상황에서 우리에게 필요한 것은 단순한 모임이 아닌 특별한 소그룹입니다. 이 그룹은 우리의 약점과 문제들, 즉 상처, 습관, 관계의 단절 등에 대해 터놓고 이야기할 수 있는 몇 명의 신뢰할 만한 사람들로 구성되어야 합니다.

이런 신뢰와 나눔의 관계는 시간과 정성을 들여 천천히 빚어집니다. 소그룹의 시작은 정기적인 모임에서 출발합니다. 시간이 흐르면서 구성원 간의 신뢰가 축적되고, 안전한 소통의 장이 형성됩니다. 이렇게 형성된 관계는 우리가 혼자 힘으로는 이루기 힘든 변화를 가능케 하는 든든한 지원군이 됩니다.

에베소서 4장 25절은 이렇게 말씀합니다. "그러므로 여러분은 거짓을 버리고 각자 자기 이웃에게 진실을 말하십시오. 우리는 모두 한 몸의 지체들입니다."

자신의 본 모습을 감추고 다른 사람인 척하는 것은 엄청난 에너지 낭비입니다. 여러분이 진심으로 그리스도 안에서 성장하고 약점을 개선하고자 한다면, 소그룹 안에서 자신의 진짜 모습을 드러내는 용기가 필요합니다. 이러한 정직함이야말로 영적 성장의 핵심입니다. 스스로 변화할 수 있다면 좋겠지만, 현실적으로 그렇지 못하기에 우리의 한계를 인정하고 서로의 손을 잡아주는 동행이 필요한 것입니다.

많은 이들이 정직하지 못하게 되는 주된 이유 중 하나는 타인의 평가에 대한 과도한 의식입니다. 종종 우리는 좋은 사람이 되고자 하는 마음보다 남에게 잘 보이고 싶은 욕구에 더 집중합니다. 이는 영적 성장에 큰 장애물이 됩니다.

하지만 믿음의 동료들로 구성된 소그룹에서는 우리의 있는 그대로의 모습을 보여줄 수 있습니다. 이를 통해 우리는 함께 성장하고, 혼자서는 감당하기 어려웠던 변화를 이뤄낼 수 있습니다.

August

믿음은 어디로 갈지 몰라도 따르는 것입니다

"믿음으로 아브라함은, 부르심을 받았을 때에 순종하고, 장차 자기 몫으로 받을 땅을 향해 나갔습니다. 그런데 그는 어디로 가는지를 알지 못했지만, 떠난 것입니다."
_히브리서 11장 8절, 새번역

하나님은 우리의 믿음을 단련하시기 위해 때때로 "어디로 가라"는 도전을 주십니다. "주님, 어디로 가야 합니까?"라고 물었을 때 명확한 응답이 없다면, 여러분은 아마도 장소 테스트(Where Test)를 받고 있는 중일 것입니다. 이는 단순한 시험이 아니라, 여러분의 믿음의 뿌리를 더욱 깊이 내리게 하시는 하나님의 섬세한 계획입니다.

하나님은 우리가 이해하지 못하거나, 가고 싶지 않거나, 심지어 목적지를 모를 때에도 그분의 인도하심을 신뢰하고 따를 것인지 보고 싶어 하십니다. 이는 우리의 믿음과 순종을 시험하는 중요한 과정입니다.

하나님은 아브라함에게 이 장소 테스트를 사용하셨습니다. 히브리서 11장 8절은 이렇게 말합니다. "믿음으로 아브라함은, 부르심을 받았을 때에 순종하고, 장차 자기 몫으로 받을 땅을 향해 나갔습니다. 그런데 그는 어디로 가는지를 알지 못했지만, 떠난 것입니다"(새번역).

아브라함이 이 부르심을 반겼을까요? 아마도 그렇지 않았을 것입니다. 그는 75세였고, 가족과 종들 그리고 많은 가축과 함께 고향에 안정적으로 정착해 있었습니다. 아브라함은 부유한 사람이었기에 이러한 이동은 엄청난 도전이었을 것입니다.

하나님께서 여러분에게 "목적지도, 소요 시간도, 최종 종착지도, 미래에 대해서도 말해주지 않겠다. 그저 나를 믿고 따라오라"고 하신다면 어떨까요? 아브라함은 믿음으로 하나님께 순종했습니다. 그는 어디로 가는지 모른 채 집을 떠났습니다. 그는 장소 테스트를 통과한 것입니다.

여러분도 지금 이와 유사한 장소 테스트를 경험하고 있을 수 있습니다. 현재의 직장을 떠나야 한다는 것은 알지만, 다음 목적지를 모르는 상황일 수 있습니다. 또는 하나님이 여러분에게 이사 가라고 하시지만, 어디로 가야 할지 알려주지 않으셨을 수도 있습니다. 하나님은 이 과정을 통해 여러분의 내면을 다듬고 계십니다. 그분은 불확실성 속에서도 흔들리지 않는 여러분의 순종을 보고 싶어 하십니다. 이는 고통스러운 과정일 수 있지만, 그 끝에는 놀라운 영적 성장이 여러분을 기다리고 있습니다.

히브리서 11장은 계속해서 이렇게 말합니다. "믿음으로 그는, 약속하신 땅에서 타국에 몸 붙여 사는 나그네처럼 거류하였으며, 같은 약속을 함께 물려받을 이삭과 야곱과 함께 장막에서 살았습니다. 그는 하나님께서 설계하시고 세우실 튼튼한 기초를 가진 도시를 바랐던 것입니다"(히 11:9-10, 새번역).

여러분은 평생을 믿음으로 살도록 부르심을 받았습니다. 하나님께서 여러분을 어디로 인도하시든, 이 세상 어디에도 여러분의 영원한 집은 없다는 사실을 기억하십시오. 그러나 여러분은 하나님의 약속을 신뢰할 수 있습니다. 그리고 그분과 함께하는 영원한 본향을 기대할 수 있습니다.

믿음은 설명이 아닌 하나님의 약속을 믿는 것입니다

"믿음으로 그는, 약속하신 땅에서 타국에 몸 붙여 사는 나그네처럼 거류하였으며,
같은 약속을 함께 물려받을 이삭과 야곱과 함께 장막에서 살았습니다."

_히브리서 11장 9절, 새번역

성경에서 하나님은 우리에게 7천 가지가 넘는 풍성한 약속을 주셨습니다. 그러나 이 모든 약속이 우리가 원하는 시기에 즉각적으로 이루어지는 것은 아닙니다. 그리스도를 따르는 사람이라면 때때로 하나님께서 우리의 믿음을 시험하신다는 것을 알아야 합니다. 그 시험 중 하나가 바로 하나님의 약속이 지연될 때 찾아오는 시간 테스트(When Test)입니다.

"주님, 언제입니까?"라는 질문이 마음에 떠오를 때, 여러분은 시간 테스트에 직면해 있다고 볼 수 있습니다. "언제 제 기도에 응답해 주시겠습니까? 제 결혼 생활은 언제 변화될까요? 언제쯤 건강을 회복할 수 있을까요? 졸업은 언제 할 수 있을까요? 아이는 언제 가질 수 있을까요? 승진은 언제 될까요?"

아브라함도 이러한 시간 테스트를 겪었습니다. "믿음으로 그는, 약속하신 땅에서 타국에 몸 붙여 사는 나그네처럼 거류하였으며, 같은 약속을 함께 물려받을 이삭과 야곱과 함께 장막에서 살았습니다"(히 11:9, 새번역). 아브라함은 하나님을 믿고 낯선 땅으로 떠났습니다. 그곳에 도착한 후에도 아브라함과 그의 가족은 3대에 걸쳐 기본적으로 유목민의 삶을 살았습니다. 하나님께서 아브라함에게 이스라엘을 주시겠다고 약속하셨지만, 그 약속은 아브라함의 시간표대로 이루어지지 않았습니다. 그럼에도 아브라함은 하나님의 약속을 믿었기에 계속해서 순종했습니다.

하나님은 영원히 약속을 이루실 수 있는 분이시기에, 그 약속 중 일부는 우리의 지상 생활이 끝난 후에야 성취될 수도 있습니다. 우리는 종종 모든 것을 이해하고 싶어 하지만, 하나님은 우리에게 이해보다는 신뢰를 요구하십니다. 설명은 일시적인 안도를 줄 수 있지만, 약속에 대한 믿음은 영원한 평안을 가져다줍니다.

아브라함은 하나님으로부터 놀라운 약속을 받았습니다. 하나님께서 그를 통해 한 민족을 이루시겠다는 약속이었습니다! 아브라함은 하나님의 약속을 받고 이스라엘에 도착했지만, 그의 삶은 여전히 불안정해 보였습니다. 그는 유목민처럼 천막에서 살면서 끊임없이 내적 갈등을 겪었을 것입니다. "주님, 정말 이것이 약속의 땅인가요? 언제 이 땅이 진정 우리의 것이 될까요?" 하지만 이러한 의문 속에서도 아브라함은 하나님의 약속을 붙잡고 믿음으로 살아갔습니다.

여러분도 지금 시간 테스트를 겪고 있을 수 있습니다. 답을 기다리고 있지만 끝이 보이지 않는 것 같은 상황 말입니다. "주님, 언제쯤일까요? 제 삶의 어려움들, 관계와 재정, 건강과 미래… 이 모든 것을 언제 해결해주실 건가요?" 이런 질문들이 마음에 떠오를 것입니다. 하지만 기억하십시오. 믿음은 언제가 될지 모르는 하나님의 타이밍을 기다리는 것을 의미합니다.

여러분은 지금 기다림의 시간 속에 있습니까? 그렇다면 이 시간을 낭비하지 마십시오. 대신 하나님의 약속을 굳게 붙잡고, 그분을 신뢰한다는 것을 보여드리십시오. 그렇게 할 때 하나님께서는 여러분의 믿음을 더욱 강하게 키워주실 것입니다.

믿음은 하나님의 해결책을 인내로 기다리는 것입니다

"믿음으로 사라는, 나이가 지나서 수태할 수 없는 몸이었는데도,
임신할 능력을 얻었습니다. 그가 약속하신 분을 신실하신 분으로 생각했기 때문입니다."
_히브리서 11장 11절, 새번역

하나님은 우리의 성품을 단련하실 때, 때로는 해결 불가능해 보이는 문제로 우리를 시험하십니다. 저는 이것을 '방법 테스트'(How Test)라고 부릅니다. "도대체 이 문제를 어떻게 해결할 수 있을까요?"라는 질문이 마음에 떠오를 때, 여러분은 이 테스트에 직면해 있는 것입니다.

하나님은 아브라함에게 풀 수 없는 수수께끼 같은 문제를 주셨습니다. 하나님은 아브라함에게 새로운 땅으로 이주하여 그 땅을 소유하게 하고, 위대한 민족의 조상이 되게 하겠다고 약속하셨습니다. 더 나아가 아브라함의 후손이 온 땅에 번성할 것이라는 놀라운 약속도 하셨습니다.

그러나 이 약속을 받았을 때 아브라함의 나이는 75세였고, 자녀가 없었습니다. 그는 후에 이스라엘이라 불리게 될 가나안 땅으로 이주했지만, 아내의 임신 소식은 계속 기다려야 했습니다. 99세가 되었을 때도 여전히 약속의 아들은 태어나지 않았습니다. 이는 분명 해결 불가능해 보이는 상황이었습니다.

성경은 하나님께서 아브라함과 사라에게 아기를 낳을 것이라고 말씀하셨을 때, 그들이 웃었다고 기록하고 있습니다. 그들의 마음속에는 "도대체 어떻게 아기를 가질 수 있단 말입니까?"라는 의문이 가득했을 것입니다.

이것이 바로 그들의 방법 테스트였습니다. 히브리서 11장 11절은 이렇게 말합니다. "믿음으로 사라는, 나이가 지나서 수태할 수 없는 몸이었는데도, 임신할 능력을 얻었습니다. 그가 약속하신 분을 신실하신 분으로 생각했기 때문입니다"(새번역). 그들은 태어난 아기의 이름을 '웃음'이라는 뜻의 이삭이라고 지었습니다.

"그래서 죽은 사람이나 다름없는 한 사람에게서, 하늘의 별과 같이 많고 바닷가의 모래와 같이 셀 수 없는, 많은 자손이 태어나게 되었습니다"(히 11:12, 새번역). 결국 마지막에 웃으신 분은 하나님이셨습니다!

여러분의 삶에서도 하나님께서 불가능해 보이는 일을 하라고 말씀하실 때가 많을 것입니다. 하지만 명심하십시오. 하나님은 여러분이 모든 것을 이해하거나 해결책을 다 알기를 원하지 않으십니다. 심지어 다음 단계를 항상 알기를 바라지도 않으십니다.

　대신 하나님은 당신이 그분이 모든 것을 알고 계시며, 그분만의 방식과 시간에 일을 해결해주실 것이라고 믿기를 원하십니다. 믿음은 어떻게 될지 모르지만 기적을 기대하는 것입니다. 이런 믿음을 보일 때 여러분은 예수님을 더욱 닮아갑니다.

　하나님께서 우리에게 진정으로 바라시는 믿음은 다릅니다. 즉, 하나님이 모든 것을 알고 계시며, 그분만의 독특한 방식과 완벽한 타이밍으로 우리 삶의 모든 문제를 해결해 나가신다는 것입니다. 믿음이란 어떻게 될지 모르지만 기적을 기대하는 것입니다. 이러한 믿음을 보일 때, 여러분은 예수님을 더욱 닮아가게 됩니다. 불가능해 보이는 상황 속에서도 웃음과 기쁨이 여러분을 기다리고 있습니다.

하나님의 타이밍을 기다리는 영적 인내력

"믿음으로 그는 왕의 분노를 두려워하지 않고 이집트를 떠났습니다.
그는 보이지 않는 분을 마치 보는 듯이 바라보면서 견디어냈습니다."
_히브리서 11장 27절, 새번역

수많은 사람이 끝나지 않는 육체적, 정신적, 영적, 관계적, 경제적 어려움으로 "주님, 언제까지 이 고통을 견뎌야 합니까?"라고 묻게 되는 시기가 있습니다. 하나님은 당신의 인격을 빚으시기 위해 인내 테스트(How Long Test)를 사용하고 계실 수 있습니다.

성경은 모세의 놀라운 인내에 대해 이야기합니다. 그는 엄청난 고통과 비판, 갈등을 견디어냈습니다. 그는 분명 "주님, 언제까지입니까?"라고 물을 만한 충분한 이유가 있었습니다.

히브리서 11장 24-26절은 이렇게 말합니다. "믿음으로 모세는, 어른이 되었을 때에, 바로 왕의 공주의 아들이라 불리기를 거절하였습니다. 오히려 그는 잠시 죄의 향락을 누리는 것보다 하나님의 백성과 함께 학대받는 길을 택하였습니다. 모세는 그리스도를 위하여 받는 모욕을 이집트의 재물보다 더 값진 것으로 여겼습니다. 그는 장차 받을 상을 내다보고 있었던 것입니다"(새번역).

모세가 명예, 재산, 쾌락, 소유, 지위 등 많은 이들이 평생 추구하는 모든 것을 포기한 이유는 그의 믿음과 정체성이 하나님께 있었기 때문입니다. 그는 하나님의 약속을 굳게 신뢰했습니다.

믿음이란 희망이 보이지 않는 어둠 속에서도 하나님을 굳게 붙드는 영적 힘입니다. 때로는 이것이 매우 어려울 수 있습니다. 그렇다면 고난 중에 어떻게 믿음을 유지할 수 있을까요? 인내심을 어떻게 기를 수 있을까요? 장기간의 고통에 어떻게 대처해야 할까요?

모세가 했던 것처럼 하면 됩니다. 하나님과의 관계를 최우선으로 두세요. 매일 그분과 소통하는 시간을 가지세요.

하나님은 불타는 떨기나무를 통해 모세에게 말씀하셨습니다. 하지만 우리에게는 불타는 떨기나무가 필요하지 않습니다. 왜일까요? 성경이 있기 때문입니다. 하나님께서 우리에게 말씀하시려는 모든 것은 성경에 담겨 있습니다. 특별한 환상(vision)을 찾지 말고 하나님의 살아 있는 말씀 한 구절(verse)의 능력을 경험하세요. 하나님의 계시, 지침, 약속을 알게 되면, 장기간의 고통 속에서도 인내 테스트를 통과할 힘을 얻게 될 것입니다.

모세처럼 집중해야 할 곳에 시선을 고정하세요. 성경은 모세가 "보이지 않는 분을 마치 보는 듯이 바라보면서 견디어냈[다]"(히 11:27, 새번역)고 말합니다.

우리가 고통의 수렁에만 빠져 있다면 우리는 그 고통의 무게에 짓눌려 희망을 볼 수 없게 됩니다. 하지만 구세주를 바라보면 그분의 은혜로 어려움을 헤쳐 나갈 수 있습니다.

인생의 목적이 당신을 지탱합니다

"여호와는 자기를 의지하고 마음이 한결같은 자에게 완전한 평안을 주신다."
_이사야 26장 3절

힘든 시기를 인내하며 견디어 내고 싶으십니까? 그렇다면 여러분의 인생 목적을 명확히 인식하는 것이 핵심입니다.

우리가 하는 일의 이유, 즉 목적을 모를 때는 쉽게 지치고 낙담하게 됩니다. 하지만 우리가 무엇을 위해 존재하는지, 왜 이 땅에 왔는지를 이해하면 쉽게 포기하지 않게 됩니다.

여러분의 목적이 무엇인지 아십니까? 우리는 하나님과 이웃을 사랑하고 섬기며, 모든 면에서 예수 그리스도를 더욱 닮아감으로써 하나님께 영광을 돌리도록 창조되었습니다.

특히 인생의 큰 전환점에서는 이 목적을 굳게 붙잡는 것이 중요합니다. 성경은 이사야 26장 3절에서 이렇게 말씀합니다. "여호와는 자기를 의지하고 마음이 한결같은 자에게 완전한 평안을 주신다."

분명한 삶의 목적의식은 성공을 위해 반드시 필요한 두 가지 핵심 자질인 끈기와 회복탄력성을 기르는 토대가 됩니다. 법조계, 스포츠, 비즈니스, 교육, 정부, 사역, 자원봉사 등 어떤 분야에서든 성공한 사람들은 모두 이 두 가지 특성을 지니고 있습니다.

끈기란 포기하고 싶은 순간에도 꿋꿋이 전진하게 하는 내적 힘입니다. 인생에서, 특히 힘든 시기에 우리는 이 끈기가 절실히 필요합니다. 회복탄력성은 이와는 조금 다릅니다. 이는 실패를 경험했거나 환경 또는 다른 사람에 의해 좌절했을 때 다시 일어설 수 있는 능력을 말합니다.

우리 삶에 대한 하나님의 목적에 집중할 때, 우리는 끈기와 회복탄력성을 얻게 됩니다. 실패의 늪에서 헤어나지 못하는 사람들은 대부분 자신의 인생 목적을 놓쳐버렸기 때문입니다.

그러므로 여러분의 목적을 굳게 붙드세요. 주변의 모든 것이 변하고 있을 때, 우리는 절대 변하지 않는 것, 즉 영원한 것에 우리 인생의 닻을 내려야 합니다. 하나님의 목적에 삶을 닻 내릴 때, 우리는 끈기와 회복력을 키울 수 있습니다.

시편 33편 11절은 이렇게 말씀합니다. "그러나 여호와의 계획은 변함이 없고 그의 목적은 어느 세대에나 한결같다."

여러분을 향한 하나님의 목표는 끈기와 회복력을 가지고 힘든 시기를 견디는 것입니다. 이러한 자질을 갖추면 우리는 단순히 힘든 시기를 견뎌내는 데 그치지 않고, 그 과정을 통해 더 나은 모습으로 변화되어 승리할 수 있습니다.

이제 믿음으로 뛰어들 시간입니다

"그 후에 여호수아는 이스라엘의 지도자들에게 진영을 돌아보고
백성들에게 이렇게 말하라고 지시하였다.
'다들 양식을 준비하시오. 3일만 있으면 여러분은 요단강을 건너
여호와 하나님이 여러분에게 주기로 약속하신 바로 그 땅에 들어갈 것입니다.'"
_여호수아 1장 10~11절

인생에는 말을 그치고 실제 행동으로 옮겨야 할 결정적인 순간들이 있습니다.
충분히 생각하고 기도했다면, 이제는 믿음의 발걸음을 내딛을 순간입니다.

40년간의 광야 생활을 마치고 약속의 땅 앞에 도달한 이스라엘 백성들의 마음에는 기대와
두려움이 교차했을 것입니다. 하지만 진실의 순간이 찾아왔습니다. "그 후에 여호수아는 이스
라엘의 지도자들에게 진영을 돌아보고 백성들에게 이렇게 말하라고 지시하였다"(수 1:10). 더
이상 망설일 시간이 없었습니다. 그들은 실행에 옮겨야 했습니다. 말 그대로 강물로 뛰어들어
야 했습니다. 약속의 땅에 들어가기 위해서는 반드시 강을 건너야만 했습니다.

요단강은 그리 크지 않습니다. 평소엔 폭 30미터, 수심 3미터 정도의 강입니다. 하지만 봄
이 되면 눈 녹은 물이 쏟아져 내려 거대하고 위험한 급류로 변합니다. 이스라엘 백성이 마주한
건 바로 이 홍수철의 요단강이었습니다. 그 광경과 소리는 압도적이었을 것입니다!

수천 명이 건널 다리도, 나룻배도 없었습니다. 오직 하나님의 기적만이 그들의 유일한 희망
이었습니다. 40년 전 홍해를 가르신 하나님께서 이번에도 그들을 도우실 것입니다. 하지만 이
번에는 조금 달랐습니다. 하나님은 그들이 먼저 강물로 들어서기를 원하셨습니다. 이는 시험이
었습니다. 구원을 위해 하나님을 온전히 신뢰한다는 증거로 먼저 발을 담그라는 것이었습니다.

여러분의 삶에서 요단강은 무엇입니까? 도저히 넘을 수 없을 것 같은 장벽, 하나님께 쓰임
받기에는 부족하다고 느끼게 만드는 한계는 무엇입니까? 무엇이 여러분을 가로막고 있습니까?

때로는 하나님의 뜻을 분명히 알면서도, 그것을 실천에 옮기는 것이 두려울 수 있습니다.
실패에 대한 두려움, 시간 부족, 자원 부족 같은 장애물에 압도될 수 있습니다.

그럼에도 도전하십시오. 두려움을 뚫고 전진하십시오. 용기를 내어 과감히 나아가십시오!

첫걸음이 가장 어렵습니다. 하지만 그 한 걸음을 내딛는 순간, 믿음이 자라나고 하나님의
구원이 임할 것입니다.

좋은 생각이 좋은 삶을 만듭니다

"형제 여러분, 끝으로 말합니다.
여러분은 참되고 고상하고 옳고 순결하고 사랑스럽고 칭찬할 만한 것이 무엇이든
거기에 미덕이 있고 찬사를 보낼 만한 것이 있다면 그것들을 생각하십시오."
_빌립보서 4장 8절

우리가 일상적으로 섭취하는 음식을 보면 건강 상태를 파악할 수 있습니다. 건강식을 주로 먹나요, 아니면 가공식품에 의존하나요? 그 음식이 에너지를 주나요, 아니면 오히려 기운을 빼앗아 가나요?

영적, 정신적, 정서적 건강도 이와 다르지 않습니다. 우리의 정신적 식단을 살펴보면 영혼의 건강 상태를 알 수 있습니다.

팟캐스트, 뉴스, 소셜 미디어, TV 프로그램을 몇 시간씩 소비하는 것은 정신적인 정크푸드를 먹는 것과 같습니다. 건강에 해롭고, 때로는 독이 됩니다. 이는 우리가 목적이 있는 삶을 살아갈 능력을 약화시킵니다. 잠언 15장 14절은 이렇게 말씀합니다. "지혜로운 자는 지식을 추구하지만 미련한 자는 어리석음을 즐긴다."

우리에게는 선택할 권리가 있습니다. 매일 최고의 생각으로 마음을 채우는 것, 그것이 우리의 선택이 되어야 합니다.

빌립보서 4장 8절은 우리의 정신적, 정서적, 영적 건강에 가장 이로운 생각들을 구체적으로 제시합니다. 참되고 고상하고 옳고 순결하고 사랑스럽고 칭찬할 만한 것이 무엇이든 거기에 미덕이 있고 찬사를 보낼 만한 것들을 생각하라고 말씀합니다.

이 기준에 비추어 볼 때, 우리의 일상적인 생각들은 어떻습니까? 솔직히 고백하면, 우리 모두 '아니오'라고 답할 것입니다. 우리는 인간이며, 죄성을 지니고 있기에 이런 생각을 자연스럽게 하지는 못합니다.

그러므로 우리는 마음을 훈련해야 합니다. 참되고, 고귀하고, 옳고, 순수하며, 사랑스럽고, 존경받을 만하고, 탁월하며, 칭찬할 만한 것들을 생각하도록 말입니다. 이를 위해 성경을 읽고, 묵상하고, 암송하는 것이 필요합니다. 하나님의 말씀을 갈망해야 합니다.

우리의 사고방식이 곧 삶의 방향을 결정합니다. 우리가 생각하는 것이 삶의 모든 영역에 영향을 미치므로, 하나님의 말씀에서 진리를 꾸준히 섭취해야 합니다.

시기심, 하나님과의 숨은 싸움

"그러자 포도원 주인이 일꾼 중 하나에게 대답했다.
'여보게 친구, 나는 자네에게 불의한 것이 없네. 자네가 처음에 1데나리온을 받고 일하겠다
고 하지 않았나? 그러니 자네 일당이나 받아 가게. 나중에 온 일꾼에게 자네와 똑같이 주
는 것이 내 뜻이네. 내가 내 것을 내 뜻대로 하는 것이 정당하지 않은가? 아니면 내가 선
한 것이 자네 눈에 거슬리는가?'"
_마태복음 20장 13-15절, 우리말

때로 하나님의 축복 방식이 우리 눈에는 불공평하게 비칠 수 있습니다. 그럴
때 우리는 긴장을 풀고 하나님을 신뢰해야 합니다. 그분은 우리에게 가장 좋은 것이 무엇인지
아십니다. 삶이 불공평해 보일 때조차 그분을 믿어야 합니다.

우리의 언어 사용 패턴을 관찰하면 시기심이 삶에 침투하고 있는지 파악할 수 있습니다.
"불공평해"라는 말을 자주 사용한다면, 이미 시기심의 덫에 걸린 것일 수 있습니다. "왜 저 사람
들만? 나는 왜 안 돼? 나도 그만큼 열심히 일했는데!"라고 생각하게 됩니다.

예수님의 포도원 일꾼 비유를 보면, 일꾼들은 약속된 임금을 받지 못해서가 아니라 더 적
게 일한 다른 이들이 같은 임금을 받았기에 불공평하다고 느꼈습니다.

마태복음 20장 12절에서 그들은 이렇게 말합니다. "나중에 온 사람들은 한 시간밖에 일하
지 않았는데 종일 더위에 시달리며 수고한 우리와 똑같이 대우해줍니까?" 즉, 이런 말입니다.
"우리가 더 오래, 더 열심히 일했잖아요. 우리가 그들보다 더 나은 대우를 받아야 합니다!"

다음 구절에서 하나님을 상징하는 주인의 대답에 주목해보십시오. "그러자 포도원 주인이
일꾼 중 하나에게 대답했다. '여보게 친구, 나는 자네에게 불의한 것이 없네. 자네가 처음에 1데
나리온을 받고 일하겠다고 하지 않았나? 그러니 자네 일당이나 받아 가게. 나중에 온 일꾼에게
자네와 똑같이 주는 것이 내 뜻이네. 내가 내 것을 내 뜻대로 하는 것이 정당하지 않은가? 아니
면 내가 선한 것이 자네 눈에 거슬리는가?'"(마 20:13-15, 우리말).

결론은 명확합니다. 시기하는 것은 곧 하나님과 싸우는 것입니다. 우리는 우리 삶에 대한
하나님의 선하심을 의심하고, 다른 이를 축복하신 그분의 결정을 원망하며, 그분이 불공평하다
고 비난하는 셈입니다. 우리 최선의 이익을 위해 일하신다는 것을 믿지 않는 것입니다.

반면, 하나님의 풍성하고 무조건적이며 끝없는 사랑은 모든 이에게 동일합니다. 우리가 원
하는 것을 얻지 못했다면 거기엔 분명한 이유가 있습니다. 하나님은 우리보다 우리를 더 잘 아십
니다.

이렇게 기도해보면 어떨까요? "하나님, 제 인생에 대한 특별한 계획이 있으시고 지금 제게
정말 필요한 것이 무엇인지 저보다 더 잘 아신다는 것을 믿습니다."

진정한 변화에는 믿음이 필요합니다

"우리 가운데서 일하시는 능력을 따라, 우리가 구하거나 생각하는 것 이상으로
더욱 넘치게 주실 수 있는 분에게."
_에베소서 3장 20절, 새번역

인생에서 불가능하다고 생각했던 변화를 시도해본 경험이 있으신가요? 그
랬다면 아마도 성공하지 못했을 것입니다. 진정한 변화에는 믿음이 필요하기 때문입니다. 즉,
오직 하나님의 능력을 신뢰할 때 진정한 변화가 시작됩니다.

하나님은 주로 두 가지 방법으로 우리의 변화를 돕습니다. 바로 우리 안에 거하시는 성령
과 그분의 말씀인 성경을 통해서입니다.

에베소서 3장 20절은 우리에게 놀라운 약속을 전합니다. 하나님은 우리가 감히 구하거나
상상할 수 있는 것보다 훨씬 더 많은 일을 하실 수 있습니다. 우리의 가장 높은 기도, 소원, 생
각, 희망을 넘어서는 무한한 일을 하실 수 있는 분이십니다.

여러분의 삶에서 가장 변화시키고 싶은 것은 무엇입니까? 그것이 아무리 크고 어려운 것
일지라도 하나님께는 불가능이 없습니다.

혹시 여러분은 스스로 힘으로 변화를 시도했다가 실패한 경험이 있습니까? 그것은 당연합
니다. 우리는 결코 혼자 힘으로 변화할 수 없는 존재이기 때문입니다. 우리의 진정한 변화는 하
나님을 향한 믿음에 응답하시는 그분의 능력을 통해서만 이루어집니다.

빌립보서 4장 13절은 우리에게 익숙한 구절이지만, 확대역 번역(AMP 직역)에서는 이를 새
롭게 해석합니다. "나는 그리스도 안에서 모든 것을 할 수 있습니다. 그분이 나를 부르신 모든
일을, 나에게 능력 주시는 분 안에서 해낼 수 있습니다. 그분은 자신의 목적을 이루도록 나를
강하게 하시고 능력을 부어주십니다. 나는 그리스도의 충만하심 안에서 만족합니다. 어떤 상황
에도 준비되어 있습니다. 그분이 내 안에 힘과 확신에 찬 평안을 불어넣어 주시기 때문입니다."

예수 그리스도의 능력으로 우리는 하나님께서 부르신 모든 일을 해낼 수 있습니다. 그분의
제자가 될 때, 그 능력이 우리 안에 주입되었습니다.

변화를 원한다면 우리에게 필요한 것은 단순한 자신감이 아닙니다. 하나님께서 우리를 통
해, 그리고 우리 안에서 일하실 수 있다는 깊은 믿음이 필요합니다. 예수님은 마태복음 9장 29
절에서 "너희 믿음대로 되어라"라고 말씀하셨습니다.

여러분이 얼마나 변화할지, 하나님께서 여러분의 삶을 얼마나 축복하실지는 여러분의 선택
에 달려 있습니다. 여러분의 삶에서 가장 어려운 변화도 하나님의 도우심으로 가능하다는 믿음
을 굳게 붙드십시오. 그 믿음이 바로 진정한 변화의 시작입니다.

하나님의 손안에서 우리는 안전합니다

"나는 그들에게 영생을 준다. 그들은 영원히 멸망하지 않을 것이며, 아무도 그들을 내 손에서
빼앗을 수 없을 것이다. 양들을 내게 주신 나의 아버지는 모든 것보다 더 큰 분이시다.
그러므로 아무도 내 아버지의 손에서 내 양들을 빼앗을 수 없다."
_요한복음 10장 28-29절, 쉬운

어린 시절, 아버지의 손은 제게 깊은 인상을 남겼습니다. 그 손은 제 눈에 거대하게 보였습니다! 목수일을 하실 때면 아버지 손안의 망치가 마치 장난감처럼 작아 보였을 정도였습니다.

그렇다면 하늘에 계신 우리 아버지의 손은 얼마나 크실까요? 온 세상을 품으실 만큼 크십니다! 하나님의 손은 우리를 축복하기에 충분히 큽니다. 예수님께서 사람들에게 손을 얹고 축복하셨듯이, 지금도 우리에게 그렇게 하십니다. 이사야 62장 3절은 이렇게 말합니다. "또한 너는 주님의 손에 들려 있는 아름다운 면류관이 될 것이며, 하나님의 손바닥에 놓여 있는 왕관이 될 것이다"(새번역).

하나님의 손에는 우리를 잊지 않기 위한 상처가 있습니다. 천국에서 유일한 상처는 예수님 손의 못 자국일 것입니다. 성경은 이렇게 말씀합니다. "여자가 자기의 젖 먹는 아이를 잊겠느냐? 자기가 낳은 아이를 불쌍히 여기지 않겠느냐? 혹시 어머니가 자기 아이를 잊는다 하더라도 나는 너를 잊지 않겠다. 보아라. 내가 네 이름을 내 손바닥에 적었다. 예루살렘아, 내가 언제나 네 성벽을 내 마음에 두고 있다"(사 49:15-16, 쉬운).

하나님의 손은 우리를 영원히 안전하게 지켜주실 만큼 강하십니다. 요한복음 10장 28-29절에서 예수님은 말씀하십니다. "나는 그들에게 영생을 준다. 그들은 영원히 멸망하지 않을 것이며, 아무도 그들을 내 손에서 빼앗을 수 없을 것이다. 양들을 내게 주신 나의 아버지는 모든 것보다 더 큰 분이시다. 그러므로 아무도 내 아버지의 손에서 내 양들을 빼앗을 수 없다"(쉬운).

일단 우리의 생명을 하나님의 손에 맡기면, 그 누구도 빼앗아갈 수 없습니다. "그냥 하나님의 손에서 뛰어내리면 되지 않을까요?"라고 의문을 가질 수도 있습니다. 하지만 여러분, 하나님의 손이 얼마나 크신지 생각해봤습니까? 우리는 결코 그 손의 가장자리에 다다를 수 없을 만큼 광대하십니다. 하나님은 우리 삶의 모든 순간과 영역을 세심하게 돌보고 계시며, 그분의 손안에서 우리는 완벽한 보호를 누리고 있습니다.

제 아이들이 어렸을 때, 저는 수영장에 서서 이렇게 말하곤 했습니다. "아빠를 믿어. 이리 뛰어와!" 아이들은 늘 두려워하며 궁금해했죠. "아빠가 날 잡을 만큼 강할까? 손이 미끄러지면

어쩌지? 못 잡으면 어떡하지?" 하지만 결국 아이들은 뛰어들 만큼 믿음이 생겼고, 당연히 제가 잡아주었습니다. 그러면 아이들은 또 하고 싶어 했죠!

하늘에 계신 우리 아버지도 오늘 여러분이 뛰어들기를 기다리고 계십니다. "나를 믿어도 돼. 내가 뒤에서 돕고 있어. 네가 나에게 맡기는 것은 무엇이든 감당할 수 있단다"라고 말씀하십니다.

여러분의 삶을 하나님의 안전하고 강력한 손에 맡기고 싶지 않으신가요? 오늘 그리고 영원히 그분을 신뢰하십시오.

다른 사람을 도우면 고통에서 치유됩니다

"그리스도께서 육체의 고난을 받으셨으니 여러분도 같은 마음으로 무장하십시오.
이는 육체의 고난을 받으신 분이 죄를 끊으셨기 때문입니다."
_베드로전서 4장 1절, 쉬운

고통에 직면할 때, 우리의 관심은 어디로 향하게 됩니까? 자연스럽게 우리의 시선은 자신의 아픔에만 향합니다.

인간의 본성은 자기중심적입니다. 고통 속에서 우리는 위로받기를 원하고, 아플 때는 보살핌을 갈구하며, 슬플 때는 이해받기를 바랍니다. 고통은 우리를 자기중심적으로 만듭니다. 그러나 하나님은 우리에게 다른 길을 보여주십니다. 그분은 우리가 고통 중에도 다른 이의 아픔을 볼 수 있기를 원하십니다. 이것이 바로 하나님의 사랑을 배우는 방법입니다.

예수님은 이에 대한 완벽한 본보기이십니다. 십자가에 매달려 극심한 육체적, 정서적, 영적 고통을 겪으시면서도, 그분은 다른 이들의 고통을 알아차리셨습니다. 세상의 모든 죄를 짊어지고 계셨음에도 불구하고 말입니다. 그분은 "아버지, 저 사람들을 용서해주십시오. 저들은 자기들이 하는 일을 모르고 있습니다"(눅 23:34)라고 하셨고, 옆에 있는 죄인에게 "오늘 네가 나와 함께 낙원에 있게 될 것이다"(눅 23:43)라고 말씀하셨습니다. 심지어 어머니를 돌보는 것도 잊지 않으셨습니다. 극심한 고통 중에도 자신이 아닌 타인을 생각하신 것입니다.

하나님의 말씀은 우리도 예수님과 같은 마음을 품으라고 말씀하십니다(빌 2:5). 이는 우리가 고통 중에 있을 때도 주위를 둘러보고 다른 이의 아픔을 알아차려야 한다는 뜻입니다. 자신을 돌보면서도 동시에 타인을 생각하는 것, 이것이 바로 그리스도의 마음입니다.

물론 이는 인간의 본성으로는 감당하기 어려운 도전입니다. 그렇다면 어떻게 고통 중에 다른 이의 아픔을 볼 수 있을까요? 베드로전서 4장 1절은 이렇게 가르칩니다. "그리스도께서 육체의 고난을 받으셨으니 여러분도 같은 마음으로 무장하십시오. 이는 육체의 고난을 받으신 분이 죄를 끊으셨기 때문입니다"(쉬운). 육체가 고통을 겪을 때 죄의 힘이 약해진다는 것을 기억하십시오.

하나님의 은혜를 통해, 우리는 자신의 고통 속에서도 타인을 향한 관심을 유지할 수 있습니다. 그렇게 할 때 죄는 힘을 잃고, 우리는 더욱 예수님을 닮아갑니다.

제 가족도 이런 경험을 했습니다. 우리는 깊은 상처를 안고 있으면서도, 하나님의 은혜로 다른 고통받는 이들을 돕는 일에 헌신할 수 있었습니다. 그 과정에서 하나님은 우리의 고통에 목적을 부여하셨고, 많은 이들이 치유의 길을 걸을 수 있도록 도와주셨습니다.

여러분의 아픔도 마찬가지입니다. 하나님은 그것을 사용하셔서 같은 고통으로 힘들어하는 다른 이들을 돕는 도구로 삼으실 수 있습니다. 여러분의 상처가 누군가의 치유와 회복의 통로가 될 수 있습니다.

우리 안에는 사탄을 이긴 그리스도의 능력이 있습니다

"아버지께서 우리를 암흑의 권세에서 건져내셔서,
자기의 사랑하는 아들의 나라로 옮기셨습니다."
_골로새서 1장 13절, 새번역

예수님은 십자가에서 우리의 마음과 삶, 그리고 운명을 지배하던 사탄의 모든 권세를 완전히 무너뜨리셨습니다. "다 이루었다"(It is finished, 요 19:30)라고 예수님께서 선언하셨을 때, 사탄은 "나는 끝났다"(I'm finished)라고 말해야 했습니다. 사탄의 시대는 끝난 것입니다!

예수님은 죽음과 사탄을 이기고 승리하셨습니다. 그러나 우리의 삶에 그리스도의 능력이 없다면, 우리는 마귀에 대해 무방비 상태일 수밖에 없습니다. 사탄은 우리의 감정을 조종하고, 마음을 어지럽히며, 온갖 종류의 중독에 빠지게 할 수 있습니다. 그리스도의 보호하심이 없다면 우리는 영적으로 무방비 상태일 수밖에 없습니다!

사탄이 가장 즐겨 사용하는 두 가지 도구는 유혹과 정죄입니다.

사탄은 유혹으로 죄의 본질을 왜곡하고 그 심각성을 무디게 만들려 합니다. "별거 아니야! 누구나 다 죄를 짓잖아! 하나님 없이도 넌 더 큰 만족과 행복을 얻을 수 있다는 걸 알잖아." 사탄은 큰 소리로 말할 필요가 없습니다. 단지 우리의 마음속에 생각을 심어줄 뿐입니다.

그리고 우리가 죄를 짓는 순간, 사탄은 전략을 바꿔 정죄로 공격합니다. 이번에는 죄를 극대화합니다. "네가 정말 그랬어? 장난해? 하나님은 이제 너를 사랑하지 않으실 거야. 끝났어. 하나님은 너를 절대 사용하지 않으실 거야. 네 죄는 너무 커서 용서받을 수 없어."

사탄의 전략은 순차적입니다. 먼저 유혹으로 우리를 함정에 빠뜨린 후, 정죄로 무력화시킵니다. 이 전략이 보이십니까? 죄를 짓기 전에는 죄를 작게 보이게 하고, 죄를 지은 후에는 그 죄를 크게 부풀립니다.

예수님은 십자가에서 "다 이루었다"라고 말씀하심으로써 유혹과 정죄를 모두 물리치셨습니다. 예수님은 유혹의 힘을 파괴하여 유혹에 저항할 수 있는 힘을 우리에게 주셨습니다. "아버지께서 우리를 암흑의 권세에서 건져내셔서, 자기의 사랑하는 아들의 나라로 옮기셨습니다"(골 1:13, 새번역).

예수님의 죽음과 부활은 사탄에게 치명적인 타격이었습니다.

예수 그리스도가 우리 삶의 주인이신 한, 사탄은 우리가 허용하지 않는 영역에서 어떠한 지배력도 행사할 수 없습니다. 사탄의 유혹에 굴복할 때, 우리는 사탄에게 우리 삶의 발판을 내어주는 것입니다.

그러나 우리의 삶에는 하나님의 능력이 있기에 사탄은 우리를 해칠 수 없습니다. 우리의 생명은 "그리스도와 함께 하나님 안에 감추어져"(골 3:3, 새번역) 있어 보호받고 있습니다. 사탄의 말을 들을 필요가 없습니다. 우리에게는 그것을 거절할 힘이 있습니다.

선한 영향력: 존중과 부드러움의 힘

"형제 여러분, 어떤 사람이 잘못을 범했다면 성령님을 따라 사는 여러분은
온유한 마음으로 그런 사람을 바로 잡아 주십시오.
그리고 여러분 자신도 그런 시험을 받지 않도록 주의하십시오."
_갈라디아서 6장 1절

우리 인생에서 만나는 모든 사람이 언젠가는 우리를 실망시킬 가능성이 높습니다. 왜 그럴까요? 완벽한 사람은 아무도 없기 때문입니다!

그렇다면 사람들이 우리를 실망시킬 때, 우리는 어떻게 사랑으로 반응해야 할까요?

성경은 갈라디아서 6장 1절에서 이렇게 말씀합니다. "형제 여러분, 어떤 사람이 잘못을 범했다면 성령님을 따라 사는 여러분은 온유한 마음으로 그런 사람을 바로 잡아 주십시오. 그리고 여러분 자신도 그런 시험을 받지 않도록 주의하십시오." 실망을 안겨준 이에게 사랑으로 대응한다는 것은 비난이 아닌 온화함으로 대한다는 의미입니다.

어떻게 하면 난처한 대화를 부드럽게 이어갈 수 있을까요? 사랑하는 사람이 해서는 안 될 일을 하는 것을 볼 때 어떻게 대응해야 할까요? 성경은 우리에게 거칠거나 무례하거나 비열한 방식이 아니라, 부드럽고 존중하는 마음으로 하라고 가르칩니다.

명심해야 할 간단한 공식이 있습니다. 옳음 + 무례함 = 잘못됨(Right+Rude=Wrong).

여러분이 옳다고 해서 무례해도 된다는 뜻은 아닙니다. 무례하다면 여러분의 말에 아무도 귀 기울이지 않습니다. 오히려 상대방은 방어적인 태도를 보일 뿐입니다! 실망을 안겨준 상대방과 화해하고 싶다면 부드럽고 사랑이 담긴 방식으로 대응해야 합니다.

잠언 15장 4절은 이렇게 말씀합니다. "따뜻한 말은 생명나무와 같지만, 가시돋힌 말은 마음을 상하게 한다"(새번역). 우리는 누군가, 특히 우리의 자녀들과 대화할 때 어떤 방식으로 말할지 언제나 선택할 수 있습니다. 상처 주는 말은 아이에게 오랫동안 아픔을 남길 수 있습니다. 하지만 친절한 말은 치유와 도움이 될 수 있다고 성경은 말합니다. 따라서 자녀가 잘못을 저질렀을 때, 그 순간 아이를 다그치거나 혼내지 마세요. 대신, 그들의 가능성과 성장에 대한 비전을 제시해주세요. 가혹한 판단의 말 대신 생명과 건강, 희망의 말을 부드럽게 건네주세요.

결혼 생활에서도 마찬가지입니다. 배우자와의 갈등 상황에서 잠시 멈추고, 가혹하거나 보복적인 말 대신 부드럽고 친절한 표현을 선택한다면, 얼마나 많은 결혼 생활의 문제를 예방하고 해결할 수 있을까요?

서로에게 너그러운 마음을 품고 은혜와 생명이 담긴 말과 태도를 길러가야 합니다. 이것이 바로 사랑의 언어이며, 진정한 변화를 이끌어내는 힘입니다.

친절의 시작, 주변을 돌아보는 눈

"누구든지 자기 유익을 생각하지 말고 남의 유익을 생각해야 합니다."
_고린도전서 10장 24절

친절은 언제나 세상을 주의 깊게 관찰하고 타인의 필요에 민감하게 반응하는 눈에서 시작됩니다.

성경에는 강도를 만나 상처 입은 나그네를 돕기 위해 발걸음을 멈춘 선한 사마리아인의 이야기가 나옵니다. 성경은 그에 대해 이렇게 말합니다. "그를 보고 불쌍한 생각이 들었다"(눅 10:33), "그를 보았다"는 점에 주목하세요. 이것이 바로 출발점입니다. 더 친절한 사람이 되고 싶다면, 세상을 바라보는 방식을 바꿔야 합니다. 주변의 필요를 더욱 예리하게 관찰하는 습관을 들여야 합니다.

서두름은 친절의 적입니다. 친절을 베풀려면 속도를 늦춰야 합니다! 항상 정신없이 바쁘다면 친절할 여유가 없습니다.

미국을 횡단한다고 생각해봅시다. 한쪽 끝에서 다른 쪽 끝까지 가는 방법은 여러 가지입니다. 비행기를 타면 가장 빨리 도착하겠지만, 나라의 많은 것을 볼 수는 없습니다. 기차나 자동차를 이용하면 더 많은 것을 볼 수 있겠지요. 하지만 가능한 한 많은 것을 보고 싶다면, 걷는 것이 최선의 방법입니다.

성경은 "자기 이익만 생각하지 말고 남의 이익도 생각하십시오"(빌 2:4)라고 말씀합니다. 친절을 향한 첫걸음은 주변에 정서적, 영적, 육체적으로 상처받은 이들이 있는지 살펴볼 수 있는 영적 레이더를 달라고 하나님께 기도하는 것입니다.

어쩌면 여러분은 이미 이런 은사를 타고났을지도 모릅니다. 주변 사람들에게 도움이 필요할 때 자연스럽게 감지하는 능력 말입니다. 여러분이 다른 이들보다 더 영적이어서가 아닙니다. 단지 그렇게 연결되어 있을 뿐입니다. 만약 이런 감지 능력이 여러분에게 없다면, 아마도 저와 비슷할 것입니다. "영적 주의력결핍장애(ADHD)" 상태에 있는 것이죠. 주의가 쉽게 산만해지고, 자기 일에만 집중하기 쉬우며, 주변에서 일어나는 일에 둔감할 수 있습니다.

하지만 관심을 기울이면 알아차릴 수 있습니다. 갈라디아서 6장 7-8절은 이렇게 말합니다. "다른 사람의 사정은 아랑곳하지 않고 - 하나님을 무시하고! - 이기심을 심는 사람은 잡초를 거둘 것입니다. 그런 사람은 자기만을 위해 살면서 온통 잡초만 키워 낼 것입니다!"(메시지). 다른 사람의 필요를 파악하는 것이 항상 쉬운 일은 아닙니다. 그러나 이것이 바로 친절의 출발점입니다.

천국, 우리를 위한 하나님의 설계

"그러므로 여러분이 그리스도와 함께 살려 주심을 받았으면, 위에 있는 것들을 추구하십시오.
거기에는, 그리스도께서 하나님의 오른쪽에 앉아 계십니다."
_골로새서 3장 1절, 새번역

많은 사람이 천국에 대해 오해하고 있습니다. 우리는 결코 흰 옷을 입고 구름 위를 떠다니는 작은 천사가 되지 않을 것입니다. 우리에게는 천국에 대한 올바른 관점이 필요합니다. 골로새서 3장 1절은 이렇게 말씀합니다. "그러므로 여러분이 그리스도와 함께 살려 주심을 받았으면, 위에 있는 것들을 추구하십시오. 거기에는, 그리스도께서 하나님의 오른쪽에 앉아 계십니다"(새번역).

그렇다면 성경이 제시하는 "천국의 참된 모습"은 어떤 것일까요?

첫째, 천국은 하나님의 임재와 통치가 완벽히 실현되는 영역입니다. 성경은 천국을 "하나님의 거처", "하나님의 집", "하나님의 도성"이라고 부릅니다. 예수님도 천국을 "하나님의 나라" 또는 "천국"이라고 부르셨습니다. 시편 123편 1절은 "하늘에 계시는 주여, 내가 눈을 들어 주를 바라봅니다"라고 고백합니다.

둘째, 천국은 실제 장소입니다. 추상적인 개념이나 단순한 심리 상태가 아닙니다. 성경은 천국에 거리, 나무, 물, 집이 있고 심지어 동물도 있을 것이라고 말씀합니다! 우리의 몸은 새롭게 될 것이며, 그 실제 몸이 살 수 있는 실제 장소가 있을 것입니다. 예수님은 "내 아버지의 집에는 있을 곳이 많다. … 나는 너희가 있을 곳을 마련하러 간다"(요 14:2, 새번역)라고 말씀하셨습니다.

셋째, 천국은 우리 각 사람을 염두에 두고 세심하게 설계되었습니다. 하나님은 자신을 위해 천국을 만드신 것이 아닙니다. 그분은 가족을 위해 설계하셨고, 이는 그분의 사랑 표현입니다. 성경은 "내 아버지로부터 복을 받은 너희들이여, 와서 세상이 만들어질 때부터 하나님께서 너희를 위해 준비하신 나라를 물려받아라"(마 25:34, 쉬운)라고 말씀합니다.

우리는 이 땅에서 영원히 살도록 만들어지지 않았습니다. 우리는 영원한 천국의 영광을 누리도록 창조된 존재입니다! 히브리서 13장 14절은 "우리가 사는 이 땅에는 영구한 도성이 없어서 우리는 앞으로 올 성을 찾고 있습니다"라고 말씀합니다. 정말로 이 세상은 우리의 영원한 집이 아니라 잠시 머무는 곳일 뿐입니다!

"아무도 보거나 듣거나 생각조차 못한 것을 하나님은 자기를 사랑하는 사람들을 위하여 준비해두셨다"(고전 2:9). 여러분이 천국에 대해 어떤 상상을 하든, 실제로는 그것을 훨씬 뛰어넘을 것입니다!

우리의 신실함이 천국의 보상을 결정합니다

"아주 작은 일에 충실한 사람은 많은 것에도 충실하다.
아주 작은 일에 충실하지 못한 사람은 많은 것에도 충실하지 못하다.
그러므로 너희가 불의한 재물에도 충실하지 못하면,
누가 참된 것을 너희에게 맡기겠느냐?"
_누가복음 16장 10-11절, 쉬운

천국이 지루할 것 같다고 생각하시나요? 그렇다면 다시 한번 생각해보세요. 여러분은 구름 위에 앉아 무료하게 시간을 보내지 않을 것입니다. 하나님은 여러분을 창조하셨고, 관심사를 잘 알고 계십니다. 그분은 여러분의 영적 은사, 열정, 능력, 성격, 경험을 통해 여러분을 빚어오셨습니다. 하나님은 여러분을 이 땅에서만 특별하게 만드신 것이 아닙니다. 그분은 여러분에게 주신 독특한 은사와 재능을 영원한 영광을 위해 사용하실 것입니다.

물론 천국에서도 일을 하게 되겠지만 그곳에서의 일은 이 땅에서의 노동과는 본질적으로 다른 성격을 지닙니다. 천국에서는 일이 즐거울 것이라고 보장할 수 있습니다. 고통스럽거나 스트레스를 주는 일은 없을 것입니다. 항상 의미 있고, 즐겁고, 보람찬 일이 될 것입니다. 여러분이 꿈꾸던 직업을 영원히 가질 수 있을 것입니다!

천국에서 여러분이 맡게 될 구체적인 역할이나 책임이 무엇일지는 알 수 없습니다. 하지만 한 가지 확실한 것은, 그것이 이 땅에서 하나님께서 주신 역할과 책임을 얼마나 충실히 수행했는지에 따라 달라진다는 점입니다. 우리의 현재 삶은 영원을 위한 준비 과정이자 한시적인 임무입니다. 하나님은 지금 여러분이 맡은 책임을 얼마나 신뢰할 만하고 성실하게 수행하는지 지켜보고 계십니다.

여러분이 주어진 것을 최대한 활용한다면, 하나님께서는 천국에서 더 많은 것을 맡기실 것입니다. 천국에 가는 것은 하나님의 은혜로 가능하지만, 천국에서의 보상과 책임은 이 땅에서 얼마나 신실하게 하나님을 섬겼는지에 따라 결정될 것입니다.

성경은 이렇게 말씀합니다. "아주 작은 일에 충실한 사람은 많은 것에도 충실하다. 아주 작은 일에 충실하지 못한 사람은 많은 것에도 충실하지 못하다. 그러므로 너희가 불의한 재물에도 충실하지 못하면, 누가 참된 것을 너희에게 맡기겠느냐?"(눅 16:10-11, 쉬운).

하나님은 여러분이 재정, 시간, 인간관계, 건강, 기회를 어떻게 관리하는지 지켜보고 계십니다. 이는 여러분에게 죄책감을 주려는 것이 아닙니다. 오히려 하늘이 제공하는 모든 놀라운 것들을 여러분이 누리기를 원하시기 때문입니다.

이 땅에서 하나님께서 맡기신 모든 일에 신실하기로 선택하십시오. 그러면 천국에서는 훨씬 더 많은 것을 맡게 될 것입니다.

일상에서 실천하는 이웃 사랑

"여러분이 성경 말씀에 따라 '네 이웃을 네 몸같이 사랑하라'는 으뜸가는 율법을 지킨다면,
여러분은 정말 잘하고 있는 것입니다."
_야고보서 2장 8절, 쉬운말

차고는 편리함의 상징입니다. 하루의 피로를 안고 귀가할 때, 차를 몰고 들어가 문을 닫는 순간 안도감이 밀려옵니다. 다른 사람을 마주칠 필요 없이 편안하게 집에 도착할 수 있지요.

그러나 이러한 편리함이 우리를 하나님의 근본적인 가르침으로부터 멀어지게 할 수 있습니다. "여러분이 성경 말씀에 따라 '네 이웃을 네 몸같이 사랑하라'는 으뜸가는 율법을 지킨다면, 여러분은 정말 잘하고 있는 것입니다"(약 2:8, 쉬운말).

"네 이웃을 네 몸과 같이 사랑하라"는 말씀은 우리 삶에서 만나는 모든 이에게 적용되는, 간단하지만 강력한 지침입니다. 그러나 많은 사람이 옆집에 사는 이웃조차 잘 모릅니다. 모르는 사람을 어떻게 사랑할 수 있을까요?

하나님은 자신이 창조한 사람들이 서로 교제하는 모습을 보시며 기뻐하십니다. 스가랴 3장 10절에서 그분은 이렇게 말씀하셨습니다. "그날에는 너희가 모두 자기 이웃을 포도나무와 무화과나무 아래로 초대할 것이다."

포도밭은 없더라도 아파트 공용 공간이나 뒷마당 잔디밭이 그 역할을 대신할 수 있습니다. 친근한 분위기를 조성하고 이웃과 친해지는 데는 그리 많은 것이 필요하지 않습니다.

이웃과의 관계 형성은 현관에 앉아 지나가는 이들에게 따뜻한 미소와 함께 인사를 건네는 작은 행동에서 시작됩니다. 이런 작은 친근함이 언제 하나님에 대한 의미 있는 대화로 이어질지 모르니까요.

마당 가꾸기를 계획 중이라면, 이웃과 더 많은 관계를 맺을 수 있는 기회로 삼아보세요. 쿠키를 굽는데 달걀이 부족하다면? 이웃에게 달걀을 빌리고, 구운 쿠키를 나눠 드세요! 개 산책을 나갈 때는 최소한 한 명 이상의 다른 사람과 대화를 나눠보세요. 그릴을 앞마당으로 옮겨 즉석에서 바비큐 파티를 여는 것도 생각해볼 수 있습니다. 조깅이나 산책을 즐기신다면, 이웃에게 함께 하자고 제안해보세요.

바쁘다는 핑계로 이웃을 사랑하라는 하나님의 명령을 소홀히 하지 마세요. 이웃에게 다가가 마음을 열고 삶을 나누는 것이 중요합니다. 이를 통해 언젠가 그들도 여러분과 함께 영원한 생명을 나눌 수 있게 될지도 모릅니다.

기적은 예상치 못한 방식으로 찾아옵니다

"'나의 생각은 너희의 생각과 다르며, 너희의 길은 나의 길과 다르다.'
주님께서 하신 말씀이다."
_이사야 55장 8절, 새번역

여러분은 인간의 모든 지혜와 노력으로도 해결할 수 없어서, 오직 하나님의 초자연적 개입만이 유일한 답이 되는 절망적 상황을 만난 적이 있습니까?

아직 그런 경험이 없다면, 언젠가는 그런 날이 올 것입니다. 그때가 오면 여러분에게는 선택의 기회가 있습니다. 하나님의 때와 방법을 기다릴 수도 있고, 스스로 문제를 해결하려 할 수도 있습니다.

그러나 기적은 우리가 예상하는 곳에서 오지 않습니다. 또한 우리의 노력으로 만들어내는 것도 아닙니다. 기적의 근원은 항상 예상치 못한 곳에 있습니다.

아브라함의 이야기를 생각해봅시다. 하나님은 그에게 아들을 주시겠다고 약속하셨고, 그 아들이 위대한 민족의 조상이 될 것이라고 하셨습니다. 하지만 아브라함은 이미 90세에 가까웠고, 그의 아내에게는 자녀가 없었습니다. 아브라함의 상황에서 하나님의 약속이 이루어지려면 인간의 능력을 완전히 뛰어넘는 기적이 필요했습니다.

아브라함은 하나님의 약속을 믿기 어려워했고, 기적을 행하실 하나님을 기다리지 않았습니다. 대신 자신의 방식대로 문제를 해결하려 했고, 결국 아내가 아닌 다른 여인을 통해 아이를 얻었습니다.

하지만 그것은 하나님의 계획이 아니었습니다. 하나님의 계획은 아브라함의 아내 사라에게 기적을 베푸시는 것이었습니다. 아브라함의 해결책은 하나님의 해결책에 미치지 못했습니다.

우리의 삶도 마찬가지입니다. 우리의 방식은 항상 차선책이고, 하나님의 방식이 최선입니다.

만약 우리가 하나님을 완전히 이해할 수 있다면, 우리가 곧 하나님이 될 것입니다. 하지만 우리는 그렇지 않습니다! 이사야 55장 8절은 이렇게 말씀합니다. "나의 생각은 너희의 생각과 다르며, 너희의 길은 나의 길과 다르다"(새번역).

기적은 항상 예상치 못한 방식으로 찾아옵니다. 그러니 조급해하거나 두려워하거나 이해하려고 애쓸 필요가 없습니다.

하나님을 신뢰하고 이렇게 고백하세요. "하나님께서 어떤 방식으로 일하실지 우리는 알 수 없습니다. 하지만 그분이 반드시 약속을 이루실 것은 확실합니다." 그리고 순종하며 그분의 인도를 따라가세요. 그렇게 하면서 기적을 맞이할 준비를 하십시오.

하나님의 두 번째 기회: 새로운 사명의 시작

"우리는 하나님과 함께 일하는 일꾼으로서 여러분께 권면합니다.
하나님의 은혜를 헛되이 받지 마십시오."
_고린도후서 6장 1절, 쉬운

인생을 살다 보면 누구나 실수를 합니다. 때로는 그 실수로 인해 하나님께서 주신 사명을 완수할 기회를 놓치기도 합니다. 하지만 여러분, 낙심하지 마십시오. 우리에게는 놀라운 소식이 있습니다. 하나님은 두 번째 기회를 주시는 분이십니다!

만약 하나님께서 여러분에게 사명을 완수할 새로운 기회를 주신다면, 그것을 놓치지 마십시오. 그 기회를 꼭 붙잡으세요! 이 두 번째 기회야말로 여러분의 삶에 대한 하나님의 특별한 부르심에 온전히 집중할 수 있는 황금 같은 시간입니다.

바울은 고린도후서 6장 1절에서 이렇게 권면합니다. "우리는 하나님과 함께 일하는 일꾼으로서 여러분께 권면합니다. 하나님의 은혜를 헛되이 받지 마십시오"(쉬운). 하나님은 이미 우리를 위해 많은 일을 하셨습니다. 우리의 죄를 용서하셨고, 새로운 기회를 주셨습니다. 앞으로도 그분을 섬길 더 많은 기회를 주실 것입니다.

바울의 삶을 보십시오. 그는 한때 그리스도인들을 이단자로 여겨 죽이고 박해했습니다. 그러나 예수님은 다메섹 도상에서 바울을 만나 두 번째 기회를 주셨습니다. 바울은 이 새로운 사명을 받아들이고 180도 삶의 방향을 바꾸었습니다. 그는 하나님께서 주신 이 두 번째 기회에 평생 감사하며 살았습니다.

사역 후반에 바울은 이렇게 고백했습니다. "그러나 내가 나의 달려갈 길을 다 달리고, 주 예수께 받은 사명, 곧 하나님의 은혜의 복음을 증언하는 일을 다하기만 하면, 나는 내 목숨이 조금도 아깝지 않습니다"(행 20:24, 새번역).

바울에게 있어 하나님께 쓰임받는다는 사실 자체가 최고의 감사였고, 하나님께서 주신 사명이 그의 삶의 전부가 되었습니다. 다른 것은 중요하지 않았습니다.

하나님의 부르심에서 많이 벗어났거나 서서히 멀어졌다 해도, 하나님은 여전히 여러분의 사명을 포기하지 않으셨습니다. 그분은 지금 이 순간에도 여러분에게 새로운 기회를 주고 계십니다.

이 기회를 놓치지 마세요. 지금 바로 시작하세요. 하나님께서 또 다른 기회를 주실 때, 주저하지 말고 순종하세요. 하나님께서 여러분에게 두 번째 기회를 주신다는 사실 자체가 그분의 끝없는 은혜와 사랑의 증거입니다.

새로운 시작을 위한 확고한 기반이 필요합니다

"비록 산들이 옮겨지고 언덕이 흔들린다 하여도, 나의 은총이 너에게서 떠나지 않으며,
평화의 언약을 파기하지 않겠다. 너를 가엾게 여기는 주님께서 하시는 말씀이다. 너, 고난
을 당하고 광풍에 시달려도 위로를 받지 못한 예루살렘아, 이제 내가 홍옥으로 벽을 쌓고,
청옥으로 성벽 기초를 놓겠다. 홍보석으로 흉벽을 만들고, 석류석으로 성문을 만들고,
보석으로 성벽 둘레를 꾸미겠다."

_이사야 54장 10-12절, 새번역

우리 인생에는 때때로 근본적인 갱신과 회복이 필요합니다. 그리고 하나님
은 언제나 그 과정을 도와주실 준비가 되어 계십니다.

이스라엘 민족이 바벨론의 침략으로 70년간 포로 생활을 했을 때, 그들은 단순한 군사적
패배를 넘어선 영적 위기 속에서 성스러운 도시 예루살렘의 파괴로 인해 깊은 절망에 빠졌습
니다. 하지만 그 와중에도 하나님은 그들과 함께하심을 잊지 않으셨습니다. 하나님은 여전히
그들을 사랑하고 돌보셨으며, 그들의 삶을 재건하고 회복시키려 하셨습니다.

하나님은 이사야 54장 10-12절을 통해 놀라운 약속을 하셨습니다. 그분의 변함없는 사랑
과 평화의 언약을 선포하시며, 보석으로 도시를 재건하겠다고 말씀하셨습니다. 이는 실제 보석
으로 도시를 지을 것이라는 의미가 아니라, 하나님의 평화와 인자하심으로 그들의 도시와 삶을
재건하실 것임을 상징적으로 표현한 것입니다.

진흙과 돌로 만든 기초는 일시적일 수 있지만, 하나님의 귀중한 약속 위에 세워진 기초는
영원히 견고합니다. 이는 우리 삶에도 적용됩니다.

욥의 친구가 그에게 했던 말을 기억해봅시다. "자네의 삶은 대낮보다 더 밝아지며, 흑암도
아침같이 될 걸세. 그러면 자네는 소망을 갖고 확신한 것에 흔들림이 없을 것이네. 사방을 둘러
보아도 두려움이 없게 될 것일세"(욥 11:17-18, 쉬운). 이는 하나님을 기초로 삼은 삶의 밝은 미래
를 보여줍니다.

여러분의 삶에 영적 생명력을 회복하는 근본적 변화가 필요하신가요? 그렇다면 강력한 토
대가 필요합니다. 그 토대는 오직 여러분을 사랑하시고 돌보시는 하나님 안에서만 찾을 수 있
습니다.

오늘부터 하나님께 집중하지 못하게 하는 죄와 방해 요소들을 제거하고 회개함으로써 새
로운 출발을 시작할 수 있습니다. 하나님의 확고한 기초 위에 여러분의 삶을 재건할 때, 그분의
인자하심과 평화 속에서 살아가는 새로운 자신을 발견하게 될 것입니다. 여러분의 삶은 태양보
다 더 밝게 빛날 것입니다!

풍성한 삶의 비결은 하나님의 계획을 선택하는 데 있습니다

"보십시오. 내가 오늘 생명과 번영, 죽음과 파멸을 당신들 앞에 내놓았습니다. 내가 오늘
당신들에게 명하는 대로, 당신들이 주 당신들의 하나님을 사랑하고, 그의 길을 따라가며, 그
의 명령과 규례와 법도를 지키면, 당신들이 잘되고 번성할 것입니다. 또 당신들이 들어가서
차지할 땅에서, 주 당신들의 하나님이 당신들에게 복을 주실 것입니다."

_신명기 30장 15-16절, 새번역

많은 이들이 하나님의 섭리와 인간의 자유의지에 대해 심각한 오해를 하고
있습니다. 그들은 하나님이 자신의 존재를 계획하셨고 삶에 목적이 있다는 것을 알지만, 동시
에 인생의 모든 세부사항이 이미 정해져 있다고 잘못 생각합니다. 그래서 자신에게는 선택의
여지가 없다고 여깁니다.

그러나 성경은 이와 정반대로 가르칩니다. 하나님은 우리를 위한 계획과 목적을 가지고 계
시지만, 그것이 자동으로 이루어지지는 않습니다. 우리는 그 계획을 놓칠 수도 있습니다. 하나
님은 우리에게 그분의 계획을 강요하지 않으시기 때문입니다. 그분은 우리에게 선택권을 주셨
습니다. 그분의 구원을 받아들이거나 거부할 수 있고, 그분의 지시에 순종하거나 불순종할 수
있습니다. 우리가 창조된 목적을 따르거나 무시할 수도 있습니다. 안타깝게도 많은 이들이 잘
못된 선택으로 인생의 목적을 놓치고 있습니다.

모세의 이야기를 생각해봅시다. 그가 400년간의 노예 생활을 끝내고 히브리 민족을 이집
트에서 이끌어냈을 때, 하나님께서 약속하신 풍요로운 축복의 땅에 대해 말했습니다. 그러나
약속의 땅에 들어가기 전, 하나님은 모세를 통해 백성들에게 중요한 메시지를 전하셨습니다.
"보십시오. 내가 오늘 생명과 번영, 죽음과 파멸을 당신들 앞에 내놓았습니다. 내가 오늘 당신
들에게 명하는 대로, 당신들이 주 당신들의 하나님을 사랑하고, 그의 길을 따라가며, 그의 명령
과 규례와 법도를 지키면, 당신들이 잘되고 번성할 것입니다. 또 당신들이 들어가서 차지할 땅
에서, 주 당신들의 하나님이 당신들에게 복을 주실 것입니다"(신 30:15-16, 새번역). 이는 우리에게
도 동일하게 적용되는 말씀입니다.

하나님은 이스라엘 백성에게, 그리고 오늘날 우리에게도 선택의 자유를 주셨습니다. 그분
은 자신의 백성이 약속의 땅, 즉 풍성하고 복된 삶을 누리기를 간절히 바라십니다. 하지만 그분
은 이를 강제로 밀어붙이지 않으십니다. 대신 우리에게 선택할 수 있는 권리를 주셨습니다.

이는 구원의 모습을 보여줍니다. 죄의 노예 상태에서 벗어나 그리스도 안에서 자유를 누리
는 것을 말합니다. 이스라엘 백성들이 약속의 땅에서의 삶을 누리기 위해 하나님께 순종을 선
택해야 했던 것처럼, 우리도 하나님의 구원과 그분이 계획하신 좋은 것들을 받아들일지 결정해

야 합니다.

하나님은 우리를 단순히 그분의 뜻대로 움직이는 꼭두각시로 만들 수도 있었지만, 그러지 않으셨습니다. 대신 우리에게 선택할 수 있는 능력을 주셨습니다. 이 선택의 자유는 축복과 책임이 동반되는 영적 특권입니다. 잘못된 선택은 저주가 될 수 있지만, 현명한 선택은 가장 큰 축복이 됩니다.

오늘 하나님은 여러분에게 구원과 그분의 길을 선택하는 삶과 죽음의 길 중 하나를 선택하게 하십니다. 어떤 길을 선택하시겠습니까? 하나님의 생명의 길을 선택할 때, 이렇게 기도해보는 것은 어떨까요?

"주님, 제 구원과 삶의 목적을 위해 당신을 신뢰합니다. 주님이 가라 하시는 곳에 가고, 하라 하신 일을 하겠습니다. 어떤 상황에서도 주님과 함께하며, 주님의 길을 선택하겠습니다. 두려움과 유혹 속에서도 주님의 계획이 유일한 길임을 믿고 따르겠습니다. 예수님의 이름으로 기도합니다. 아멘."

성령의 능력으로 극복하는 인생의 난관

"주께서는 지치지도 않으시고 피곤해하지도 않으신다. … 여호와께서 지친 사람에게 힘을
주시며, 약한 사람에게 능력을 넘치도록 주신다. … 여호와를 의지하는 사람은 새 힘을 얻으며,
독수리가 하늘 높이 솟아오르듯 올라갈 수 있다. 그러한 사람은 뛰어도 지치지 않으며,
걸어도 피곤하지 않을 것이다."
_이사야 40장 28-29, 31절, 쉬운

인생의 가장 어려운 시기는 우리를 지치게 하고 고갈시킬 수 있습니다. 삶의 기반이 무너져 내릴 때 우리는 절망에 빠져 "이제 어떻게 해야 하나? 더 이상 희망이 보이지 않아"라고 생각할 수 있습니다.

사도 바울도 비슷한 경험을 했습니다. "그때 우리는 도저히 우리 힘으로 견뎌내기 어려운 고생을 겪었으며 마침내 살 희망마저 버렸습니다"(고후 1:8).

하지만 바울은 포기 직전에서 어떻게 했는지 주목해보십시오. "우리 마음에는 사형 선고를 받은 것 같은 느낌이 들었지만 … 하나님이 그처럼 큰 죽음의 위험에서 우리를 건져주셨으니 앞으로도 건져주실 것이며 또 건져주시리라 믿습니다"(고후 1:9-10).

바울은 죽은 자를 살리실 수 있는 하나님이라면 분명 자신도 도우실 수 있다는 것을 알았습니다. 여러분도 마찬가지입니다. 예수님을 부활시키신 그 능력이 여러분에게도 있습니다. 예수님의 부활은 가장 어둡고 절망적인 상황에서도 하나님의 능력이 역사할 수 있음을 보여줍니다. 하나님께서 죽은 자를 살리실 수 있다면, 여러분의 무너진 건강이나 식어버린 결혼 생활도 회복시키실 수 있습니다. 여러분의 경력에 새 생명을 불어넣으실 수도 있습니다.

어떻게 이런 능력을 받을 수 있을까요? 하나님께서 성령으로 여러분의 삶을 채우실 때 가능합니다. 성경은 말씀합니다. "하나님은 우리에게 두려워하는 마음을 주신 것이 아니라 능력과 사랑과 절제하는 마음(self-control)을 주셨습니다"(딤후 1:7).

하나님의 영이 여러분의 삶을 지배할 때, 여러분은 진정한 의미의 자제력(self-control)을 발휘합니다. 더 이상 상황에 휘둘리지 않고, 그리스도를 주인으로 모시면 상황을 다스릴 수 있습니다. 자신의 힘에만 의존하지 않고, 하나님의 능력에 의지하게 됩니다.

성경은 약속합니다. "주께서는 지치지도 않으시고 피곤해하지도 않으신다. … 여호와께서 지친 사람에게 힘을 주시며, 약한 사람에게 능력을 넘치도록 주신다. … 여호와를 의지하는 사람은 새 힘을 얻으며, 독수리가 하늘 높이 솟아오르듯 올라갈 수 있다. 그러한 사람은 뛰어도 지치지 않으며, 걸어도 피곤하지 않을 것이다"(사 40:28-29, 31, 쉬운).

하나님은 신실하십니다. 여러분이 어떤 상황에 처하더라도 그분은 반드시 인도하실 것입니다.

하나님의 창조 세계를 편견 없이 바라보십시오

"모든 법 위에 우선되는 법이 있습니다. 그 법은 성경에 기록되어 있습니다.
'네 이웃을 네 몸과 같이 사랑하라.' 만일 여러분이 이 율법을 지키면, 잘하는 것입니다.
그러나 사람을 차별하여 대한다면 죄를 짓는 것이며,
이 율법에 따라 여러분은 하나님의 법을 어긴 것이 됩니다."
_야고보서 2장 8-9절, 쉬운

하나님은 인간을 차별하는 모든 편견을 거부하십니다. 편견은 그분의 창조에 의문을 제기하기 때문입니다.

하나님은 우리 모두를 독특하게 만드셨습니다. 우리 각자에게 고유한 인종, 성별, 외모, 성품을 허락하시어 독특한 존재로 빚어내셨습니다. 만약 하나님이 창조적이지 않으셨다면, 이 세상은 얼마나 단조롭고 지루할까요!

다양한 돌들로 정원의 경계를 아름답게 꾸밀 때마다 저는 아름다운 바위 테두리의 비결이 다양한 색상과 모양의 돌을 조화롭게 배치하는 데 있음을 깨닫게 됩니다. 이렇게 할 때 각 바위의 독특한 아름다움이 온전히 드러납니다.

사람들도 마찬가지입니다. 하나님의 창조적 설계는 서로 다른 사람들이 공동체 안에서 어우러질 때 비로소 그 진가를 발휘합니다.

타인에 대한 편견은 본질적으로 "하나님, 당신은 다양한 사람들을 창조하는 데 실수하셨어요. 모두를 나와 같게 만들었어야 했어요"라고 말하는 것과 다름없습니다. 이는 교만과 오만의 극치입니다. 하나님의 다양한 창조를 인정하지 않는 것은 그분의 지혜로운 계획을 거스르는 행위입니다.

야고보서는 이렇게 경고합니다. "사랑하는 형제 여러분, 여러분은 영광스러운 우리 주 예수 그리스도를 믿는 자들입니다. 그러므로 사람들을 차별해서 대하지 말기 바랍니다. … 모든 법 위에 우선되는 법이 있습니다. 그 법은 성경에 기록되어 있습니다. '네 이웃을 네 몸과 같이 사랑하라.' 만일 여러분이 이 율법을 지키면, 잘하는 것입니다. 그러나 사람을 차별하여 대한다면 죄를 짓는 것이며, 이 율법에 따라 여러분은 하나님의 법을 어긴 것이 됩니다"(약 2:1, 8-9, 쉬운).

우리는 그 어느 때보다 분열과 갈등이 심한 시대를 살고 있습니다. 사람들이 서로를 갈라놓으려 할 때, 그리스도인은 이 진리를 굳게 붙잡아야 합니다. 우리는 서로의 독특함을 무시해서는 안 됩니다.

창조의 경이로운 다양성을 인정하지 않는 태도는 하나님의 성품을 거부하는 것과 다름없습니다. 우리의 차이는 하나님의 놀라운 창조성을 반영합니다.

우리 모두는 하나님의 형상대로 지음받은 존재이며, 그분의 깊은 사랑을 받고 있습니다. 우리가 만나는 모든 이를 이렇게 바라볼 때, 우리는 사랑으로 편견을 극복할 수 있습니다.

깨끗한 삶이 새로운 사명으로 이어집니다

"만약 누구든지 악을 멀리하고 자신을 깨끗하게 하면, 주인이신 주님이 쓰기에 귀하고
거룩한 그릇이 될 것입니다.
그런 사람은 언제나 좋은 일에 쓰일 수 있는 준비된 사람입니다."
_디모데후서 2장 21절, 쉬운

주유소에서 본 표지판의 문구가 떠오릅니다. "깨끗한 엔진은 더 많은 힘을 발휘합니다." 이 말은 우리 삶에도 그대로 적용됩니다. 깨끗한 양심으로 살아갈 때, 우리는 훨씬 더 큰 힘을 얻게 됩니다. 반면에 죄책감, 후회, 수치심 또는 자신의 잘못을 숨기려는 노력만큼 우리를 빠르게 지치게 하는 것은 없습니다.

역사를 공부하면서 저는 힘든 시기를 굴하지 않고 이겨낸 위대한 신앙인들의 이야기를 접했습니다. 새로운 사명을 감당하기 전에는 반드시 영적 정련의 시간이 있었고, 이 고난의 시간 동안 성장하고 변화되어 그들은 더 큰 방식으로 쓰임받을 수 있었습니다.

삶을 깨끗하게 유지하는 첫걸음은 언제나 개인의 정결함에서 시작됩니다. 하나님은 완벽한 사람이 아니라 거룩하고 깨끗한 사람을 사용하십니다. 하나님께 쓰임받는 이들의 공통점은 자신의 죄를 직면하고, 예수 그리스도를 통한 하나님의 용서로 깨끗해짐으로써 삶의 순결을 지켰다는 것입니다.

성경은 우리에게 약속합니다. "만약 누구든지 악을 멀리하고 자신을 깨끗하게 하면, 주인이신 주님이 쓰기에 귀하고 거룩한 그릇이 될 것입니다. 그런 사람은 언제나 좋은 일에 쓰일 수 있는 준비된 사람입니다"(딤후 2:21, 쉬운).

어려운 시기에도 하나님께 쓰임받기를 원한다면, 죄의 고백과 정결함부터 시작하십시오. 위대한 신학자 어거스틴은 "선한 일의 시작은 나쁜 일을 고백하는 것"이라고 말했습니다.

죄책감, 후회, 수치심, 들킬까 두려워하는 마음을 어떻게 벗어날 수 있을까요? 단순히 "하나님, 당신이 옳습니다. 제가 한 일은 잘못되었습니다"라고 고백하면 됩니다. 성경은 요한일서 1장 9절에서 이렇게 말씀합니다. "우리가 우리 죄를 고백하면 신실하시고 의로우신 하나님은 우리 죄를 용서하시고 모든 죄악에서 우리를 깨끗하게 하실 것입니다."

하나님은 우리가 부끄러움과 후회의 짐을 내려놓기를 바라십니다. 그 짐을 계속 짊어지기를 원치 않으십니다! 과거의 불필요한 쓰레기를 짊어지고 있으면 힘든 시기를 헤쳐 나가는 데 항상 어려움을 겪을 수밖에 없습니다.

오늘 하나님께 죄를 고백함으로써 그 짐을 덜어내십시오. 마음의 무게가 가벼워지는 것을 느낄 것입니다. 그리고 다음 사명을 위한 준비가 가능해집니다!

오늘 선을 베풀 기회를 놓치지 마세요

"우리는 낮 동안에 나를 보내신 분의 일을 해야 한다. 밤이 오면 그때에는 아무도 일할
수 없다."
_요한복음 9장 4절, 우리말

하나님은 주변 사람들에게 친절을 베풀 기회를 매일 우리에게 주십니다. 그
분은 우리가 어떻게 반응할지 지켜보고 계십니다. 우리는 이기적인 무관심으로 외면할 수도 있
고, 격려의 말, 따뜻한 위로, 진심 어린 경청 또는 도움이 필요한 이들에게 관심을 기울일 수도
있습니다.

성경은 우리에게 이렇게 말씀합니다. "선을 베풀 능력이 있거든 그것을 필요로 하는 자에
게 베풀기를 주저하지 말며"(잠 3:27). 도움의 기회는 언제나 있는 것이 아닙니다. 그러므로 기회
가 왔을 때 즉시 행동으로 옮기는 것이 중요합니다.

우리 모두 주변 사람들을 돕고 싶은 마음이 있었을 것입니다. 이웃이나 직장 동료를 위해
친절을 베풀고 싶었지만, 그 좋은 의도를 실천으로 옮기지 못한 경우가 많았을 것입니다. 무엇
이 우리를 망설이게 했을까요?

아마도 "상황이 안정되면 해야지"라며 스스로 합리화했을 수도 있습니다. 그러나 그런 완
벽한 순간은 결코 오지 않습니다. 선한 일을 행할 때는 바로 지금, 이 순간입니다. 성경은 이렇
게 말씀합니다. "바람이 분다고 기다리면 씨를 뿌리지 못할 것이며 구름이 끼었다고 기다리면
추수하지 못할 것이다"(전 11:4). 완벽한 조건을 기다리면 아무것도 해낼 수 없다는 의미입니다.

하나님의 영이 선을 행할 기회를 주실 때, 우리는 대개 즉시 실천하는 것이 가장 좋습니다.
내일은 보장되지 않기에, 오늘 주어진 기회를 놓치지 말아야 합니다.

예수님께서는 이렇게 말씀하셨습니다. "우리는 낮 동안에 나를 보내신 분의 일을 해야 한
다. 밤이 오면 그때에는 아무도 일할 수 없다"(요 9:4, 우리말). 이는 우리에게도 적용되는 말씀입
니다.

하나님께서는 우리 각자에게 맡기신 일이 있습니다. 그 일을 하기 위한 완벽한 조건을 기
다리지 마십시오. 대신, 매일 하나님께서 다른 사람들을 돕고 격려할 기회를 주시는지 민감하
게 살펴보십시오.

여러분은 어떤 선한 행동을 마음에 품고 계십니까? "아, 이 사람을 위해 꼭 해주고 싶다"라
고 여러 번 생각했지만 아직 실천하지 못한 일이 있다면, 더 이상 미루지 마십시오. 지금 이 순
간이 바로 하나님께서 마련하신 기회일 수 있습니다.

그냥 하십시오.

이해보다 앞선 순종의 축복

"주님께서 나에게 큰 깨달음을 주시면,
내가 주님의 계명들이 인도하는 길로 달려가겠습니다."
_시편 119편 32절, 새번역

인생에는 때로 서둘러야 할 순간이 있습니다. 특히 하나님께서 행동하라고 말씀하실 때, 그 이유를 완전히 이해하지 못하더라도 우리는 신속히 움직여야 합니다.

시편 119편 32절은 "내가 주님의 계명들이 인도하는 길로 달려가겠습니다"(새번역)라고 말씀합니다. 이는 우리에게 중요한 영적 원칙을 가르쳐줍니다.

우리는 모든 것을 완벽히 이해할 필요가 없습니다. 예를 들어, 저는 비행기의 비행 원리를 정확히 알지 못해도 자주 비행기를 이용합니다. 컴퓨터의 작동 방식을 모르지만 매일 사용하고 있죠. 마찬가지로, 하나님의 명령에 순종함으로써 얻는 유익을 위해 그 이유를 모두 알 필요는 없습니다.

부모님들은 아이에게 무언가를 시켰을 때 "왜요?"라는 대답을 들어본 경험이 있을 것입니다. 그때 우리는 간단히 "내가 그렇게 말했으니까"라고 대답하곤 합니다. 사실 우리가 정말 하고 싶은 말은 이것입니다. "지금은 네가 이해하기에 어려울 수 있어. 하지만 언젠가는 알게 될 거야. 이건 너를 위한 거란다."

하지만 "내가 그렇게 말했기 때문에"라고 말할 수 있는 진정한 권위는 오직 전능하신 창조주, 우주의 통치자이신 하늘 아버지 하나님께만 있습니다.

성경에서 하나님은 특정 날짜를 명시하지 않은 명령을 하실 때마다 즉각적인 순종을 기대하십니다. 이는 마치 제 아내 케이가 가족을 저녁 식사에 초대할 때와 비슷합니다. "5시 30분에 저녁 먹으러 오세요"라고 하면 정확한 시간에 맞춰야 하지만, 단순히 "저녁 먹으러 오세요"라고 하면 즉시 와야 한다는 뜻인 것과 같습니다.

우리는 때때로 순종을 미루는 아이들처럼 행동합니다. 하나님의 분명한 말씀을 들으면서도 못 들은 척하거나, 성경의 명령을 읽으면서 다른 사람을 향한 말씀이라고 여기곤 합니다.

그러나 이런 속임수로 하나님을 기만할 수는 없습니다. 이러한 지연 전술은 실상 하나님의 권위와 계획에 도전하는 교묘한 반역에 불과합니다.

진정한 믿음은 앞이 보이지 않거나 장애물이 있어도 하나님의 명령에 즉시 순종하는 것입니다. 하나님께서는 우리를 향한 사랑으로 동기를 부여하시며, 우리를 위한 최선의 이익을 염두에 두고 계심을 믿으십시오. 그리고 그 믿음으로 담대히 나아가십시오.

성령과 말씀으로 다스리는 생각의 영역

"육신에 속한 생각은 죽음입니다. 그러나 성령에 속한 생각은 생명과 평화입니다."
_로마서 8장 6절, 새번역

여러분은 자신의 마음을 통제할 수 없어 좌절했던 순간들이 있으실 것입니다. 의도치 않게 생각이 엉뚱한 곳으로 흘러가고, 기도할 때조차 집중하기 어려울 때가 있습니다. 이럴 때 성경은 우리에게 모든 생각을 사로잡으라고 말씀합니다(고후 10:5).

여기서 '사로잡는다'는 표현은 헬라어로 "포로로 잡다"라는 뜻입니다. 즉, 우리의 생각을 통제하라는 의미입니다. 이는 모든 믿는 자에게 주어진 두 가지 강력한 무기, 성령과 하나님의 말씀을 통해서만 가능합니다.

첫째, 우리 안에 거하시는 하나님의 영의 능력을 인식해야 합니다. 성령 없이는 우리는 무방비 상태나 다름없습니다. 로마서 8장 6절은 이렇게 말씀합니다. "육신에 속한 생각은 죽음입니다. 그러나 성령에 속한 생각은 생명과 평화입니다"(새번역).

예수님이 우리 삶에 필요한 이유가 바로 여기에 있습니다. 성령이 없으시면 죄의 본성이 우리 마음을 장악하여 끊임없이 잘못된 길로 인도할 것입니다. 하지만 성령께서 우리를 다스리실 때, 우리는 모든 생각을 사로잡을 힘을 얻게 됩니다.

둘째, 하나님의 말씀이 필요합니다. 예수님은 이렇게 말씀하셨습니다. "너희가 나의 가르침을 꼭 붙들고 있으면 진정 나의 제자이다. 그때에 너희는 진리를 알게 되고, 진리가 너희를 자유롭게 할 것이다"(요 8:31-32, 쉬운).

많은 이들이 "진리가 너희를 자유롭게 할 것이다"라는 구절을 즐겨 인용합니다. 실제로 이 말씀은 전 세계 대학 건물에서 볼 수 있을 정도로 유명합니다. 그러나 대부분은 이 구절의 전제 조건, 즉 예수님의 가르침에 순종해야 한다는 부분을 간과합니다. 사람들은 종종 자유를 하나님의 진리와 분리하고 싶어 합니다. 하지만 진정한 자유는 하나님의 말씀 안에서, 그리고 예수 그리스도 안에서 구현된 진리를 통해 우리를 죄의 사슬에서 풀어주는 것입니다.

성령을 의지하며 하나님의 말씀으로 마음을 채울 때, 우리는 생각의 지배에서 벗어나게 됩니다. 그리하여 우리의 생각을 다스리며 하나님이 주시는 진정한 자유 안에서 살아갈 수 있게 됩니다.

솔직한 기도를 기다리시는 하나님

"모든 걱정과 근심을 하나님께 맡기십시오. 하나님께서 여러분을 돌보고 계십니다."
_베드로전서 5장 7절, 쉬운

"하나님, 저를 좀 도와주세요. 저는 지금 너무나 힘들고 낙담이 됩니다. 앞으로 나아갈 힘이 나지 않습니다." 이런 기도를 해본 적이 있으십니까? 이것이야말로 하나님께서 듣고 싶어 하시는 진실한 기도입니다.

여러분이 공격받고, 지치고, 거절당하고, 외로움을 느낄 때, 주저 없이 하나님께 말씀드리십시오. 성경은 "모든 걱정과 근심을 하나님께 맡기십시오"(벧전 5:7, 쉬운)라고 우리를 격려합니다. 여러분의 모든 감정을 하나님께 털어놓으셔도 좋습니다.

때로는 하나님 앞에 자신의 연약함을 드러내는 것이 망설여질 수 있습니다. '하나님은 이미 다 알고 계시는데, 굳이 말해야 할까?' 하는 의문이 들 수 있습니다. 그러나 기도할 때 하나님에 대한 세 가지 중요한 사실을 기억하십시오.

첫째, 하나님은 여러분의 모든 감정을 알고 계십니다. 시편 33편 15절은 "여호와는 모든 사람들의 마음을 만드시고 그들이 행하는 일을 일일이 지켜보고 계신다"라고 말씀합니다. 여러분이 마음의 깊은 탄식을 쏟아낼 때 하나님은 결코 놀라지 않으십니다. 그분이 여러분의 마음을 창조하셨기 때문입니다.

둘째, 하나님은 여러분의 감정을 이해하십니다. 역대상 28장 9절에서는 "여호와께서는 모든 사람들의 마음을 깊이 살피시고 모든 생각을 알고 계신다"라고 말씀합니다. 우리는 종종 자신의 생각과 감정을 완전히 이해하지 못합니다. "이런 생각이 어디서 왔지?"라고 여기며 의아해할 때도 있습니다. 하지만 하나님은 우리를 그분의 형상대로 만드셨고, 우리에게 감정을 주셨기에 우리의 모든 감정을 깊이 이해하십니다.

셋째, 하나님은 여러분의 이야기를 듣고 싶어 하십니다. 시편 116편 1-2절은 "주님, 주님께서 나의 간구를 들어주시기에, 내가 주님을 사랑합니다. 나에게 귀를 기울여 주시니, 내가 평생토록 기도하겠습니다"(새번역)라고 말씀합니다. 여러분은 바빠서 하나님과 대화할 시간이 없을지 모르지만, 하나님은 결코 여러분을 위한 시간이 부족하지 않으십니다. 주의가 산만해서 "방금 뭐라고 했지? 다시 말해줄래?"라고 하시는 법도 없습니다. 그분은 언제나 우리의 말 한 마디 한 마디에 귀 기울이시는 세심한 분이십니다.

그러므로 힘들고 막막할 때마다 주저하지 말고 정직하게 기도하십시오. "너는 초저녁부터 일어나 부르짖으며 네 마음을 여호와 앞에 물 쏟듯 쏟아 놓아라"(애 2:19)는 말씀을 기억하십시오.

혁신보다 중요한 배움의 자세

"지혜로운 이들은 늘 배우고 신선한 통찰에 귀를 기울인다."
_잠언 18장 15절, 메시지

어려운 시기를 견디는 데 가장 큰 도움이 되는 습관 중 하나는 끊임없이 새로운 것을 배우는 것입니다. 배움이 없으면 영적 성장도 없습니다. 하나님은 우리가 성장하여 그분을 닮아가기를 항상 원하십니다.

이것이 바로 비전을 갖는다는 의미 중 하나입니다. 비전은 다른 사람의 좋은 아이디어를 발견하고 그것을 어떻게 적용할 수 있을지 통찰하는 능력입니다. 잠언 18장 15절에서는 "지혜로운 이들은 늘 배우고 신선한 통찰에 귀를 기울인다"(메시지)라고 말씀합니다.

지혜의 징표는 가르침을 수용하는 열린 마음입니다. 아무리 많은 교육과 풍부한 경험이 있더라도, 우리는 좋은 질문을 통해 다른 이들에게서 배울 것이 있습니다. 누구나 각자의 영역에서 부족함이 있기에, 성경은 "철이 철을 날카롭게 하는 것처럼"(잠 27:17) 다른 사람에게서 배우라고 합니다. 우리 모두에게는 아직 배워야 할 것이 무궁무진합니다.

여러분이 지금까지 배운 거의 모든 것은 모방을 통해 얻은 것입니다. 걷고, 말하고, 먹는 법은 모두 다른 이들을 모방하며 배웠습니다. 여러분이 아는 대부분은 타인을 관찰하며 얻은 지식입니다.

이는 우리가 직장에서, 가정에서, 학교에서 항상 새로운 아이디어와 전략을 만들어낼 필요는 없다는 뜻입니다. 이미 효과적인 것이 무엇인지 주의 깊게 관찰하는 것만으로도 충분합니다. 어려운 시기에는 배우려는 자세로 하나님께서 여러분 앞에 보여주시는 지혜를 적극적으로 활용하면 됩니다.

현대 사회에서 혁신은 거의 우상과 같은 존재가 되었습니다. 모두가 혁신가가 되길 원하고, 새롭고 독특하며 창의적인 것을 만들어내는 사람이 되고 싶어 합니다. 혁신은 분명 가치 있는 일입니다. 하지만 이미 효과적인 방법이 있다면, 굳이 새것을 만들 필요가 있을까요? 때로는 모방이 혁신보다 더 중요할 수 있습니다.

사도 바울은 빌립보서 3장 17절에서 "형제 여러분, 여러분은 나를 본받으십시오. 그리고 우리를 본받아 생활하는 사람들을 지켜보십시오"라고 권면했습니다. 바울은 자신이 그리스도를 본받았기에, 다른 이들에게도 자신을 본받으라고 자주 권했습니다. 그는 "내가 그리스도를 본받는 것처럼 여러분도 나를 본받으십시오"(고전 11:1)라고 말했습니다.

역경의 시기에는 하나님의 뜻을 이루고 그분의 축복을 받는 효과적인 방법을 찾아 그것을 실천하기 바랍니다. 지금이야말로 다른 믿음의 사람들로부터 배울 때입니다!

모든 것을 잃더라도 잃지 않는 것이 있습니다

"나는 그들에게 영생을 준다. 그들은 영원토록 멸망하지 아니할 것이요,
또 아무도 그들을 내 손에서 빼앗아 가지 못할 것이다."

_요한복음 10장 28절, 새번역

자녀들이 어렸을 적, 우리 가족은 그랜드캐니언을 방문했습니다. 특히 활발한 두 아들의 손을 단단히 붙잡은 채, 나는 조심스레 절벽 가장자리로 발걸음을 옮겼습니다. 아이들은 손을 놓고 싶어 했지만, 저는 그럴 수가 없었습니다. 아버지로서 아이들을 너무나 사랑했기 때문입니다.

우리 역시 하나님의 손을 잡고 있으면서도, 때로는 그 손길에서 벗어나고 싶어 할 수 있습니다. 하지만 우리의 감정이나 상황이 어떻게 변하든, 하나님은 변함없이 신실하십니다. 우리가 그리스도인이 되면, 하나님은 우리를 천국까지 인도하시겠다고 약속하십니다.

예수님은 "나는 그들에게 영생을 준다. 그들은 영원토록 멸망하지 아니할 것이요, 또 아무도 그들을 내 손에서 빼앗아 가지 못할 것이다"(요 10:28, 새번역)라고 말씀하셨습니다.

저 역시 삶 속에서 "하나님, 지금은 예수님을 따르기가 너무 힘듭니다. 잠시 쉬어가고 싶습니다"라고 기도했던 순간들이 있었습니다. 그때 하나님은 이렇게 응답하셨습니다. "네가 나를 놓고 싶어 하지만, 나는 절대 너를 놓지 않을 것이다. 너는 내 손 안에 있고, 아무도 너를 빼앗아 갈 수 없다."

하나님의 손이 우주보다 크다는 사실을 기억하십시오. 우리는 결코 그 손의 끝에 닿을 수 없습니다. 마찬가지로, 하나님 사랑의 끝에도 결코 도달할 수 없습니다.

한 번 거듭나면 다시 태어날 필요가 없습니다. 영원한 생명책에 우리 이름이 기록되면, 그것은 지워지지 않는 잉크, 즉 그리스도의 보혈로 기록됩니다. 한 번 구원받으면 영원히 구원받은 것입니다.

우리의 앞날이 어떻게 펼쳐질지, 얼마나 많은 시간이 주어질지 예측할 수 없습니다. 모든 것을 잃을 수 있지만, 구원만큼은 결코 잃지 않습니다. 세상이 혼란스러워 보일 때도, 우리에게는 모든 것을 선하게 이끄시는 사랑의 아버지가 계십니다.

우리를 붙잡고 계신 그분이 결코 우리를 놓지 않으실 것이라는 확신을 가지고 안심하십시오.

하나님의 징계는 사랑의 훈련입니다

"징계를 받을 때에 참아내십시오. 하나님께서는 자녀에게 대하시듯이
여러분에게 대하십니다. 아버지가 징계하지 않는 자녀가 어디에 있겠습니까?"
_히브리서 12장 7절, 새번역

여러분은 처벌과 교정의 차이를 아십니까? 처벌은 과거의 잘못에 대한 대가
지만, 교정은 미래를 위한 훈련입니다. 교정은 처벌이 아닌 사랑의 훈육입니다.

우리는 흔히 고난이 닥칠 때 하나님의 진노가 임했다고 오해하기 쉽습니다. 하지만 실제로
하나님은 우리를 바로잡고 계신 것입니다. 어떻게 이것을 알 수 있을까요? 하나님은 자녀를 벌
하지 않으시기 때문입니다. 예수님은 이미 십자가에서 모든 죄에 대한 형벌을 받으셨습니다.

여러분의 과거와 미래의 모든 죄에 대한 대가는 이미 완전히 지불되었습니다. 따라서 하나
님은 여러분의 죄를 벌하지 않으시지만, 여러분을 바로잡으십니다. 이는 여러분이 계속 잘못된
길로 가는 것을 원치 않으시기 때문입니다. 이러한 교정은 우리를 향한 하나님의 깊은 사랑과
관심의 표현입니다.

하나님께서 우리를 교정하시는 방법 중 하나는 고난을 통한 것입니다. 히브리서 12장 8-10
절은 이렇게 말씀합니다. "모든 자녀가 받은 징계를 여러분이 받지 않는다고 하면, 여러분은 사
생아이지, 참 자녀가 아닙니다. 우리가 육신의 아버지도 훈육자로 모시고 공경하거든, 하물며
영들의 아버지께 복종하고 살아야 한다는 것은 더욱더 당연한 일이 아니겠습니까? 육신의 아
버지는 잠시 동안 자기들의 생각대로 우리를 징계하였지만, 하나님께서는 우리를 자기의 거룩
하심에 참여하게 하시려고, 우리에게 유익이 되도록 징계하십니다"(새번역).

하나님은 자녀가 아닌 사람을 징계하지 않으십니다. 저는 아버지로서 다른 사람의 자녀를
바로잡지는 않았지만, 제 자녀는 확실히 바로잡았습니다. 아이들이 하나님을 따르고 그분의 뜻
대로 행하는 기쁨을 알 바랐기 때문입니다. 여러분이 하나님을 따르기로 선택했고 그분의 자
녀라면, 하나님도 여러분에게 같은 것을 원하십니다.

예수님을 따르는 삶은 하나님의 교정을 받아들이고 그것에 적극적으로 동참하는 것을 뜻합
니다. 하나님은 우리를 벌하시려는 것이 아니라 사랑하시기 때문입니다. 하나님께서 여러분을
교정하실 때, 그것은 분노의 표현이 아닙니다. 오히려 여러분을 위해 열심을 내시는 것입니다!
성경은 "징계를 받을 때에 참아내십시오. 하나님께서는 자녀에게 대하시듯이 여러분에게 대하
십니다. 아버지가 징계하지 않는 자녀가 어디에 있겠습니까?"(히 12:7, 새번역)라고 말씀합니다.

하나님의 징계는 때로 고통이 따를 수 있지만, 이는 항상 여러분의 유익을 위한 것입니다.

· September ·

그리스도인의 진정한 표지

"너희가 서로 사랑하면
모든 사람들이 그것을 보고 너희가 내 제자라는 것을 알게 될 것이다."
_요한복음 13장 35절

그리스도인의 진정한 정체성을 나타내는 표지가 무엇인지 아십니까? 십자가 목걸이나 자동차 범퍼에 붙인 물고기 스티커가 아닙니다. 바로 사랑입니다. 여러분의 삶에서 드러나는 사랑으로 인해 여러분이 그리스도인임을 알아차리는 사람들이 얼마나 될까요?

우리는 종종 사랑에 대해 노래하고, 이야기하고, 기도하고, 공부합니다. 하지만 정작 사랑을 실천하고 있습니까? 사랑을 삶의 원칙으로 세우고 가장 큰 목표로 삼으려면, 지금 이 순간 행동으로 옮겨야 합니다. 사랑은 말이 아닌 행동으로 표현되는 것입니다!

우선, 지금 맺고 있는 관계 속에서 사랑을 구체화해보십시오. 혹시 누군가에게 사랑스럽지 못한 행동을 했다면, 지금이 화해의 시간입니다. 자녀, 배우자, 연인, 부모님, 직장 동료나 학교 친구와의 관계를 바로잡아 보십시오.

그다음, 관계의 폭을 넓혀가십시오. 삶의 가장 중요한 목표가 사랑이라면, 가능한 한 많은 관계를 맺어야 합니다. 왜 그럴까요? 우리가 서로 사랑하는 방식, 특히 그리스도인이 타인을 사랑하는 모습을 통해 세상이 하나님의 사랑을 알게 될 것이기 때문입니다.

고립된 상태에서는 사랑의 삶을 온전히 구현할 수 없습니다. '사랑'의 다른 말은 '시간'입니다. 즉, 진정한 사랑은 시간을 투자하고 함께 보내는 것에서 시작됩니다. 누군가를 사랑하려면 시간이 필요합니다. 친구를 사랑한다면 그들과 함께 시간을 보내야 하고, 자녀를 사랑한다면 자녀와 시간을 보내야 합니다. 예수님을 사랑한다면 예수님과 함께하는 시간을 가져야 합니다. 사랑에는 항상 시간과 에너지가 요구되지만, 그만한 가치가 있습니다.

교회의 모든 지체가 이와 같이 사랑을 실천한다면 어떤 변화가 일어날지 그려보셨습니까? 우리 모두가 이기심을 버리고 사랑으로 행동하며 시간을 내어준다면 어떨까요? 사람들은 하나님의 사랑을 직접 경험하게 될 것이고, 세상은 변화될 것입니다! 하나님의 나라가 확장될 것이며, 이는 하나님을 기쁘시게 할 것입니다.

사람들은 그리스도에 대한 논리적 설득보다는 그리스도의 사랑에 더 끌립니다. 그들은 그리스도를 따른다고 하는 이들을 통해 보여지는 하나님의 사랑에 매료됩니다. 우리가 먼저 그들에게 관심을 보이기 전까지는, 우리가 아는 지식에 귀 기울이지 않을 것입니다.

하나님의 뜻을 알아가는 지혜로운 두 단계

"여러분 가운데 누구든지 지혜가 부족하거든, 모든 사람에게 아낌없이 주시고
나무라지 않으시는 하나님께 구하십시오. 그리하면 받을 것입니다."
_야고보서 1장 5절, 새번역

 하나님의 뜻을 알고 싶으신가요? 그렇다면 다음 두 단계를 따라 시작하기
바랍니다.

1. **지도가 필요함을 인정하십시오.** 시편 25편 9절은 이렇게 말씀합니다. "겸손한 자들을
옳은 길로 인도하시며 그들에게 자기 뜻을 가르치신다." 만약 하나님의 인도하심을 경험하지
못했다면, 그것은 그분의 인도에 대한 필요성을 인정하지 않았기 때문일 수 있습니다.

우리는 일상에서 기도 없이 독단적으로 판단하고 행동할 때가 많습니다. 재정 결정을 내리
거나, 휴가를 계획하거나, 진로를 선택할 때 기도를 멈추고 바로 행동으로 옮깁니다. 미혼이라
면 하나님의 인도하심을 구하지 않은 채 누군가와 데이트를 시작하기도 합니다.

하나님의 인도하심이 필요함을 인정하는 것, 이것이 우리 삶을 향한 하나님의 뜻을 발견하
는 첫 단계입니다.

2. **믿음으로 하나님께 방향을 구하십시오.** 야고보서 1장 5-6절은 이렇게 말씀합니다. "여
러분 가운데 누구든지 지혜가 부족하거든, 모든 사람에게 아낌없이 주시고 나무라지 않으시는
하나님께 구하십시오. 그리하면 받을 것입니다. 조금도 의심하지 말고, 믿고 구해야 합니다. 의
심하는 사람은 마치 바람에 밀려서 출렁이는 바다 물결과 같습니다"(새번역).

하나님의 지혜를 얻기 위한 두 가지 핵심이 있습니다.

첫째, 적절한 대상에게 조언을 구해야 합니다. 바로 하나님이십니다. 미용사나 정비사, 소
셜 미디어 인플루언서가 아닙니다. 반드시 합당한 분에게 여쭤봐야 합니다!

둘째, 하나님의 응답을 확신하는 올바른 자세로 간구해야 합니다. 혹시 하나님께 인도해달
라고 기도했지만, 실제로 그렇게 해주실 거라고 기대하지 않았던 적은 없나요? 우리는 하나님
의 응답을 기대하며 구해야 합니다. 하나님은 신실하신 분입니다. 그분이 약속하신 것은 반드
시 이루어주십니다.

하나님은 우리의 믿음을 존중하시며, 인생의 다음 단계를 위한 지혜를 주시겠다고 약속하
셨습니다.

예수님이 우리를 이끄시는 방식

"내가 온 것은 양들이 생명을 얻게 하되 더욱 풍성하게 얻게 하려는 것이다.
나는 선한 목자다. 선한 목자는 양들을 위해 자기 생명을 내놓는다."
_요한복음 10장 10-11절, 우리말

양은 그 본성상 연약하고 방어 능력이 부족한 동물입니다. 그래서 목자는 양을 돌보고 보호하기 위해 몇 가지 도구를 항상 지니고 다닙니다. 양을 지키고 보호하는 막대기와 함께, 위험에 빠진 양을 구출하기 위한 작은 갈고리 모양의 지팡이를 사용합니다.

우리 역시 보호와 인도가 필요한 길 잃은 양과 같습니다. 예수님은 바로 이런 우리의 선한 목자가 되시고자 이 땅에 오셨습니다. 예수님은 말씀하셨습니다. "내가 온 것은 양들이 생명을 얻게 하되 더욱 풍성하게 얻게 하려는 것이다. 나는 선한 목자다. 선한 목자는 양들을 위해 자기 생명을 내놓는다"(요 10:10-11, 우리말).

목자가 지팡이와 막대기를 사용하여 양을 인도하고 보호하듯, 하나님께서도 그분의 방식으로 우리를 인도하고 보호하고자 하십니다.

1. 예수님을 따르는 자들을 올바른 길로 인도하십니다.

파리와 같은 낯선 대도시를 안내자 없이 홀로 방문하면 무엇을 봐야 할지 몰라 중요한 것들을 놓치기 쉽습니다. 인생도 마찬가지입니다. 우리에겐 인도해줄 목자, 즉 가이드가 필요합니다. 선한 목자이신 예수님께서 앞장서서 이끌어주시고, 앞으로 나아가라고 부르시는 분이 필요한 것입니다.

이는 뒤에서 소 떼를 몰아가는 카우보이의 방식과는 판이하게 다릅니다. 예수님은 우리의 인생 여정에서 강압적으로 밀어붙이지 않으십니다. 오히려 우리 앞에 서서 이렇게 말씀하십니다. "내가 어떻게 하는지 지켜보아라. 내가 어디로 가는지 보아라." 요한복음 10장 4절은 이렇게 말합니다. "양 떼를 다 불러낸 후에 목자가 앞서 가면 양들은 그의 음성을 알고 뒤따라간다."

2. 예수님은 우리의 상처를 긍휼히 여기십니다.

예수님은 우리가 그분 없이는 무력하다는 것을 아시기에 우리를 긍휼히 여기십니다. 마태복음 9장 36절은 이렇게 전합니다. "또 예수님은 목자 없는 양같이 흩어져 고생하는 군중들을 보시고 불쌍히 여기셨다." 그리스어 원문의 의미를 살펴보면, 예수님께서 군중 속 한 사람 한 사람을 깊이 아파하셨고 그들을 돕고 싶어 하셨다는 것을 알 수 있습니다.

마찬가지로, 우리가 예수님께 아픔을 토로할 때 그분은 우리를 외면하지 않으시고 오히려 부축해 일으켜주십니다. 그분은 우리를 괴롭히지 않으시고 치유해주십니다. 그분은 참으로 우리의 선한 목자이십니다.

약함 속에서 발견하는 영적 리더십의 비밀

"더구나 하나님은 우리에게 더 큰 은혜를 주십니다. 그래서 성경에
'하나님은 교만한 사람을 대적하시고 겸손한 사람에게 은혜를 베푸신다'고 쓰여 있습니다."
_야고보서 4장 6절

 여러분, 인생에서 가장 취약해 보이는 부분이 실은 약점이 아닙니다. 놀랍게도, 그것은 강점이 될 수 있습니다!

하나님께서는 우리의 약점을 통해 그분의 목적을 이루시며, 우리를 준비시키십니다. 그 방법은 다음과 같습니다.

1. 영적인 힘을 얻습니다. 우리가 자신의 약점을 솔직하고 개방적인 태도로 타인과 나눌 때, 하나님의 은혜가 흘러들어옵니다. 성경은 이렇게 말씀합니다. "하나님은 교만한 사람을 대적하시고 겸손한 사람에게 은혜를 베푸신다"(약 4:6). 이 은혜야말로 우리를 변화시키는 힘의 원천입니다.

2. 정서적 치유를 경험합니다. 야고보서 5장 16절은 이렇게 권면합니다. "여러분은 서로 죄를 고백하고 병이 낫도록 서로 기도하십시오." 단순히 용서만을 원한다면 하나님께 죄를 고백하는 것으로 충분할 것입니다. 그러나 진정한 치유를 원한다면, 우리의 약점을 다른 이들과 나누어야 합니다.

3. 공감 능력이 자랍니다. 성경은 야고보서 3장 2절에서 이렇게 말씀합니다. "우리는 다 실수가 많은 사람들입니다." 야고보는 이 말씀에 자신도 포함시켰습니다. 우리가 실수할 수 있음을 인정할 때, 다른 이들의 처지에 더 깊이 공감할 수 있게 됩니다. 자기도취에 빠진 사람과 함께 있기를 원하는 이는 아무도 없습니다. 완벽해 보이는 사람보다는 자신의 약점을 인정하고 건강한 관점을 유지하는 사람에게 더 끌리게 마련입니다.

4. 리더십의 핵심이 됩니다. 자신의 취약점을 인정하는 것은 참된 리더십의 핵심 요소입니다. 자신의 약점을 인정할 줄 모른다면, 그저 상사일 뿐 진정한 리더라 할 수 없습니다. "여러분 가운데 지혜롭고 총명한 사람이 누구입니까? 선한 생활로, 그리고 지혜로운 겸손의 행위로 그것을 나타내 보이십시오"(약 3:13).

하나님의 지혜는 우리를 겸손하게 만듭니다. 야고보서 4장 10절은 이렇게 말씀합니다. "주님 앞에서 자신을 낮추십시오. 그러면 주님이 여러분을 높여주실 것입니다." 하나님은 우리의 겸손과 연약함을 귀하게 여기시고, 이를 통해 우리를 리더로 세우십니다.

세상은 우리에게 경계심을 늦추지 말고, 약해 보이지 말라고 말합니다. 그러나 하나님은 우리의 약점을 자랑하라고 하십니다. 우리의 약점이야말로 하나님의 능력을 드러내고, 우리가 그분을 더욱 의지하게 만들기 때문입니다.

우리의 약점을 통해 예수 그리스도의 능력이 드러날 수 있도록 스스로를 낮추시겠습니까? 하나님께서 우리의 연약함을 통해 일하시는 것을 경험해보지 않겠습니까?

연결되어야 비로소 맺히는 열매

"내 안에 머물러 있어라. 그리하면 나도 너희 안에 머물러 있겠다.
가지가 포도나무에 붙어 있지 아니하면 스스로 열매를 맺을 수 없는 것과 같이,
너희도 내 안에 머물러 있지 아니하면 열매를 맺을 수 없다."
_요한복음 15장 4절, 새번역

예수님께서는 십자가에 달리시기 전날 밤, 제자들에게 이렇게 말씀하셨습니다. "내 안에 머물러 있어라. 그리하면 나도 너희 안에 머물러 있겠다. 가지가 포도나무에 붙어 있지 아니하면 스스로 열매를 맺을 수 없는 것과 같이, 너희도 내 안에 머물러 있지 아니하면 열매를 맺을 수 없다"(요 15:4, 새번역).

이 비유를 통해 예수님은 우리의 영적 관계가 포도나무와 가지의 유기적 연결과 같음을 설명하십니다. 우리 혼자서는 인생의 결실이나 진정한 생산성을 얻을 수 없습니다. 그리스도와 그분의 몸인 교회에 지속적으로 연결되어 있어야 합니다.

나무에서 분리된 가지가 열매를 맺을 수 없듯이, 우리의 영적 생활도 이와 다르지 않습니다. 영적 생명력의 근원되신 주님과 단절되면 우리의 영혼은 메말라가고 죽기 시작할 뿐만 아니라, 삶의 생산성도 현저히 떨어집니다.

매년 봄마다 채소와 과일을 재배하면서 제가 깨닫는 것이 있습니다. 잘린 가지에서는 토마토는커녕 그 어떤 열매도 맺히지 않습니다. 열매를 맺으려면 반드시 연결이 되어 있어야 합니다.

그렇다면 우리가 그리스도의 몸과 연결되어 있을 때 맺어야 할 열매는 무엇일까요? 성경은 이렇게 말씀합니다. "그러나 성령님이 지배하는 생활에는 사랑과 기쁨과 평안과 인내와 친절과 선과 신실함과 온유와 절제의 열매가 맺힙니다. 이런 것을 막을 율법은 없는 것입니다"(갈 5:22-23).

여러분은 어떠신지 모르겠지만, 저는 사랑이 더욱 풍성한 사람으로 성장하고 싶습니다. 더 기쁨이 충만한 사람이 되고 싶고, 경제 상황과 관계없이 항상 평화로운 마음을 간직하고 싶습니다. 저를 힘들게 하는 사람들에게도 더 친절하게 대하고 싶고, 약속을 충실히 지키는 사람이 되고 싶습니다. 무례한 사람들에게도 온유하게 대하고 싶고, 자제력도 더욱 키우고 싶습니다.

이것이 바로 성령의 열매이며, 우리가 그리스도와 깊이 연합되어 있다는 명확한 증거입니다. 만약 이런 부분들에서 성장이 없다고 느끼신다면, 그 이유가 무엇일까요? 아마도 영적으로 충분히 연결되어 있지 않기 때문일 것입니다.

하나님께서는 이 영적 연결이 필수라고 말씀하십니다. 우리는 그리스도의 몸과 연결되어 있어야 합니다. 여러분도, 저도 그렇습니다. 우리가 함께 연결되어 있을 때, 우리는 더 큰 일을 이룰 수 있습니다.

모든 사람의 존엄성을 인정하는 하나님의 마음

"모든 사람을 존중하며, 믿음의 식구들을 사랑하며,
하나님을 두려워하며, 왕을 공경하십시오."
_베드로전서 2장 17절, 새번역

최근 수십 년 동안 우리 사회에서 존중의 가치가 점차 퇴색되어가고 있습니다. 그러나 성경은 안정된 가정과 건강한 사회의 토대가 바로 존중에 있음을 명확히 합니다.

성경은 우리에게 부모에 대한 공경, 시민 권위에 대한 인정, 교회 지도자에 대한 존중을 가르치고 있습니다. 베드로전서에서는 남편이 아내를 존중해야 한다고 말씀하고, 에베소서에서는 아내가 남편을 존중해야 한다고 말씀합니다. 더 나아가 성경은 "모든 사람을 존중하며…"(벧전 2:17, 새번역)라고 명령하며, 하나님께서 어느 누구도 소외시키지 않으심을 분명히 하고 계십니다.

그렇습니다. 개인의 신념이나 행동 양식과 무관하게, 모든 인간은 하나님의 형상을 지닌 존귀한 존재입니다. 왜 그럴까요?

첫째, 하나님께서 모든 사람을 창조하셨기 때문입니다. 시편 8편 5절은 이렇게 말씀합니다. "주께서는 그를 천사보다 조금 못하게 하시고 영광과 존귀의 관을 그에게 씌우셨습니다." 하나님은 무가치한 존재를 창조하지 않으십니다. 쓸모없는 사람은 없습니다. 비록 사람들이 잘못된 결정을 내릴 수 있지만, 그들은 여전히 하나님 보시기에 귀중한 존재입니다. 세상에서 가장 사랑받지 못하는 사람조차도 하나님의 사랑 안에 있습니다.

둘째, 예수님께서 모든 사람을 위해 십자가에서 죽으셨기 때문입니다. 성경은 이렇게 말씀합니다. "여러분이 알다시피 조상들로부터 물려받은 헛된 생활 방식에서 여러분이 해방된 것은 은이나 금같이 썩어질 것으로 된 것이 아니요 오직 흠도 없고 점도 없는 어린 양 같은 그리스도의 보배로운 피로 된 것입니다"(벧전 1:18-19, 우리말). 우리의 가치 평가와 무관하게, 하나님은 모든 이를 귀하게 여기십니다. 사실, 하나님은 우리가 만나는 모든 사람이 예수님의 생명을 바칠 만큼 가치 있는 존재라고 말씀하십니다.

따라서 사람을 존중하는 것은 곧 하나님의 마음을 이해하고 그분의 뜻을 실천하는 것입니다. 하나님을 진정으로 안다면, 그분의 사랑이 우리 삶을 채우게 될 것입니다. 성경은 이렇게 말씀합니다. "사랑하지 않는 사람은 하나님을 모릅니다. 이것은 하나님이 사랑이시기 때문입니다"(요일 4:8). 사랑은 언제나 타인을 배려하는 마음으로 나타납니다.

다른 이를 존중할 때, 우리 또한 존중받게 됩니다. 이것이 바로 수확의 법칙입니다. 우리가 심은 대로 거두게 됩니다. "사람은 무엇을 심든지 심은 대로 거두는 법입니다"(갈 6:7).

서로 사랑하는 법을 배우면서, 우리는 "형제처럼 서로 따뜻이 사랑하고 존경"(롬 12:10, 새번역)하게 됩니다. 이를 통해 우리는 점점 더 예수님을 닮아갑니다.

소그룹을 통해 경험하는 하나님의 지원과 능력

"예수님은 열두 제자를 따로 뽑아 자기와 함께 있게 하시고
또 내보내어 전도도 하게 하시며."
_마가복음 3장 14절

"모든 일은 자신이 직접 해야 제대로 된다." 많은 이들이 이렇게 생각합니다. 하지만 이는 번아웃으로 향하는 완벽주의자의 구호에 불과합니다. 우리는 모든 일을 혼자 해낼 수 없기 때문입니다.

완전하신 예수님조차 사역의 여정에서 신실한 동역자들의 지지와 동행을 선택하셨습니다. 예수님은 인간의 본성을 완벽히 이해하셨기에, 함께 나누고 서로 격려하는 관계의 중요성을 몸소 보여주셨습니다. 그래서 예수님께서 사역을 시작하시면서 가장 먼저 하신 일이 무엇인지 아십니까? 바로 소그룹을 만드신 것입니다.

마가복음 3장 14절은 이렇게 말씀합니다. "예수님은 열두 제자를 따로 뽑아 자기와 함께 있게 하시고 또 내보내어 전도도 하게 하시며." 예수님께서 이 소그룹을 모으신 이유는 하나님 아버지의 뜻을 따라 사역의 기쁨과 고난을 함께 나눌 동역자들이 필요하다는 것을 아셨기 때문입니다.

예수님은 "모든 일은 스스로 직접 해야 제대로 된다"라고 말씀하실 수 있는 유일한 분이셨습니다. 예수님께는 무엇이든 하실 수 있는 능력이 있었지만, 그분 역시 소그룹을 통한 도움의 힘을 인정하셨습니다.

십자가에 달리시기 직전, 겟세마네 동산에서 예수님은 제자들에게 이렇게 말씀하셨습니다. "내 마음이 괴로워 죽을 지경이다. 너희는 여기에 머무르며 나와 함께 깨어 있어라"(마 26:38, 새번역). 예수님도 위기의 순간에 함께 기도할 소그룹이 필요하셨던 것입니다.

우리가 겪는 스트레스는 사실 대부분 우리 스스로가 만들어낸 것입니다. 하나님은 우리를 우주의 총책임자로 부르신 것이 아니며, 우리 삶을 혼자서 완벽하게 관리하기를 기대하지도 않으십니다. 우리에게는 그분의 인도하심과 힘 그리고 소그룹의 지원이 필요합니다.

때로 우리는 불안감과 자존심 때문에 다른 사람의 도움을 받아들이지 않고 불필요한 스트레스를 자초합니다. 하지만 우리 주변에는 우리를 기꺼이 돕고 지지해줄 믿음의 동역자들이 있습니다. 동시에 우리의 도움과 지지를 필요로 하는 이들도 있습니다.

겸손히 자신의 한계를 인정하고, 홀로 모든 것을 감당할 수 없음을 받아들이십시오. 하나님은 우리가 스트레스 속에서 힘들어할 때 우리를 돕기 위해 교회 공동체를 만드셨습니다. 우리의 자존심과 두려움을 내려놓고 하나님의 인도하심을 신뢰한다면, 그분은 우리에게 꼭 필요한 믿음의 동역자들을 보내주실 것입니다.

하나님의 자비가 열어주는 섬김의 문

"그러므로 우리는 하나님의 자비를 힘입어서 이 직분을 맡고 있으니, 낙심하지 않습니다."
_고린도후서 4장 1절, 새번역.

여러분, 우리는 단순히 자신만을 위해 존재하도록 창조된 것이 아닙니다. 우리의 삶으로 세상에 공헌하도록 창조되었습니다. 하나님께서는 우리를 그분을 섬기도록 지으셨고, 이 모든 것이 그분의 크신 자비 때문입니다. "그러므로 우리는 하나님의 자비를 힘입어서 이 직분을 맡고 있으니, 낙심하지 않습니다"(고후 4:1, 새번역).

많은 분이 '사역'을 교회에서나 쓰는 단어로 여깁니다. 목회자만 하는 일이라고 생각하지만 사실은 그렇지 않습니다. 하나님께서 허락하신 고유한 은사와 능력으로 이웃을 섬기는 모든 순간이 바로 사역입니다. 회계사, 교사, 트럭 운전사 등 여러분의 일터가 곧 사역의 현장이 될 수 있습니다!

하나님께서 우리를 통해 행하시는 모든 일이 그분의 자비 때문이라는 것을 깨닫게 되면, 두 가지 중요한 진리를 알게 됩니다.

첫째, 우리는 더 이상 자신의 가치를 증명할 필요가 없습니다. 혹시 업무 성과를 통해 자신의 가치를 증명하려 노력한 적은 없습니까? 어쩌면 더 많이 성공할수록 더 가치 있는 사람이 된다고 생각했을지도 모릅니다. 하지만 우리의 가치는 업무 성과와는 무관합니다. 우리의 진정한 가치는 하나님께서 우리를 창조하셨고, 우리를 사랑하시며, 우리를 위해 예수님을 보내셨다는 사실에서 비롯됩니다. 하나님의 자비를 깊이 깨닫게 되면, 우리는 성과 지향적 사고의 속박에서 벗어날 수 있습니다.

둘째, 우리는 더 이상 실수에 얽매일 필요가 없습니다. 우리 모두는 실수를 저질렀고, 죄를 지었습니다. 하지만 하나님의 자비 덕분에 우리는 과거에 연연하지 않아도 됩니다. 우리는 회개하고 죄에서 돌이킬 수 있습니다. 과거의 잘못이 하나님께서 우리에게 맡기신 일을 수행하는 데 걸림돌이 될 필요는 없습니다.

사실, 하나님은 우리의 불완전함을 아시면서도 우리를 사용하십니다. 예수님을 제외한 모든 사람은 약점과 결점이 있지만, 하나님은 그런 우리를 통해 일하시기를 선택하셨습니다. 성경을 보면 실수와 약점에도 불구하고 하나님께 쓰임받은 다양한 인물들을 볼 수 있습니다. 야곱은 거짓말쟁이였고, 라합은 매춘부였습니다. 요나는 두려워하고 주저했으며, 마르다는 걱정이 많았습니다. 사마리아 여인은 여러 번의 결혼 실패를 겪었고, 베드로는 충동적이었습니다. 모세, 다윗, 바울은 모두 살인죄를 지었습니다. 그러나 하나님은 이 모든 사람을 놀라운 방식으로 사용하셨습니다.

우리의 과거 실수나 현재의 결점이 하나님의 섭리를 방해할 수 없습니다. 그분의 무한한 자비로 인해 우리는 각자의 삶에서 하나님의 뜻을 이루어갈 수 있는 특권을 누리게 되었습니다. 이는 우리에게 부여된 경이로운 은혜이며 동시에 우리의 소명입니다.

일터에서 그리스도의 사랑을 실천해야 하는 이유

"그에 따라 각 사람의 업적이 드러날 것입니다. 그날이 그것을 환히 보여줄 것입니다.
그것은 불에 드러날 것이기 때문입니다.
불이 각 사람의 업적이 어떤 것인가를 검증하여 줄 것입니다."

_고린도전서 3장 13절, 새번역

하나님은 우리의 직업을 통해 우리가 예수님을 더 닮아가기를 원하십니다. 그러나 책임감, 인격, 사랑과 같은 그리스도의 성품을 배우는 일은 결코 쉽지 않습니다. 이런 성품들을 갖추려면 예수님처럼 사람들을 대해야 하는데, 특히 직장에서는 이것이 더욱 어려울 수 있습니다.

그렇다면 우리의 근무 환경이 어떠하든, 직장에서 예수님을 본받고자 힘쓰는 이유는 무엇일까요?

첫째, 언젠가 하나님께서 우리의 일을 평가하실 것이기 때문입니다.

성경은 이렇게 말씀합니다. "그에 따라 각 사람의 업적이 드러날 것입니다. 그날이 그것을 환히 보여줄 것입니다. 그것은 불에 드러날 것이기 때문입니다. 불이 각 사람의 업적이 어떤 것인가를 검증하여 줄 것입니다"(고전 3:13, 새번역).

심판의 날, 그리스도께서는 우리의 모든 행위를 세세히 살펴보실 것입니다. 결국 우리가 해 온 모든 일이 드러나게 될 것입니다. 그날에는 하나님의 공의로운 심판이 마치 정련하는 불과 같아서, 우리 각자가 해온 모든 일의 진정한 가치와 의미를 밝히 드러낼 것입니다. 우리의 동기와 노력의 질이 온전히 드러나게 될 것입니다.

우리의 행위 대부분이 타인의 시선에서 벗어나 이루어졌을지라도, 하나님께서는 모든 것을 꿰뚫어보고 계십니다. 그분은 지켜보고 계시며, 아무리 사소한 일이라도 우리가 한 일에 대해 우리에게 물으실 것입니다. 항상 완벽하게 할 필요는 없습니다. 또한 최고가 될 필요도 없습니다. 하지만 주님을 위해 일하는 것처럼, 실제로 주님을 섬기는 마음으로 일해야 합니다.

둘째, 일을 통해 예수님을 더 닮아가도록 노력해야 합니다.

히브리서 6장 10절은 이렇게 말씀합니다. "하나님은 공정하셔서 여러분이 이미 성도를 도왔고 지금도 계속 도우면서 보여준 여러분의 행위와 사랑을 결코 잊지 않으십니다."

매주 월요일 아침마다 이 구절을 기억하세요. 하나님은 우리가 얼마나 열심히 일하고, 최선을 다하고, 그분의 이름으로 사랑을 표현했는지 결코 잊지 않으실 것입니다.

우리의 일은 하나님께 중요합니다. 우리 삶의 목적 중 하나는 그리스도를 닮아가는 것입니다. 그리고 우리의 직업은 하나님께서 우리에게 책임감과 인격을 기르고 타인을 사랑하는 방법을 가르치시는 핵심적인 수단 중 하나입니다. 또한 다른 이들을 주님께로 인도하는 귀중한 기회가 될 수도 있습니다.

화해의 메신저로 살아가는 그리스도인의 사명

"이 모든 것은 하나님에게서 났습니다. 하나님께서는 그리스도를 내세우셔서,
우리를 자기와 화해하게 하시고, 또 우리에게 화해의 직분을 맡겨주셨습니다.
곧 하나님께서 사람들의 죄과를 따지지 않으시고, 화해의 말씀을 우리에게 맡겨주심으로써,
세상을 그리스도 안에서 자기와 화해하게 하신 것입니다."
_고린도후서 5장 18-19절, 새번역

관계를 회복하고 싶을 때, 우리는 해결이 아닌 화해에 초점을 맞춰야 합니다. 이 둘 사이에는 큰 차이가 있습니다! 화해는 관계를 다시 정립하는 것을 의미합니다. 이는 과거의 관계를 그대로 복원한다는 의미가 아닙니다. 단지 서로 평화롭게 지내는 것을 의미할 뿐입니다.

해결은 모든 불일치를 없애는 것을 뜻하지만, 그런 일은 현실적으로 일어나기 어렵습니다. 우리는 모두 다르기 때문에 절대 동의할 수 없는 부분들이 있습니다. 그러나 우리는 불편함 없이 서로의 견해 차이를 수용할 수 있습니다. 이것이 바로 성숙함입니다. 이것이 지혜입니다. 이것이 그리스도를 닮아가는 것입니다.

우리는 다양성을 인정하면서도 조화를 이룰 수 있습니다. 모든 것에 동의하지 않아도 함께 손을 잡고 걸을 수 있습니다. 제 아내 케이와 결혼한 지 거의 50년이 되어가지만, 우리는 여전히 많은 부분에서 의견이 다릅니다. 그러나 우리는 함께 손을 잡고 걸으며 서로를 지지합니다. 우리는 평화로운 관계를 유지하고 있습니다.

우리를 둘러싼 세상은 다양한 형태의 갈등으로 가득 차 있습니다. 전쟁, 분열, 논쟁, 편견, 인종차별, 테러, 당파주의가 세계를 뒤덮고 있습니다. 그 결과 관계가 깨지고, 경제가 무너지고, 정부가 제 기능을 못하며, 많은 이들의 마음이 상처받고 있습니다.

그리스도의 제자 된 우리에게 시대적 사명을 제시하고자 합니다. 이 갈등 속 세상에서 화해를 이끄는 선구자가 되어주십시오. 사람들을 하나로 모으는 방법을 찾아보십시오.

성경은 고린도후서 5장 18-19절에서 이렇게 말씀합니다. "하나님께서는 그리스도를 내세우셔서, 우리를 자기와 화해하게 하시고, 또 우리에게 화해의 직분을 맡겨주셨습니다. 곧 하나님께서 사람들의 죄과를 따지지 않으시고, 화해의 말씀을 우리에게 맡겨주심으로써, 세상을 그리스도 안에서 자기와 화해하게 하신 것입니다"(새번역).

예수 그리스도를 따르는 우리에게는 화해의 사역이 주어졌습니다. 세상에 나가 이렇게 선포합시다. "하나님께서 여러분을 그분과 다시 교제할 수 있도록 모든 일을 하셨습니다. 그분은 이미 여러분의 모든 죗값을 치르셨습니다. 여러분은 더 이상 그분의 적이 될 필요가 없습니다. 기억하세요. 하나님은 여러분에게 화를 내지 않으십니다. 그분은 여러분의 죄에 대해 화를 내셨지만, 그 분노는 이미 해결되었습니다. 하나님과 화해하십시오. 하나님과 평화로운 관계를 누리세요. 그리고 그 평화를 다른 모든 사람에게 전하세요."

갈등을 해결하는 진정한 방법

"여러분은 각자 자기 자신의 일을 돌아볼 뿐더러 다른 사람의 일도 돌아보십시오.
여러분 안에 이 마음을 품으십시오. 이것은 그리스도 예수 안에 있던 마음이기도 합니다."
_빌립보서 2장 4-5절, 우리말

갈등에 휘말리기는 쉽지만, 그것을 해소하는 것은 실로 어려운 과제입니다.
그렇다면 우리는 어떻게 갈등을 해결할 수 있을까요? 먼저 문제의 본질과 자신의 내면을 정직
하게 직면해야 합니다. 그런 다음 상대방의 상처와 관점에 귀를 기울여야 합니다.

우리는 종종 견해 차이로 인해 다툰다고 여깁니다. 하지만 실제로는 감정 때문에 다투는 경
우가 많습니다. 모든 갈등의 심층에는 누군가의 치유되지 않은 상처가 깊이 자리잡고 있습니다.
갈등을 일으키는 것은 아이디어 그 자체가 아니라, 그 아이디어 뒤에 숨어 있는 감정인 것입니다.

상처받은 사람은 다른 이에게 상처를 줍니다. 상처를 많이 받은 사람일수록 더 쉽게 화를
내고 공격적이 됩니다. 반면에 내면이 평안한 사람은 다른 이에게 상처를 주지 않습니다. 사랑
으로 충만한 사람은 다른 이에게 사랑을 베풀고, 기쁨으로 가득 찬 사람은 주변에 기쁨을 전합
니다. 평화로 가득 찬 사람은 모든 이와 평화롭게 지냅니다. 하지만 내면에 상처가 있는 사람은
자신도 모르게 다른 이에게 상처를 주게 됩니다.

타인과 진정한 소통을 원한다면, 그들의 필요와 상처, 관심사를 출발점으로 삼아 대화를 시
작해야 합니다. 훌륭한 영업사원이 되고 싶다면 제품 설명부터 시작하지 마세요. 고객의 필요
와 고민, 관심사부터 파악해야 합니다. 좋은 교수나 목사 또는 어떤 분야의 리더가 되고 싶다면
사람들의 필요와 아픔, 관심사부터 이해해야 합니다.

빌립보서 2장 4-5절은 이렇게 말씀합니다. "여러분은 각자 자기 자신의 일을 돌아볼 뿐더
러 다른 사람의 일도 돌아보십시오. 여러분 안에 이 마음을 품으십시오. 이것은 그리스도 예수
안에 있던 마음이기도 합니다"(우리말).

혹시 여러분은 다른 사람들에게 자기 입장을 이해시키느라 정작 그들의 이야기에 귀 기울이
지 못하고 있지는 않습니까? 우리는 자신의 필요에서 상대방의 필요로 초점을 전환해야 합니다.

갈등 해소의 시작점은 상황을 대하는 우리의 자세에 있습니다. 빌립보서 2장 4절에 나오는
"바라보다"(한글성경에는 '생각하다'—편집주)라는 단어는 헬라어로 '스코페오'(skopeó)입니다. 이와 관
련된 명사 '스코포스'(skopos)는 "현미경"과 "망원경"이라는 단어의 어원이기도 합니다. 즉, '스코
페오'는 "눈을 고정하다", 즉 "초점을 맞추다"라는 뜻입니다. 이어지는 구절은 우리의 태도가
예수님을 닮아야 한다고 말씀합니다. 자신의 고통보다 타인의 아픔에 주목할 때, 우리는 가장
예수님의 모습을 닮아갑니다.

"이해받으려 하기 전에 이해하려고 노력하라"는 오래된 지혜의 말씀이 있습니다. 우리가
자신의 필요보다는 상대방의 필요에 집중할 때, 상황을 더 깊이 이해하고 갈등 해결을 위한 진
정한 첫걸음을 내디딜 수 있습니다.

온유함으로 세상에 예수님을 드러내세요

"또, 아무도 비방하지 말고, 싸우지 말고, 관용하게 하며.
언제나 모든 사람에게 온유하게 대하게 하십시오."
_디도서 3장 2절, 새번역

여러분의 온유함은 믿지 않는 사람들에게 강력한 증거가 됩니다. 그들은 여러분이 스트레스 상황에서 어떻게 반응하는지 주의 깊게 지켜보고 있습니다. 여러분이 압박감 속에서도 온유함을 유지할 때, 그것은 세상에 놀라운 간증이 됩니다.

성경은 디도서 3장 2절에서 이렇게 말씀합니다. "또, 아무도 비방하지 말고, 싸우지 말고, 관용하게 하며, 언제나 모든 사람에게 온유하게 대하게 하십시오"(새번역).

그리스도의 제자라면 누구에게도 험담과 비방의 말을 삼가야 합니다. 다투는 것도 바람직하지 않습니다. 대신 모든 사람에게 온화하고 예의 바르게 대해야 합니다. 이는 정치적 견해가 다른 사람들에게도 해당됩니다.

하나님께서 제게 전도의 은사를 주셨기에, 저는 제 견해와 전혀 다른 사람들과도 많은 시간을 대화하며 보냅니다. 적대적 관계 속에서는 그리스도의 사랑을 전할 수 없고, 오직 친구만이 그 역할을 할 수 있다고 믿기 때문입니다.

사람들은 종종 여러분을 신뢰하기 전까지는 예수님을 믿으려 하지 않습니다. 그들은 보통 성경이 믿을 만한지 묻기보다는, 여러분이 믿을 만한 사람인지 보고 싶어 합니다. 여러분은 정직하게 살고 있나요? 온화한가요? 사랑이 넘치나요? 동정심이 있나요?

사람들이 여러분에게서 보이는 모습이 마음에 들면, 그때 비로소 여러분의 말에 귀를 기울일 것입니다.

디도서 3장 2절 말씀에 순종한다면, 때로는 다른 그리스도인에게서 비난을 받을 수도 있습니다. 그들은 여러분이 타협하고 있다고 말할지도 모릅니다. 저는 경험을 통해 이 사실을 잘 알고 있습니다. 제가 무슬림, 유대인, 무신론자인 친구가 있다고 말하면 어떤 이들은 "어떻게 그럴 수 있느냐?"고 반문합니다. 그리고 제가 타협한다고 비난하기도 합니다.

하지만 다른 사람을 존중한다고 해서 자신의 신념을 타협해야 한다는 뜻은 아닙니다. 저에게는 저와 동의하지 않는 친구도 있고 제가 믿는 것을 믿지 않는 친구도 있습니다. 신념의 차이가 우리의 관계를 가로막지 않는 이유는 더 큰 목적이 있기 때문입니다. 바로 그들이 예수님의 사랑을 경험하고 알아가도록 돕는 것입니다.

베드로전서 3장 15절은 이렇게 말씀합니다. "여러분이 가진 희망을 설명하여주기를 바라는 사람에게는, 언제나 답변할 수 있게 준비를 해두십시오"(새번역).

우리의 삶을 감싸는 하나님의 선하심과 자비

"여호와께서는 자기를 사랑하는 모든 자를 보호하시고 악인들은 다 멸하실 것이다."

_시편 145편 20절

 예수님을 신뢰하면 미래를 두려워할 필요가 없습니다. 그분의 선하심과 자비가 매일 우리와 함께하기 때문입니다.

우리는 선한 목자를 따르고 있습니다. 그분은 지팡이를 들고 우리 앞에 서 계십니다. 그리고 우리 뒤에는 하나님의 선하심과 자비가 마치 충실한 양치기 개처럼 따라다니며, 우리가 올바른 길에서 벗어나지 않도록 지켜주고 있습니다. 이 두 가지 속성은 우리의 삶을 보호하고 이끄시는 하나님 사랑의 구체적 표현입니다.

하나님의 선하심이 우리를 지켜보고 계십니다. 여러분, 우리 삶에서 하나님이 지켜보지 않으신 순간이 단 한 순간도 없었다는 사실을 알고 계십니까? 하나님은 우리를 사랑하기 위해 창조하셨기에 항상 우리에게 주목하고 계십니다. 그분은 우리 삶의 모든 세세한 부분까지 알고 계십니다. 시편 145편 20절은 "여호와께서는 자기를 사랑하는 모든 자를 보호하[신다]"라고 말씀합니다.

주님은 우리를 지켜보실 뿐만 아니라 보호하십니다. 성경은 이렇게 말씀합니다. "그[하나님]가 천사들에게 명령하여 네가 어디를 가든지 너를 지키게 하시리라"(시 91:11).

물론 하나님의 보호가 우리에게 좋은 일만 일어난다는 의미는 아닙니다. 여전히 우리에게는 실망과 고통이 다가올 수 있습니다. 그러나 이생에서 그분이 어떻게 일하셨는지 볼 수 있든 없든, 우리에게 일어나는 모든 일에서 선한 결과가 있을 것이라고 하나님은 약속하십니다.

하나님의 자비와 은혜가 우리 안에서 역사하고 있습니다. 성경은 이사야 60장 10절에서 "이제는 내가 너에게 은혜와 자비를 베풀겠다"라고 말씀합니다.

하나님의 은혜는 우리가 받을 자격이 없는데도 베풀어주시는 그분의 축복입니다. 반면 자비는 우리가 마땅히 받아야 할 벌을 면제하시는 그분의 용서입니다. 이 두 가지는 우리를 향한 하나님의 무조건적인 사랑을 보여주는 놀라운 선물입니다. 우리가 죄를 짓고, 실패하고, 실수한 모든 것에 대해 벌을 받아 마땅하지만, 하나님은 그리스도를 통해 우리를 용서하십니다. 이것이 바로 자비입니다.

자비를 베푸시는 것은 하나님의 본성입니다. 그분은 자비를 베푸시는 것을 기뻐하십니다! 그분은 지치지 않으시며, 우리가 계속 더 많은 것을 구한다고 해서 좌절하지 않으십니다.

진실은 하나님이 매일 매 순간 우리와 함께하시며 항상 선하심과 자비를 베푸신다는 사실입니다. 다음 주에 무슨 일이 일어날지, 앞으로 10년 동안 무슨 일이 일어날지 아무도 모릅니다. 하지만 미래를 마주할 때 이 사실을 기억하십시오. 하나님께서 우리의 삶을 넘치도록 채우실 것이며, 그분의 선하심과 자비가 우리와 함께하실 것입니다. 그러니 두려워할 필요가 없습니다.

모든 축복의 근원인 하나님 자신을 구하십시오

"주님께서는 하늘에서 사람을 굽어보시면서, 지혜로운 사람이 있는지,
하나님을 찾는 사람이 있는지를, 살펴보신다."

_시편 14편 2절, 새번역

치유와 회복을 위해 기도할 때 기적을 바라는 것은 자연스러운 일입니다. 그러나 우리가 궁극적으로 구해야 할 것은 하나님 그분 자신입니다. 우리의 기도는 단순한 요청 목록이 아니라 하나님과의 친밀한 대화가 되어야 합니다. "하나님, 제가 진정으로 원하는 것은 당신입니다. 당신을 더 깊이 알고, 더 가까이 느끼고 싶습니다." 하나님을 구할 때 다른 모든 것을 얻을 수 있기 때문입니다.

하나님은 성경에서 자신을 찾는 사람들에게 풍성한 약속을 하십니다. 그중 몇 가지를 살펴보겠습니다.

- "만일 내 백성이 스스로 낮추고 기도하며 나를 찾고 악한 길에서 돌아서면 내가 하늘에서 듣고 그들의 죄를 용서하며 그들의 땅을 다시 축복해주겠다"(대하 7:14).
- "나를 사랑하는 자가 나의 사랑을 받을 것이며 나를 간절히 찾는 자가 나를 만날 것이다"(잠 8:17).
- "하나님에게 나아가는 사람은 그분이 계시는 것과 또 그분을 진정으로 찾는 사람들에게 상을 주신다는 것을 반드시 믿어야 합니다"(히 11:6).
- "여러분이 온 마음과 정성으로 여호와를 찾으면 그분을 만날 것입니다. … 여러분의 하나님 여호와는 자비로운 분이시므로 여러분을 버리거나 멸망시키지 않으실 것이며…"(신 4:29, 31).

하나님의 축복에만 집중하지 말고 하나님 그분을 전심으로 추구하십시오. 그러면 하나님을 더 깊이 아는 기쁨을 발견하게 될 것입니다. 여러분이 원하는 것을 얻든 못 얻든, 하나님께서 가장 좋다고 여기시는 것에 만족하게 될 것입니다. 인생의 어려운 순간들, 이를테면 이혼이나 유산, 해고와 같은 고통스러운 상황에서도, 우리는 단순히 문제 해결만을 구하는 것을 넘어서야 합니다. 이런 때야말로 하나님 그분을 더욱 간절히 찾을 수 있는 기회입니다.

하나님을 찾는 것은 단순한 여가 활동이나 일시적 관심사가 아닙니다. 일과 후 남는 시간이나 휴대폰을 보다 지쳤을 때 잠깐 하는 것이 아닙니다. 하나님을 알아가는 것을 인생의 가장 중요한 목표로 삼으십시오.

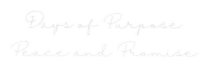

"주님께서는 하늘에서 사람을 굽어보시면서, 지혜로운 사람이 있는지, 하나님을 찾는 사람이 있는지를, 살펴보신다"(시 14:2, 새번역).

하나님을 진심으로 찾는 사람을 발견하기란 쉽지 않습니다. 우리 대부분은 하나님께 축복은 받고 싶지만, 그분에 의해 변화되는 것은 원하지 않습니다.

예수 그리스도의 진정한 제자가 되는 것은 남은 시간과 에너지를 드리는 것만으로는 부족합니다. 온 마음을 다해 먼저 그분을 찾으십시오. 그러면 하나님은 여러분을 구원하고 회복시키겠다는 모든 약속을 반드시 지키실 것입니다.

하나님의 은혜의 메시지를 붙잡으려면

"이제 나는 하나님과 하나님의 은혜의 말씀에 여러분을 맡깁니다.
그 말씀은 여러분을 능히 세울 수 있고 모든 거룩한 백성들과 함께 기업을 받을 수 있는
말씀입니다."
_사도행전 20장 32절, 쉬운

 우리의 몸이 영양가 있는 음식을 필요로 하듯, 우리의 영혼도 하나님 말씀의 진리 없이는 건강할 수 없습니다.

여러분, 하나님께서 준비하신 모든 축복을 누리고 싶으십니까? 물론 그러실 겁니다! 그렇다면 어떻게 그 축복을 받을 수 있을까요? 그 비결은 바로 영적 성숙에 있습니다. 성경은 이렇게 말씀합니다. "그 말씀은 여러분을 능히 세울 수 있고 모든 거룩한 백성들과 함께 기업을 받을 수 있는 말씀입니다"(행 20:32, 쉬운).

하나님의 말씀에 담긴 은혜의 메시지는 우리를 견고하게 세워줍니다. 우리가 영적으로 성숙해질 때 하나님께서 우리에게 주시려는 모든 축복을 온전히 받을 수 있게 됩니다. 부모가 자녀의 성장 단계에 맞는 선물을 고르듯, 하나님도 우리의 영적 성숙도에 따라 맞춤형 축복을 준비하고 계십니다. 이러한 영적 성장을 위해 성경을 효과적으로 활용하는 방법이 있는데, 이를 우리의 손가락에 비유하여 쉽게 기억할 수 있습니다. 여섯 가지 단계로 하나님의 말씀을 깊이 있게 받아들일 수 있습니다.

• 새끼손가락: 말씀을 듣습니다.
• 약지: 말씀을 읽습니다.
• 중지: 말씀을 공부합니다.
• 검지: 말씀을 암송합니다.
• 엄지: 말씀을 묵상합니다.
• 손바닥: 말씀을 삶에 적용합니다.

만약 교회에서 말씀을 듣는 것이 유일한 영적 양식이라면, 그것은 새끼손가락으로만 말씀을 붙잡으려는 것과 같습니다. 우리는 72시간 이내에 듣는 모든 것의 최대 95퍼센트를 잊어버리기 때문에, 말씀을 듣는 것만으로는 충분한 영적 양식을 섭취하기 어렵습니다. 말씀을 우리 영혼 깊이 새기고 평생의 양식으로 삼기 위해서는 다양한 방법으로 말씀과 교제해야 합니다.

하지만 말씀을 듣고, 매일 읽고 공부한다면, 진리를 더욱 단단히 붙잡을 수 있을 것입니다. 이렇게 하면 사탄이 우리에게서 진리를 쉽게 빼앗아 가지 못할 것입니다.

이 여섯 가지 방법을 모두 실천한다면, 하나님의 말씀을 확고하고 강하게 붙잡을 수 있게 됩니다. 그 누구도 여러분에게서 말씀을 빼앗을 수 없을 것입니다! 그 결과, 여러분은 영적 성숙을 향해 성장하고, 그에 따른 풍성한 축복을 경험하게 됩니다.

하나님의 자비에 맡기는 용기

"모든 걱정과 근심을 하나님께 맡기십시오.
하나님께서 여러분을 돌보시고 계십니다."
_베드로전서 5장 7절, 쉬운

실패를 경험할 때 우리가 할 수 있는 가장 중요한 일 중 하나는 하나님의 자비에 자신을 온전히 맡기는 것입니다. 베드로의 삶이 이를 잘 보여줍니다. 그는 이 주제에 관해 성경에 두 권의 서신을 남겼습니다.

베드로는 단 하룻밤 사이에 예수님을 세 차례나 부인하는 치명적인 실패를 경험했습니다. 하지만 그는 죄책감이나 수치심, 후회에 사로잡혀 시간을 낭비하지 않았습니다. 대신 그는 모든 염려를 하나님께 맡겼고, 그 결과 하나님의 자비로 인해 그의 삶은 새로운 희망으로 가득 차게 되었습니다.

베드로전서 5장 7절에서 그는 이렇게 말합니다. "모든 걱정과 근심을 하나님께 맡기십시오. 하나님께서 여러분을 돌보시고 계십니다"(쉬운). 이 구절에서 "맡기라"로 번역된 헬라어 원어는 '던지다' 혹은 '내던지다'라는 강렬한 의미를 내포하고 있습니다.

무거운 배낭을 메고 있는 자신을 상상해보십시오. 그 무게 때문에 힘들어하고 있을 때, 옆에 말이 있다면 어떨까요? 말의 등에 배낭을 던져주면 짐을 지지 않고도 편안히 갈 수 있습니다.

이것이 바로 이 구절이 우리에게 전하고자 하는 핵심 메시지입니다. 두려움, 불안, 죄책감 등 우리를 짓누르는 모든 것을 하나님께 던져버리라는 것입니다. 그분의 자비하심에 우리 자신을 맡기고, 그분이 우리 짐을 지도록 하는 것입니다.

그렇다면 구체적으로 어떻게 이렇게 할 수 있을까요? 다음과 같이 기도할 수 있습니다. "하나님, 제가 정말 잘못했습니다. 저는 당신의 자비를 받을 자격이 없습니다. 당신을 무시하고 실수를 저질렀습니다. 하지만 주님은 자비로우시고 용서하시는 분이시니, 주님의 자비에 저를 맡기겠습니다. 제게는 새 출발이 필요합니다!"

이와 같은 자세는 사탄의 모든 기만에 대한 강력한 해독제 역할을 합니다. 사탄은 우리의 마음속에 의심의 씨앗을 심으려 합니다. "넌 부족해", "대체 네가 누구라고 생각하니?", "하나님이 너 같은 사람을 어떻게 쓰시겠어?", "그렇게 많은 실수를 저지른 네 기도를 하나님이 들어주실 리 없어"라고 속삭입니다. 하지만 이런 생각들은 모두 거짓입니다. 하나님의 사랑과 자비는 우리의 실수나 부족함보다 크십니다. 사탄은 우리가 하나님의 자비에 집중하는 것을 원하지 않습니다.

　베드로가 실패하기 전, 예수님은 그에게 사탄의 계략을 경고하셨습니다. 그러면서도 예수님은 베드로를 위해 기도하겠다고 말씀하셨고, 그의 고난을 통해 다른 이들을 돕게 될 것이라고 하셨습니다.

　여러분에게도 마찬가지입니다. 우리가 유혹에 빠지고 때로 실패할지라도, 예수님은 변함없이 우리 곁에 계십니다. 그리고 우리의 고난은 결코 헛되지 않을 것입니다. 우리의 모든 걱정과 근심을 하나님께 맡길 때, 놀라운 일이 일어납니다. 우리 마음을 짓누르던 절망의 짐이 벗겨지고, 그 자리에 하나님의 약속에 근거한 새로운 희망이 자리 잡습니다. 이것이 바로 하나님의 자비를 경험하는 순간입니다.

자기 방식을 내려놓고 하나님의 인도를 받아들이는 지혜

"말씀을 다 마치시고 예수님께서 시몬에게 말씀하셨습니다.
'깊은 데로 가서 그물을 내려 고기를 잡으라.' 시몬이 대답하였습니다.
'선생님, 우리가 밤새도록 수고하였지만 아무것도 잡지 못했습니다.
그러나 선생님의 말씀대로 그물을 내리겠습니다.'"
_누가복음 5장 4–5절, 쉬운

시몬 베드로는 밤새 고기를 잡으려 했지만 허탕을 쳤습니다. 그때 예수님께서 그에게 그물을 한 번 더 던지라고 말씀하셨습니다. 베드로가 이 실패를 인정하는 것은 쉽지 않았습니다. 그는 전문 어부였고, 어업으로 생계를 유지해왔습니다. 하지만 때로는 전문가들도 밤새 애써도 아무것도 잡지 못할 때가 있습니다.

여러분도 삶 속에서 이와 유사한 좌절감을 경험해 보셨나요? 최선을 다해도 부족할 때가 있고, 때로는 통제할 수 없는 상황에 직면합니다. 경제나 날씨, 그 외 삶에 영향을 미치는 많은 요소를 우리는 통제할 수 없습니다.

열심히 노력하는데도 별다른 성과가 없을 때, 우리는 어떻게 해야 할까요?

먼저, 예수님을 우리의 '배'에 모셔야 합니다. 다시 말해, 그분이 우리 일의 중심이 되게 해야 합니다. 그런 다음, 우리 방식이 효과가 없음을 인정하고 모든 것을 그분께 맡겨야 합니다. 성경은 이를 '고백'이라고 부르지만, 우리의 자존심과 치열하게 싸워야 하는 영적 전투입니다. 우리의 방식이 효과가 없다는 것을 인정하기 어려운 이유는 무엇일까요? 몇 가지 살펴보겠습니다.

자존심. 우리는 종종 다른 사람들의 눈에 무능해 보이는 것을 두려워합니다. 대신 모든 것을 통제하고 있는 것처럼 보이고 싶어 합니다. 직장에서 과도한 업무에 시달리면서도 혼자 모든 것을 해내려 애쓰는 이유일 수도 있습니다.

고집. 우리는 일하는 방식을 바꾸려 하지 않습니다. 하지만 과거의 성공 방식이 미래의 성공을 가로막는 장애물이 될 수 있습니다.

두려움. 밤새 노력했지만 아무것도 잡지 못했다는 사실을 인정하기 힘들어합니다. 다른 사람들이 우리를 평가절하할까 봐 걱정합니다. 예수님께 우리의 '배'를 맡기면 우리가 원치 않는 방향으로 인도하실지도 모른다는 불안감이 있습니다.

이제 우리의 방식이 효과가 없음을 고백할 때입니다. 이렇게 기도해보는 것은 어떨까요? "주님, 저는 모든 것을 혼자 해내고 싶지만 그럴 수 없다는 것을 깨닫습니다. 제가 모든 것을 통제하고 싶지만, 실은 그렇지 못하다는 것을 알고 있습니다. 제 길을 가고 싶지만, 주님의 길이 더 낫다는 것을 압니다. 그래서 이제 주님께 모든 통제권을 맡기고 싶습니다. 주님이 언제나 모

든 것을 주관하고 계심을 알기 때문입니다. 주님을 믿지 않고 제 능력만 믿으며 과로했던 죄를 고백합니다. 더 이상 그렇게 살고 싶지 않습니다. 제발 제 인생의 운전대를 잡으시고, 저를 위한 주님의 선하신 계획대로 이끌어주세요."

자존심과 고집, 두려움을 내려놓으십시오. 시몬 베드로처럼 예수님께 "선생님의 말씀대로 다시 한번 그물을 내리겠습니다"라고 기꺼이 고백하십시오. 그리고 예수님께서 어떻게 여러분의 '배'에 오르셔서 그물을 풍성히 채우실지 지켜보십시오.

누구에게 삶의 주도권을 맡기고 있습니까?

"그러므로 죽게 될 여러분의 몸에 죄가 왕노릇 하여 몸의 욕심을 따라 살지 않도록 하십시오.
또한 여러분의 몸을 불의를 행하는 도구로 죄에게 내어 주지 말고, 죽은 자들 가운데에서
살아난 자들답게 여러분의 몸을 의를 행하는 도구로 여러분 자신을 하나님께 드리십시오."
_로마서 6장 12-13절, 쉬운

여러분, 우리는 매일 무언가의 지배를 받고 있습니다.

종종 자신의 욕망이나 주변 사람들의 기대에 얽매여 살아갑니다. 두려움, 죄책감, 분노, 또는 괴로움에 지배당할 수도 있지요. 심지어 약물이나 나쁜 습관에 의해 통제될 수도 있습니다. 결국, 우리는 매일 무언가에 의해 통제되고 있는 셈입니다.

그렇다면 진정한 자유는 어디에서 올까요? 바로 우리를 통제할 대상을 선택할 때 찾아옵니다. 예수 그리스도께서 우리 삶을 주관하시도록 선택할 때, 즉 주님의 다스림을 받아들일 때, 우리는 다른 모든 것을 지배할 수 있게 됩니다. 만약 하나님이 우리 인생의 최우선 순위가 아니라면, 다른 무언가가 우리를 부정적인 방향으로 이끌게 될 것입니다. 하지만 우리의 삶을 온전히 하나님께 맡긴다면, 그분은 언제나 우리를 올바른 길로 인도하실 것입니다.

로마서 6장 12-13절은 이렇게 말씀합니다. "그러므로 죽게 될 여러분의 몸에 죄가 왕노릇 하여 몸의 욕심을 따라 살지 않도록 하십시오. 또한 여러분의 몸을 불의를 행하는 도구로 죄에게 내어 주지 말고, 죽은 자들 가운데에서 살아난 자들답게 여러분의 몸을 의를 행하는 도구로 여러분 자신을 하나님께 드리십시오"(쉬운).

하나님께 통제권을 드리는 것은 우리의 선택입니다. 이를 실천하기 위한 몇 가지 단계를 살펴보겠습니다.

- 자신이 하나님의 자리를 대신하려 했다는 사실을 인정하세요.
- 스스로의 힘으로는 변화할 수 없다는 것을 인정하세요.
- 겸손히 하나님께 변화를 도와달라고 간구하세요.
- 삶에서 변화가 필요한 부분에 대해 다른 이에게 솔직히 털어놓으세요.
- 예수 그리스도께 여러분 삶의 완전한 주권을 드리세요.

진정한 변화를 원하십니까? 이 단계들을 따를 준비가 되셨나요? 여러분 중에는 "이제 더 이상 노력하고 실패하는 악순환에 지쳤어요"라고 말씀하시는 분들이 계실 것입니다. 그렇다면 이제 여러분의 힘으로 노력하는 것을 멈추고, 하나님을 신뢰하기 시작하세요. 하나님은 우리에게 선택권을 주셨습니다. 그분을 의지하며 살 것인지, 아니면 우리 자신을 의지하며 살 것인지를 말입니다. 그 결과는 자유 아니면 좌절, 둘 중 하나입니다.

그리스도께 모든 것을 맡겨보는 것은 어떨까요? 잃을 것이 뭐가 있겠습니까?

하나님과 함께하는 진정한 회복

"너희는 알지 못하느냐? 너희는 듣지도 못하였느냐? 여호와는 영원하신 분이시며
온 세상을 창조하신 분이라는 것을!
그는 피곤하거나 지치지 않으며 그의 깊은 생각은 헤아릴 수가 없다."
_이사야 40장 28절

우리 삶에 큰 변화가 일어날수록 하나님과 함께하는 시간이 더욱 필요합니다. 이 귀중한 순간을 우리는 '경건의 시간'(quiet time)이라고 부릅니다. 성경을 읽고, 기도로 하나님과 대화하며, 고요히 그분의 음성에 귀 기울이는 시간입니다.

스트레스에 짓눌릴 때, 하나님과의 독대는 가장 강력한 안정제가 됩니다. 또한 지칠 때 가장 큰 활력소가 되기도 합니다. 끊임없이 밀려오는 삶의 변화와 도전이 가져오는 만성적 피로가 우리를 지치게 하는 것은 당연한 일입니다.

피로감에 시달립니까? 걱정하지 마십시오. 몸이 스트레스에 반응하는 자연스러운 현상입니다. 현대 사회를 살아가는 우리 모두가 경험하는 반응입니다. 밤에 충분히 잠을 자도 아침에 일어날 때 피곤함을 느끼거나, 낮 시간 내내 피로가 가시지 않는 경우가 많습니다. 이런 경험을 하고 계신다면, 여러분은 혼자가 아닙니다.

압박감에 짓눌리고, 피로에 지치며, 스트레스에 시달려 겨우 버티고 있다고 느껴질 때, 이사야 40장 28절의 말씀을 마음에 새기십시오. "너희는 알지 못하느냐? 너희는 듣지도 못하였느냐? 여호와는 영원하신 분이시며 온 세상을 창조하신 분이라는 것을! 그는 피곤하거나 지치지 않으며 그의 깊은 생각은 헤아릴 수가 없다."

하나님은 6일 동안 우주 만물을 창조하셨고, 우리에게 안식의 본을 보이고자 일곱째 날에 쉬셨습니다. 그분은 결코 지치지 않으십니다! 압도당하거나 피곤해하지 않으십니다. 스트레스를 받지 않으십니다. 그분은 우리의 한계를 뛰어넘어 모든 것을 감당하실 수 있는 전능하신 분입니다.

지치지 않으시는 하나님과 더 많은 시간을 보낼수록 우리는 더욱 풍성한 활력을 얻게 될 것입니다. 하나님과 함께하는 시간은 결코 우리에게 부담이 되거나 고단함을 주지 않습니다. 오히려 그 반대입니다! 그분은 지친 이들에게 힘을 주시고, 평화와 안식을 선사하십니다.

스트레스를 받을 때 빠른 해결책을 찾으려 하지 마십시오. 지름길을 모색하지 마십시오. 통제할 수 없는 변화에 맞서 싸우지 마십시오. 대신 매일 하나님과 함께하는 시간을 가지십시오. 그 시간 속에서 여러분은 진정한 회복과 새로운 힘을 경험하게 될 것입니다.

마음을 새롭게 하는 하나님의 배경음악

"하나님을 아는 지식을 가로막는 모든 교만을 쳐부수고,
모든 생각을 사로잡아서, 그리스도께 복종시킵니다."
_고린도후서 10장 5절, 새번역

여러분에게 좋은 소식과 나쁜 소식이 있습니다. 좋은 소식은 우리의 뇌가 모든 것을 저장한다는 것입니다. 그런데 이것이 동시에 나쁜 소식이 되기도 합니다. 우리 뇌에 저장된 모든 정보가 우리 삶의 배경음악이 되기 때문입니다.

우리는 일상에서 끊임없이 진실과 거짓에 노출되며, 우리의 뇌는 이 둘을 구분 없이 수용합니다. 뇌에는 유익한 정보도 있지만, 동시에 우리를 해치는 쓰레기 같은 정보도 가득합니다. 그리고 우리는 종종 이 쓰레기 정보를 바탕으로 중요한 결정을 내리곤 합니다.

어린 시절, 어른들로부터 "넌 부족해" 혹은 "넌 아무것도 될 수 없어"라는 말을 들었을지도 모릅니다. 그것은 명백한 거짓말이었지만, 우리는 그 말을 믿었습니다. 그리고 지금도 여전히 그 거짓말의 영향 아래 살아가고 있을지도 모릅니다. 그 거짓된 말들이 우리의 일상에서 끊임없이 배경음악처럼 재생되고 있는 것입니다.

그렇다면 우리는 어떻게 해야 할까요? 우리 내면에서 울려 퍼지는 배경음악을 교체해야 합니다. 거짓된 메시지들을 하나님의 생명력 있는 진리의 말씀으로 대체해야 합니다.

고린도후서 10장 5절은 "하나님을 아는 지식을 가로막는 모든 교만을 쳐부수고, 모든 생각을 사로잡아서, 그리스도께 복종시킵니다"(새번역)라고 말씀합니다. 또한 로마서 12장 2절은 이렇게 권면합니다. "여러분은 이 세상을 본받지 말고 마음을 새롭게 하여 변화를 받으십시오. 그러면 하나님의 선하시고 기뻐하시고 완전하신 뜻이 무엇인지를 알게 될 것입니다." 그렇다면 어떻게 우리의 생각을 바꿀 수 있을까요? 바로 진리의 배경음악을 틀면 됩니다.

먼저, 하나님께 우리의 기억을 치유해달라고 기도해야 합니다. "주님, 거절, 죄, 분노, 죄책감, 학대의 기억을 치유해주세요. 이것들이 저를 아프게 합니다. 제발 치유해주세요"라고 간구하십시오.

이어서, 하나님의 말씀으로 우리의 내면을 충만히 채워야 합니다. 우리 마음에 진리를 더 많이 담을수록 거짓은 밀려나게 됩니다. 텔레비전을 보거나 음악을 듣는 대신 하나님 말씀으로 우리의 마음을 채우는 시간을 가져보십시오.

하나님의 말씀은 우리에게 이렇게 말씀하십니다. 우리는 사랑받는 존재이며(요 3:16), 능력 있는 존재이고(벧후 1:3), 가치 있는 존재이며(눅 12:7), 용서받을 수 있고(시 103:12), 쓸모 있는 존재(엡 4:12)라고 말입니다.

이러한 하나님의 메시지를 우리 삶의 배경음악으로 삼을 때, 하나님께서는 우리의 마음을 새롭게 변화시키실 것입니다.

우리의 대화를 풍요롭게 하는 기도의 힘

"마음이 지혜로운 사람은 말을 신중하게 하고, 하는 말에 설득력이 있다."
_잠언 16장 23절, 새번역

누군가와 진정성 있는 대화를 나누고 싶으신가요? 그렇다면 계획하고 기도하는 것이 필요합니다. "하나님, 무엇을 말해야 할지, 언제 말해야 할지, 어떻게 말해야 할지 가르쳐주세요"라고 기도해보십시오.

예수님께서도 이와 같은 방식으로 소통하셨습니다. 요한복음 12장 49절에서 예수님은 이렇게 말씀하십니다. "나는 내 생각대로 말하지 않고 나를 보내신 아버지께서 나에게 직접 명령하신 대로 말하였다." 예수님은 단순히 자신의 의지나 생각에 따라 말씀하지 않으셨습니다. 그분은 항상 하나님 아버지의 뜻을 구하고 그에 따라 말씀하셨습니다.

하나님께서는 우리를 위해서도 동일하게 행하실 것입니다. 만약 그렇지 않다고 느꼈다면, 아마도 우리가 구하지 않았기 때문일 것입니다. 우리는 종종 하나님의 지혜와 능력을 활용하지 않습니다. 하나님의 자녀로서 우리에게 필요한 것을 구하고, 그분이 우리의 필요를 채워주실 것을 신뢰하는 특권을 놓치고 있는 것입니다.

중요한 회의에 준비 없이 들어가지 않듯이, 자녀, 배우자, 상사, 이웃과의 중요한 대화 역시 동일한 원칙이 적용됩니다. 먼저 계획하고 기도하는 시간을 가져야 합니다. 그래야만 대화에서 원하는 결과를 얻을 수 있습니다.

성경은 "마음이 지혜로운 사람은 말을 신중하게 하고, 하는 말에 설득력이 있다"(잠 16:23, 새번역)라고 말씀합니다. 즉, 설득력 있는 말을 하고 싶다면 입을 열기 전에 먼저 마음을 정돈해야 합니다. 무엇을 말할지 미리 계획하십시오.

대화를 계획하면 상황과 맥락을 객관적으로 바라볼 여유가 생깁니다. 더 넓은 관점을 가질 수 있게 됩니다. 그러고서 은혜롭게 대화에 임할 수 있습니다.

골로새서 4장 6절은 "말은 언제나 친절하고 재치 있게 하십시오"라고 권면합니다. 이 한 구절을 실천하는 것만으로도 우리는 예수님의 소통 방식에 한 걸음 더 가까워질 수 있습니다.

은혜롭고 지혜로우며 시의적절한 대화를 위해서는 영적인 준비와 분별력이 필요합니다. 가장 효과적인 방법은 대화에 앞서 미리 계획하고 기도하는 시간을 갖는 것입니다.

마음을 여는 대화법: 경청자의 지혜로운 질문

"사람의 마음에 세운 계획들은 깊은 물과 같지만,
명철한 사람은 그것도 알아챈다."
_잠언 20장 5절, 쉬운

 탁월한 경청자의 가장 두드러진 특성 중 하나는 개방형 질문을 적절히 활용하는 능력입니다.

상대의 마음의 문을 열고 깊이 있는 대화를 나누고 싶다면, 단순히 '예' 또는 '아니오'로 대답할 수 있는 질문은 피하십시오. 대신 상대방이 마음을 열고 자신의 생각과 감정을 나눌 수 있는 개방형 질문을 던져보세요.

예를 들어, "콘서트는 즐거웠나요?"라고 묻는 대신 "콘서트에서 가장 인상 깊었던 순간은 무엇이었나요?"라고 물어보는 것입니다. 이런 작은 변화가 상대방의 마음을 여는 데 큰 차이를 만들어냅니다.

잠언 20장 5절은 우리에게 이렇게 말씀합니다. "사람의 마음에 세운 계획들은 깊은 물과 같지만, 명철한 사람은 그것도 알아챈다"(쉬운). 우리가 인간관계를 더 깊이 있게 발전시키고, 가족과 친구를 더 잘 이해하고 싶다면 질문 방식을 다시 생각해볼 필요가 있습니다.

경청의 달인이 되기 위한 강력한 도구가 있습니다. 바로 "더 말씀해주세요"라는 간단한 문구입니다. 이 말은 평생 다양한 사람들과 소통할 때 계속 사용할 수 있는 마법의 열쇠와 같습니다.

상대방이 마음을 열고 대화를 시작했다면, 그들의 이야기가 단 몇 문장으로 끝나지 않도록 하세요. 대신 상대방이 말을 멈추면 "더 말씀해주세요"라고 격려해보세요. 그리고 다시 한번 "더 말씀해주세요"라고 요청해보세요. 이렇게 더 많은 이야기를 요청할 때마다 관계의 깊이는 더해지고, 마치 우물에서 더 깊은 물을 길어 올리듯 상대방의 내면 깊숙한 곳에 있는 생각과 감정을 끌어낼 수 있습니다.

물론 상대방의 이야기에 진심으로 관심이 있다고 직접 표현할 수도 있습니다. 하지만 이를 나타내는 가장 효과적인 방법은 더 많은 것을 물어보는 것입니다. 이는 상대방에 대한 당신의 관심을 명확히 보여주는 행동입니다. 그것은 당신이 진정으로 귀 기울이고 있다는 증거가 됩니다. 그리고 이러한 관심은 곧 사랑의 표현입니다! 개방형 질문을 던지는 것은 상대방의 이야기를 듣고 이해하기 위해 시간과 집중력 그리고 사랑을 기꺼이 제공하겠다는 의지를 보여주는 것입니다.

하나님은 우리를 관계를 맺는 존재로 창조하셨습니다. 우리는 홀로 존재하는 섬이 아니라, 서로 연결되고 소통하며 살아가도록 창조되었습니다. 다른 사람의 이야기를 경청하는 법을 배우면 여러분의 모든 관계가 놀랍게 변화될 것입니다!

하나님의 마음을 전하는 가정: 환대의 유산 남기기

"서로 돌아보고 사랑을 베풀며 선한 행동을 하도록 격려합시다."
_히브리서 10장 24절, 쉬운

믿음의 가정에서 자라난 아이들은 생명력 있는 진리를 경험합니다. 그들은 하나님께서 자신을 창조하셨고, 특별한 사명을 위해 빚어가고 계신다는 진리를 깨닫게 됩니다. 이런 가정은 헌신, 봉사, 관대함, 기도의 생생한 모범이 됩니다. 평범한 가정에서는 보기 힘든 모습이지만, 하나님의 사랑으로 충만한 가정에서는 자연스럽게 흘러나오는 모습입니다.

지금의 제가 있기까지 무엇보다도 부모님의 영향이 컸습니다. 부모님은 제 마음에 타인을 향한 깊은 배려심을 심어주셨습니다. 히브리서 10장 24절의 말씀, "서로 돌아보고 사랑을 베풀며 선한 행동을 하도록 격려합시다"(쉬운)를 삶으로 보여주신 분들이었습니다.

우리 부모님은 경제적으로 여유롭지는 않으셨으나, 환대와 관대함이라는 독특한 은사를 소유하고 계셨습니다. 넉넉지 않은 형편에도 불구하고, 나누는 삶의 기쁨을 아셨죠. 우리는 시골에 살았는데, 아버지는 1에이커(약 1,200평)나 되는 넓은 정원에 다양한 종류의 채소를 정성껏 재배하셨습니다. 우리 가족이 그 많은 수확물을 다 소비할 수는 없었지만, 아버지는 금전적 기부 대신 이렇게 나누는 방법을 택하셨습니다. 우리는 항상 더 많이 나눌 수 있도록 더 많이 심고 가꾸었습니다.

우리 집은 언제나 방문객들로 북적였습니다. 어느 날 아버지께서 문득 궁금해지셨나 봅니다. 어머니가 1년 동안 손님들을 위해 차린 식사가 과연 얼마나 될까를 계산해보니 그 수가 무려 1,000끼를 훌쩍 넘었습니다! 이 놀라운 숫자는 우리 가정이 얼마나 많은 사람에게 사랑과 환대를 베풀었는지를 보여주는 감동적인 증거였습니다.

저는 이렇게 "삶을 내어주는" 태도를 배우며 자랐습니다. 부모님은 인생의 진정한 의미가 자신만을 위한 것이 아니라, 다른 이들을 돕고 섬기는 데 있다고 가르치셨습니다. 하나님의 사랑으로 충만한 가정은 이처럼 서로에게 사랑을 베풀고, 선행을 실천하며, 섬기고 봉사하는 방법을 자연스럽게 전수합니다.

성경에서 이런 아름다운 모습의 좋은 예로 사도행전에 나오는 고넬료의 가정을 들 수 있습니다. "그는 경건하여 온 가족과 함께 하나님을 두려운 마음으로 섬기고 가난한 유대인들을 많이 구제하며 항상 하나님께 기도하는 사람이었다"(행 10:2). 얼마나 위대하고 아름다운 유산입니까! 여러분의 가정이 이와 같은 아름다운 평판을 얻게 된다면, 그것이야말로 진정한 축복이 아니겠습니까?

자녀의 유무와 상관없이, 하나님은 우리 모두가 이런 귀중한 유산을 남기길 원하십니다. 우리 주변에는 나이가 어리거나 믿음이 연약한 이들이 있습니다. 그들에게 환대와 섬김의 모범을 보임으로써, 우리는 그들이 하나님께서 주신 소중한 사명을 발견하도록 도울 수 있습니다.

하나님은 고통을 성장의 기회로 사용하십니다

"형님들은 나를 해치려고 하였지만,
하나님은 오히려 그것을 선하게 바꾸셔서,
오늘과 같이 수많은 사람의 생명을 구원하셨습니다."
_창세기 50장 20절, 새번역

 여러분, 요셉의 이야기를 기억하십니까?

요셉의 형들은 그가 아버지의 특별한 사랑을 독차지한다는 이유로 질투심에 불탔습니다. 그 질투는 결국 요셉을 노예로 팔아넘기는 끔찍한 결과를 낳았습니다. 이집트로 끌려간 요셉은 그 후 13년 동안 온갖 시련을 겪었습니다. 노예 신세가 되고, 억울하게 강간 누명을 쓰고, 저지르지도 않은 죄로 감옥에 갇히는 등 그의 삶은 한 치 앞도 보이지 않는 어둠 속에 있었습니다.

하지만 놀랍게도 하나님은 이 모든 과정을 통해 요셉을 그분이 계획하신 자리로 정확히 인도하고 계셨습니다. 당시 세계 최강국이었던 이집트에서 요셉을 파라오 다음가는 지도자로 세우실 계획이었던 것입니다. 이를 통해 요셉은 이집트와 이스라엘을 극심한 기근으로부터 구원하는 도구가 되었습니다.

요셉은 두 나라를 굶주림에서 구했을 뿐만 아니라, 자신을 노예로 팔아넘긴 가족까지도 구원했습니다. 형들이 도움을 청하러 왔을 때, 요셉은 얼마든지 복수할 수 있는 위치에 있었습니다. 하지만 그는 원망 대신 은혜로 그들을 대했습니다. 이는 요셉이 하나님의 더 큰 계획과 목적을 볼 수 있었기 때문입니다. 그는 하나님께서 자신의 삶에서 가장 큰 아픔조차 선하게 사용하실 수 있다는 것을 깨달았던 것입니다.

요셉은 형들에게 이렇게 말했습니다. "형님들은 나를 해치려고 하였지만, 하나님은 오히려 그것을 선하게 바꾸셔서, 오늘과 같이 수많은 사람의 생명을 구원하셨습니다"(창 50:20, 새번역). 하나님은 요셉의 형들이 범한 악행조차 궁극적으로 수많은 생명을 구원하는 데 활용하셨습니다.

우리 삶에는 때때로 우리에게 악의를 품고, 근거 없는 비난을 퍼붓고, 깊은 상처를 입히는 이들이 존재합니다. 심지어 우리는 다른 이의 잘못된 선택이나 행동으로 인해 억울한 고통을 겪기도 합니다. 이런 상황들은 우리를 혼란스럽게 하고 낙심시킬 수 있습니다.

하지만 여러분, 이 모든 것을 완벽히 이해하려 애쓰지 않으셔도 됩니다. 우리의 제한된 시각으로는 하나님의 크신 계획을 다 파악할 수 없기 때문입니다. 대신 하나님께서는 우리 삶의 모든 순간을 주의 깊게 지켜보고 계심을 믿으십시오. 그분은 우리가 겪는 고통에 깊은 관심을 가지고 계시며, 결국에는 모든 것을 바로잡으실 것입니다.

요셉처럼 여러분도 당면한 상황을 바꿀 수 없을지 모릅니다. 하나님께서 무엇을 하고 계시며 어떻게 이 상황을 해결해 나가실지 의문이 들 수도 있습니다. 하지만 기억하십시오. 하나님은 좋은 것이든 나쁜 것이든 모든 것을 사용하여 그분의 목적을 이루실 수 있습니다.

여러분의 성품을 성장시키고 예수님을 닮아가게 하시려는 하나님의 선한 계획은 사람들에 의해 좌절되지 않습니다. 오히려 다른 이들이 악하게 의도한 것조차 하나님은 선한 목적으로 사용하실 것입니다. 지금 겪고 있는 어려움이 언젠가는 누군가에게 희망과 구원의 통로가 될 수 있다는 것을 믿으십시오.

용서하지 않으면 잃게 되는 것들

"그러나 너희가 남의 죄를 용서하지 않으면
너희 아버지께서도 너희 죄를 용서하지 않으실 것이다."
_마태복음 6장 15절, 우리말

자신의 과오에 대해서는 하나님의 용서를 구하면서도, 타인의 잘못에 대해서는 용서보다 처벌을 바란 적이 있습니까? 이러한 용서를 거부하는 태도는 우리의 영혼에 깊은 상처와 쓴뿌리를 남기며, 궁극적으로 우리를 불행하게 합니다. 사실 용서하지 않아서 가장 큰 상처를 받는 사람은 바로 우리 자신입니다.

예수님은 용서의 원리에 대해 명확히 말씀하셨습니다. "그러나 너희가 남의 죄를 용서하지 않으면 너희 아버지께서도 너희 죄를 용서하지 않으실 것이다"(마 6:15, 우리말). 이 말씀은 우리에게 용서의 중요성을 강력하게 일깨워줍니다.

용서는 과거, 현재, 미래를 아우르는 개념입니다.

• 하나님은 과거에 우리를 수없이 용서하셨습니다.
• 용서하지 못하는 마음은 현재 우리를 불행하게 만듭니다.
• 우리는 미래에도 계속해서 하나님의 용서가 필요할 것입니다.

요나의 이야기를 기억하십니까? 그가 이스라엘의 원수인 니느웨 사람들에게 하나님의 심판을 경고했을 때, 그들은 회개했고 하나님은 그들을 용서하셨습니다. 하지만 이는 요나를 몹시 불편하게 만들었습니다.

그러나 요나 자신도 처음에 하나님의 명령을 거역하고 도망갔다가, 물고기 뱃속에서 하나님께 용서를 구했던 것을 기억하십니까? 그는 자신의 불순종에 대한 하나님의 용서는 원했지만, 니느웨 사람들에 대한 하나님의 용서는 원치 않았습니다.

요나는 비통한 마음으로 이렇게 기도했습니다. "나는 고국에 있을 때부터 이런 일이 일어날 줄 알았습니다. 내가 급히 다시스로 도망쳤던 것도 그런 까닭에서였습니다. 나는 주께서 자비롭고 은혜가 많으신 하나님이라는 것을 알았습니다. 주께서는 노하기를 더디시고 사랑이 많으시기 때문에, 그들을 심판하시기보다 용서해 주시리라는 것을 알고 있었습니다. 그러니 여호와여, 제발 나를 죽여 주십시오. 내게는 사는 것보다 죽는 것이 더 낫습니다"(욘 4:2-3, 쉬운).

요나의 분노는 결국 자신에게만 해를 끼쳤습니다. 니느웨 백성이 하나님의 은혜를 만끽하는 동안, 요나는 자기 연민의 늪에 빠져 있었습니다. 요나는 하나님의 뜻을 받아들이기 전까지

는 은혜를 받고 베풀 때 오는 기쁨과 자유를 경험하지 못했습니다.

혹시 여러분도 요나와 같이 원망과 용서하지 못하는 감정에 사로잡혀 있지는 않으신가요? 과거에 우리에게 상처 준 이들을 마음으로부터 용서하고, 현재 우리에게 잘못한 이들을 용서하는 것이 중요합니다. 성경은 우리에게 이렇게 약속합니다. "우리가 우리 죄를 고백하면 신실하시고 의로우신 하나님은 우리 죄를 용서하시고 모든 죄악에서 우리를 깨끗하게 하실 것입니다"(요일 1:9).

하나님은 우리의 과거의 죄를 용서하셨고, 앞으로도 용서하시겠다고 약속하셨습니다. 이처럼 경이로운 은혜를 경험한 우리는 그 은혜를 사람들에게 기꺼이 나누어야 하지 않을까요?

하나님께 미리 감사하는 3가지 방법

"그러나 나는 감사의 노래를 부르며, 주님께 희생제물을 바치겠습니다.
서원한 것은 무엇이든지 지키겠습니다. 구원은 오직 주님에게서만 옵니다."
_요나 2장 9절, 새번역

절망의 순간에 감사를 표현하는 것이 때로는 비현실적으로 느껴질 수 있습니다. 인생의 밑바닥에서 어떻게 하나님을 향한 감사의 마음을 지킬 수 있을까요?

요나는 이 질문에 대한 답을 알고 있었습니다. 그는 거대한 물고기 뱃속이라는 극한 상황에서, 하나님의 구원을 경험하기도 전에 미리 감사를 드리는 모습을 보여주었습니다. "그러나 나는 감사의 노래를 부르며, 주님께 희생제물을 바치겠습니다. 서원한 것은 무엇이든지 지키겠습니다. 구원은 오직 주님에게서만 옵니다"(욘 2:9, 새번역).

하나님께 먼저 감사드리는 것과 나중에 감사드리는 것은 어떻게 다를까요? 응답 후의 감사는 은혜에 대한 자연스러운 반응이지만, 응답 전에 미리 감사드리는 것은 믿음의 표현입니다. 우리는 종종 기도가 응답된 후에야 감사하고 싶어 하지만, 응답 전에 드리는 감사야말로 하나님에 대한 깊은 신뢰를 보여줍니다.

요나의 예를 통해 우리는 하나님께 미리 감사드리는 세 가지 방법을 배울 수 있습니다.

1. 찬양을 통한 감사. 요나는 어려운 상황 속에서도 하나님을 찬양했습니다. 히브리서 13장 15절은 이렇게 말씀합니다. "그러니 우리는 예수로 말미암아 끊임없이 하나님께 찬미의 제사를 드립시다. 이것은 곧 그의 이름을 고백하는 입술의 열매입니다"(새번역).

2. 소명으로 돌아가는 감사. 요나는 자신의 실수를 인정하고 하나님이 주신 사명으로 돌아갈 것을 약속했습니다. 우리 모두 실수합니다. 하지만 그렇다고 해서 우리를 향한 하나님의 계획이 무산되는 것은 아닙니다. 요나의 사명이 그대로였듯, 여러분의 인생 사명도 실수에도 불구하고 변함없습니다.

3. 성공을 믿는 감사. 요나는 하나님의 도우심으로 성공할 것을 믿으며 감사했습니다. 잠언은 우리에게 이렇게 권면합니다. "너는 온 마음을 다하여 오직 주를 신뢰하고, 네 지식을 의지하지 말아라. 무슨 일을 하든지, 너는 주님을 인정하여라. 그리하면 주께서 너를 인도하셔서, 네게 바른 길을 알려주실 것이다"(3:5-6, 쉬운말).

요나는 처음에 하나님을 피해 도망갔습니다. 그러나 그의 불순종에도 불구하고, 하나님이 자신을 버리지 않으셨다는 믿음을 가졌습니다. 물고기 뱃속이라는 절망적인 상황에서도 요나는 미리 감사함으로써 하나님의 은혜를 신뢰하는 모습을 보여주었습니다.

여러분도 마찬가지입니다. 때로는 하나님의 뜻에서 벗어났더라도, 하나님은 결코 여러분을 포기하지 않으십니다. 이 확신이 있기에 우리는 기도 응답을 보기 전에도 감사할 수 있습니다.

경고로 하나님의 사랑을 전해야 할 때도 있습니다

"니느웨는 대단히 커서 한 바퀴 도는 데 걸어서 3일이나 걸리는 큰 성이었다.
요나는 그 성에 들어가 하루종일 돌아다니며
40일 후에는 그 성이 멸망할 것이라고 외쳤다."
_요나 3장 3–4절

하나님께서 요나를 니느웨로 보내셨을 때, 그의 임무는 분명했습니다. 백성에게 불순종의 심각한 결과를 경고하는 것이었습니다. 하나님은 심판이 임박했지만, 여전히 회개와 순종의 기회가 있음을 알리고 싶으셨습니다.

하나님은 니느웨 사람들에게 두 번째 기회를 주기를 원하셨습니다. 그러나 흥미롭게도, 요나 자신에게도 두 번째 기회가 필요했습니다! 처음에 요나는 니느웨로 곧장 가는 대신 반대 방향으로 도망갔고, 결국 큰 물고기 뱃속에 갇히고 말았습니다. 하나님은 그를 구원하셨고, 요나는 이 두 번째 기회를 놓치지 않았습니다. 그는 이제 하나님께 순종하기로 마음먹었습니다.

성경은 이렇게 기록합니다. "요나는 여호와의 말씀에 순종하여 니느웨로 갔다. 니느웨는 대단히 커서 한 바퀴 도는 데 걸어서 3일이나 걸리는 큰 성이었다. 요나는 그 성에 들어가 하루종일 돌아다니며 40일 후에는 그 성이 멸망할 것이라고 외쳤다[warned]"(욘 3:3-4).

요나의 행동을 다시 한번 주목해보십시오. 그는 "요나는 … [사람들에게] 경고했다"(Jonah warned the people, CEV). 경고는 임박한 위험이나 잠재적 재앙에 대해 미리 알리는 사랑의 행위입니다. 우리가 하나님의 경고를 무시할 때, 하나님은 종종 타인을 통해 우리에게 경고의 메시지를 전달하십니다. 실제로 신약 성경에는 100개가 넘는 구절에서 다른 이들에게 경고하라고 말씀하고 있습니다. 이는 예수님을 따르는 우리의 중요한 책임 중 하나입니다.

사도행전 20장 31절에서 바울은 이렇게 말합니다. "그러므로 여러분은 정신을 바짝차리고 내가 3년 동안이나 밤낮 쉬지 않고 각 사람을 눈물로 훈계하던[warning, NIV] 것을 기억하십시오." 바울이 에베소 사람들에게 눈물로 경고했던 이유는 무엇일까요? 그들을 진심으로 사랑했기 때문입니다!

하나님은 모든 믿는 자에게 다른 이들을 경고하는 사명을 주셨습니다. 누군가에게 경고하는 것은 곧 그 사람을 사랑한다는 증거입니다. 만약 여러분이 다리가 무너진 것을 알면서 시속 80킬로미터로 그 다리를 향해 달리는 차를 본다면, 그 운전자에게 경고하는 것이 가장 사랑스러운 행동일 것입니다.

마찬가지로, 여러분이 주변 사람들을 진정으로 사랑한다면, 그들의 현명하지 못한 행동이나 결정이 가져올 결과에 대해 경고하게 될 것입니다. 하나님의 마음에서 우러나오는 경고는 곧 사랑의 행위이기 때문입니다.

불완전함 속에서 빛나는 하나님의 인내

"어떤 이들이 생각하는 것과 같이, 주님께서는 약속을 더디 지키시는 것이 아닙니다.
도리어 여러분을 위하여 오래 참으시는 것입니다. 하나님께서는 아무도 멸망하지 않고,
모두 회개하는 데에 이르기를 바라십니다."
_베드로후서 3장 9절, 새번역

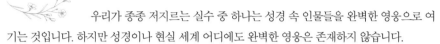

우리가 종종 저지르는 실수 중 하나는 성경 속 인물들을 완벽한 영웅으로 여기는 것입니다. 하지만 성경이나 현실 세계 어디에도 완벽한 영웅은 존재하지 않습니다.

성경 시대나 오늘날의 세상에서 하나님은 오직 불완전하고 상처 입은 사람들만을 사용하십니다. 성경을 자세히 살펴보면, 여러분은 곧 놀라운 진리를 발견하게 됩니다. 과거에 어떤 일을 했든 상관없이, 여러분이 기꺼이 하나님께 쓰임받고자 한다면 하나님은 여러분을 사용하신다는 것입니다. 과거나 여러 경험이 하나님께서 여러분의 인생에 주신 사명을 무효로 만들 수는 없습니다.

요나 이야기가 이를 잘 보여줍니다. 그는 하나님의 지시를 따르기를 꺼리던 지극히 평범한 인물이었습니다. 사실, 하나님께서 처음 그에게 임무를 주셨을 때 요나는 그 사명을 피해 도망쳤습니다. 그러나 하나님은 그에게 두 번째 기회를 주셨고, 요나는 결국 부르심에 응했지만 그의 태도는 여전히 좋지 않았습니다.

하나님은 니느웨 사람들에게 회개를 촉구하기 위해 요나를 보내셨습니다. 구약의 다른 선지자들은 대개 열정적이고 간절한 마음으로 하나님의 메시지를 전했지만, 요나는 달랐습니다. 그는 단 여섯 단어로 이루어진 간단한 메시지로 사람들에게 다가갔습니다. "40일 후에 니느웨는 무너질 것이다"(욘 3:4, 우리말). 그의 메시지는 본질적으로 "여러분의 멸망이 임박했습니다. 이제 알아서 하세요"라고 말한 것과 다름없었습니다.

그러나 놀랍게도 하나님은 요나의 부정적인 태도에도 불구하고 여전히 그를 사용하셨습니다. 실제로 요나의 단순한 메시지가 역사상 가장 큰 영적 부흥을 일으켰습니다. 거대한 도시 전체가 하나님께로 돌아선 것입니다. 이는 요나가 큰 물고기 뱃속에서 빠져나온 것보다 더 놀라운 기적이었습니다!

하나님께서는 이 불완전하고 주저하는 선지자를 통해 놀라운 부흥을 이끌어내셨습니다. 하나님은 요나를 인내하며 기다리셨고 그를 포기하지 않으셨습니다. 마찬가지로 하나님은 여러분도 포기하지 않으실 것입니다. 성경은 이렇게 말씀합니다. "주님께서는 … 도리어 여러분을 위하여 오래 참으시는 것입니다. 하나님께서는 아무도 멸망하지 않고, 모두 회개하는 데에 이르기를 바라십니다"(벤후 3:9, 새번역).

내일 아침에 눈을 뜬다는 것은 하나님께서 여러분에게 사명을 완수할 수 있는 또 하나의 날, 즉 새로운 기회를 주신다는 의미입니다. 오늘도 하나님께서 여러분을 사용하실 것을 기대하며 하루를 시작하십시오.

하나님의 치유 능력을 끌어내는 기도의 비밀

"그러므로 여러분은 서로 죄를 고백하고 병이 낫도록 서로 기도하십시오.
의로운 사람의 기도는 능력이 있고 효과가 있습니다."

_야고보서 5장 16절

주변에 치유가 필요한 분이 계십니까? 혹은 자신에게 치유가 필요하십니까? 오늘부터 여러분도 치유를 위해 기도할 수 있습니다! 다음의 세 단계를 따라 해보기 바랍니다.

첫째, 여러분의 마음이 죄에서 벗어나 있는지 점검해보십시오. 고백하지 않은 죄가 있다면 그것이 치유의 기도를 가로막는 영적 장벽이 될 수 있습니다. 야고보서 5장 16절은 이렇게 말씀합니다. "여러분은 서로 죄를 고백하고 병이 낫도록 서로 기도하십시오." 물론 우리가 완전히 죄 없는 사람이 될 수는 없지만, 죄를 덜 짓기 위해 노력할 수는 있습니다. 하나님은 우리가 자신 있게 그분께 나아오기를 원하십니다. 이를 위해서는 우리와 하나님 사이에 바로잡아야 할 것이 없는지 확인하는 것이 중요합니다.

둘째, 치유를 구할 때는 구체적으로 말씀드리십시오. 많은 이들이 하나님을 제한하는 것을 두려워한 나머지, "주님, 이 아픈 사람과 함께해 주시고, 당신의 사랑을 보여주시며, 당신이 그들과 함께하고 계심을 알게 해주세요"라는 식으로 모호하게 기도합니다. 하지만 우리가 구체적으로 구하지 않는다면, 어떻게 하나님의 응답을 정확히 인식할 수 있을까요? 하나님께 여러분이 원하는 바를 구체적으로 말씀드려 보십시오. 이는 하나님께서 세부 사항을 모르셔서가 아니라, 그 세부 사항 속에서 하나님이 어떻게 일하시는지 우리가 알기를 원하시기 때문입니다.

마지막으로, 믿음으로 구하십시오. 야고보서 1장 6절은 이렇게 권면합니다. "믿음으로 구하고 조금도 의심하지 마십시오. 의심하는 사람은 바람에 밀려 출렁거리는 바다 물결과 같습니다." 하나님께서 그분의 시간표와 방식으로 기도에 응답하실 것을 굳게 믿으며 기도하십시오. 기도 드리는 대상이 이 땅에서 완전한 육체적 치유를 받지 못할 수도 있습니다. 그러나 우리는 하나님께서 그분의 목적을 이루시는 일을 멈추지 않으신다는 것을 알기에, 의심 없이 믿음으로 치유를 위해 기도할 수 있습니다. 하나님은 여러분의 모든 기도에 귀 기울이고 계십니다. 여러분이 누군가의 치유를 위해 간구할 때, 또는 여러분 자신의 고통을 아뢸 때, 하나님은 깊은 관심과 연민으로 그 기도를 듣고 계십니다.

하나님과의 관계를 점검해보십시오. 죄가 있다면 고백하십시오. 자신과 다른 이들을 위해 구체적으로 치유를 구하십시오. 그리고 하나님의 놀라운 역사를 기대하며 기다리십시오.

지체 없이, 서둘러, 즉각 순종하겠습니다

"나는 지체하지 않고 서둘러 주의 명령들을 지킬 것입니다."
_시편 119편 60절, 쉬운

성경은 우리 삶의 지침서입니다. 이를 하나님의 법령, 교훈, 명령이라 부르기도 합니다. 무엇이라 칭하든, 하나님은 우리가 그분의 말씀에 즉각적으로, 그리고 온전히 순종하기를 원하십니다.

부모가 자녀에게 무언가를 하라고 했는데, 자녀가 "생각해볼게요"라고 대답한다면 어떨까요? 그런 대답은 분명 문제를 일으킬 것입니다. 하지만 우리는 종종 하나님께 그렇게 대답합니다. 하나님이 우리에게 무언가를 하라고 하시면, 우리는 "고려해보겠습니다"라고 말하곤 합니다.

하지만 우리에게는 그럴 자격이 없습니다. 이는 마치 자녀가 부모에게 "생각해보겠습니다"라고 말하는 것과 다르지 않습니다. 우주의 창조주께서 우리에게 무언가를 지시하실 때, 그분은 우리의 즉각적인 행동을 기대하십니다. 모든 부모가 알듯이, 지연된 순종은 불순종과 다름없습니다.

하나님은 또한 우리가 그분의 명령에 온전히 순종하기를 원하십니다. 우리가 따를 지시와 따르지 않을 지시 목록을 만들어 선별할 수는 없습니다. 부분적인 순종은 결국 불순종입니다.

성경은 이렇게 말씀합니다. "나는 지체하지 않고 서둘러 주의 명령들을 지킬 것입니다"(시 119:60, 쉬운).

우리는 종종 '서두르다'는 단어를 부정적으로 여기며, 현대 사회의 스트레스와 성급함을 떠올립니다. 그러나 하나님께 순종할 때 서두르는 것은 좋은 일입니다. 이는 하나님의 지시에 순종하기 전에 머뭇거리거나 의문을 제기하지 않는다는 의미입니다. 전적인 순종이 먼저이고, 그 후에 깊은 이해가 따라오는 것입니다. 사실, 많은 하나님의 명령은 우리가 먼저 순종하기 전까지는 완전히 이해할 수 없습니다. 대부분은 순종을 통해 이해의 문이 열립니다.

제자들의 경우를 보십시오. 예수님께서 그들을 부르셨을 때 그들은 자신들에게 어떤 일이 기다리고 있는지 전혀 몰랐지만 주저 없이 순종했습니다. 시몬과 안드레를 부르셨을 때를 보면 이렇습니다. "예수님께서 '나를 따르라. 내가 너희를 사람을 낚는 어부로 삼겠다' 하고 말씀하셨습니다. 그러자 시몬과 안드레는 얼른 그물을 놔 두고, 예수님을 따랐습니다"(막 1:17-18, 쉬운).

여러분은 어떠십니까? 하나님께서 여러분의 마음에 심어주신 꿈이나 비전이 있습니까? 혹은 구체적인 지시를 받았지만, 아직 실행에 옮기지 않은 것이 있나요? 두려움, 불확실성 혹은 안주하려는 마음 때문에 주저하는 건 아닙니까? 하나님은 여러분을 누구보다 잘 아시며, 여러분을 위해 최선의 계획을 염두에 두십니다. 그분의 지시는 언제나 우리의 성장과 축복을 위한 것입니다. 그러니 그분이 하라고 하신 일을 지금 바로 시작하십시오.

October

하나님의 설계: 일상 속 영적 성장의 기회들

"그러나 성령의 열매는 사랑과 기쁨과 평화와 오래 참음과 자비와 착함과 성실과 온유와
절제입니다. 이런 것들을 금지할 율법이 없습니다."

_갈라디아서 5장 22-23절, 쉬운

우리 삶의 모든 순간에서 하나님의 궁극적인 목적은 우리가 예수님을 더욱 닮아가는 것입니다. 로마서 8장 28절의 약속은 참으로 놀랍습니다. "하나님을 사랑하는 사람들, 곧 하나님의 뜻대로 부르심을 받은 사람들에게는, 모든 일이 서로 협력해서 선을 이룬다는 것을 우리는 압니다"(새번역). 하지만 이 말씀의 진정한 의미는 다음 구절을 통해 더욱 선명해집니다. "하나님께서는 미리 아신 사람들을 택하셔서, 자기 아들의 형상과 같은 모습이 되도록 미리 정하셨으니, 이것은 그 아들이 많은 형제 가운데서 맏아들이 되게 하시려는 것입니다"(8:29, 새번역).

하나님은 우리를 가족의 일원으로 삼으실 뿐만 아니라, 하나님의 자녀다운 특성을 갖춘 성숙한 존재로 성장하기를 바라십니다. 곧, 우리가 하나님의 성품을 온전히 닮아가기를 원하시는 것입니다. 그리고 이 성숙의 모델이 바로 예수 그리스도이십니다.

그렇다면 예수님은 어떤 분일까요? 예수님의 성품을 가장 잘 보여주는 것은 갈라디아서 5장 22-23절에 나오는 성령의 열매입니다. "그러나 성령의 열매는 사랑과 기쁨과 평화와 오래 참음과 자비와 착함과 성실과 온유와 절제입니다. 이런 것들을 금지할 율법이 없습니다"(쉬운).

하나님께서는 이러한 성품이 우리 안에 자라나게 하시고자 때로는 정반대의 상황 속에 우리를 두십니다. 이를 통해 우리는 이러한 특성들을 배우고 실천할 기회를 얻게 됩니다.

친절한 사람들과 함께 있다고 해서 진정한 친절을 배울 수 없고, 원하는 모든 것을 가졌다고 해서 진정한 만족을 얻을 수 없습니다. **하나님은 우리를 사랑하기 쉬운 사람들 사이에 두는 대신, 사랑하기 어려운 이들과 함께 있게 하심으로써 진정한 사랑의 의미를 깨닫게 하십니다.**

순조로운 상황에서 행복을 느끼는 것은 쉽습니다. 하지만 하나님은 우리가 고난과 슬픔 속에서도 참된 기쁨을 찾을 수 있도록 인도하십니다.

평온한 상황에서 평화를 느끼는 것은 자연스럽습니다. 그러나 하나님은 우리 삶에 혼란과 갈등을 허락하심으로써, 우리가 이해할 수 없는 상황 속에서도 깊은 평안을 경험하게 하십니다.

하나님은 일상의 사소한 상황들을 통해 인내를 가르치십니다. 긴 줄을 기다리거나 약속 시간이 지연될 때, 이러한 순간들이 바로 인내심을 기르는 소중한 기회가 됩니다. 이러한 순간들을 통해 하나님은 우리가 예수님을 더 닮아가도록 인내의 미덕을 가르치십니다.

변화 과정이 항상 쉽지만은 않습니다. 그러나 우리의 영적 성숙이 조금씩 진전되는 모습을 볼 때, 그 모든 과정이 충분히 가치 있었음을 깨닫게 될 것입니다.

의심의 순간이 믿음의 기회가 됩니다

"그분은 사람들이 나를 믿지 않은 것이 바로 죄라는 것을 말해주실 것이며."
_요한복음 16장 9절, 쉬운

　　　　　　모든 죄의 뿌리에는 하나님을 향한 불신이 자리 잡고 있습니다. 예수님께서는 "그분[성령]은 사람들이 나를 믿지 않은 것이 바로 죄라는 것을 말해주실 것"(요 16:9, 쉬운)이라고 말씀하셨습니다. 예수님이 누구신지, 그분이 말씀하신 대로 행하실 분이라는 것을 믿지 않는 것이 바로 모든 죄의 뿌리입니다.

　　하나님에 대한 우리의 의심은 종종 특정한 감정들을 통해 드러납니다. 이러한 감정들을 인식하는 것이 영적 성장의 중요한 단서가 될 수 있습니다.

　　두려움이나 불안이 마음을 엄습할 때, 그것은 하나님의 약속을 온전히 신뢰하지 못하고 있음을 보여줍니다. 성경은 7천 개가 넘는 약속을 우리에게 제시합니다. 두려움은 하나님이 그를 따르는 모든 이에게 주시는 약속을 붙잡지 못하고 있다는 뜻입니다.

　　우리가 조급해하는 순간은 하나님의 완벽한 인도하심을 믿지 못하고 있는 때입니다. 하나님께서는 우리 각자의 인생을 위한 완벽한 계획을 가지고 계십니다. 그분의 시간표는 우리의 조급함과는 다르며, 언제나 최선의 결과를 위해 움직이십니다. 이 사실을 잊으면 하나님을 기다리기보다는 스스로 문제를 해결하려는 마음이 커집니다.

　　원망과 비통함에 빠질 때, 우리는 하나님의 지혜를 불신하고 있는 것입니다. 하나님은 지혜롭고 선하시며 사랑이 많으시지만, 상황이 우리의 기대와 다르게 전개될 때, 우리는 종종 하나님의 선하심을 의심하게 됩니다. 그러나 하나님께서는 어떤 상황에서도 선한 목적을 이루어가고 계심을 기억해야 합니다.

　　죄책감에 계속 사로잡혀 있다면, 이는 하나님의 완전한 용서를 진정으로 받아들이지 못하고 있음을 드러냅니다. 예수님을 따르는 사람이 죄책감을 느껴야 하는 시간은 얼마나 될까요? 단 1초면 충분합니다. 죄를 고백하는 데 필요한 정도로 짧은 시간이면 충분합니다. 죄책감에 계속 머무른다면, 그것은 하나님의 용서를 믿지 못해 자신을 용서할 수 없다는 뜻입니다.

　　자신이 부족하다고 느낄 때, 우리는 하나님의 능력을 의심하고 있는 것입니다. 하나님은 "내 은혜가 네게 족하다. 내 능력이 약한 데서 온전해진다"(고후 12:9, 쉬운)라고 말씀하셨습니다. 그럼에도 이 진리를 믿지 않는다면, 우리는 힘이 오직 자신에게서만 나온다고 여기게 되며, 이러한 자기 의존적 태도는 결국 우리를 영적, 정서적 고갈 상태로 이끌게 됩니다.

　　두려움, 조바심, 분노, 죄책감, 부적절함의 감정에서 벗어나고 싶습니까? 그렇다면 우리의 의심에 대해 의심하고, 대신 하나님의 말씀을 굳게 붙잡는 것이 필요합니다. 하나님은 약속을 지키시고, 그분의 타이밍은 완벽하며, 지혜로우시고, 용서하시며, 우리를 통해 강력하게 일하신다는 사실을 믿읍시다. 이것이 바로 우리가 의심을 넘어 믿음으로 나아가는 첫걸음입니다.

삼겹줄의 지혜: 인생의 새출발과 믿음의 공동체

"혼자 싸우면 지지만, 둘이 힘을 합하면 적에게 맞설 수 있다.
세 겹 줄은 쉽게 끊어지지 않는다."

_전도서 4장 12절, 새번역

인생 새출발을 위해서는 먼저 하나님께 구해야 합니다. 그리고 그다음으로 중요한 것이 바로 우리를 지지해줄 믿음의 동역자들을 찾는 것입니다.

인생의 큰 변화를 혼자서 이루기란 결코 쉽지 않습니다. 우리의 의지만으로는 지속적인 변화를 만들어내기 어렵기 때문입니다. 하나님께서는 우리가 다른 이들과 연결될 때 진정한 치유를 경험하도록 우리를 설계하셨기 때문입니다.

성경은 전도서 4장 10절과 12절에서 이렇게 말씀합니다. "그 가운데 하나가 넘어지면, 다른 한 사람이 자기의 동무를 일으켜 줄 수 있다. 그러나 혼자 가다가 넘어지면, 딱하게도, 일으켜 줄 사람이 없다. … 혼자 싸우면 지지만, 둘이 힘을 합하면 적에게 맞설 수 있다. 세 겹 줄은 쉽게 끊어지지 않는다"(전 4:10, 12, 새번역).

이는 곧 우리 곁에 든든한 지원군이 있다면 쉽게 무너지지 않는다는 뜻입니다. 그리고 더 나아가 우리를 지지해주는 공동체가 있다면 그 힘은 배가 됩니다!

인생의 변화를 추구하는 과정에서 우리는 종종 실수를 경험합니다. 우리는 불완전한 존재이기에 때로는 좌절하기도 합니다. 하나님의 뜻대로 살아가고자 하는 열망 속에서도 때로 넘어집니다. 그럴 때 우리를 다시 일으켜 세워줄 사랑하는 이들이 필요합니다.

공동체는 우리의 낙담을 치유하시는 하나님의 강력한 도구입니다. 소그룹이나 믿음의 친구들은 우리가 올바른 시각을 유지하도록 도와줍니다. 그들은 우리가 보지 못하는 것을 볼 수 있으며, 하나님의 진리를 우리에게 상기시켜 주기도 합니다.

로마서 12장 5절은 "우리도 여럿이지만 그리스도 안에서 한 몸을 이루었고, 한 사람 한 사람이 서로에 대해 지체로서 연결되어 있습니다"(쉬운)라고 말씀합니다. 하나님의 가족 안에서 우리는 서로에게 속해 있습니다. 교회와 믿음의 공동체에 속한 이들은 우리의 형제자매입니다. 하나님께서 우리 삶에 새로운 장을 열어가실 때, 믿음의 동역자들의 지지는 필수입니다.

아직 든든한 지원 그룹을 찾지 못하셨다면, 지금이 바로 그 첫걸음을 내디딜 때입니다. 이는 용기와 겸손이 필요한 도전이지만, 그 열매는 풍성할 것입니다. 주변에 그런 사람이 없다고 느껴진다면 주저 말고 하나님께 도움을 구하십시오. 우리를 더욱 그분의 형상을 닮아가게 하는 이 여정에 필요한 모든 것을 그분께서 반드시 예비하고 계십니다.

걱정을 예배로 바꾸는 길

"하나님께는 모든 것이 가능하다."
_마태복음 19장 26절, 우리말

인생의 고난 앞에서 걱정하는 것은 인간의 자연스러운 반응입니다. 그러나 하나님은 우리가 걱정 대신 그분을 예배하기를 원하십니다. 하나님을 예배하는 한 가지 방법은 그분의 본질과 능력을 믿는 것입니다.

역대하에서 여호사밧왕과 유다 백성들이 위기에 처한 모습을 봅니다. 세 나라가 연합한 적군이 전쟁을 일으키러 오고 있었습니다.

두려움에 사로잡힌 왕이 가장 먼저 한 일은 백성을 주님 앞에 모으는 것이었습니다. 그는 온 나라를 대표하여 서서 간절한 마음으로 기도를 올렸습니다. 그의 기도는 우리가 스트레스와 압박감에 시달릴 때 어떻게 하나님께 나아가야 하는지를 보여주는 훌륭한 본보기입니다.

스트레스에 직면했을 때, 우리의 첫 반응은 하나님의 위대하심을 기억하는 것이어야 합니다. 기도할 때, 먼저 그분의 무한한 능력과 변치 않는 사랑에 마음을 집중해보세요. 하나님은 우리가 지금 마주한 모든 문제를 해결하실 수 있습니다. 예수님께서 말씀하셨듯이, "하나님께는 모든 것이 가능"(마 19:26, 우리말)합니다.

여호사밧왕은 이 진리를 되새기며 이렇게 기도했습니다. "우리 조상들의 하나님 여호와여, 주께서는 하늘에 계신 하나님이 아니십니까? 주께서 모든 민족의 나라들을 다스리십니다. 능력과 힘이 주의 손에 있으니 어느 누구도 주께 대항할 수 없습니다"(대하 20:6, 우리말).

적들이 왕을 위협하고 있었지만, 그는 문제에서 시선을 돌려 하나님의 힘과 능력에 초점을 맞추기로 했습니다. 그는 하나님이 누구신지 기억했습니다.

하나님이 어떤 분이신지 기억한 후에는 그분이 행하신 놀라운 일들을 되새겨보세요. 하나님께서 다른 이들을 도우셨던 때와 여러분을 도우셨던 순간들을 기억하세요. 이러한 기억들은 하나님께서 우리가 직면한 모든 상황을 다루실 수 있다는 확신을 줄 것입니다.

여호사밧왕은 "우리 하나님이여, 주께서 주의 백성 이스라엘 앞에서 이 땅에 살던 사람들을 쫓아내시고 그 땅을 주의 친구인 아브라함의 자손들에게 영원히 주시지 아니하셨습니까?"(대하 20:7, 우리말)라고 기도했습니다. 그는 모세가 이스라엘 백성을 이집트에서 약속의 땅으로 인도했던 역사적 사건을 떠올렸습니다. 과거에 하나님께서 이스라엘을 도우셨던 것을 기억하면서 여호사밧왕은 하나님께서 다시 그렇게 하실 것이라는 믿음을 얻었습니다.

오늘 여러분에게 어떤 걱정거리가 있습니까? 걱정하는 대신 하나님이 누구이신지, 그분이 행하신 일들을 기억하며 기도하는 시간을 가져보세요. 우리가 직면한 모든 상황을 그분이 다루실 수 있다는 것을 믿으십시오. 이렇게 할 때 우리의 근심은 하나님을 향한 깊은 예배로 변화됩니다.

우리가 찬양할 때, 하나님께서 일하십니다

"그 노래와 찬송이 시작될 때에 여호와께서 복병을 두어 유다를 치러 온
암몬 자손과 모압과 세일 산 주민들을 치게 하시므로 그들이 패하였으니."
_역대하 20장 22절, 개역개정

세 나라 연합군의 강력한 공격 앞에 선 여호사밧왕은 근심하는 대신 하나님을 전적으로 신뢰하는 담대한 선택을 했습니다. 그는 백성들을 이끌어 하나님을 경배하기로 결정했습니다. 그들의 예배 방식 중 하나는 아직 오지 않은 승리를 확신하며 하나님께 미리 감사드리는 것이었습니다.

전투가 임박한 순간, 골짜기 양편에는 이스라엘과 적군이 대치하고 있었습니다. 보통의 경우라면 유다 군대가 무장하고 전열을 정비할 때겠지만, 놀랍게도 이런 일이 벌어졌습니다. "여호사밧은 백성들과 의논한 후에 찬양대를 조직하여 거룩한 예복을 입히고 그들을 진군하는 부대 선두에 세워 이렇게 찬양하도록 하였다. '여호와께 감사하라. 그의 사랑은 영원하다!'"(대하 20:21).

이는 놀라운 사실이지만, 분명한 역사적 기록입니다. 여러분이 들은 그대로입니다. 왕은 전투를 이끌 용사 대신 찬양대를 선발했던 것입니다. 전투 장비도 없이 찬양의 무기만을 들고 전장으로 나아가는 병사들의 복잡한 심경을 상상해본 적이 있습니까? 적군은 또 어떤 생각을 했을까요? 이 전례 없는 전투 명령에 병사들은 온전히 순종했습니다. 찬양대는 군대 선두에서 행진하며 하나님의 영원한 사랑을 선포하고, 아직 오지 않은 구원에 대해 미리 감사를 드렸습니다.

하나님은 우리가 삶의 전투에 임할 때도 이와 같기를 원하십니다. 그분은, 우리가 문제가 해결되기도 전에 미리 감사드리기를 원하십니다. 물론 나중에 감사를 표현하는 것도 중요합니다. 하지만 미리 감사드리는 것은 우리의 믿음을 나타내는 강력한 행위이기도 합니다.

다음 구절에서 우리는 이 파격적인 전투 전략의 놀라운 결과를 볼 수 있습니다. "그 노래와 찬송이 시작될 때에 여호와께서 복병을 두어 유다를 치러 온 암몬 자손과 모압과 세일 산 주민들을 치게 하시므로 그들이 패하였으니"(대하 20:22, 개역개정). 하나님의 백성은 무기를 들 필요조차 없었습니다.

이것이 바로 하나님께서 우리에게 원하시는 모습입니다. 그분은 우리가 자력으로 문제를 해결하려 들었던 모든 수단을 포기하고, 적에 맞서는 순간에도 오직 그분만을 전적으로 의지하기를 원하십니다. 그러고서 구원에 대해 감사하며, 하나님께서 우리를 위해 싸우시는 것을 감사와 경외로 지켜보는 것입니다.

우리의 삶에서 어떤 전투를 맞닥뜨리고 있든, 찬양과 감사로 시작하는 이 역설적인 전략을 기억합시다. 이는 단순한 낙관주의가 아닌, 전능하신 하나님에 대한 깊은 신뢰의 표현입니다. 우리가 찬양할 때, 하나님께서 역사하십니다.

자신의 사각지대를 마주하는 법

"어찌하여 네 형제의 눈 속에 있는 작은 티는 보면서,
네 눈 속에 있는 나무토막은 보지 못하느냐?"
_마태복음 7장 3절, 쉬운

우리는 흔히 타인의 결점을 예리하게 포착합니다. 그렇다면 여러분은 어떤 종류의 죄를 가장 민감하게 알아차리는 편입니까? 이는 우리 자신의 삶에 숨겨진 맹점에 대해 무엇을 말해주고 있을까요?

다른 사람을 판단하려 할 때, 잠시 숨을 고르고 성찰해봅시다. 우리 역시 깨닫지 못하는 태도나 약점, 즉 사각지대를 지니고 있다는 점을 겸허히 인정해야 합니다. 이러한 맹점들이 종종 다른 이들과의 갈등을 야기하곤 합니다.

다른 이의 결점을 지적하고 싶은 유혹이 든다면, 그 에너지를 자신의 맹점을 찾아내고 개선하는 데 집중해보십시오. 예수님께서는 이렇게 말씀하셨습니다. "어찌하여 네 형제의 눈 속에 있는 작은 티는 보면서, 네 눈 속에 있는 나무토막은 보지 못하느냐? 네 눈 속에 나무토막이 있으면서, 어떻게 네 형제에게 '네 눈 속에 있는 작은 티를 빼주겠다'라고 말할 수 있느냐? 위선자들아! 먼저 네 눈 속에 있는 나무토막을 빼내어라. 그후에야 잘 보여서 네 형제의 눈 속에 있는 티를 빼낼 수 있을 것이다"(마 7:3-5, 쉬운).

요점은 분명합니다. 자신의 문제는 해결하지 않은 채 타인의 잘못을 꼬집는 것은 명백한 모순입니다. 우리는 먼저 자신의 사각지대를 돌보아야 합니다. 그래야 비로소 다른 이를 진정으로 도울 수 있습니다.

흥미롭게도, 우리는 흔히 자신이 가장 혐오하는 특성을 타인에게서 더욱 예민하게 감지합니다. 예를 들어, 우리가 게으름과 싸우고 있다면 다른 이의 게으름을 더 쉽게 발견합니다. 교만이나 탐욕 역시 마찬가지입니다.

그러나 성경은 우리에게 다른 길을 제시합니다. 고린도전서 11장 31절은 이렇게 말합니다. "우리가 우리를 살폈으면 판단을 받지 아니하려니와"(개역개정), 이 구절의 의미를 깊이 생각해보십시오. 우리가 스스로 정직하게 돌아보고 자신의 약점과 실패를 인정한다면, 하나님께서 우리를 심판하실 필요가 없어집니다.

하나님은 우리 편이십니다. 그분은 이미 우리의 맹점을 알고 계시며, 우리가 영적으로 성숙해지기를 간절히 바라십니다. 우리의 사각지대를 발견하고 개선하려는 노력은 곧 하나님과의 관계를 더욱 깊게 만드는 과정입니다.

예수님의 임재를 경험하는 순간

"제자들은 예수께서 바다 위로 걸어오시는 것을 보고, 유령으로 생각하고 소리쳤다.
그를 보고, 모두 놀랐기 때문이다. 그러나 예수께서 곧 그들에게 말씀하셨다.
'안심하여라. 나다. 두려워하지 말아라.'"
_마가복음 6장 49-50절, 새번역

지금 인생의 폭풍우 한가운데 계신가요? 그렇다면 이 불변의 진리를 마음에 새기십시오. 우리는 종종 폭풍 속에서야 비로소 예수님의 참모습을 발견하게 됩니다. 주님은 단순히 도덕을 가르치러 오신 분이 아닙니다. 그분은 우주를 창조하신 전능하신 하나님이십니다.

마가복음 6장에서 예수님은 제자들이 위기에 처한 것을 보셨습니다. 그들은 호수 한가운데서 거센 바람과 파도에 맞서 힘겹게 노를 젓고 있었습니다. 그때 예수님께서 물 위를 걸어 그들에게 다가가셨습니다. "제자들은 예수께서 바다 위로 걸어오시는 것을 보고, 유령으로 생각하고 소리쳤다. 그를 보고, 모두 놀랐기 때문이다. 그러나 예수께서 곧 그들에게 말씀하셨다. '안심하여라. 나다. 두려워하지 말아라'"(막 6:49-50, 새번역)라고 말씀하셨습니다.

제자들은 아직 예수님의 참된 신성을 깨닫지 못한 채 단지 능력 있는 선지자로만 여기고 있었습니다. 하지만 예수님은 물 위를 걸으심으로써 자신이 그 이상의 존재임을 드러내셨습니다. 그분은 자신이 하나님이심을 명확히 보여주셨습니다.

더불어 예수님은 제자들에게 "두려워하지 말라"는 도전적인 말씀을 주셨습니다. 그리고 그들을 안심시키셨습니다. "나다."

이 구절의 원어인 그리스어를 살펴보면 더욱 흥미롭습니다. "나다"라는 표현은 사실 "에고 에이미"(*egō eimi*)라는 두 단어로, 직역하면 "나는 나다"(I AM)입니다. 이것이 왜 중요할까요? 하나님의 이름은 "내가 있었다", "내가 될 것이다", "내가 되기를 바란다"가 아닌 "나는 나다"입니다. 예수님께서 "나다"(에고 에이미)라고 말씀하실 때, 그것은 우리에게 두려워할 이유가 전혀 없다는 강력한 메시지입니다. 걱정할 필요가 없습니다. 그분이 하나님이시라는 사실 하나만으로 충분합니다.

폭풍우 한가운데서 우리에게 진정 필요한 것은 무엇일까요? 새로운 직장이나 완벽한 전략이 아닙니다. 우리에게 절실히 필요한 것은 예수님 그 자체이며, 그분과의 생생한 관계입니다. 시스템이 아닌 구세주가 필요하며, 새로운 목표가 아닌 살아계신 하나님이 필요합니다.

폭풍우를 헤쳐 나갈 때, 하나님이 멀리서 무심하게 바라보고 계신 것이 아님을 명심하십시오. 그분은 바로 "나"이신 분입니다. 그분은 여러분과 함께 폭풍을 겪고 계시며, 반드시 여러분을 그 폭풍 가운데서 인도해 나가실 것입니다.

하나님의 움직임을 포착하다

"눈을 열어 하나님을 찾고, 주님의 일을 주목하여라. 그분 임재의 징후들을 주시하여라."
_시편 105편 4절, 메시지

역경의 시기일수록 우리는 하나님의 세밀한 인도하심을 더욱 민감하게 알아차려야 합니다. 왜 그럴까요? 하나님께서는 역경을 통해 우리에게 중요한 교훈을 가르치시고, 우리가 성장하기를 원하시기 때문입니다.

시편 105편 4절은 이렇게 말씀합니다. "눈을 열어 하나님을 찾고, 주님의 일을 주목하여라. 그분 임재의 징후들을 주시하여라"(메시지).

여러분은 지금 고난 가운데서 하나님을 찾고 계신가요? 일상의 사소한 순간들 속에서도 그분의 흔적을 찾아내고 계신가요? 우리는 영적 감각을 예리하게 유지하며 깨어 있어야 합니다. 하나님의 역사하심을 세심히 관찰하고, 그분의 임재가 어떻게 나타나는지 섬세하게 포착해야 합니다.

이렇게 깨어 있는 상태를 유지하는 데 핵심이 되는 단어가 있습니다. 바로 '비전'입니다. 그러나 대부분은 이 단어의 진정한 의미를 오해하고 있습니다.

비전은 리더십 분야에서 가장 많이 오해받는 용어 중 하나입니다. 많은 이들이 비전을 마치 미래를 예측하는 능력인 것처럼 이야기합니다. 하지만 진정한 비전은 그런 것이 아닙니다.

비전이란 지금 이 순간 일하시는 하나님의 섭리를 발견하고, 그분의 인도하심을 따라 전진하는 것입니다. 지금 일어나고 있는 일을 최대한 활용하는 자세입니다. 비전은 미래를 예측하는 것이 아닙니다. 오히려 하나님의 역사를 인식하고, 그 일에 동참하기로 결단하는 것입니다. 우리는 눈을 크게 뜨고 하나님의 일하심을 봅니다. 그리고 그 상황을 통해 하나님의 뜻을 이루어갑니다. 마치 서퍼가 파도를 보고 그 파도를 타기로 결심하는 것과 같습니다!

우리는 하나님을 우리의 계획에 맞추려 하는 기도의 자세에서 벗어나야 합니다. 대신 하나님께서 이미 축복하고 계신 일을 볼 수 있는 통찰력과, 그 일에 동참할 수 있는 용기를 구해야 합니다.

매일 아침, 이렇게 기도해보는 것은 어떨까요? "하나님, 오늘도 주님께서 이 세상에서 놀라운 일들을 행하실 것을 압니다. 주님의 일에 참여할 수 있는 특별한 기회를 주시겠습니까? 제가 그것을 볼 수 있도록 도와주시고, 그 일에 동참할 수 있는 용기를 주십시오."

여러분이 힘든 시기를 겪고 있을 때도, 하나님은 여전히 여러분을 그분의 위대한 목적을 위해 사용하기를 원하십니다. 영적인 눈을 크게 뜨고, 하나님의 움직임을 포착하세요! 그것이 바로 진정한 비전의 시작입니다.

자기기만을 넘어: 진실과 마주하는 용기

"우리가 죄가 없다고 말하면, 우리는 자기를 속이는 것이요,
진리가 우리 속에 없는 것입니다."

_요한일서 1장 8절, 새번역

모든 죄의 뿌리에는 자기기만이 자리 잡고 있습니다. 죄를 지을 때, 우리는 우리 행동이 하나님의 말씀보다 더 나은 결과를 가져올 것이라는 착각에 빠집니다. 이는 곧 우리 자신을 속이는 일입니다.

자기기만의 악순환을 끊으려면, 먼저 자기 모습을 있는 그대로 보아야 합니다. 삶을 정직하게 직시하고, 진실을 인정하며, 문제에 정면으로 맞서야 합니다. 여러분의 삶에서 "괜찮아"라고 스스로를 속이고 있는 부분은 무엇인가요? "대수롭지 않아"라고 묵인하고 있는 중독은 없습니까? 마약이든, 과도한 신용카드 사용이든, 음란물 시청이든, 무가치한 독서든, 우리는 종종 고통과 죄에서 벗어나기 위해 이런 것에 의지합니다. 하지만 문제의 근원을 먼저 인정하지 않으면 진정한 치유는 불가능합니다.

치유와 회복을 위해 바닥까지 내려갈 필요는 없습니다. 파멸의 길을 걸을 필요도 없습니다. 문제의 본질을 인식하는 것만으로도 해결의 첫걸음을 뗄 수 있습니다.

상담사들이 자주 지적하는 가장 큰 문제점은 무엇일까요? 바로 "사람들이 도움을 요청하기까지 너무 오래 기다린다는 것"입니다. 그렇게 되면 상황을 되돌리기가 거의 불가능해집니다. 많은 이들이 문제를 부정하다가 너무 늦게 깨닫고 불필요한 고통을 겪습니다. 성경은 이렇게 경고합니다. "우리가 죄가 없다고 말하면, 우리는 자기를 속이는 것이요, 진리가 우리 속에 없는 것입니다"(요일 1:8, 새번역).

여러분의 삶에서 죄와 관련하여 피하고 있는 불편한 질문은 무엇인가요? 현재 간과하고 있는 위험 신호는 없습니까?

진정한 치유를 원한다면 문제의 근원을 인정하고 자신의 실체를 있는 그대로 수용해야 합니다. 쉬운 선택은 아니지만, 항상 옳은 선택입니다.

예수님은 우리의 내적 갈등과 고민을 깊이 이해하십니다. 우리가 겪는 모든 어려움을 그분도 경험하셨기 때문입니다. 성경은 이렇게 말합니다. "그는 모든 점에서 우리와 마찬가지로 시험을 받으셨지만, 죄는 없으십니다. 그러므로 우리는 담대하게 은혜의 보좌로 나아갑시다. 그리하여 우리가 자비를 받고 은혜를 입어서, 제때에 주시는 도움을 받도록 합시다"(히 4:15-16, 새번역).

하나님은 우리 편이십니다. 그분은 지금도 우리 안에서 역사하고 계십니다. 그분의 능력으로 우리는 어떤 어려움도 극복할 수 있습니다.

신실한 사람은 포기하지 않습니다

"그러므로 우리는 낙심하지 않습니다. 비록 우리의 겉 사람은 쇠약해가지만 우리의 속사람은
날마다 새로와지고 있습니다. 우리가 잠시 받는 가벼운 고난은 그 무엇과도 비교될 수 없는
크고 엄청난 영원한 영광을 우리에게 가져다줄 것입니다."
_고린도후서 4장 16-17절

여러분, 포기하지 않는 이상 결코 패배자가 될 수 없습니다. 그리고 포기를 선택하기엔 언제나 시기상조입니다. 왜 그럴까요? 하나님께서는 우리의 끈기를 단련하기 위해 힘든 시기를 허락하시기 때문입니다. 하나님은 우리의 고난을 통해 더 큰 선을 이루어가십니다. 이 과정에서 그분은 우리의 신실함을 지켜보고 계십니다.

끝까지 신실한 사람과 중도에 포기하는 사람을 가르는 핵심적 차이는 무엇일까요? 신실하지 못한 사람은 첫 번째 장애물에 부딪히자마자 포기하고 맙니다. 반면 신실한 사람들은 계속해서 전진합니다.

신실한 사람에게는 결단력이 있습니다. 그들은 부지런하며 끈기가 있습니다. 신실한 사람은 포기하는 법을 모릅니다! 작은 도토리가 어떻게 웅장한 참나무가 되는지 아십니까? 그것은 단순히 포기하지 않은 도토리일 뿐입니다.

새들백 교회의 이야기를 들려드리겠습니다. 우리 교회는 처음 15년 동안 79개의 다른 시설을 옮겨 다니며 예배를 드렸습니다. 첫 건물을 지었을 때 이미 1만 명 이상의 교인이 모이고 있었죠. 매주 만 명의 성도를 위해 예배당을 세웠다가 철거하는 일은 결코 화려하거나 보람찬 일이 아니었습니다. 그저 고된 노동이었습니다.

수없이 밀려오는 포기의 유혹과 싸워야 했던 순간들이 이해가 되십니까? 매주 월요일 아침마다 그런 유혹과 싸워야 했습니다! 하지만 하나님은 그 힘든 시기를 우리의 끈기를 시험하고 단련하는 데 사용하셨습니다.

여러분도 지금 힘든 시기를 겪고 계신다면, 이 말씀을 마음에 새겨보시기 바랍니다. "그러므로 우리는 낙심하지 않습니다. 비록 우리의 겉 사람은 쇠약해가지만 우리의 속사람은 날마다 새로와지고 있습니다. 우리가 잠시 받는 가벼운 고난은 그 무엇과도 비교될 수 없는 크고 엄청난 영원한 영광을 우리에게 가져다줄 것입니다"(고후 4:16-17).

하나님은 우리에게 일어나는 일보다 우리가 어떤 사람이 되어가는지에 더 관심이 많으십니다. 그분은 종종 우리 삶의 시련, 고난, 문제를 통해 부지런함과 결단력, 인격을 가르치십니다. 우리가 하나님을 신뢰하고 영원에 초점을 맞출 때, 그분은 우리를 새롭게 하시고 계속 나아갈 수 있는 힘을 주십니다. 갈라디아서 6장 9절은 이렇게 말씀합니다. "선한 일을 하다가, 낙심하지 맙시다. 지쳐서 넘어지지 아니하면, 때가 이를 때에 거두게 될 것입니다"(새번역).

여러분이 지금 겪는 어려움은 여러분의 신실함을 검증하는 과정입니다. 삶이 고난으로 가득해도 변함없이 하나님을 섬기실 수 있겠습니까? 여러분의 신실함이 만들어낼 기적을 기대하며 나아가십시오.

인생에서 두 번째 기회가 필요하다면

"너희는 전에 일어난 일을 기억하지 마라. 과거의 일을 생각하지 마라. 보아라.
내가 이제 새 일을 시작하겠다. 그 일이 이미 나타나고 있는데 너희는 알지 못하겠느냐?
내가 사막에 길을 내겠고, 메마른 땅에 강을 내겠다."
_이사야 43장 18-19절, 쉬운

여러분, 하나님은 단순히 두 번째 기회만이 아닌, 백 번, 천 번의 기회를 주시는 분이십니다!

성경은 하나님의 은혜로 두 번째 기회를 얻은 사람들의 이야기로 가득합니다. 아브라함은 하나님의 보호를 믿지 못해 아내를 누이라 속였고, 모세는 살인을 저질렀습니다. 삼손은 분노와 욕망에 굴복했으며, 라합은 매춘부였습니다. 다윗은 간음을 저지르고 그 여자의 남편을 죽게 했습니다. 그럼에도 이들 모두는 히브리서 11장의 "믿음의 전당"에 이름을 올렸습니다.

하나님은 새로운 기회를 주시는 것을 기뻐하십니다. 만약 하나님의 은혜를 받기 위해 완벽해야 한다면, 누구도 그 은혜에 다가갈 수 없을 것입니다!

인생의 어려움 속에서 하나님의 뜻을 찾고자 하는 욥에게, 그의 친구는 회복과 새로운 시작을 위한 통찰력 있는 조언을 이렇게 전합니다. "이제 마음을 새롭게 다짐하고, 그를 향하여 두 손을 들고 부르짖게나. 자네 손에 있는 죄를 멀리 던져 버리고, 악이 집에 머물지 않도록 하게. 그러면 자네도 떳떳하게 고개를 들고, 두려워하지 않아도 될 것이네. 자네의 괴로움을 흘러가는 물과 같이 잊게 되고, 자네의 삶은 대낮보다 더 밝아지며, 흑암도 아침같이 될 걸세. 그러면 자네는 소망을 갖고 확신한 것에 흔들림이 없을 것이네. 사방을 둘러보아도 두려움이 없게 될 것일세"(욥 11:13-18, 쉬운).

얼마나 놀라운 약속입니까! 우리가 회개할 때마다 하나님은 언제나 용기와 희망, 보호와 안식으로 가득 찬 새로운 기회를 허락하십니다.

하나님이 여러분의 인생을 위해 예비하신 놀라운 계획을 향해 나아가고 싶으십니까? 그렇다면 과거라는 무거운 문을 과감히 닫아야 합니다. 슬픔과 죄책감, 원한을 내려놓고 믿음으로 전진해야 합니다.

"너희는 전에 일어난 일을 기억하지 마라. 과거의 일을 생각하지 마라. 보아라. 내가 이제 새 일을 시작하겠다. 그 일이 이미 나타나고 있는데 너희는 알지 못하겠느냐? 내가 사막에 길을 내겠고, 메마른 땅에 강을 내겠다"(사 43:18-19, 쉬운).

오늘, 여러분에게 주어진 새로운 기회를 붙잡으십시오. 하나님을 신뢰하십시오. 그러면 과거의 가장 어두운 날도 여명처럼 빛나게 될 것입니다. 고통의 황무지에서도 생명의 시냇물이 솟아나는 기적을 경험하게 될 것입니다.

까다로운 사람들을 대하는 지혜

"노하기를 더디 하는 것은 사람의 슬기요, 허물을 덮어 주는 것은 그의 영광이다."

_잠언 19장 11절, 새번역

우리 주변에는 늘 자기 방식만을 고집하는 사람들이 있습니다. 그들은 모든 상황을 흑백논리로 재단하며, 여러분의 접근 방식을 늘 잘못되었다고 단정 짓습니다. 그들은 자신의 높은 기준에 여러분이 미치지 못할 때마다 지적하곤 합니다. 이로 인해 여러분은 그들의 인정을 받기가 불가능하다고 느낄 수 있습니다.

그렇다면 이런 까다로운 사람들을 사랑으로 대하려면 어떻게 해야 할까요?

성경은 인내가 관점에서 비롯된다고 가르칩니다. "노하기를 더디 하는 것은 사람의 슬기요, 허물을 덮어 주는 것은 그의 영광이다"(잠 19:11, 새번역). 상대방의 배경, 어려움, 짐을 더 깊이 이해할수록 우리는 더 큰 인내심을 발휘할 수 있습니다.

우리는 종종 다른 이들을 보며 "저 사람은 아직 갈 길이 멀구나"라고 생각합니다. 하지만 "저 사람이 지금까지 어떤 역경을 헤치고 여기까지 왔을까?"라고 생각해본 적은 있습니까? 그들은 어쩌면 친절이나 예의를 배울 기회가 없는 가정에서 자랐을지도 모릅니다. 혹은 역기능 가정에서 자라 여기까지 온 것이 기적일 수도 있습니다.

그들이 짊어진 짐은 무엇일까요? 질병? 가족 문제? 실직? 우리가 알지 못하는 수많은 짐을 사람들은 지고 살아갑니다.

잠언 19장 11절은 우리에게 남의 허물을 덮어주라고 말씀합니다. 여러분은 타인의 작은 실수에도 마음이 상하시나요? 혹시 사소한 일에도 쉽게 기분이 나빠지지는 않습니까? 누군가 여러분을 무심코 지나치거나, 약속을 잊어버리거나, 여러분에게 주목하지 않을 때 쉽게 상처받지는 않나요? 사랑은 이런 것들을 너그럽게 덮어줍니다.

누가복음 6장 31절은 이렇게 말씀합니다. "너희는 남에게 대접을 받고자 하는 대로 남을 대접하여라"(새번역). 진정한 사랑은 일방적인 요구가 아닌 상호 이해에서 비롯됩니다. 힘든 하루를 보내고 있거나, 몸이 좋지 않거나, 무거운 짐을 지고 있을 때 다른 이들이 여러분에게 해주기를 바라는 그것이 바로 사랑입니다.

하지만 이것이 타인의 부당한 요구나 통제에 무조건 굴복해야 한다는 의미는 결코 아닙니다. 자존감을 버리고 그들이 원하는 대로 끌려다녀야 할까요?

아닙니다. 여기에 핵심이 있습니다. 굴복하지 말되, 부드럽게 대하세요. 예수님은 교묘하게 조종하는 사람들, 즉 까다롭고 율법주의적인 종교 지도자들과 바리새인들에게 굴복하지 않으셨습니다. 그들은 스스로도 지킬 수 없는 온갖 종류의 요구를 했습니다. 하지만 예수님은 그들이 자신을 궁지로 몰아넣도록 내버려 두지 않으셨습니다. 예수님은 원칙을 굽히지 않으면서도 온화한 태도를 잃지 않으셨습니다. 이것이 바로 행동으로 보여주는 사랑입니다.

올바른 동기가 중요합니다

"우리는 우리 자신을 전하는 것이 아니라, 예수 그리스도를 주님으로 선포합니다.
우리는 예수로 말미암아 우리 자신을 여러분의 종으로 내세웁니다."
_고린도후서 4장 5절, 새번역

삶의 중심을 자신에게 둘수록 우리는 더욱 깊은 절망의 늪에 빠지게 됩니다. 삶의 본질이 자신에게 있지 않다는 사실을 망각할 때, 우리는 교만에 빠지거나 두려움에 휩싸이거나 불필요한 고통을 겪기 쉽습니다. 이런 자기중심적인 감정들은 우리의 시야를 좁혀 자신만을 바라보게 만듭니다. 그 결과, 우리는 더 큰 그림을 보지 못하고 쉽게 낙담에 빠지게 됩니다.

성경은 고린도후서 4장 5절에서 이렇게 말씀합니다. "우리는 우리 자신을 전하는 것이 아니라, 예수 그리스도를 주님으로 선포합니다. 우리는 예수로 말미암아 우리 자신을 여러분의 종으로 내세웁니다"(새번역).

여러분, 이 말씀을 깊이 새겨들으세요. 우리의 삶은 우리 자신에 관한 것이 아닙니다! 하나님께서 여러분을 이 땅에 세우신 것은 여러분을 통해 세상에 선포하고자 하시는 메시지가 있기 때문입니다. 이것이 바로 여러분의 인생 메시지입니다. 그러나 이 메시지의 주인공은 여러분이 아닙니다. 예수 그리스도이십니다.

《목적이 이끄는 삶》에서 "당신에 관한 것이 아니다"라는 문구를 강조한 이유는 이것이 현대 사회에서 가장 역설적이고 도전적인 메시지이기 때문입니다. 우리를 둘러싼 거의 모든 것 - 노래, 게임, TV 프로그램, 뉴스, 광고 - 이 우리에게 "자신을 먼저 생각하라!"고 외칩니다.

솔직히 말씀드리면, 때로는 이 문구를 책에 넣지 말았더라면 하는 생각이 듭니다. 이 한 문장으로 인해 제 남은 인생이 끊임없는 시험의 연속이 될 줄은 미처 몰랐기 때문입니다. 하루에도 수십 번씩 이 말을 되뇌어야 할 때가 있습니다! 누군가 나를 칭찬하거나, 비판하거나, 오해하거나, 내 의견에 동의하지 않을 때마다 "이것은 나에 관한 것이 아니다"라고 스스로 일깨워야 합니다. 왜 그럴까요? 자신에게 집중하면 결국 낙담에 빠지기 때문입니다.

대신, 오늘 말씀에서 바울이 강조한 것처럼, 우리는 예수님을 위한 종입니다. 이는 예수님께서 우리를 위해 보여주신 무한한 사랑과 희생이 우리 안에서 다른 이들을 향한 섬김의 동기로 변화된다는 의미입니다. 우리가 받은 은혜가 타인을 향한 사랑의 행동으로 흘러넘치는 것입니다.

하나님은 언제나 우리가 무엇을 하고 있느냐보다 왜 그 일을 하고 있느냐에 더 큰 관심을 가지십니다. 그분은 우리 마음의 동기를 주목하십니다. 어떤 일을 하는 이유는 항상 그 일을 얼마나 오래 지속할 수 있을지를 결정짓습니다. 자기중심적인 야망에서 비롯된 동기는 지속성이 부족하여 결국 좌절과 포기로 이어집니다. 반면, 복음 전파와 예수님께 영광 돌리기를 목적으로 삼는다면, 우리는 끝까지 해낼 용기를 얻을 것입니다.

하나님의 마음을 움직이는 기도의 비밀

"여호와여, 주는 겸손한 자들의 소원을 들으시고 그들을 격려하시며
그들이 부르짖는 소리에 귀를 기울이셨습니다."
_시편 10편 17절

하나님은 언제나 겸손한 심령을 귀하게 여기시고 응답하십니다. 이러한 겸손이야말로 여러분의 기도를 통해 하나님의 마음을 감동시키는 핵심입니다.

성경은 이렇게 말씀합니다. "여호와여, 주는 겸손한 자들의 소원을 들으시고 그들을 격려하시며 그들이 부르짖는 소리에 귀를 기울이셨습니다"(시 10:17).

구약의 다니엘은 겸손의 모범을 보여줍니다. 그는 강력한 문화적 압박 속에서도 오직 하나님의 은혜에 전적으로 의지했습니다. 그는 자신의 힘을 의지하는 대신 이렇게 기도했습니다. "우리는 악을 행하고 못된 짓을 하였으며 주의 명령을 거역하였고 주께서 보여주신 바른 길을 떠났습니다. 우리는 또 주의 종 예언자들이 주의 이름으로 우리 왕들과 관리들과 우리 조상들과 모든 백성에게 말한 것을 듣지 않았습니다. 여호와여, 주는 항상 의로우신 분이시지만 우리는 오늘날 수치를 당하는 사람들이 되었습니다"(단 9:5-7).

다니엘은 자신과 이스라엘 백성이 하나님의 축복을 받을 자격이 없음을 알았습니다. 그래서 그는 겸손히 죄를 고백하고 연약함을 인정하며 하나님의 자비를 구했습니다. "주의 의로우신 행위를 따라 주의 분노를 주의 성 예루살렘, 곧 주의 거룩한 산에서 거두소서. … 우리 하나님이시여, 이제 이 종의 간절한 기도를 들으시고 주의 영광을 위해서라도 오랫동안 황폐한 주의 성전을 돌아보소서"(단 9:16-17).

하나님은 다니엘의 겸손한 기도에 어떻게 응답하셨을까요? 주의 사자를 통해 은혜의 메시지를 전하셨습니다. "하나님의 은총을 크게 받은 다니엘아, 일어나 내가 너에게 하는 말을 잘 들어라. … 네가 깨달음을 얻기 위해 네 하나님 앞에서 자신을 낮추려고 결심한 첫날부터 하나님은 네 기도를 들으셨다. 그래서 내가 네 기도의 응답으로 여기까지 왔다"(단 10:11-12).

하나님 앞에서 겸손히 죄를 고백하는 것은 우리의 의지를 그분께 맡기고 우리의 연약함을 인정하는 행위입니다. 이러한 겸손한 마음의 기도는 하나님께서 특별히 귀하게 여기십니다. 이는 하나님께서 직접 약속하신 바와 일치하기 때문입니다. "나는 겸손한 마음으로 크게 뉘우치며 내 말을 두렵게 여기는 자에게 은혜를 베푼다"(사 66:2).

많은 이들이 벌받을까 봐 두려워 자신의 약점과 죄를 인정하길 주저합니다. 하지만 여러분, 하나님은 이미 우리의 모든 죄를 알고 계십니다! 그분이 원하시는 것은 단지 우리가 그것을 고백하는 것뿐입니다. 우리가 겸손의 자세를 보일 때, 그분은 은혜로 응답하실 것입니다.

기도할 때마다 이렇게 고백해보십시오. "하나님, 저는 당신을 간절히 필요로 합니다. 저의 힘만으로는 이 상황을 감당할 수 없습니다." 이런 기도를 드릴 때마다, 하나님은 귀 기울이시고 우리에게 힘을 주실 것입니다.

쓴 재료로 만드는 하나님의 달콤한 계획

"하나님을 사랑하고 그분의 계획대로 부르심을 받은 사람들에게는
결국 모든 일이 유익하게 된다는 것을 우리는 알고 있습니다."
_로마서 8장 28절

여러분, 제가 조금 특별한 비밀을 하나 털어놓겠습니다. 저는 스스로를 '마스터' 케이크 제작자라고 부릅니다. 물론 이 타이틀은 우리 가족이 제게 붙여준 것이지만요. 몇 년 전, 저는 새로운 도전으로 케이크 굽기를 시작했습니다. '맛있는 케이크를 즐기려면 직접 만들 줄 알아야 하지 않을까?'라는 생각에서였습니다. 제 최고의 작품 중 하나는 아내 생일을 위해 만든 독일식 초콜릿케이크입니다. 만들기 까다로운 케이크 중 하나였지만, 그만큼 보람 있었습니다.

케이크를 만들면서 저는 중요한 사실을 깨달았습니다. 케이크를 구성하는 개별 재료들은 각각으로는 맛이 없다는 것입니다. 심지어 어떤 것들은 꽤 쓴맛을 냅니다. 밀가루를 그냥 먹으면 맛이 없고, 베이킹파우더나 날달걀, 기름을 따로 먹으면 역겨울 수 있습니다. 바닐라 추출물도 단독으로는 맛이 없죠. 하지만 이 모든 재료를 적절히 섞어 오븐에 구우면, 놀랍게도 맛있는 케이크가 탄생합니다.

로마서 8장 28절은 성경에서 가장 위대한 약속 중 하나를 담고 있습니다. "하나님을 사랑하는 사람들, 곧 하나님의 뜻대로 부르심을 받은 사람들에게는, 모든 일이 서로 협력해서 선을 이룬다는 것을 우리는 압니다"(새번역). 이 구절은 모든 것이 좋다고 말하지 않습니다. 뉴스만 봐도 그렇지 않다는 것을 알 수 있죠. 또한 이 약속이 모든 사람에게 해당하는 것이 아니라, 하나님을 사랑하는 사람들에게만 적용된다는 점을 주목해야 합니다.

하나님께서 모든 것을 조화롭게 선으로 이끄시는 방식은 케이크를 굽는 과정과 놀랍도록 유사합니다.

여러분의 삶과 이 세상에는 분명 쓰디쓴 경험과 불편한 진실들이 있을 것입니다. "이 상황이 정말 견디기 힘들어. 내 삶에 찾아온 이 변화들이 달갑지 않아. 세상에서 벌어지는 일들을 보면 가슴이 아파"라고 생각할 수 있습니다.

우리는 전례 없는 급격한 변화와 도전의 시대를 살아가고 있습니다. 일부 상황들이 마음에 들지 않을 때 자신의 처지에서 부정적인 면만 보고 쓴맛에 집중하지 않기로 결심하세요. 왜 그럴까요? 눈에 보이지 않을 때도, 하나님은 좋은 것이든 쓴 것이든 모든 것을 취하셔서 그분의 선한 계획에 사용하신다는 것을 우리는 믿기 때문입니다.

지금 당장은 그 달콤함을 맛볼 수 없을지 모릅니다. 그러나 언젠가 천국에서 우리는 하나님의 완벽한 레시피가 빚어낸 경이로운 결실을 맛보게 될 것입니다.

단일한 동기로 하나님을 기쁘시게 하는 삶

"나는 아무것도 내 마음대로 할 수 없다. 나는 아버지께서 하라고 하시는 대로 심판한다."
_요한복음 5장 30절, 새번역

여러분을 아침에 일어나게 하는 원동력은 무엇입니까? 일하기 위해서? 열심히 공부하기 위해서? 아니면 다른 이를 섬기고 사랑하기 위해서인가요? 삶의 무게에 짓눌릴 때 여러분을 다시 일으키는 근원적 힘은 무엇입니까?

만약 여러분이 끊임없는 스트레스와의 싸움에서 벗어나고 싶다면, 자신의 행동을 이끄는 가장 근원적인 동기를 명확히 인식해야 합니다. 왜 그럴까요? 동기가 여러 가지로 혼재되어 있으면, 마치 여러 방향으로 동시에 끌려가는 듯한 느낌을 받기 때문입니다. 예수님께서는 "한 종이 두 주인을 섬길 수는 없다"(눅 16:13)라고 말씀하셨습니다.

전능하신 하나님께서도 서로 상충하는 모든 요구를 동시에 들어주실 수는 없습니다. 어떤 이는 비를 위해 기도하는 반면, 다른 이는 맑은 날씨를 위해 기도하고 있을 테니까요. 제가 42년간 목회자로 섬기면서 깨달은 점은, 사람들의 기대가 각기 다르기에 누군가는 항상 실망하게 된다는 것입니다. 우리는 모든 이를 만족시킬 수 없습니다. 여러분도 마찬가지입니다.

성경은 사람에 대한 두려움이 우리를 속박하는 위험한 덫이라고 경고합니다. 이는 우리의 마음과 정신을 옥죄어 우리를 넘어뜨립니다. 그래서 예수님은 요한복음 5장 30절에서 이렇게 말씀하셨습니다. "나는 아무것도 내 마음대로 할 수 없다. 나는 아버지께서 하라고 하시는 대로 심판한다"(새번역). 예수님은 누구를 기쁘게 해야 하는지 명확히 알고 계셨습니다.

우리가 하나님을 기쁘시게 하는 데 집중하지 않으면, 자연스럽게 여러 사람의 다양한 기대를 충족시키려다가 탈진하게 됩니다. 그러나 오직 하나님 한 분만을 기쁘시게 하겠다고 결심하면, 우리의 삶은 훨씬 단순해지고 스트레스도 줄어듭니다. 하나님을 기쁘시게 하는 일은 언제나 옳은 선택이 되기 때문입니다. 이것이 바로 예수님이 스트레스를 잘 다스리셨던 비결입니다. 그분은 오직 한 분만을 기쁘게 하려 하셨기 때문입니다.

여러분의 행복과 자존감이 누구의 승인이나 인정에 좌우되고 있습니까? 아직도 누군가를 기쁘게 하려고 애쓰고 계신가요? 어떤 이에게는 한 번도 인정이나 격려를 보여준 적 없는 부모님일 수 있고, 다른 이에게는 아무리 노력해도 만족시킬 수 없는 상사일 수도 있습니다.

하지만 기억하세요. 여러분은 피해자가 아닙니다. 여러분의 자유는 여러분이 내리는 결단에 달려 있습니다. 어떤 사람도 여러분의 의지를 넘어서 그들의 기준에 맞추도록 할 수 없습니다.

하나님을 위해 살아가는 것이 여러분의 근본적인 동기가 된다면, 타인의 거절에 대한 두려움은 더 이상 여러분을 지배하지 못할 것입니다. 대신 사랑으로 동기를 부여받고, 하나님이 만드신 그대로의 모습으로 자유롭게 살아갈 수 있을 것입니다.

하나님 한 분만을 기쁘시게 하려는 마음으로 살아간다면, 여러분은 놀라운 평안과 자유를 경험하게 될 것입니다. 이것이 바로 예수님이 우리에게 보여주신 삶의 모델입니다.

통제를 내려놓고 동행을 시작하다

"나는 마음이 온유하고 겸손하니 내 멍에를 메고 나에게 배워라.
그러면 너희의 영혼이 안식을 얻을 것이다. 내 멍에는 편하고 내 짐은 가볍다."
_마태복음 11장 29~30절, 공동번역

여러분, 삶의 짐이 감당하기 힘들만큼 무거운가요? 혹시 너무 많은 것을 통제하려 하고 있지는 않으신지요? 우리는 알게 모르게 모든 것을 통제하려는 습관에 빠져듭니다. 의도치 않게 모든 것이 우리에게 달려 있다고 여기며 살아가곤 합니다. 마치 우리가 모든 일을 완벽하게 해내야 한다고 생각하는 것처럼 말입니다.

그러나 통제에 대한 집착이 강해질수록, 우리는 더욱 심각한 부담감과 내적 공허를 경험하게 됩니다. 이제 우리는 통제권을 내려놓는 법을 배워야 합니다!

모든 것을 내려놓고 예수님께 나아갈 때 우리가 밟아야 할 다음 순종의 발걸음은 이것입니다. "나는 마음이 온유하고 겸손하니 내 멍에를 메고 나에게 배워라. 그러면 너희의 영혼이 안식을 얻을 것이다. 내 멍에는 편하고 내 짐은 가볍다"(마 11:29-30, 공동번역).

여기서 말하는 멍에는 두 마리의 동물이 함께 힘을 모아 농기구를 끌 수 있게 해주는 나무로 된 도구를 말합니다. 이 멍에는 짐을 나누고 협력하게 하는 도구입니다. 이미 감당하기 힘든 짐을 짊어지고 있다고 여겨진다면, 예수님의 멍에를 메는 것이 또 다른 부담으로 다가올 수 있습니다. 왜 또 다른 멍에를 메고 싶어 할까요?

하지만 멍에의 진정한 목적은 짐을 더 무겁게 하는 것이 아니라 오히려 가볍게 하는 것입니다. 멍에를 나눈다는 것은 우리가 지고 있는 짐을 함께 나눈다는 의미입니다. 두 마리의 동물이 힘을 합치면 짐은 더 가벼워집니다.

예수님과 함께 멍에를 메지 않는다면, 우리는 과속으로 달리다 함정에 빠질 수 있습니다. 하지만 예수님과 함께 멍에를 메면, 그분은 우리의 페이스 메이커가 되어주십니다. 우리가 너무 빨리 달려나가거나 길을 잃고 위험에 빠지지 않도록 안전하게 인도해주시는 것입니다.

갈라디아서 5장 25절은 이렇게 말합니다. "만일 우리가 성령으로 살면 또한 성령으로 행할지니"(개역개정). 여러분은 예수님과 함께 멍에를 메고 동행하며, 그분이 속도를 정하도록 함으로써 하나님의 영과 보조를 맞출 수 있습니다. 예수님은 결코 서두르지 않으셨습니다. 여러분도 그분과 연결되어 있다면 서두르지 않게 될 것입니다.

예수님은 우리의 짐을 함께 나누고자 하십니다. 그분은 우리와 함께 걸으며, 우리를 인도하고 지지해주기를 간절히 바라십니다.

하나님의 선물로 충분합니다: 만족의 비밀

"누가 당신을 구별합니까? 당신이 가진 것 가운데 받지 않은 것이 무엇입니까? 당신이 받은
것이라면 왜 그렇지 않은 것처럼 자랑합니까? 여러분은 이미 배가 불렀고 이미 부유해졌고
우리 없이 왕 노릇 했습니다. 나는 여러분이 정말 왕처럼 다스렸으면 좋겠습니다.
그래서 우리도 여러분과 함께 왕 노릇 할 수 있었으면 좋겠습니다."
_고린도전서 4장 7-8절, 우리말

우리는 흔히 부족한 것과 이루지 못한 일들에 마음을 빼앗기곤 합니다. 하지
만 시선을 돌려 우리가 이미 누리고 있는 것들에 감사할 수 있습니다. 이런 관점의 전환은 저나
여러분 모두에게 쉽지 않은 도전입니다. "나는 어떤 형편에서도 스스로 만족하는 법을 배웠습
니다"(빌 4:11)라고 말한 사도 바울에게도 쉽지 않은 일이었습니다. 참된 만족은 우리가 날마다
훈련하고 배워나가야 하는 삶의 자세입니다.

성경은 고린도전서 4장 7-8절에서 이렇게 말씀합니다. "누가 당신을 구별합니까? 당신이
가진 것 가운데 받지 않은 것이 무엇입니까? 당신이 받은 것이라면 왜 그렇지 않은 것처럼 자
랑합니까? 여러분은 이미 배가 불렀고 이미 부유해졌고 우리 없이 왕 노릇 했습니다. 나는 여
러분이 정말 왕처럼 다스렸으면 좋겠습니다. 그래서 우리도 여러분과 함께 왕 노릇 할 수 있었
으면 좋겠습니다"(우리말).

시기심은 행복의 조건이 더 많은 소유에 있다는 치명적인 거짓말에서 시작됩니다. 시기심은
끊임없이 타인을 주시하며 이렇게 질문합니다. "왜 하필 저들인가? 그들에게 무슨 자격이 있단
말인가? 나 역시 그들의 소유를 누릴 자격이 있지 않은가?" "불공평해"라는 표현을 사용한다
면, 이미 시기심의 함정에 빠진 것입니다. 반면 감사는 이렇게 말합니다. "왜 하필 나에게 이런
축복을 주셨을까요? 나는 이런 은혜를 받을 자격이 없는데…. 정말 감사하고 또 감사합니다."
감사는 우리의 관점을 완전히 뒤집어 놓습니다.

우리 모두는 시기심과 씨름하지만, 그 감정의 불쾌한 본질로 인해 이를 솔직히 인정하기를
꺼립니다. 다른 사람을 부러워할 때, 우리는 그들이 더 많은 것을 갖지 못하길 바랍니다. 이는
얼마나 비합리적인 생각입니까? 우리가 가진 것에 감사하는 법을 배운다면, 이러한 시기심의
감정에서 벗어날 수 있을 것입니다.

시기심은 욕망이나 꿈, 목표와는 다릅니다. 이런 것은 갖고 있더라도 흠이 아닙니다. 즉, 시
기심은 무언가를 기대하거나 우리 삶에서 어떤 일이 일어나기를 바라는 것과는 본질적으로 다
릅니다. 부러움은 우리가 원하는 것을 이미 가지고 있거나 아직 도달하지 못한 목표에 이른 누
군가를 원망하는 것입니다. 때로는 부러움이 상상에서 비롯되기도 합니다. 우리는 종종 다른

사람에 대해 사실이 아닌 것을 상상하고, 이웃의 닫힌 문 뒤에서 모든 것이 완벽하다고 생각합니다. 하지만 그들의 현실은 대개 많이 다릅니다.

　　시기심의 본질은 특정 욕망이나 목표가 성취되기 전까지는 진정한 행복을 얻을 수 없다고 믿는 그릇된 생각에 있습니다. 시기심은 자신이 가진 것에 감사하지 않을 때 생깁니다.

　　그러나 성경은 우리에게 이미 필요한 것보다 훨씬 더 많은 것을 가지고 있으며, 마땅히 누려야 할 것보다 훨씬 더 많은 것을 소유하고 있다고 말씀합니다. 우리 삶의 모든 좋은 것은 하나님의 선물이며, 그분이 언제 어떻게 축복하실지는 그분께 달려 있습니다. 감사하기로 선택하고 주어진 것을 최대한 활용하는 것은 우리의 몫입니다.

　　매일 하나님께 이렇게 기도해보십시오. "주님, 제게 주신 모든 것이 선하다는 것을 압니다. 저는 주님의 뜻을 행하는 데 필요한 모든 것을 가지고 있습니다. 당신과 당신이 주신 것들에 감사드립니다. 다른 이들의 축복에 함께 기뻐하고, 제 구원을 즐거워하겠습니다. 주님께서 저와 함께하시며, 저를 예수님을 닮아가도록 일하신다는 사실에 만족합니다."

　　전도서 6장 9절의 말씀처럼 "무엇이든 당장 손에 닿는 것을 붙들어라. 시간이 지나면 더 좋은 것이 나올 것이라 생각하지 마라"(메시지).

하나님의 위대하심: 우리의 두려움을 잠재우는 힘

"예수께서 그들에게 '그렇게도 믿음이 없느냐? 왜 그렇게 겁이 많으냐?' 하시며 일어나서
바람과 바다를 꾸짖으시자 사방이 아주 고요해졌다. 사람들은 눈이 휘둥그래져서
'도대체 이분이 누구인데 바람과 바다까지 복종하는가?' 하며 수군거렸다."
_마태복음 8장 26-27절, 공동번역

여러분, 우리 삶에서 통제할 수 없는 상황에 직면할 때마다 하나님의 위대하심에 초점을 맞추어 보십시오. 그분의 위대하심을 묵상할 때, 우리는 자연스럽게 예배의 자리로 나아가게 됩니다. 진정한 예배는 우리를 삶의 폭풍 속에서도 지켜주는 견고한 피난처가 됩니다.

건강 악화, 배우자의 배신, 오랜 우정의 단절 등 인생에 폭풍우가 몰아칠 때, 우리는 중대한 갈림길에 서게 됩니다. 이러한 순간, 우리의 대응이 향후 인생의 방향을 결정짓게 됩니다. 근심의 수렁에 빠질 것인가, 아니면 예배의 자리로 나아갈 것인가?

신약성경에는 이에 대한 감동적인 예화가 나옵니다. 예수님께서 제자들과 함께 갈릴리 바다를 건너고 계셨습니다. 이 바다는 예나 지금이나 거대한 호수여서, 순식간에 폭풍우가 몰아치곤 합니다. 그리고 바로 그런 일이 일어났습니다.

"그때 마침 바다에 거센 풍랑이 일어나 배가 물결에 뒤덮이게 되었는데 예수께서는 주무시고 계셨다. 제자들이 곁에 가서 예수를 깨우며 '주님, 살려주십시오. 우리가 죽게 되었습니다' 하고 부르짖었다"(마 8:24-25, 공동번역). 배는 격랑에 휩싸였지만, 예수님은 평온히 주무시고 계셨습니다. 예수님은 평안하셨지만, 제자들은 공포에 사로잡혔습니다.

예수님께서 제자들에게 말씀하셨습니다. "예수께서 그들에게 '그렇게도 믿음이 없느냐? 왜 그렇게 겁이 많으냐?' 하시며 일어나서 바람과 바다를 꾸짖으시자 사방이 아주 고요해졌다. 사람들은 눈이 휘둥그래져서 '도대체 이분이 누구인데 바람과 바다까지 복종하는가?' 하며 수군거렸다"(마 8:26-27, 공동번역).

이 사건을 통해 제자들은 예수님을 더욱 경외하게 되었습니다. 그들은 잠시 예수님이 누구인지 잊고 있었습니다. 하지만 예수님께서 자연을 다스리는 권능을 보여주시자, 제자들의 마음은 두려움에서 벗어나 하나님의 위대하심을 깨닫게 되었습니다. 이 경험은 그들을 자연스럽게 예배의 자리로 이끌었습니다.

우리 삶에 거센 풍랑이 몰려와 힘들게 할 때 예배는 우리를 예수님의 품으로 더욱 깊이 밀어넣는 강력한 닻과 같습니다. 폭풍우가 몰아치면 우리는 쉽게 방향을 잃고 위험에 빠질 수 있습니다. 하지만 고통, 트라우마, 스트레스의 바람이 오히려 여러분을 하나님께 집중하게 하고, 그분을 향해 나아가게 하십시오.

지금 여러분의 삶에서 무엇이 두려움을 자아내고 있습니까? 그것이 무엇이든, 예수님과 함께 계신다면 여러분의 인생이라는 배는 결코 침몰하지 않을 것입니다. 그분은 자연만이 아니라 이 세상 모든 것을 다스리는 권능을 가지고 계십니다. 그 위대하신 하나님을 신뢰하며 나아갑시다.

일터에서의 영적 성장

"성도 여러분, 우리가 아시아 지방에서 당한 환난을 여러분이 알아주시기를 원합니다.
우리는 감당하기 어려운 환난을 당해, 삶의 소망조차 없었습니다. 마음속으로는 사망 선고를
받았다는 느낌마저 들었습니다. 그러나 이렇게 된 것은 우리 자신을 의지하지 않고,
죽은 자를 살리시는 하나님을 의지하도록 하기 위해서였습니다."

_고린도후서 1장 8-9절, 쉬운

일터에서 우리는 피할 수 없는 도전과 시련을 만나게 됩니다. 때로는 그 문제가 눈덩이처럼 불어나 감당할 수 없을 정도로 커지고, 마치 우리를 삼켜버릴 것 같은 압박감을 느낄 때가 있습니다.

이런 상황에서 우리는 어떻게 해야 할까요? 사도 바울이 압도당했을 때 취했던 행동을 본받아 보는 것은 어떨까요?

바울은 예수 그리스도의 사도로서 전 세계를 누비며 복음을 전파했습니다. 그는 고린도후서 1장 8-9절에서 이렇게 고백합니다. "성도 여러분, 우리가 아시아 지방에서 당한 환난을 여러분이 알아주시기를 원합니다. 우리는 감당하기 어려운 환난을 당해, 삶의 소망조차 없었습니다. 마음속으로는 사망 선고를 받았다는 느낌마저 들었습니다. 그러나 이렇게 된 것은 우리 자신을 의지하지 않고, 죽은 자를 살리시는 하나님을 의지하도록 하기 위해서였습니다"(쉬운).

직장에서 감당하기 힘든 문제에 직면했을 때, 우리는 세 가지를 실천할 수 있습니다.

첫째, 기도를 통해 문제를 하나님께 맡기십시오. 바울처럼 솔직하게 기도할 수 있습니다. "주님, 지금 제 어깨를 누르는 이 짐이 너무나 무겁습니다. 앞이 보이지 않고, 제 힘으로는 어찌할 수 없음을 고백합니다." 도저히 해낼 수 없을 것 같습니다." 하나님께 진심으로 부르짖으며 모든 문제를 그분께 맡기십시오.

둘째, 믿음의 공동체에 속해 있는지 확인하십시오. 고린도후서 구절에서 '우리'라는 단어가 5번이나 사용된 것을 주목하십시오. 바울이 직장에서 압도적인 상황을 겪을 때 그는 혼자가 아니었습니다. 우리도 바울처럼 의지할 수 있는 동료 신자들이 필요합니다. 특히 함께 성경을 공부하고, 정기적으로 기도해주며, 일이 힘들 때 격려해줄 소그룹 친구들이 있다면 큰 힘이 될 것입니다.

셋째, 직장 내 관계를 통해 하나님께서는 우리에게 사랑의 본질을 가르치신다는 사실을 명심하십시오. 성경은 고린도전서 16장 14절에서 "모든 일을 사랑으로" 하라고 말씀합니다. 직장에서 사랑을 실천하는 간단하면서도 효과적인 방법은 자신이 대접받고 싶은 방식으로 동료를 대하는 것입니다.

직장과 가정을 비롯한 삶의 전 영역에서 타인과 진실되게 소통하고 조화를 이루는 것은 결국 하나님의 사랑을 배우고 실천하는 과정입니다. 이것이야말로 우리 인생의 핵심이라고 할 수 있습니다.

이러한 과정을 통해 우리는 직장에서의 어려움을 극복할 뿐만 아니라, 영적으로 성장하고 하나님의 사랑을 실천하는 삶을 살아갈 수 있습니다.

안정감 있는 삶의 비결

"너희는 먼저 하나님의 나라와 그의 의를 구하라.
그러면 이 모든 것을 너희에게 덤으로 주실 것이다."
_마태복음 6장 33절

진정으로 균형 잡힌 삶을 살고 싶습니까? 그렇다면 역사상 유일무이한 한 분을 모델로 삼으십시오. 바로 예수님입니다. 그분을 삶의 중심에 모시면, 여러분의 삶은 놀라운 균형을 이루게 됩니다.

인생을 바퀴에 비유해봅시다. 바퀴의 중심은 허브입니다. 우리 삶의 모든 요소들 - 인간관계, 가족, 경력, 목표 등 - 은 이 허브에서 뻗어 나오는 바퀴살과 같습니다. 우리 모두는 어떤 구심점을 중심으로 삶을 꾸려갑니다. 문제는 무엇이 여러분의 허브가 되느냐는 것입니다. 가족일까요? 경력일까요? 혹은 돈일까요? 아니면 예수님일까요?

여러분 인생의 중심이 무엇인지 파악하고 싶으신가요? 당신의 마음을 가장 자주 사로잡는 생각이 무엇인지 살펴보십시오. 그것이 바로 여러분을 움직이는 원동력입니다.

삶의 중심은 균형 잡힌 삶을 사는 데 결정적인 역할을 합니다. 중심이 단단하면 삶도 견고해지고, 중심이 불안정하면 삶 전체가 흔들리게 마련입니다. 사람들이 인생이 흔들린다고 느낄 때, 그 근본 원인은 대개 하나입니다. 삶의 중심축이 제자리를 벗어났다는 것입니다. 하나님보다 다른 무언가가 그들 삶의 우선순위를 차지하고 있다는 의미입니다. 마치 바퀴의 중심이 틀어지면 온전히 굴러갈 수 없듯이, 우리 삶도 그 중심이 올바르지 않으면 균형을 잃게 됩니다.

중심은 안정감을 제공할 뿐만 아니라, 삶의 다른 모든 영역을 통제하고 영향을 미칩니다. 여러분이 삶의 중심에 두는 것이 무엇이든 그것이 힘의 원천이 될 것입니다. 바퀴의 힘은 항상 중심에서 바깥으로 퍼져 나가지, 결코 그 반대가 되지 않습니다.

예수님을 인생의 중심으로 삼으면, 그분이 여러분에게 필요한 안정과 통제력 그리고 힘을 제공해주실 것입니다. 성경은 이렇게 말씀합니다. "너희는 먼저 하나님의 나라와 그의 의를 구하라. 그러면 이 모든 것을 너희에게 덤으로 주실 것이다"(마 6:33).

예수님을 중심에 모시기로 결정하면, 가족, 직업, 목표 등 삶의 모든 요소들이 그분을 중심으로 조화롭게 정렬될 것입니다. 그분은 여러분의 삶을 인도하시고, 영향을 주시며, 힘을 주시고, 안정감을 부여하실 것입니다.

우리의 연약함을 통해 빛나는 하나님의 능력

"우매한 자들의 수고는 자신을 피곤하게 할 뿐이라
그들은 성읍에 들어갈 줄도 알지 못함이니라."
_전도서 10장 15절, 개역개정

우리는 전지전능한 존재가 아닙니다. 모든 해답을 알 수 없고, 모든 일을 완벽히 해낼 수도 없습니다. 삶의 균형을 찾기 위해 고군분투하고 계신다면, 이 사실을 인정하는 것만으로도 큰 변화가 일어날 수 있습니다.

성경은 이렇게 말씀합니다. "우매한 자들의 수고는 자신을 피곤하게 할 뿐이라 그들은 성읍에 들어갈 줄도 알지 못함이니라"(전 10:15, 개역개정). 끊임없는 일로 자신을 탈진시키는 것은 현명하지 못합니다. 과로는 우리 스스로를 전능한 존재로 착각하게 합니다. 모든 것이 우리에게 달려 있고, 우리가 쉬지 않고 일하지 않으면 세상이 무너질 것처럼 생각하는 것이지요.

하지만 그것은 사실이 아닙니다. 우리는 우주의 총책임자가 아닙니다. 우리가 잠시 쉬어간다고 해서 세상이 멈추지 않습니다. 하나님께서 모든 것을 주관하고 계시기 때문입니다.

우리는 종종 모든 이의 기대를 충족시키려다 지치곤 합니다. 하지만 모든 사람을 기쁘게 하는 것은 불가능한 목표입니다. 심지어 하나님도 그렇게 하지 않으십니다! 한 팀의 승리를 간절히 바라는 이가 있는 반면, 다른 이는 상대 팀의 승리를 위해 기도합니다. 하나님도 하지 않으시는 일을 우리가 하려고 하는 것은 얼마나 무모한 일입니까?

타인의 기대에 맞추어 살다 보면, 우리 어깨 위에 '해야 할 일들'이 쌓여갑니다. "더 열심히 일해야 해", "다른 부모들처럼 적극적으로 행동해야 해", "이 봉사활동에 참여해야 해" 등의 생각이 들 수 있습니다. 하지만 실상 아무도 우리에게 이런 일들을 강요하지 않습니다. 추가적인 책임을 질지 말지는 우리의 선택입니다. 그리고 그 선택의 결과 역시 우리의 몫입니다.

우리의 인간적 한계를 인정하지 않고 모든 것을 완벽히 해내려는 시도는 오히려 하나님의 영광을 가리는 장애물이 됩니다. 성경은 고린도후서 4장 7절에서 이렇게 말씀합니다. "그러나 질그릇 같은 우리 속에 이 보화를 가진 것은 그 엄청난 능력이 하나님에게서 나온 것이지 우리에게서 나온 것이 아니라는 것을 보여주기 위한 것입니다."

바울은 우리에게 인간의 본질을 일깨워줍니다. 우리는 연약하고 깨지기 쉽습니다. 진흙으로 만든 항아리처럼 쉽게 부서질 수 있습니다. 떨어뜨리면 깨지고, 조심스럽게 다루지 않으면 금이 갈 수 있습니다.

그러나 여기에 좋은 소식이 있습니다. 바로 우리의 연약함을 통해 하나님의 능력과 영광이 더욱 빛날 수 있다는 것입니다. 우리의 부족함은 부끄러워할 대상이 아닙니다. 오히려 그것은 하나님의 완전하심을 드러내는 캔버스가 됩니다.

그러므로 인정하십시오. 우리는 인간입니다. 그리고 하나님께 감사드리십시오! 우리의 약함이 하나님의 강함을 드러내는 통로가 된다는 것을 기억하며 살아갑시다.

어려운 시기에 해야 할 올바른 질문

"그러므로 우리는 낙심하지 않습니다. 우리의 겉사람은 낡아가나, 우리의 속사람은 날로
새로워집니다. 지금 우리가 겪는 일시적인 가벼운 고난은, 비교할 수 없을 정도로 영원하고
크나큰 영광을 우리에게 이루어줍니다."

_고린도후서 4장 16~17절, 새번역

인생의 고난 속에서 우리는 흔히 "왜 하필 나에게?"라고 탄식합니다. 그러나 이는 우리를 앞으로 이끌어주는 질문이 아닙니다. 대신 이렇게 물어보는 것은 어떨까요? "하나님, 이 상황 속에서 당신의 뜻은 무엇입니까?"

성경은 우리에게 이렇게 말씀합니다. "그러므로 여러분은 이제 온갖 시험을 당해 잠시 근심하게 됐으나 오히려 크게 기뻐합니다. 그것은 여러분이 당하는 믿음의 시련이 불로 단련해도 없어질 금보다 더 귀해 예수 그리스도께서 나타나실 때 칭찬과 영광과 존귀를 얻게 하려는 것입니다"(벧전 1:6-7, 우리말).

우리 삶에 일어나는 모든 일에는 의미가 있습니다. 하나님은 결코 악을 행하지 않으십니다. 그러나 그분은 모든 상황, 심지어 악한 상황에서조차 선을 이끌어내실 수 있습니다. 시련은 우리의 참모습을 비추는 거울로서, 인격, 성숙도, 내적 안정, 가치관 그리고 신앙의 깊이를 드러냅니다.

사도 바울의 삶을 생각해봅시다. 그는 평생을 하나님을 섬기는 데 헌신했지만, 그의 삶은 우리가 상상하는 것보다 훨씬 더 험난했습니다. 그는 돌에 맞고, 난파되고, 매를 맞고, 죽을 위기에 처하고, 투옥되고, 채찍질을 당하고, 강도를 당했습니다.

그러나 바울은 자신의 처지를 한탄하지 않았습니다. "왜 하필 나에게?"라고 묻는 대신, 그는 하나님의 목적을 찾고 그분을 신뢰했습니다. 이해할 수 없는 상황에서도 하나님을 의지하는 법을 배웠던 것입니다.

그의 끈기의 비결은 무엇일까요? "그러므로 우리는 낙심하지 않습니다. … 지금 우리가 겪는 일시적인 가벼운 고난은, 비교할 수 없을 정도로 영원하고 크나큰 영광을 우리에게 이루어줍니다"(고후 4:16-17, 새번역). 하나님은 이 고통을 통해 우리를 연단하시며, 더 큰 영광을 예비하고 계십니다. 이러한 확신이 있기에 우리는 가장 어두운 절망의 순간에도 희망의 빛을 붙들 수 있습니다.

예수님이 십자가에서 돌아가셨을 때, 제자들은 그것이 무의미한 비극이자 완전한 실수라고 여겼습니다. 하지만 그들이 보지 못한 것은, 하나님께서 여전히 보좌에 앉아 더 큰 목적을 수행

하고 계셨다는 사실입니다. 부활하신 예수님은 제자들에게 나타나 이렇게 말씀하셨습니다. "너희에게 평강이 있을지어다 아버지께서 나를 보내신 것같이 나도 너희를 보내노라"(요 20:21, 개역개정).

얼마 전까지만 해도 제자들은 고통의 이유를 알지 못했습니다. 그러나 예수님은 그들에게 하나님의 원대한 계획의 일부인 새로운 사명을 주셨음을 알려주셨습니다.

여러분의 삶을 향한 하나님의 계획은 항상 여러분이 당면한 어려움보다 더 원대합니다. 그분의 신실하심을 굳게 믿으십시오. 하나님은 십자가를 부활로 바꾸시기를 좋아하십니다. 그분은 절망적인 상황을 다루시는 데 전문가이십니다.

하나님의 임재를 느끼고 싶다면

"의로운 자들이 주의 이름을 찬양할 것이고, 정의로운 자들이 주 앞에서 살아갈 것입니다."
_시편 140편 13절, 쉬운

 하나님을 찬양하면 그분의 임재가 더욱 선명하게 다가옵니다.

사실 하나님은 우리가 느끼든 못 느끼든 항상 우리와 함께 계십니다. 그분이 우리를 떠나거나 무관심했던 순간은 단 한 번도 없었습니다. 그럼에도 우리가 항상 그분의 존재를 느끼는 것은 아닙니다. 때로는 하나님이 아주 멀리 계신 것처럼 느껴질 때도 있습니다. 머리로는 그분이 함께 계심을 알지만, 마음으로는 그것을 느끼지 못할 때가 있는 것입니다.

그렇다면 하나님의 임재를 갈망하지만 느낄 수 없을 때 우리는 어떻게 해야 할까요? 바로 그때 하나님의 가족들과 함께 모여 온 마음을 다해 그분을 찬양해야 합니다. 찬양은 하나님의 임재를 우리의 삶 속에 생생하게 드러내는 강력한 통로입니다.

우리의 감정 상태와 관계없이, 찬양을 통해 하나님의 위대하심을 선포해야 합니다. 이유가 무엇일까요? 감정에 휘둘리기보다 의지적인 선택이 진정한 변화를 이끌어내기 때문입니다. 어떤 느낌이 들 때까지 기다리다 보면, 그 느낌은 영영 오지 않을 수도 있습니다. 대개 감정은 행동을 뒤따라옵니다.

이는 삶의 모든 영역에 적용됩니다. 결혼 생활이나 소중한 관계에서 서로 멀어졌다고 느낄 때, 감정이 따라오기를 기다리지 마십시오. 대신 먼저 사랑의 행동을 시작해보십시오. 작은 친절, 따뜻한 말 한마디, 혹은 진심 어린 관심으로 먼저 다가가 보세요. 이러한 작은 실천들이 쌓여 결국 마음의 벽을 허물고 친밀감을 회복시킬 것입니다. 그러면 감정도 따라올 것입니다.

찬양의 열정이 식었을 때, 역설적으로 그때야말로 더욱 간절히 찬양해야 할 순간입니다. 만약 기분이 좋을 때만 기도한다면, 악한 영은 여러분이 결코 좋은 기분을 느끼지 못하도록 방해할 것입니다. 마찬가지로 기분이 좋을 때만 하나님을 찬양한다면, 악한 영은 여러분이 그런 감정을 느끼지 못하도록 할 것입니다.

미성숙한 이들은 감정의 지배를 받아 살아갑니다. 반면 성숙한 이들은 자신의 기분과 무관하게 옳은 선택을 합니다. 시편 140편 13절은 이렇게 말합니다. "의로운 자들이 주의 이름을 찬양할 것이고, 정의로운 자들이 주 앞에서 살아갈 것입니다"(쉬운).

여러분은 언제나 하나님의 임재 안에 있습니다. 하지만 시편 말씀처럼 의식적으로 그분의 임재 안에서 살아갈 때, 우리는 그것을 더욱 분명히 느끼고 깨닫게 됩니다.

여러분의 삶에서 하나님의 임재를 더 깊이 체험하고 싶으신가요? 그렇다면 더 자주, 더 열정적으로 그분을 찬양하십시오. 찬양은 하나님의 임재로 향하는 문을 여는 열쇠와 같습니다. 우리가 입을 열어 하나님을 높일 때, 그분은 우리 마음에 더욱 가까이 다가오십니다. 찬양과 임재, 이 둘은 떼려야 뗄 수 없는 관계입니다.

걱정이 시작될 때 해야 할 일

"잠잠히 인내하면서 여호와를 기다리십시오. 악한 자들이 잘 산다고 해서 속상해하거나
그들의 악한 계획들이 이루어진다고 해서 좌절하지 마십시오."
_시편 37편 7절, 쉬운

요즘은 '걱정'이라는 말 대신 '스트레스', '불안', '조급함' 등의 표현을 더 자주 듣습니다. 하지만 이들은 모두 같은 뿌리에서 자라난 감정입니다. 우리는 변화의 속도를 따라잡지 못할 때, 또는 일이 너무 더디게 진행될 때 이러한 감정에 사로잡힙니다.

불평하며 기다리는 것을 인내라고 착각하곤 합니다. 하지만 진정한 믿음의 힘은 조바심 내지 않고 하나님을 온전히 신뢰하며 기다리는 데서 나옵니다. 이런 인내는 하나님의 성품을 인정하고, 그분께 전적으로 의지한다는 강력한 선언입니다.

성경은 시편 37편 7절에서 이렇게 말씀합니다. "잠잠히 인내하면서 여호와를 기다리십시오. 악한 자들이 잘 산다고 해서 속상해하거나 그들의 악한 계획들이 이루어진다고 해서 좌절하지 마십시오"(쉬운).

우리가 스트레스를 받는 주된 이유 중 하나는 끊임없이 다른 사람과 자신을 비교하기 때문입니다. 하나님의 사랑과 그분이 우리를 위해 행하신 일에 집중하는 대신, 우리가 갖지 못한 것에 초점을 맞추곤 합니다.

여러분은 독특하고 특별한 존재입니다. 그렇기에 다른 사람과 자신을 비교하는 것은 현명하지 않습니다. 하나님은 여러분의 인생을 위한 특별한 계획을 가지고 계십니다. 다른 사람의 인생을 부러워하다 보면, 하나님이 여러분을 위해 특별히 준비하신 계획을 놓칠 수 있습니다. 비교는 불안을 낳고, 그 불안은 곧 걱정의 씨앗이 됩니다.

그러나 걱정은 아무런 도움이 되지 않습니다. 걱정이 우리의 삶을 개선시키지 못하기에, 걱정으로 보내는 시간은 순전한 낭비에 불과합니다. 걱정은 과거를 되돌리지도, 미래를 통제하지도 못합니다. 오히려 현재의 평화를 갉아먹을 뿐입니다. 마치 흔들의자 위에서 끊임없이 움직이는 것과 같아서, 많은 에너지를 소모하지만 결국 제자리에 머물게 됩니다.

빌립보서 4장 6절은 이렇게 말씀합니다. "마음을 졸이거나 염려하지 마십시오. 염려 대신 기도하십시오. 간구와 찬양으로 여러분의 염려를 기도로 바꾸어, 하나님께 여러분의 필요를 알리십시오"(메시지).

걱정은 아무것도 변화시키지 못하지만, 기도는 모든 것을 바꿀 수 있습니다. 그러니 걱정하지 마십시오. 대신 기도하십시오!

유혹의 덫에서 탈출하는 긴급 버튼

"하나님의 사람이여, 그대는 이 악한 것들을 피하십시오."
_디모데전서 6장 11절, 새번역

여러분, 유혹의 폭풍이 갑자기 몰아칠 때 의지할 수 있는 든든한 방패가 있습니까? 가장 강력한 유혹을 미리 차단할 수 있는 예방책은 마련해두셨습니까? 아직 준비되지 않았다면, 지금이 바로 그 방어선을 구축할 때입니다!

성경은 유혹에 대한 비상 계획을 명확히 제시합니다. 바로 도망치는 것입니다. 유혹의 순간에 즉각 활용할 수 있는 탈출로가 필수적입니다.

디모데전서 6장 11절은 우리에게 이렇게 말씀합니다. "그대는 이 악한 것들을 피하십시오."

이는 유혹을 유발하는 모든 상황에서 신속하게 벗어나라는 뜻입니다. 유혹과 논쟁을 벌이지 마십시오. 그 전투에서 여러분은 필연적으로 패배할 것입니다. 감정이 이성을 압도하며, 그 감정은 항상 합리적이지 않기 때문입니다.

어떤 유혹이 찾아오든, 그것으로부터 멀어져야 합니다. 사업에서 부정직한 거래를 하고 싶은 유혹일 수도 있고, 성적인 유혹일 수도 있습니다. 하지만 여러분의 대응은 언제나 동일해야 합니다. 피하는 것입니다.

그러나 유혹에서 도망치는 것보다 더 현명한 방법이 있습니다. 그것은 바로 유혹 자체를 원천 차단하는 것입니다. 다시 말해, 벌에 쏘이고 싶지 않다면 벌집 근처에 가지 않는 것이 최선입니다.

제가 청소년 사역을 할 때, 저는 아이들에게 이렇게 조언했습니다. "차 뒷좌석에서 순결을 지키겠다고 결심하지 마세요. 감정의 파도가 밀려오면, 그 결심은 순식간에 무너질 수 있습니다. 그 상황 자체를 피하는 지혜가 필요합니다" 대신 미리 예방 전략을 세우고, 유혹적인 상황 자체를 피하라고 권했습니다.

이 원칙은 삶의 모든 영역에 적용됩니다.

피곤할 때 아이들에게 짜증을 내는 경향이 있다면, 예방책을 마련하십시오. 아이들의 취침 시간을 앞당기거나, 여러분이 가장 지치는 시간대에는 모두가 조용한 시간을 가지도록 계획하세요.

도덕적으로 의심스러운 거래에 직면했을 때 결정을 미루지 마십시오. 그 순간의 유혹에 빠지지 않도록, 사전에 윤리적인 사업 계획을 세우고 책임 시스템을 구축하세요.

오늘, 시간을 내어 유혹에 대한 예방 전략을 세워보시기 바랍니다. 또한 그 전략이 실패했을 때를 대비한 비상 대책도 함께 마련하세요. 유혹에 맞서 싸우려 하지 말고, 그저 그 자리를 피하십시오. 이것이 가장 단순하면서도 확실한 탈출구입니다.

변화는 선택에서 시작됩니다

"모든 지킬 만한 것 중에 더욱 네 마음을 지키라. 생명의 근원이 이에서 남이니라."
_잠언 4장 23절, 개역개정

여러분, 새로운 시작을 원하십니까? 단순히 새로운 도시로 이사하는 것을 말하는 게 아닙니다. 정체된 삶의 모든 영역에서 새로운 시작을 꿈꾸고 계신가요? 우리는 인생에서 많은 리셋을 겪게 될 것입니다. 이는 하나님께서 우리를 단순히 창조하시는 데 그치지 않고, 그분의 본래 계획대로 우리를 지속적으로 빚어가시기를 원하시기 때문입니다.

리셋하고 변화를 경험하려면 먼저 마음가짐을 바꿔야 합니다. 자신을 보는 방식, 다른 사람을 보는 방식, 타인을 대하는 태도, 문제에 접근하는 방식 그리고 무엇보다 하나님을 바라보는 관점 등이 그 대상입니다. 마음가짐을 바꾸지 않으면 위치가 바뀐다고 해도 큰 도움이 되지 않습니다. 왜 그럴까요? 우리가 지구 반대편으로 여행을 간다 해도, 결국 우리의 내면은 그대로 따라오기 때문입니다.

일례로, 과도한 스트레스를 해소하고자 해변으로 휴가를 떠난다고 상상해보십시오. 그러나 스트레스의 근원이 우리 내면에 있기에, 결국 그 부담감을 고스란히 안고 가게 됩니다. 정신적 스트레스를 먼저 해결하지 않으면 다른 모든 영역에서 계속 문제를 일으킬 것입니다.

생각이 삶을 좌우하기 때문에 삶의 변화는 마음에서 시작됩니다. 잠언 4장 23절은 "모든 지킬 만한 것 중에 더욱 네 마음을 지키라. 생명의 근원이 이에서 남이니라"(개역개정)라고 말합니다. 모든 행동과 반응, 우리가 느끼고 행동하는 모든 것은 생각, 즉 마음에서 시작됩니다! 모든 행동의 씨앗은 우리의 생각 속에 있습니다.

이 원리는 양날의 검과 같습니다. 긍정적인 사고는 건강한 습관과 현명한 선택을 낳는 반면, 부정적인 사고는 해로운 습관과 행동을 초래합니다. 실제로 우리는 자신의 사고방식과 내면의 대화가 얼마나 자주 우리의 성공을 방해하는지 제대로 인식하지 못합니다. 성경은 "무릇 그 마음의 생각이 어떠하면 그의 사람됨도 그러하니"(잠 23:7, 새번역)라고 말씀합니다.

관계의 갈등은 겉으로 드러나는 상호작용이 아닌 우리 내면의 상태에서 시작됩니다. 이는 재정, 성, 습관, 식생활, 직업 등 삶의 모든 영역에 적용되는 원리입니다. 먼저 생각하는 방식을 바꾸지 않고는 삶의 어떤 영역도 리셋할 수 없습니다.

변화는 우리의 선택에서 시작됩니다. 우리에게는 사고의 방향을 결정할 수 있는 능력이 있습니다. 이제 하나님께서 우리가 어떤 사람이 되기를 바라시는지 반영하는 선택을 해야 할 때입니다.

엉망진창을 걸작으로 빚으시는 하나님의 손길

"하나님이시여, 내 속에 깨끗한 마음을 창조하시고 내 안에 확고한 정신을 새롭게 하소서."
_시편 51편 10절

어느 날 하나님께서 예레미야 선지자에게 토기장이의 집으로 가서 그의 작업을 지켜보라고 하셨습니다. 예레미야는 그곳에서 중요한 교훈을 얻게 됩니다. "그는 만들던 물건이 망가지고 제대로 나오지 않으면 그것을 다시 주물러 자기가 원하는 대로 다른 모양의 그릇을 만들고 있었다"(렘 18:4).

이 광경을 통해 하나님은 예레미야에게 이스라엘을 향한 메시지를 전하셨습니다. "진흙이 토기장이의 손 안에 있는 것처럼 너희는 내 손 안에 있다"(렘 18:6). 이 말씀은 우리에게도 큰 의미가 있습니다.

여러분, 혹시 자신의 인생이 엉망이 되었다고 느끼십니까? 자신의 삶이 산산조각 났다고 여기십니까? 아마도 여러분의 '인생이라는 그릇'이 잘못된 결정이나 고난으로 인해 균열이 생기고 변형되었을 수도 있습니다. 그 결과 여러분의 삶이 원래 계획했던 방향과는 다르게 흘러갔을 수 있습니다.

하지만 기억하십시오. 우리는 흙일 뿐입니다. 우리가 토기장이가 아닙니다! 하나님이 바로 그 토기장이이십니다. 그분은 모양이 일그러진 진흙을 절대 버리지 않으십니다. 우리가 겪은 아픔과 고통을 헛되이 낭비하지도 않으십니다.

하나님은 우리에게 주신 근본적인 가치와 창조하신 정체성을 한순간도 포기하지 않으십니다. 오히려 우리의 모든 측면, 즉 장점과 단점, 심지어 가장 더러운 부분까지도 있는 그대로 받아들이십니다. 그분의 부드럽고도 강한 손에 우리의 모든 것을 맡겨드리십시오. 그렇게 할 때, 하나님은 우리의 삶을 근본적으로 변화시키기 시작하실 것입니다. 그분은 적절한 곳에 알맞은 압력을 가하여 우리를 아름답고 귀중한 예술 작품으로 빚어가실 것입니다.

이러한 놀라운 변화는 우리가 하나님과 그분의 사랑의 손길에 자신을 온전히 맡길 때 일어납니다.

하나님은 우리 삶의 엉킨 실타래를 풀어 새로운 작품을 짜시는 최고의 장인이십니다. 오늘 여러분도 시편 51편 10절에 나오는 다윗왕의 기도를 따라 이렇게 기도해보십시오. "하나님이시여, 내 속에 깨끗한 마음을 창조하시고 내 안에 확고한 정신을 새롭게 하소서." 이 기도 하나만으로도 여러분의 새로운 시작이 열릴 수 있습니다.

다시 시작하기에 늦은 때란 없습니다. 여러분의 삶이 아무리 혼란스러워도, 그 모든 것을 위대한 토기장이이신 하나님께 올려드리십시오. 그분이 여러분 안에서 새로운 일을 행하실 것을 믿으십시오. 하나님의 손길 아래에서 여러분의 삶은 놀라운 걸작으로 탄생할 것입니다.

다름을 품는 교회: 차이를 다루는 방법

"그들의 살아온 길이 여러분과 다르다는 사실을 기억하십시오. 그들을 부드럽게 대해 주십시오."
_로마서 14장 1절, 메시지

하나님이 믿는 자들의 연합을 원하신다고 해서, 우리 모두가 똑같아지기를 바라신다는 뜻은 아닙니다. 그렇게 원하셨다면 우리를 모두 똑같이 창조하셨을 것입니다! 우리의 다양성은 하나님의 의도된 설계입니다.

참된 연합을 이루려면 교회 안의 다양성이 분열로 이어지지 않도록 세심한 주의를 기울여야 합니다. 우리는 그리스도께서 우리를 사랑하신 것처럼 서로 사랑하는 법을 배워야 합니다. 동시에 교회 안에서 우리 각자를 향한 하나님의 고유한 목적을 인정하며, 가장 중요한 것에 집중해야 합니다.

여기서 한 가지 현실적인 도전에 직면합니다. 우리를 지속적으로 불편하게 만드는 이들과 어떻게 화합을 이룰 수 있을까요? 성경은 이에 대해 명확한 지침을 제시합니다. "여러분과 생각이 다른 동료 신자들을 두 팔 벌려 받아들이십시오. 여러분이 동의할 수 없는 말과 행동을 한다고 해서 그때마다 그들을 질책하지 마십시오. 주장은 강하나 여러분 보기에 믿음이 약한 사람들의 경우도 마찬가지입니다. 그들의 살아온 길이 여러분과 다르다는 사실을 기억하십시오. 그들을 부드럽게 대해 주십시오"(롬 14:1, 메시지).

동료 교인이나 누군가와 의견이 맞지 않을 때, 우리는 경청의 자세를 빨리 갖추고 화를 내는 속도는 늦춰야 합니다. 왜 그럴까요? 우리를 괴롭히는 사람들 중 대부분은 자신의 행동이 미치는 영향을 깨닫지 못하고 있을 수 있습니다. 종종 그들은 자신의 숨겨진 상처에 반응하는 것일 뿐, 주변 사람들과 갈등을 일으키고 있다는 사실조차 모를 수 있습니다.

다른 이들이 걸어온 인생의 여정을 이해하게 되면, 그들의 현재 상태를 비판하기보다는 그들이 헤쳐 온 역경에 대해 존경심을 갖게 될 것입니다.

따라서 우리에게 낯선 이와 갈등 상황에 처했을 때, 그들을 섣불리 판단하거나 무시하지 않도록 주의해야 합니다. "저 사람은 왜 저렇게 행동할까?"라고 의문을 품기보다는 "그런 행동 뒤에 어떤 사연이 있을까?"라고 생각해보려는 자세가 필요합니다. 이러한 접근은 우리에게 더 넓은 시각과 깊은 이해를 가질 수 있게 합니다.

다른 이에게 상처를 주는 사람들 역시 자신만의 트라우마나 위기를 겪었을 가능성이 높습니다. 여러분의 친절을 받을 자격이 하나도 없다고 여겨지는 사람들이야말로 오히려 가장 많은 사랑이 필요한 이들일 수 있습니다. 교회에서 진정한 화합을 이루려면 섣부른 판단 대신 깊은 공감과 따뜻한 연민을 베풀어야 합니다.

누군가의 고유한 가치와 하나님이 그들의 삶을 통해 쓰시는 독특한 서사를 인정하고 존중하는 것은 단순히 한 개인의 삶을 변화시키는 데 그치지 않습니다. 이는 우리 공동체 전체를 변화시킬 수 있는 강력한 힘을 지니고 있습니다!

사랑은 우리가 진리를 마주하도록 도와줍니다

"우리는 사랑으로 진리를 말하고 살면서, 모든 면에서 자라나서,
머리가 되시는 그리스도에게까지 다다라야 합니다."
_에베소서 4장 15절, 새번역

잘못된 믿음은 우리의 성장을 가로막고, 결국 우리를 파멸의 길로 인도합니다. 여러분은 행복의 본질, 하나님의 속성, 진정한 성공의 모습에 대해 왜곡된 생각을 품고 있을지도 모릅니다. 심지어 자신의 정체성이나 과거, 현재 상황에 대해서도 진실을 외면하고 있을 수 있습니다.

성경은 이에 대해 분명히 말씀합니다. 요한일서 1장 8절에서 "우리가 죄가 없다고 말하면, 우리는 자기를 속이는 것이요, 진리가 우리 속에 없는 것입니다"(새번역)라고 기록했습니다. 이것이 바로 변화의 첫걸음입니다. 우리에게 문제가 있음을 인정하고, 그 문제의 근원이 자신에게 있다는 불편한 진실을 받아들이는 용기가 필요합니다. 다른 이를 탓하거나 현실을 회피하는 것은 자기기만일 뿐이며, 이는 위험한 습관으로 이어질 수 있습니다.

참된 변화를 이루기 위해서는 자신에 대한 정직한 직면을 토대로, 그 진실을 직시하고 이를 개선하기 위한 구체적이고 실천적인 행동을 취해야 합니다.

자신의 진정한 모습을 마주하는 용기야말로 자신과 이웃 그리고 하나님을 향한 가장 순수한 사랑의 증거입니다. 이는 단순한 자기 성찰을 넘어, 하나님의 시선으로 우리를 바라보는 영적 여정의 시작입니다. 에베소서 4장 15절은 이렇게 말씀합니다. "우리는 사랑으로 진리를 말하고 살면서, 모든 면에서 자라나서, 머리가 되시는 그리스도에게까지 다다라야 합니다"(새번역).

여러분, 진정한 성장을 갈망하십니까? 삶의 변화를 원하십니까? 새로운 삶에 대한 열망이 있습니까? 어떤 영역에서 새로운 출발을 꿈꾸고 있습니까?

"우리는 사랑으로 진리를 말하고"라는 구절을 다시 한번 묵상해 보십시오. 자신을 진정으로 사랑한다면, 하나님을 깊이 사랑한다면, 이웃을 진실로 사랑한다면 우리는 반드시 자신의 모습을 있는 그대로 직시해야 합니다.

그렇다면 우리는 이제 핵심적인 질문을 마주합니다. 우리 자신에 대한 진실을 어디서 찾을 수 있을까요? 그 답은 우리의 창조주께서 직접 마련해주신 '인생 안내서'인 성경 속에 있습니다. 인생의 참된 목적을 발견하는 유일한 길은 우리의 창조주를 알아가고, 그분의 말씀인 성경을 깊이 묵상하는 것입니다.

우리의 환경, 유전적 요인, 부모의 영향 그리고 개인의 선택 등 다양한 요소로 인한 약점들을 극복하기 위해서는 먼저 자신의 모습을 있는 그대로 인정해야 합니다. 그리고 이 진리는 오직 하나님의 말씀 속에서 온전히 발견될 수 있습니다.

하나님의 사랑으로 우리의 진실된 모습을 마주할 때, 비로소 우리는 그분이 의도하신 참된 변화의 길을 걸어갈 수 있습니다.

두려움은 하나님에게서 온 것이 아닙니다

*"습관처럼 죄를 짓는 사람은 죄짓는 일의 개척자인 마귀에게서 난 사람입니다.
하나님의 아들이 오신 것은 마귀의 길을 멸하시기 위해서입니다."*
_요한일서 3장 8절, 메시지

예수님께서 죽음을 이기셨다는 사실은 곧 사탄의 패배를 의미합니다. 이것이 바로 그분이 이 땅에 오신 근본적인 이유입니다. 성경은 이를 명확히 말씀합니다. "하나님의 아들이 오신 것은 마귀의 길을 멸하시기 위해서입니다"(요일 3:8, 메시지).

그렇다면 마귀의 주된 전략은 무엇일까요? 그는 우리의 마음을 혼란에 빠뜨립니다. 걱정, 죄책감, 원망, 분노, 두려움, 혼란으로 우리의 내면을 가득 채웁니다. 그는 우리의 귀에 끊임없이 속삭입니다. "넌 가치 없어. 넌 무력해. 넌 희망이 없어. 넌 아무 목적도 없어."

사탄은 이러한 부정적인 생각과 감정들을 교묘히 이용하여 우리를 속박하려 합니다.

사탄이 우리의 삶을 무너뜨리기 위해 휘두르는 가장 치명적인 무기는 두려움입니다. 하지만 성경은 이 두려움이 결코 하나님에게서 오는 것이 아님을 분명히 말씀합니다. "사랑에는 두려움이 없습니다. 완전한 사랑은 오히려 두려움을 내쫓습니다"(요일 4:18). 또한 성경은 "참으로 하나님은 사랑이십니다"(요일 4:16)라고 선언합니다. 사랑에 두려움이 없고 하나님이 곧 사랑이시기에, 우리가 느끼는 두려움은 결코 하나님에게서 오는 것이 아닙니다.

목회자로서 저는 많은 이들이 가장 두려워하는 것이 바로 죽음이라는 사실을 깨달았습니다. 사탄은 이 죽음에 대한 공포를 교묘히 이용하여 우리를 조종하려 듭니다.

하지만 기억하십시오. 예수님은 이미 죽음을 이기셨고, 마귀의 모든 계략을 무너뜨리셨습니다. 그러므로 우리 그리스도인은 죽음 앞에서도 희망을 잃지 않습니다.

물론 우리는 사랑하는 이들과의 이별을 슬퍼합니다. 그들을 그리워하기에 눈물을 흘리지요. 하지만 동시에 우리 마음에는 확신이 있습니다. 그들이 예수님을 믿었다면, 우리는 천국에서 반드시 재회할 것이라는 흔들리지 않는 소망 말입니다. 그들은 지금 우리 모두의 궁극적인 고향인 그곳에서 우리를 기다리고 있습니다.

히브리서 2장 14-15절은 이렇게 말씀합니다. "이 자녀들은 피와 살을 가진 사람들이기에, 그도 역시 피와 살을 가지셨습니다. 그것은, 그가 죽음을 겪으시고서, 죽음의 세력을 쥐고 있는 자 곧 악마를 멸하시고, 또 일생 동안 죽음의 공포 때문에 종노릇하는 사람들을 해방시키시기 위함이었습니다"(새번역).

그러므로 여러분, 죽음에 대한 두려움이든 다른 어떤 두려움이든, 그것이 여러분의 마음을 흔들려 할 때마다 이 진리를 굳게 붙드십시오. 그 두려움은 결코 하나님에게서 온 것이 아닙니다. 대신 하나님의 완전한 사랑으로 그 두려움을 몰아내 주시기를 간구하십시오. 하나님의 사랑 안에서 우리는 진정한 자유와 평안을 누릴 수 있습니다.

· November ·

낙담을 이기게 하는 한 가지 습관

"온갖 어려움 속에서도 여러분의 마음을 다잡고,
여러분의 주님이신 그리스도께 경배하십시오."
_베드로전서 3장 15절, 메시지

감사의 습관은 인생이라는 긴 여정을 끝까지 달려갈 수 있게 하는 근본적인 힘입니다. 특히 고난의 시기에 하나님께 감사하는 마음을 품는 것이 중요합니다. 성경은 베드로전서 3장 15절에서 이렇게 말씀합니다. "온갖 어려움 속에서도 여러분의 마음을 다잡고, 여러분의 주님이신 그리스도께 경배하십시오"(메시지).

경배란 무엇일까요? 그것은 바로 찬양과 감사의 표현입니다. 하나님이 누구이신지 찬양하고, 그분의 놀라운 행위에 감사를 드립니다. 힘든 시기를 겪을 때 이러한 경배의 자세를 우리 마음의 중심에 두면, 우리는 계속해서 전진할 힘을 얻게 됩니다.

감사와 찬양은 우리 영혼을 짓누르는 낙담을 물리치는 가장 강력한 무기입니다. 우리는 감사하는 마음과 낙담의 감정을 동시에 품을 수 없기 때문입니다. 감사는 우리에게 큰 위안을 줍니다. 우리가 처한 상황이 아무리 힘들어 보여도, 하나님의 섭리에서 벗어난 것이 아님을 일깨워주기 때문입니다. 또한 감사는 우리가 어떤 어려움을 겪고 있든, 우리 삶을 향한 하나님의 목적은 결코 변하지 않는다는 사실을 일깨워줍니다. 이처럼 감사는 우리의 영적, 정서적 건강의 중요한 지표가 됩니다.

하지만 감사하는 마음을 잃게 되면 우리는 어느새 냉소와 비관의 늪에 빠지고 맙니다. 왜 그럴까요? 이 세상에는 늘 우리를 힘들게 하는 문제들이 존재하기 때문입니다. 감사의 마음을 품으면 우리의 시각이 달라집니다. 어려운 상황 속에서도 우리는 작은 축복을 발견하게 됩니다. 이는 칠흑 같은 어둠 속에서도 한 줄기 빛을 발견하는 것처럼, 우리의 영혼을 밝히고 새 힘을 불어넣어 줍니다.

혹시 현재 감사하기 어렵다고 느끼십니까? 이는 삶에서 충족되지 않은 욕구가 누적되었기 때문일 수 있습니다. 하지만 기억하십시오. 하나님은 우리의 그러한 필요를 채우시고자 준비하고 계십니다. 우리가 해야 할 일은 그저 그분께 구하는 것뿐입니다!

이러한 필요를 위해 하나님의 도움을 구할 때, 감사하는 마음으로 구하는 것이 중요합니다. 어떻게 그렇게 할 수 있을까요? 먼저, 하나님께서 이미 우리를 위해 행하신 일들을 인정하고 감사를 표현합니다. "하나님, 과거에도 저를 도와주셨듯이, 앞으로도 저를 도와주실 것을 믿습니다. 지금 이 순간에도 저를 도와주세요"라고 기도해보십시오.

빌립보서 4장 6절은 이렇게 말씀합니다. "아무것도 염려하지 말고 모든 일에 기도와 간구로 여러분이 필요로 하는 것을 감사하는 마음으로 하나님께 말씀드리십시오."

간구와 감사는 언제나 함께 가야 합니다. 과거에 베풀어주신 하나님의 은혜에 감사할 때, 우리는 현재의 어려움과 미래에 대해서도 하나님의 은혜와 공급하심을 확신할 수 있게 됩니다. 이러한 감사 습관이 우리를 계속해서 전진하게 하는 원동력이 될 것입니다.

삶의 변화는 생각의 변화에서 시작됩니다

"복 있는 사람은 … 오로지 주님의 율법을 즐거워하며, 밤낮으로 율법을 묵상하는 사람이다.
그는 시냇가에 심은 나무가 철따라 열매를 맺으며 그 잎이 시들지 아니함 같으니,
하는 일마다 잘 될 것이다."
_시편 1편 1-3절, 새번역

이제 여러분의 인생에 완전히 새로운 장을 시작하고 싶으십니까? 그렇다면 먼저 자신의 사고방식을 변화시키는 것부터 시작하십시오.

우리의 사고방식을 바꾸는 것이야말로 삶의 모든 영역 – 취미, 직업, 인간관계, 결혼, 육아 등 – 에서 새롭게 시작할 수 있는 결정적인 열쇠가 됩니다. 에베소서 4장 23절은 이를 명확히 말씀합니다. "오직 너희의 심령이 새롭게 되어"(개역개정).

심령이 새로워진다는 것은 무엇을 의미할까요? 그것은 우리의 사고방식과 태도를 근본적으로 변화시키는 것을 의미합니다. 즉, 우리의 잘못된 생각과 태도를 버리고, "마음을 새롭게 함으로 변화를 받아서, 하나님의 선하시고 기뻐하시고 완전하신 뜻이 무엇인지를 분별하도록"(롬 12:2, 새번역) 우리 자신을 내어드리는 것입니다.

이러한 마음의 새로움을 경험하기 위해 우리는 두 가지 실천을 할 수 있습니다.

첫째, 세상의 소리보다 하나님의 말씀에 더 귀를 기울이는 것입니다. 시편 1편 1-3절은 이렇게 말씀합니다. "복 있는 사람은 … 오로지 주님의 율법을 즐거워하며, 밤낮으로 율법을 묵상하는 사람이다. 그는 시냇가에 심은 나무가 철따라 열매를 맺으며 그 잎이 시들지 아니함 같으니, 하는 일마다 잘 될 것이다"(시 1:1-3, 새번역). 여러분의 삶에도 이러한 축복이 임하기를 원하십니까? 그렇다면 매일 하나님의 말씀을 깊이 묵상하는 시간을 가지십시오.

둘째, 우리는 자신의 생각을 주의 깊게 관찰하고 점검해야 합니다. 우리의 마음에 떠오르는 모든 생각을 그대로 받아들이기보다는, 그것들을 신중히 살펴보는 습관을 들이십시오. 어떤 생각이 찾아올 때마다 이렇게 자문해보세요. "이 생각이 나에게 유익한가? 이것이 진실에 부합하는가? 이 생각이 나의 성장에 도움이 되는가? 이로 인해 어떤 감정이 일어나는가? 그리고 그 감정은 내가 추구하는 것인가?"

성경은 우리에게 "모든 생각을 사로잡아서, 그리스도께 복종"(고후 10:5, 새번역)하도록 하라고 권면합니다. 모든 감정은 우리의 생각에서 비롯됩니다. 어떤 생각을 품을지는 여러분의 선택입니다. 떠오르는 모든 생각을 무조건 믿을 필요는 없습니다. 우리가 품은 생각이 진리와 동떨어져 있음을 깨달을 때, 우리는 그것을 하나님의 말씀으로 바꿀 수 있습니다. 이 영원한 진리를 깊이 알아가는 유일한 길은 성경을 꾸준히 읽고 묵상하는 것입니다.

오늘부터 여러분의 사고방식을 혁신적으로 변화시키기 시작하십시오. 이러한 노력을 통해 여러분은 인생의 새로운 장을 열게 될 것이며, 놀라운 변화의 여정을 시작하게 될 것입니다. 하나님의 말씀으로 채워진 생각은 여러분의 삶을 근본적으로 변화시킬 것입니다.

사탄의 반복되는 전략 파악하기

"여러분이 누구에게 무엇을 용서해주면, 나도 용서해줍니다. 내가 용서한 경우가 있다면,
그것은 그리스도 앞에서 여러분을 위하여 용서한 것입니다. 그렇게 하여 우리가 사탄에게
속아넘어가지 않으려 하였습니다. 우리는 사탄의 속셈을 모르는 것이 아닙니다."
_고린도후서 2장 10-11절, 새번역

유혹이 작동하는 방식을 제대로 파악하지 못한다면, 우리는 결코 그것을 극복할 수 없습니다. 이는 마치 적의 전략을 모른 채 전장에 나서는 것과 같습니다.

사탄은 늘 동일한 전략만을 반복할 뿐, 새로운 술수를 만들어내지 않습니다. 그는 인류 창조 이래로 동일한 유혹 패턴을 반복해 사용해왔습니다.

에덴동산에서 아담과 하와를 유혹할 때 사용한 전략이 오늘날 우리에게도 그대로 적용됩니다. 하나님께서는 아담과 하와에게 선악을 알게 하는 나무를 제외한 모든 나무의 열매를 먹을 수 있다고 명확히 말씀하셨습니다. 그러나 사탄은 하와를 유혹할 때 교묘하게 물었습니다. "하나님이 정말 그렇게 말씀하셨나요?" 그리고 이어서 "어서 먹어보세요. 먹어도 죽지 않을 거예요! 오히려 신과 같이 될 거예요!"라고 속삭였습니다.

사탄은 지금 이 순간에도 우리의 일상 속에서 변함없이 같은 전략을 구사하고 있습니다. 그는 먼저 우리 내면의 왜곡된 욕망(시기, 정욕, 조바심 등)을 건드립니다. 때로는 음식, 성, 사랑과 같은 정당한 욕구로 시작하지만, 그것을 잘못된 시기에 잘못된 방법으로 충족시키도록 유혹합니다. 사탄은 어떤 욕망이라도 파괴적인 것으로 변질시킬 수 있습니다.

그다음 단계로, 사탄은 우리가 하나님의 말씀을 의심하게 만듭니다. "하나님이 정말 그렇게 말씀하셨나요?"라고 속삭이며 의심의 씨앗을 뿌립니다. 이 의심은 곧 우리가 쉽게 받아들일 수 있는 거짓말로 발전합니다. 모든 죄의 근원에는 우리가 믿기로 선택한 거짓말이 자리 잡고 있습니다. 사탄은 교활합니다. 그는 우리 삶에서 가장 취약한 부분을 정확히 알고 있으며, 우리의 의심을 본격적인 기만으로 발전시키는 데 집중합니다.

사탄의 거짓을 믿는다는 것은 사실상 "나는 하나님보다 내 행복이 무엇인지 더 잘 안다"라고 주장하는 것과 다름없습니다. 우리는 잘못된 욕망을 정당화하고, 그것이 그리 나쁘지 않다고 자신을 설득합니다. 결국 이는 불순종으로 이어집니다.

성경은 이에 대해 이렇게 말씀합니다. "여러분이 누구에게 무엇을 용서해주면, 나도 용서해줍니다. 내가 용서한 경우가 있다면, 그것은 그리스도 앞에서 여러분을 위하여 용서한 것입니다. 그렇게 하여 우리가 사탄에게 속아넘어가지 않으려 하였습니다. 우리는 사탄의 속셈을 모르는 것이 아닙니다"(고후 2:10-11, 새번역).

하나님은 우리가 사탄의 책략을 분명히 알고 대비하기를 원하십니다. 사탄의 방식을 이해할 때, 우리는 그의 다음 수를 예측하고 대비할 수 있기 때문입니다. 유혹을 이겨내는 핵심은 바로 사탄의 이러한 예측 가능한 패턴을 인식하고 그에 대응하는 방법을 아는 것입니다.

일상의 섬김, 영원한 가치: 예수님의 손과 발이 되어

"그때에 의인들은 그에게 대답하기를 '주님, 우리가 언제, 주님께서 주리신 것을 보고 잡수실 것을 드리고, 목마르신 것을 보고 마실 것을 드리고, 나그네 되신 것을 보고 영접하고, 헐벗으신 것을 보고 입을 것을 드리고, 언제 병드시거나 감옥에 갇히신 것을 보고 찾아갔습니까?' 하고 말할 것이다. 임금이 그들에게 말하기를 '내가 진정으로 너희에게 말한다. 너희가 여기 내 형제자매 가운데, 지극히 보잘것없는 사람 하나에게 한 것이 곧 내게 한 것이다' 할 것이다."

_마태복음 25장 37-40절, 새번역

예수님께서 십자가에서 생의 마지막 순간을 맞이하실 때, 그분은 "내가 목마르다"(요 19:28)라고 말씀하셨습니다. 이 말씀은 예수님의 인간적인 면모를 생생히 보여줍니다. 그분은 우리와 같은 육체를 지니신 하나님이셨던 것입니다.

성경은 로마 병사들이 신 포도주를 적신 스펀지를 예수님의 입술에 갖다 대었다고 기록하고 있습니다. 이는 예수님의 갈증을 조금이나마 달래주기 위함이었겠지요. 여러분도 그 자리에 있어 갈증으로 고통받는 예수님께 물 한 모금을 드릴 수 있었다면 얼마나 좋았을까요? 아마도 그것을 특별한 특권이자 축복으로 여겼을 것입니다.

하지만 그 순간은 이미 지나갔고, 우리는 직접적으로 그렇게 예수님을 섬길 수 없습니다. 그럼에도 우리에겐 여전히 기회가 있습니다. 바로 예수님을 대신하여 우리 주변 사람들을 돕는 것입니다. 모든 사람은 영적으로 목마른 상태이며, 삶의 목적과 의미를 찾고 있습니다. 그들은 자기 삶이 어떤 방향으로 가야 하는지, 어떤 의미가 있는지 알고 싶어 합니다.

우리의 사명은 예수님만이 그들 영혼의 깊은 갈망을 온전히 채워주실 수 있는 유일한 분이심을 보여주는 것입니다. 그들이 이리저리 방황할 때 실은 예수님을 찾고 있다는 사실을 깨닫게 해주어야 합니다. 우울증과 낙담, 절망 속에서도 예수님이 그들과 함께하신다는 것을 알려주어야 합니다.

예수님은 우리가 다른 사람을 섬길 때 그분을 섬기는 것이라고 말씀하셨습니다. 그러므로 예수님을 위해 무언가를 하고 싶다면, 주변에 도움이 필요한 사람들을 찾아보십시오. 예수님의 말씀을 기억하세요. "내가 진정으로 너희에게 말한다. 너희가 여기 내 형제자매 가운데, 지극히 보잘것없는 사람 하나에게 한 것이 곧 내게 한 것이다"(마 25:40, 새번역).

목마른 이에게 음료를 건넬 때마다, 여러분은 예수님께 드리는 것입니다. 영적으로 목마른 이들을 예수님께로 인도할 때도 마찬가지입니다. 참된 사랑의 실천이란, 우리를 위해 십자가에서 극심한 고통과 갈증을 견디신 그리스도의 희생을 기억하며, 우리 주변 사람들의 다양한 필요를 채워주는 것입니다. 하나님을 섬기는 유일한 방법은 그분의 이름으로 사람들을 섬기고 돕는 것입니다.

여러분 주변에 영적인 갈증을 느끼는 듯한 사람들이 누구인지 살펴보십시오. 그들이 누구인지, 그리고 어떻게 하면 그들을 예수님께로 가장 잘 인도할 수 있을지 하나님께 지혜를 구하십시오. 우리의 작은 섬김이 누군가의 인생을 변화시키고, 궁극적으로는 예수님을 기쁘시게 할 수 있음을 기억하십시오.

용서하되, 하나님의 선하심을 바라보십시오

"여호와께 희망을 두고 그의 명령을 지켜라.
그러면 그가 너를 높여 땅을 소유하게 하실 것이니
악인이 망하는 것을 네가 목격할 것이다."
_시편 37편 34절

용서하고 잊으라는 흔한 조언 속에는 우리가 놓치지 말아야 할 중대한 진실이 있습니다. 우리는 용서할 수는 있지만, 잊는 것은 불가능합니다.

인생에서 겪은 상처를 완전히 잊는다는 것은 현실적으로 불가능합니다. 사실, 잊으려고 애쓰는 것 자체가 역효과를 낼 수 있습니다. 어떤 것을 의식적으로 잊으려고 노력할수록, 오히려 그 생각에 더 집중하게 되니까요.

여기서 우리가 주목해야 할 중요한 진리가 있습니다. 하나님은 우리가 과거의 상처를 억지로 망각하기를 바라지 않습니다. 오히려 그분은 우리가 그분을 전적으로 신뢰하며, 그 고통스러운 경험을 통해 어떻게 더 큰 선을 이루어 가실지 기대감을 갖고 지켜보기를 원하십니다. 이것이 단순히 잊는 것보다 훨씬 더 중요합니다. 하나님이 어려운 상황에서 좋은 것을 이루시는 것을 볼 때, 우리는 그 선한 결과에 대해 감사할 수 있습니다. 반면에 완전히 잊어버린 것에 대해서는 감사할 수 없겠지요.

로마서 8장 28절은 이렇게 말씀합니다. "하나님을 사랑하는 사람들, 곧 하나님의 뜻대로 부르심을 받은 사람들에게는, 모든 일이 서로 협력해서 선을 이룬다는 것을 우리는 압니다"(새번역).

이 말씀은 모든 상황이 긍정적이라는 의미가 아니라, 오히려 삶의 모든 면이 완벽하지 않다는 현실을 인정하는 것입니다. 질병은 좋지 않습니다. 관계의 파괴도 좋지 않습니다. 전쟁은 좋지 않고, 학대 역시 결코 좋을 수 없습니다.

우리 인생에는 많은 악한 일이 있습니다. 이 세상에서 일어나는 모든 일이 하나님의 뜻은 아닙니다. 그러나 하나님은 우리가 그분을 신뢰한다면, 인생의 나쁜 일들로부터도 선을 이루실 것이라고 약속하십니다. 우리는 언제든 하나님께 나아가 이렇게 고백할 수 있습니다. "하나님, 제 인생의 모든 것을 주님께 맡깁니다."

그분은 우리 삶의 깨어진 조각들을 받으시고, 그 대신 우리 마음에 평안을 주실 것입니다. 이 평안은 우리가 아직 이해할 수 없는 상처조차도 하나님께서 선하게 사용하실 것을 믿고 용서할 수 있다는 깨달음에서 옵니다.

누군가가 우리에게 행한 잘못을 완전히 잊을 필요는 없습니다. 사실 그렇게 하려 해도 불가능합니다! 그러나 하나님은 우리가 그것을 잊을 필요가 없다고 말씀하십니다. 단지 용서하고, 하나님께서 그 상처를 어떻게 선한 목적으로 사용하실지 지켜보면 됩니다.

거짓 해결책을 버리고 은혜를 선택하세요

"헛된 우상을 섬기는 사람들은 주께서 베푸신 은혜를 저버렸습니다."
_요나 2장 8절, 쉬운

삶의 어려움 앞에서 우리는 종종 순간적인 안도감을 주는 손쉬운 해결책에 매혹되곤 합니다.

어떤 이들은 가정이 무너지고 있을 수 있습니다. 또 다른 이들은 재정적 위기에 직면해 있을 수 있지요. 경력이 위태로운 상황일 수도 있고, 건강에 적신호가 켜졌을 수도 있습니다. 이러한 위기 상황에서, 우리는 종종 자신의 힘만으로 문제를 해결하려고 안간힘을 씁니다. 우리는 벼랑 끝에 선 듯한 절박함으로 안간힘을 쓰지만, 정작 가장 중요한 것을 놓치곤 합니다. 바로 전능하신 하나님께 도움을 구하는 것입니다.

우리는 이제 잘못된 해결책에 매달리는 습관을 과감히 버리고, 전능하신 하나님께 우리의 모든 것을 맡기는 법을 배워야 합니다.

요나 선지자는 큰 물고기 뱃속에 갇혀 있을 때 이에 대해 깊이 생각할 시간을 가졌습니다. 그의 기도는 다음과 같았습니다. "헛된 우상을 섬기는 사람들은 주께서 베푸신 은혜를 저버렸습니다. 그러나 나는 주께 감사하고 찬양하며 제물을 바칩니다. 주께 맹세한 것은 무엇이든 지키겠습니다. 구원은 여호와께 있습니다"(욘 2:8-9, 쉬운).

오늘날 우리 사회에서 직접 우상을 조각하는 사람은 거의 없습니다. 하지만 우리 삶에는 여전히 많은 우상이 존재합니다. 어떤 이들은 자동차를 떠받듭니다. 집이나 옷을 우상으로 삼는 사람들도 있습니다. 때로는 재산, 쾌락, 명예가 우상이 되기도 합니다. 우리 삶에서 하나님보다 더 중요하게 여기는 그 어떤 것도 우상이 될 수 있습니다.

우리가 직면한 문제의 유일하고 진정한 해결책은 하나님의 은혜에 있습니다. 그 외의 것들에 의지할 때마다, 우리는 실상 우상을 섬기고 있는 것입니다.

몇 년 전 가족 여행 중 있었던 일화를 나누고 싶습니다. 저는 암석과 광물에 대해 배우는 것을 좋아해서 수집용 암석을 파는 가게에 들렀습니다. 그곳에는 다양한 문제를 해결할 수 있다는 석영 결정들이 진열되어 있었습니다. 라벨에는 여러 수정이 만족감이나 자신감을 준다거나, 보호막을 만들어주고, 심지어 심령 직관력을 준다고 주장했습니다.

하지만 저는 그 어떤 것도 제게 진정한 도움이 되지 않으리라는 것을 알고 있었습니다. 오

히려 이 수정들과 그에 따른 허황된 약속들은 로마서 1장 25절의 말씀을 떠올리게 했습니다. "그들은 하나님의 진리를 거짓된 것으로 바꾸었고 창조주 하나님보다는 그분이 만드신 것들을 더 경배하며 섬겼습니다."

하나님이 아닌 다른 것에서 해답을 찾으려는 시도는 결국 무생물을 신뢰하는 것과 다름없습니다. 이는 창조주를 외면하고 피조물을 숭배하는 어리석음의 극치입니다.

요나는 큰 물고기와 함께 바다 밑바닥에 있을 때 우상에 의지하지 않았습니다. 그는 오직 하나님만이 자신을 도우실 수 있다고 믿었고, 하나님은 실제로 그를 구원하셨습니다.

하나님은 여러분을 위해서도 똑같이 행하실 것입니다.

회복탄력성의 비밀: 하나님과 단둘이 머무는 시간

"이튿날 새벽, 예수께서 날이 밝기도 전에 한적한 곳으로 홀로 나아가 기도하고 계셨다."
_마가복음 1장 35절, 쉬운말

스트레스를 근본적으로 다스리는 가장 강력한 방법은, 아이러니하게도 많은 그리스도인이 가장 소홀히 하는 바로 그것, 즉 하나님과 단둘이 시간을 보내는 것입니다. 이러한 영적 수행은 회복탄력성을 키우고 만성 스트레스를 관리하는 데 있어 핵심적인 역할을 합니다.

기도는 탁월한 스트레스 해소법입니다. 그것은 마치 감압실과 같아서, 타인의 기대에 부응해야 한다는 압박감과 외적인 모습에 대한 집착에서 오는 스트레스를 완화시켜줍니다. 기도를 통해 우리는 무거운 짐을 내려놓고, 우리 힘만으로는 감당할 수 없음을 인정하게 됩니다. 또한 삶의 모든 스트레스 속에서 하나님께서 우리를 기꺼이 도와주실 준비가 되어 있음을 떠올리는 시간이기도 합니다.

어떻게 하면 하나님과의 친밀한 교제를 일상의 습관으로 만들 수 있을까요? 비결은 지속적인 실천과 반복에 있습니다. 규칙적이고 일관되게 반복하지 않으면 진정한 습관으로 자리 잡기 어렵습니다.

예수님께서도 이러한 영적 습관을 실천하셨습니다. 누가복음 22장 39절에 따르면, 예수님은 습관적으로 예루살렘을 떠나 감람산에 올라가 기도하셨습니다. 또한 마가복음 1장 35절은 이렇게 기록하고 있습니다. "이튿날 새벽, 예수께서 날이 밝기도 전에 한적한 곳으로 홀로 나아가 기도하고 계셨다"(쉬운말). 예수님은 아무리 바쁜 일정 속에서도 하나님과 단둘이 기도할 시간이 필요하다는 것을 잘 알고 계셨습니다.

여러분의 바쁜 일상 속에서, 하나님과 단둘이 머무는 시간을 확보하고 계신가요? 잠시 멈추어 서서, 조용히 하나님 앞에 앉아 자신을 성찰하고 영적으로 새롭게 되는 경험을 해보셨나요? 이러한 시간은 단순한 휴식을 넘어서는 것입니다. 하나님과 독대하는 시간을 일상의 필수적인 부분으로 만들어보세요.

예수님에 대한 소문이 퍼지고 수많은 사람이 그의 말씀을 듣기 위해 몰려들었음에도, 예수님은 하나님과 단둘이 시간을 보내는 것을 습관으로 삼으셨습니다. 성경은 이렇게 말씀합니다. "그러나 예수님은 자주 조용한 곳으로 가셔서 기도하셨다"(눅 5:16). 예수님조차도 자주 군중을 떠나 하나님과 단둘이 있을 필요성을 느끼셨다면, 우리는 얼마나 더 그럴 필요가 있겠습니까?

소음은 종종 스트레스의 원인이 됩니다. 그러므로 휴대폰, TV, 소셜 미디어 대신 하나님과 함께 아침을 시작해보는 것은 어떨까요? 고요하고 조용한 시간 속에서 하나님께서 여러분 안에 이루고자 하시는 일에 마음을 열어보세요. 그분의 말씀을 묵상하고 그분의 임재 안에 머무는 습관을 길러보세요.

하나님은 여러분의 찬양을 기다리고 계십니다

"우리가 감사하며 그분 앞에 와서 즐겁게 소리 높여 그분을 찬양하자."
_시편 95편 2절, 우리말

우리는 각자 고유한 사랑의 언어를 지니고 있습니다. 우리 모두가 유일무이한 존재이기에, 저마다 다른 방식으로 사랑을 받고 싶어 합니다.

여러분, 하나님께도 특별한 사랑의 언어가 있다는 사실을 아시나요? 우리가 그분께 특별한 방식으로 사랑을 표현할 때, 하나님은 더욱 큰 기쁨을 느끼십니다.

찬양은 우리가 하나님께 드릴 수 있는 가장 순수하고 아름다운 사랑의 표현입니다. 놀랍게도 성경은 하나님도 노래하신다고 말씀합니다! 그분은 우리에 대한 사랑의 노래, 기쁨의 노래를 부르십니다. 스바냐 3장 17절을 보십시오. "너의 하나님 여호와가 너와 함께하신다. 그는 전능한 구원자이시다. 그가 너를 아주 기쁘게 여기시며 너를 말없이 사랑하시고 너 때문에 노래를 부르며 즐거워하실 것이다."

우리는 아직 하나님이 우리를 위해 부르시는 노래를 직접 듣지 못했지만, 언젠가 천국에서 그분이 우리를 향해 부르시는 노래를 듣는 영광을 누리게 될 것입니다. 그 순간, 우리가 들어본 그 어떤 소리보다도 아름답고 기쁨 넘치는 멜로디일 것입니다.

성경 곳곳에서 하나님은 우리에게 찬양을 통해 감사를 표현하라고 말씀하십니다. "감사함으로 여호와께 노래하며 수금으로 우리 하나님께 찬송하라"(시 147:7). "우리가 감사하며 그분 앞에 와서 즐겁게 소리 높여 그분을 찬양하자"(시 95:2, 우리말).

찬양을 통한 하나님 경배는 우리가 함께 모여 예배드리는 가장 중요한 이유 중 하나입니다. 골로새서 3장 16절은 이렇게 말씀합니다. "모든 지혜로 서로 가르치고 권면하며 시와 찬미와 신령한 노래를 부르며 하나님께 감사하는 마음으로 찬양하십시오"(우리말).

혹시 여러분 중 노래를 즐기지 않거나 자신의 노래 실력에 자신이 없으신 분이 계신가요? 어떤 이유에서든 "저는 노래를 하지 않아요"라고 말하는 분도 계실 것 같습니다.

하지만 기억하세요. 하나님은 여러분의 목소리를 사랑하십니다. 그분이 여러분에게 그 목소리를 주셨기에, 그 소리를 듣고 싶어 하십니다! 우리는 하나님이 우리를 보시는 것처럼 우리 자신을 받아들이는 법을 배워야 합니다. 하나님은 여러분의 목소리가 어떻게 들리든 관계없이, 그분을 향한 여러분의 진심 어린 찬양을 기쁘게 받으십니다.

교회에 가서 찬양할 때까지 기다리지 마세요. 하나님이 누구이신지, 그리고 하나님이 여러분을 위해 행하신 일들로 인해 감사와 기쁨으로 언제 어디서나 하나님을 찬양하세요.

시편 기자의 고백을 함께 나눕시다. "우리는 하루 종일 하나님을 자랑하고 영원히 주를 찬양하며 감사할 것입니다"(시 44:8).

성찬, 삶의 모든 영역으로 퍼져나가는 깊은 감사

"우리가 감사하며 받는 축복의 잔은 그리스도의 피에 참여하는 것이 아닙니까?
또 우리가 떼는 빵은 그리스도의 몸에 참여하는 것이 아닙니까?"
_고린도전서 10장 16절

성찬식은 예수님께서 십자가에서 보여주신 그 무한한 사랑과 희생을 깊이 되새기는 거룩한 시간입니다.

이 의식은 그리스도인으로서 형식적으로 행하는 공허한 의례가 아닙니다. 오히려 하나님은 우리가 이를 통해 그분의 무한한 사랑과 희생을 깊이 새기기를 바라십니다. 왜 기억해야 할까요? 바로 감사하기 위해서입니다. 우리는 기억하는 것에 대해서만 진정으로 감사할 수 있기 때문입니다.

예수님은 빵과 포도주라는 소박하지만 깊은 의미가 담긴 상징을 통해, 우리가 십자가의 은혜를 기억하고 감사하는 연습을 하도록 하셨습니다.

성경은 고린도전서 11장 23-25절에서 이렇게 말씀합니다. "내가 여러분에게 전해 준 것은 주님께 받은 것입니다. 주 예수님께서 배반당하시던 날 밤에 빵을 들고 감사 기도를 드리신 다음, 빵을 떼시고 이렇게 말씀하셨습니다. '이것은 너희를 위한 내 몸이다. 나를 기억하면서 이것을 행하여라.' 똑같은 방법으로 식사 후에 잔을 들고 말씀하셨습니다. '이 잔은 내 피로 세우는 새 언약이다. 이 잔을 마실 때마다 나를 기억하면서 이것을 행하여라'"(쉬운).

'성찬례'(Eucharist)라는 용어가 '감사'를 뜻하는 그리스어에서 유래했다는 점은, 성찬식이 그 본질에서 감사의 의미를 품고 있음을 보여줍니다. 성찬은 우리가 하나님께 감사를 표현하는 가장 아름다운 방법 중 하나입니다. 우리는 감사의 노래, 감사 헌금, 그리고 감사의 잔을 통해 다양한 방식으로 하나님께 우리의 감사를 표현할 수 있습니다.

고린도전서 10장 16절은 이렇게 말씀합니다. "우리가 감사하며 받는 축복의 잔은 그리스도의 피에 참여하는 것이 아닙니까? 또 우리가 떼는 빵은 그리스도의 몸에 참여하는 것이 아닙니까?"

우리가 성찬식에서 잔을 마시고 빵을 먹는 것은, 단순히 그리스도인의 삶을 형식적으로 따르거나 교회 행사에 대한 피상적 감사를 표현하는 것이 아닙니다. 이는 우리의 마음 깊은 곳에서 우러나오는 진실한 기도입니다. "하나님 아버지, 당신의 아들을 보내셔서 완전한 삶을 살게 하시고, 우리의 죄를 위해 죽게 하심으로써 우리가 용서받을 수 있게 해주셔서 감사합니다."

예수님께서 우리의 구원을 위해 치르신 엄청난 대가를 되새길 때, 우리 삶의 모든 면에 스며드는 깊은 감사만이 그에 걸맞은 반응일 것입니다.

거인과 맞서기 위한 가이드

"악인들은, 내가 망하기를 간절히 바라지만, 나는 주님의 교훈만을 깊이깊이 명심하겠습니다."
_시편 119편 95절, 새번역

다윗과 골리앗의 이야기를 잘 알고 계실 것입니다. 이 이야기는 우리에게 단순한 영웅 이야기를 넘어, 깊은 영적 교훈을 주는 풍성한 내용을 담고 있습니다. 무엇보다도, 당시 소년이었던 다윗이 거인과 맞서 싸우기로 결심했다는 점이 놀랍습니다. 더욱 주목할 만한 것은 다윗이 흔들림 없는 믿음과 용기로 골리앗에 맞섰다는 사실입니다.

우리는 문자 그대로 거인 골리앗과 싸울 일은 없겠지만, 누구나 인생에서 어떤 형태로든 '거인'과 마주하게 됩니다. 여러분도 지금 의료, 재정 또는 인간관계의 골리앗과 맞서는 상황인지도 모릅니다. 그렇다면 어떻게 다윗처럼 하나님이 주신 자신감과 낙관주의로 그 거인과 맞설 수 있을까요?

시편은 다윗에게 자신감을 불어넣었던 네 가지 습관에 대한 통찰을 제공합니다. 여러분도 이러한 습관을 기른다면, 하나님께서 여러분과 함께하신다는 믿음으로 어떤 거인과도 맞설 수 있을 것입니다.

1. 매일 아침 하나님께 귀 기울이기. 다윗은 하루를 시작하며 누구보다도 먼저 하나님과 대화하는 시간을 가졌습니다. "주님, 새벽에 드리는 나의 기도를 들어 주십시오. 새벽에 내가 주님께 나의 사정을 아뢰고 주님의 뜻을 기다리겠습니다"(시 5:3, 새번역).

2. 종일 하나님의 약속 묵상하기. 다윗은 끊임없는 압박에 직면했지만, 하나님의 말씀에 온 마음을 기울였기에 그 압박에 압도되지 않았습니다. "악인들은, 내가 망하기를 간절히 바라지만, 나는 주님의 교훈만을 깊이깊이 명심하겠습니다"(시 119:95, 새번역).

3. 어려운 상황에서도 하나님의 구원 신뢰하기. 다윗은 이렇게 고백했습니다. "오 나의 영혼아, 어찌 그리 풀이 죽어 낙심하느냐? 어찌 그리 불안해하며 괴로워하느냐? 오직 너는 하나님을 소망하며 살아라. 이제 나는 내 구원자이신 나의 하나님을 도리어 찬양하며 살리로다"(시 42:11, 쉬운말). 다윗은 과거에 하나님께서 자신을 도우셨음을 알았고, 미래에도 하나님께서 도우실 것이라는 긍정적인 기대를 가졌습니다.

4. 믿음의 동료들과 교제하기. 다윗은 인생의 거인들과 혼자 맞서지 않았습니다. 그는 정서적, 영적 지원을 받았습니다. "나는 주를 두려워하며 주의 교훈을 따르는 모든 자들의 친구입니다"(시 119:63).

여러분, 오늘 여러분의 삶에도 '거인'이 있습니까? 그렇다면 자신감과 낙관주의로 그 거인을 마주하십시오. 이러한 태도는 오직 하나님을 신뢰하는 데서만 나옵니다.

다윗의 이 네 가지 습관을 매일 실천해보십시오. 아침에 일어나면 먼저 하나님께 마음을 열고, 하루 중에 그분의 약속을 묵상하세요. 어려운 상황에 처할 때마다 하나님의 구원을 신뢰하고, 믿음의 동료들과 함께 걸어가십시오.

상처의 고리를 끊고 용서로 나아가세요

"너희가 서서 기도할 때에, 어떤 사람과 서로 등진 일이 있으면, 용서하여라.
그래야, 하늘에 계신 너희 아버지께서도 너희의 잘못을 용서해주실 것이다."
_마가복음 11장 25절, 새번역

상처를 받으면, 우리 안에서는 그 아픔을 간직하고 복수하려는 본능적인 감정이 일어납니다. 이는 우리의 인간적인 반응이지만, 결코 건강한 방식은 아닙니다. 그러나 성경은 이와는 다른 길을 제시합니다. 고린도전서 13장 5절은 우리에게 이렇게 말씀합니다. "사랑은 … 원한을 품지 않습니다"(새번역).

그렇다면 우리에게 상처를 준 이들을 어떻게 대해야 할까요? 우리 기억 속에 쌓인 상처와 아픔을 어떻게 다뤄야 할까요?

해결책은 명확합니다. 상처를 되풀이하지 말고 과감히 내려놓으십시오. 상처를 잊으십시오. 용서하고 앞으로 나아가십시오.

우리는 상처를 받으면 주로 세 가지 방식으로 그 상처를 반복하는 경향이 있습니다. 감정적으로 마음에서 되새김질하고, 관계에서 무기로 활용하며, 실제로 타인에게 그 이야기를 전함으로써 말입니다.

첫째, 우리는 마음속으로 그 상처를 계속해서 되새깁니다. 하지만 원망은 자기 파괴적입니다. 그것은 단지 고통을 지속시킬 뿐, 아무것도 치유하거나 해결하지 못합니다. 여러분이 가장 많이 집중하는 생각이 바로 여러분의 미래 방향을 결정짓습니다. 지나간 상처에만 발목이 잡혀 있다면 앞으로 나아갈 수 없지만, 여러분의 무한한 잠재력에 초점을 맞춘다면 그 잠재력을 향해 전진할 수 있습니다.

둘째, 우리는 종종 관계 속에서 상처를 재현합니다. 과거의 상처를 현재의 갈등 상황에서 쐐기나 무기로 활용하는 것입니다. "네가 언제 그랬었는지 기억나?"와 같은 말을 하게 됩니다. 잠언 17장 9절은 이렇게 말씀합니다. "허물을 덮어주면 사랑을 받고, 허물을 거듭 말하면 친구를 갈라놓는다"(새번역). 이러한 잔소리는 결혼 생활뿐만 아니라 모든 관계에 악영향을 미칩니다.

셋째, 우리는 험담을 통해 상처를 반복합니다. 하나님과 문제가 있는 당사자를 제외한 모든 사람에게 그 이야기를 합니다. 여러분, 하나님이 험담을 얼마나 싫어하시는지 아십니까? 그분은 교만을 미워하시는 만큼 험담을 싫어하십니다. 험담은 겉으로는 무해해 보일 수 있지만, 실상은 우리의 자존감을 높이려는 교묘한 시도에 불과합니다. 다른 이의 약점을 이야기함으로써

우리 자신을 더 나아 보이게 하고, 일시적인 우월감을 느끼려는 것입니다. 하지만 이는 결국 우리의 영적 성장을 방해하고 관계를 해치는 해로운 행동입니다. 험담을 퍼뜨릴 때마다 우리는 교만해지는 것이고, 하나님은 이러한 교만과 험담을 미워하십니다.

참된 사랑은 상대의 허물을 마음에 새기지 않고 용서의 길을 선택합니다. 사랑은 상처를 원망, 험담, 교만으로 변질시키지 않으며, 그것을 되풀이하지 않습니다.

마가복음 11장 25절은 우리에게 이렇게 권면합니다. "너희가 서서 기도할 때에, 어떤 사람과 서로 등진 일이 있으면, 용서하여라. 그래야, 하늘에 계신 너희 아버지께서도 너희의 잘못을 용서해주실 것이다"(새번역).

이것이 바로 사랑이 반응하는 방식입니다.

하나님께 미리 감사하는 믿음

"그는 하나님의 약속에 대해 불신하거나 의심하지 않고, 오히려 그 약속을 굳게 믿어
하나님께 영광을 돌렸습니다. 아브라함은 하나님께서 친히 약속하신 것을
이루실 능력이 있다는 것을 확신했습니다."

_로마서 4장 20-21절, 쉬운

참된 믿음은 어떤 모습을 보여줄까요? 그것은 우리의 계획이 어긋나더라도,
하나님의 구원을 기쁨과 확신으로 기대하는 태도입니다.

아브라함이 그렇게 했습니다. 그는 백 세의 나이에 아이를 갖는다는, 인간적으로 불가능해
보이는 상황에 직면했을 때, 하나님의 역사가 일어나기도 전에 감사를 드렸습니다.

성경은 이에 대해 이렇게 말씀합니다. "그는 하나님의 약속에 대해 불신하거나 의심하지
않고, 오히려 그 약속을 굳게 믿어 하나님께 영광을 돌렸습니다. 아브라함은 하나님께서 친히
약속하신 것을 이루실 능력이 있다는 것을 확신했습니다"(롬 4:20-21, 쉬운).

여기서 우리는 결정적인 차이점을 발견할 수 있습니다. 하나님의 역사하심을 본 후의 감사
는 자연스러운 반응이지만, 그 역사가 일어나기 전에 드리는 감사야말로 진정한 믿음의 표현입
니다. 아브라함이 다른 이들에게는 불가능해 보이는 일에 대해 "확신했다"는 것은 그의 놀라운
믿음을 보여줍니다.

예수님께서도 이러한 '미리 감사하는 믿음'의 본을 보여주셨습니다. 나사로를 죽음에서 살
리시기 전, 그분은 이렇게 기도하셨습니다. "아버지, 내 말을 들어주신 것을 감사합니다"(요
11:41). 이는 믿음으로 드리는 기도의 전형적인 예입니다.

하나님은 항상 우리가 예상하는 방식으로 우리를 구원하시는 것은 아닙니다. 하나님은 세
가지 방식으로 우리를 구원의 길로 인도하십니다.

- 상황적 구원: 하나님이 상황 자체를 바꾸십니다.
- 인격적 구원: 하나님이 우리를 변화시키십니다. 더 넓은 시각을 갖게 하시거나, 인격을 성
  장시키거나, 태도를 바꾸어 주십니다.
- 궁극적 구원: 때로는 눈물과 고통이 없는 천국에서만 우리를 완전히 구원하십니다.

하나님은 우리의 모든 고통을 즉시 없애주겠다고 약속하지 않으셨습니다. 또한 우리 삶에
서 어려움이나 지연되는 순간들이 전혀 없을 것이라고 말씀하지도 않으셨습니다. 그 대신, 그
분은 궁극적으로 고통과 아픔이 없는 천국으로 우리를 인도하실 것을 약속하셨습니다. 그때까
지 그분은 이 세상을 살아가는 데 필요한 모든 힘을 주실 것입니다. 또한 고통스럽고 불가능해

보이는 모든 상황 속에서 우리와 함께 걸어가겠다고 약속하셨습니다.

사도 바울은 로마서 5장 2절에서 "우리는 하나님의 영광에 참여할 희망 가운데서 기뻐하고 있습니다"라고 썼습니다. 이는 천국에 갈 때까지 완전한 구원이 이루어지지 않을 수도 있다는 것을 알면서도, 그 구원에 대해 지금 감사드리는 모습입니다. 이것이 바로 하나님을 진정으로 신뢰한다는 증거입니다. 히브리서 11장 1절은 이러한 믿음을 이렇게 정의합니다. "믿음은 우리가 바라는 것들에 대해서 확신하는 것입니다. 또한 보이지는 않지만 그것이 사실임을 아는 것입니다"(쉬운). 이것이 바로 우리가 열망해야 할 믿음의 핵심입니다.

하나님의 음성을 듣고 새기는 영적 습관에 관하여

"너는 이 묵시를 기록하여라. 판에 똑똑히 새겨서,
누구든지 달려가면서도 읽을 수 있게 하여라."
_하박국 2장 2절, 새번역

하나님의 음성을 듣고 싶으신가요? 그렇다면 이렇게 해보시기 바랍니다. 고요한 곳에서 기대와 소망을 품고 그분의 음성에 귀 기울여 보십시오. 그리고 하나님께서 여러분에게 전하고자 하시는 메시지를 마음속에 그려달라고 기도하세요. 그다음, 여러분의 질문에 대한 하나님의 응답을 글로 적어보세요.

하박국서에서 주님은 선지자에게 이렇게 명령하십니다. "너는 이 묵시를 기록하여라. 판에 똑똑히 새겨서, 누구든지 달려가면서도 읽을 수 있게 하여라"(합 2:2, 새번역). 이것이 바로 하박국서가 탄생한 배경입니다. 1장에서 하박국은 자신이 하나님께 한 말을 기록했고, 2장에서는 하나님께서 그에게 주신 응답을 적었습니다.

시편 역시 이와 유사한 방식으로 탄생했습니다. 수많은 시편이 다윗의 개인적인 묵상 시간 중에 직접 쓰여졌습니다. 다윗은 성경의 처음 다섯 권인 토라를 묵상한 후, 자신의 생각을 시편이라 불리는 시로 표현했습니다. 많은 시편에서 그는 자신의 감정으로 시작하여 점차 하나님의 말씀을 적어 내려갔습니다.

만약 여러분의 기도가 "하나님, 이 사람과 함께해주세요" 혹은 "이 음식이 우리 몸에 영양이 되게 해주세요"와 같은 습관적이고 형식적인 말의 나열이 되어버렸다면, 새로운 접근법을 시도해보세요. 바로 기도를 글로 적어보는 것입니다.

"잠깐만요, 말로 하지 않아도 된다는 건가요?" 기도를 적는 행위 자체가 기도입니다. 하나님은 여러분의 생각을 들으실 수 있습니다. 그저 솔직하게 적어보세요.

기록한 기도를 다시 읽어보는 것은 어떨까요? 당연히 괜찮습니다. 기도를 쓰는 행위가 기도인 것처럼, 그것을 읽는 것 역시 기도의 또 다른 형태입니다.

이는 영적 일기 쓰기의 일환으로, 모든 그리스도인에게 도움이 될 수 있는 귀중한 습관입니다. 여기서 말하는 일기는 단순한 일상 기록이 아닙니다. 이는 여러분의 실수와 그를 통해 하나님께서 일깨워주신 교훈들을 담아내는 영적 성찰의 기록입니다.

기도를 기록하는 습관은 단순한 글쓰기 이상의 의미를 갖습니다. 이는 여러분의 영적 여정을 기록하는 것이며, 하나님과의 관계를 더욱 깊이 있게 만드는 도구입니다. 이 방법을 통해, 여러분은 하나님과의 대화를 더욱 깊고 의미 있게 만들 수 있습니다. 또한, 시간이 지나 과거의 기도를 다시 읽어볼 때, 하나님께서 여러분의 삶에 어떻게 역사하셨는지를 더 선명히 볼 수 있을 것입니다.

오늘부터 영성 일기를 시작해보는 것은 어떨까요? 이 습관은 하나님의 음성을 더 선명히 듣고, 그분의 가르침을 기억하는 데 큰 도움이 될 것입니다.

고난은 우리를 하나님께 의지하게 합니다

"사랑하는 여러분, 여러분을 시험하려고 시련의 불길이 여러분 가운데 일어나더라도,
무슨 이상한 일이나 생긴 것처럼 놀라지 마십시오."
_베드로전서 4장 12절, 새번역

예수님은 우리가 마주할 삶의 현실을 있는 그대로 보여주셨습니다. 그분은 우리 인생에 불가피한 어려움과 도전이 있을 것임을 명확히 말씀하셨습니다. 이는 우리를 낙담시키기 위함이 아니라, 준비시키고 강하게 하기 위함입니다. 이 세상에 고통으로부터 완전히 자유롭거나 격리된 사람은 없습니다. 문제없이 살아가는 사람 역시 아무도 없습니다.

사도 베드로는 이러한 현실을 우리에게 상기시켰습니다. "사랑하는 여러분, 여러분을 시험하려고 시련의 불길이 여러분 가운데 일어나더라도, 무슨 이상한 일이나 생긴 것처럼 놀라지 마십시오"(벧전 4:12, 새번역). 하나님은 이러한 문제들을 사용하여 우리를 그분께 더 가까이 이끄십니다. 성경은 이렇게 말씀합니다. "여호와는 마음이 상한 자에게 가까이하시고 죄로 마음 아파하는 사람들을 구원하신다"(시 34:18).

놀랍게도, 하나님과 가장 깊이 만나는 예배의 순간은 우리가 인생의 가장 어두운 골짜기를 지날 때 찾아옵니다. 마음이 상하고, 버림받은 듯한 느낌이 들며, 선택의 여지가 없어 보이고, 고통이 극에 달했을 때, 우리는 오직 하나님만을 바라보게 됩니다. 고통 속에서 우리는 가장 진실되고 진심 어린 기도를 드리는 법을 배웁니다. 고통이 극에 달할 때, 우리는 더 이상 피상적인 기도로 만족할 수 없게 됩니다.

조니 에릭슨 타다는 이렇게 말했습니다. "삶이 평탄할 때, 우리는 하나님에 대해 말하고 생각하며 그분을 따르려 노력합니다. 하지만 진정으로 그분을 알게 되는 것은 고난의 시간을 함께 걸어갈 때입니다. 어려움 속에서 우리는 예수님의 사랑과 능력을 더 깊이 경험하게 됩니다." 우리는 고난 속에서 다른 방법으로는 배울 수 없는 하나님에 대한 깊은 진리들을 깨닫게 됩니다.

하나님은 능히 요셉을 감옥에서, 다니엘을 사자굴에서, 예레미야를 진흙 구덩이에서, 바울을 세 번의 난파에서, 그리고 세 히브리 청년을 불타는 용광로에서 구하실 수 있었습니다. 하지만 그분은 그렇게 하지 않으셨습니다. 하나님은 때로 우리가 어려움을 겪도록 허락하십니다. 이는 우리를 시험하거나 해치려는 것이 아니라, 오히려 그 과정을 통해 우리가 그분과 더욱 친밀하고 의미 있는 관계로 성장하도록 하기 위함입니다.

어려움은 우리의 시선을 자신에게서 하나님께로 돌리게 하여, 그분을 더욱 의지하고 신뢰하게 만듭니다. 바울은 이러한 유익에 대해 이렇게 간증했습니다. "우리는 이미 죽음을 선고받은 몸이라고 느꼈습니다. 그렇게 된 것은, 우리 자신을 의지하지 않고 죽은 사람을 살리시는 하나님을 의지하게 하기 위함이었습니다"(고후 1:9, 새번역).

우리는 하나님이 실제로 우리 삶의 모든 것이 되기 전까지는, 그분이 우리의 전부라는 진리를 온전히 깨닫기 어렵습니다. 고난은 우리를 그 깨달음으로 이끄는 길이 될 수 있습니다. 때로는 우리의 가장 큰 시련이 가장 큰 영적 성장의 기회가 되기도 합니다.

기적의 길: 불편함을 통과하는 믿음의 여정

"그러자 주의 말씀이 엘리야에게 임했다. '너는 시돈 지역의 사르밧 마을로 가서, 거기서 지내도록 하여라. 거기에 사는 한 과부에게 네게 먹을 것을 대주라고 일러두었다.' 엘리야는 사르밧으로 갔다. 그가 성문에 이르자, 어떤 여인이 나무를 줍고 있었다. 엘리야는 그녀를 불러 부탁했다. '제게 물을 좀 주실 수 있겠소?'"

_열왕기상 17장 8-10절, 쉬운말

우리는 불확실한 미래 앞에서 두려움과 나약함에 짓눌리곤 합니다. 특히 미래가 불투명할 때, 우리는 나아갈 방향, 소요 시간, 그리고 목적지에 도달했을 때 맞이할 상황을 예측하지 못합니다. 이런 상황에서 우리는 어떻게 해야 할까요?

기억하십시오. 기적의 길은 종종 우리를 불편한 길로 인도합니다. 열왕기상 17장 8-10절에서 우리는 이러한 예를 볼 수 있습니다. "그러자 주의 말씀이 엘리야에게 임했다. '너는 시돈 지역의 사르밧 마을로 가서, 거기서 지내도록 하여라. 거기에 사는 한 과부에게 네게 먹을 것을 대주라고 일러두었다.' 엘리야는 사르밧으로 갔다"(쉬운말).

하나님의 명령에 따라 엘리야는 목숨을 걸고 160킬로미터가 넘는 험난한 여정을 떠나야 했습니다. 이는 단순한 여행이 아닌, 믿음과 순종의 시험이었습니다. 더구나 엘리야는 오랜 가뭄을 예언하여 아합왕의 분노를 샀고, 만나는 모든 사람이 그의 정체를 알고 있었습니다.

사르밧에 도착한 엘리야는 자신을 돌볼 가난한 과부를 만났습니다. 하지만 그 마을은 여전히 이교도들로 가득했고, 그들은 엘리야를 죽일 수도 있었습니다. 과연 그 과부가 어떻게 엘리야를 보호할 수 있었을까요?

그러나 엘리야는 "하나님, 이 계획에는 문제가 있습니다. 저를 잘못된 방향으로, 잘못된 장소로, 잘못된 보호자에게 보내시는 것 같습니다"라고 말하지 않았습니다. 그는 그저 순종했습니다.

하나님의 기적으로 향하는 길은 종종 우리를 불편한 상황으로 이끕니다. 이는 우리가 그분을 더욱 의지하는 법을 배우게 하기 위함입니다. 성경 전체에서 우리는 이러한 패턴을 봅니다.

• 모세가 이스라엘 백성을 노예 생활에서 약속의 땅으로 이끌 때, 그들은 먼저 홍해를 건너야 했습니다.
• 다윗은 골리앗을 물리치기 전에 전쟁터로 나아가야 했습니다.
• 여호사밧의 승리를 위해 하나님은 그에게 성가대를 군대 앞에 세우라고 지시하셨습니다.

기적은 안전지대에서 일어나지 않습니다. 모든 것이 안정된 삶에서는 기적이 필요 없습니다. 우리가 기적을 가장 필요로 하는 때는 바로 우리가 가장 낮은 지점에 있을 때입니다.

여러분은 지금 재정적으로, 감정적으로 혹은 육체적으로 불편한 상황에 처해 있습니까? 긴장과 불안, 두려움이 엄습해오나요? 그렇다면 오히려 축하할 일입니다. 이 불편한 상황이야말로 여러분을 향한 하나님의 기적이 시작되는 자리입니다!

이제 엘리야의 본을 따르십시오. 하나님께 순종하여 그 여정의 끝에서 기적을 목격하세요. 때로는 우리의 가장 큰 도전이 가장 큰 기적의 무대가 될 수 있습니다.

자비의 7가지 얼굴: 하나님의 사랑을 반영하는 삶

"그러나 하늘로부터 오는 지혜는 무엇보다 순결하고, 또한 화평하고, 너그럽고, 양순하고,
자비와 선한 열매가 풍성하고, 편견이 없고, 위선적이지 않습니다."
_야고보서 3장 17절, 쉬운말

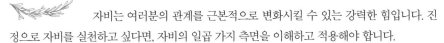

자비는 여러분의 관계를 근본적으로 변화시킬 수 있는 강력한 힘입니다. 진정으로 자비를 실천하고 싶다면, 자비의 일곱 가지 측면을 이해하고 적용해야 합니다.

1. 인내의 자비. "그러나 하늘로부터 오는 지혜는 무엇보다 순결하고, 또한 화평하고, 너그럽고, 양순하고, 자비와 선한 열매가 풍성하고, 편견이 없고, 위선적이지 않습니다"(약 3:17, 쉬운말). 진정한 지혜는 타인의 단점을 인내하는 능력과 직결됩니다. 우리가 지혜로워질수록 더 큰 인내심과 자비심을 갖게 됩니다.

2. 돕는 자비. "너의 손에 선을 베풀 힘이 있거든, 조금도 머뭇거리지 말고 도움이 필요한 사람에게 기꺼이 선을 행하도록 하여라"(잠 3:27, 쉬운말). 자비는 고통받는 이웃을 향한 구체적이고 적극적인 사랑의 실천으로 드러납니다. 이는 이웃 사랑의 핵심입니다.

3. 용서의 자비. "모든 독설과 분노와 성내는 버릇과 말다툼과 비방하는 말을 삼가고, 모든 악의도 함께 던져 버리십시오. 오직 서로에게 친절히 대하고, 서로를 불쌍히 여기며, 하나님께서 그리스도 안에서 여러분을 용서하신 것과 같이 서로가 서로에게 먼저 용서를 베푸십시오"(엡 4:31-32, 쉬운말). 우리에게 상처 준 이에게 한 번 더 기회를 준다면 하나님의 용서를 실천하는 것과 같습니다.

4. 선행의 자비. "원수를 사랑하고 그들에게 친절을 베풀며 아무것도 바라지 말고 빌려주어라. … 너희 아버지께서 자비로우신 것처럼 너희도 자비로운 사람이 되어라"(눅 6:35-36). 자비는 우리에게 상처 준 이들에게도 선을 베푸는 것으로, 이는 하나님께서 우리에게 보여주신 사랑을 반영하는 행위입니다.

5. 친절의 자비. "믿음을 굳게 갖지 못하고, 의심하는 자들을 불쌍히 여기고, 그들을 불 가운데서 끄집어 내어 구원하십시오. 두려움을 가지고 그들에게 자비를 베풀되, 죄에 관한 것은 육체의 욕망으로 더럽혀진 옷까지도 미워하십시오"(유 1:22-23, 쉬운). 우리를 불편하게 하는 사람들에게도 친절을 베푸는 것이 진정한 자비입니다.

6. 포용의 자비. "너희는 가서 '내가 자비를 원하고 제사를 원치 않는다'라는 말씀이 무슨 뜻인지 배워라. 나는 의로운 사람을 부르러 온 것이 아니라 죄인을 부르러 왔다"(마 9:13). 소외

된 이들에게 사랑의 손길을 내미는 것이 자비의 실천입니다.

7. 관계 중심의 자비. "사랑은 이웃에게 결코 해를 끼치지 않습니다. 그러므로 사랑은 율법의 완성입니다"(롬 13:10, 쉬운말). 자비의 본질은 규칙보다는 관계를, 정책보다는 사람을, 절차보다는 필요를 우선시하는 데에 있습니다.

이제 우리는 법보다 사랑을, 규칙보다 자비를 선택해야 합니다. 다음과 같이 기도해보십시오.

"하나님, 당신은 자비로 충만하십니다. 저도 그러한 자비로 가득 차기를 원합니다. 말씀을 통해 그 방법을 보여주셨지만, 저 혼자의 힘으로는 할 수 없습니다. 예수님께서 사람들을 어떻게 대하셨는지 매 순간 기억나게 하시고, 저도 그렇게 할 수 있도록 성령님의 도움이 필요합니다. 모든 결정에서 자비와 사랑과 은혜를 선택할 수 있게 해주세요. 다른 이들이 저를 통해 주님의 자비를 볼 수 있도록, 제 방식이 아닌 주님의 방식을 따르게 해주세요. 예수님의 이름으로 기도합니다. 아멘."

이 일곱 가지 자비의 모습을 실천함으로써, 우리는 하나님의 사랑을 더욱 온전히 반영하는 삶을 살 수 있습니다. 작은 시작이 우리의 관계와 삶을 크게 변화시킬 수 있습니다.

희망을 다시 선택하는 순간에 일어나는 일

"내 영혼아, 어째서 네가 낙심하며 내 속에서 불안해하는가?
너는 네 희망을 하나님께 두어라. 나는 내 구원이 되시는 하나님을 찬양하리라."
_시편 42편 5절

오늘날 세상은 끊임없이 희망을 갈구하고 있습니다. 심지어 유명 비즈니스 잡지의 표지에 헤드라인으로 "희망을 찾아서"라는 문구가 실릴 정도입니다. 하지만 우리 그리스도인은 이미 예수님 안에서 참된 희망을 발견했습니다!

그러나 우리가 희망의 근원을 알고 있다 해도, 세상에서 낙담하는 순간들을 피할 수는 없습니다. 우리는 깨어진 세상에 살고 있고, 여전히 죄의 유혹에 빠지곤 합니다. 때로는 희망을 완전히 잃은 것 같은 느낌이 들기도 합니다.

시편 42편 5절은 우리에게 이렇게 말합니다. "내 영혼아, 어째서 네가 낙심하며 내 속에서 불안해하는가? 너는 네 희망을 하나님께 두어라. 나는 내 구원이 되시는 하나님을 찬양하리라."

이 구절에서 '희망'과 '찬양'이라는 두 단어에 주목해보세요. 이 두 개념은 긴밀하게 연결되어 있습니다. 희망 넘치는 사람이 되고 싶다면, 하나님을 찬양하는 것부터 시작해야 합니다. 그 찬양을 통해 우리 삶에 새로운 희망의 싹이 움트기 시작합니다.

하나님을 찬양할 때, 그분은 우리에게 놀라운 선물을 주십니다. "시온에서 슬퍼하는 사람들에게 재 대신에 화관을 씌워 주시며, 슬픔 대신에 기쁨의 기름을 발라 주시며, 괴로운 마음 대신에 찬송이 마음에 가득 차게 하셨다"(사 61:3, 새번역).

애도는 무언가를 잃은 것에 대한 슬픔을 표현하는 방식입니다. 최근 몇 년간 우리 중 많은 이들이 크고 작은 상실을 경험했습니다. 소중한 사람, 직장, 자신감, 안정감, 재정, 꿈 등을 잃었을 수도 있습니다.

이사야 61장 3절에서 하나님은 우리에게 선택의 기회를 주십니다. 아름다움을 원하십니까, 아니면 재를 원하십니까? 기쁨을 선택하시겠습니까, 아니면 슬픔을 고수하시겠습니까? 찬양의 노래를 부르시겠습니까, 아니면 절망의 한숨을 내쉬시겠습니까?

분명 우리 모두는 삶에서 아름다움과 기쁨, 그리고 찬양의 순간을 갈망합니다. 그리고 놀랍게도, 우리는 그것들을 선택할 수 있습니다! 낙담과 슬픔에 빠져 있을 때조차도, 우리는 하나님을 찬양하기로 결심할 수 있습니다. 고통 중에 있을 때도 그분을 경배하기로 선택할 수 있습니다.

하나님을 찬양하기로 결단하는 이 선택이 우리의 희망을 되살리는 핵심 열쇠가 됩니다. 찬양은 우리에게 진정으로 중요한 것이 무엇인지, 그리고 왜 우리가 다시 희망을 품을 수 있는지를 기억나게 하기 때문입니다.

자유로운 나: 하나님이 창조하신 본 모습으로

"우리는 하나님의 작품입니다. 선한 일을 하게 하시려고, 하나님께서
그리스도 예수 안에서 우리를 만드셨습니다. 하나님께서 이렇게 미리 준비하신 것은,
우리가 선한 일을 하며 살아가게 하시려는 것입니다."
_에베소서 2장 10절, 새번역

하나님은 여러분을 독특하고 유일한 존재로 창조하셨습니다. 그분은 여러분이 다른 누군가를 모방하거나 흉내 내기를 원치 않으십니다. 여러분의 고유한 특성과 재능은 하나님의 의도적인 설계입니다. 천국에서도 하나님은 여러분에게 왜 다른 사람들과 똑같지 않았는지 묻지 않으실 것입니다. 하나님은 여러분을 특별한 존재로 만드셨고, 여러분이 진정한 자신이 되기를 원하십니다.

성경은 이렇게 말씀합니다. "우리는 하나님의 작품입니다. 선한 일을 하게 하시려고, 하나님께서 그리스도 예수 안에서 우리를 만드셨습니다. 하나님께서 이렇게 미리 준비하신 것은, 우리가 선한 일을 하며 살아가게 하시려는 것입니다"(엡 2:10, 새번역).

하나님은 여러분이 그분의 계획에 따라 창조된 그대로의 모습으로 살아가기를 원하십니다.

그러나 많은 이들이 자신이 아닌 다른 사람이 되려고 애씁니다. 많은 이들이 타인의 눈에 들기 위해 자신을 왜곡하거나, 더 나은 행동을 통해 하나님의 더 큰 사랑을 얻을 수 있다고 오해합니다. 하지만 하나님의 사랑에는 조건이 없으며, 우리의 행동이나 성과에 좌우되지 않습니다. 그분은 우리를 있는 그대로 사랑하십니다.

진정한 자신이 되는 것을 두려워하면 하나님의 목적을 이루지 못하게 됩니다. 다른 이들이 진짜 모습을 알게 되면 나를 좋아하지 않을까 봐 불안해하면 평안한 삶을 살 수 없습니다. 그러나 성경은 이렇게 말씀합니다. "여러분은 다시 두려워해야 할 종의 영을 받은 것이 아니라 하나님의 아들이 되게 하는 성령을 받았습니다. 그래서 우리는 성령님을 통해 하나님을 '나의 아버지'라고 부릅니다"(롬 8:15).

이 모든 두려움과 불안에서 벗어나는 유일한 해답은 바로 여러분 내면에서 활동하시는 하나님의 영입니다. 하나님의 자녀로 살아갈 때, 우리의 실수와 약점에도 불구하고 하나님께서 만드신 그대로 자유롭게 살아갈 수 있습니다.

놀랍게도, 여러분의 불완전함은 오히려 장점이 될 수 있습니다. 우리는 강점이 아닌 약점을 통해 성장합니다. 장점만을 내세우면 오히려 다른 이들이 질투하거나 거리감을 느낄 수 있습니다. 그러나 자신의 불완전함을 인정하고 진솔해질 때, 사람들은 오히려 여러분에게 더 가까이 다가옵니다.

이제 솔직해질 준비가 되셨나요? 선택은 여러분의 몫입니다. 두려움에 갇혀 살 수도 있고, 아니면 진정한 자신이 되어 하나님께서 오래전에 계획하신 놀라운 일들을 누릴 수도 있습니다. 여러분의 독특함을 축복으로 여기고, 그것을 통해 하나님의 사랑을 세상에 보여주세요.

매일 주어지는 새로운 시작의 기회

"자기의 죄를 숨기는 사람은 잘 되지 못하지만, 죄를 자백하고
그것을 끊어 버리는 사람은 불쌍히 여김을 받는다."
_잠언 28장 13절, 새번역

여러분, 제가 한 가지 고백할 것이 있습니다. 저는 골프를 그다지 좋아하지 않습니다. 하지만 제 형은 골프를 무척 좋아했고, 형이 살아 있을 때는 함께 시간을 보낼 수 있는 기회였기에 형과 골프 치는 것을 즐겼습니다.

그러다 골프를 치면서 한 가지 정말 마음에 드는 점을 발견했습니다. 바로 '멀리건'이라는 규칙입니다. 비공식 골프 게임에서 멀리건은 잘못된 샷을 다시 칠 수 있는 기회를 의미합니다. 이는 실수한 샷을 스코어카드에 기록하지 않고 새 기회를 얻는 것입니다.

그리스도의 제자로 살아가는 우리에게는 하나님의 은혜라는 특별한 '멀리건'이 허락되어 있습니다. 하나님은 우리를 끊임없이 용서해주십니다. 그분은 우리에게 다시 도전할 기회를 주시고, 우리의 실수가 우리를 낙오시키지 않도록 최선을 다할 수 있는 기회를 주십니다.

"그건 불공평하잖아요"라고 말할 수 있습니다. 맞습니다, 불공평합니다. 그러나 이것이 바로 은혜이며 자비입니다.

성경은 하나님의 은혜와 자비를 보여주는 '멀리건 구절'로 가득합니다. 그중 하나가 잠언 28장 13절입니다. "자기의 죄를 숨기는 사람은 잘 되지 못하지만, 죄를 자백하고 그것을 끊어 버리는 사람은 불쌍히 여김을 받는다"(새번역). 다시 말해, 그는 멀리건을 얻는다는 것입니다. 이것이 바로 하나님의 놀라운 은혜입니다. 실수를 인정하지 않으면 성공할 수 없지만, 잘못을 고백하고 버리면 새로운 기회를 얻게 됩니다.

예레미야애가 3장 22-23절에도 또 다른 '멀리건'이 나옵니다. "여호와의 인자와 긍휼이 무궁하시므로 우리가 진멸되지 아니함이니이다 이것들이 아침마다 새로우니 주의 성실하심이 크시도소이다"(개역개정). 하나님의 사랑은 우리의 행위가 아닌 그분의 본질에 근거하기에, 그 사랑은 결코 멈추지 않습니다. 매일 맞이하는 새 아침은 하나님께서 선사하시는 또 다른 기회의 선물입니다.

우리는 매일의 새날을 하나님이 주시는 '멀리건 데이'로 여겨야 합니다. 매일 아침 하나님은 우리에게 새로운 시작의 기회를 허락하고 계십니다.

내일 아침 일어나실 때, 이 말씀을 기억하세요. "하나님의 은혜의 선물과 부르심에는 후회하는 일이 없습니다"(롬 11:29). 여러분이 저지른 어떤 죄도 여러분 삶에 대한 하나님의 부르심이나 은사를 바꿀 수 없습니다. 하나님의 자비는 매일 아침 새롭게 시작됩니다.

더 많은 자비로, 더욱 예수님처럼

"사랑은 무례하지 않으며, 자기의 이익을 구하지 않으며,
성을 내지 않으며, 원한을 품지 않습니다."
_고린도전서 13장 5절, 새번역

가족을 향한 사랑을 가장 깊이 있게 보여줄 수 있는 방법은 자비를 실천하는 것입니다. 자비는 단순한 감정이 아닌 행동하는 사랑입니다. 가족이 짜증 날 만한 행동을 했을 때도 그것을 넘어서 친절하게 대하는 것, 이것이 바로 자비를 실천하는 것입니다.

가정에서 자비를 베푸는 또 다른 중요한 방법은 과거의 상처를 놓아주는 것입니다. 여러분은 가족 중 누군가가 잘못을 저지를 때마다 마음속으로 그것을 기록하고 있지는 않으신가요? 누군가가 여러분에게 어떻게 상처를 주었는지 쉽게 떠올리시나요? 성경은 진정한 사랑은 나중에 복수하기 위해 상처와 잘못을 저장하지 않는다고 말씀합니다. 그런 식으로 상처를 붙잡고 있다면, 그것은 진정한 사랑이라고 할 수 없습니다.

성경은 이렇게 말씀합니다. "사랑은 무례하지 않으며, 자기의 이익을 구하지 않으며, 성을 내지 않으며, 원한을 품지 않습니다"(고전 13:5, 새번역). 이 구절에서 "무례하다"와 "원한을 품지 않는다"가 어떻게 연결되는지 주목해보세요. 사람들이 무례해지는 이유는 종종 과거의 상처를 간직하고 있다가 다른 사람에게 그것을 투사하기 때문입니다. 과거의 상처에 사로잡혀 있으면 현재의 관계에서 진정한 공감을 나누기 어렵습니다.

레위기 19장 18절은 이렇게 말씀합니다. "또 너희는 원수를 갚지 말고 너희 동족에게 앙심을 품지 말며 너희 이웃을 너희 몸과 같이 사랑하라."

혹시 과거의 원한이 오늘날 여러분의 관계를 방해하고 있지는 않는지요? 배우자나 자녀에게 원한을 품지 마세요. 그리고 다른 사람에게 그 원한에 대해 이야기하지 마세요. 그것은 단지 험담일 뿐입니다! 대신 그냥 놓아주세요.

때로는 가장 가까운 사람에게 자비를 베푸는 것이 가장 어려울 때가 있습니다. 과거의 상처와 원한을 내려놓고 자비를 선택할 때, 우리는 예수님의 성품을 더욱 닮아가게 됩니다.

이러한 선택은 단순히 가족 관계를 개선하는 데 그치지 않고, 우리 주변 세상에도 큰 영향을 미칩니다. 사랑과 자비를 실천함으로써, 우리는 예수님을 따르는 삶이 어떻게 관계에 진정한 평화를 가져오는지를 보여주는 살아있는 증거가 됩니다. 용서를 선택하는 것은 개인의 결심을 뛰어넘어, 치유와 회복의 강력한 메시지를 세상에 전하는 것입니다.

그리스도인이 감사해야 할 이유

"여호와의 변함 없는 사랑에 대해 감사하십시오.
사람들을 위해 행하신 그분의 놀라운 일들에 대해 감사하십시오."
_시편 107편 8절, 쉬운

추수감사절에 국한되지 않고, 우리 그리스도인들이 항상 하나님께 감사해야 할 이유는 참으로 많습니다. 다음은 우리가 가장 감사하는 사람이 되어야 하는 몇 가지 중요한 이유입니다.

1. **생명의 선물.** 하나님께서 우리에게 생명을 주셨기에 우리는 감사할 수 있습니다. 시편 139편 13-14절은 이렇게 말씀합니다. "주께서 나의 가장 깊은 곳을 지으셨으며, 나의 어머니의 뱃속에서 나를 만드셨습니다. 내가 주를 찬양합니다. 이는 내가 신기하고 놀랍게 만들어졌기 때문입니다"(쉬운). 하나님이 계시지 않았다면, 우리는 존재하지 않았을 것입니다. 이것이 바로 감사의 출발점입니다!

2. **현재의 삶.** 우리는 지금 이 순간을 살아가고 있다는 사실 자체에 감사할 수 있습니다. 하나님은 우리를 창조하셨고 지금까지 인도하셨습니다. 매일이 선물입니다! 전도서 11장 8절은 "항상 인생을 즐겁게 살아라"고 권면합니다.

3. **구원의 은혜.** 우리는 하나님께서 우리를 구원해주신 것에 감사할 수 있습니다. 시편 13편 5절은 "내가 한결같은 주의 사랑을 의지하고 주의 구원을 기뻐하겠습니다"라고 고백합니다.

4. **하나님의 선하심.** 하나님은 선하시기 때문에 우리는 감사할 수 있습니다. "주는 선하시니 내가 주의 이름을 찬양하겠습니다"(시 54:6).

5. **기도의 응답.** 우리는 하나님께서 우리의 기도에 응답해주시는 것에 감사할 수 있습니다. "여호와여, 주께서 나에게 응답하시고 나를 구원하셨으므로 내가 주께 감사하겠습니다"(시 118:21).

6. **하나님의 인도하심.** 하나님께서 우리를 인도하심에 감사할 수 있습니다. "나를 인도하시는 여호와를 찬양하리라"(시 16:7).

7. **용서의 은혜.** 하나님께서 우리를 용서해주심에 감사할 수 있습니다. "주님께 감사하여라. 그는 선하시며, 그의 인자하심이 영원하다"(시 118:1, 새번역).

8. **변함없는 사랑.** 하나님께서 우리를 향한 사랑을 멈추지 않으신다는 사실에 감사할 수 있습니다. 시편 107편 8절은 "여호와의 변함 없는 사랑"에 감사하라고 요청합니다.

추수감사절을 맞아 친구 및 가족과 함께 모인다면, 여러분에게 작은 제안을 드리고 싶습니다. 위에서 언급한 성경 구절들은 우리가 하나님께 감사드릴 수 있는 풍성한 이유를 보여줍니다. 가족이나 친구들과 모였을 때, 이 구절들을 마음을 모아 하나하나 되새겨보세요. 각자 한 구절씩 읽고, 그 말씀이 자신의 삶에 어떤 의미인지, 그리고 왜 감사하는지 구체적으로 나누는 것은 어떨까요? 이런 나눔을 통해 우리는 일상에서 미처 깨닫지 못했던 하나님의 은혜를 발견하게 될 것입니다. 놀랍게도, 이 과정에서 우리 마음이 감사로 충만해지는 것을 경험할 것입니다.

감사의 힘: 일상을 변화시키는 8가지 축복

"그리스도 안에 뿌리를 내리고 터전을 잡아서, 그분께 가르침을 받은 대로
강한 믿음을 갖고, 항상 감사하는 마음이 넘치는 생활을 하십시오."
_골로새서 2장 7절, 쉬운말

하나님께서는 우리가 옳은 일을 행할 때마다 그에 상응하는 유익으로 우리를 축복하십니다. 감사의 마음으로 살아갈 때 우리 삶에 놀라운 축복이 넘쳐납니다! 감사가 우리에게 가져다주는 8가지 혜택을 살펴보겠습니다.

1. 건강 증진. 감사는 두뇌와 신체 건강을 향상시킵니다. 의사들도 인정하듯이, 감사는 인간의 가장 건강한 감정 중 하나입니다.

2. 행복의 원천. 행복해지고 싶으신가요? 하나님께서 여러분에게 베풀어주신 모든 것을 기억하며 감사를 실천해보세요. 가장 행복한 사람은 바로 가장 감사하는 사람입니다.

3. 수면의 질 개선. 감사를 실천함으로써 우리는 하나님의 돌보심과 공급하심을 더욱 선명히 인식하게 됩니다. 하나님의 공급하심을 신뢰하면 걱정 대신 평안한 휴식을 취할 수 있습니다.

4. 부정적 감정의 해독제. 감사는 걱정, 분노, 두려움과 같은 독한 감정들을 물리치는 데 도움이 됩니다.

5. 관계 개선. 다른 사람에게 감사를 더 자주 표현하면 인간관계에서 갈등이 현저히 줄어듭니다.

6. 기회의 문을 열어줌. 사람들에게 감사를 표현하면 새 친구를 사귀고, 그렇지 않았다면 얻지 못했을 기회들을 만날 수 있습니다.

7. 영적 성숙의 증거. 골로새서 2장 7절은 이렇게 말씀합니다. "그리스도 안에 뿌리를 내리고 터전을 잡아서, 그분께 가르침을 받은 대로 강한 믿음을 갖고, 항상 감사하는 마음이 넘치는 생활을 하십시오."(쉬운말). 영적으로 성숙할수록 우리는 더 많이 감사하게 됩니다.

8. 하나님의 기쁨과 축복. 감사는 하나님을 기쁘시게 하므로 더 많은 축복을 가져다줍니다. 성경은 하나님께서 "감사의 제사"(시 116:17)를 사랑하신다고 말씀합니다.

추수감사절에는 우리의 시선을 빼앗는 수많은 것들로 인해 정작 중요한 감사를 놓치기 쉽습니다. 우리는 종일 식사를 준비하고, 몇 시간 동안 축구를 보며 이야기를 나누고 어울립니다. 음식이 식을까 봐, 혹은 다른 일정이 바쁘다는 핑계로 1~2분 정도로 감사 기도를 서두르곤 합니다. 하지만 진정한 감사는 시간을 들여 하나님의 은혜를 깊이 묵상하는 것에서 시작됩니다.

잠시 멈추어 우리 삶의 모든 영역에서 하나님의 손길을 발견하고 감사드리는 시간을 가져보는 것은 어떨까요?

추수감사절에 감사하는 습관을 기르는 것은 중요하지만, 하나님은 우리의 감사가 단 하루에 그치길 원치 않으십니다. 그분은 우리가 삶의 모든 순간 감사의 마음을 품고 매일 그분의 축복을 체험하기를 바라십니다.

감사는 단순한 예절을 넘어선 삶의 태도입니다. 그것은 우리의 삶을 변화시키는 강력한 도구이며, 하나님과의 관계를 더욱 깊게 만드는 열쇠입니다.

추수감사절의 영적 유산: 하나님께 드리는 감사와 헌신

"여러분의 하나님 여호와 앞에서 칠칠절을 지키십시오. 그때 여러분은
여러분의 하나님 여호와께서 복을 주신 정도에 따라 자발적으로 예물을 드리십시오."
_신명기 16장 10절

많은 미국인이 생각하는 최초의 추수감사절은 약 400년 전으로 거슬러 올라가지만, 사실 그 역사는 훨씬 더 오래되었습니다. 약 3천 년 전에 하나님께서는 이스라엘 민족에게 수장절 또는 추수절이라 불리는 감사 축제를 제정하라고 명하셨습니다. 이 축제는 하나님의 선하심을 기념하고 매년 특별한 추수감사제를 통해 감사를 표현하는 시간이었습니다.

신명기 16장 10-11절에는 이렇게 기록되어 있습니다. "여러분의 하나님 여호와 앞에 칠칠절을 지키십시오. 그때 여러분은 여러분의 하나님 여호와께서 복을 주신 정도에 따라 자발적으로 예물을 드리십시오. 그리고 여러분의 하나님 여호와께서 예배처로 지정하신 곳에서 … 다같이 여호와 앞에서 즐거워하십시오."

본래의 추수감사절 전통에 따르면, 이스라엘 백성들은 예배 장소로 감사의 예물을 가져와 봉헌해야 했습니다. 이러한 감사 헌금의 전통은 성경 시대부터 오늘날에 이르기까지 하나님 백성이 실천해온 거룩한 관습으로, 성경 곳곳에서 자주 언급되고 있습니다.

하나님은 시편 50편 23절에서 이렇게 말씀하십니다. "감사로 제사를 드리는 자가 나를 영화롭게 하나니 자기 행실을 바르게 하는 자에게 내가 구원의 길을 보이리라." 성경은 헌금이 우리 수입의 잔여분이 아닌 첫 열매가 되어야 함을 거듭 강조합니다. 이는 하나님을 우리 재정의 최우선 순위로 인정하는 행위로, 그분에 대한 우리의 신뢰와 헌신을 나타냅니다.

우리가 하나님께 헌금을 드릴 때, 우리는 과거, 현재, 미래에 대한 세 가지 감사를 동시에 표현하게 됩니다. 헌금은 과거에 받은 하나님의 축복에 대한 감사, 현재 경험하는 하나님의 공급하심에 대한 인정, 그리고 미래에 이어질 축복에 대한 믿음을 동시에 표현합니다. 하나님은 언제나 이러한 믿음에 축복으로 응답하십니다.

성경에는 신실한 헌금과 관대함에 대한 약속이 다른 어떤 주제보다 더 많이 나옵니다. 왜 그럴까요? 하나님은 자녀들이 그분을 닮길 원하시기 때문입니다. 그리고 그분은 무한히 관대하신 하나님이십니다! 예수님은 누가복음 6장 38절에서 이렇게 말씀하셨습니다. "남에게 주어라. 그리하면 하나님께서도 너희에게 주실 것이니, 되를 누르고 흔들어서, 넘치도록 후하게 되어서, 너희 품에 안겨주실 것이다. 너희가 되질하여 주는 그 되로 너희에게 도로 되어서 주실 것이다"(새번역).

여러분의 영혼 구원을 위해 예수님을 믿었다면, 일상의 필요를 채우시는 하나님의 신실하심도 신뢰할 수 있습니다. 감사 헌금은 우리의 삶 전체를 하나님께 맡기는 믿음의 표현입니다. 이는 어떤 상황에서도 하나님을 의지한다는 우리의 결단을 보여주는 실제적인 행위입니다.

사랑을 배우는 것은 인생에서 가장 위대한 일입니다

"사랑은 모든 것을 덮어 주며, 모든 것을 믿으며, 모든 것을 바라며, 모든 것을 견딥니다."
_고린도전서 13장 7절, 새번역

지속적인 사랑은 끈질기고 단호합니다. 부지런하고 결단력 있게 최악의 상황을 견디며 관계를 포기하지 않습니다. 그야말로 고집스럽다고 할 수 있습니다!

관계는 단순한 행복 추구를 넘어 우리를 거룩함으로 이끄는 하나님의 도구입니다. 배우자, 자녀, 그리고 가까운 친구들과의 관계는 우리에게 소중한 가르침을 줍니다. 관계 속에서 우리는 자신의 이익보다 타인의 필요를 먼저 생각하는 법을 배우게 됩니다. 이는 우리를 더 성숙하고 이타적인 사람으로 만들어주는 귀중한 경험입니다. 어려운 시기를 함께 견뎌내면서 우리는 다른 방법으로는 결코 배울 수 없는 귀중한 교훈들을 얻게 됩니다.

아내와 저는 결혼 후 서로 완전히 다른 성격이라는 것을 깨달았습니다. 신혼 첫날부터 다투기 시작했고, 상황은 점점 악화되었습니다. 우리의 성격 차이는 큰 도전이었습니다.

하지만 우리는 서약했고 이혼은 선택지가 아니라고 믿었습니다. "어떤 어려움이 와도 이 결혼생활을 지켜나가자"라고 서로에게 약속했습니다. 그 말을 지키기 위해 정말 힘든 시간을 겪었죠. 재정적으로 어려운 상황에서도 우리는 포기하지 않고 전문적인 도움을 받았습니다. 서로에 대한 약속을 지키기 위해 많은 것을 희생했고, 그 과정에서 우리는 성장했습니다. 결혼 초기 2년은 힘들었지만, 그 어려움을 통해 우리는 더 나아졌습니다.

여러분도 오늘 이 말씀을 들어야 할지 모릅니다. 포기하지 마십시오. 계속 나아가세요. 인내하십시오. 사랑을 위해 끈기 있게 노력하세요. 때로는 힘들고 지칠 수 있지만, 그 과정에서 하나님의 영원한 사랑을 경험하게 될 것입니다. 관계를 위해 투자하는 모든 노력은 헛되지 않습니다. 어려움 속에서도 포기하지 않는 사랑이야말로 진정한 가치가 있습니다.

사랑을 배우는 것은 인생에서 가장 위대한 일입니다. 그것이 바로 하나님께서 우리를 이 세상에 보내신 이유입니다. 하지만 사랑하는 것이 항상 쉬운 것은 아니며, 어떤 이들을 사랑하는 것은 정말 어려운 일일 수 있습니다.

지속적인 사랑을 위한 '비결' 같은 것은 사실 따로 없습니다. 다만 그 핵심은 하나님의 사랑이 우리를 통해 자유롭게 흐르도록 하는 데 있습니다.

빌립보서 2장 5절은 "여러분은 그리스도 예수님과 같은 태도를 가지십시오"라고 말씀합니다. 인간의 사랑에는 한계가 있지만, 예수님의 사랑이 우리 안에 있으면 다른 이들에게 지속적인 사랑을 베풀 수 있습니다.

여러분의 마음과 삶을 하나님께 온전히 열어드리세요. 그렇게 할 때, 하나님의 영원하신 사랑이 여러분의 삶을 통해 풍성히 흘러넘쳐 주변의 사람들에게 전해질 것입니다.

가장 어려운 날에도 감사할 이유를 찾을 수 있습니다

"내 영혼아, 주님을 찬송하여라. 마음을 다하여 그 거룩하신 이름을 찬송하여라. 내 영혼아, 주님을 찬송하여라. 주님이 베푸신 모든 은혜를 잊지 말아라. 주님은 너의 모든 죄를 용서해주시는 분, 모든 병을 고쳐주시는 분, 생명을 파멸에서 속량해주시는 분, 사랑과 자비로 단장하여주시는 분, 평생을 좋은 것으로 흡족히 채워주시는 분, 네 젊음을 독수리처럼 늘 새롭게 해주시는 분이시다."

_시편 103편 1-5절, 새번역

우리 인생에 큰 어려움이 닥치면, 우리는 종종 긍정적인 면을 간과하고 부정적인 측면에만 집중하는 경향이 있습니다. 그러나 이런 태도는 우리의 시각을 왜곡시킵니다.

예를 들어, 중요한 인간관계에서 갈등이 발생하면, 그 영향이 삶의 전반적인 영역으로 확산되곤 합니다. 시련에만 시선을 고정하다 보면 우리 삶에 날마다 부어주시는 하나님의 풍성한 축복을 놓치게 됩니다. 바로 이때 하나님을 찬양하는 것이 중요합니다. 하나님을 높여드림으로써 그분의 넘치는 은혜를 기억하고, 삶의 균형을 회복할 수 있습니다. 하나님을 찬양하고, 경배하고, 감사드리는 것은 우리 인생이 결코 절망적이지 않다는 것을 깨닫게 해줍니다.

시편 기자는 105편에서 하나님 백성이 겪은 힘든 시기를 묘사하면서도, 동시에 하나님께 감사하고 찬양할 수 있는 이유를 열거했습니다. "내 영혼아, 주님을 찬송하여라. 마음을 다하여 그 거룩하신 이름을 찬송하여라. 내 영혼아, 주님을 찬송하여라. 주님이 베푸신 모든 은혜를 잊지 말아라. 주님은 너의 모든 죄를 용서해주시는 분, 모든 병을 고쳐주시는 분, 생명을 파멸에서 속량해주시는 분, 사랑과 자비로 단장하여주시는 분, 평생을 좋은 것으로 흡족히 채워주시는 분, 네 젊음을 독수리처럼 늘 새롭게 해주시는 분이시다"(시 103:1-5, 새번역).

문제에만 몰두하다 보면 그것을 과대평가하게 되고, 결과적으로 인생의 아름다운 것들을 간과하기 쉽습니다. 그러나 완전히 좋기만 한, 혹은 완전히 나쁘기만 한 인생은 없습니다. 우리가 사는 이 세상이 완벽하지 않기에 모든 것이 순조로울 때는 없습니다. 그래서 아무리 좋은 시기에도 개선해야 할 부분은 있기 마련입니다.

그러나 동시에 모든 것이 최악인 순간도 없습니다. 가장 어려운 날에도 우리는 하나님께 감사드릴 이유를 찾을 수 있습니다. 균형을 잃으면 그리스도 안에서 우리가 누구인지를 망각하고 혼란에 빠질 수 있습니다. 찬양은 이런 균형을 회복시켜줍니다.

하나님을 찬양할 때, 우리는 그분의 축복을 기억하고 우리의 진정한 모습을 되찾게 됩니다. 찬양은 부정적인 면과 긍정적인 면 사이에서, 그리고 다른 이들이 말하는 우리의 모습과 실제 우리의 모습 사이에서 균형을 잡아줍니다. 오늘 하루, 잠시 멈추어 하나님을 찬양하며 여러분의 삶 속에 숨겨진 축복들을 발견해보기 바랍니다.

어려운 시기에 감사를 표현하려면

"그리고 하나님의 영광스러운 힘을 통해 오는 모든 능력으로 여러분이 강해져서
모든 일을 기쁨으로 참고 견디며 빛의 나라에서 성도들이 얻을 축복에 참여할 수 있는
자격을 우리에게 주신 아버지께 감사하기를 바랍니다."
_골로새서 1장 11~12절

어려운 시기에 감사를 표현하는 것은 결코 쉬운 일이 아닙니다. 우리의 상황과 고통을 넘어서 변함없으신 하나님의 진리와 선하심을 바라보아야 하기 때문입니다. 하지만 이런 때일수록 감사의 마음을 품는 것이 중요합니다.

힘든 상황 속에서도 우리 삶에는 항상 감사할 만한 것들이 있습니다. 그리고 우리의 처지와 상관없이 모든 사람이 감사할 수 있는 하나님에 관한 세 가지 변치 않는 진리가 있습니다. 이것들이 바로 우리가 감사할 수 있는 근본적인 이유입니다.

첫째, 하나님께서는 우리에게 어려움을 이겨낼 힘을 주십니다. 골로새서 1장 11-12절은 이렇게 말씀합니다. "하나님의 영광스러운 힘을 통해 오는 모든 능력으로 여러분이 강해져서 모든 일을 기쁨으로 참고 견디며 빛의 나라에서 성도들이 얻을 축복에 참여할 수 있는 자격을 우리에게 주신 아버지께 감사하기를 바랍니다." 이 말씀은 우리에게 큰 위로와 격려가 됩니다.

둘째, 어떤 어려움도 하나님의 계획을 무산시킬 수 없습니다. 우리의 삶이 하나님의 영원한 목적에 단단히 묶여 있다면, 아무리 거센 폭풍이 몰아쳐도 우리는 흔들리지 않을 것입니다. 여러분에게 어떤 일이 일어났든, 어떤 실수를 했든, 그 어떤 것도 우리의 삶을 향한 하나님의 궁극적인 목적을 변경시킬 수 없습니다.

히브리서 12장 28절은 이렇게 말씀합니다. "우리가 무엇을 받았는지 아시겠습니까? 흔들리지 않는 나라입니다! 우리가 얼마나 감사해야 하는지 아시겠습니까? 감사드릴 뿐 아니라, 하나님 앞에서 깊은 경외감이 넘치는 예배를 드려야 합니다"(메시지).

셋째, 하나님은 지금 이 순간에도 우리의 삶을 변화시키고 계십니다. 비록 눈에 보이지 않을지라도, 하나님은 매일매일 우리를 성장과 변화의 길로 이끄십니다. 그 변화는 즉각적이지 않을 수 있지만, 꾸준하고 일관됩니다. 여러분의 삶에서 시작하신 일은 하나님께서 반드시 완성하실 것입니다. 그분은 우리를 영원한 생명으로 인도하실 것입니다!

고린도후서 3장 18절은 이렇게 말씀합니다. "우리는 모두 너울을 벗어버리고, 주님의 영광을 바라봅니다. 이렇게 해서, 우리는 주님과 같은 모습으로 변화하여, 점점 더 큰 영광에 이르게 됩니다"(새번역). 이 말씀은 우리가 점점 더 주님을 닮아갈 것이라는 약속입니다.

하나님께서는 여러분이 그분을 더욱 닮아가길 바라십니다. 그러한 영적 습관들을 형성해 나가는 과정에서, 하나님은 끊임없이 여러분의 내면을 다듬고 계십니다. 여러분이 하나님의 역사하심에 마음을 열 때, 그분은 여러분을 한 단계 더 높은 성숙으로 이끄실 것입니다.

어떠한 상황도 여러분의 삶에서 하나님의 일을 막을 수 없습니다. 하나님께서 여러분을 성숙으로 이끄실 때, 인내심을 갖고 그분을 찬양하며 감사할 방법을 찾아보십시오.

감사의 마음이 열어주는 새로운 세상

"무슨 일을 하든지, 불평이나 다툼 없이 행하도록 하십시오."

_빌립보서 2장 14절, 쉬운말

때로 우리는 삶에 짓눌려 숨쉬기조차 힘들 때가 있습니다. 그러나 여러분, 단순히 견디며 사는 삶이 아닌, 충만함과 기쁨이 넘치는 삶을 누리고 싶지 않으십니까? 그렇다면 불평을 멈추고 감사하기 시작하세요. 이것이 바로 변화의 첫걸음입니다.

감사는 선택입니다. 매일 아침 눈을 뜨는 그 순간부터 이렇게 선택할 수 있습니다. 침대에서 일어나기 전, 잠시 멈추어 감사할 일들을 떠올려보세요. "하나님, 숨 쉴 수 있는 공기가 있어 감사합니다. 편안한 잠자리가 있어 감사합니다. 안전하게 밤을 보낼 수 있어 감사합니다." 이렇게 간단한 감사의 말로 하루를 시작해보세요.

놀랍게도 이러한 작은 습관이 우리 뇌의 화학적 반응을 긍정적으로 변화시킬 수 있습니다. 마음속에 감사거리가 쉽게 떠오르지 않는 순간에도, 감사하려 노력하는 그 자체만으로도 우리 몸에 평화와 행복을 가져다주는 호르몬이 분비됩니다.

성경은 이렇게 말씀합니다. "무슨 일을 하든지, 불평이나 다툼 없이 행하도록 하십시오"(빌 2:14, 쉬운말).

잠시 생각해봅시다. 불평이 우리 삶에 어떤 도움을 줄까요? 날씨에 대해 불평한다고 날씨가 바뀌나요? 외모에 대해 불평한다고 외모가 바뀌나요? 배우자, 자녀 혹은 직장에 대해 불평한다고 그들이 바뀌나요?

불평은 시간 낭비일 뿐입니다. 무익한 분노로 자신의 내면만 괴롭히는 것과 다름없습니다. 불평은 결코 우리 기분을 나아지게 하지 않습니다. 오히려 하나님은 우리의 삶이 "가르침을 받은 대로 믿음에 굳게 서서 감사가 넘치는" 것을 원하십니다(골 2:7).

종종 성도들이 저에게 이렇게 묻습니다. "릭 목사님, 저는 하나님의 뜻을 알고 싶어요. 하나님은 제 관계에서, 직장에서, 학교에서 제가 무엇을 하길 바라실까요?"

그럴 때마다 저는 이렇게 대답합니다. "우리가 1단계도 하지 않았는데 하나님께서 어떻게 2단계를 가르치실 수 있을까요?" 하나님의 뜻을 알고 싶다면, 먼저 1단계인 '항상 감사하기'를 실천해보세요. 그다음에 2단계로 나아갈 수 있습니다. 성경은 분명히 말씀합니다. "모든 일에 감사하십시오. 이것은 그리스도 예수님 안에서 여러분을 위한 하나님의 뜻입니다"(살전 5:18).

여러분의 삶이 어려움에 눌린 채 그저 하루하루를 견디는 것이 아니라, 기쁨과 감사가 넘쳐나는 삶이 되길 원하지 않으십니까? 그렇다면 지금 바로 첫걸음을 떼어보세요. 불평을 멈추고 감사하기 시작하는 것입니다. 이 작은 변화가 여러분의 삶을 완전히 새롭게 할 것입니다.

용서의 선순환: 하나님이 나를 용서하신 것처럼

"서로 친절하게 대하고 불쌍히 여기며
하나님께서 그리스도 안에서 여러분을 용서하신 것같이 서로 용서하십시오."
_에베소서 4장 32절

 우리 모두가 경험하듯, 산다는 게 그리 쉬운 일은 아닙니다!

안타깝게도, 이러한 상처들은 대부분 우연이 아닌 의도적인 행동이나 말에서 비롯됩니다. 누군가가 우리를 향해 던진 날카로운 말 한마디, 혹은 무심코 저지른 행동이 우리 마음에 깊은 상처를 남기곤 합니다. 어쩌면 지금 '용서'라는 단어를 읽는 순간에도, 과거의 아픔이 떠오를지 모릅니다. 특히 깊은 상처일수록 그 기억은 여전히 생생하게 남아 있기 마련입니다.

누군가에게 상처를 받았을 때, 용서를 생각하기란 쉽지 않습니다. 때로는 그 상처를 붙잡고 원망하는 것이 더 편할 수도 있습니다. 그렇게 하면 내 기분이 나아지거나 상대방이 고통받을 거라고 착각하기도 합니다. 하지만 시간이 지나면 깨닫게 됩니다. 우리가 품고 있던 분노와 원망은 결국 상대방이 아닌 우리 자신을 옥죄고 있었다는 것을요. 상대방은 자신의 삶을 살아가는 동안, 우리만 그 아픔 속에 갇혀 있었던 것입니다. 즉, 용서는 우리에게 평화를 가져다주고, 앞으로 나아갈 수 있는 힘을 줍니다.

우리가 용서해야 하는 더 중요한 이유가 있습니다. 바로 하나님께서 우리를 먼저 용서하셨기 때문입니다. 성경은 에베소서 4장 32절에서 이렇게 말씀합니다. "서로 친절하게 대하고 불쌍히 여기며 하나님께서 그리스도 안에서 여러분을 용서하신 것같이 서로 용서하십시오."

하나님께서 여러분을 얼마나 크게 용서하셨는지 생각해보세요. 그 은혜를 깊이 묵상한다면, 여러분에게 상처 준 이들을 용서하는 데 큰 도움이 될 것입니다.

반대로 생각해보면, 자신이 하나님께 용서받았다는 사실을 온전히 받아들이지 못한다면, 다른 이를 용서하는 것도 어려울 수밖에 없습니다. 만약 하나님의 용서를 의심하고 있다면, 지금 바로 하나님과 대화를 나눠 보기 바랍니다.

이렇게 생각해보세요. 예수 그리스도의 십자가 사건으로 인해, 하나님은 여러분의 모든 죄를 완전히 씻어주셨습니다. 여러분이 마땅히 받아야 할 모든 형벌이 하나님의 용서로 인해 깨끗이 사라졌습니다. 이 진리를 마음 깊이 받아들인다면, 다른 사람을 향한 원망의 마음도 자연스럽게 사라질 것입니다.

예수님께서 우리를 하나님과 화해시키기 위해 모든 것을 이루셨다는 진리를 깊이 믿을 수 있도록 간구하십시오. 그리고 이 진리를 꼭 기억하세요. 누군가가 우리에게 어떤 큰 잘못을 저질렀다 해도, 하나님께서 우리를 용서하신 그 크고 놀라운 은혜에 비하면 우리가 베풀어야 할 용서는 결코 크지 않습니다. 하나님의 무한한 용서를 받은 우리가 할 수 있는 가장 아름다운 응답은 다른 이들을 향해 그 용서를 흘려보내는 것입니다.

고난의 학교에서 배우는 그리스도의 마음

"비록 예수께서는 하나님의 아들이었지만,
몸소 고난을 겪음으로써 아버지 하나님께 순종하는 법을 배우셨습니다."
_히브리서 5장 8절, 쉬운말

삶의 모든 시련은 우리를 더 깊은 영적 성숙으로 이끄는 거룩한 기회입니다. 사랑받지 못한다고 느낄 때 어떻게 사랑을 배울 수 있을까요? 슬픔 속에서 어떻게 기쁨을 발견할 수 있을까요? 모든 것이 혼란스러울 때 어떻게 평화를 찾을 수 있을까요? 인내심이 바닥날 때 어떻게 인내를 기를 수 있을까요?

고통 속에서 우리는 하나님의 은혜로 이러한 품성들을 배울 수 있습니다. 고통을 성숙의 디딤돌로 삼을지, 아니면 영적 성장의 걸림돌로 여길지는 우리의 선택에 달려 있습니다.

여러분이 예수님을 따르기로 마음먹었다면, 하나님은 여러분을 그리스도의 형상으로 빚어 가는 데에 궁극적인 목적을 두고 인도하십니다. 이는 단순한 모방이 아닌, 내면으로부터의 진정한 변화를 의미합니다. 여러분이 하나님 가족의 일원이라면, 그분은 여러분의 성장을 간절히 바라십니다! 그분은 예수님이 겪으신 모든 경험을 통해 여러분을 인도하심으로써 그 목적을 이루고자 하십니다. 예수님도 외로움, 좌절, 오해, 비난 그리고 고통을 경험하셨습니다.

성경은 이렇게 말씀합니다. "비록 예수께서는 하나님의 아들이었지만, 몸소 고난을 겪음으로써 아버지 하나님께 순종하는 법을 배우셨습니다. 이 같은 순종을 통해 마침내 완전하게 되신 예수께서는, 또한 자신에게 순종하는 모든 사람에게 영원한 구원의 원천이 되셔서"(히 5:8-9, 쉬운말).

예수님께서 고난을 통해 완전해지셨다면, 우리 역시 같은 방식으로 성숙해질 수 있습니다.

고통을 통해서만 배울 수 있는 귀중한 교훈들이 있습니다. 이러한 관점에서 보면, 고통은 때로 우리에게 귀중한 선물이 될 수 있습니다. 그것이 우리를 예배를 통해 하나님께 더 가까이 이끌고, 교제를 통해 타인과 더 깊은 연대를 맺게 하며, 제자의 길에서 더 온전한 헌신으로 인도한다면 말입니다.

바울은 고린도교회 성도들에게 보낸 편지에서 그들이 겪은 고난을 통해 어떻게 영적으로 성장했는지를 구체적으로 언급했습니다. 그는 고린도후서 7장 11절에서 이렇게 말합니다. "하지만 그 아픔이 여러분을 자극하여 하나님께 가까이 가게 했으니 놀랍지 않습니까? 여러분은 더 생생하고, 더 사려 깊고, 더 섬세하고, 더 공손하고, 더 인간답고, 더 열정적이고, 더 책임감 있는 사람이 되었습니다"(메시지).

그리스도를 닮아가는 이 일곱 가지 특성은, 여러분이 자신의 성품 형성을 위해 고난을 사용해달라고 하나님께 겸손히 구할 때 여러분 안에서도 자라나게 됩니다. 그렇게 한다면 고통은 여러분을 정체시키는 것이 아니라 오히려 더 나은 모습으로 변화시킬 것입니다!

유혹에 강한 그리스도인이 되려면

"모든 지킬 만한 것 중에 더욱 네 마음을 지키라. 생명의 근원이 이에서 남이니라."
_잠언 4장 23절, 개역개정

 인생의 끊임없는 유혹과 맞서 싸우려면, 우리는 먼저 무엇이 우리를 사탄의 공격에 취약하게 만드는지 알아야 합니다.

에베소서 4장 27절은 "마귀에게 거점을 내주어서는 안 됩니다"(메시지)라고 말씀합니다. 여기서 '거점'이란 어떤 일을 진행하거나 발전시키는 데 사용할 수 있는 안전한 위치를 의미합니다. 즉, 사탄이 우리의 약점을 이용하여 우리를 파멸시킬 수 있는 기회를 주지 말라는 뜻입니다.

우리를 유혹에 특히 취약하게 만드는 주요한 거점이 있습니다. 바로 부정적인 감정입니다. 우리가 부정적인 감정에 사로잡혀 있을 때마다, 우리는 사탄에게 우리 삶의 거점을 내어주는 것이며, 그 결과 유혹에 더욱 취약해질 수밖에 없습니다. 그래서 성경은 잠언에서 "모든 지킬 만한 것 중에 더욱 네 마음을 지키라. 생명의 근원이 이에서 남이니라"(개역개정)라고 강조합니다.

우리는 종종 유혹을 물리치려면 행동에 집중해야 한다고 생각합니다. 하지만 하나님은 우리가 단순히 행동을 제어하는 것을 넘어, 그 행동의 근원이 되는 우리의 생각과 감정에 더 깊이 주목하기를 바라십니다. 우리의 마음을 지키고 다스리는 것이야말로 유혹을 이기는 첫걸음입니다.

이는 사탄이 우리의 행동이 아닌 사고를 통해 우리를 조종하는 전략입니다. 사탄은 끊임없이 우리의 감정을 조종하려 시도합니다. 그는 우리 감정을 낚아채고, 기분을 조종하는 데 능합니다. 사탄은 우리의 생각에 영향을 미치고 하나님의 말씀을 의심하게 함으로써 감정을 자극합니다.

사탄이 우리의 감정을 조종하기 시작하면, 우리의 마음은 마치 소용돌이에 휩쓸리듯 그의 교묘한 책략에 빠져들게 됩니다. 그 순간 우리는 영적 분별력을 잃고, 유혹 앞에 무방비 상태가 되고 맙니다. 사탄은 우리의 부정적인 감정이 결국 우리를 죄로 이끌 것이라는 사실을 잘 알고 있습니다.

사탄은 우리를 가장 쉽게 유혹할 수 있는 부정적 감정이 무엇인지 정확히 파악하고 있으며, 우리를 파멸로 이끌기 위해 그 감정을 치밀하게 이용합니다. 그 감정이 그토록 큰 힘을 지녔다면, 우리도 그 감정이 무엇인지 정확히 알고 있어야 하지 않을까요?

우리를 유혹에 취약하게 만드는 감정이 무엇인지 정확히 알아내는 것은 매우 중요합니다. 이는 마치 전쟁에서 적군의 전술을 사전에 간파하는 것과도 같습니다. 이러한 자기 인식을 통해 우리는 삶에서 끊임없이 다가오는 유혹들과 더 효과적으로 맞서 싸울 수 있게 됩니다. 그러한 감정을 인식한 후에는, 우리 마음을 하나님 말씀에 다시 집중시켜 부정적인 감정을 하나님의 변함없는 사랑으로 가득 채워나가야 합니다.

· December ·

모든 것을 알지 못해도 믿을 수 있습니다

"믿음이 없이는 하나님을 기쁘시게 할 수 없습니다.
하나님에게 나아가는 사람은 그분이 계시는 것과 또 그분을 진정으로 찾는 사람들에게
상을 주신다는 것을 반드시 믿어야 합니다."
_히브리서 11장 6절

누구나 삶 속에서 피할 수 없는 시련의 골짜기를 지나게 됩니다. 그런 시련 속에서 "하나님, 왜 이 일을 미리 알려주지 않으셨나요? 그랬다면 분명 도움이 되었을 텐데요!" 라고 생각해본 적이 있으신가요? 하나님께서 우리에게 미리 모든 계획을 설명하지 않으시는 데는 두 가지 중요한 이유가 있습니다.

첫째, 우리의 한정된 지혜로는 하나님의 무한한 계획을 온전히 담아낼 수 없기 때문입니다. 우리의 제한된 지성으로는 하나님의 무한한 지혜와 방법을 다 헤아릴 수 없습니다. 하나님은 전지전능하신 분이시지만, 우리는 그렇지 않습니다.

둘째, 하나님은 우리가 그분을 전적으로 신뢰하기를 원하십니다. 성경은 하나님을 기쁘시게 하는 유일한 길이 의식, 규칙 혹은 종교가 아닌 오직 믿음이라고 반복해서 강조합니다. 히브리서 11장 6절은 이렇게 말씀합니다. "믿음이 없이는 하나님을 기쁘시게 할 수 없습니다. 하나님에게 나아가는 사람은 그분이 계시는 것과 또 그분을 진정으로 찾는 사람들에게 상을 주신다는 것을 반드시 믿어야 합니다."

성경의 주요 인물들을 생각해보십시오. 모세, 요셉, 에스더, 선지자들, 룻, 베드로, 바울, 요한, 마리아…. 그들 모두 시련과 유혹, 핍박과 고통, 좌절과 통제 불가능한 상황들을 겪었습니다. 그들 역시 하나님께서 미리 앞일을 알려주시기를 간절히 소망했을 것입니다. 그들의 믿음은 놀라운 방식으로 시험받았습니다.

그들도 우리처럼 이해할 수 없는 상황에 직면했을 때, 오직 하나님을 신뢰하는 것만이 유일한 선택이었습니다. 그들은 하나님께서 모든 것을 더 깊이 아시고, 더 멀리 보시며, 더 좋은 계획을 가지고 계신다는 것을 믿어야 했습니다.

여러분도 마찬가지입니다. 계획이 의도한 대로 흘러가지 않아 혼란에 빠질 때, 그 순간이야 말로 하나님을 더욱 신뢰해야 할 때입니다. 사업이 어려워질 때, 자녀가 하나님에게서 멀어질 때, 투자가 실패할 때, 건강에 예상치 못한 문제가 생길 때, 그것은 하나님께서 여러분의 믿음을 시험하시는 순간일 수 있습니다. 바로 그때가 여러분의 믿음이 빛을 발할 순간입니다! 이러한 믿음의 행동이 여러분의 삶을 통해 하나님의 영광을 드러내는 강력한 증거가 될 것입니다.

인생이 이해되지 않을 때, 하나님의 계획을 계속 신뢰하십시오. 그분의 지혜와 때, 약속 그리고 사랑을 굳게 믿으십시오. 우리가 모든 것을 이해하지 못한다고 해서 하나님의 선하심이 변하는 것은 아닙니다. 오히려 이는 우리의 믿음을 더욱 깊게 하는 기회입니다.

미래는 불확실하지만 소망은 확실합니다

"끝까지 경주를 마친 사람들에게는 하나님께서 생명을 선물로 주실 것입니다!
물론 여러분은 욥의 인내에 대해 들었을 것입니다. 하나님께서 마지막에 어떻게 그에게
모든 것을 회복해 주셨는지도 알 것입니다. 하나님께서 그렇게 하신 것은, 그분은 돌보시는 분,
사소한 일까지 세세하게 보살펴 주시는 분이기 때문입니다.

_야고보서 5장 11절, 메시지

삶이 깊고 어두운 시련의 터널을 지나갈 때, 우리가 가장 자주 던지는 질문이 있습니다. "언제쯤 다시 예전처럼 돌아갈 수 있을까요?"

하지만 현실은 그리 단순하지 않습니다. 때로는 상황이 나아지기 전에 더 악화되기도 합니다. 어떤 경우에는 완전히 새로운 일상을 맞이해야 할 수도 있습니다.

그렇다면 우리는 이렇게 질문을 바꿔야 합니다. "만약 삶이 예전처럼 돌아오지 않는다면, 나는 어떻게 해야 할까요?" 그 답은 의외로 간단합니다. 불확실한 상황이나 경제 혹은 다른 사람에게 희망을 걸지 마세요. 대신 하나님께 여러분의 소망을 두세요.

왜 하나님께 소망을 두어야 할까요? 그 이유는 명확합니다. 하나님은 미래를 주관하시는 분이십니다. 그분은 이미 우리 이야기의 결말을 알고 계십니다. 우리 삶의 세세한 부분까지 돌보시는 하나님이시기에, 우리는 앞으로의 일을 지나치게 걱정할 필요가 없습니다.

욥의 이야기가 이를 잘 보여줍니다. 잠시 여러분이 욥이 되었다고 상상해보세요. 건강, 재산, 심지어 가족까지 모든 것을 잃은 상황입니다. 욥은 자신의 미래가 어떻게 될지 전혀 알지 못했습니다. 하나님께서 결국 모든 것을 회복시켜주실 거라고는 상상조차 하지 못했지만, 그는 여전히 하나님을 신뢰했습니다.

야고보서 5장 11절은 이렇게 말씀합니다. "끝까지 경주를 마친 사람들에게는 하나님께서 생명을 선물로 주실 것입니다! 물론 여러분은 욥의 인내에 대해 들었을 것입니다. 하나님께서 마지막에 어떻게 그에게 모든 것을 회복해 주셨는지도 알 것입니다. 하나님께서 그렇게 하신 것은, 그분은 돌보시는 분, 사소한 일까지 세세하게 보살펴 주시는 분이기 때문입니다"(메시지).

하나님은 욥의 삶의 세세한 부분까지 관심을 기울이셨기에 그를 위해 일하셨습니다. 여러분이 지금까지 어떤 어려움을 겪었든, 하나님은 여러분을 위해서도 똑같이 일하고 계십니다. 하나님께서 여러분 삶의 작은 부분까지 세심히 돌보고 계심을 믿으세요. 그럴 때 여러분은 앞으로 나아갈 힘을 얻게 될 것입니다. 그분은 여러분이 걸어가야 할 다음 걸음을 분명히 보여주실 것입니다. 그분은 여러분 인생의 나머지 이야기에서 모든 조각을 맞추어 가실 것입니다.

여러분의 이야기는 하나님의 더 큰 계획의 일부입니다. 그분은 선한 목적을 위해 모든 것을 계획하셨고, 그분의 때에, 그분의 방식으로, 그분의 영광을 위해 그 모든 것을 이루어가고 계십니다.

지금 여러분이 어떤 어려움을 겪고 있든, 하나님은 결국에는 모든 것을 선하게 이루실 것이라고 약속하십니다. 이것이 바로 하나님께 온전히 소망을 두고 흔들림 없이 신뢰해야 하는 이유입니다.

주님, 왜 신경 쓰지 않으십니까?

"아버지가 자식을 불쌍히 여기시듯이 여호와께서 자기를 두려워하는 자를
불쌍히 여기시니."
_시편 103편 13절

하나님은 우리를 돌보시고 사랑하시며 자비로우신 아버지이십니다. 그분은 우리가 이해할 수 있는 것보다 더 깊이 우리를 사랑하십니다. 하나님은 사랑 그 자체이시며, 우리를 사랑하기 위해 우리를 창조하셨습니다. 그분은 우리 삶의 모든 순간에서 우리를 사랑하시며, 그분의 가장 뛰어난 특성 중 하나는 바로 동정심입니다.

시편 103편 13절을 이렇게 말씀합니다. "아버지가 자식을 불쌍히 여기시듯이 여호와께서 자기를 두려워하는 자를 불쌍히 여기시니." 주님은 우리 삶의 가장 작은 부분까지도 깊은 사랑과 긍휼로 돌보고 계십니다.

예수님의 제자들 대부분은 전문 어부였습니다. 어느 날 제자들과 함께 바다에 나갔던 예수님은 피곤해 배 안에서 잠이 드셨습니다. 폭풍우가 몰아쳐도 제자들은 크게 신경 쓰지 않았어야 했습니다. 어부로서 그들은 폭풍우에 익숙했기 때문입니다. 하지만 제자들이 두려워했다는 것은 그 폭풍이 정말 심각했다는 뜻입니다. 배가 흔들리고 구르면서 물이 배 안으로 들어왔습니다. 제자들은 겁에 질려 예수님을 깨우며 인생에서 가장 중요한 질문 중 하나를 던졌습니다.

"주님, 왜 신경 쓰지 않으십니까?"

우리도 삶 속에서 수없이 많은 방식으로 하나님께 같은 질문을 던집니다:

"하나님, 제 의사 소견서 보셨나요? 신경 쓰지 않으세요?"

"결혼 생활이 얼마나 엉망인지 보셨나요? 신경 안 쓰이세요?"

"제 아이들이 학교에서 얼마나 힘들어하는지 보셨나요? 신경 안 쓰세요?"

"두려움이 제 마음을 어떻게 사로잡는지 아시잖아요. 신경 쓰지 않으세요?"

이 모든 질문에 대한 대답은 단 하나입니다.

네, 그렇습니다. 하나님의 돌보심은 우리의 가장 깊은 상상을 뛰어넘는 완전한 사랑입니다. 그분은 우리가 아는 것보다 더 깊이 걱정하십니다. 그분은 우리가 도움을 바라는 것보다 더 많이 돕기를 원하십니다. 우리는 종종 우리에게 무엇이 최선인지 안다고 생각합니다. 하지만 하나님의 지혜는 우리의 이해를 훨씬 뛰어넘습니다. 그분은 우리의 현재뿐만 아니라 미래까지 내다보시며, 우리의 진정한 필요를 정확히 알고 계십니다. 그분은 우리의 모든 상황을 알고 계시

고, 깊이 돌보고 계십니다.

성경은 "여러분의 염려를 다 하나님께 맡기십시오. 하나님이 여러분을 보살피고 계십니다"(벧전 5:7)라고 말씀합니다. 하늘에 계신 아버지께서 얼마나 끊임없이 자비로운 관심을 가지고 우리를 바라보고 계신지 진정으로 알고 느낀다면, 우리는 그분을 사랑하지 않을 수 없습니다.

오늘, 여러분의 내면에 평화를 향한 첫걸음을 내디뎌보십시오. 자비로우신 하늘 아버지께 "모든 염려를 던져" 보세요. 그분은 여러분의 모든 걱정을 기꺼이 받아들이시고, 그 대신 그분의 평안을 주실 것입니다.

주님은 이미 알고 계십니다

"예수께서 눈을 들어 자신을 따르는 많은 사람들을 보시고, 빌립에게 물으셨다.
'우리가 어디에 가야, 이 사람들을 모두 먹일 만한 음식을 살 수 있겠느냐?'
이것은 다만 빌립을 떠보시려고 하신 질문이었다. 사실, 예수께서는 어떻게 해야 할지를
이미 잘 알고 계셨다."

_요한복음 6장 5-6절, 쉬운말

예수님께서 빵 다섯 개와 물고기 두 마리로 오천 명을 먹이신 이야기를 기억
하시나요? 그 많은 사람들 중에서 단 한 사람만이 도시락을 가져왔다는 사실이 놀랍지 않습니
까? 아마도 많은 이들이 나누기를 꺼려 음식을 숨겼을지도 모릅니다.

그때 한 어린 소년이 자신의 소박한 점심 도시락을 주저 없이 예수님께 드렸습니다. 그는
가진 것이 거의 없었지만, 그것을 예수님께 드렸고, 하나님은 그 작은 것을 사용하여 놀라운 일
을 행하셨습니다. 수천 명을 먹이셨을 뿐만 아니라, 하나님의 깊은 관심과 놀라운 능력을 보여
주셨습니다.

하나님은 언제나 우리가 가진 것에서 시작하십니다. 여러분은 시간이 부족할 수도 있고, 재
정이 넉넉하지 않을 수도 있으며, 재능이 부족하다고 느낄 수도 있습니다.

우리가 가진 것이 많든 적든, 우리의 모든 것을 하나님께 온전히 드릴 수 있습니다. 여러분
의 가장 깊은 꿈과 뜨거운 열정을 그분의 손에 온전히 맡겨드리세요. 세상에서의 평판이나 성
공에 대한 걱정도 하나님께 맡기세요. 후회로 가득한 과거, 불안한 현재, 그리고 불확실한 미래
까지 모두 하나님의 손에 올려드리세요. 비록 작은 것일지라도, 우리의 빵 다섯 개와 물고기 두
마리를 드릴 수 있습니다.

요한복음 6장 5-6절을 보면, 예수님은 "이 사람들을 모두 먹일 만한 음식을 살 수 있겠느
냐"라고 물으셨습니다. 예수님은 이미 하실 일을 알고 계셨지만, 제자들의 마음을 시험하기 위
해 이렇게 물으셨습니다.

예수님은 오천 명을 먹일 방법을 걱정하지 않으셨습니다. 그분은 이미 무엇을 하실지 알고
계셨습니다. 제자들이 문제를 인식하기도 전에, 예수님은 이미 그 필요를 보셨고 해결책을 준
비하고 계셨던 것입니다.

여러분, 오늘 이 진리를 깊이 새기시기 바랍니다. 하나님은 우리가 문제를 인식하기도 전에
항상 해답을 가지고 계십니다. 하나님은 우리가 해결할 수 없는 문제에 대해 전혀 걱정하지 않
으십니다. 예수님께는 늦은 때가 없습니다. 그분은 우리보다 훨씬 전에 우리의 문제를 보셨고,
그 문제가 올 것을 아셨으며, 이미 해결책을 준비해두셨습니다.

그렇다면 왜 걱정하고 계신가요? 우리 힘으로는 해결할 수 없는 문제가 있음을 인정하고,
모든 것을 하나님께 맡겨드리세요. 그리고 지켜보십시오. 하나님께서 여러분의 작은 빵과 물고
기를 가지고 놀라운 잔치를 베푸시는 것을 직접 경험하게 될 것입니다.

겸손은 여기서 시작됩니다

"성경에 이렇게 기록되어 있습니다. '하나님께서는 교만한 자를 물리치시고,
겸손한 자에게 은혜를 주신다.' 그러므로 여러분 자신을 하나님께 드리십시오.
마귀를 대적하십시오. 그러면 마귀는 도망칠 것입니다."
_야고보서 4장 6-7절, 쉬운

겸손하게 살아가려면 생각보다 큰 용기가 필요합니다. 왜 그럴까요? 우리 인간은 본래 겸손한 성품으로 태어나지 않았기 때문입니다. 우리는 매 순간 겸손을 선택해야 합니다.

진정한 겸손을 삶으로 보여주는 가장 중요한 방법은 우리의 모든 계획을 하나님의 손에 맡기는 것입니다. 하지만 우리는 대개 이렇게 하지 않습니다. 우리는 하나님의 뜻을 구하지도 않은 채 스스로의 계획을 세워갑니다. 그러고서 하나님께 기도하며 우리가 세운 계획을 축복해 달라고 간구합니다. 그러다 계획이 틀어지면 하나님께 화를 냅니다.

이런 모습은 우리의 교만을 여실히 보여주는 것이며, 하나님은 이러한 교만을 매우 싫어하십니다. 야고보서 4장 6-7절은 이렇게 말씀합니다. "성경에 이렇게 기록되어 있습니다. '하나님께서는 교만한 자를 물리치시고, 겸손한 자에게 은혜를 주신다.' 그러므로 여러분 자신을 하나님께 드리십시오. 마귀를 대적하십시오. 그러면 마귀는 도망칠 것입니다"(쉬운).

저는 상대하고 싶지 않은 사람들이 많이 있습니다. 예를 들어, 마이클 펠프스와 수영장에서 경쟁하거나 르브론 제임스와 농구 코트에서 맞붙고 싶지 않습니다.

하지만 그 무엇보다도 하나님과 싸우고 싶지 않습니다. 하나님과의 싸움에서 이길 수 있는 방법은 없기 때문입니다. 성경은 우리의 교만함에 대한 하나님의 반응을 단순한 불쾌감 이상으로 설명합니다. 우리가 교만할 때, 하나님은 교만한 자들을 대적하십니다. 우리가 교만으로 가득 차 있을 때마다 우리는 하나님의 적이 되는 것입니다. 그만큼 심각한 문제입니다.

그렇다면 우리 자신과 우리의 계획을 하나님께 내어드린다는 것은 무엇을 의미할까요?

로마서 6장 13절은 이렇게 말씀합니다. "오히려 죽은 사람 가운데서 다시 살아난 사람처럼 여러분 자신을 하나님께 바치고 여러분의 몸을 정의의 도구로 하나님께 드리십시오."

하나님께 항복한다는 것은 이렇게 기도하는 것을 의미합니다. "하나님, 더 이상 제 뜻대로가 아닌, 오직 주님의 인도하심을 따라 살아가겠습니다. 하나님께서 우리 인생의 모든 계획을 한 번에 보여주지 않으신다는 것을 압니다. 그래서 매 순간 주님의 인도하심을 구하며, 한 걸음 한 걸음 신중히 나아가겠습니다. 그리고 그 모든 과정에서 저를 지키실 것을 믿습니다."

오늘부터 매일매일 이 겸손한 마음의 기도를 주님께 용기 있게 올려드리세요. 그렇게 할 때, 여러분은 하나님의 계획을 따라 살아가면서 그분이 얼마나 풍성한 은혜로 여러분을 축복하시는지 직접 체험하게 될 것입니다.

응답되지 않은 기도의 의미

"나는 이것을 제거해달라고 주님께 세 번이나 간청하였습니다. 그러나 주님은 나에게 '내 은혜가 네게 족하다. 내 능력이 약한 데서 온전해진다'고 말씀하셨습니다. 나는 그리스도의 능력이 내 위에 머물러 있도록 하기 위해서 나의 약한 것들을 더욱 기쁘게 자랑합니다. … 왜냐하면 나는 약할 그때에 강하기 때문입니다."

_고린도후서 12장 8-10절, 쉬운

하나님은 제 인생에서 가장 극심한 육체적 고통을 통해 저를 빚으시고, 그분께 더욱 의지하도록 이끄셨습니다.

저는 선천적으로 뇌 질환을 안고 태어났습니다. 이 질환은 특히 대중 앞에서 말할 때 극심한 고통을 줍니다. 제 뇌는 비정상적으로 뜨겁고 빠르게 작동하여 온몸에 여러 가지 문제를 일으킵니다. 50년이 넘는 세월 동안 저는 매일 하나님께 이 병을 고쳐달라고 간절히 기도했습니다. 그러나 하나님의 응답은 언제나 같았습니다. "내 은혜가 네게 족하다."

비록 하나님께서 제가 가장 간절히 구했던 바를 들어주지 않으셨지만, 저는 욥의 심정으로 이렇게 고백합니다. "비록 하나님이 나를 죽이실지라도 나는 그를 신뢰할 것이다"(욥 13:15).

사도 바울도 모든 기도에 응답받지는 못했습니다. 그에게는 '육체의 가시'라 불리는 평생의 고통이 있었습니다. 고린도후서 12장 8-10절에서 바울은 이렇게 말합니다. "나는 이것을 제거해달라고 주님께 세 번이나 간청하였습니다. 그러나 주님은 나에게 '내 은혜가 네게 족하다. 내 능력이 약한 데서 온전해진다'고 말씀하셨습니다. 나는 그리스도의 능력이 내 위에 머물러 있도록 하기 위해서 나의 약한 것들을 더욱 기쁘게 자랑합니다. … 왜냐하면 나는 약할 그때에 강하기 때문입니다"(쉬운).

하나님께서 제 기도를 들어주시지 않으셨다 해도, 저는 남은 인생 동안 하나님께 감사의 빚을 지고 살아갈 것입니다. 여러분도 마찬가지입니다. 그분은 우리가 상상할 수 있는 것보다 더 나은 계획, 더 큰 관점, 더 위대한 목적을 가지고 계십니다.

여러분은 어떤 기도를 드리고 있지만 아직 응답받지 못한 상황인가요? 결혼을 원하거나, 새로운 곳으로의 이주를 꿈꾸거나, 직장에서의 승진을 바라고 계신가요? 혹은 오랜 질병의 치유나 어떤 상황의 변화를 간절히 구하고 있는지요? 어쩌면 지금 인생의 끝처럼 느껴지는 고난 가운데 계실 수도 있습니다.

하지만 기억하세요. 이 고난의 시기는 지나갈 것입니다. 여러분의 이야기는 아직 끝나지 않았습니다. 여러분이 어떤 상황 속에서 기다리고 있든, 하나님께서는 반드시 여러분의 궁극적인 유익을 위해 일하고 계심을 굳게 믿을 수 있습니다. 비록 하나님께서 여러분의 고통을 완전히 제거해주지 않더라도, 그 고통을 견딜 수 있는 은혜와 능력을 반드시 주실 것입니다.

고통 속에서 기도해야 할 3가지

"아버지, 아버지께서는 무슨 일이나 다 하실 수 있지 않습니까? 이 고난의 잔을
내게서 거두어주십시오. 그러나 제 뜻대로 마시고 아버지의 뜻대로 하십시오."
_마가복음 14장 36절

예수님은 십자가에 달리시기 전날 밤, 겟세마네 동산에서 간절히 기도하셨
습니다. 그분은 임박한 고문과 죽음을 예견하셨습니다. 우리와 마찬가지로, 예수님도 그 고통
을 피하고 싶으셨을 것입니다.

"그리고서 예수님은 조금 더 나아가 땅에 엎드려서 할 수만 있으면 그 고난의 때가 자기에
게서 지나가기를 빌며 이렇게 기도하셨다"(막 14:35).

예수님은 세상 구원을 위한 하나님의 뜻을 이룰 다른 방법이 없는지 알고 싶어 하셨습니
다. 그래서 아버지께 새로운 길을 열어 주시기를 간곡히 요청하셨습니다. 이로써 예수님은 우
리에게 중요한 교훈을 주셨습니다. 우리도 고난 앞에서 느끼는 두려움과 회피하고 싶은 마음을
있는 그대로 하나님께 내어놓아도 된다는 것입니다.

마가복음 14장 36절은 이렇게 기록합니다. "아버지, 아버지께서는 무슨 일이나 다 하실 수
있지 않습니까? 이 고난의 잔을 내게서 거두어주십시오. 그러나 제 뜻대로 마시고 아버지의 뜻
대로 하십시오."

이 기도에서 예수님은 고통 중에 있을 때 우리가 따라야 할 세 가지 기도의 모범을 보여주
셨습니다.

1. 하나님의 능력을 인정합니다. "아버지, 당신은 모든 것을 다스리는 능력이 있습니다! 이
상황을 처리해주실 것을 믿습니다. 저를 이 고통에서 벗어나게 해주실 수 있다는 것을 압니다.
고통을 즉시 없애주실 수 있다는 것도 압니다"라고 기도하세요.

2. 간절한 마음으로 간구합니다. "주님, 제가 구하는 것을 들어주소서. 이 고통과 아픔을
없애주세요. 주님, 제 마음의 상처와 아픔을 아시지요. 주님께서 저를 돌보시고 함께하신다는
것을 압니다. 그리고 제 기도에 응답해주실 것을 압니다. 더 이상 이 고통이 더 이상 제게 무거
운 짐이 되지 않게 해주소서."

3. 하나님의 계획을 받아들입니다. "하나님, 저는 이 고통을 겪고 싶지 않습니다. 하지만
제가 가장 원하는 것은 당신의 계획, 당신의 목적, 당신의 관점입니다. **하나님, 이 고난의 의미
를 제가 다 이해하지 못하더라도, 당신의 뜻이 제 삶에서 이루어지기를 원합니다.** 주님께서 저
와 함께 계시며, 저를 인도하시고, 이 과정을 통해 저를 더욱 주님의 형상으로 빚어가실 것을
믿습니다. 이 여정에서 주님을 더 깊이 알아가게 해주소서."

이러한 기도는, 특히 고통 중에 있을 때 결코 쉽지 않습니다. 하지만 이는 언제나 하나님께
서 귀하게 여기시고 반드시 응답하시는 기도입니다.

고난의 반대편에서 만나는 하나님

"지금 우리가 겪는 일시적인 가벼운 고난은, 비교할 수 없을 정도로 영원하고 크나큰 영광
을 우리에게 이루어 줍니다. 우리는 보이는 것을 바라보는 것이 아니라, 보이지 않는 것을
바라봅니다. 보이는 것은 잠깐이지만, 보이지 않는 것은 영원하기 때문입니다."

_고린도후서 4장 17-18절, 새번역

시련의 순간이 찾아올 때 우리는 그것을 지혜롭게 헤쳐나가기 위해 분별력
있는 선택을 해야 합니다. 하나님의 말씀과 경건한 조언에 귀 기울이고, 올바른 선택을 하며,
이 고난의 시기가 반드시 지나갈 것임을 기억하며 앞으로 나아가야 합니다. 어떤 고난도 영원
히 지속되지 않습니다!

성경은 베드로전서 4장 12절에서 이렇게 말씀합니다. "사랑하는 여러분, 여러분을 시험하
려고 오는 불 같은 시련을 당할 때 마치 이상한 일이나 일어난 것처럼 놀라지 마십시오."

이 세상에는 필연적으로 시련과 시험이 있습니다. 죄가 세상에 만연한 이래로, 모든 것이 불
완전하게 되었습니다. 날씨, 경제, 우리의 몸, 심지어 최고의 계획까지 이 지구상의 모든 것이 점
차 무너져가고 있습니다. 이사야 24장은 이렇게 말씀합니다. "땅이 마르고 시들어 가며 온 세계가
쇠잔하고 세상의 높은 자들도 쇠약해가고 있다. 땅이 죄로 더럽혀졌으니 이것은 사람들이 하나님
의 법에 불순종하고 그와 맺은 영원한 계약을 어겼기 때문이다. … 땅이 깨어지고 갈라져 진동하
며"(4-5, 19절). 지구는 모든 것을 잃고, 버려지고, 혼란에 빠졌습니다. 자연조차 신음하고 있습니다.

하나님께서 죄와 악의 존재를 허용하신 이유에 대해 의문을 품는 것은 당연합니다. 그분은
우리가 자유의지를 가진 존재로서 그분을 자발적으로 사랑하고 따르기를 원하셨습니다. 그래
서 하나님은 우리에게 선택할 수 있는 능력을 주셨습니다. 그러나 우리는 빈번히 이기심과 자
기중심적인 악행을 선택하고, 이는 사회와 환경에 악영향을 끼칩니다.

이 땅은 천국이 아닙니다. 그렇기 때문에 예수님은 "아버지의 뜻이 하늘에서 이루어진 것
같이 땅에서도 이루어지게 하소서"(마 6:10)라고 기도하라고 가르치셨습니다. 천국은 슬픔, 질
병, 고통, 스트레스가 없는 완벽한 곳이지만, 이 땅에서 그런 천국을 기대해서는 안 됩니다. 언
젠가는 그곳에 도착하겠지만, 지금 우리는 아직 그곳에 있지 않습니다.

여러분이 지금 겪고 있는 이 시련은 반드시 지나가고 앞에는 새로운 은혜의 문이 열릴 것
입니다. 그리고 고난의 반대편에 서서 뒤돌아볼 때, 하나님께서 그 고난을 통해 이루신 모든 일
에 감탄하게 될 것입니다.

앞으로도 여러분은 더 많은 도전에 직면하고 더 많은 역경을 통과할 것입니다. 그러나 여
러분은 언제나 이 진리 안에서 희망을 품을 수 있습니다. "지금 우리가 겪는 일시적인 가벼운
고난은, 비교할 수 없을 정도로 영원하고 크나큰 영광을 우리에게 이루어 줍니다. 우리는 보이
는 것을 바라보는 것이 아니라, 보이지 않는 것을 바라봅니다. 보이는 것은 잠깐이지만, 보이지
않는 것은 영원하기 때문입니다"(고후 4:17-18, 새번역).

원수 앞에 베풀어지는 잔치: 하나님의 보호하심

"주께서 내 원수들이 보는 가운데 나를 위해 잔치를 베푸시고
나를 귀한 손님으로 맞아 주셨으니 내 잔이 넘치는구나."
_시편 23편 5절

다윗왕은 마음을 무너뜨리는 배신과 악의적인 비방 그리고 생명을 노리는 추격을 견디며 인간이 겪을 수 있는 모든 종류의 고통을 깊이 알게 되었습니다. 젊은 시절 사무엘 선지자로부터 이스라엘의 차기 왕으로 기름 부음을 받았지만, 사울은 여전히 왕좌에 있었습니다.

다윗은 충성스럽게 사울을 섬겼지만, 사울은 미래의 왕을 질투하여 그를 죽이기로 마음먹었습니다. 다윗은 자신에 대한 거짓 소문이 왕국 전역에 퍼지는 동안 동굴에 숨어 지내야 했습니다.

그러나 다윗은 자신을 죽이려 했던 사울왕에 대해서조차 악한 말을 입에 담지 않았습니다. 하나님께서 다윗을 "하나님의 마음에 합한 사람"으로 준비시키고 계셨기 때문입니다.

다윗은 하나님에 대해 이렇게 고백했습니다. "내 원수들이 보는 가운데 나를 위해 잔치를 베푸시고"(시 23:5). 다윗은 하나님이 자신을 지켜주실 것을 믿었기에, 자기방어에 모든 에너지를 소진할 필요가 없었습니다.

우리가 공격받고 오해를 당하거나 악의적인 소문의 대상이 될 때, 하나님을 전적으로 의지하며 그분 안에서 평안을 얻기란 쉬운 일이 아닙니다. 하나님을 향한 온전한 신뢰와 자기를 낮추는 겸손이 필요하기 때문입니다. 그런 상황에서 우리의 본능은 즉각 반응하고 스스로를 방어하려 합니다.

하나님은 역경 속에서도 여러분을 보호하시며, 동시에 교제하길 원하십니다. "그러나 주께 피해 달아나는 우리는 주께서 두 팔 벌려 맞아 주소서. 밤샘 잔치가 벌어지게 하소서! 우리 잔치를 호위해주소서"(시 5:11, 메시지).

흥미롭게도, 시편 23편과 5편은 평화로운 시기뿐 아니라 적대적인 상황 속에서도 하나님이 우리를 위해 잔치를 베푸신다고 말씀합니다. 이는 어떤 상황 속에서도 하나님과의 친밀한 교제가 가능함을 보여줍니다.

현재 고난의 한가운데 계신가요? 하나님만이 그 상황을 아실 것입니다. 여러분은 직업, 건강, 정신 또는 존엄성을 위해 싸우고 계실 수도 있습니다. 하나님은 그 치열한 전투의 한가운데서 여러분을 격려하기 위해 잔치를 베푸시길 원하십니다. 오늘 여러분의 걱정, 고통, 통제권을 예수님께 맡기고 그분의 약속 안에서 안식할 때, 여러분은 그 격려를 경험하게 될 것입니다.

여러분이 하나님의 자녀라면, 하늘에 계신 아버지는 여러분을 자랑스러워하십니다. 비평가들이 여러분을 비방하고, 무시하고, 조롱하고, 괴롭힐 수는 있지만, 여러분의 삶에 대한 하나님의 축복을 막을 수는 없습니다. 성경은 이렇게 말씀합니다. "그가 나를 데리고 연회장으로 들어가서 나에게 사랑의 기를 치켜 올렸네"(아 2:4).

영적 방황에서 하나님의 품으로: 회복의 여정

"우리는 다 길 잃은 양처럼 제각기 잘못된 길로 갔으나
여호와께서는 우리 모든 사람의 죄를 그에게 담당시키셨다."
_이사야 53장 6절

하나님은 모든 사람을 귀중하게 여기시며, 각 개인을 찾아 구원하실 만큼 가치 있게 보십니다. 성경은 이렇게 말씀합니다. "하나님께서는 모든 사람이 다 구원받고 진리를 알게 되기를 원하십니다"(딤전 2:4).

그러나 많은 이들이 영적으로 길을 잃고 있습니다. 이는 그들이 하나님의 계획이 아닌 자신의 인생 계획을 따르고 있음을 의미합니다. 영적으로 방황하는 이들은 삶의 목적과 하나님의 보호라는 두 가지 핵심적인 축복을 놓치게 됩니다.

누가복음 15장 3-6절에 나오는 길 잃은 양의 비유는 이를 잘 보여줍니다. 이 이야기에서 목자는 아흔아홉 마리의 안전한 양을 두고 한 마리의 잃어버린 양을 찾아 나섭니다. 목자는 "아흔아홉 마리나 구했으니 한 마리쯤이야!"라고 말하지 않습니다. 그에게는 모든 양이 소중합니다. 잃어버린 양을 찾으면 "기뻐서 양을 어깨에 메고"(눅 15:5) 집으로 돌아와 축하합니다.

길 잃은 양이 목자를 떠나 방향을 잃듯이, 하나님을 떠난 영혼은 삶의 참된 의미와 목적을 상실한 채 방황합니다. 사실 이는 모든 인간의 공통된 모습입니다. 우리는 처음부터 의도적으로 잘못된 길을 선택하지 않습니다. 다만 "남의 떡이 커 보인다"라는 생각에 한 걸음, 한 걸음 옮기다 보니 어느새 하나님에게서 멀어지게 되는 것입니다. 그리고 곧 자신의 길을 따라가다 방향을 잃게 됩니다. 성경은 이렇게 말씀합니다. "우리는 다 길 잃은 양처럼 제각기 잘못된 길로 갔으나 여호와께서는 우리 모든 사람의 죄를 그에게 담당시키셨다"(사 53:6).

영적으로 방황하는 이들이 놓치게 되는 또 하나의 중요한 것은 바로 하나님의 보호하심입니다. 목자를 떠나 방황하는 양처럼, 우리도 인생의 '늑대들'로부터 보호해줄 목자 없이는 취약해집니다. 오직 선한 목자이신 예수님을 따를 때에만 우리는 진정한 보호와 평안을 누릴 수 있습니다.

성경은 이렇게 경고합니다. "백성들이 양처럼 방황하며 목자가 없으므로 어려움을 당하고 있다"(슥 10:2).

하지만 우리가 선한 목자이신 예수님의 인도하심을 따를 때, 우리는 올바른 삶의 방향과 안전한 보호를 모두 누리게 됩니다. 이는 모든 어려움이 순식간에 해결된다는 의미가 아닙니다. 오히려 "하나님을 사랑하는 사람들, 곧 하나님의 뜻대로 부르심을 받은 사람들에게는, 모든 일이 서로 협력해서 선을 이룬다는 것을 우리는 압니다"(롬 8:28, 새번역)라는 약속이 실현됨을 경험한다는 의미입니다.

여러분 자신이나 주변의 누군가가 현재 하나님의 인도하심과 보호로부터 멀어져 있을 수 있습니다. 그러나 기억하세요. 예수님은 모든 사람을 매우 귀하게 여기시는 선한 목자이십니다. 그분은 "모든 사람이 구원받기를" 간절히 원하십니다.

재충전이 필요한 영혼을 위한 하나님의 초대

"내가 잠시 너를 버렸으나, 큰 긍휼로 너를 다시 불러들이겠다."
_이사야 54장 7절, 새번역

이번 크리스마스 시즌을 맞아, 여러분의 영혼에 새로운 활력이 필요하신가요? 영적으로 메마른 느낌이 드시나요? 부흥이 간절히 필요하신가요? 그렇다면 주저하지 마시고 하나님께로 돌아오세요.

"하지만 목사님, 제가 무슨 일을 저질렀는지 아신다면…" 이렇게 말씀하실 수 있습니다. 여러분의 과거나 현재의 모습과 관계없이, 하나님의 사랑은 변함없습니다. 하나님은 여전히 여러분이 그분께 돌아오기를 간절히 원하고 계십니다.

"하나님이 저를 꾸짖지 않으실까요? 저는 몇 달, 몇 년, 심지어 몇십 년 동안 그분과 멀어져 있었어요." 이런 걱정을 하실 수도 있습니다. 하지만 여러분이 주님께 돌아오면 하나님은 이렇게 말씀하십니다. "큰 긍휼로 너를 다시 불러들이겠다"(사 54:7, 새번역).

꼭 기억하세요. 하나님은 여러분에게 화를 내지 않으십니다. 오히려 여러분을 향한 사랑으로 가득 차 계십니다! 아버지 하나님은 여러분을 창조하셨고, 아들 예수님은 여러분을 위해 목숨을 바치셨으며, 성령님은 여러분 안에 거하기를 원하십니다. 크리스마스는 바로 이 놀라운 하나님의 사랑을 보여주는 증거입니다.

많은 이들이 하나님의 사랑을 느끼지 못하는 이유는 잘못된 목소리에 귀 기울이고 있기 때문입니다. 우리 주변의 비판적인 목소리나 자신을 향한 부정적인 생각들에 귀 기울이다 보면, 우리의 마음은 쉽게 낙담하고 힘을 잃게 됩니다. 이런 소리들은 우리를 하나님으로부터 멀어지게 하고, 그분의 무조건적인 사랑을 경험하지 못하게 합니다. 자기 자신에 대해 하는 모든 말을 그대로 믿지 마세요. 그것이 항상 사실은 아닙니다! 사실 우리는 다른 사람에게 거짓말을 하는 것보다 자신에게 더 많은 거짓말을 합니다. 우리의 감정은 종종 우리를 속이기 때문에, 스스로 객관적으로 판단하기란 매우 어렵습니다.

이제 우리는 누구의 말을 믿을지 결정해야 합니다. 다른 사람들의 평가에 따라 인생을 설계하시겠습니까? 소셜 미디어 비평가들이 여러분에 대해 하는 말에 귀 기울이시겠습니까? 아니면 변화무쌍한 자신의 감정에 의존하겠습니까?

이 모든 것보다 중요한 것은 진리이신 하나님의 말씀에 귀 기울이는 것입니다.

사도행전 3장 19절은 우리에게 이렇게 권면합니다. "그러므로 여러분은 회개하고 하나님께 돌아오십시오. 그러면 여러분의 죄가 씻음을 받고 주님 앞에서 새로워지는 때가 올 것입니다."

우리 모두에게는 깊은 결점이 있지만, 동시에 우리는 하나님의 무한한 사랑을 받는 귀중한 존재임을 기억하세요. 인생의 벽에 부딪혀 더 이상 나아갈 길이 보이지 않는 순간이 찾아올 수 있습니다. 그러나 기억하세요. 언제나 여러분을 받아주시는 하나님이 계십니다.

파괴적인 생각과 싸우는 방법

"육신을 따라 사는 사람은 육신의 일을 생각하지만
성령님을 따라 사는 사람은 성령님의 일을 생각합니다."
_로마서 8장 5절

우리의 마음을 좀먹는 파괴적인 생각들로부터 자유로워지는 것은 결코 간단한 과정이 아닙니다. 우리의 내면에는 선한 의지에 도전하는 세 가지 강력한 세력이 존재하며, 이들은 쉽사리 물러서지 않습니다. 하지만 마음의 자유를 얻기 위해서는 반드시 싸워야 합니다!

그렇다면 우리의 마음속에서 싸우는 이 적들은 무엇일까요?

첫 번째는 우리의 옛 본성입니다. 로마서 8장 5절은 이렇게 말씀합니다. "육신을 따라 사는 사람은 육신의 일을 생각하지만 성령님을 따라 사는 사람은 성령님의 일을 생각합니다." 우리는 새로운 본성을 부여받았지만, 그리스도를 영접하기 이전의 옛 본성이 아직도 우리 내면에 잔존하며 영향력을 행사하고 있습니다.

두 번째로 우리를 대적하는 것은 사탄입니다. 사탄은 우리에게 어떤 일을 강제로 하게 할 수는 없지만, 우리의 마음에 지속적으로 부정적인 생각의 씨앗을 뿌립니다. 그러나 우리는 마귀를 대적함으로써 이러한 생각과 맞서 싸울 수 있습니다. 성경은 이렇게 말씀합니다. "그러므로 여러분은 하나님께 복종하고 마귀를 대항하십시오. 그러면 마귀가 도망칠 것입니다"(약 4:7).

세 번째 마음의 적은 세상의 가치 체계입니다. 성경은 이에 대해 이렇게 경고합니다. "세상에 있는 모든 것, 곧 육신의 정욕과 눈의 욕심과 삶에 대한 자랑은 모두 아버지에게서 나온 것이 아니라 세상에서 나온 것입니다"(요일 2:16).

다행히도 성경은 이 정신적 전투에서 어떻게 싸워야 하는지 명확한 지침을 제시합니다. "싸움에 쓰는 우리의 무기는, 육체의 무기가 아니라, 하나님 앞에서 견고한 요새라도 무너뜨리는 강력한 무기입니다. 우리는 궤변을 무찌르고, 하나님을 아는 지식을 가로막는 모든 교만을 처부수고, 모든 생각을 사로잡아서, 그리스도께 복종시킵니다"(고후 10:4-5, 새번역).

여기서 "사로잡는다"는 표현은 우리의 생각을 통제한다는 의미입니다. 여러분의 생각을 아무렇게나 내버려두지 마세요. 대신 하나님 말씀의 진리에 복종하게 하세요.

하나님은 우리의 연약함을 아시고, 파괴적인 생각과 싸울 수 있는 영적 무기를 제공해주십니다. 여러분의 생각이 잘못된 방향으로 흘러가기 시작하면, 즉시 그 방향을 바꾸세요!

이 싸움은 하룻밤 사이에 끝나지 않습니다. 그러나 꾸준히 노력하면, 여러분은 점차 생각의 지배권을 되찾고 하나님의 평안을 경험하게 될 것입니다.

약함도 좋은 것이 될 수 있습니다

"주께 힘을 얻고 그 마음에 시온의 대로가 있는 자는 복이 있나이다."
_시편 84편 5절, 개역개정

항상 피곤하십니까? 숨이 턱턱 막히는 것 같나요? 그 이유는 생각보다 단순합니다. 바로 여러분이 인간이기 때문입니다.

우리의 힘은 제한되어 있습니다. 하지만 하나님의 힘은 무한합니다. 우리의 힘은 유한하지만, 하나님의 힘은 무궁무진합니다. 우리의 힘은 소진될 수 있지만, 하나님은 결코 지치거나 에너지가 고갈되지 않으십니다.

시편 84편 5절은 이렇게 말씀합니다. "주께 힘을 얻고 그 마음에 시온의 대로가 있는 자는 복이 있나이다"(개역개정). 여러분의 삶에 하나님의 축복을 원하십니까? 그렇다면 여러분의 모든 노력과 희망을 하나님께 온전히 맡기고 그분의 능력에 의지하세요.

19세기의 가장 유명한 그리스도인 중 한 명인 허드슨 테일러는 중국 선교사였습니다. 그는 영적 거장이자 탁월한 인물이었지만, 노년기에 접어들며 건강이 악화되고 육체적으로 쇠약해졌습니다. 그는 친구에게 이런 편지를 보냈습니다. "나는 너무 약해서 글을 쓸 수도 없고, 성경도 읽을 수 없고, 기도도 할 수 없습니다. 저는 어린아이처럼 하나님의 품에 가만히 누워서 믿을 수밖에 없습니다."

여러분도 인생의 특정 시기에 너무나 약해져서 일상적인 활동은 물론 기도나 성경 읽기, 성경 공부 참여조차 힘들어질 때가 있을 것입니다. 그럴 때는 어떻게 해야 할까요? 우리의 힘이 다했을 때, 우리는 마치 어린아이가 부모의 품에 안기듯 주님께 온전히 의지할 수 있습니다.

우리의 연약함이 오히려 하나님께 더욱 의지하게 만드는 계기가 된다면, 그것은 축복의 기회입니다. 고린도후서 12장 8-10절에서 바울은 이렇게 고백했습니다. "나는 이 고통이 내게서 떠나게 해 달라고 세 번이나 주님께 기도하였습니다. 그러나 주님께서는 '내 은혜가 너에게 충분하다. 내 능력은 약한 데서 완전해진다'라고 말씀하셨습니다. 그러므로 나는 나의 약한 것을 더욱 기쁜 마음으로 자랑하여 그리스도의 능력이 나에게 머물러 있도록 하겠습니다. 그래서 나는 그리스도를 위해서 약해지고 모욕을 당하고 가난하며 핍박과 괴로움받는 것을 기뻐하고 있습니다. 이것은 내가 약할 그때에 강해지기 때문입니다."

이것이 바로 하나님을 의지하는 것의 역설입니다. 우리가 약해질수록 하나님을 더 의지하게 됩니다. 그리고 하나님을 더 많이 의지할수록 우리는 더 강해집니다.

두려움 대신 예배를 선택하기

"때로는 옳은 일을 함으로 고난을 받을 때도 있을 것입니다. 하지만 하나님께서는 그러한 순간에 여러분에게 복을 주실 것입니다. 사람들이 두려워하는 것을 두려워하지 말며, 겁내지 마십시오. 마음속에 그리스도만 거룩한 주님으로 모시십시오. 여러분이 가지고 있는 소망에 관해 묻는 사람들에게 대답할 말을 준비해두십시오."
_베드로전서 3장 14-15절, 쉬운

기독교 신앙은 단순히 연약한 자들을 위한 도피처가 아닌, 진정한 용기의 여정입니다. 오히려 예수님의 길을 걷는 것은 진정한 용기를 요구합니다. 그리스도를 따르는 여정에는 진정한 용기가 필요합니다.

여러분은 그리스도를 따르는 데 어떤 대가를 치르고 계신가요? 우리 중 많은 이들은 신앙으로 인한 직접적인 폭력이나 극심한 박해를 경험하지 않았을 수 있습니다. 하지만 이는 우리의 신앙이 도전받지 않는다는 뜻은 아닙니다. 그럼에도 대부분의 문화가 점점 더 세속화되고 반기독교적으로 변해가는 상황에서, 여러분은 매일 보이지 않는 영적 압박과 끊임없이 맞서고 있을지도 모릅니다.

신앙 때문에 반대에 부딪힐 때 두려움을 느끼는 것은 자연스러운 반응입니다. 그렇다면 이러한 반대와 거절에 대한 두려움을 어떻게 극복할 수 있을까요?

하나님의 무한한 사랑으로 우리의 영혼을 가득 채우는 것입니다. 성경은 이렇게 말씀합니다. "사랑에는 두려움이 없습니다. 완전한 사랑은 오히려 두려움을 내쫓습니다"(요일 4:18). 신앙으로 인한 반대에 직면할 때, 그 상황 자체보다는 여러분을 향한 하나님의 무한한 사랑에 집중해보세요. 이 사랑이 우리에게 힘과 용기를 줍니다. 하나님의 사랑에 대한 확신 속에 거하는 사람은 거절이나 비난을 두려워하지 않습니다.

베드로전서 3장 14-15절은 우리에게 이렇게 권면합니다. "때로는 옳은 일을 함으로 고난을 받을 때도 있을 것입니다. 하지만 하나님께서는 그러한 순간에 여러분에게 복을 주실 것입니다. 사람들이 두려워하는 것을 두려워하지 말며, 겁내지 마십시오. 마음속에 그리스도만 거룩한 주님으로 모시십시오. 여러분이 가지고 있는 소망에 관해 묻는 사람들에게 대답할 말을 준비해두십시오"(쉬운).

신앙을 숨겨야 한다는 압박을 느낄 때, 우리는 두 가지 길 중 하나를 선택해야 합니다. 걱정에 빠지거나, 하나님을 예배하는 것입니다. 우리는 현재의 어려움과 압박에 집중할 수도 있고, 또는 이 모든 것을 초월하시는 하나님께 우리의 시선을 고정할 수도 있습니다.

신앙 때문에 반대를 당하면 압박감을 느낄 것입니다. 하지만 그 압박감에서 벗어나 하나님께 집중하는 쪽을 선택하세요. 이것이 바로 예배의 본질입니다. 예배를 선택하는 것은 곧 하나님께 집중하는 것입니다. 앞으로 여러분의 신앙이 도전받을 때, 불안과 걱정에 빠지기보다는 하나님을 예배하며 그분께 집중하길 바랍니다.

열어보지 않은 선물

"하나님은 한 분이시요, 하나님과 사람 사이의 중보자도 한 분이시니,
곧 사람이신 그리스도 예수이십니다."
_디모데전서 2장 5절, 새번역

크리스마스는 절망에 빠진 인류에게 하늘의 소망을 전하는 축복의 날입니다. 크리스마스는 단순히 선물 교환, 풍성한 만찬, 가족 모임 이상의 의미를 지닙니다. 이 날의 핵심은 인류를 향한 하나님의 무한한 사랑을 전하는 기쁜 소식에 있습니다.

성경은 우리가 하나님과 단절되어 있다면 진정한 방향과 목적을 잃은 상태라고 말씀합니다. 하나님과의 관계 회복은 우리 삶에 영원한 가치와 깊은 의미를 불어넣어 줍니다. 진정한 기쁨도, 천국에서의 영원한 안식도 보장받지 못합니다.

크리스마스의 핵심 메시지는 하나님께서 방황하는 영혼들을 구원하시고자 예수님을 이 땅에 보내셨다는 것입니다. 성경은 이렇게 말씀합니다. "하나님은 한 분이시요, 하나님과 사람 사이의 중보자도 한 분이시니, 곧 사람이신 그리스도 예수이십니다"(딤전 2:5, 새번역).

여러분이 교회에서 시간을 보낸 적이 있다면, '구원'이라는 단어를 여러 번 들어보셨을 것입니다. 그러나 이 단어에 담긴 깊고 풍성한 의미를 온전히 이해하기란 쉽지 않습니다. 그것은 우리 삶의 모든 영역을 아우르는 광범위한 개념입니다. 구원은 빛나는 다이아몬드처럼 다면적이어서, 각 면마다 독특한 은혜의 빛을 발합니다. 다음은 그 몇 가지 측면입니다.

- 예수님은 우리를 구하러 오셨습니다. 우리는 스스로 모든 문제를 해결할 수 없습니다. 우리는 스스로 변화하려 끊임없이 노력하지만, 진정으로 자기 본질을 바꿀 힘은 우리 안에 없습니다. 예수님은 우리에게 그 힘을 주시기 위해 오셨습니다.
- 예수님은 우리를 회복시키러 오셨습니다. 우리는 잃어버린 힘, 자신감, 평판, 순수함, 하나님과의 관계 등을 되찾기를 갈망합니다. 오직 예수님만이 이 모든 것을 회복시키실 수 있습니다.
- 예수님은 우리를 하나님과 다시 연결하기 위해 오셨습니다. 많은 이들이 하나님께 돌아가면 꾸짖음을 받을 것이라 생각합니다. 그러나 하나님은 우리에게 화를 내지 않으십니다. 그분은 영원한 사랑으로 우리를 기다리고 계십니다. 예수님은 우리와 하나님 사이의 관계를 회복하기 위해 오셨습니다.

안타깝게도, 많은 이들이 크리스마스의 겉모습에만 집중한 나머지, 예수님을 통해 제공되는 가장 귀중한 선물인 구원의 의미를 놓치고 있습니다. 그 선물은 해마다 포장도 벗겨지지 않은 채 사라집니다. 여러분의 삶에서 이런 실수를 반복하지 마세요! 우리는 하나님에 의해, 하나님을 위해 만들어졌습니다. 이 진리를 깨닫기 전까지는 인생의 진정한 의미를 발견할 수 없습니다.

이번 크리스마스에는 여러분에게 주어진 가장 소중한 선물, 즉 예수님을 통한 하나님과의 새로운 관계를 경험해보기 바랍니다. 이것이야말로 크리스마스의 진정한 의미이며, 우리 모두에게 주어진 가장 큰 선물입니다.

단순히 희망한다고 천국에 가는 것은 아닙니다

"그 증거는 하나님이 우리에게 영원한 생명을 주신 것과 이 생명이 그분의 아들 안에 있는 이것입니다. 하나님의 아들을 모신 사람은 생명을 가졌으나 아들을 모시지 않은 사람은 생명이 없습니다."

_요한일서 5장 11-12절

만약 오늘 거리에서 사람들에게 천국과 지옥 중 어느 곳을 선택하겠냐고 묻는다면, 대다수는 주저 없이 "천국"이라고 답할 것입니다. 하지만 영원한 삶에 대해 단순히 희망을 품는 것만으로는 충분하지 않습니다. 여러분의 영원한 운명은 막연한 추측이나 희망사항으로만 맡겨둘 수 없는 중대한 사안입니다.

우리 모두는 언제 이 세상을 떠나게 될지 모릅니다. 인류 역사상 누구도 죽음을 피해갈 수 없었다는 것을 생각해보면, 우리의 영원한 운명에 대해 진지하게 고민해볼 필요가 있습니다. 죽음이라는 불가피한 현실을 직시할 때, 이에 대한 준비를 소홀히 하는 것은 크나큰 어리석음입니다. 인생에서 가장 중요한 이 선택을 미루지 마세요.

성경은 요한일서 5장 11-12절에서 이렇게 말씀합니다. "그 증거는 하나님이 우리에게 영원한 생명을 주신 것과 이 생명이 그분의 아들 안에 있는 이것입니다. 하나님의 아들을 모신 사람은 생명을 가졌으나 아들을 모시지 않은 사람은 생명이 없습니다."

이보다 더 명확할 수는 없습니다. 예수님이 계시면 생명이 있고, 예수님이 없으면 생명이 없습니다. 여러분에게는 선택권이 있습니다.

여러분의 영원한 운명은 타인의 신앙이나 결정에 의해 좌우되지 않습니다. 그것은 오직 여러분의 선택입니다! 영원을 어디서 보낼지는 여러분이 결정할 수 있습니다.

이것이 바로 우리가 크리스마스와 부활절을 기념하는 이유입니다. 만약 예수님이 크리스마스에 오시지 않았고, 부활절에 죽음을 이기고 부활하지 않으셨다면, 우리 상황은 절망적이었을 것입니다. 우리가 하는 모든 일이 무의미했을 것입니다. 선택의 여지가 없었을 테니까요.

성경은 골로새서 2장 13-14절에서 이렇게 말씀합니다. "여러분도 전에는 죄와 할례받지 못한 육적인 욕망 때문에 영적으로 죽어 있었으나 하나님이 그리스도와 함께 여러분을 살리셨습니다. 하나님은 우리의 모든 죄를 용서해주시고 우리에게 불리한 율법의 채무증서를 십자가에 못 박아 없애 버렸습니다."

십자가는 우리의 가장 깊은 문제, 즉 하나님과의 단절에 대한 해답입니다. 오늘, 예수님을 통해 하나님과 화해하고 천국에서의 영원한 삶을 확보하는 선택을 하시기 바랍니다.

여기, 빈방 있습니다

"보라, 내가 밖에 서서 문을 두드리고 있다. 누구든지 내 음성을 듣고 문을 열면
내가 그에게 들어가서 그와 함께 먹고 그는 나와 함께 먹을 것이다."
_요한계시록 3장 20절

최초의 성탄절 밤, 여관 주인이 온 인류의 구세주를 알아보지 못하고 문을 닫아버렸다는 사실을 깨달았을 때의 충격과 후회를 상상해보셨나요? 그의 후회 어린 고백은 아마 이렇게 시작되었을 것입니다.

"로마 황제가 명한 인구조사로 여관은 그 어느 때보다 붐볐습니다. 여관은 한 달 동안 예약이 꽉 찼고, 그 수입으로 평생을 살 수 있을 것 같았습니다.

그때 그 부부가 나타났습니다. 제가 그들이 누구인지 어떻게 알았겠습니까? 그들은 제가 이미 돌려보냈던 수많은 가족과 다를 바 없어 보였습니다. 그래서 저는 그저 '죄송합니다만, 빈방이 없습니다. 여러분을 위한 자리가 없습니다'라고 말했습니다.

겨우 짐승들이 머무는 마굿간 한 자리를 내어주는 것이 제가 보일 수 있는 최선의 친절이었습니다. 하지만 이제 저는 영원히 '죄송합니다, 방이 없습니다'라고 말한 사람으로 기억될 것입니다. 세상의 구세주를 동물들과 함께 내보낸 사람이 바로 저입니다. 이것이 제가 역사에 남긴 유산이 되고 말았습니다. 예수님을 위한 자리를 마련하지 못한 사람으로 기억될 것입니다.

눈앞의 이익에 눈이 멀어 하나님의 놀라운 계획을 알아채지 못했습니다. 불편하다는 이유로 그분을 변두리로 밀어냈지요. 하지만 지금 돌이켜보면, 우리는 언제나 예수님을 위한 공간을 마련하지 않을 핑계를 찾는 것 같습니다. 바쁨, 불편함, 일에 대한 집착 같은 것 말입니다.

다시 기회가 주어진다면 여관 전체를 그분께 바쳤을 것입니다. 제 문을 두드리는 노크 소리를 놓쳤습니다. 하지만 여러분에게는 아직 그분을 맞이할 시간이 있습니다. 여러분의 삶을 돌아보고, 가장 중요한 것들로 채워져 있는지, 아니면 그저 어수선하기만 한지 생각해볼 여유가 아직 남아 있습니다. 가장 소중한 손님을 위해 자리를 마련할 시간이 아직 있습니다."

예수님께서 문을 두드리실 때, 우리는 그분께 합당한 환대와 경의를 표할 수 있습니다. 사실, 그분은 지금도 우리의 마음 문을 두드리고 계십니다. "누구든지 내 음성을 듣고 문을 열면 내가 그에게 들어가서 그와 함께 먹고 그는 나와 함께 먹을 것이다"(계 3:20)라고 말씀하십니다.

여러분, 그분의 음성이 들리십니까? 귀 기울이고 계신가요? 문을 열어 드리시겠습니까?

하나님의 음성을 듣는 삶: 3가지 벽을 넘어서기

"그러므로 더러움과 넘치는 악을 모두 버리고, 온유한 마음으로 여러분 속에 심어주신 말씀을 받아들여야 합니다. 그 말씀에는 여러분의 영혼을 구원할 능력이 있습니다."
_야고보서 1장 21절, 새번역

하나님의 음성을 듣는 영적 교제는 마치 깨끗한 통화를 위해 최적의 수신 상태가 필요한 것과도 같습니다. 둘 다 명확하게 듣기 위해서는 '적절한 상태'에 있어야 한다는 것입니다.

거대하고 튼튼한 건물 안에서는 휴대폰 신호가 약해질 수 있고, 야생 지역에서는 아예 서비스가 되지 않을 수도 있습니다. 깨끗하고 끊김 없는 신호를 받기 위해서는 최적의 위치를 확보해야 합니다.

우리의 영적 삶도 이와 유사합니다. 하나님의 음성을 선명하고 지속적으로 듣기 위해서는, **우리의 마음이 적절한 상태를 유지해야 합니다.**

하나님의 음성을 듣기에 부적절한 상태에 있으면, 우리의 마음은 닫혀서 하나님의 뜻이 아닌 우리 자신의 욕구만을 따르려 합니다. 이런 상태에서는 마음이 굳어져 하나님의 말씀에 귀기울이려 하지 않게 됩니다.

하나님의 메시지를 듣지 못하게 하는 세 가지 주요 장벽이 있습니다.

1. 교만. 우리 삶에 하나님이 필요 없다고 여기고 모든 것을 스스로 해결하려 한다면, 그것은 이미 하나님의 말씀에 귀를 닫은 것입니다. 교만은 하나님의 음성이 우리 삶에 들어올 수 있는 모든 문을 닫아버립니다.

2. 두려움. 많은 이들이 하나님의 음성을 듣는 것을 두려워합니다. 어떤 이들은 하나님의 음성을 듣거나 그분의 인도를 느끼면 광신자가 될까 봐 걱정합니다. 또 어떤 이들은 하나님의 인도를 따르면 삶에 큰 변화가 일어날 것을 두려워합니다.

3. 괴로움. 상처, 원망, 원한을 마음에 품고 있으면 우리의 마음은 강퍅해져 하나님의 음성을 들을 수 없게 됩니다. 마음이 굳어지면 냉담해지고, 하나님의 사랑에 대해서도 방어적인 태도를 취하게 됩니다.

야고보서 1장 21절은 우리에게 이렇게 권면합니다. "더러움과 넘치는 악을 모두 버리고, 온유한 마음으로 여러분 속에 심어주신 말씀을 받아들여야 합니다"(새번역).

이제 우리 삶에서 하나님의 음성을 차단하고 그분의 뜻을 이루지 못하게 방해하는 교만, 두려움, 괴로움을 벗어던질 때입니다. 그렇게 할 때 우리는 열린 마음과 정신으로 하나님의 음성을 듣고, 겸손히 그분의 말씀을 받아들일 수 있습니다.

하나님의 음성을 갈망하는 삶

"그러나 여러분은 그곳에서 여러분의 하나님 여호와를 다시 찾게 될 것이며,
또 여러분이 온 마음과 정성으로 여호와를 찾으면 그분을 만날 것입니다."
_신명기 4장 29절

　하나님의 말씀을 듣기 위해서는 여러분의 진실되고 열렬한 갈망이 반드시 필요합니다.

　하나님은 우리 삶을 위한 그분의 계획을 단순한 제안 정도로 제시하지 않으십니다. 단지 고려 대상 정도로 말할 수 있는 선택지로 알려주신 것이 아닙니다. 그렇지 않습니다! 우리는 반드시 이렇게 고백해야 합니다. "제가 왜 여기 있는지 알려주십시오. 제 인생에서 무엇을 하길 원하시는지 알고 싶습니다. 당신의 음성을 들어야 합니다. 당신의 비전을 품어야 합니다."

　다윗왕은 시편에서 이렇게 고백했습니다. "나의 하나님, 내가 주님의 뜻 행하기를 즐거워합니다"(시 40:8, 새번역). 또한 시편 119편 20절에서는 "내가 항상 주의 법을 사모하다가 지칩니다"라고 말합니다.

　다윗은 하나님을 경외하는 것이 자기 삶의 중심이며 가장 강렬한 열망임을 열정적으로 표현했습니다. 그에게 순종과 하나님을 따르는 것은 선택사항이 아니었습니다. 다윗이 원했던 것은 오직 그것뿐이었습니다. 그는 "나는 그것을 갈망합니다", "나는 그것을 열망합니다", "나는 물을 찾는 사슴과 같이 하나님을 찾습니다"와 같은 표현을 사용했습니다.

　이처럼 간절할 때, 우리는 하나님의 음성을 들을 수 있게 됩니다.

　수많은 사람이 하나님께 간구는 하면서도, 정작 그분의 음성에는 귀를 막고 살아갑니다. 그들에게 기도는 독백에 불과합니다. 하지만 독백만으로는 진정한 관계를 맺을 수 없습니다. 만약 제가 아내와 결혼했는데 아내가 저와 대화를 나누지 않는다면 어떨까요? 그것은 관계라고 할 수 없습니다. 진정한 대화가 있어야 합니다.

　기도는 우리가 하나님께 말씀드리는 일방적인 행위로 그쳐서는 안 됩니다. **우리는 말씀드리는 것만큼 귀 기울여 듣는 자세가 필요합니다.** 그래야 하나님과의 진정한 대화가 이루어집니다. 어떻게 하면 그럴 수 있을까요? 먼저, 무엇보다도 우리가 그것을 간절히 원해야 합니다.

　신명기 4장 29절은 이렇게 말씀합니다. "여러분은 그곳에서 여러분의 하나님 여호와를 다시 찾게 될 것이며, 또 여러분이 온 마음과 정성으로 여호와를 찾으면 그분을 만날 것입니다." 이것은 확실한 약속입니다!

하나님의 타이밍을 신뢰하는 삶

"여호와여 그러하여도 나는 주께 의지하고 말하기를
주는 내 하나님이시라 하였나이다 나의 앞날이 주의 손에 있사오니
내 원수들과 나를 핍박하는 자들의 손에서 나를 건져주소서."
_시편 31편 14-15절, 개역개정

우리의 삶이 기대했던 방향과 다르게 흘러갈 때, 하나님과 그분의 타이밍에 의문을 품게 되는 것은 자연스러운 일입니다. 미래에 대한 불안감이 엄습하고, 예상치 못한 상황에 스트레스를 받기 시작할 수 있습니다.

하지만 명심하십시오. **하나님을 더욱 신뢰할수록 우리의 두려움은 줄어듭니다.** 왜 그럴까요? 두려움의 반대편에 믿음이 있기 때문입니다. 우리의 삶을 믿음으로 채울 때, 두려움이 설 자리는 없어집니다.

예수님께서는 마가복음 5장 36절에서 이렇게 말씀하셨습니다. "두려워 말고 믿기만 하라."

이는 성경 전체를 관통하는 핵심 메시지입니다. 구약과 신약을 막론하고 "두려워하지 말라"는 말씀이 계속해서 반복됩니다. 하나님은 우리가 그분의 타이밍을 신뢰함으로써 두려움에서 벗어나기를 바라십니다.

하나님을 향한 전적인 신뢰야말로 우리 삶에 진정한 평안과 흔들리지 않는 안정을 가져다주는 유일한 근원입니다. 하나님에 대한 신뢰가 깊어질수록 우리의 스트레스는 줄어듭니다. 우리는 기도를 통해 하나님에 대한 신뢰를 표현할 수 있습니다. 기도할 때 우리의 시간표나 마감일을 하나님께 강요하지 마십시오. 모든 일의 때와 시기는 온전히 하나님께 맡기십시오. 우리의 의지보다 하나님의 뜻이 우리 삶에서 이루어지기를 원한다는 것을 보여드리십시오.

믿음을 더욱 깊게 하려면 시편 31편 14-15절과 같은 기도를 드려야 합니다. "나는 주께 의지하고 말하기를 주는 내 하나님이시라 하였나이다 나의 앞날이 주의 손에 있사오니 내 원수들과 나를 핍박하는 자들의 손에서 나를 건져주소서"(개역개정).

이 구절을 암기해보는 것은 어떨까요? 매일 아침 눈을 뜰 때마다 시편 31편을 기도문으로 읽고 하나님께 이렇게 고백하십시오. "주님, 저는 주님을 신뢰합니다. 당신은 나의 하나님입니다. 저의 시간은 주님의 손에 달려 있습니다."

오늘 할 일이 너무 많아 시간이 부족할 수도 있습니다. 그럴 때는 가장 중요한 일에 집중하고 나머지는 염려하지 않도록 모든 것을 정리할 수 있게 도와달라고 하나님께 기도하십시오. "주님, 저의 모든 계획과 일정을 당신 앞에 내려놓습니다. 제 삶의 모든 순간이 당신의 섭리 안에 있음을 고백합니다. 불확실한 미래 앞에서도 두려워하지 않겠습니다. 당신을 온전히 신뢰하며 한 걸음 한 걸음 나아가겠습니다."

이것이 바로 믿음이 자라나는 방법입니다. 이렇게 우리의 두려움은 믿음으로 대체됩니다!

하나님께 맡기는 정의, 우리가 선택하는 용서

"여러분이 직접 복수하지 말고 하나님께 맡기십시오.
성경에는 '원수 갚는 것은 나의 일이다. 내가 갚아 주겠다'라고 기록되어 있습니다."
_로마서 12장 19절

진정한 용서란 보복의 권리를 하나님께 온전히 내어드리는 결단입니다. 로마서 12장 19절은 우리에게 이렇게 권면합니다. "여러분이 직접 복수하지 말고 하나님께 맡기십시오. 성경에는 '원수 갚는 것은 나의 일이다. 내가 갚아 주겠다'라고 기록되어 있습니다."

여러분은 이렇게 생각할 수 있습니다. "나를 아프게 한 사람을 용서하고 복수를 포기한다면, 그것은 불공평하지 않습니까?" 맞습니다! 하지만 누가 용서가 공평하다고 말했습니까? 예수 그리스도께서 우리의 모든 잘못을 용서하시고 우리를 자유롭게 하신 것이 과연 공평했을까요? 결코 그렇지 않습니다. 그것은 순전한 은혜였습니다.

사실 우리는 하나님께 공평함보다 은혜를 구합니다. 우리가 진정으로 갈망하는 것은 하나님의 무조건적인 사랑과 용서입니다. 솔직히 말해서, 타인에게는 엄격한 정의를, 자신에게는 관대한 용서를 바라는 경향이 있습니다.

우리는 인생이 공평하지 않다는 것을 알고 있으며, 용서 역시 그렇습니다. 이것이 바로 은혜입니다. 하나님은 우리에게 이 은혜를 베풀어주셨습니다. 언젠가 하나님께서 최후의 심판을 내리시고 모든 잘못을 바로잡으실 것입니다. 정의는 그분께 맡기십시오. 여러분은 용서에 집중하여 마음의 평화를 얻고 삶을 풍성히 누리십시오.

그렇게 하지 않으면 우리는 괴로움의 함정에 빠지게 됩니다. 원한과 비통함은 우리의 영혼을 서서히 좀먹는 파괴적인 감정입니다. 의학계에서는 이를 가장 해로운 감정으로 꼽습니다. 이러한 감정들은 암처럼 우리의 영혼을 좀먹습니다. 자신에게 상처를 준 이들에 대한 원망은 과거를 바꾸지 못하며, 미래도 개선하지 못합니다. 오직 현재만을 망칠 뿐입니다.

원한을 품고 있으면 과거의 상처가 현재까지 영향을 미치도록 허용하는 셈입니다. 이는 현명하지 않습니다! 과거의 사람들은 이미 지나간 존재입니다. **과거의 상처를 놓아주면, 그 상처를 준 사람들은 더 이상 여러분의 현재에 영향을 미칠 수 없습니다.** 대신, 복수하거나 상황을 공정하게 만들려는 욕구를 내려놓으십시오. 그리고 그것을 하나님께 맡기십시오.

히브리서 12장 15절은 우리에게 이렇게 경고합니다. "여러분 가운데 하나님의 은혜를 받지 못하는 사람이 아무도 없도록 잘 살피십시오. 그리고 쓴 뿌리와 같은 사람들이 생겨 많은 사람을 괴롭히거나 더럽히지 못하게 하십시오."

사랑으로 대면하는 법

"왜 너는 형제의 눈 속에 있는 티는 보면서 네 눈 속에 있는 들보는 보지 못하느냐? …
위선자야, 먼저 네 눈 속의 들보를 빼내어라.
그러면 네가 밝히 보고 형제의 눈 속에 있는 티도 빼낼 수 있을 것이다."
_마태복음 7장 3, 5절

예수님의 사랑을 닮아가는 여정은 단계적이고 지속적인 성장 과정입니다. 우리는 처음에 단순하고 쉬운 사랑의 방식으로 시작합니다. 영적으로 성숙해지면서 더 복잡한 상황에서도 사랑을 실천하는 법을 배웁니다. 결국에는 우리를 두렵게 하는 관계의 문제들을 사랑으로 해결해 나가는 지혜를 얻게 됩니다.

관계의 가장 까다로운 도전 중 하나는 관계를 위협하는 문제에 직면했을 때 상대방과 솔직한 대화를 나누는 것입니다. 이런 대면은 대부분 사람에게 부담스러운 일이지만, 시작부터 큰 차이를 만들 수 있는 한 가지 방법이 있습니다. 바로 자신의 동기를 점검하는 것입니다.

동기를 살펴보면 우리가 올바른 이유로 대면하고 있는지 판단할 수 있습니다. **올바른 동기란 무엇일까요? 그것은 자신의 이해관계가 아닌, 상대방의 성장과 발전을 위해 대화를 시작하는 것입니다.** 반면에 단순히 화풀이나 분풀이를 위해 대화를 시도한다면, 그것은 사랑에 기반한 대면이라고 할 수 없습니다.

우리는 자주 자신의 숨겨진 약점을 다른 이에게 투사하여 비난의 화살을 돌리곤 합니다. 예를 들어, 자존심이 강하다면 타인의 자존심 강한 모습에 쉽게 분노할 수 있고, 게으른 성향이 있다면 다른 이의 게으름을 더 빨리 발견하게 됩니다. 즉, 우리가 자신의 약점을 인식하고 그것을 싫어한다면, 같은 약점을 가진 타인도 싫어하게 되는 것입니다.

이러한 인간의 성향을 아시기에 예수님은 이렇게 말씀하셨습니다. "왜 너는 형제의 눈 속에 있는 티는 보면서 네 눈 속에 있는 들보는 보지 못하느냐? … 위선자야, 먼저 네 눈 속의 들보를 빼내어라. 그러면 네가 밝히 보고 형제의 눈 속에 있는 티도 빼낼 수 있을 것이다"(마 7:3, 5).

사랑으로 진실을 말하기 위해 우리가 완벽해야 할 필요는 없습니다. 다만 우리가 지적하려는 그 잘못을 우리 자신도 범하고 있지는 않은지 먼저 돌아보아야 합니다. 따라서 사랑의 마음으로 누군가를 대면하기 전에, 우리 자신부터 점검해보는 것이 중요합니다.

순수한 의도로 대화를 시작하십시오. 이는 상대방을 비난하는 것이 아니라, 그들의 성장을 돕는 과정입니다. 모든 일을 사랑으로 행하십시오! 이것이 바로 예수님의 방식입니다.

여러분의 시간을 선물하세요

"자녀들이여, 우리는 말로만 사랑하지 말고 행동으로 진실하게 사랑합시다."
_요한일서 3장 18절

크리스마스 준비는 잘 되고 있습니까?

여러분의 소중한 이들이 최신 기기나 특별한 이벤트 티켓 등으로 가득 찬 위시리스트를 전해주었을지도 모릅니다. 하지만 잠시 생각해봅시다. 사람들이 진심으로 원하는 것은 물질의 소유나 순간의 기쁨이 아닙니다. 그들이 진정 원하는 것은 바로 여러분의 시간입니다.

시간은 우리 삶 그 자체이기에 가장 귀중한 자원입니다. 우리 각자에게는 제한된 시간만 주어져 있습니다. 하나님께서 이미 우리의 생애를 정하셨고, 우리는 그 이상의 시간을 얻을 수 없습니다.

누군가에게 시간을 내어주는 것은 되돌릴 수 없는 우리 인생의 일부를 선물하는 것과 같습니다. 그래서 그것은 그 무엇보다 값진 선물입니다!

우리 삶에서 관계는 언제나 최우선이 되어야 합니다. 그러나 많은 관계가 시간에 쫓기고 있습니다. 한 집에 사는 가족들조차 바쁜 일상 속에서 서로 스치듯 지나가며 형식적인 인사만 나누곤 합니다. 함께 보내는 시간이 말라버리면, 관계도 함께 시들어갑니다.

수많은 것들이 관계를 위한 시간을 앗아갑니다. 때로는 일이, 때로는 취미가, 심지어 과도한 사역 활동조차도 관계를 위한 시간을 빼앗아갈 수 있습니다.

사랑하는 이들과 더 많은 시간을 보내고 싶다면 이렇게 시작해보십시오. TV를 끄고 휴대폰을 내려놓는 것입니다! 이 두 가지 작은 변화만으로도 다른 이들을 위한 시간을 확보하는 데 큰 도움이 될 것입니다.

하나님은 우리에게 유한한 시간을 허락하셨지만, 동시에 진정으로 의미 있는 일을 할 수 있는 충분한 시간도 허락하셨습니다. 우리는 그 중요한 일이 무엇인지 결정하고, 그것을 위해 시간을 내야 합니다.

크리스마스는 한 해 중 가장 바쁜 시기 중 하나입니다. 시간이 부족하다고 느낄 수 있습니다. 하지만 사람과 같은 가장 소중한 것들을 우선순위에 두기만 하면 됩니다.

크리스마스 쇼핑과 다양한 연말 활동 속에서도, 이 계절의 진정한 의미와 가치를 잊지 마세요. 이번 크리스마스에는 여러분의 귀중한 시간을 선물해보는 것은 어떨까요? 그것이야말로 가장 값진 선물이 될 것입니다.

이번 크리스마스에는 최고의 선물을 받아보세요

"하나님께서 우리를 위해 늘 하고자 하셨던 일, 곧 그분 앞에 우리를 바로 세워주시고,
그분께 합당한 사람으로 만들어 주는 일에 우리는 믿음으로 뛰어들었습니다."
_로마서 5장 1절, 메시지

여러분, 크리스마스 선물을 받고도 포장을 뜯지 않은 채 그대로 둔다면 어떨까요? 아마도 그 선물의 혜택을 누리지 못할 것입니다. 이는 우리 삶에서 중요한 영적 진리를 떠올리게 합니다.

예수 그리스도는 하나님께서 인류에게 베푸신 최고의 크리스마스 선물입니다. 하지만 안타깝게도 많은 이들이 이 최고의 선물, 즉 하나님의 구원을 열어보지 않은 채 크리스마스를 보냅니다. 용서받은 과거, 삶의 목적, 천국의 약속이라는 이 놀라운 선물을 열어보지 않는다면, 우리가 진정으로 크리스마스를 축하할 수 있을까요?

하나님께서는 이번 크리스마스에 여러분이 그분과 가까워질 수 있는 길을 마련하셨습니다. 여러분이 해야 할 일은 단지 이 구원의 선물을 받아들이는 것뿐입니다. 성경은 이렇게 말씀합니다. "하나님께서 우리를 위해 늘 하고자 하셨던 일, 곧 그분 앞에 우리를 바로 세워주시고, 그분께 합당한 사람으로 만들어 주는 일에 우리는 믿음으로 뛰어들었습니다"(롬 5:1, 메시지).

제가 처음 주님을 만나 새로운 삶을 시작하던 순간 올려드렸던 고백의 기도를 여러분과 함께 나누고자 합니다. 이 간단한 기도가 여러분의 마음속 소망을 표현한다면, 지금 바로 함께 기도해보시는 것은 어떨까요? 이 순간이 여러분 인생에서 가장 특별하고 의미 깊은 크리스마스로 기억될 수 있습니다.

"하나님, 제가 모든 것을 이해하지는 못하지만 저를 사랑해주셔서 감사합니다. 저와 함께해주셔서 감사합니다. 저를 정죄하기 위해 예수님을 보내신 것이 아니라 저를 구원하기 위해 보내신 것에 감사합니다.

"오늘, 저는 당신께서 베푸신 최고의 선물인 예수 그리스도를 제 삶에 받아들이고자 합니다. 제 죄를 고백하오니 용서해주시기를 간구합니다. 저의 과거와 후회, 실수와 죄, 나쁜 습관과 상처, 집착으로부터 저를 자유하게 해주세요. 저 자신의 한계로부터 저를 구원해주세요!

이제 평생 주님을 따르기로 결심합니다. 주님께 순종하고 충실하기 위해 필요한 은혜와 힘과 지혜를 주시기를 간구합니다.

주님과 함께 누리는 평화, 제 마음속에 자리 잡은 평안을 감사드립니다. 제가 아는 모든 이에게 주님과 함께 누릴 수 있는 이 평화에 대해 전할 수 있도록 도와주세요. 예수님의 이름으로 기도드립니다. 아멘."

이 크리스마스, 여러분 모두가 하나님의 가장 큰 선물을 열어보고 그 안에 담긴 축복을 누리시기를 바랍니다.

시대를 초월하는 크리스마스의 기쁨

"무서워하지 말아라. 내가 너희에게 모든 백성들이 크게 기뻐할 좋은 소식을 알린다."

_누가복음 2장 10절

우리를 둘러싼 세상의 어떤 혼란과 삶의 모든 어려움 속에서도, 이번 크리스마스는 여전히 참된 기쁨으로 충만할 수 있습니다. 2천 년이라는 시간이 흘렀지만, 천사가 전한 그 메시지는 오늘날 우리의 삶에도 여전히 울려 퍼집니다. 이 변치 않는 진리는 우리 영혼 깊은 곳에서 끊임없이 솟아나는 기쁨의 근원이 됩니다.

천사는 이렇게 선포했습니다. "무서워하지 말아라. 내가 너희에게 모든 백성들이 크게 기뻐할 좋은 소식을 알린다. 오늘 밤 다윗의 동네에 너희를 위하여 구주가 나셨으니 그분이 곧 그리스도 주님이시다. 그 증거로서 너희는 포대기에 싸여 구유에 뉘어 있는 갓난아기를 볼 것이다"(눅 2:10-12).

이번 크리스마스를 진정한 기쁨으로 맞이할 수 있는 세 가지 이유를 함께 나누고 싶습니다.

첫째, 하나님은 우리를 사랑하십니다. 하나님은 사랑 그 자체이시며, 그 사랑으로 예수님을 이 땅에 보내셨습니다. 놀랍게도 하나님은 우리를 사랑하기 위해 이 광대한 우주를 창조하셨습니다. 그분의 사랑은 우리의 행위와 무관합니다. 그것은 오직 하나님 자신의 변함없는 성품, 그분의 무한한 사랑의 본성에서 흘러나옵니다. 성경은 이렇게 말씀합니다. "가장 높은 하늘에서는 하나님께 영광! 땅에서는 하나님의 은총을 받은 사람들에게 평화!"(눅 2:14).

둘째, 하나님은 우리와 함께하십니다. 예수님은 임마누엘, 즉 "하나님이 우리와 함께 계시다"는 뜻의 이름을 가지셨습니다(마 1:23, 개역개정). 그분은 2천 년 전에도, 지금도 변함없이 우리와 함께 계십니다. 때로는 그분의 임재를 느끼지 못할 수 있지만, 그렇다고 해서 그 사실이 달라지는 것은 아닙니다. 세상은 우리를 외면할지 모르지만, 하나님은 결코 우리를 버리지 않으십니다.

하나님의 지속적인 임재는 우리가 미래에 대해 불안해하거나 걱정할 필요가 없다는 것을 의미합니다. 우리의 상황이 아닌 하나님께서 모든 것을 주관하고 계십니다. 그분이 가까이 계시기에 우리는 두려워할 이유가 없습니다.

셋째, 하나님은 우리 편이십니다. 그분은 우리의 성공을 간절히 바라십니다. 예수님은 이렇게 말씀하셨습니다. "하나님은 세상을 심판하시려고 아들을 보내신 것이 아니라 그를 통해서 세상을 구원하시려고 보내셨다"(요 3:17). 많은 이들이 죄책감 때문에 하나님을 두려워하지만, 예수님은 우리를 정죄하러 오신 것이 아닙니다. 오히려 우리를 구원하러 오셨습니다.

이것이 바로 크리스마스의 진정한 메시지입니다! 이 기쁜 소식이야말로 우리가 이번 크리스마스를 진심으로 축하해야 할 이유입니다.

하루치 은혜를 구하십시오

"네가 깊은 물을 지나갈 때 내가 너와 함께할 것이니 강을 건널 때에 물이 너를 침몰시키지
못할 것이다. 네가 불 가운데로 지날 때에도 타지 않을 것이며 불꽃이 너를 소멸하지 못할
것이다. 나는 너의 하나님 여호와이며 너 이스라엘을 구원하는 거룩한 자이다. 내가 너를
자유롭게 하려고 이집트와 이디오피아와 스바를 네 몸값으로 내어주었다."

_이사야 43장 2-3절

 여러분, 신앙생활을 시작했을 때 모든 것이 완벽해질 거라 기대하셨나요?
만약 그랬다면, 현실은 좀 다르다는 걸 곧 깨달으셨을 겁니다. 그리스도인도 관계, 재정, 건
강, 정신 등 다양한 영역에서 어려움을 겪습니다. 이 땅이 천국이 되리라 기대했다면, 그건 착
각입니다. 이곳은 천국이 아닙니다!

이 세상에서는 하나님의 뜻이 온전히 이루어지는 경우가 드뭅니다. 우리를 둘러싼 모든 것
이 완벽하지 않습니다. 날씨, 경제, 우리의 육체, 인간관계가 항상 이상적으로 작동하지는 않습
니다. 죄로 인해 우리는 어려움을 겪습니다.

그러나 우리에겐 든든한 후원자가 계십니다. 하나님의 변함없는 약속을 여러분의 삶의 닻으
로 삼으십시오. "네가 깊은 물을 지나갈 때 내가 너와 함께할 것이니 강을 건널 때에 물이 너를
침몰시키지 못할 것이다. 네가 불 가운데로 지날 때에도 타지 않을 것이며 불꽃이 너를 소멸하지
못할 것이다. 나는 너의 하나님 여호와이며 너 이스라엘을 구원하는 거룩한 자이다"(사 43:2-3).

하나님은 우리가 고난의 강을 지날 때 젖지 않게 하겠다고 약속하지 않습니다. 대신 익사
하지 않을 것이라 약속하십니다. 불 속을 지나면 뜨거울 것입니다. 하지만 하나님은 우리가 타
버리지 않을 것이라 약속하십니다. 우리는 반드시 이 시련을 통과할 것입니다.

빌립보서 4장 13절은 이렇게 말씀합니다. "나에게 능력 주시는 분 안에서 나는 모든 것을
할 수 있습니다. 그분이 나를 부르신 모든 일을 감당할 수 있으며, 그분의 목적을 이루기 위해
나는 준비되어 있습니다. 그리스도의 충만하심으로 나는 만족하며, 어떤 상황에서도 감당할 수
있습니다. 그분이 내 안에 강건함과 평안을 채워주시니, 나는 모든 것을 마주할 준비가 되어 있
고 어떤 도전도 감당할 수 있습니다"(AMP 직역).

이 구절은 우리 개인의 역량으로 모든 것을 해낼 수 있다는 의미가 아닙니다. 우리 안에 계
신 그리스도의 능력으로 인생의 어떤 도전도 극복할 수 있다는 뜻입니다.

지금 당장은 강하다고 느끼지 못할 수 있습니다. 하지만 필요한 힘은 반드시 주어질 것입
니다. 성경은 우리에게 매주나 매달의 양식을 구하라고 하지 않습니다. "하나님, 오늘 하루 살
아갈 힘을 주십시오"라고 기도하라고 가르칩니다.

하나님은 여러분의 어려움 속에서 반드시 도우실 것입니다. **그분은 언제나 오늘 필요한 힘
을 공급하십니다. 이 약속을 굳게 믿고 오늘 하루를 살아가십시오.**

하나님의 관점으로 바라보는 나만의 인생 여정

"자기를 다른 사람과 비교하지 마십시오. 사람은 저마다 자기 일을 살펴야 합니다.
그러면 자랑할 일이 자기에게만 있을 것입니다."

_갈라디아서 6장 4절, 쉬운

하나님께서는 여러분을 독특하고 의도적으로 창조하셨습니다. 그럼에도 때로는 앞으로 나아갈 방향을 잃은 듯한 느낌이 들 수 있습니다. 앞날을 바라볼 때 소망보다는 불확실함과 혼란이 더 크게 자리잡을 수 있습니다.

만약 이러한 감정이 여러분의 현재 상태라면, 갈라디아서 6장 4절의 지혜로운 조언을 놓치고 있는 것입니다. "자기를 다른 사람과 비교하지 마십시오. 사람은 저마다 자기 일을 살펴야 합니다. 그러면 자랑할 일이 자기에게만 있을 것입니다"(쉬운).

이 구절은 우리에게 두 가지 중요한 지침을 제시합니다. 첫째, 우리는 자신의 과거를 돌아보고 그로부터 배워야 합니다. 둘째, 우리는 타인과 자신을 비교하지 말아야 합니다. 하나님께서 다른 이들의 삶에 어떻게 역사하셨는지에 시선을 빼앗기지 마십시오. 대신 그분이 여러분 안에서, 그리고 여러분을 통해 행하신 일에 집중하십시오. 타인과의 비교는 낙담이나 교만으로 이어질 뿐입니다. 이 두 가지 태도 모두 우리의 기쁨을 앗아갑니다.

하나님께서는 여러분의 앞길을 밝히는 지혜로운 방법을 보여주십니다. 그분은 여러분이 미래로 나아가는 데 도움이 되도록 과거를 세심히 살펴보기를 원하십니다. 과거의 경험을 통해 미래의 방향을 발견할 수 있도록 인도하십니다. 하나님은 여러분의 과거가 헛되이 쓰이는 것을 원치 않으십니다. 오히려 그것을 유용하게 사용하기를 바라십니다.

때로 자신의 삶을 객관적이고 유익하게 성찰하는 방법을 찾는 것이 쉽지 않을 수 있습니다. 여기 간단한 연습 방법을 소개합니다.

종이 한 장을 준비하여 앉으십시오. 인생의 각 시기를 구분하여 한 줄씩 적어보십시오(5년 단위나 10년 단위로 나누는 것이 좋습니다). 이제 각 시기에 대해 다음 두 가지 질문에 답하며 자신의 삶을 돌아보십시오. 무엇을 잘했습니까? 어떤 일을 즐겼습니까?

그다음, 되돌아가 패턴을 찾아보십시오. 어린 시절 잘했던 것들은 지금도 여전히 잘하고 있을 가능성이 높습니다. 과거에는 즐거웠지만 지금은 잊고 있는 것들이 있을 수도 있습니다. 이렇게 발견한 인생의 패턴을 바탕으로, 이를 어떻게 활용하기를 원하시는지 하나님께 여쭤보십시오. "주님, 제 삶에서 감사드릴 승리의 순간들은 무엇인가요? 그리고 앞으로 저를 통해 이루고자 하시는 일은 무엇인지요?" 이러한 기도를 통해 하나님의 뜻을 더 명확히 알 수 있을 것입니다.

타인과의 비교라는 덫에 걸리지 마십시오. 대신 자신의 과거를 정직하고 객관적으로 되돌아보십시오. 그리고 하나님이 주신 자신감으로 미래를 향해 나아가십시오. **여러분의 인생은 하나님이 특별히 디자인하신 고유한 여정임을 기억하십시오.**

하늘의 경제학: 베풀수록 더 얻는 영적 원리

"남에게 주어라. 그리하면 하나님께서도 너희에게 주실 것이니, 되를 누르고 흔들어서,
넘치도록 후하게 되어서, 너희 품에 안겨 주실 것이다.
너희가 되질하여 주는 그 되로 너희에게 도로 되어서 주실 것이다."
_누가복음 6장 38절, 새번역

예수님을 향한 사랑으로 헌금할 때, 우리의 목표는 축복을 받는 데 있지 않습니다. 하지만 놀랍게도 하나님께서는 그럴 때 오히려 더 큰 복을 부어주십니다.

때로는 하나님께서 우리에게 이런 도전을 하시는 듯합니다. "자, 누가 더 많이 베풀 수 있는지 한번 보자. 네가 나와 다른 이들에게 베풀면, 나도 너에게 베풀겠다. 누가 이길지 보자꾸나." 그리고 이 '경쟁'에서 하나님은 언제나 승리하십니다!

성경은 우리가 관대함을 실천할 때 궁극적으로 더 풍성한 삶을 누리게 된다고 거듭 강조합니다. 하나님의 축복은 때로 물질적 풍요로움으로, 때로는 베푸는 기쁨이 가져다주는 영혼의 평안으로 우리 삶에 스며듭니다.

예수님은 이렇게 말씀하셨습니다. "남에게 주어라. 그리하면 하나님께서도 너희에게 주실 것이니, 되를 누르고 흔들어서, 넘치도록 후하게 되어서, 너희 품에 안겨 주실 것이다. 너희가 되질하여 주는 그 되로 너희에게 도로 되어서 주실 것이다"(눅 6:38, 새번역).

곡식을 사러 시장에 간 상황을 상상해보십시오. 여러분이 삼베 자루를 들고 가서 그것을 가득 채우기 위해 돈을 지불합니다. 가게 주인은 곡물을 붓고 자루에 꽉 눌러 담습니다. 그런 다음 자루를 부드럽게 흔들어 곡물이 더 잘 가라앉도록 합니다. 그는 여러분의 자루에 최대한 많은 곡물을 담으려 노력합니다.

예수님은 하나님의 축복도 이와 같다고 말씀하십니다. 여러분이 온 마음을 다해 베풀면, 하나님은 여러분의 그릇이 담을 수 없을 만큼 넘치는 은혜를 부어주실 것입니다. 여러분이 하나님의 관대하심을 본받아 실천하면, 그분은 한없는 은혜를 부어주실 것입니다. 여러분이 다른 이에게 베푸는 방식이 곧 하나님께서 여러분에게 베푸시는 방식이 됩니다.

하나님은 우리가 그분을 닮기를 바라시기에 관대해지기를 원하십니다. **관대함을 배우지 않고서는 그리스도를 닮을 수 없습니다.**

이는 우리 삶에서 가장 중요한 결정 중 하나입니다. 우리의 삶은 하나님께서 축복해주신 것을 나누는 삶이 될 것인가요? 이 땅의 것들을 기꺼이 내려놓으면서 하나님의 약속을 붙잡는 기쁨으로 가득 찬 삶이 될 것인가요?

"너희가 되질하여 주는 그 되로 너희에게 도로 되어서 주실 것이다"(새번역). 하나님께서 여러분의 삶을 얼마나 축복하실지는 여러분의 선택에 달려 있습니다. 오늘부터 관대함을 실천하며 하나님의 무한한 은혜를 체험해보는 건 어떨까요?

하나님이 우리 이야기를 계속 쓰십니다

"우리가 모든 일에 괴로움을 당해도 꺾이지 않으며 난처한 일을 당해도 실망하지 않고 핍박을 받아도 버림을 당하지 않으며 맞아서 쓰러져도 죽지 않습니다. … 주 예수님을 다시 살리신 하나님이 예수님과 함께 우리도 다시 살리셔서 여러분과 함께 우리를 그분 앞에 세워주실 것을 우리는 알고 있습니다."

_고린도후서 4장 8-9, 14절

앞날이 불투명하고 두려움이 엄습할 때, 우리는 종종 자신의 삶의 여정이 여기서 막을 내리는 것은 아닌지 불안해합니다. 하지만 성경은 우리에게 다른 메시지를 전합니다.

"우리가 모든 일에 괴로움을 당해도 꺾이지 않으며 난처한 일을 당해도 실망하지 않고 핍박을 받아도 버림을 당하지 않으며 맞아서 쓰러져도 죽지 않습니다. … 주 예수님을 다시 살리신 하나님이 예수님과 함께 우리도 다시 살리셔서 여러분과 함께 우리를 그분 앞에 세워주실 것을 우리는 알고 있습니다"(고후 4:8-9, 14).

인생이 불확실해 보일 때 이 진리를 기억하십시오. 여러분은 결코 패배할 수 없습니다! 어떤 일이 일어나더라도 최종적으로는 승리할 것입니다. 비록 이 세상의 삶이 끝난다 하더라도, 예수 그리스도를 구주로 믿는 이들에게는 그것이 끝이 아닙니다. 그리고 천국에 도착하면, 여러분의 진정한 이야기는 그때부터 시작되는 것입니다.

여러분, 모든 에피소드가 절체절명의 위기로 끝나는 드라마 시리즈를 본 적이 있으십니까? 주인공의 운명이 불확실해 보여 긴장감이 최고조에 달하는 그런 장면 말입니다. 하지만 전체 시즌이 이미 공개되어 있다면 어떨까요? 주인공이 앞으로 여섯 시즌 동안 계속 등장한다는 것을 알게 되면, 그 긴장감은 훨씬 줄어들 것입니다. 각 에피소드의 위기가 이야기의 끝이 아니라는 것을 알기 때문입니다. 주인공은 반드시 위기를 벗어나 다음 시즌으로 넘어갈 것입니다.

우리의 인생도 이와 같습니다. 현재 난관에 봉착해 있다 하더라도, 이 고난의 시기가 여러분 인생의 마지막 장이 아님을 명심하십시오. 영원한 관점에서 바라볼 때, 우리는 위기 속에서도 희망을 품고 살아갈 수 있습니다.

언젠가 천국에서 예수님을 만나면, 모든 고통과 질병, 슬픔과 아픔, 스트레스와 번뇌가 끝날 것입니다. 성경은 천국에 대해 이렇게 말씀합니다. "그들의 눈에서 모든 눈물을 씻어 주실 것이니 다시는 죽음도 없고 슬픔도 없고 우는 것도, 아픔도 없을 것이다. 이것은 전에 있던 것들이 다 사라져 버렸기 때문이다"(계 21:4).

이 땅에서의 삶이 우리 이야기의 끝이 아닙니다. 우리는 미래가 어떻게 펼쳐질지 정확히 알 수 없지만, 누가 그 미래를 주관하시고 완성하실지는 분명히 알고 있습니다. 하나님께서 우리의 이야기를 쓰고 계십니다.

찬양에는 삶의 사슬을 끊는 힘이 있습니다

"한밤쯤 되어서 바울과 실라가 기도하면서 하나님을 찬양하는 노래를 부르고 있는데,
죄수들이 듣고 있었다. 그때에 갑자기 큰 지진이 일어나서, 감옥의 터전이 흔들렸다.
그리고 곧 문이 모두 열리고, 모든 죄수의 수갑이며 차꼬가 풀렸다."

_사도행전 16장 25-26절, 새번역

연말이 다가오면 많은 이들이 새로운 시작에 대한 기대로 부풀어 오릅니다. 하지만 여러분, 혹시 지난 1년을 돌아보며 아무것도 변하지 않은 것 같다는 생각이 든 적은 없으십니까? 이런 경험이 있다면, 여러분은 이미 갇힌 듯한 답답함이 어떤 것인지 잘 알고 계실 겁니다.

두려움, 중독 혹은 통제 불가능한 상황에 속박되어 있다고 느낀다면, 바로 지금이 하나님께 감사와 찬양을 드릴 가장 적절한 순간입니다. 찬양에는 우리를 속박하는 모든 사슬을 부수고 자유케 하는 거룩한 능력이 있습니다. 더 나아가, 불가능해 보이던 기회의 문을 열어젖히기도 합니다.

사도행전 16장에서 바울과 실라는 예수님에 대해 전한다는 이유로 감옥에 갇혔습니다. 그러나 그들은 자정이 되자 찬양과 예배를 드리기로 결심했습니다. 그들은 석방을 기다리며 수동적으로 있지 않고, 오히려 쇠사슬에 묶인 채로 적극적으로 하나님을 찬양했습니다! "한밤쯤 되어서 바울과 실라가 기도하면서 하나님을 찬양하는 노래를 부르고 있는데, 죄수들이 듣고 있었다. 그때에 갑자기 큰 지진이 일어나서, 감옥의 터전이 흔들렸다. 그리고 곧 문이 모두 열리고, 모든 죄수의 수갑이며 차꼬가 풀렸다"(행 16:25-26, 새번역).

놀라운 기적이 일어난 것입니다! 이 사건은 우리가 갇힌 듯한 상황에서 하나님을 찬양할 때 일어나는 영적 변화의 강력한 상징이기도 합니다. 하나님은 우리를 옥죄는 사슬을 끊으십니다. 그분은 우리의 생각을 새롭게 하시고, 어떤 상황 속에서도 선을 이루시는 그분의 역사를 볼 수 있게 하십니다.

주목할 점은 다른 죄수들도 바울과 실라의 찬양을 들었다는 것입니다. 우리가 어려운 상황 속에서도 드리는 찬양은 믿지 않는 이들에게 하나님의 실재와 능력을 보여주는 강력한 증거가 됩니다. 사람들은 우리의 성공보다는 역경을 극복하는 모습에 더 큰 감동을 받습니다. 결국, 사람들이 그리스도께 나아오고 싶어 하는 이유는 우리의 성공 여부가 아니라, 우리가 어려움을 어떻게 대처하는지에 있습니다.

어떠한 환경에 놓이더라도 하나님을 찬양하는 삶을 선택하십시오. **찬양하는 습관을 기르면, 하나님께서 여러분의 생각부터 시작해 삶 전체를 어떻게 변화시키시는지 경험하게 될 것입니다.**

하나님의 약속: 우리 목표의 견고한 기초

"하늘의 하나님 여호와께서 내 아버지의 집과 고향 땅에서 나를 떠나게 하시고
이 땅을 내 후손에게 주겠다고 엄숙히 약속하셨다.
그가 자기 천사를 네 앞서 보내실 것이다. 너는 거기서 내 아들의 신부감을 구하여라."
_창세기 24장 7절

새해가 시작되면 많은 이들이 다양한 목표를 세웁니다. 체중 감량, 자녀와의 관계 개선, 독서량 증가, 직장에서의 성과 달성 등 각양각색의 계획을 세우곤 합니다.

그러나 모든 목표가 하나님의 뜻에 부합하는 것은 아닙니다. **참된 의미의 경건한 목표는 성경에 계시된 하나님의 약속에 그 뿌리를 두고 있습니다.** 이러한 약속은 우리가 두려움과 걱정에 사로잡힐 때조차 앞으로 나아갈 수 있는 용기와 믿음을 줍니다.

창세기 24장에서 아브라함은 그의 종 엘리에셀에게 쉽지 않은 과제를 맡깁니다. 바로 아들 이삭의 신부를 찾아오라는 것이었습니다. 엘리에셀은 두려움에 사로잡혔습니다. 그는 아브라함에게 "여자가 나를 따라 이 땅으로 오려고 하지 않으면 어떻게 합니까?"라고 물었습니다.

이에 아브라함은 하나님의 약속을 상기시켜 주었습니다. "하늘의 하나님 여호와께서 내 아버지의 집과 고향 땅에서 나를 떠나게 하시고 이 땅을 내 후손에게 주겠다고 엄숙히 약속하셨다. 그가 자기 천사를 네 앞서 보내실 것이다. 너는 거기서 내 아들의 신부감을 구하여라"(창 24:7). 이 약속을 듣자 엘리에셀의 두려움은 사라졌습니다.

우리의 삶에서도 마찬가지입니다. 모든 것을 걸고 큰 목표를 향해 나아가는 것은 두려운 일일 수 있습니다. 누구도 실패하고 싶어 하지 않기 때문입니다.

그러나 성경은 우리에게 목표 달성을 위해 자신의 힘만을 의지하지 말라고 가르칩니다. 사실, 우리의 능력만으로 이룰 수 있는 목표라면 그것은 진정으로 경건한 목표라 할 수 없을 것입니다. 성경 곳곳에서 하나님은 우리에게 힘을 주시겠다고 약속하십니다. 이사야 40장 31절은 이렇게 말씀합니다. "오직 여호와를 바라보고 의지하는 자는 새 힘을 얻어 독수리처럼 날개치며 올라갈 것이요 달려가도 지치지 않고 걸어가도 피곤하지 않을 것이다."

하나님은 우리가 건강 개선, 더 나은 부모 되기, 부채 탈출, 기도 생활 증진 등의 목표를 세울 때 도와주실 것을 약속하십니다. 하지만 우리가 이 약속을 깊이 새기고 전적으로 의지하지 않는다면, 우리는 불필요한 걱정과 염려의 짐을 지고 목표를 향해 힘겹게 나아가게 됩니다.

위대한 꿈을 이루기 위해 특별한 믿음이 필요한 것이 아닙니다. 위대하신 하나님을 향한 작은 믿음만으로도 충분합니다! 우리의 하나님은 우주를 창조하신 전능하신 분이십니다. 그분

께는 불가능이 없습니다. 여러분, 불가능해 보이는 일을 위해 하나님을 신뢰할 준비가 되셨습니까? 그렇다면 오늘 이렇게 기도해보는 것은 어떨까요?

"하나님, 저는 당신이 이 세상에서 놀라운 일을 행하고 계심을 믿습니다. 저를 당신의 나라를 위해 사용해주시기를 간구합니다. 제가 주님의 말씀을 성실히 공부하여 주님의 약속을 깊이 알고, 그 진리를 바탕으로 계획과 목표, 꿈을 세울 수 있도록 도와주세요. 올바른 길을 분별할 수 있는 지혜와, 두려울 때도 그 길을 갈 수 있는 용기를 주시옵소서. 주님의 놀라운 역사하심을 목도할 때, 제가 할 수 있는 가장 위대한 일은 주님의 이름으로 다른 이들을 겸손히 섬기고 사랑하는 것임을 기억하게 해주소서. 새해에도 주님의 계획과 저를 향한 목적 그리고 주님의 사랑을 신뢰하며 담대히 믿고 나아가기를 소망합니다. 예수님의 이름으로 기도드립니다. 아멘."

Daily Hope Devotional:

---

365 Days of Purpose,
Peace, and Promise

국제제자훈련원은 건강한 교회를 꿈꾸는 목회의 동반자로서 제자 삼는 사역을 중심으로 성경적 목회 모델을 제시함으로 세계 교회를 섬기는 전문 사역 기관입니다.

목적이 이끄는 365일

초판 1쇄 인쇄 2024년 11월 21일
초판 1쇄 발행 2024년 11월 29일

지은이 릭 워렌
옮긴이 박주성

펴낸이 오정현
펴낸곳 국제제자훈련원
등록번호 제2013-000170호(2013년 9월 25일)
주소 서울시 서초구 효령로68길 98(서초동)
전화 02) 3489-4300 **팩스** 02) 3489-4329
이메일 dmipress@sarang.org

ISBN 978-89-5731-915-4 03230